U0454805

阅

阅读成就思想……

Read to Achieve

▲ 1853 年，在佩斯卡德罗的摩尔家。

▲ 1950 年，戈登和贝蒂切结婚蛋糕。

▲ 仙童半导体的共同创始人，从左到右依次为：戈登、罗伯茨、克雷纳、诺伊斯、格里尼克、布兰克、赫尔尼、拉斯特。

▲ 从 1959 年到 1968 年的硅器件照片特写，左下角是单个平面晶体管，右上角是一个由数百个平面晶体管制成的芯片。这是用照片描绘的摩尔定律。

▲ 英特尔在山景城的第一处办公设施。

▲ 1968 年，英特尔的员工在最早的工厂前，戈登在右下角，安迪·格鲁夫（Andy Grove）在他身后靠右边。

▲ 1969 年，戈登和诺伊斯向英特尔的第一个客户交付装有存储器芯片的盒子。

▲ 英特尔的化学印刷，拍摄于 20 世纪 70 年代初。一排排的扩散炉排列在墙上，各种化学工作站位于中央。

▲ 英特尔董事会，拍摄于 20 世纪 80 年代。首席执行官戈登位于中间，他的两侧是格鲁夫和诺伊斯。

▲ 戈登・摩尔和安迪・格鲁夫在摩尔办公室。

▲ 戈登在加州理工的一次庆典上为年届百岁的阿诺德・贝克曼颁发证书。

▲ 戈登・摩尔（位于中间）与戈登和贝蒂・摩尔基金会的工作人员，拍摄于 2004 年。

▲ 戈登・摩尔一家人。

Moore's

Law

The Life of Gordon Moore,
Silicon Valley's Quiet Revolutionary

摩尔神话

硅谷数字革命先驱的传奇人生

[美] 阿诺德·萨克雷（Arnold Thackray）
[美] 戴维·布洛克（David Brock）　◎著
[英] 雷切尔·琼斯（Rachel Jones）

黄亚昌◎译

中国人民大学出版社
·北京·

图书在版编目（CIP）数据

摩尔神话：硅谷数字革命先驱的传奇人生 /（美）阿诺德·萨克雷（Arnold Thackray），（美）戴维·布洛克（David Brock），（英）雷切尔·琼斯（Rachel Jones）著；黄亚昌译. —— 北京：中国人民大学出版社，2017.9

ISBN 978-7-300-23923-1

Ⅰ.①摩… Ⅱ.①阿… ②戴… ③雷… ④黄… Ⅲ.①摩尔—生平事迹 Ⅳ.① K837.125.38

中国版本图书馆 CIP 数据核字（2017）第 010223 号

摩尔神话：硅谷数字革命先驱的传奇人生

［美］阿诺德·萨克雷
［美］戴维·布洛克　　著
［英］雷切尔·琼斯
黄亚昌　译

Moer Shenhua：Guigu Shuzi Geming Xianqu de Chuanqi Rensheng

出版发行	中国人民大学出版社		
社　　址	北京中关村大街 31 号	邮政编码	100080
电　　话	010-62511242（总编室）		010-62511770（质管部）
	010-82501766（邮购部）		010-62514148（门市部）
	010-62515195（发行公司）		010-62515275（盗版举报）
网　　址	http://www.crup.com.cn		
	http://www.ttrnet.com（人大教研网）		
经　　销	新华书店		
印　　刷	北京中印联印务有限公司		
规　　格	170mm×230mm　16 开本	版　　次	2017 年 9 月第 1 版
印　　张	29　插页 3	印　　次	2017 年 9 月第 1 次印刷
字　　数	509 000	定　　价	105.00 元

推荐序

王文汉博士　英特尔公司前副总裁，英特尔研究院前院长

孔子说："三人行，必有我师焉。"我是一个非常幸运的人，常有机会遇到大师，受其熏陶。而众大师中我最景仰的便是戈登·摩尔博士。他洞察趋势，谦虚低调，功成名就后依然不改本色；他人格伟大，知人善用，令强悍的管理大师安迪·格鲁夫（Andy Grove）甘心一辈子追随。他是正派的好人，真正的大师中的大师。

在我1991年加入英特尔时，戈登（英特尔员工都习惯如此称呼他）已卸下首席执行官一职，专任董事长，运筹帷幄，造就了公司20世纪90年代的辉煌。在他1997年退休以前，我有幸与他有过两次近距离的交流。第一次是在1993年参加微处理器发明大赛时，第二次则是在为格鲁夫Comdex[①]的主题演讲准备资料时。

戈登一向提倡集思广益，让公司员工有直接向高管层发表想法的机会。在1993年，公司启动了微处理器发明大赛，由戈登亲自担任裁判长。决赛日会进行两个小时的提案答辩和两个小时的自由交流。戈登真诚直爽，和蔼可亲，发问时则简短有力，一针见血，令人印象深刻。我虽然得了第一名，但真正的喜悦并不在于得到镶有戈登签名的限量版奖座，也不是10万美元的奖励，而是戈登真诚的鼓励和教诲，这样的熏陶是无价的。

三年后，正好是微处理器发明25周年，公司决定由首席执行官格鲁夫在Comdex发布对未来15年的预测[②]。收集数据资料及制作图表的工作落在了我的身上。准备工作整体上进行得很顺利，但到了预测晶体管绝缘层厚度时，格鲁夫和公司一位院士产生了强烈的分歧，来了一场具有英特尔特色的"建设性对抗"。戈登很自然地展现出大师风范，平静地阐述了他的深入看法，令众人心悦诚服，很快让这场"对抗"圆满落幕，也使我再次感受到戈登学问的广度与深度，及其行事中蕴涵的无为又有为的崇高哲理。

---

① Comdex是20世纪90年代的计算机盛会，1996年的Comdex大会有21万人参加。

② 后来这些预测由当时负责微处理器事业的高级副总裁虞有澄博士以《微处理器的未来》为题，代表英特尔发表论文，这些预测广为业界遵循。

虽然我与戈登只进行过这两次短暂的交流，但他一直是我效法的榜样。他人格的自然伟大、学识的渊博、洞察力的宏远精准、无为却有为的领袖风范，特别专注把一件事情做好的特质，是我在英特尔 24 的年职业生涯中一直追求的目标。

戈登伟大的一生值得我们研习。感谢我的同事黄亚昌先生精确生动的翻译，让全球华人可以通过《摩尔神话》亲近这位低调的大师，享受充满意外喜悦的启发。请允许我大力推荐这本难得的好书。

Contents | 目 录

序幕

"我是肖克利"

事后证明，那次通话意义重大，但在当时看来只是有些不同寻常。在 1956 年 2 月，即使是科学名流也不经常打长途电话，尤其是只为了联系一个籍籍无名的年轻书呆子。

这位名流是威廉·肖克利（William Shockley），大名鼎鼎的研究员兼五角大楼顾问，而书呆子名叫戈登·摩尔（Gordon Moore），是个正在做博士后的化学家，住在马里兰州的银泉市。戈登供职于一个由政府资助的、为冷战服务的实验室，电话打来时，他刚刚下班回到家。他很疲惫，急于吃上全职太太贝蒂（Betty）准备好的晚饭，一岁大的儿子肯尼斯·摩尔（Kenneth Moore）坐在高脚椅里，猫咪正在闻它自己的碗。这是个再平常不过的日子了。

电话铃声响了。当时电话应答机还不太为人所知，所以戈登必须接电话："喂？"对方的回应深沉而自信："我是肖克利。"戈登立刻知道他是谁了。威廉·肖克利是公认的科学之神，被誉为世界上顶级固态物理学家之一，是当时电子学最有前途的突破性发明——晶体管的共同发明人，不久以后他就因此获得了诺贝尔奖。晶体管是一种全新的开关、一种"半导体"，为军事应用提供了极为诱人的可能性。戈登最近在华盛顿特区附近的宇宙俱乐部（Cosmos Club）听过肖克利的讲座，当他意识到一个大明星在给自己打电话时，他惊呆了。

肖克利为什么打电话过来？原因很快就清楚了。他毫不掩饰地夸口说，他正在招募最优秀、最聪明的年轻博士，跟他一起到名不见经传的加州小镇山景城进行冒险。目标是什么？是为了完善并大规模生产一种新颖的基于硅材料的晶体管。这种微小的固体器件还没有一个指甲盖大，由经过复杂化学处理的硅组成。它会让电子设备的可靠性达到前所未有的水准。肖克利一直认为，在高风险的防务市场，性能始终比单纯的价格更为重要。为了实现他的雄心壮志，他迫切需要一名称职的化学家。他知道戈登最近拒绝了加州一个核武器实验室的职位，也许这名年轻的科学家会对制造可靠的硅晶体管的竞赛感兴趣呢？

戈登的确有兴趣。在华盛顿特区待了两年之后，他对自己的职业方向以及为之苦干的政府实验室工作明显感觉不适。肖克利的来电暗示戈登可以加入他羽翼未丰的企业，这提供了一种令人心驰神往的可能性，尤其是山景城离戈登和贝蒂的家人很近。作为第五代加利福尼亚人，他在东海岸心力交瘁，渴望回归自己的老家和西部生活。他马上就同意飞过去跟肖克利会面，挂上电话后，他跟太太分享了这个惊人的消息。“窗口打开了，”贝蒂回应道，“我们最好直奔过去。”

戈登·摩尔不是那种喜欢炫耀才华的人。当时他的人生中没有任何征兆表明他注定要成就大事。他于 1929 年 1 月 3 日出生在偏远的佩斯卡德罗，这里距太平洋 3 英里[①] 远，他是家中的次子，沉静少言，父母是在当地过着安稳日子的两口子：米拉·摩尔（Mira Moore）和在镇上当兼职警员的丈夫沃尔特（Walter）。在戈登出生那天，远在大陆另一头的华尔街经纪公司正忙着把工作人员从休假中召回去。“随着股市开张，新的一年也开始了。”他们兴高采烈地议论着，尽情享受着一月份的暴涨。没有人能想象到，在随后的几个月里会发生什么。

1929 年的股市崩盘标志着一个时代的结束。在 20 年之内，英国和欧洲在政治、科学和商业领域的领导地位一落千丈。世界强国经历了重大转变，美国成为占主导地位的超级大国，在紧张的冷战时期锁定了苏联。当这些新的现实来临，加州将自己打造成了高科技国防工业的领先中心和物理科学的学术领导者。变化确实很大。但在有了硅晶体管和打给戈登的电话之后，发生的变化更大，这一点在今天才完全明晰。这些变化让我们的生活发生了翻天覆地的变革，而且这种变革还在继续加速。

在 1956 年 2 月那个寒冷的夜晚，听着威廉·肖克利抛出的提议，戈登·摩尔并不知

① 1 英里约等于 1.609 3 千米。——译者注

道那一刻至关重要，但他和贝蒂非常清楚那个提议当时对他们自身的重要性。在3个月之内，他就去为肖克利工作了。在接到那个电话18个月之后，他和7位同事，即“八叛逆”开始“造反”，没有人因为肖克利拿了诺贝尔奖而心怀畏惧，他们离开老板成立了仙童半导体，此举的直接后果就是，这家创业公司的所在地变成了日后的硅谷。后来，汤姆·沃尔夫（Tom Wolfe）评论道：“智力就是全部特权。那一天产生了这个概念：变节资本。这个概念让半导体产业变得和娱乐业一样狂野。”这8个人把他们的未来押在了硅晶体管上，很快这个赌注就让他们功成名就。1958年8月，他们向国际商业机器公司（以下简称IBM）交付了头100颗晶体管，价格极为可观，每颗晶体管150美元。两年之内，戈登和他的同事们就挣到了第一桶金。他们的公司将继续衍生出400多家公司，其中最成功的英特尔就是由戈登本人共同创办的。

在仙童半导体戈登·摩尔的实验室里，一个团队进行了一项令人瞩目的发明：硅集成电路，也被称作“芯片”。这是一个完整的电子电路，它是用化学方法把许多晶体管印刷到一小块硅片上而制成的。从芯片上，戈登·摩尔开始意识到某种惊人的未来情景。作为一名训练有素的实验化学家，他首先是通过观察，然后通过他的工作，实现他对这些芯片上的硅晶体管的预言：几十年里它们将无休止地倍增再倍增——在不断涌现的大量产品中用途越来越广，而其成本却不断下降。这种数量翻番而价格骤降的现象被称为“摩尔定律”。

当20世纪60年代的喧嚣趋于平静时，戈登本人发出的更深层次的宣言则大胆至极：“在人类历史上，我们正在引导下一场伟大革命——向电子时代过渡。”当时几乎没有人注意到这句话。然而，随着英特尔的首席战略家和最大股东戈登从担任研发负责人开始，到成为任期最长的首席执行官，再到董事会主席并最终担任名誉主席，英特尔成了世界上最卓越的半导体制造商。1997年，当他卸任董事会主席时，英特尔位居《财富》500强的前50名。硅谷就是这样一个地方，电子革命越来越显而易见，而作为硅谷的理论家、沉默寡言的架构师、关键推动者，戈登本人的财富轻松超过了200亿美元。他转而成为一位大慈善家，创下了有史以来为环境保护和高等教育提供捐赠的最高纪录。戈登·摩尔不仅改变了自己的现实，也改变了他所在地区的现实，至于他对研究、商业、战争行为这些全球性领域以及日常体验模式的改变，也毋庸赘言。

晶体管已经从一种珍稀的军事硬件物品变成了现代生活中的一个基本成分。它构成了电子时代和虚拟现实的基础：Twitter、谷歌、Facebook、亚马逊的王国；无人机、政府监控、大数据、云计算、高速交易；个人电脑、网络色情、视频游戏、智能手机、应用程序、平板电脑、电视，很快还会有无人驾驶汽车、个性化医疗、全自动外科手术，以及无处不在的机器人。所有这些以智力变革生活的奇迹既是数字的（完全由一串无尽的 1 和 0 码流组成）又是物质的，它们由复杂度惊人的芯片里的硅晶体管进行处理和记录。

说实话，很多人并不理解这个新世界以及它为想象力展开的新景象。电子化的现实可以让我们亦实亦虚，通过数十亿颗晶体管所支撑的设备徜徉于时空中。2016 年，地球上制造的晶体管已经超过人均 1 000 亿颗，这种令人难以置信的丰裕是硅谷的关键所在，也是改变普通人生活维度的关键所在，它直接源于戈登・摩尔的思想和工作。在数码电子产业，硅晶体管就是砖头石块，是基本的构件模块，然而戈登其人——这位预言了硅晶体管的可用性及其角色的先知，如今已经八十多岁高龄，却仍然鲜为人知。这是为什么呢?

从他一生所展现的性格矛盾之处，可以找到一个原因。他是世界上成就最卓越的人之一，但他始终在回避抛头露面的机会。当英特尔被评选为年度最佳电子公司，他的得力助手安迪・格鲁夫在颁奖典礼上眉开眼笑地出现在摄影师的镜头里时，戈登——英特尔的首席执行官，则在边上做着“某件高深莫测的事情”，基本上没有出镜。戈登的内心被手表的滴答声所驱动和约束，他相信他的远见会带来全球性的后果，但他只是在距离他出生和长大之处只有几英里远的地方静静地工作，回避着财富和名望这些身外之物。当他以非凡的专注力聚精会神地尽其所能做好唯一的要务时，他对革命性的电子设备的追求极大地改变了世界。“Intel Inside”（“内有英特尔”）的标志既意味着晶体管，也意味着戈登・摩尔。

尽管拉里・埃里森（Larry Ellison）、安迪・格鲁夫、史蒂夫・乔布斯、马克・扎克伯格以及许多其他来到硅谷的人都要求媒体关注自己，但戈登却选择保持低调。他一直知道自己是谁，了解自己需要做什么，而且沉浸于工作。早在 20 世纪 70 年代中期，他就指出，硅电子设备是“人类历史上的一次重大革命，其重要性不亚于工业革命”。他高瞻远瞩，预见到晶体管将会如何利用人类智慧的力量。戈登・摩尔用谦逊遮掩了他的激情、韧劲和清晰的远见，缔造了世界上最成功的公司之一，展现了硅技术的力量，并设立了摩尔定律貌似无休止的节奏。

如今，尽管我们还在努力适应由晶体管带来的新奇事物，但我们知道了他的观点的真相，并享受着他的劳动果实。依靠技术的卓越、专注和孜孜不倦的勤勉，戈登·摩尔以一种不同于政治人物的方式改变了我们的世界。在某个层面上，戈登的故事似乎很简单：事后来看，他的能力、驱动力和毅力清晰明确且引人注目。然而在一个更深的层面上，他是个令人着迷的复杂的人——先人的遗产、小镇的根基、早期的家族经历塑造了他，性格中具有永不停息地探索、注重实用性、倾向于回避的特点。与他相伴 65 年的妻子贝蒂曾经问道：“他在逃避什么？”摩尔定律是一种对力量的探索，这种力量既显而易见又深藏不露，它驱使着戈登·摩尔在工作中发现自己其余的部分，而这些工作正在改变我们所有人的生活。

什么是摩尔定律

让我们从一个结论开始：摩尔定律是人类想象力的产物。世人皆知摩尔定律这个词组是一种技术上的观察，它描述了数字电子产品和计算技术的发展。它是这个意思，但又远不止于此。它是一个关于想象力、热情和世界变革的惊人故事。

硅晶体管最初创造出来是为了服务于冷战市场，这个真正的高赌注纸牌游戏关注核毁灭、威慑和令人不安的共存关系。跟微型化、功耗、可靠性所受的关注比起来，成本是微不足道的。在仙童，戈登和他的团队在晶体管的制造技术上取得了重大突破，为我们今天所知的芯片提供了舞台。化学印刷的创新取代了用导线连接独立元件的旧模式，戈登本人也为这个创新提供了几项重要贡献。在 20 世纪 60 年代初，整个半导体产业采纳了仙童的方法，但戈登更进一步，他预言新的方法意味着芯片不但会更小、更可靠、耗电更少，而且同时还会更便宜，这将会改变整个世界。

到 1963 年，仙童的硅芯片已经比搭建一个功能相当的传统电路所需的整套独立元件更便宜了。芯片就是最便宜的电子产品形态。戈登这位深深扎根于电子行业的化学家，在当时已经具备极其丰富的经验，他相信产业界可以改进化学印刷技术，这种改进并无任何根本性的障碍，而且几乎是无限期的。只要投入足够多的努力和资金，就可以用技术手段极其精确地印制出更精细的功能；通过将芯片做得更复杂、让芯片包含越来越多的晶体管，制造商们将找到自己的最佳竞争优势。

1965 年 4 月，更多人知道了戈登•摩尔的远见，这就是行业杂志《电子学》（*Electronics*）的数万名订阅者。在他的文章中，戈登描述了芯片的化学印刷会有怎样的开放性结果。如果进行投资，技术将会进步，而这种投资将会让芯片制造商获得丰厚的回报。这是个双赢的局面。通过缩小晶体管并把更多的晶体管放进单个芯片里，一切都变得更加美好：随着芯片变得更好更便宜，其应用将会扩展。戈登极富先见之明地预想到了我们今天所知的世界，会有“家用电脑、汽车自动控制、个人便携式通信设备这些新奇的玩意儿”。

《电子学》杂志的文章包含了一个新进展：一个数值预测。自从 1959 年仙童半导体实现技术突破以来，芯片上的晶体管数量每年增加一倍，从而使当时的每颗芯片上包含了超过 50 个晶体管。戈登预言这种变化将在未来十年持续下去。通过投资于化学印刷技术，让晶体管数量每年翻一番，并降低成本——在技术开发和经济上都没有任何迹象表明这种趋势会受阻，制造商到 1975 年将制造出包含 65 000 个而不是 50 个晶体管的芯片。这是摩尔定律的第一个公式，它揭示了事情的本质。在随后的十年里，当他的家乡开始被称作硅谷、世人开始对其产生好奇的时候，戈登在他的行业里所做的研究、管理以及教育努力，使得摩尔定律渐渐为众人所知。

起初，戈登的文章在圈外鲜为人知，但少数在电子行业社群中有影响力的成员，如加州理工学院的电气工程学教授卡弗•米德（Carver Mead）看到了戈登预言的潜力，帮助传播了这个认知。与此同时，戈登——这位伯克利的研究生和加州理工学院的物理化学博士，离开了他共同创立的影响深远的创业公司仙童半导体，并成立了英特尔公司。在英特尔，戈登十分具有远见，他的追求是付诸实践，倡导开发最尖端的化学印刷和复杂芯片技术，用这些技术来制造存储器芯片，以及开发具有突破性的微处理器。

到 1975 年，戈登担任了英特尔的首席执行官，芯片的确包含了 65 000 个晶体管。它们不再只是一种小众的军用产品，而是统治了正在扩张的大型商用电脑领域。戈登预测，在未来十年，随着用来开发技术的机械越来越昂贵，“每年翻番法则”将减缓到每十八个月翻一番，到 1985 年芯片将具有 1 600 万个晶体管，它会是最便宜的电子产品。事实确实如此。今天，芯片上的晶体管已经成为有史以来产量最多的东西。现在一年生产的晶体管数量很可能超过全世界所有海岸上的砂粒数量。计算的价格下降到原来的百万分之一以下，而电子元件的成本也已缩减为原来的十亿分之一以下。

在过去的六十年间，摩尔定律随处可见，芯片的复杂度有节奏地增长。这个“定律”是社会化的产物，它是人在想象力的启发下，依靠经验提出可能性，并通过全球半导体产业的合作与竞争来强制实现。通过财团、会议沟通和“技术路线图”的有组织干预以及投入数十亿美元资本并协调数十万人的努力，来开发化学印刷技术和设计复杂芯片。

在技术史上，以硅晶体管制造的芯片带来的革命性影响堪与蒸汽铁路、汽车、飞机比肩。人们很少惊叹于它那史无前例的指数级增长节奏，因为这种增长已经司空见惯。在过去几十年，消费者发现电子设备（从电话到电视，从全球定位设备到视频游戏）以一种稳定的速率变得更好、更便宜。摩尔定律是独一无二的：这是一种深思熟虑的人类创造，以一种不同寻常的规则节奏发生着不同寻常的快速变化。我们觉得这是理所应当享受的成果，但它并不会一直持续下去。

“所有出色的指数级增长都会走到尽头。”戈登指出。他早已预见到，根本性的障碍终将出现。从技术方面来说，不可能用化学方法把一个功能印刷得比原子还小（2015 年，芯片上的晶体管组成的一些功能只有几十个原子的厚度）。更重要的是，戈登预见到了摩尔定律在经济方面的断层。越来越苛刻的制造工艺导致费用日益增长，每种工艺都会在工厂耗资数十亿美元，这会侵蚀经济诱因，使芯片的未来发展减缓到如爬行一般。摩尔定律用了十年时间，从一个专家社群内的新奇事物变成了广阔世界里司空见惯的事情。摩尔定律走向终结的前景，今天还是电子和计算社群内的一个小众辩论，在未来十年将蜕变成对我们大家未来产生深远影响的讨论。

真正的革命

1973 年，当戈登·摩尔看到他的早期预言正在实现时，他对记者吉恩·拜林斯基（Gene Bylinsky）说道：“我们才是当今世界真正的革命者，而不是那些留长发、蓄胡子的孩子。世事变革受到电子技术的影响要比受政治行为的影响大得多。”毫无疑问，技术是革命性的，而戈登就是它的架构师，但他的断言本身就是一场革命的话，又会如何？

摩尔定律表明了戈登·摩尔对硅电子产业的深刻理解，他也多次谈到他的工作引发的无数变化。然而，用硅来制造电子设备的想法并非戈登首创，他既没有发明最初的硅晶体管和其后来的形态，也没有发明某种重要的微电路或芯片、微处理器、个人电脑和智能手机。难道他和他的祖先一样，只是个在微电子领域拓荒的勇敢无畏的小角色，却成全了其他更为出名的人物，让那些人在这个领域耕耘、立足、扬名立万？不，他的贡献是根本性的，为人类经验的转变提供了支撑。在硅电子产业的故事里，戈登·摩尔是最重要的思想家和实干家。

戈登的第一个关键步骤是，他从威廉·肖克利出人意料的来电中洞察到了机会。早在 1956 年，在使用电子仪器从事化学研究时，戈登就知道，晶体管——仅仅 7 年前才被发明出来，代表着一种技术及产业的开端。在肖克利的实验室工作时，他开创了制造新型扩散硅晶体管的化学工艺。他很快就确信，化学印刷可以实现大规模生产，晶体管将在冷战时期的航空航天领域找到一个现成的市场，而且迟早会更普遍地参与到电子产品市场的竞争中。在与威廉·肖克利新招募的其他年轻人一起工作并实现扩散技术（这是化学印刷的发展途径）时，他意识到硅基“平顶”（mesa）这种新型晶体管具有巨大的潜力。他极力倡导将其作为一个产品，并以扩散法作为其制造技术。

戈登致力于晶体管的努力使他与肖克利产生了分歧。随着实验室凝聚力的瓦解，他代表持不同意见者带头联系了投资人阿诺德·贝克曼（Arnold Beckman），后来当他们寻求出路时，又在自家起居室里把大家召集了起来。戈登关于晶体管的前景以及用扩散法进行化学印刷的分析，对仙童半导体至关重要，这家企业是由戈登和他的 7 位同事发起的。他们的创业公司迅速成为硅电子领域最重要的创新场所。当资助方仙童摄影器材（Fairchild Camera and Instrument）公司将其买断时，戈登发了一笔小财。仙童半导体共同创始人金·赫尔尼（Jean Hoerni）发明了平面工艺，这项离经叛道的创新为另一个重大成果铺平了道路：硅平面晶体管。遵循另一位共同创始人鲍勃·诺伊斯（Bob Noyce）设计的一个概念，戈登主持了一个项目，在单个硅片上用平面晶体管制造出完整的电路：芯片。

在他的著作和谈话中，戈登努力动员同事去实现他预见的未来，他用图形展示芯片复杂度的指数级增长以及规律的成本下降，这就是摩尔定律。他的行动受着这种突破性洞察力的引导，但在仙童半导体，他无法利用他的思想来获利，或者把有前途的技术开发转变为制成品，这让他心灰意冷。事后表明，鲍勃·诺伊斯从仙童离开是个催化剂。由于戈登无法让公司去做他认为最好的事情，所以离开的时候到了。他与诺伊斯在 1968 年创建了英特尔，旨在最大限度地发挥他的成熟洞见。

英特尔的架构以及戈登在那里发展的伙伴关系，使公司能够沿着他的战略轨道快速、高效地行动。关键的决策和投资包括追逐 DRAM 内存芯片，以及戈登对 EPROM 这个英特尔秘密“摇钱树”的支持。他极力倡导的理念是，数码电子产品和计算机应融入社会的方方面面，尤其是家庭。戈登的思想为公司设定了方向，把公司定位为世界上最大的芯片公司。他并非事事都正确，也没有直接发明重要的设备或产品，但他的策略取得了决定性的成功。英特尔从一开始就遵循这个策略，把拥护微处理器与捍卫摩尔定律合为一体。

戈登·摩尔至少在四个不同方面领导了他于 1973 年向别林斯基所阐述的“真正的革命”。首先，在脱离威廉·肖克利去创建仙童半导体的八人小组里，他起到了明显的领导作用，为后来硅谷的冒险和创新确立了蓝图。他不仅亲自对制造技术进行创新，而且他从肖克利那里辞职也使“变节资本”成了一个关键动力，让硅谷成了如今的模样。其次，身为仙童半导体的研发总监，以及在芯片制造中扮演关键角色，戈登不仅激活了个体创新，而且也为这场革命建立了核心框架。再次，数十年来，在阐述和追寻摩尔定律的过程中，他确立了全球半导体产业的核心动力，促进了技术普及，加速了社会变革。最后，在对晶体管技术坚定不移的专注中，他对信息技术革命的基本构件进行了持续改进，使得大量产品、服务、数据和设备构成了我们日常生活的基础。

谜一般的人

戈登本人并不符合人们对革命者的传统印象。他不会剑拔弩张、花枝招展，也显不出魅力十足。与数字世界的同龄人相比，他几乎不为人知。即使是他共同创办的巨型公司英特尔，也被认为主要是由他的长期合作伙伴鲍勃·诺伊斯和安迪·格鲁夫缔造的。戈登的生活方式在大多数方面都很传统，其一致性和正直性令人瞩目。他和贝蒂·惠特克的婚姻已经超过半个世纪，他也是大家族的“家长”，家族成员之间的地理位置和社交关系都很紧密。此外，尽管几十年来他领导着一个作风强硬的大公司，而且一度是加州最富有的人，但是几乎没有被别人羞辱过：无论是同事还是竞争对手对他都罕有诟病之辞。他普遍受人喜爱，人们认为他是个沉着稳重、富有洞见、技术卓越、聪明睿智的强者。那么，这个戈登·摩尔究竟是个什么人？

首先最重要的，他是个离群索居的人。从童年开始，他就表现出与同龄人不一样的从容，这缘于性格上与生俱来的超然和内敛。他出生于一个价值观极其传统的刻板家庭，有一个当警察的父亲和一个安静的母亲，最初他很受排斥（父母特别希望生个女孩），所以戈登内心很早就形成了强大的抵制力和内在力量。他变得自立且适应性很强，他刻意模仿父亲沃尔特的样子，父亲是个活样板，让他学会了如何抑制情绪、如何克制自己。恬淡又坚忍的处事原则使得戈登总能超然物外，这正如他在佩斯卡德罗的生活，这个小小的偏远地区位于北加州遥远的太平洋海岸上，常年被雾霭笼罩。在这种朴实无华的环境中，戈登习惯了依靠自有的资源单独工作。正如他的祖先穿过美利坚的荒野去开拓，他充分利用自己拥有的东西，并将其转化为优势。

他的经历是由其家族历史和地位塑造的，佩斯卡德罗的摩尔家族犹如社区堡垒。从他最早期的日子开始，他就有一种根深蒂固的感觉：不论发生什么事，他在自然秩序里的地位都是安全的。最早教他的老师们都认为他的安静、自立和克制更像是发育问题；后来，在婚姻和商业中，更微妙的问题出现了，如他相应的风格——不参与或最低限度地参与，赋予了他专注于现实和战略问题的巨大能力。

戈登毕生都在追求实用性。钓鱼和打猎这些户外活动将独处与战略思想相结合，通过掌握和控制来取得胜利。他在游戏中追逐和杀戮，甚至（当他还是个小孩子的时候）卖掉他的战利品。戈登的父亲和外祖父在执法和店铺管理的日常工作中，强化了商业以及可靠的理性战略的重要性。人们必须认真地挣钱、省钱，这需要长时间的专心苦干，几乎不可分神。情感要被行动取代，长期目标和当下的现实问题最为紧要。

戈登在 11 岁时发现了化学的奥秘，这让情况发生了改变。他安静但并不孤僻，虽说他与外界联系的需求受到了抑制，但这种联系也是真实存在的。爆炸确实会引起他人的注意；即使是他沉默寡言的母亲也不能无视他把邻居的房子烧着了。戈登小心地将自己的聪明才智应用于化学实验，试图去理解和控制“砰砰的响声”，以此向外界宣告他的身份及联系。他发展了自己的技能，同时又保持超然独立。作为一位颇有造诣的化学家，他可以把物质的东西转化为他的语言、表达和参与。

在商业和私人生活上，伙伴关系是戈登成功的核心，但他缺少温暖的关系。他对贝蒂的低调追求演变成了婚姻，此后戈登在其中精心维护着彼此的界线。这是两个孤独者的联盟，他们强烈地依赖并献身于对方。贝蒂不仅是个“安全”的人，也是个他可以与之“做生意”的人。很快他们之间就形成了一个模式：爱慕和亲密是以共同做事而不是以谈论感情来表达的。这种交易模式意味着戈登可以保持一种信任的伙伴关系——这给了他至关重要的起稳固作用的定海神针，同时为自己保留一部分禁区。“摩尔家的人没有感情。”贝蒂曾无可奈何地做过这样的评价。他的回避倾向是有问题的，但伙伴关系使他可以同时处于缺席和保持联系的状态。这是一种有效的保护罩。

戈登坚持说他是碰巧成为一名企业家的，这只是个偶然，是出于必要性。“我没有受过商业方面的培训。在大学二年级之后，我除了化学、数学和物理学以外，没有学过其他任何课程。我的职业生涯来得相当意外，它和我早期的预想背道而驰。”然而，他的家族之前确实有过不少企业家。1847 年，他的祖先、出生于北卡罗来纳州的伊莱·摩尔（Eli Moore）在“淘金热”来临之前就已经是个冒险家，经过艰苦跋涉来到了加州；一到了那儿，出于必要性，伊莱和他的儿子们很快就转向了多种赚钱的行业，所有的营生都具有很强的实用性。祖先们为戈登竖立了榜样，让他知道了成为先行者意味着什么，他先是一头扎进肖克利的冒险行动中，然后又出去加入了“八叛逆”队伍。其他不那么愿意自立门户的人，则没有在那些宣告仙童半导体成立的传奇性美钞上签字。①

戈登是个离群索居的人，偶然成为了企业家，其成功源于一种天生的开拓精神，以及一种能够让他把握多种角色的特定才能的组合：化学家、战略家、技术专家、投资人、商人、领袖和产业政治家。在半导体电子行业里，戈登精明敏锐、动力十足、专心致志、独立、敢于冒险、冷酷无情。他以其标志性的谦逊口吻评论道：“我之所以成功完全是运气好。”他在正确的时间出现在了正确的地点，但戈登·摩尔也是正确的人选。

加州本地人

1998 年，备受关节炎折磨的贝蒂打算短暂搬到夏威夷去住，希望躲避寒冷的冬天。戈登现在有相当一部分时间是在他们位于夏威夷大岛科纳海岸的大房子里度过的，但在重要的方面他从未离开过加州，这里是他的祖先、童年、成功和身份所在之处。他保留

① “八叛逆”刚开始出来创业时，两位银行家阿瑟·洛克（Arthur Rock）及其老板阿尔弗雷德·科伊尔（Alfred Bud Coyle）决定为他们筹资，但仓促之间来不及准备正式文件，于是这 10 个人就在 10 张面值 1 美元的钞票上签字，每个人在每张钞票上都签了自己的名字，代表彼此之间的合作承诺。——译者注

了作为一个加州人的正式身份。他的地址和主要办公室在山地草甸，他的家在加州的伍德赛德，他的邮件还堆在那里。一名兼职助手帮助他筛查邮件，在场的看门人负责对房子和庭院进行永无休止的维护工作。

当戈登独自从夏威夷飞往伍德赛德短暂居留时，迎接他的是成堆的非紧急邮件。他的房子地处偏远但道路通畅，坐落于红杉掩映的圣克鲁斯山脉，离 280 号高速公路只有几分钟的路程——只要半个小时，就可以往北进入旧金山市中心，或者往南进入硅谷。他在山地草甸熟门熟路。令人惶恐不安的是，当有人来到他家门口时，他会很快地打个招呼。你可能想转一圈，享受一下鲜花的芬芳或者当天的天气，但他会径直走到他的书房。挂钟的滴答声衬得屋子里格外安静，偶尔会从外面传来榔头的敲击声或吹叶机的嗡嗡声。

在屋子里，人物与环境的搭配十分完美。八十多岁高龄的戈登身材高大，身高近 6 英尺[①]。拖着装有牡蛎壳的麻袋、踢足球、在学校体育馆里翻跟头的日子早已远去，但他依然有着宽阔的肩膀和笔直的身板，身材发福，但依然修长。他穿着舒适的休闲裤、衬衫和休闲鞋，戴着眼镜和分离式助听器，秃头顶，相貌和气质就像一位退休的化学教授。在英特尔，与油嘴滑舌的诺伊斯和专横跋扈的格鲁夫相比，戈登被人们认为是“平易近人”的风格，是“芯片产业一位不愿意抛头露面的圣贤”。朴实无华的他看起来就像是“一个迷人的叔叔，更倾向于说些诙谐话而不是豪言壮语”，或者是“一个真正的工程师，喜欢做令人惊讶的计算工作”。

他的书房看起来浑然一体。堆积的书籍跨度达六十个年头，大都带有技术性的标题，塞满了书柜，堆在他的大书桌和旁边的椅子上；房间的角落里层层叠叠地堆着书。大量文件散在外面，像雪片一样落在各种文献上，钓鱼的书籍、一些纪念品、零星的渔线轴和鱼饵搁在上面。一台不起眼的旧电脑放在另一张桌子上。要想坐下来，访客可以自己挪开一个硬纸箱，里面装满了尚未整理过的邮件。戈登坐在一张转椅里，身子往后靠着，目光凝视着采访者，面无表情，认真听取每一个问题。他对闲聊没什么兴趣；让谈话继续下去并不是他的工作，他也不会被取悦的需要所打动，尽管他的助听器有点毛病，需要集中注意力，但他还是详细介绍了最近他跟这款采用芯片驱动的设备的斗争。他还顺带提到，最近去了一趟好市多超市。

① 1 英尺约等于 0.304 8 米。——译者注

序幕
“我是肖克利”

新认识他的人首先要竭尽全力听清楚他的话语的结尾。作为一位数字时代的巨人，戈登的嗓音轻柔得令人惊讶。微妙的暗示透露出了他不同的参与度：坐姿改善、眼睛睁大、一丝笑容、更高声和更快速的回答。关于技术和科学的询问会引起更为热情的反应，但是当谈话转向有关情感或心理动机的问题时，停顿就会变长，回答也更简短。“嗯，人毕竟是人”是他的口头禅。当被问及自己的感受时，“我记得那件事”往往就是他的全部回答。当他不认为自己有资格回答一个技术或事实问题时，他会保持沉默。有时候这种停顿会变得令人不适，然后谈话再继续下去。

在交流了一两个小时以后，戈登坦承屋子里没什么可吃的。在附近的一家餐厅，他点了含一杯汤和半份三明治的套餐，外加一份健怡可乐。讨论的话题转向新闻事件，包括最近向火星殖民的提议；他以令人惊讶的激情对此进行了公开抨击，描述了一连串技术原因来证明这个提议的荒谬性。当他兴奋的时候，勃勃生机会融化他的安静内向。离开他家里的环境，那种略显寒酸的退休教授的定格印象就会被弱化；即使在山地草甸，也随处可见这种反差。他凌乱的书房里充满了精致而低调的木制品和装饰品；技术杂记和打印资料散落在书桌上，盖住了美国最富有和最有能量的那些公民的来信和邀请函。这栋房子现在很少使用了，它坐落在一片原生态的土地上，也坐落在地球上最富有的社区之一。

这些反差是戈登·摩尔不可或缺的一部分——来自佩斯卡德罗的自给自足的化学家，在世界上最大、最成功的半导体公司任职时间最长的首席执行官，电子革命中沉默寡言的先知。他虽然个性温和，但却是个咄咄逼人的竞争者，是美国拥有财富最多的人之一。一方面他不善言辞，但另一方面他又是作家、演说家和组织者，一直致力于构建追随摩尔定律所需的社会共识。对于未来的一代人（甚至是正在加州大学伯克利分校学习的年轻科学家和工程师）来说，戈登这位从硅谷顶级公司退休已久的领袖几乎不为人知。他喜欢这种方式。戈登的成功并不只是一个白手起家的传说，而是充满矛盾的自我实现的故事。伟大的天赋、持久的专注力，对于自我隐藏的持久需要塑造了他。在戈登灵魂的深处，他希望创造影响力，同时最大限度地减少对他个人的关注。

戈登是个彻头彻尾的加州人，在这片动荡的乐土上，几代先人的经验塑造了他，让他永远处在新鲜事物的前沿。要想理解他并欣赏硅谷，首先要考察一下美国（尤其是加州）的故事里一些非常传统的元素。这些元素或被吹捧，或被删改，或被误读，呈现在无数的好莱坞电影里，展现了 19 世纪早期至中期从最初的 13 个殖民地向西部移民的故事。当时摩尔家族正准备赶着马车队向西部进发，我们的故事就从这里开始。

第 1 章

Moore's Law
The Life of Gordon Moore,
Silicon Valley's Quiet Revolutionary

佩斯卡德罗的摩尔家族

摩尔家族进入未知地带

伊莱·摩尔听见了呼唤

伊莱·摩尔和他的妻子伊丽莎白是西迁移民中的小角色，他们最初于 1835 年从田纳西搬到了密苏里。在 19 世纪 20 年代末，他们的家庭成员不断增长。伊莱是个有才干的人：他是个农夫，又是个猎人，木工活也很熟练。他极其务实，适应能力很强，喜欢简单的生活，具有在艰巨而残酷的西进事业中实现生存和兴旺发展所需要的品质。他是个先行者，他的长子亚历山大（Alexander）具有伊莱的许多特质，尤其是洞察能力，这个特点终有一天会在亚历山大的曾孙戈登·摩尔身上体现得更为强烈。

密苏里是去往偏远西部、鲜为人知的俄勒冈和加利福尼亚等地的跳板，那些地方还是处女地。1826年，杰迪戴亚·史密斯（Jedediah Smith）[①] 和同行的捕猎者是最早从东部

① 美国著名探险家，被认为是第一个从美国东部进入加利福尼亚的人，在美国西进运动中起到了重要的历史作用，后来死于印第安人的袭击。——译者注

经由陆路穿越到西部的美国人。十年后，约翰·马什（John Marsh）[①]从密苏里出发启程。他为东部的报纸写了很多文章，称赞西部的资源充裕，并吹嘘说经由山区进入墨西哥人掌握的上加利福尼亚省很容易。以前只有零零星星的美国公民到过那片充满传奇色彩的地区，他们是经过危险的航海之旅绕过南美洲到那儿的。19 世纪 40 年代初，越来越多的人组成马车队从密苏里出发，准备去面对一个同样漫长而危险的旅程，但至少这是走在陆地上。

定居在上加利福尼亚省的人不多，只有不到 1 万人。这些说西班牙语的人从墨西哥经由陆路向北迁移，有很大的牧场，并通过名门望族之间的联盟来进行治理。1821 年以来独立墨西哥人的统治陷入了混乱，同时早些年的西班牙体系也崩溃了，由于这两个原因，加利福尼亚本地的人口大大减少，美国移民的到来只是让这个本已不安的地区变得更加动荡。“天命昭昭（Manifest Destiny）”[②]的信念流传开来，这个出现于 1845 年的术语本身预示着这样一种信仰，即介于大西洋和太平洋所给出的“自然”西部边界之间的土地都属于美国，它就在那里等着美国人去定居。这个理论被用于支持詹姆斯·K. 波尔克总统的政府，并被用于为与墨西哥的战争辩护。很多去西部的人都受到了这些观点的鼓舞。其他像摩尔家族这种信仰天主教的人，则闻到了机会的气息，并被生活在天主教文化中的想法所吸引。

雄心勃勃、锐意进取的伊莱·摩尔设想将密苏里作为出发点，但具体到哪里去并不明确。他找到一位导师查尔斯·霍珀（Charles Hopper），此人参加过 1841 年巴特尔森-比德韦尔党（Bartleson-Bidwell Party）[③]从陆路前往俄勒冈和上加利福尼亚的先驱之旅。这支队伍面临极大的困难，在穿越盐湖平原时断水两天，为了赶在冬雪袭来之前翻越内华

① 美国西进运动的先驱之一，早年在东部学医，后定居加利福尼亚，被认为是最早在加利福尼亚开业行医的人。——译者注

② 或称作“昭昭天命”，是 19 世纪美国民主党所持有的一种信念，认为美国被赋予了向西扩张至太平洋、横跨北美大陆的天命，其拥护者认为美国的领土和影响力扩张不仅明显，而且是天命注定的。这个词组最初是个政治口号，后来成为标准的历史名词，意即美国横贯北美洲、直达太平洋的领土扩张。——译者注

③ 约翰·巴特尔森和约翰·比德韦尔是首批尝试率领马车队从密苏里前往加利福尼亚的美国移民。——译者注

达山脉，一度被迫放弃马车。多纳党（Donner Party）[①]在稍晚些时候采取了一条类似的路线，但他们准备没那么充分，也没那么幸运。他们在深山里遭遇的厄运如今已家喻户晓，其中包括饥饿、死亡和人吃人。

伊莱兴趣盎然地听了霍珀的故事，汲取了先行者的信条："不要沿着道路会去的地方走，而要在没有路的地方带头，并为别人留下一条路。"1847 年 1 月，他决定向西进发。在满怀期待中，他现年 21 岁的长子亚历山大娶了同样来自田纳西的阿黛琳·斯潘豪威尔（Adaline Spainhower）。新婚夫妇没有时间安顿下来，多纳党的厄运毫不含糊地告诉旅行者们，必须赶在 11 月初的风雪来临前到达并征服内华达山脉。假如他们每天走 15 英里，那么旅途就需要四到六个月；5 月份可能是最晚的安全出发时间了。霍珀和他的家人也在这个 400 人的队伍当中，他们中的大多数人都是去往俄勒冈州。

1847 年 5 月 9 日，整个摩尔家族——伊莱和他的妻子、儿子亚历山大和儿媳阿黛琳以及亚历山大的五个弟妹，加入了在密苏里州独立市组建的马车队。亚历山大的新婚妻子阿黛琳头一回怀孕刚到第二个月，不管她情况有多好，还是觉得想吐而且疲惫。在黎明的气息中，各个家庭装好马车，准备好牲畜。就连笨重的物品也将与他们一道旅行，其中包括伊莱心爱的重量钟。阿黛琳的两个姐妹也在队伍里。兴奋掩盖了她的焦虑：这是一个全新的开始，可能带来更大的繁荣，而其艰辛则不得而知。

到 7 月 4 日，大约两个月之后，马车队到达了落基山脉边缘的独立岩（Independence Rock）。数周后，旅行者们喝上了从苏打泉（Soda Springs）冒出来的天然苏打水。在夜里休息时，他们把马车围成一圈，亚历山大·摩尔的弟弟汤姆向目标射击，"以显示他有枪，并把印第安人吓唬走。"在霍尔堡（Fort Hall）（位于今天的艾奥瓦州），这支队伍遇到了约翰·C. 弗里蒙特中尉（John C. Frémont），他在当年 1 月份接受了墨西哥军事指挥官安德烈斯·皮科（Andrés Pico）的投降。弗里蒙特告诉旅行者们，与墨西哥的敌对行动结束了。未来属于美国，加利福尼亚在那里等着他们去接手。

---

① 在美国西进移民潮中发生的一次悲惨之旅。1846 年，由乔治·多纳率领的马车队走了一条不熟悉的路线，在内华达山区受阻于暴雪，由于食物短缺，大队人马在深山中挣扎了数月，到最终获救时，原先的 87 人只剩下 48 人，很多幸存者是靠着吃死人的尸体活下来的。——译者注

加利福尼亚：机会的土地

马车队在霍尔堡分散了。人数较多的一支向着哥伦比亚河和俄勒冈地区前进，而伊莱·摩尔和家人加入了打算前往加利福尼亚的余部。这组人由霍珀领头，包括 15 个家庭和 20 辆马车。他们往南朝着洪堡特河进发，行经树林间新开的豁口，这些积雪之上的豁口是多纳党的成员留下的。又经历了两个月的旅途之后，1847 年 10 月 2 日，马车队终于到达了太平洋海岸的三角洲，来到了位于熊河的约翰逊牧场，这里距萨克拉门托50英里。马车队继续经过萨特堡，一年之后，加州淘金热将从这里开始。

德国出生的上尉查尔斯·韦伯（Charles Weber）在 1841 年已经跟着巴特尔森-比德韦尔党到过加州，现在对一宗西班牙人的土地出让饶有兴趣，他起劲地怂恿旅行者们用这块免费的土地创造一个众望所归的定居点——图勒堡，现在叫斯托克顿（Stockton）。韦伯是霍珀的熟人，他为这支队伍中的每个人都提供了 1 平方英里①的土地。“我自己、霍珀队长还有我们当中的五六个人愿意接受这项提议。”亚历山大记录道。他父亲的脑子里则想着更有前途的东西。伊莱已经听说海岸边的土地和气候是最好的，他和其他三四个家庭拒绝了韦伯的提议，霍珀也在其中，他们继续旅行，并采取权宜之计渡过了圣华金河。在此伊莱展现出了先驱者的力量，正如他在别处展示的一样。他那积极追求新机会和新生活的决心成了他生命中的主旋律，一如加州文化的主旋律。

缩编的马车队终于接近了圣何塞，成员们在那里偶然遇到了艾萨克·布兰汉姆（Isaac Branham），他是个经验丰富的猎人，曾在密苏里经营锯木厂、磨坊和酿酒厂。伊莱和亚历山大·摩尔同意在布兰汉姆的定居点列克星敦建立一座锯木厂，它位于山区，处在去往海岸和圣克鲁斯教区（现在是列克星敦水库脚下的一座空城）的途中。队伍进入小山，盖起小木屋，打算在那里过冬。尽管条件简陋，但总比在走个不停的马车上呕吐要强，尤其是孕妇和产妇都需要休息。

事后表明，与布兰汉姆的协议很短命。令人心动的景象不断涌现，摩尔家的男人们忍不住继续向前走。这次是亚历山大激起了冒险和找寻机遇的欲望。他和另一位先驱约翰·多克（John Doak）向圣克鲁斯进发，顺道拜访了两名较年长的人：艾萨克·格雷厄姆（Isaac Graham）和约瑟夫·拉德·梅耶斯（Joseph Ladd Majors），这两个人深谙加州

① 1 平方英里约等于 2.590 平方千米。——译者注

所提供的机遇。格雷厄姆比伊莱·摩尔大5岁，有人曾描述他是个“传奇式的士兵、富翁、捕兽者、猎人、步兵、牧场主、木材商和诉讼当事人”。1840年，他卷入了一场政变，后来引发了格雷厄姆事件（Graham Affair）①，这次外交危机涉及墨西哥、美国和英国的领土竞争野心。对于年轻的亚历山大·摩尔来说，他是个魅力四射的人物。梅耶斯是个来自田纳西的山里人，于1834年跟格雷厄姆经由圣达菲小道到了加利福尼亚。亚历山大带着深刻印象回到他父亲那儿并对圣克鲁斯大加好评：“我喜欢圣克鲁斯胜于我在加利福尼亚看到过的任何地方”。伊莱“对前景和气候非常欣喜”。回到列克星敦定居点，这群人中的妇女（包括正怀着第八个孩子的霍珀太太）得知，队伍将前往群山环绕的圣克鲁斯，走一条迂回的路线，“经由圣何塞和吉尔罗伊，那是当时马车队可以通行的唯一路径”。

圣克鲁斯、创业精神和淘金热

圣克鲁斯教区在1834年已经世俗化了。世俗化成了掠夺和剥削美洲土著人口的土地、劳动力和资源的一种执照。随着墨西哥人的土地所有权被“外国佬”交易、拆分和收购，权力的平衡转移到新来的人手中。其他国家也在这个地区经营。早在1812年，俄国人就在罗斯堡建立了一个基地。在圣克鲁斯，一个出生于西伯利亚的皮货商何塞·波尔科夫（Jose Bolcoff）让自己融入了当地文化。到19世纪30年代中期，他是世俗化了的圣克鲁斯教区的管理者。波尔科夫用动产和土地跟不断减少的剩余美洲原住民交换烈酒，而原住民又袭击定居点抢走马匹和牲畜，有时候会把它们卖回给美国定居者。

美国方式取代了牧场系统，因为灵活的适应能力和无畏的创业精神得到了回报。现存的社会秩序崩溃了，而伊莱和亚历山大·摩尔就属于那些占有天时地利的人。他们在淘金热之前抵达当地，看到有这么一个机会，即使发不了大财，也能过上好得多的生活。为了到达西部并生存下来，开拓者们必须想法务实、身体强健、观念创新、意志顽强。他们不得不寻找食物和水源、修理破损的马车、带领牛群、生儿育女。一个世纪后，

① 1836年，格雷厄姆领导一群美国和欧洲移民，在反对尼可拉斯·古铁雷斯（Nicolás Gutiérrez）的政变中支持胡安·鲍蒂斯塔·阿尔瓦拉多。后来在1840年，阿尔瓦拉多转而反对格雷厄姆，并逮捕了他和其他大约100名外国人，这个举动引发了墨西哥、美国及英国之间的外交危机，即“格雷厄姆事件”。后来在探险家兼作家托马斯·J.法恩汉姆（Thomas J.Farnham）的帮助下，格雷厄姆等人被释放。——译者注

在一个同样开放的环境中，让伊莱和亚历山大受益匪浅的身体和精神特质也滋养了戈登・摩尔，在电子产业的前沿地带，他一头扎进了群雄逐鹿的风云际会当中。

1847 年 11 月 15 日，摩尔家族成为了圣克鲁斯最早的美国定居者之一。他们在教堂旁边的广场上安营扎寨，很快就搬进了一座由波尔科夫拥有的土坯建筑里。亚历山大和阿黛琳・摩尔对于在那里过冬很满足，并计划来年春天自己盖木屋。他们的主要关注点是长子的降生，他出生于圣诞节前两个星期。他们给他取名叫伊莱・丹尼尔（Eli Daniel），而且为他感到自豪，因为他“在这片街坊邻里当中，是美国双亲所生的第一个男孩”。

亚历山大与约瑟夫・拉德・梅耶斯的熟人关系为伊莱铺平了道路，让他从波尔科夫那里买下了艾尔・雷富吉奥牧场的一部分，这是教区从前放牧的土地。伊莱很快盖起了一座木屋［位于今天的前街（Front Street）］，就在亚历山大和阿黛琳占用的土坯房的正东边。作为圣克鲁斯意义重大的第一座木质建筑，伊莱的红木屋非常原始，窗户狭小，房间低矮，其中一间偶尔会出租给过路的人。

积极开拓、勇于冒险、富有创业精神的伊莱和亚历山大，以及伊莱更小的儿子威廉和托马斯，希望进入任何可能盈利的风险事业。他们在生意上多头并进，就像很多年以后他们的后裔戈登所做的那样。时间会证明哪桩生意最好。一个策略是瞄准蓬勃发展的木材市场。早在 1848 年，他们就跟多克和波尔科夫形成了合作关系，兴建一个锯木厂。波尔科夫拥有一半的产权并承担费用，其他人则贡献劳动力。正如亚历山大后来回忆的那样，“当我们正忙着准备建完工厂时，淘金热爆发了，所有的帮工都离开了我们。”传说中的加州淘金热开始了。

1848 年 1 月，在萨特的磨坊，詹姆斯・马歇尔（James Marshall）在美国河的南福克发现了一块天然金块。他试图让自己的发现秘而不宣，但一家旧金山的报纸《加利福尼亚人报》公布了这个消息。那年夏天，另一个探险家本杰明・伍兹在泰伦恩河的一条支流也发现了黄金。一些采矿营地突然冒了出来；然而由于缺乏铁路线，加州仍然与世隔绝。即便如此，在一年之内仍有数以万计的人从俄勒冈、夏威夷、拉丁美洲以及东部蜂拥而至。最初还可以捡到金块，后来探矿者就在溪流和河床中无休止地淘金，找到的黄金总价值达数十亿美元。少数人富裕得超出了他们最狂野的梦想，但大多数人并没有发财。

淘金热是一个转折性事件，引发了人口的大规模增长、商业和交通的发展以及牧业和农业的繁荣。这是莽撞、轻率、挥霍的年代，令人瞩目的是其自发的社会组织，以创纪录的时间推动了加利福尼亚的建州过程。在6年内，旧金山从一个仅有200人的小定居点增长为一个具有4万居民的城镇。正如加州杰出的历史学家凯文·斯塔尔（Kevin Starr）所说的那样，“加州没有，或者正如结果表明的那样，永远不会有一个深思熟虑的发展过程。相反，加州是通过人数的激增和突然的能量释放而急剧发展的。”

淘金热的动荡带来了一个采矿技术创新的时代，这为加州树立了技术声誉。成千上万满怀希望的矿工，集实用主义、足智多谋于一体，怀揣时不待我的心态，让陈旧的甚至是古老的方法适应于加州的地形，把诸如摇杆和水闸之类的工具效率发挥到了极致。这些自学成才的富有创业精神的探求者们——完全异于出自名门的欧洲采矿工程师的一代人，贡献了全新的技术，尤其是液压挖掘的突破性创新。许多年以后，硅谷的半导体产业享受到类似的繁荣和能量的释放，这是由一家永远忙碌着的公司推动的：戈登·摩尔的英特尔。“我们忙碌得简直见鬼了，”在谈及他的公司追求前沿创新的狂热活动时，戈登懊悔地说道，“很多事情本来是可以更高效地学到的。”

没有了劳工来为他们建锯木厂，伊莱和亚历山大赶紧临时想办法。亚历山大自己去搞勘探，而伊莱投资了埃尔多拉多矿业公司（Eldorado Mining Company）。最终，他们建完了波尔科夫的工厂，并开始为旧金山的长（中央）码头和圣克鲁斯的家庭供应木材。随着当地人口的暴增，亚历山大赢得了一份合同，为一所郡监狱提供18 000英尺的木材。伊莱开始参与圣克鲁斯溪附近一处面粉厂的生意。摩尔家族也开始耕种自己的土地。他们从东部带来的知识给加利福尼亚人留下了深刻印象；他们的谷物架以及在伊利诺伊州皮奥里亚制造的一把钢犁令人惊讶。亚历山大记得，当地人是如何“天天来看我们的犁，用西班牙语称赞道‘非常好’”。

圣克鲁斯周围的沿海土地富含潜力。土豆很快成为新的黄金。1852年秋天，一场异乎寻常的大丰收让人们从矿山转向了农场。随着土豆的售价高涨，种土豆变得比挖金子更有价值了。热潮再次来临，伊莱也沿着海岸向北进发，寻找更多的土地。他来到佩斯卡德罗溪，发现野生的燕麦长得比他的马还高，对此他惊叹不已。对他来说，这个偏远的、无人定居的地方不该用原住民的放牧方式来开发；相反，这里富饶的冲积土壤迫切需要有人来耕种。这是一个典型的“尤利卡（Eureka）”时刻[①]，类似于詹姆斯·马歇尔发现了黄金。伊莱和他的美国同胞们“公然且毫无羞耻地觊觎他们所看到的景象。他们觉得加利福尼亚目前的拥有者不配拥有这些遗产”。伊莱很快就用数目不菲的 6 000 美元购买了一片 800 英亩的土地。他的曾孙女、戈登·摩尔的姑姑路易丝·威廉姆森（Louise Williamson）回忆起家族的骄傲，那里头一次向一名白人定居者出售土地时，伊莱是如何设法购买“他所能勘测到的尽可能多的土地”的。

通过伊莱的赠予和影响力，他的儿子们在佩斯卡德罗当地及周边拥有了土地。伊莱自己从来没有在佩斯卡德罗住过。相反，在圣克鲁斯，他处于一张不断增长的关系网的中心，他作为小镇之父的地位，是他的声望以及他家人安全的基础。由于外来移民很少能出示可信的凭证，业已存在的纽带——血缘和宗教关系，为巩固商业交易起到了至关重要的作用。大量赶着马车拖儿带女的美国家庭开始在这个地区定居。随着学校和教堂的数量超过了酒吧和妓院，出现了更多的妇女，圣克鲁斯也从前哨基地演变成了定居社区。

这个镇的形成在很大程度上要归功于伊莱。他曾担任新镇议会的主席，而且做过郡长，他营造了一种公民参与的传统以及对法律和秩序的尊重，当 80 年后戈登进入青年时代，这依然是摩尔家族的特点。伊莱 50 多岁时去世，他死于 1859 年 6 月。根据加州最新的州宪法，他的遗孀可以用自己的名字自由继承他的财产，她又活了 1/4 个世纪，比她自己的 4 个孩子活得还长。伊莱的木头框架房子仍然在其他业主名下使用。后来，他的家人捐出了早期的土坯住所，这块地方成了该郡首家法院的一部分。如今，戈登溪流经老牧场，又流过了戈登溪保护区。

佩斯卡德罗的开拓者

1847 年，亚历山大和阿黛琳带着他们的长子在圣克鲁斯定居了。他们的次子于 1849 年 3 月在那里出生，起名叫约瑟夫·拉德·梅耶斯·摩尔（Joseph Ladd Majors Moore），以进一步取悦他们的有影响力的朋友。第三个儿子威廉出生于 1851 年。当伊莱·摩尔答应分出一部分佩斯卡德罗谷的土地面积给亚历山大并力劝他搬到那里去时，冒险时刻又

① Eureka 是古希腊语，意思是“我找到了”“我发现了”。据说阿基米德在洗澡时发现了浮力原理，高兴得来不及穿上裤子，就跑到街上大喊“Eureka！”——译者注

到了，这是经过权衡之后值得一试的风险。“1853年，我来到佩斯卡德罗，”亚历山大后来回忆说，“从那以后就一直生活在这里。”加利福尼亚独立建州时，一个土地专员理事会对墨西哥人和西班牙人的土地出让赔偿要求的有效性进行了最终评估，这个家庭不得不向州政府支付更多的款项。受让人很少能拥有大块完整的土地，但伊莱的先见之明和投资让摩尔家族的要求有了保障。

这个小镇离岩石遍布、海风吹拂的海岸很近，但并不完全在岸边。森蒂纳尔的丘陵即使没有拦住无处不在的雾气，也阻挡了来自谷地的强风；这里气候宜人，处于炙烤的炎热与凛冽的寒冷之间令人愉快的中间值，气温常年处于华氏50多度。① 茂密的红杉林、清香的峡谷和大量可供垂钓的小溪，构成了圣克鲁斯山沿海地区的特征，为后来的游客提供了瑰丽的野餐和露营地。早在19世纪60年代，有个来访者就认为这里的景色“比我们以前见到过的任何地方都更可爱”。这种地产广告噱头—— 一种美国式和加州式的比喻，完全没有提及该地区的极度偏远。

如果说加州是“绝妙地与世隔绝”，那么佩斯卡德罗就是它最外围的前哨，北边布满岩石的海岸线将其与蓬勃发展的旧金山隔开，东边的森林和山脉则挡住了湾区的平原。一个特殊的种群生活在这里，“刚毅的男人、精力充沛的农夫必须艰难行走数英里难以逾越的道路，才能把他们的产品带到市场上，自力更生的妇女愿意放弃寻常的便利和舒适。”阿黛琳是个助产士，她常骑着马沿着小路去帮助临产的妇女，有时候她的一个孩子也会陪她一起去。“我们和世界上其他地区之间没有道路相通，交流也很少。”亚历山大·摩尔说。

在1869年横贯大陆的铁路开通之前，加州一直非常偏远；1857年，乘坐富国银行最快的驿马车从圣路易斯出发，需要连续走25天才能到达旧金山。更为隔绝的佩斯卡德罗造成了一个近亲通婚的社区。摩尔家族兴旺发展，他们是讲求实效的定居者，适应了拓荒农村生活不感情用事的现实。亚历山大和阿黛琳沿着海岸赶着牛拖来木材，建起了谷地的第一栋木屋，采用了新英格兰村庄的居家风格。这个“L”形、光线充足的住所，既结实又迷人，“是为优雅的生活而建造的”，带有8间卧室、一个两层的阳台和穿透式廊柱，在镇上被广泛效仿。这是对佩斯卡德罗的未来充满信心的一种表现。重量钟也在亚历山大安置的家具当中，这座他父亲带到西部来的钟依然能用。一个多世纪后，这栋房子已经被弃置

① 华氏50多度大致相当于10~15摄氏度。——译者注

不用，但仍然矗立在坚实的地基上。

到 1860 年，亚历山大和阿黛琳已有 3 个儿子——乔治、约翰和戴维，还有 1 个女儿——艾达 • 简（Ida Jane）。这里急需一所学校，亚历山大在他的果园一角建起了一所学校，7 个学生里有 4 个都是他的孩子。1864 年，夫妇俩庆祝了他们最后一个孩子沃尔特 • 亨利的诞生，但悲剧接踵而来：乔治和约翰兄弟俩相继死去。他们的父亲亚历山大悲痛无语，继续担负着他对社区的责任，在 1868 年帮助建起了圣安东尼天主教堂。他还在一次政治活动中取得了成功，让佩斯卡德罗从圣克鲁斯郡脱离出来，并入了圣马特奥郡，从沿海地区到东部，其管辖权所在地是红木城。这个变化意味着，骑马前往圣克鲁斯的漫长旅途变成了从半月湾赶马车到红木城，即使旅程仍然单调乏味，但可以少交税。圣马特奥郡监事会任命亚历山大作为他们刚合并的辖区，即第五镇区的受托人。在狭小但欣欣向荣的佩斯卡德罗，他和他的家庭是无可争议的领导者，这个社区有 300 人居住在肥沃偏僻的谷地。

繁荣时期和家族没落

安顿下来

实际上，拓荒岁月已经过去了。现在的任务不是翻山越岭寻找机会，而是发展和追求当下的商业现实。一种选择是继续锯木厂，随着人口的增加，这成了一桩大买卖。海岸的红杉，即北美红杉，提供了丰富的（虽然是一次性的）理想材料。沿着加佐斯溪的伐木营地出产木材，用来建造当地的城镇，而旧金山也成了“佩斯卡德罗原始红杉的产物”。农业也获利颇丰：山谷的肥沃土壤孕育出乳品、土豆和谷物。在 19 世纪 70 年代，加州是美国的小麦主产区，旧金山消费的“地下果实”（即土豆）有一半来自这片海岸。

亚历山大 • 摩尔的孩子们开始长大成人。到 1880 年，只有 4 个孩子——威廉、艾达 • 简、戴维及 16 岁的沃尔特 • 亨利，跟他们的父母一起住在大木屋里。到 1890 年，所有人都结婚了，并在圣马特奥县正式登记为农夫。伊莱 • 摩尔的成功，以及佩斯卡德罗地区富饶的猎物、鱼类、木材和土地资源，使他的家族丰裕富足、人丁兴旺。到了 20 世纪，17 个孙子孙女和 25 个曾孙构成了一张安全的网络，组成了家族的第三代和第四代，他们是童年时期的戈登·摩尔，即沃尔特·亨利的孙子、亚历山大的曾孙及周围的亲人。伊莱的先见之明、坚忍不拔的毅力和敏锐的商业意识，为他们在佩斯卡德罗和圣马特奥郡周围的安定生活创造了可能。

几十年来，先辈们的冒险精神蜕变成了一个成熟的封闭宗族的定居模式。肥沃的山谷、丰腴的水域、红杉森林，这种特别组合再加上佩斯卡德罗人迹罕至，这里的民俗几乎一成不变。如果说每个更庞大的新生代稀释了可用的资产，基本安全和家庭纽带则是注定不变的。这种根深蒂固的基本观念成为戈登·摩尔人生中的一个标志，正如他再现了伊莱·摩尔所展现的开拓动力。除此之外，戈登还对事情具有一种坚定不移、坚忍不拔的专注力，这源于戈登的外祖父约西亚·考德威尔·威廉姆森（Josiah Caldwell Williamson），他在 19 世纪 60 年代经过长途跋涉之后，来到佩斯卡德罗寻找发财机会。

漂洋过海来到佩斯卡德罗

1869 年 5 月，在伊莱·摩尔去世 10 年后，加州州长利兰·斯坦福（Leland Stanford）挥舞银锤敲下最后一颗轨道钉，建立了横贯大陆的铁路线，把来自东海岸的旅程缩减到少于一个星期。6 个月后——也许是出于财务方面的权宜之计，18 岁的约西亚·考德威尔·威廉姆森选择走海路前往西部。这个蓝眼睛、中等身材的年轻人有一种不同寻常的风险偏好和冒险欲望、毅然决然的创业动力和先驱特质，他在这些方面跟伊莱·摩尔不相上下。

约西亚于 1851 年出生在马萨诸塞州的马什菲尔德，长大后成了一个吃苦耐劳、自力更生的小伙子。他渴望成为一名成功的商人、一个经营企业的人。和伊莱一样，他也把目光投向西部。一位年长的朋友已经从马什菲尔德出发去冒险，并最后落脚在佩斯卡德罗，约西亚打算去他那儿。1869 年 11 月 19 日，他向父母和姐姐告别，搭载轮船离开了波士顿。第二天早上，他抵达纽约的 39 号码头，到了下午，他登上了“阿拉斯加”号轮船，前往 2 000 多英里之外的巴拿马东部。在经由陆路到达太平洋之后，从巴拿马西部前往旧金山的海上航行更是长达 3 250 英里。

约西亚保留了一份细致入微的航行日志。他留意细节和统计，而且喜欢测量和分析。他将自己的观察记录下来，这有助于转移因旅途中不可预知因素而产生的焦虑感（许多年以后，他的孙子戈登·摩尔养成了一种类似的习惯，一丝不苟地记笔记，以应对业务上的不确定性）。轮船上搭载了 400 名乘客，“大多数人住在经济舱”。约西亚还很容易受到周围的影响，看到自己的名字出现在乘客名单上便满心欢喜，但他在其他方面却少年老成，坚忍地应对物资匮乏的困难，同时把自己的想法埋在心里。他在看人和区分人的方面是个敏锐的观察者，当看到巴拿马人在树荫下无所事事时，他很不赞同这种生活：“我不明白他们靠什么养活自己。”他有很强的清教伦理观念，渴望富有成效的工作。最重要的是，他很务实。他的孙子戈登同样具有这些特质。

墨西哥的下加利福尼亚省似乎是约西亚见过的最荒凉的地方。在抵达旧金山之前的两个星期，他记下了自己日益加剧的烦躁感：“想上岸工作。”旧金山未能给他留下一个好印象：“这跟我想象中的城市出入很大，丘陵起伏，街道狭窄泥泞，到处都是无所事事和找不到工作的人。”经过一夜的休息，约西亚早早起来，乘坐火车经由贝赛德来到圣马特奥，这是通往圣何塞的新建铁路上的一站。然后他继续往前走，坐了 8 个小时的驿马车越过山区。这是孤独而焦虑的一天，但到了傍晚时分，他到达了最终目的地佩斯卡德罗，在斯万顿家的一个房间住了下来。把他的梦想变成现实的时候到了。

整个国家动荡不安。美国政府正在印刷“美钞”，以支付最近内战的成本。那年9月，纽约黄金交易所发生了一次崩盘，银行遭到挤兑。西部地区由于加州银行倒闭而经历了恐慌，但对于搭船而来浑身疲惫的约西亚来说，他新来到的这个地方似乎具有让人兴奋的希望。佩斯卡德罗是个“令人愉快的农业镇和避暑胜地，到旧金山和圣克鲁斯两地的距离差不多”，温和的气候使得“去那里小住了几天的人，只要他们有打算，就很少会再次离开”。约西亚最初在一家奶牛场工作，1873 年他租了一块土地，开始搞自己的农业企业。这次运气不佳，或者时机不对。那一年美国经济陷入了“长期萧条”，在其短暂的国家历史上，这是最差的年份。最终，约西亚被迫勉强接受了一家领先的综合商店的职位，担任店员、药剂师和电报员，这里并不是他所想象的高级企业。在空余时间，他成了《圣马特奥时报》（*San Mateo Times & Gazette*）的记者。

5 年后，他在财务上有了足够的保障，娶了海蒂·洪辛格（Hattie Honsinger）为妻，她是一家欣欣向荣的奶牛场老板的女儿。他开始组建家庭：内莉（Nellie）出生于 1881 年3月，弗兰克（Frank）生于1884年。第二年的3月份，他自己的综合商店终于开张了，这是他的未来所在。威廉姆森的商店长期处于佩斯卡德罗的风景线上，戈登·摩尔童年时代经常待在这里，汲取着商业现实的基本道理。1887 年，约西亚还成了镇上的邮政局长，他在自己的商店里履行这份工作职责。年复一年，他以持续的专注建设自己的企业。1890 年 4 月，《红木城时报》（*Redwood City Times & Gazette*）报道了商店扩建的消息，它增加了两个房间用于居住。到 1893 年，他又多了艾拉・格拉迪斯（Ella Gladys）和弗洛伦丝・阿尔米拉（Florence Almira）两个女儿，人们称呼她们为格拉迪斯和米拉。米拉是戈登・摩尔的母亲。

像其他佩斯卡德罗的定居者一样，威廉姆森夫妇对 20 世纪抱有乐观的看法。当地的人口增长到约 1 000 人。约西亚和亚历山大・摩尔一起服务于镇议会，亚历山大提供了一部分土地，建了一条带有看台的半英里长的跑马道。镇上有一支热心的铜管乐队、两个铁匠铺、一条货运线、两家出租马车行、一家制鞋商、一户屠夫和一家面粉厂。服务目录列出了两位医生、一名警员和一名治安官，新的公立学校拥有 90 名学生。

半个世纪之后，社会学家 C. 赖特・米尔斯（C. Wright Mills）把像亚历山大和约西亚这样的企业家定义为“旧式中产阶层”，他们是可能会雇用其他家庭成员的自耕农、商人和生产者。“独自建立了一个农场或在城里办了一家企业，并扩大经营，随着财产的增值，也提升了成功的尺度。”上面是为数较少的资本家，下面是劳动者和无业者。中产阶级的小城镇和小企业导向造就了公民精神，“这是一种美国式的公民精神，即对当地公共部门进行自发的管理，广泛参与能够造福社区的地方事务。”佩斯卡德罗的缔造者亚历山大，还有阿黛琳・摩尔，正是这种社区的坚实堡垒。

1898 年，他们庆祝了金婚。早已年过古稀的亚历山大沿袭家族的做法，继续在山上猎鹿：“他的枪法非常好，只带三颗子弹。”1902 年 1 月，阿黛琳去世了。那年 8 月，亚历山大也在儿女的照料中去世了。在他的墓碑上有个简短而自豪的声明：“1847 年的先驱者。”在随后的几十年里，摩尔家族成为这个不断发展的城镇和地区不可或缺的一部分，他们不像食利者或投机者那么有钱，而是以公民的方式参与其中，从事的是农夫、牧场主、店主、伐木者和猎户等行业。亚历山大和约西亚・考德威尔・威廉姆森都属于“在一个地方待了很多年、成为定居人口的主体、为村镇的制度确定基调”之列的人。

美国西部史学家指出，“迁徙者”（在继续行进之前进行短期耕作的少数人）和“驻留者”（在当地持续居住、互相通婚，并将农田传给后代的人）的存在，对于社区的形成都是不可或缺的。早在 1830 年，一位观察家就注意到了这个现实，“那些留下来的人，永久依附于土地，又把他们的土地财产传给了后人。”后代与土地、机遇与迁徙，在塑造佩斯卡德罗的特征中都起到了作用。通过与其他历史悠久的家族联姻作为纽带，摩尔家的亲属成员成为了该镇人口的重要组成部分，乃至成为镇上的中坚力量。

新时代的孩子

在摩尔家族内部和佩斯卡德罗，生活以熟悉的和可预见的常规模式进行着。随着岁月的流逝，小镇发展到顶峰，然后滑入了缓慢的衰退中，部分原因在于最后的红杉被斧子砍下后，它的木材行业消失了。20 世纪早期，振兴旅游业的希望复苏了，当地企业家积极推动建设沿海铁路。双轨的海岸电气化铁路开工了，目标是把从佩斯卡德罗到圣克鲁斯之间 5 个小时的旅行时间缩减一半。原定在 1907 年举行盛大的通车仪式，然而在 1906 年 4 月 8 日上午，灾难袭来：旧金山大地震成为美国历史上最严重的自然灾害之一。佩斯卡德罗距离圣安德烈亚斯断裂带 12 英里，只有轻微的损坏，幸运地逃过一劫。“威廉姆森的商店和存货损失约为 300 美元；天主教堂的地基受损，毁坏程度相当严重；学校在恢复安全之前需要进行大修。”

如果说修建铁路的计划已经激发了佩斯卡德罗作为旅游目的而复苏的可能性，那么地震则敲响了丧钟。“海岸铁路，直达海滩”的名句现在成了真实的一幕。“用来建设北端的 4 000 多英尺铁路建设用地滑进海洋，大部分建筑设备也掉进了海里。比起任何有形损失，更令人瞩目的是，铁路建设的大多数资助者都遭到了近乎彻头彻尾的财务损失。”随着 20 世纪的发展，佩斯卡德罗成了一个平庸的、不断萎缩的海滨飞地，并没有被人们描述成一处旅游目的地，而只是一个农业区和休闲区。附近的森林里继续着狩猎和捕鱼活动，农田和牧场则出现在平原和台地上。海岸提供商业性和休闲性的钓鱼业务，并通过鸽子岬（Pigeon Point）的航运站与外部世界相连。

摩尔家族也习惯了低调的成熟状态。这个家族在佩斯卡德罗拥有自己的产业帝国，比如生机勃勃的斯蒂尔（Steele）牛奶场，但亚历山大和阿黛琳的 5 个幸存下来的儿子（伊莱、乔、比尔、戴夫和沃尔特 • 亨利）没怎么体现出他们的祖父伊莱和他们父亲身上那种鲜明的进取态度和冒险精神。这些兄弟在一个稳定的、已经定型的社区长大，秉承着一个德高望重的创始者家族的名声，过着令人欣慰的安居乐业的生活。沃尔特 • 亨利和他的兄弟一样，住在这块土地附近，开始务农的生涯。他在鸽子岬附近寻觅鲍鱼、海贝和其他海产品。他的儿子沃尔特 • 哈罗德（Walter Harold），也就是戈登 • 摩尔的父亲，回忆起儿时打球和狩猎松鼠、兔子和鹿的情形。他说20世纪之初的佩斯卡德罗“在当时繁忙得多”，有锯木厂、酒吧和旅馆。

沃尔特·亨利非常理解摩尔家族的名声和关系的力量，也很明白实践的重要性。他是当地的知名人物，“是个差不多可以做成任何事情的组织者。”在地震破坏发生之后，当地在1906年举行了独立日野餐会，他作为关键的参与者，“忙于一场重大的庆祝活动，并且发动了全郡人参与。野餐那天，有消防员，还有围绕着街区举行的游行活动。”“查玛瑞塔”（Chamarita）是和当地天主教会一起组织的圣灵降临节庆祝活动，也是每年的一个亮点。“这个活动极为重要，以至于我们为此买了新衣服，”沃尔特·哈罗德回忆说，“所有年轻人都期待着那个活动上的跳舞。”

就在1909年的圣诞节前，在跟癌症进行了3年的痛苦斗争后，沃尔特·亨利去世了，对于摩尔家族来说，这个打击比地震造成的破坏要大得多，也持久得多。他去世时只有45岁，身后留下了5个孩子。他的儿子沃尔特·哈罗德只有15岁，被迫开始养家糊口。“我父亲不得不离开学校并开始养家，”戈登·摩尔解释说，“他没有得到过任何正规教育。”沃尔特·哈罗德在那一带四处找工作：“任何能让我把帽子挂起来的地方都是我的甜蜜小屋。家里其他人一直住在佩斯卡德罗，我每个月给我母亲20美元用来帮助家人，一直到她去世。”沃尔特·哈罗德最初是在沃森维尔（Watsonville）；后来，他为坎贝尔木材公司赶一支马队，从加佐斯溪拖运木材。1912年他18岁时，回到了佩斯卡德罗，开始在一家木材公司上班。

跃出战壕

那时，沃尔特·哈罗德是一位经验丰富的伐木工人。他“翻越山丘，往来于佩斯卡德罗和我们今天叫作硅谷的地方”。从佩斯卡德罗到帕洛阿尔托的往返旅程，直线距离约20英里。六匹马拉着装满木材的马车，从山谷爬上陡坡，然后下坡走到帕洛阿尔托卸货。“我们凌晨两点从装货点拉洪达附近出发，那里有个旅馆和一个谷仓，我们可以把马留在那儿。我们有两辆马车装载木材，留下一辆，然后用7个小时到达山顶：7英里路，要走7个小时！然后我们必须原路回来，拉上后面的那辆马车，进入帕洛阿尔托。第三天，我们就回来了。马匹在回程中不用拉货，走起来容易些。”

1917年后期，外部世界发生的事情终于直接影响到了佩斯卡德罗的摩尔家族，沃尔特·哈罗德应征入伍，尽管他母亲试图要求豁免他以支持家庭生存。“我当兵去了，”他言简意赅地说道，“我在第 91 师 363 步兵团，人们认为这是加州自己的队伍。”[沃尔特·亨利的弟弟比尔的一个儿子加入了同一个师，而另一个表妹艾达·简的儿子查尔斯·斯蒂尔（Charles Steele）也入伍了。] 1918 年 4 月刚开始的时候，沃尔特驻扎在华盛顿的刘易斯营（Camp Lewis）。5 天后，美国卷入第一次世界大战，然后到 6 月底，这个现已拥有 27 000 名精兵的师驻扎在新泽西的梅里特营（Camp Merritt），每个人都收到了一顶钢盔和两双带平头钉的战壕鞋。

7 月底，他们到了法国，乘火车进入内陆，待在边门很小的普尔曼式（Pullman）① 车厢里，这是盟军士兵无人不知的 8:40 火车。车厢上印着“40 Hommes-8 Chevaux”。② 两夜一昼的旅途给了这些男人想要的“马力”。前几个月的行动——密集操练、拼刺刀、模拟毒气攻击，向这些新兵预示着，他们即将进入一个完全不同的世界。从少年时代开始就常在野外活动的沃尔特现在 23 岁，装备精良，承受得住战争的体能要求，但他和同伴们对眼前事物的心理影响几乎毫无准备，甚至无法想象。无尽的杀戮让年轻的美国人血洒疆场。

9 月 25 日，最后的命令下发到部队：跃出战壕，据称这又是一次向胜利进军。德国人首先发动了一场规模大得惊人的炮击：“在‘发动’前的几小时躺在战壕里的人永远不会忘记那段经历。巨响势不可当，没有人知道整体形势如何。”第 91 师冲上去，发现遭到重创的敌军前线战壕散落着仓促撤离时丢下的残骸碎片。部队穿过维利市推进到北边的高地，在那里挖筑工事。激战接踵而来，炮火越来越猛烈。天气变得更恶劣，大雨倾盆，过夜也没有毯子可以保护一下。10 月 4 日早上，他们最终撤退了。那时部队的伤亡率达到 20%，1 000 多人阵亡，这里跟宁静的佩斯卡德罗实在有着天壤之别。

旋即又展开了其他进攻和反击行动。尽管危险重重、难以忍受、痛苦不堪，沃尔特还是躲过了身体的伤害和严重的疾病。那年 11 月，当他还在战壕里过着肮脏粗野和物品短缺的生活时，并没有想到自己的服役即将结束。11 月 3 日，第 91 师正准备越过斯凯尔特河，却接到了撤退的命令。8 天后的 11 月 11 日，停战协议签署了，这一天对他极为重要，以至于他在 6 年后选择在这个日子举行婚礼。复员流程既冗长又缓慢，沃尔特到达

① 一种豪华型卧铺车厢。——译者注

② 意思是“40 个人-8 匹马”。——译者注

刘易斯营后，又过了整整一年才回到纽约。他最终以下士军衔退役，“我在部队里差 5 天就待满 13 个月了。”终于，他可以自由地回到家乡和亲人身边了。

常态、禁酒令和执法生活

当沃尔特回到佩斯卡德罗时，可能会觉得时间是凝固的。这里有熟悉的大片牧场、白色的木质结构建筑和小教堂的尖顶点缀其间，表明那些毕生都在建设社区的人们最初是来自东部和中西部。佩斯卡德罗表面上看起来波澜不惊。约西亚·考德威尔·威廉姆森继续在圣格雷戈里奥街经营他的店铺，这是镇上的主干道，在这里他跟麦考密克商店（McCormick’s Merchandise Store）争抢顾客。附近是杜阿尔特酒馆（Duarte’s Tavern）、埃尔克霍恩酒吧（Elkhorn Saloon）和吉诺拉酒吧（Ginola’s），它们是城里最疯狂的酒吧。约西亚仍然深入地参与地方事务，也许是为了让自己在爱妻海蒂去世后继续忙着。海蒂于 1917 年去世，享年 59 岁，她死于慢性心脏病。“我不认识我的外祖母，”戈登·摩尔回忆说，“我只知道她的名字。”

约西亚的儿子弗兰克在他父亲的店里干活。他在 1909 年和摩尔家族的成员结了婚，在他岳父沃尔特·亨利·摩尔英年早逝前的几个月，娶了沃尔特·哈罗德的妹妹路易丝（Louise）。路易丝是个性格活泼的人，她就一直在商店和镇上待了下去。在这对夫妻的支持下，约西亚的业务变得多样化，他也成了更广泛的社区范围内的代理银行家和律师。佩斯卡德罗有一个相当大的葡萄牙人殖民地，农场的雇工大多是文盲。他们依靠约西亚的大金库来保护他们的金币，并让他帮他们读信和写信。这种创新的原始银行业务包括为约西亚信任的那些人提供无息贷款。因为他愿意发放贷款，所以他的商店一直很受欢迎。在威廉姆森商店这个地方，“主人坐在收银机旁，跟进来的每个人都说着体贴的话。”

对于沃尔特·哈罗德来说，什么都没变，但也一切都变了。起初，他经营一个小牧场，然后“为郡上驾驶拖车”，给一家名为肖勒姆地产（Shoreham Properties）的公司干活，过了好几年动荡不安的生活，试图找到自己的位置。作为一名十几岁的少年，他目睹了自己的父亲在痛苦中去世。他在这一带到处转，过着无休止的劳作生活，没有时间去思考正规教育或让自己的命运变好。“做个男子汉”意味着努力工作、少说话、为他人的福祉承担责任。战争是一场噩梦般的插曲，最好什么也别说。佩斯卡德罗是安全的——家庭，他的母亲、妹妹，还有更大的家族，包括住在亚历山大·摩尔的房子里的姑姑艾达·简和她的女儿。那座房子“由于沉降而歪斜了，但仍然很好看”，一直由戈登的后裔住着，直到艾达·简的儿子格罗弗（Grover）在 20 世纪 60 年代去世。

1919 年通过的《沃尔斯特德法案》（*Volstead Act*）开启了美国长达 13 年的禁酒令。酒的消费下降了，但有组织的犯罪急剧上升。由于地处偏僻海滨，佩斯卡德罗成了“严重走私活动的中心，各种酒类走私贩都参与其中”。禁酒令需要不断增加执法人员，沃尔特·哈罗德获得一份稳定工作的主要机会出现了，他借助家族的声望，并追随伯父的脚步，在1923年当选为圣马特奥郡海岸兼职警员。为了争取并确保得到他想要的警员职位，出于政治上的需要，他被说成是土著人、美国退伍军人协会成员和麋鹿保护组织成员。后来他披露了自己的真实身份，更多是为了保护自我，他承认道：“我加入麋鹿保护组织 20 年了，只去过那里一次，就是我被接纳为新成员的那个晚上。我不是个积极分子，也没有参加过任何定期活动。”尽管如此，他还是遵循家族参与社区活动的传统，就像他父亲生前那样，他和伯父伊莱以及表兄詹姆斯一起在独立日庆祝活动委员会任职。

沃尔特回到了小镇生活。作为兼职警员，他有一份 70 美元的月薪，并开始深入参与遏制私酒的行动。起初，他用自己的马和马车维持边境一带的治安。那时候汽车还很罕见；约西亚·考德威尔·威廉姆森是镇上第一个有车的人。“他们把它叫作 E.M.F,”沃尔特回忆说，“‘每天早晨，修理它（Every Morning Fix it）！’”等到沃尔特开上车的时候，他很得意地开着官方指定用车道奇汽车，经常开到圣克鲁斯郡界，亮着红色警灯，“糊弄那些私酒贩子，让他们以为到处都是警察。”实际上正好相反，从鸽子岬的罐头厂到农场的筒仓里，酒才是无处不在。一位居民回忆说，他看到连约西亚的跑车也“装满了酒，车底都快挨到地面了”。

尽管沃尔特有官方的道奇车，他还是经常骑着自己的马和坐自己的马车到拉洪达参加周六晚上的跳舞。马是他的最爱，而且他高超的驾驭能力众所周知，能够驾驭 8 匹马。他也喜欢跳舞——接受了 20 世纪 20 年代的轻佻时尚，在佩斯卡德罗开始在社区礼堂举办周六晚间舞会后，从中得到了好处。米拉·威廉姆森曾经和沃尔特一起上学，她的弟弟弗兰克娶了沃尔特的妹妹路易丝。当沃尔特从战争中归来，米拉经常在舞会和家庭聚会中见到他。“在佩斯卡德罗，每个人都互相认识。”戈登·摩尔解释说。沃尔特本人只是简单地提到，“我们一辈子都认识。”即便如此，直到 1924 年，在沃尔特确定得到警员职位后，这对情侣才终于在停战纪念日里喜结连理。

米拉当时已经30多岁了。她幸存的姐姐，也是最后一位女性至亲格拉迪斯在当年1月份去世了，这促使米拉马上接受了沃尔特的求婚。新婚夫妇邀请鳏居的约西亚（他们对他从事私酒生意视若无睹）和他们住在一起。次年12月，米拉生下了夫妇俩的第一个孩子沃尔特·埃尔斯沃思·摩尔（Walter Elsworth Moore）。孩子的出生标志着新一代的开始，也标志着摩尔家族在佩斯卡德罗的延续。不到3年，36岁的米拉再次怀孕。

佩斯卡德罗的田园牧歌

坏年景里的好时光

戈登·摩尔出生于1929年1月3日。这一年，始于“黑色星期二”的大萧条让整个国家长期陷入困境。更糟糕的是，1930年发生了史上最严重的干旱之一。在随后几年里，50万家农场的作物绝收，牲畜渴死。饥饿到处蔓延。接近一半的美国儿童缺乏足够的食物、住房和医疗保健。无数年轻人觉得自己成了备受贫困折磨的家庭的负担，纷纷乘火车出走。1/5的加州人口（约125万人）依靠社会救济生活。

来自被旱灾蹂躏的各州移民沿着“母亲路”（66号公路）逃往西部。这些“乡巴佬”成了侮辱性笑话的笑柄和经济崩溃的替罪羊，约翰·斯坦贝克（John Steinbeck）[①]的小说《愤怒的葡萄》（*The Grapes of Wrath*）为这些移民塑造了不朽的形象。在这个严酷的年代里，广播和电影等早期电子媒体提供了逃避现实的新方式，并且越来越有吸引力。每周去看《金刚》（1933年）这类有声电影的人数创下了纪录。戈登·摩尔的校友罗伯特·诺滕（Robert Naughten）回忆说：“我父亲在山里有个小金矿，帮我们度过了大萧条。他和我的外祖父在一只煎锅里加热黄金把汞去掉，那就是我们的收入。我们的大部分东西都是自己做的，蔬菜和水果也是自己种的。我们有一台收音机，也收听过一些炉边谈话

① 约翰·斯坦贝克（1902—1968年），美国现代小说家，1962年诺贝尔文学奖得主。《愤怒的葡萄》是其代表作之一，发表于1939年，描写了美国20世纪30年代经济恐慌期间大批农民破产并逃荒的故事。这本书为他在1940年赢得了普利策文学奖。——译者注

（Fireside Chats）。[①] 威尔・罗杰斯（Will Rogers）有一部电影来到镇上放映，没有人能看得起。”

戈登・摩尔比较幸运。他父亲哈罗德・沃尔特具有便利条件，在 1933 年得到了该郡警长手下的一个全职政府岗位。不仅如此，他的外祖父约西亚・考德威尔・威廉姆森还拥有百货商店（就是现在的佩斯卡德罗乡村商店；杜阿尔特酒馆就在这条路上，杜阿尔特家族于 19 世纪 90 年代在佩斯卡德罗定居下来）。沃尔特和米拉的普通平房就在街对面；戈登在这里跟他的哥哥小沃尔特共享一间卧室。

戈登的一些亲戚拥有大量的财产，但戈登的父亲没有多少土地。“他在镇上有一所房子，街对面也有很多房子，但没有牧场和农田，”戈登回忆说，“但是我们从来不缺食物，因为我们有商店。家里也有一头奶牛，就在商店的后面。我们有你能想象到的所有牛奶和奶油。童年时光肯定是不阴郁的。”在戈登的早年，他的父亲以及外祖父约西亚是处于核心位置的男性人物。90 岁高龄的约西亚被人们称为“赛伊先生”（Mr. Cy），“是家庭的正式成员。他和我们同吃同住。”

威廉姆森商店是现在唯一剩下的商店。它提供“从铁镐到女性内衣的任何东西。没有多少肉类可供选择，但有干货、杂货、五金：全套物品”。周边地区的农民来这里购买日用品。顾客主要是当地居民，“但经过镇上的任何人如果要买点东西，都得在那家商店买。外公一直在那里。他吃过早餐就去商店，并且在那里一直待到晚饭时间。他是个真正意义上的店主，在那里忙个不停。”他的儿子弗兰克以及弗兰克的妻子路易丝跟约西亚在一起，女儿米拉——戈登的母亲，留在家里做家务。

父亲们的罪过

正如所有的父母最终都会发现的那样，他们在不知不觉中留给自己孩子的东西远不止一组基因。在最初几年里，婴儿吸收文化信号，特别是从父母那里，这深刻地影响着他们为人处世的方式。即便没有挑明，戈登的父亲沃尔特・哈罗德也发出了如何做一个男子汉的明确信息。他在青春期和成人早期的经历让他确认并坚定了自己的信念。亲眼

① 炉边谈话是富兰克林・罗斯福在担任美国总统期间，利用大众传播手段进行政治性公关活动的一种做法。从 20 世纪 30 年代大萧条时期开始，为了寻求美国人民对政府的支持，罗斯福在总统府楼下外宾接待室的壁炉前，通过收音机向美国人民宣传其执政主张。——译者注

目睹尚处于中年的父亲死于癌症，这种可怕的经历他很难接受，但他要为了母亲和妹妹而保持坚强、离开学校到处找工作。然后他直面死亡，在战时的法国一次又一次“跃出战壕”。他很少跟米拉及家人分享这些经历，这从很久以后戈登的一次评论中可见一斑：“我父亲一直在行动。在前线待 9 个月是一段漫长的时间。他不怎么提这事。我以前没有意识到，这场战争对他来说是如此重要的经历。”在迥然不同的情形里，戈登在跟他自己的儿子描述他在商业生涯中的日常斗争和胜利时，也同样言简意赅。摩尔家的男人都很坚忍克己——“说够了！”

米拉·摩尔自己也有无言的悲伤。结婚之前，她在十年中失去了自己的母亲和最后一位姐姐，而结婚后又发现自己要照顾三个男人：丈夫沃尔特、年幼的儿子沃尔特，以及父亲约西亚。在得知自己第二次怀孕时，米拉希望这是一个女儿。然而，她的第二个孩子又是个男孩，也就是戈登。在戈登的早年，她夙愿未了的不满表露无遗，在他出生后的头 18 个月里，她给他穿的是女孩子的衣服。“戈登成了最可爱的姑娘，”沃尔特·哈罗德的表弟媳妇梅·纳普·摩尔（May Knapp Moore）如是说。对于小戈登的到来，这种回应令人难忘。戈登和妻子贝蒂在谈到他的早年时，这是他们俩都会提及的为数不多的事情之一。当它成为一个长期存在的家庭故事，过了这么几十年还时而被不经意地提起来时，有点令人费解，人们并没有去探究或处理这个表象下的根源。

沃尔特和米拉都是沉默寡言的人，话语不多、生活节俭，作为小镇社区的一分子，他们遵从这里的社会规范。他们根本不知道如何应对复杂的情感，所以转而从事有形的活动。狩猎、捕鱼、巡查、做家务和打理商店都有助于避免情绪的流露。即使他们有探索自己内心生活的愿望，佩斯卡德罗提供的也只是实践的而非心理的帮助。戈登也学着如何缓解焦虑和发泄精力，将其用在户外消遣以及实验室笔记本和生意账簿上可以量化的确定性内容。在没有什么语言来表达悲伤和强烈的情感时，事情就可能另辟蹊径或者转为内向，要么化为巨大的优势，要么付出巨大的代价。

阿黛琳·摩尔是和亚历山大一起拓荒的妻子，骑马行经小路去帮助别的妇女分娩。佩斯卡德罗的妇女们更多是完全以家庭为中心。不同性别领域内的生活也迥然不同：戈登的父亲和外祖父代表了权威和外部的男性世界；母亲米拉则是女性气质的化身，一位温柔的主妇，她的生活就是围绕着她的男人们：“如果要我描述我的母亲，”戈登回忆说，“她在做饭、洗碗、照顾我们这些孩子。我不记得她训斥过我们，她更多是在安慰我，”

相比之下，“如果要我描述我父亲的话，他就是在做些事情。在饭桌上，他会说话——说他自己或者说我弟弟。他不怎么爱笑。”

随着戈登的成熟，已然定型的当地人际网络和摩尔家族的结构让他养成了沉静的自信。另一方面，在一个性别分歧明显的世界里，也许是跟他母亲最早的愿望有关系，他具有自我封闭和回避情绪与冲突的天性。还在非常年幼和极易受到影响的时候，戈登就接收到了强大的信号：摩尔家的男人出门在外做事，妇女留在家里并提供支持。妇女是必不可少但又难以琢磨，也许她们能把男孩变成女孩，她们不但能实现这种本质上的区别，而且能控制这个区别。在一个内向的未曾说出口的层面上，戈登得知有必要“成为一个男子汉”，控制自己的情感和表达——汲取阳刚之气的准则、避免女性化的模式和态度。自我封闭就是一切，但其必然结果就是无法在感情层面和他人进行坦率的沟通。

1934 年 8 月，当米拉 • 摩尔生下她的第三个儿子弗朗西斯 • 艾伦（弗兰）（Francis Alan）后，她终于认了自己养男孩子的命。随着时间的推移，她跟儿媳妇贝蒂，也就是戈登的妻子亲近起来。贝蒂促进了家人的联系，带着米拉出去“吃午餐和逛街”。“她喜欢我为她做的事情。我会找到非常女人味的内衣作为礼物送给她。她非常欣赏我买的东西。”贝蒂回忆说。

狩猎、射鸟和钓鱼

沃尔特 • 哈罗德不是个爱凑热闹的人。组成生活经纬线的是户外生活和采取行动，而不是教堂、酒吧和社交。他真正的爱好是马匹和狩猎。沃尔特最珍贵的财产是他的阿拉伯花斑马和一副银色马鞍。“我父亲一直都有马，”戈登回忆说，“他的成长过程中有相当多的牧场经验，所以他喜欢牛仔竞技表演，我们会定期去参加。”这其中有个在萨利纳斯举办的年度盛会，20 世纪 30 年代曾接待过威尔 • 罗杰斯和吉恩 • 奥特里等好莱坞明星。性别隔离再次成为天然的秩序：“我母亲不骑。那是我父亲的事情。”反之，随着时间的流逝，沃尔特从未去看过电影，而米拉会自己去。到了戈登这儿，他也无法欣赏他太太贝蒂所喜爱的温暖人心的电影。“戈登的基因里有些东西会让你跟所有人都不一样。”贝蒂打趣说。

1934 年，米拉对骑牛更厌恶了，5 岁大的戈登在骑一头小牛犊时摔断了胳膊：“他们给我找来一头非常小的牛，并告诉我说你应该就像这样拽住绳子。显然，当我掉下来的时候没有松手。我的胳膊还扭曲着，我的左臂在空中举着！”他需要一周两次翻越山岭去圣马特奥进行物理治疗。米拉带他去做治疗，这更让他脱离了原来的角色。戈登让父亲的隐晦期望落空了。沃尔特·哈罗德继续频繁地参与竞技，最后还带上了小弟弟弗兰。“弗兰对此产生了兴趣，”戈登说，“但摔断胳膊这件事让所有的牛仔都离开了我！”

有佩斯卡德罗溪流经他的后院，戈登·摩尔很早就热衷于钓鱼，而且对此保持着终身的热情，这是个传统上属于男性的、让人显得形单影只的职业。他童年的朋友罗恩·杜阿尔特（Ron Duarte）回忆说：“我们把时间都泡在溪里。一开始我们钓小龙虾，你只要把一块肉挂在一根细线上，把线甩出去，下面放一张网，然后把小龙虾拉进去。后来是钓虹鳟鱼。”在另一项摩尔家族男性成员的传统中，沃尔特·哈罗德会在周末去打猎，无论猎鹿的季节是否来临。1938 年，当戈登 9 岁时，他也去打猎了。和钓鱼一样，狩猎也成了终身的消遣。“我父亲打猎的年头相当长。后来，这成了看望我哥哥沃尔特的机会。我们组成一个家庭小队去打猎。我每年都去，一直过了几十年，直到我 60 多岁才停止。我们吃了很多鹿肉！”

户外生活培养了自力更生和自我封闭的性格，活动由必然性、传统、实用性和事实所推动，而不是受感情冲动所驱使。在长时间的钓鱼和打猎过程中，戈登产生了对野地和自然界的尊重和欣赏。与之俱来的内向明显起源于他的幼年时期，这成了他情感的一部分，也是他一生的性格特征，并让他形成了对一项长期计划保持专注的非凡能力。

当他还是个男孩子的时候，戈登有两个密友：年纪稍大的弗兰克·赫格林（Frank Huglin）和年纪稍小的罗恩·杜阿尔特。他跟他们一起把时间用来修建穿过灌木丛的小路和建造小型堡垒。哥哥沃尔特温文尔雅、脾气随和，是个顾家的男人，而弟弟弗兰更具创业精神。兄弟三人在后来的生活中变得亲密起来，但在童年时代戈登并没有把他们视为同伴。“他们彼此之间比他们跟我更为亲密。我们相处得很好，但并没有多少共同之处。”

小镇的生活既熟悉又安全。这里会有小小的冒险：“我过去常常带着气枪出去打鸟。有个意大利老鞋匠会买我们的死鸟。我们用一只知更鸟可以换到一枚五分钱的镍币，或者一只麻雀卖一两分钱。他把钱付给我们之后，就把这些鸟煮了。”过了一代人之后，作家罗布·提利茨（Rob Tillitz）描述了当地生活一成不变的本质：“有时，岁月会流回到我没有离开佩斯卡德罗溪流域的时候。没有理由离开。对许多人来说，生活就是这样。

你种菜，在威廉姆森乡村商店购买你需要的东西，就是这样。文法学校在周五晚上放电影——都是老电影！偶尔有一场舞会。我们的大多数游戏都在佩斯卡德罗溪里玩。夏天，我们会去海滩。我们在鸽子岬周围钓鱼。我还记得能听到 6 英里外的雾笛声。”

对戈登来说，到目前为止，才华和抱负都还被深深地掩埋着。相反，童年时光充满了实践活动，并受到安全规定的约束。只是在后来，有了阅历之后，他才意识到，“在佩斯卡德罗，没有多少该死的事情可做。”

沃尔特：本地的摩尔法律

戈登的父亲两次当选兼职警员，这说明“他受到佩斯卡德罗人民的信任和尊重”。“那个工作是我对他最早的记忆，”戈登说，“在一个非常小的社区里，他大名鼎鼎，很受尊重。”1933 年，在他首次当选该职位的十年之后，政府修订了章程，把他的职位改为了永久性岗位，作为本郡警长的下属之一。沃尔特成了全职员工，月薪提升至 165 美元。作为一名副警长，他现在直接为圣马特奥郡警长詹姆斯・麦格拉思（James McGrath）工作。

在一个偷偷饮酒和大肆赌博的年代，这个郡成了一个“如果你不能在旧金山逃脱处罚，那你可以‘在乡下’逍遥法外的地方”。麦格拉思是个老式政客，对于与禁酒令相伴而来的腐败和伪善，他游刃有余，而且左右逢源。与之过从甚密的人包括好莱坞赛马俱乐部（Hollywood Turf Club）的老板埃米利奥・乔吉提（Emilio Georgetti），麦格拉思后来在他那里进行投资，还有《圣马特奥时报》的发行人贺拉斯・安弗利特（Horace Amphlett）。尽管没有执法经验，麦格拉思还是爬到了最高的职位。“有很多机会可以积极执法，但这不是麦格拉思的风格。”

在 20 世纪 30 年代大多数时候，沃尔特・摩尔独来独往。他是圣马特奥郡靠太平洋一侧海岸地区的唯一副手；从圣克鲁斯附近到旧金山边缘，这个区域长 80 英里，宽度从海边延伸到山顶，他就是法律。这个郡被称为加利福尼亚最无法无天的地方，他跟那些从事非法活动的人比起来完全寡不敌众。“作为一名执法人员，在酗酒泛滥的 20 年代和赌博盛行的三四十年代取得成功，这要归功于他的奉献精神和诚实正直。”禁酒令的结束让工作压力有所缓解，但为一个腐败的老板干活从来都不是件容易的事，这个事实他一直瞒着儿子们。

沃尔特天然适合干他的工作：身强体壮，习惯于户外生活，对骑马和打枪得心应手，以及对生活中最严酷的现实谙熟于胸（从他在法国的日子里学到的）。他在整个地区都有亲戚和关系网，而且非常了解丘陵和山谷的地形。他具有摩尔家族强烈的公民义务感和注重实际、不动声色的秉性，遇事毫不惊慌失措。沃尔特·哈罗德做起工作来不会大惊小怪、自吹自擂、怨天尤人。跟他父亲一样，他身高接近 6 英尺，体重在 180 到 200 磅[①]之间。戈登把他视为一个权威人物："他只要对我们喊一声，马上就能引起我们的注意。"罗伯特·诺滕记得他穿制服的样子仪表堂堂。"毫无疑问，他能够维持秩序。"罗恩·杜阿尔特说道，他的母亲是和威廉姆森夫妇与戈登夫妇一起长大的。

戈登的大儿子肯对沃尔特的晚年很了解，他发现祖父非常务实，"他是一个优秀公民，亲身实践，擅长动手。"沃尔特偶尔会照看自己的小孙子们，而且喜欢给他们做东西。沃尔特用烟斗抽烟，但更多的时候是连续抽烟或使劲嘬着廉价雪茄。戈登继承了父亲对主流现实的接受态度和他的实践才能，尤其是在危机中保持冷静和控制情绪的能力。"晚上睡觉因担忧失眠，对于事情没太大帮助。"他说。

戈登的父亲在日常世界里维持秩序，在一个混乱而动荡的环境里，沉默而机敏地经营事务。在英特尔，戈登自己也渴望一种有秩序、有纪律、有节制的文化，并在其中欣欣向荣，同时，在同样无法无天的电子产业前沿，为一个始终在变化的行业引导方向。在业务中，他为了避免直接冲突而煞费苦心，利用别人，尤其是安迪·格鲁夫来替他处理一切对抗。在家庭生活中，他也表现出类似的态度，依赖于他活泼直率的太太贝蒂。格鲁夫把他的技术洞察力和计划进行放大、简化、沟通和实现，而贝蒂以一种令人瞩目的自治方式处理家庭生活中的冲突和政治。戈登做出了明智的选择，争取和拉拢这两个心甘情愿的人，正如他们反过来也学会了如何推动他的计划。他们以迥然不同的方式成为他最重要的伙伴。

上学的日子

1935 年秋天，戈登·摩尔开始上学。佩斯卡德罗有 8 个年级和 3 位老师，在混级教室里，每个老师最多监督 30 名学生。自他父母上学的时代以来，这里的变化不大："有半打男孩跟我同龄，还有半打女孩，每个人都互相认识。"沃尔特·哈罗德在上 7 年级时

① 1 磅约等于 0.453 6 千克。——译者注

退学了，而米拉读完了高中。摩尔家族中只有两个人完成了真正的学业——戈登的双重表姐哈丽特（Harriet，路易丝·威廉姆森的女儿）和他父亲的妹妹艾欧妮（Ione），她接受了足够的培训，在贝尔旗下的一家公司找到了一份与技术相关的工作，地点在旧金山。

当然，戈登的祖先曾经监督决定为小学和宗教教育而盖房子，而且沃尔特·哈罗德本着务实的态度也一直在留意他儿子的早期教育。但事实很简单，以户外活动为导向的摩尔家族的男性成员认为教育的价值很小。从追求实用性的角度看，即使是警长办公室里的一个高级职位也不太需要正规的知识。有效地打猎、成功地经营牧场或综合商店，这些技能和方向在本质上并非学术行为。正如贝蒂后来看到的，“他的家人没有学术概念。图书馆对他们没有多大意思。他们喜欢看电视！”

在戈登的家庭里，日常对话围绕着平凡的、有形的现实，重点是商店里发生的事情。自学成才的店主约西亚住在家里，和家人一起吃饭，大家在节俭、耐心和努力工作方面需要人出谋划策时，他永远可以靠得住。戈登完全就是这样的人。他是个安静的孩子，在户外探索、打鸟、在小溪里钓鱼。然而，当他进入学校后，即使是佩斯卡德罗，他自我封闭的不合群行为也让人觉得很是显眼。

一年级结束时，他带回家一份报告单，说他要被留级：学校担心他的社交能力。独来独往和口齿不清（性格内向）是问题所在。沃尔特·哈罗德通常不会跟人争吵，但这次他闹了一场。“他去找上了年纪的老师，并帮我升了级。他不希望自己的孩子在沙堆里再玩一年。如果落后一年的话，我会非常不情愿，尽管那样我可能会在中学成为一个更好的足球运动员。”

戈登被允许和他的好友弗兰克·赫格林一起上二年级，戈登对一位新来的年轻教师反应良好，并开始注意自己的功课。罗恩·杜阿尔特比他低一年级，他证明“戈登一直是一个非常棒的学生。他很内敛，话不多，但足以把事情说清楚。他和另一个聪明的家伙弗兰克比我早一年开始上学。我中午吃饭的时候，他们已经上二年级了！”上初中的时候，戈登再次由于不合群而被人说三道四。这一次，他的父母完全没有干预。教育的优先级没那么高。

在学校以外，生活遵循着可预见的常规惯例。戈登跟他的父亲和哥哥一起去打猎。他和别的孩子在商店边上玩垒球。“就连大人也在晚上来玩。”杜阿尔特说。家里的生活很宁静。家里人很少使用电话，除了他父亲，这需要转动摇柄进行操作。“我不会打给镇外的任何人，”戈登说，“我不认识镇外的任何人。”如果他想进入新的领域，那么动力源于内在，就像伊莱、戈登的曾祖父亚历山大和外祖父约西亚一样。

回首往昔，展望未来

早期对戈登具有影响的两个人是他的姑姑路易丝及其女儿哈丽特。这两个女人走的是完全不同的道路：路易丝——处在佩斯卡德罗社区生活的中心，是个“纹丝不动的人”，而比戈登大 15 岁的哈丽特是家庭成员中唯一追求高等教育的，是个“不断折腾的人”。“哈丽特激发了我对加州大学的兴趣，”戈登说，“她在 20 世纪 30 年代中期毕业于伯克利分校，并成了一名英语教师。”哈丽特上完公立大学去教书的职业轨迹平凡无奇——这是这个家族偏好实务的又一例证，但它向戈登表明，在沿海谷地之外生活和专注于自己的想法是有可能的：“后来我进入加州大学是受她的影响。”

除了路易丝忙活家族的商店，沃尔特·哈罗德所有的妹妹——艾达、艾欧妮、伯妮斯（Bernice），最终都搬到旧金山去了，因为佩斯卡德罗衰败了，而她们也结婚了。艾达和她的丈夫领养了孩子，艾欧妮和伯妮斯都跟旧金山警察局的人结了婚。“家里人都有一种强烈的法律和秩序倾向。令人惊讶的是，我曾经跟我所有在执法部门的亲戚一道被选入一个陪审团。”戈登风趣地说道。

祖母弗朗西斯（Frances）最终也离开了佩斯卡德罗，跟女儿伯妮斯一起住在大城市。在孩提时代，戈登每年被父母领着去看望她一两次——“一个模糊的身影”，也去看望他在旧金山的姑姑们。这个旅途偶尔会增加一个参观动物园的内容。“来回是一整天的行程。我们不经常去。有时候，我们会在夏天聚会野餐。参加的人数不太多；这不是一件大事。”当他的祖母弗朗西斯于 1937 年死于冠状动脉硬化症时，年纪在 70 多岁，戈登几乎不记得失去了亲人。

在佩斯卡德罗内部，家族联系在金婚庆典上得到最充分的延续。亚历山大和阿黛琳·摩尔在 1897 年用一次盛大的聚会奠定了基调；他们的女儿艾达·简及其丈夫查尔斯·斯蒂尔在 1930 年抵达了这个里程碑，这是戈登出生后的第二年。伯祖父比尔和妻子海蒂在三年后举行了庆典。这是拓荒时代最后的欢呼。伯祖父比尔和乔·摩尔还在襁褓之中就是佩斯卡德罗的第一批白人定居者，这是戈登和他的家人与先驱一代的直接联系。两个人都活到了 80 多岁，也都在 1936 年去世。

一个更大的损失是他的外祖父约西亚·考德威尔·威廉姆森去世了，享年 84 岁。他经营佩斯卡德罗的商店整整 50 年。《圣马特奥时报》称他是“出生于北方的加州拓荒者，自 1869 年以来就是圣马特奥郡的商人、银行家和公众人物”。在戈登的所有先辈中，他和约西亚的关系最密切。约西亚在青年时代后期怀着巨大的勇气和创业精神出海远航，离开了东海岸的家人，去美国的另一边开始新生活，在那里他用自己的动力和敏锐开始创业。面对当地的竞争者，他表现得足智多谋，能随机应变，调整策略以适应时代，同时他也关心那些不那么幸运的人们。约西亚具有一种冷幽默，他雄心勃勃，在多个舞台上推动了变革和改进。对于戈登来说，他树立了一个典范，说明了做一个成功的、自给自足的、受尊重的商人意味着什么。

在约西亚死后，他的孩子弗兰克和米拉——戈登的母亲，各继承了商店的一半产权。弗兰克继续负责打理商店。“我舅舅经营店铺，”戈登回忆说，“他醒着的时候都在那里。商店是他所关心的一切。”他的妻子路易丝还是“非常外向，知道镇上发生的每一件事”，而且“有相当多的时间都在店里，跟进来的每个人说话”。米拉对生意没什么兴趣。她的满足感来自作为妻子、母亲和家庭主妇的角色。她和哥哥嫂子的共同之处在于，他们的生活方式都很稳定。查尔斯·琼斯（Charles Jones）在他的著作《单独一处》（*A Separate Place*）里描写了一辈子生活在佩斯卡德罗的人们。“他们不需要为了改革而改革。那不是他们的性格。他们对改革既不支持也不反对；他们只是无动于衷。”戈登的哥哥小沃尔特就展现出了这种态度，在经历了第二次世界大战的短暂间隔后，他选择了在佩斯卡德罗度过自己成年后的整个人生。

从 20 世纪 30 年代中期起，小镇变得更加孤立。56 号公路——加州 1 号高速公路的延伸让交通改道了，这使两英里之外已经萎缩的定居点变得更加偏僻。“沿海的主要公路过去直接经过镇子中间，后来他们在岸上重新修了路。”戈登解释说。佩斯卡德罗因此成了加州沿海仅有的几个几乎完全错过了 20 世纪中期和后期发展的地方之一。“气候不是很有吸引力，而且通勤路程也很长。这是我在加州知道的唯一一个现在比 60 年前更小的镇子。”

到 1939 年，佩斯卡德罗已经变成了一潭死水，只是店主、伐木者、猎户、牧场主、葡萄牙裔和日裔菜农的家园。它也是伊莱·摩尔后裔的势力范围，其中一些人仍然是小镇的忠实拥趸。戈登的家族所造成的影响也体现在其他方面。3.6 英里长的洪辛格溪是以他外祖母的姓氏命名的，这是戈登过去常常去钓鱼的一条支流，佩斯卡德罗墓场众多的摩尔家族墓碑和亚历山大·摩尔盖起来的漂亮房子，仍然足以象征家族的名望。

作为佩斯卡德罗的摩尔家族成员之一，沃尔特·哈罗德很自豪，同时也有安全的保障，他在自己的道路上慢慢前进。尽管在青少年时期饱受煎熬，他在长大成人之后还是成了一个拥有稳定生活的顾家男人，这不是一位先行者或企业家，而是一名幸存者。作为警长的全职雇员，他在1939年做出重大决定，接受进一步升迁，离开正在没落的佩斯卡德罗，前往相距不远但风格迥异的红木城去过“快活的”生活，那里有警长自己的办公室。尽管当时还无法看到这一点，但红木城和贝赛德的生活将把戈登推向他的未来。他跟哥哥、父亲、母亲、外公、奶奶、姑姑和叔叔不同，他永远不会满足于课堂的局限，也不会满足于在一块偏远的飞地上过一成不变的生活。

当伊莱·摩尔向西部进发的时候，他的举动促使家人参与了加州的早期大开发，不久以后他的子孙就在那里长期定居下来。在一个国家正处于扩张期的前沿地带，伊莱具有担任重要角色所需的洞察力。沃尔特和米拉的次子戈登·摩尔也是一个富有才华的人，他的坚定意志使他抵达了全新的前沿地带。他既是个纹丝不动的人，又是个不断折腾的人，为了征服未知的领域，他牢牢扎根但又极不安分，在追求掌控电子产业的前沿阵地时，继续把持久性和确定性与革命性的变化进行结合。事实上，作为硅技术革命最重要的思想家和至关重要的企业家，戈登最终的人生道路呼应了先行者的信条：“不要沿着道路会去的地方走，而要在没有路的地方带头，并为别人留下一条路。”

第 2 章

Moore's Law
The Life of Gordon Moore,
Silicon Valley's Quiet Revolutionary

化学情缘

走出处女地

发展中的世界

当伊莱·摩尔 1847 年到达加州时，从太平洋沿岸地区一直到越过圣克鲁斯山，整个旧金山湾区只有不到 500 名白人定居者。50 年后，仅圣克鲁斯一带就有 2 万居民，而旧金山由于淘金热的缘故，人口则飙升至 30 万多人。偏远的佩斯卡德罗——后来表明那是它的全盛时期，号称大约有 1 万居民，在工业化之前的世界里过着太平日子。

佩斯卡德罗在 20 世纪日渐缩小，与此同时，道路改善、可靠的汽车、诸如电话和广播这些全新的沟通方式，让加州在地图上有了更加稳固的一席之地。在利兰·斯坦福的带领下发展起来的太平洋沿岸南部地区，现在有了与东部相连的铁路，也有了沿着海湾从旧金山到圣何塞的铁路线。

利兰·斯坦福在他的儿子兼继承人死后，捐出大量的土地和资金为加州的孩子们创办了斯坦福大学。斯坦福大学于 1891 年开始授课。起初，它被视为只不过是个富人的游乐场。位于南加州帕萨迪纳（Pasadena）的斯鲁普大学（Throop University）——戈登·摩尔获得博士学位的加州理工学院的前身，成立于同一年。到 1917 年，在天文学家乔治·埃勒里·黑尔（George Ellery Hale）的领导下，斯鲁普拥有一个航空学系，还有一个自己的风洞；4年后，化学家阿瑟·诺耶斯（Arthur Noyes）和物理学家罗伯特·密立坎（Robert Millikan）来到这里，在他们的帮助下，黑尔把斯鲁普更名为加州理工学院，它开始成为卓越的科学中心。斯坦福大学和加州大学伯克利分校虽然步伐较慢，但也在从地区的中心院校变成全国性的核心大学。

加州的现实世界不断变化，佩斯卡德罗离这些突出的先进之地只不过是一箭之遥。往东北偏东方向20英里的帕洛阿尔托，坐落着新成立的斯坦福大学。北边6英里，沿着贝赛德平原的肥沃土壤，红木城已经成为一个蓬勃发展的制造业和航运中心。再往北是旧金山，那里正在发展金融、通信和军工产业。帕洛阿尔托南部是圣克拉拉谷，绵延大约20英里到达圣何塞和更远处。满怀希望的支持者们把这片气候宜人、果园丰饶、繁花簇锦的地区更名为"心的喜悦之谷"，这里已经成为一个水果主产区。除了佩斯卡德罗海岸的偏远山谷，到处都在发展，尽管这些地方目前的人口还远远不到日后的规模。1920年，帕洛阿尔托有5 000居民，红木城的人口更少一些，坐落于圣克拉拉谷的洛斯加托斯，据称少于500人，但是增长、发展和移民迁入非常明显。

到1940年，旧金山的人口超过60万，位于乡下的圣马特奥郡也发展到了10万人。汽车，或者叫作"不用马拉的车"，无疑为这种大幅增长提供了帮助，但在佩斯卡德罗的特殊情况下，它只是被当成一种外出方式。最终，人们有了一种简单的办法越过令人望而生畏的山谷，去到大城市旧金山或者贝赛德平原上那些气候更为宜人、生活更现代化的城镇。

电的魔法

电力的发明对于美国和世界的意义重大。传奇性的发明家兼企业家，如托马斯·爱迪生和他的通用电气、乔治·威斯汀豪斯（George Westinghouse）和以他的姓氏命名的西屋电气，刺激了电力生产、配送和使用体系的建设。在1929年之前的40年间，早期的工业时代变成了由电力引发和驱动的时代。很快，电力就从内华达山脉边缘的大坝和水力发电厂被长距离输送到湾区的城镇。斯坦福大学认识到电力的潜能，从一开始就开设了电气工程学科。海湾地区的电力公司利用斯坦福高压实验室（Stanford High Voltage Laboratory）研究远距离电力传输所面临的挑战。这种合作培养了一代工程师，他们掌握了与东海岸旗鼓相当的技术诀窍。

和电力一道，一种依赖于电力的新技术也在湾区兴起："无线"电子通信。通过使用电能，信息现在可以在空中传播。无线电报消息可以从岸上发到船上，也可以从船上发回岸上，这让集结在旧金山湾的美国海军舰队极为高兴。随之而来的是话音传输。除了双向信息交互，还有通过无线电广播进行单向大众传播。一些最早的广播电台在这个地区播放语音和音乐内容。这两种无线传播方式的关键在于一种奇特的发明——真空管，它定义了新的"电子"世界。真空管类似于复杂的灯泡，可以通过激活一个通断开关产生电信号，而且可以将这些信号放大。这个"管"是在无线电领域发送和接收信息的关键。

真空管非常耗电。它们的工作原理是，通过一根加热的细灯丝来产生电流，并对电流进行控制。事实证明它们不可或缺，但又同样令人头疼。随着应用的激增，如何降低它们对电力的饥渴，并改进脆弱的灯管，成了人们主要关心的问题。随着真空管和无线电被引入湾区，出现了新的现象：一个羽翼未丰的电子产业和一个无线电爱好者社区。海湾各县无线电报协会（Bay Counties Wireless Telegraph Association）成立于 1907 年。几个十多岁的孩子，包括少年天才查尔斯·利顿（Charles Litton）和来自斯坦福大学的少年老成、出类拔萃的"校园小鬼"弗雷德·特尔曼（Fred Terman），他们是为硅谷的最终形成打下基础的关键人物，他们自己搞业余无线电收音机进行消息的发送和接收，利顿在红木城，特尔曼在帕洛阿尔托。

利顿 10 岁时做了一个收音机，很快又用吹玻璃的方法自己做了真空管。他在红木城的家里做了两个 100 英尺高的天线塔，并成功地用它跟澳大利亚和新西兰的无线电台建立了通信。与此同时，特尔曼前往麻省理工学院，在那里他看到了把科学和工程跟产业联系起来的重要性。20 世纪 20 年代中期他回到斯坦福大学，作为一名资深电气工程师，他力图让大学突出重点，把这个富家子弟的游乐场变成一个重要的科学中心，至少在无线电和通信电子这一个领域做到这一点。

湾区在早期的电子产品生产和应用上还取得了其他进展。1909 年，斯坦福大学的学生查尔斯·赫罗尔德（Charles Herrold）在圣何塞创办了西部第一个、同时也是世界上第二个广播电台。他的另一位校友西里尔·埃尔韦尔（Cyril Elwell）在帕洛阿尔托创办了波尔森无线电话电报公司（Poulsen Wireless Telephone and Telegraph Company），其工作地点位于钱宁大道和艾默生街交叉路口的一间小屋里。他的公司后来改名为联邦电报公司

（Federal Telegraph Corporation），并开始跟东海岸的公司竞争。他的一名员工李·德·佛瑞斯特（Lee de Forest）偶然发现，如果把真空管的输出电流再次输入（“反馈原理”）时，信号就会大大增强，以至于“如果一个人在离话筒几英寸的地方扔下一条手帕，听筒里就会听见砰的一声巨响”。

这个发现带来的影响十分重要，而且很快就得到体现。真空管这种信号放大能力被发现之后，人们创造出了效果更加令人满意的长途电话和“无线”通信设备。由此，李·德·佛瑞斯特的工作开启了电子时代，这个名称越来越多地用于表示那些依赖于真空管的技术，如电话传输、电报、无线电等。

在距离李·德·佛瑞斯特两个街区的地方，戈登·摩尔的父亲沃尔特·哈罗德当时才十几岁，正在帕洛阿尔托的森林大道贮木场同样辛苦地工作。他是旧世界的一部分，带着木材翻越山丘定期到达这里，每次往返为期 3 天。帕洛阿尔托也是当时只有 3 岁大的威廉·肖克利的家乡，1913 年他从英国来到韦弗利街 959 号，因为他的父母喜欢这一带的宜人气候。40 多年之后，肖克利从东海岸回到帕洛阿尔托他母亲的身边，这时候他已经是结型晶体管的发明者，而作为电子设备的基本组成部分，这种设备的地位堪与真空管媲美。

由真空管引出了许多新技术，其中一个例子是 1915 年美国电话电报公司（AT&T）在纽约首次用真空管放大了电话信号。在第一次世界大战期间，美国军方大量使用真空管进行电子通信。后来，真空管在民用领域的发展脱颖而出。

在大多数电子技术领域，来自人口稠密得多的东海岸的公司占据了主导地位。当时这个领域尚未被称作消费电子，新泽西州的美国无线电公司（Radio Corporation of America，RCA）成为该领域占统治地位的玩家。在西海岸，“联邦电报公司注定要失败，而湾区的其他无线电公司也只是因为军事应用需求才幸存下来。”尽管联邦电报公司注定难逃一劫，但它还是做成了一件事，就是使真空管成了激增的电话应用和新兴的无线电世界的一个基本要素，而且很快出现在了新的电视技术中，这尤其要归功于李·德·佛瑞斯特。

电子产品进入寻常百姓家

从 20 世纪的 20 年代到 40 年代，美国的真空管产量如雨后春笋般迅速增加——年产量从 100 万只升至接近 1 亿只。电话在全国迅速普及开来，这归功于贝尔电话实验室对真空管的改善——该实验室成立于 1925 年，是强大的美国电话电报公司的研发机构。到 1940 年，近 40% 的美国家庭开通了电话服务。收音机风靡全国，同年，几乎 3/4 的美国家庭有一台收音机，而 1920 年只有 5 000 个家庭有收音机。收音机创造了一个新的现实：通过电子产品对信息进行大众传播。在人们的客厅里，音乐、喜剧、系列冒险故事、全国新闻从一个盒子里奇迹般地冒了出来。无线电制造商协会成立于 1926 年，又于 1957 年改成电子工业协会，即今天的消费电子协会（Consumer Electronics Association），有 15 万家电子行业的供应商参加其年度贸易展。

对于隐藏在真空管电子设备后面的物理、化学、商业和军事问题之间的相互作用，大多数美国人并不太关心。他们体验到的是经济实惠的“接收器”带来的新鲜感，作为普通公民，这些设备把他们和一个新的电子信息领域连接起来，其范围远远超出了他们的私人农场、房屋、小镇和城市。对于在佩斯卡德罗与世隔绝的摩尔家族来说，听广播成了日常生活的一部分。《小孤儿安妮》（*Little Orphan Annie*）是个 15 分钟的节目，于 1931 年在全国播出，它有两组独立的演职人员：一组在旧金山，另一组在芝加哥。《杰克·阿姆斯特朗，纯正美国男孩》（*Jack Armstrong，the All-American Boy*）是个冒险系列剧，由维蒂斯（Wheaties）①麦片赞助播出。沃尔特·温切尔（Walter Winchell）是个有争议的报纸专栏作家，每天有数百万人阅读他的文章。在周日的晚上，戈登全家人坐在一起听他的广播节目。戈登记得，“当时没有日报，所以无线电是新闻的主要来源。沃尔特·温切尔是整个文化的一个重要组成部分。”

戈登和其他孩子一道，邮购国家广播电台广告活动中的“神秘解码环”，这个活动的广告语是：“我喝我的阿华田（Ovaltine）②，我吃我的维蒂斯。”广告活动背后的技术成就——无线电和真空管，并没有抓住他的想象力。在佩斯卡德罗，他生活在一个旧式的、更为封闭的世界里。“我做了一个晶体接收机，来回调试，但我从来没有非常深入地做这件事。”在戈登上高中的时候，比他年纪小的伙伴——他弟弟弗兰和校友雷·多尔比（Ray Dolby），假期在电子公司打工，而戈登却在夏天干体力劳动。一整个夏天他都在商店里为舅舅弗兰克工作，扫地、洗窗子、整理货架。随后的几年里，他在红木城的水泥

① 维蒂斯是通用磨坊（General Mills）公司的一个早餐麦片品牌。——译者注

② 阿华田是联合不列颠食品（Associated British Foods）公司出产的一种乳制营养品。——译者注

厂搬运成袋的贝壳。

20 世纪 30 年代，旧金山半岛上的一个小社区专注于改进真空管电子产品。拉塞尔·瓦里安（Russell Varian）和西格·瓦里安（Sigurd Varian）兄弟分别是一位物理学家和一名飞行员，斯坦福大学的物理学家威廉·汉森（William Hansen）和他们密切合作，做出了一种称为速调管（klystron）的强大的真空管。速调管可以产生“微波”，这跟无线电波很像，但更容易穿过空气，在第二次世界大战中起到了至关重要的作用，被用于雷达和粒子加速器。安然地住在佩斯卡德罗平房里的戈登夫妇对这些可能性一无所知。他们的兴趣只在近在咫尺的事情上，或者是广播中播报的关于欧洲冲突的新闻。和大多数美国人一样，他们只是舒舒服服地远观欧洲局势的发展。他们没什么意愿要为外国的原因而拿性命和生计去冒险，欧洲战争的实际爆发并没有改变他们避免国际纠纷的普遍希望。相反，公众意见慢慢转为美国只限于对盟军提供援助。

随着通信线路把各个地区和各类人群更紧密地联系起来，电子信息压缩了美国人关于时间和空间的体验。市场变成了全国性的，贸易和交流的半径扩大了。新闻流入权力中心，也从权力中心流出。大型组织对真空管的需求使制造商得以实现规模经济，产品价格大幅下降。作为一种大众传媒，收音机成了公众对电子产品的主要体验。随着真空管被用来制作和播放留声机唱片，文化领域进而发生了转型。电影工作室采用真空管把音频内容添加到电影中。由此，真空管再次创造了一种共享信息和体验的大众文化。

1938 年底，对 9 岁大的戈登来说，他还不懂得电子和战争。相反，他父亲的晋升才是大新闻。全家人搬到了红木城，这样沃尔特·哈罗德就可以在麦格拉思警长的总部上班，工资也增加到每月 190 美元。搬家不仅意味着更高的薪水和进一步升职的可能性，而且这里的气候也更好。

戈登回忆说，“在山区雾气大的一侧，我哥哥和我几乎一直都患有支气管炎，所以我父母想搬到向阳的这边来，看看我们的健康会不会有改善。”米拉不太愿意，但沃尔特坚决要搬。巡视海岸是个孤独的工作，而总部也有总部的问题，他没有什么理由留在佩斯卡德罗。沃尔特的父母都去世了，只有一个妹妹还在那里。机会再次向他招手，红木城“更好”。戈登在红木城爱上了化学，这使他走上了一条他从未想过的人生道路。

第 2 章
化学情缘

新家园，新生活

到 1939 年，红木城的居民数量已经膨胀到 12 000 多人，比佩斯卡德罗大好多倍。到了 1950 年，这里的人口又翻了一番，超过了 25 000 人。“作为一个真正的商业中心，这个规模相当不错，”戈登回忆说，“有很多街道和一所更大的学校。”父亲、母亲和 3 个小男孩在西门街 196 号安下家来，这里紧临阿拉米达·德·拉斯·帕尔加斯街（Alameda De Las Pulgas），是个带有双卧室和单浴室的标准小户型，买这栋房子花了 5 600 美元。这些年来，沃尔特和米拉没有换过地方，这里是他们后半生的家园。

港口的扩建主要发生在两年前，红木城由此欣欣向荣。这个镇起源于 18 世纪圣马特奥和圣弗朗西斯奎托溪之间的一宗 7 万英亩土地受让，到了 19 世纪中叶，淘金热和对红杉木材的需求促成了人口的快速增长。这个地方因为流入旧金山湾的深水航道特别深而广为人知，对于从山上往下运送红杉原木来说，这是理想的水上公路。到 1859 年，镇上已经有了自己的法院大楼，曾用作监狱、舞厅、会议室、备用学校以及内战时期的征兵总部。

1918 年，红木城见证了世界上第一艘水泥船体的远洋船“信仰”号（Faith）下水，它是专门用来对付德国 U 型潜艇的。航道里堆积的蛤蜊壳、牡蛎壳、贻贝壳“意味着数千万吨的上等石灰石和其他成分，可以用来制作水泥”。这激发了太平洋波特兰水泥公司（Pacific Portland Cement Company）的兴趣。波特兰水泥在一个世纪前获得专利，用碳酸钙、二氧化硅和氧化铝等化学物质做出了水泥。该公司在红木城增加了一座重要的化工厂，新工厂于 1924 年开业。工厂占地达 3 万英亩，位于航道两侧，水泥公司由此成为该地区的主要企业之一。很快，又制订了加深和拓宽航道的计划。旧金山金门大桥于 1937 年 5 月开通，4 个月后红木城的人们集会庆祝他们的港口扩建完成。

在戈登的新家附近，另一种不同类型的进步正在上演。昔日的神童查尔斯·利顿在他父母的住所创立了利顿工程实验室，距离西门街摩尔家的小屋只有半英里远。1938 年，在与斯坦福大学合作开发一种新型真空管时，利顿在家中的实验室里迎接了一名年轻的研究生戴维·帕卡德（David Packard）。一年后，帕卡德和威廉·休利特（William Hewlett）创立了惠普，生产电子仪器和设备。作为斯坦福大学的学生，两个人都是弗雷德·特尔曼的得意门生，他带着他们去看当地的真空管公司。

瓦里安兄弟和斯坦福大学的物理学家汉森一起，用他们的微波管开发了一种电子设备，能够“用一束看不见的光扫过天空，当这束光遇到物体时会反射回来，然后就可以被重新捕获并投影出来”。斯坦福大学为兄弟俩提供了100美元进行技术开发，这是雷达系统的核心——这对空战是至关重要的。利顿则继续帮助雷神公司开发磁控电子管，这种电子管可以增强雷达的覆盖范围，这进一步加强了美国在第二次世界大战中所做的努力。在整个20世纪40年代，利顿工业公司（Litton Industries）发展起来，和东海岸的大公司展开竞争，这为电子革命奠定了技术及产业基础，而电子革命在随后几十年里改变了旧金山半岛的面貌。

沃尔特·哈罗德现在46岁，作为一名副警长，年收入为2 280美元，每周工作44小时。他的邻居都在从事普通的工作：建筑项目业务员、美容院理发师、注册会计师、私人秘书、货运业务员、为建筑承包商工作的木匠、轮胎推销员、景观园丁、油轮上的三副、水管工、保险经纪人。戈登的父亲是出身于旧式中产阶级家庭的孩子，现在是个白领。有朝一日，他的儿子们很难再回到“旧式中产阶级”的职业：戈登成立了自己的公司，他的弟弟弗兰则像外公约西亚一样拥有一家自己的小企业。青年时代饱经沧桑并且经历过战争的沃尔特·哈罗德，更愿意在美国的新阶层里当一名薪水有保障的雇员。他的大儿子小沃尔特也是一名雇员，在他岳父的牧场工作。

如果说沃尔特·哈罗德对自己的地位和保障得到提高而感到满意，那么他的妻子却并不高兴。包括她弟弟在内的亲戚们都还在佩斯卡德罗。沃尔特在办公室有他的社交网络，但米拉——一位要应付3个儿子的家庭主妇，跟自己熟悉的家族圈子的联系被切断了，而且对此很难适应。戈登回忆说，搬家让他母亲很痛苦，为了减轻这种打击，他们经常在周末回佩斯卡德罗。对戈登本人来说，变化却很容易。他没有想太多，既专注于新鲜事物，同时又很喜欢回佩斯卡德罗。“在红木城，你没有太多户外活动。附近没有钓鱼的地方，我也没法用气枪打鸟。无论如何，这里没有人买鸟。相反，我跑到佩斯卡德罗去打猎。我在红木城干不了这些事。”

第一年的个别时候，他在佩斯卡德罗的朋友罗恩·杜阿尔特来摩尔家和戈登一起玩。杜阿尔特回忆说，“我们俩坐在一辆马车里走过街道；这是一条平整的路，上面有个小斜坡。幸运的是，路上没有很多汽车，但他父亲——我的老天，痛骂了我们一顿。”对戈登来说，户外活动依然很有吸引力。“我们干那个年纪的孩子干的事。我骑着自行车到处转悠，我绕过街角的时候都是骑着车去的。我们在街道中间玩棒球，就是阿拉米达・德・拉斯・帕尔加斯街，偶尔有汽车路过的时候，就得把路让开。”

搬家的主要缺点是学校：麦金利学校（McKinley），位于杜安街（Duane Street）。戈登被安排在五年级，这里的老师再次把他的沉默误认为是发育障碍。不久，他就“被困在一个语言补习班，这是真正的垫底班级，全是一二年级的孩子”。在一个全新的陌生环境里，某种程度的谨慎对他而言是很自然的，但他的自我封闭、内敛和回避行为再次引起别人的担忧，而不是被理解为高智商的一种标志。戈登不习惯用语言交流，而且他还是个孩子，所以没有办法作出解释。七十年过去了，这件事仍然让他感到恼火。“我很安静，非常懂事地认真学习，在班上也许我是个小娃娃，但我不知道我的举动怎么会让他们认定我无法说话。我从来不觉得自己完全口齿不清，但却被放到这个我不该待的班级里。我不认为我的安静有什么问题或麻烦。那时候我不明白这件事，回头来看，我想不通为什么自己被困在那个班里，真见鬼。我真的不合时宜。”

由于缺乏父母的干预，戈登继续在这个班待了两年。相比他在佩斯卡德罗上一年级时的经历，这回的遭遇是一次令人苦恼的事态升级，而当年要不是他父亲的干预，他可能还在玩沙子。但是如今，这不是一次考试失败这么简单的事情，考砸了还可以重考；这是个更深层次的问题，关乎语言、表达和互动。游戏、数学、校园混战以及其他非言语活动并不会让他觉得烦恼，但似乎是家庭生活的经验，增强了他有限的人际沟通能力和与人沟通时的轻松感，甚至是帮他建立了这种能力和轻松感。戈登跟那种爱交际的、讨人喜欢的合群孩子完全不同：相反，他是个异常专注的男孩，对事情的投入不是以言辞和情感为导向，而是以实际结果为导向，不论有没有同伴。

化学情缘

事情即将好转。1940 年 1 月，戈登・摩尔长到 11 岁时，发现了他的第一个真爱，这对他的人生历程具有决定性意义。他在学校环境中可能很安静，但他确实跟他在西门街的隔壁邻居有来往。唐纳德・布鲁姆（Donald Blum）比他早出生几个月，是糖果推销员埃德温・布鲁姆（Edwin Blum）和他在一家百货公司工作的英国太太塞西莉亚（Cecilia）的独生子。唐纳德做了一件意义重大的事情，把戈登引向了他的未来：“他在圣诞节得到了一套化学试剂。我开始跟他一起玩这套试剂。那时候，在这些试剂里会有些非常棒的化学品，比如氯酸钾，你可以用它得到有趣的结果。炸药引起了我的关注。我对各种实验产生了兴趣。我决定，‘天，我想成为一名化学家。’”

今天，氯酸钾是恐怖分子和自杀式炸弹袭击者的最爱。戈登描述了自己的经验，他用氯酸钾制作五颜六色的火焰、玩具火箭的燃料以及小型爆炸，因为这“跟我以前做过的事情都不一样”。他被迷住了。闪耀的火光、爆炸的响声和物质的变化：这既令人兴奋又可以掌控，是令人愉快的智力游戏，也是令人满意的释放内心情感和紧张情绪的方法。一个人遵照化学试剂的使用说明，可以获得惊人的能力。多年来他曾在小溪里钓鱼；他深谙在自然世界中取得成功的条件。化学试剂变化多端而且气味丰富，为了解自然界提供了一个更有趣的场景，这跟钓鱼非常相似但又明显不同。它会产生令人惊讶的变化，这些变化可以很听话地重复同样的效果，而这些效果可以用来编目和研究。

这些东西触碰到了年幼的戈登内心深处的需求，“这真的引起了我的注意，”他解释道，“动手操作很重要。”它可以让实验者体验兴奋感。他找到了适合自己的工作。戈登·摩尔一头扎了进去，专心研究起来，这也是日后他对待晶体管的方式。他在自家车库后面的小棚屋一角建了一个小实验室，并且自己买了试剂。“我开始收集一堆东西，寄信给供应商要求订购烧杯、烧瓶和五花八门的化学品。”

布鲁姆一家很快就搬到阿拉米达·德·拉斯·帕尔加斯街 531 号，两家人相距只有几步之遥：“我仍然和唐纳德有来往，但不像他跟我是隔壁邻居时那么密切了。”西门街 190 号的新邻居是弗雷德（Fred）和安娜·林斯蒂特（Anna Linsteadt），以前住在伊利诺伊州的库克市（Cook），他们的大儿子也叫唐纳德，于 1929 年 4 月出生在那里。弗雷德和沃尔特·摩尔一样，也是个退伍老兵，而且是一名汽车机械师。这对夫妻的两个儿子分别是 11 岁和 6 岁，跟戈登和他弟弟弗兰完全同龄。唐纳德·林斯蒂特也是麦金利学校的学生，很快就在做坏事方面成了一个有用的伙伴。“他对我的化学实验很感兴趣。唐纳德也喜欢用炸药炸东西，所以我们就开始一起干。”

戈登可能年纪很小，但他对待他的实验室却绝对是严肃的。为了表示这不是心血来潮，他用混凝土给小屋做了一个结实的地板。在自己的空间里，他有独自思考和实验的工作习惯。“化学试剂和我的实验室持续不断地趋于完善：它以非常小的增量按指数级增长。”沃尔特和米拉没有做任何事情禁止儿子的爱好。“我父母不太清楚我在做什么，但我可以肯定他们知道我在制造那些爆炸物。我不知道他们怎么会漏掉它。他们没有劝阻；只是说‘小心’。”这些同龄孩子在学校也做实验。“另一个朋友炸掉了两根手指头——幸好不是在我的实验室。我不知道我母亲是否知道这件事。”

罗恩·杜阿尔特记得戈登在车库里捣鼓一些实验，而且引发了红木城消防员的担忧，以至于消防部门只好跟他的父亲谈话，“不要让他在这个方面再搞更多东西了。”戈登自己的原话低调得多，带有他的典型风格：“我遇到了一些轻微的事故。例如，当你制作硝化甘油时，你把它从酸里分离出来。你在一个大烧杯里装满了剩下的所有东西。如果你不小心，它突然开始发生非常剧烈的反应，二氧化氮的褐色烟雾就会把它推倒。我遇到过两次这种情况，留下了一个见鬼的烂摊子。”有一次他差点受重伤：“我确实把自己烧得相当严重。当你混合高锰酸钾和铝粉时，虽然混合物不容易点燃，但它最终会‘噗！’我想我们这次混合得不好，所以我用一根火柴把它点燃了。我把整只手都给烧焦了。我把它给油炸了。那次是跟真正的事故离得最近的事情——我把自己伤得最厉害的一次。”

进入青春期之后，戈登开始经常出入帕洛阿尔托的二手书店寻找化学手册。在某种程度上，他的激情来自这样一种观念，即他能控制将要发生的事情。如果他小心地靠近并适当地研究这门课程，他就可以驯服猛兽。重点在于专注、理解和一致性。作为对内在驱动力的回应，戈登在十几岁时发现了一门课程，既可以任凭抽象思维天马行空，又同时能提供最明显的、最直接的、最惊人的实际结果。化学是一个他可以玩也愿意玩的游戏——他经常是独自一人，但也作为团队的一员，然后是团队的领袖。

运动和战争

和佩斯卡德罗不同的是，红木城为有才能的玩家提供了很多参加其他活动的机会。1942 年秋天，13 岁的戈登进入红杉中学，该校以当地的红杉树命名。红杉中学已经有丰富的历史。它成立于 19 世纪末，在 1920 年获得了 40 英亩土地建设自己的校园。当戈登开始在这里上学的时候，红杉中学已经颇具规模。除了主要的课程，还包括戏剧、艺术、新闻、家政、工坊、商务和园艺课程。红杉甚至有自己的剧场。这是一所优秀的学校，有精良的设备、优美而功能完善的校园、训练有素的专业教师队伍以及卓越的课程，这让它闻名全国。让戈登印象最深的是这所学校相当大。他是 400 人的大班级的一员，其中许多人都来自麦金利学校，不过唐纳德·林斯蒂特和唐纳德·布鲁姆不在这里上学。

戈登在红杉中学拥有了一个全新的开始，他不再跟那些有语言障碍的学生为伍：“我的英语语法学得相当不错，我比任何人都能更好地解读句子。”即便如此，他那种以分析为导向的有条不紊的方法，以及对数学和化学的范式和规则的偏爱，都使他学得很慢。他的家人并不擅长阅读和讨论文学内容，戈登也不具备解读书籍和戏剧中情感信息的能力。尽管他可以用自己的方法来读句子，但无法解读人物的动机或人性的变化无常。“我以前读得很慢，现在仍然如此。我很少看完他们在英语课上布置的书籍。我在文学方面没那么强。有朝一日我打算回去读一读《双城记》！”随着心智的成熟，戈登发展出了一种斯金纳式方法（Skinnerian approach）来理解人性的心理，即基于因果来理解人的行为，这种方法侧重于研究可以观察到的行为，而不是内在的心理活动。在他最主要的公司英特尔，他笃信股票期权和绩效工资，这对员工来说是可以衡量的动机。最终，戈登和贝蒂·摩尔基金会（Gordon and Betty Moore Foundation，GBMF）也在慈善工作中追求“可衡量的结果”这种可望而不可即的目标。

红杉中学非常出色，其体育设施尤其完备：两个大型体育馆，一个游泳池，还有田径场和网球场。有一份校史描述了其强大的体育师资，作为半岛体育联赛的成员之一，红杉代表队在戈登在校的 8 年中连续赢得 6 次冠军。他的户外成长经历、良好的身体协调性、沉默寡言但平易近人的态度，轻而易举地让“我每年都踢橄榄球、跑步和游泳。我是个跳水运动员。我练体操。我一年到头都在练体育。那时候我的体型很好”。

在切诺基橄榄球队，他开始打半卫：“我哥哥小沃尔特打过护锋，所以教练认为我也应该打球。我真的是太瘦小了，只有 160 磅。即使那时候，大多数线锋都比我高大。我上场的次数没有我想要的那么多，但我乐此不疲。”他在代表队打了 3 年的右护锋。“他的拦截和抢断为他赢得了一个首发位置。”《红杉时报》报道说。戈登回忆道，“我们有一年是冠军，另外几年都是强有力的竞争者。我们干得相当不错。”后来，他成为了学校的体操队长：“我从来没有成为真正的专家，但我在体育课上总是名列前茅。我们做自由翻滚、单杠和双杠动作。我们使用了蹦床。红杉没法和专门练习体操的学校竞争，但我们得到了很多乐趣。这全都是锻炼身体的灵活性。”

戈登还是个技艺高超的跳水运动员。跑步和游泳对他来说没有那么自然：“人们进到游泳池，仰面躺在水里，就会漂在水上。我却沉到水底。我的身体脂肪含量相当低。”在青春期早期，他的竞争动力已经非常强烈了。任何事情做失败了都是令人失望的。在童年时代，他花了很多时间站在小溪里就为了钓上一条鱼，或者和他的父亲和兄弟一起追鹿。在运动和好学方面，戈登成了一个“玩家”，他那泰然自若的、让人毫无戒心的笑容，还有对化学不同寻常的激情，让他显得与众不同。运动和化学构成了他的生活框架。这就是他追求的全部内容，他对更广阔的世界毫不在意，这跟他内敛的天性和佩斯卡德罗的成长背景相吻合。专注于客观的、有形的活动——钓鱼、做实验、体育运动，并从中获得成功，这让他感到舒服和满足。

实际上，更广阔的世界即将改变。1941 年 12 月，日本偷袭珍珠港，惊醒了美国。美国进入了战争状态。1942 年 2 月，富兰克林•罗斯福总统签署了一项行政令，将 11 万名日裔关进拘留所：美国陆军很快就开始忙起来，强制驱逐“敌国侨民”。在佩斯卡德罗和整个圣马特奥郡，这造成了非常大的影响。在 20 世纪 40 年代，戈登的太太贝蒂是跟着她母亲和爷爷奶奶在洛斯加托斯附近的一个农场长大的，她记得，“日本人从这个地区被运走，再也没有回来。上中学时，我们帮着收浆果和庄稼，本来通常是他们在那里收的。”

红木城存在强烈的反日情绪。戈登在红杉中学的同学罗伯特•诺滕说，珍珠港的死者中有很多来自湾区。“这里充满敌意和不祥的预感。我们对这些人非常生气；如果他们留下来，我担心可能会造成混乱。这说不好，但这是将要发生的事情。”对日本的恐惧感四处蔓延。贝蒂回忆道，她听见有人窃窃私语，说有一艘日本潜艇向大瑟尔一位亲戚家的牧场“扔了一些炸弹”，她非常焦急。“政府隐瞒了这个消息，但它让我们觉得他们就在我们的海岸边上。”实际上，在珍珠港被袭击两周后，一艘日本潜艇在大瑟尔海岸用鱼雷击沉了一艘油轮。她还记得 1943 年洛斯加托斯中学的一个特殊的下午。“军车停在外面，而且有消息说他们可能通过圣克鲁斯豁口去往谷地：有人在海岸附近看见了潜艇。当我们在上课的时候，士兵和车辆就在我们眼前。这对我们造成了影响，至少对我造成了影响。”

对于普通美国人来说，战争对日常生活造成的影响体现在物资供应匮乏，以及在夜间停电时无法出行。超级务实的沃尔特•哈罗德为西门街 196 号的窗户设计了一套胶合板镶件，“这样我们就可以让光照进来。”在第一次世界大战中，他的家人对他在法国遭受的磨难一无所知。现在，珍珠港事件让太平洋海岸成了人们密切关注的焦点，每个人都以这样那样的方式被拉进了战争的大戏当中。“人们开始学习如何种菜，”贝蒂回忆说，“重点是胜利菜园（victory gardens）[①]，一切都是胜利。”戈登记得“汽油、糖、肉都要定量配给，这足以让我们感受到自己在某种程度上被卷入了战争”。在贝蒂的洛斯加托斯农场，人们在夜里试图偷窃分配给她的祖父母用于农业生产的汽油。“人们都在那里，用虹

① 特指第二次世界大战期间城市居民所种的菜园。——译者注

吸管从这个壳牌大油罐里把汽油抽走。我们有一把很棒的老枪。我的祖母把门踹开，就那么走出去，拿着这把枪往天上打。你可以听到人们争先恐后地逃开，因为他们以为是某个暴君在后面追他们来了；他们不知道这只是一个老太太。”

一个严峻的现实是，人们在战争中失去了亲密的朋友。“有些人应征入伍了。那些毕业和年满 18 岁的人被征去当兵，”贝蒂说，“我失去了两个朋友。他们立刻就被打死了。那是一个令人恐惧的时期。”附近的迪布尔总医院（就是现在斯坦福研究院和门罗公园市市政中心的地点）对那些在太平洋作战行动中受伤的士兵提供医护服务，它有整形外科、失明护理、神经精神科和骨伤科。“我们失去了朋友、兄弟，他们只比我们大一两岁，”戈登的同学诺滕回忆说，“人们穿着制服从中学毕业，然后就在战争中消失了。”

当戈登的哥哥小沃尔特于 1943 年毕业并被征募时，战争再次降临摩尔家族。“我敢肯定我父亲并没有劝阻他，”戈登说，“他是个年轻人，正在思考未来。他进去时是个平民，出来时是一名中士。”沃尔特在军械师服役，1944 年 6 月跟随部队进入法国，他是一名机修工，负责修理货车。家人定期收到他的来信。“那时候，很多信都被审查过。你会一直提心吊胆。”他哥哥不在家的一个直接结果就是戈登占用了他的小汽车。“这对我来说是件大事。我还在念中学，突然有了辆车。麻烦的是，没有汽油。每周只给 4 加仑[①]，走不了太远。”

戈登的年龄让他避开了战争的直接冲击。战争塑造了他哥哥和他父亲的人生，但并没有对他产生这样的影响。短暂而强烈的战争体验给沃尔特·哈罗德的人生投下了长长的阴影，戈登婉转地承认了这一点，他说：“战争在我父亲的人生中是个短暂的时期，所以当得知他不想葬在佩斯卡德罗，而想葬在离半月湾近得多的老兵公墓时，我真的很惊讶。”战争也改变了小沃尔特的人生。1946 年，他从欧洲回来——已经是个很少跟人沟通自己想法的沉静青年，努力想找回自己的立足点。戈登回忆说：“我哥哥的智商非常高，但没有像我这样有方向感。由于有《退伍军人法案》，他开始在圣何塞州立大学上学，但很快就辍学去开卡车了。”这只是个跳板，然后他又从这个地方离开了，娶了一个佩斯卡德罗的姑娘，在当地生活安顿下来。

戈登和小沃尔特都极其聪明务实，然而环境和意愿的差异让他们走上了迥然不同的

① 1 加仑约等于 3.785 升。——译者注

道路。戈登对化学充满激情，沃尔特则没有可以类比的酷爱。戈登丝毫没有被战争伤及，他受到内心的引导，充满做实验和学习的渴望，很快进入了圣何塞州立大学，后来到了伯克利，然后跟着全球顶级的教授攻读博士学位。化学最早点燃了他的想象力，又跟他的专心致志相吻合，于是他的人生不是简单地生活在摩尔家族祖先的土地上，而是通过专注、创新和远见来改造现实世界。

警长，睁一只眼闭一只眼

沃尔特·哈罗德搬到了红木城担任副警长。4 年后他晋升为首席副警长，这证实了他先前暗示的机会。他现在是警长麦格拉思手下职位最高的非民选官员。“跟着一个政客式的警长，我父亲算是首席运营官。他管理各种事情。”戈登回忆说。简洁的观察后面掩盖着复杂的真相。

圣马特奥郡成立于 1856 年，它是腐败的产物，一直以来都臭名昭著。它的范围超过 500 平方英里，包括山区峡谷、雾蒙蒙的丘陵、农村耕地和人口密集的居住区，全都位于旧金山湾和太平洋之间。这里的法院、监狱和郡政府所在地都在红木城。“大吉姆”麦格拉思体重达 300 磅，是当地任期最长的警长，尽管涉及郡里的腐败行为，却当选了四届。“在 20 世纪 20 年代末，他接手了这个社区，这里有一张强大的赌博网络渗透到每一个隐秘的政治角落。得益于第二次世界大战，在麦格拉思的任期内，有一种同样强大但更为积极的影响，就是该郡的急速发展。工业入驻，住房建设蓬勃发展，外来移民猛增。“该郡 1910 年的人口是 25 000 人，在随后的三十年里翻了两番，到 1970 年则超过了 50 万。”

当沃尔特·哈罗德在红木城立足的时候，半岛上的生活包括“赛狗、豪华赌场、老虎机，以及有政治影响力的大赌徒”。进行抽扑克牌赌博的棋牌室和赛马是合法的，色情业的从业者为了方便做生意，会把他们的生意安排在紧邻旧金山的边上。到处都是赌博俱乐部。如果有人试图关闭它们，“业主的律师就会拿出证据，来证明他们的客户运营的是清白的社会组织。”许多圣马特奥大陪审团都对该郡的赌博展开了调查，但大多数调查的结果都是赌场小心翼翼地临时关门。“当关注热度上来的时候，赌场就会关门，只在压力减弱时悄悄地重新开张。”麦格拉思的方法是迁就，他优先考虑的是偿还自己的政治债务。他与赌博机构有染是众所周知的事情，能再次当选是因为他成功地让他们乖乖听话。他并不是打了一场圣战，而是深涉腐败。

作为麦格拉思的得力助手，沃尔特·哈罗德深谙政治现实。他近距离地进行复杂的斡旋。在对自己的任务分门别类时，他选择把重点放在高层管理、人员分配、法院职责，同时也保持对暴力犯罪调查的密切参与。他不是一个逃避现实的人，也不过于拘谨。他的日常工作可能很吓人，例如，一边使用无线电发报机，一边调查两具被电死的冷冻尸体，然而他是个冷静务实的人，能够按程序办事并指导别人。1944 年，他调查了戈登一名校友的姐姐的案子，她的尸体在门罗公园被挖了出来。他还调查了一起令人不安的案件，在这起案子中两个小女孩被她们的父亲谋杀了。在知名度高的调查中，包括社会名流卡罗拉·哈尔托格（Carola Hartog）被碎冰锥杀害的案子。

1950 年，沃尔特和米拉·摩尔把家搬到红木城 10 年之后，警长麦格拉思在选举中垮台了。由于担心苏联的原子弹攻击，他为半岛上的社区进行了预防工作，这让他赢得了喝彩，但不那么得体的是，他在一场关于赌博的辩论中被公开点名，其中涉及他把好莱坞赛马俱乐部的股份高价卖给一个黑道上的朋友。第二次世界大战后郊区居民涌入市内，看到事态一如既往，对此很不满意。发生在椰菜俱乐部的一起抢劫案涉及一宗枪击死亡，这使得非法赌博的问题重新成为该郡的首要议题。

麦格拉思寻求最后一次连任。他的对手厄尔·B. 惠特莫尔（Earl B. Whitmore）是个年轻英俊的红木城警长，也是红杉中学的毕业生。惠特莫尔雄心勃勃、风度翩翩、富于创新，是个公共关系专家，又是一个现代化主义者，承诺要对警长办公室进行换血，加强执法、任人唯贤，取代论资排辈的升迁原则。他以 3 票对 1 票“将老资格的警长扫地出门”。沃尔特·哈罗德顺势而为，在这个已经发展到 90 名雇员的警察局适应了秩序的变化。他被确认为首席副警长，后来由于在打击半岛上的有组织犯罪中发挥的作用而得到认可。惠特莫尔在 20 世纪 60 年代面临腐败指控，但那时沃尔特在执法近 40 年后已经退休了。

在心理治疗普及之前的时代，沃尔特·哈罗德即使在自己的直系亲属内部也自有主张。“他会消失一段然后回来，偶尔会告诉我们发生了什么事，但通常不说。”戈登说。在警长办公室，沃尔特是个成功的“对内者”，他扮演着一个跟有大量“对外”政治花招的麦格拉思互补的角色，后来又跟惠特莫尔的角色互补。戈登是出了名的英特尔的对内者，他亲眼目睹了这些角色，并且自觉不自觉地把父亲作为一个榜样。信息很明显：混乱且有失体面的纠葛是和政治工作相生相伴的，如果避开这些纠葛，一个人通过持续务实的行动，其实是可以把事情办好并在组织内部为自己建立无可动摇的声望的。作为一个成年人，戈登守口如瓶、含糊其辞，在家人面前难得透露自己的工作细节。

大爆炸

在圣马特奥郡无法无天的外部世界里，他父亲表现得稳如泰山，与此同时，戈登在自制水泥地板的实验室里以各种方式搞爆炸。他自学高级课本，不断扩充自己的炸弹和火箭类型，购买设备的费用超出了他的收入。“化学是个自费的爱好。我可以有一点点补贴，但我在夏天尽可能去干活，做些报酬很低的工作。”

从家里的店铺开始起步之后，戈登还在当地的化工企业苦干。他在皮革厂拉着成袋的树皮和兽皮。毕业后他在水泥厂搬运一袋袋贝壳：“夏天开始时，搬动 100 磅的袋子是很困难的；到夏天结束时，你要在铁路车厢里把它们扔到 7 个袋子那么高。这是一项很好的健美运动；我们为足球赛季做好了准备！”他的薪水立刻用来买了制造炸药的材料和教材。在全球恐怖主义出现之前的日子里，“你可以买任何东西。”一个年轻人的这种活动在今天是极为可疑的，但戈登当时要做的全部事情就是下一个订单，然后收到试剂，不会被问任何问题。“为了制造硝化甘油，你必须有高浓度的酸。你要有像苦味酸这样的东西。你所要做的就是使其干燥并引爆！这就像 TNT。我们用金属钠，它跟水接触时会自燃。钾要贵得多，但能做的事情比钠多不了多少。”

1944 年底，戈登在红杉中学第一次上化学课的时候，他毫不令人惊讶地远远超前于全班同学。现在又一个很重要的唐纳德出现了：他的科学老师唐纳德 • 凯尔（Donald Kyle）。“以前他们才开设高级课程。”凯尔很高兴看到班上有三四个已经自学的学生，也鼓励他们。戈登在家里极其努力，他用的是《硝化甘油和硝化甘油炸药》（*Nitroglycerine and Nitroglycerine Explosives*），“一本大部头著作，在帕洛阿尔托的一家二手书店里躺着——从斯坦福里出来的。我相当慎重，遵照书上的指示和一切要求来做。唯一的区别在于，我买不到发烟硝酸或者发烟硫酸。配方要求这两种酸都是发烟的，但我只能弄到浓缩的东西，所以我不得不调整比例。”这本介绍硝化甘油的书很快就被多种酸烧坏了，戈登对它极其钟爱，几十年来一直珍藏着它。有一本制造化学战剂的手册也十分重要，以至于他付钱把它留了下来，而不是将其还给公共图书馆。“它介绍了各种催泪气体，还有一大堆炸药的描述。我对催泪气体不是特别感兴趣，但它告诉你如何引爆炸药。”

随着戈登与化学的接触不断加深，以及希望成为一名化学家的雄心壮志日益增强，使他很容易就跟那个时代的一个强大潮流联系起来。杜邦公司提出的口号是："用化学为更美好的生活创造更美好的物品（Better things for better living through chemistry）"，它正如日中天，成功推出了尼龙等聚合物产品，这是重大的科学突破。20世纪40年代还有更多的化学奇迹，包括合成橡胶、神奇的青霉素以及有效的抗生素。催化裂化能让大量的国内石油供应商高效率地生产汽油，这也是重要的新闻。

电子仪器以全新的目光观察世界，和全新的物理学理论同时改变了化学家对分子世界的理解。莱纳斯·鲍林（Linus Pauling）是一位才华横溢的年轻学者，最近破解了化学键，就共享电子及其量子力学性能来解释化学反应和行为的关键。到了1945年8月，当原子弹被投掷下来时，戈登自己的知识（在《时代》杂志的一篇文章的帮助下）提高到了他觉得可以向自己的朋友们介绍"如何从铀里提取出能量"的地步。原子弹造成的破坏十分可怕，他回忆说："太惊人了，所有这些战斗，一场接一场地打下来，然后突然之间，整个城市消失了。这是个巨大的变化。"这也是他第一次真正窥探到应用化学具有何等的力量，毫不夸张地说，它可以改变世界。

在老师的鼓励下，戈登对自己的实验室技能有了越来越大的信心。"16岁时，我已经相当不错了。凯尔先生知道我达到了什么样的水平。如果没有制作过三碘化氮并且把它撒在实验室周围，你是混不过去的。我很肯定，我们对此大吹特吹了一番。"在西门街的家中，他的父母也不能完全无视他正在制造甚至分发炸弹和火箭的事实。"我在测试我的技能，尝试不同的东西。它更多是个制造活动，而不是学习活动。我把我的超级鞭炮给了一些朋友，但我发现他们用它来炸别人家的信箱。在那之后，我觉得我不应该再把这些东西给任何人了。"

身为副警长的沃尔特·哈罗德非常熟悉枪支、爆炸物和暴力。戈登记得他父母对他的这个爱好管得很松："他们只介入过一次，当时一支火箭有一张冒烟的纸片落到了邻居家的屋顶上。我们跑过去用水管把它射了下来。邻居不太高兴，所以他叫来了当地的警察。一般来说你会被痛骂一顿，但警察跟我父亲很熟，所以我并没有挨这样的训。"

被轻轻放过之后，戈登很快就找到了一个机会来报答父亲的帮忙。"我父亲偶然发现了一大堆看上去像是撬保险箱的工具——钻头、钳子以及一小瓶黄色液体。他问我，能否告诉他这是不是硝化甘油。"戈登已经到了可以开车的年纪，他弄来一个小铁砧，到警长办公室进行测试："我在铁砧上放了一张滤纸，在上面滴了一滴液体，然后用一把榔头去敲它。如果是硝化甘油的话，这会引发一次漂亮的爆炸。它确实爆炸了！我父亲不知道该怎么办。我说，'哦，我会照顾好它的。'我在家里制造的硝化甘油比这个量更大，我做这个已经有一段时间了。所以我拿走了硝化甘油，并把它做成了甘油炸药。"这是典型的戈登：安静而胸有成竹，带点幽默，然后搞出一个大爆炸。用他自己的话来说，"那时候，大多数认识我的人都会说我很安静，除了喜欢搞炸弹之外。"在执行自己的想法时，年仅 16 岁的他已经对事情有了精深的理解和冷静的自信。这种结合了天分和意志的特质，让他跟同龄人区别开来。

他的两个兄弟都对脑力活动没那么大的兴趣。小沃尔特很快就从圣何塞州立大学退学了，他回到了熟悉的地方，不久就向佩斯卡德罗的一位年轻女性达琳·卡布拉尔（Darlene Cabral）发起了追求，当时他正在她父亲的卡布拉尔牧场工作，牧场位于太平洋阿克斯地区。虽然达琳出生于加州，但她的祖父母是来自亚速尔群岛的移民。1948 年，沃尔特和达琳结婚了，他们在半月湾举行了烛光仪式，戈登担任伴郎。夫妻俩在佩斯卡德罗度过了余生，种植大麦、亚麻和养牛，同时抚养 3 个儿子——沃尔特（Walter）、梅里特（Merritt）和拉塞尔（Russell）。多年来戈登一直与沃尔特保持着联系，他们在一起的时候，做的也是俩人一起长大时做过的事情。"我每年跟我哥哥见 8 到 10 次面。我去他那里打猎，或者他来我的船上钓鱼。"

弗兰比戈登小 5 岁，他在 20 世纪 50 年代初离开了中学。和沃尔特一样，他对大学没什么兴趣。有一段时间，他在红木城的电子公司安派克斯（Ampex）工作。他是个天生的推销员，很快就加入了半岛上的一家汽车经销店。后来，他开了一家分销机械工具的公司，"不是很大的工具，而是跟着大工具一起卖的配件，"戈登解释说，"测量设备、钻机、钻头、立铣刀、螺母、螺栓。"弗兰结过两次婚，第一次婚姻给他留下了两个女儿。工具生意还过得去，最多的时候有 20 名雇员，包括达琳和沃尔特的一个儿子。弗兰的年度烧烤成了摩尔家族的另一个家庭聚会。

准备重新开始

在经历了一个缓慢的起步阶段之后，戈登发现中学"挺容易的。我没花太多努力就过关了"。最后一学年的时候，他开始取得更好的成绩。他的数学老师对他产生了重要影响。“尽管我是自己钻到化学里面的，但如果没有别人的帮助，我可能永远都不会深入钻研数学。我不太当真地动过换个数学专业的念头，因为初等微积分的逻辑单纯性让我印象深刻。”数学以其可复现性、清晰度和精确度对戈登这种酷爱分析的人产生了明显的吸引力，但出于对未来的考虑，他认定，“数学家没有太多好机会。”化学跟做事情、跟现实世界、跟令人兴奋和有用的能力有关联；这仍然是他的最爱：他已经“自我定义为一名化学家。化学给予的体验真的让我走下去了。我喜欢它；这是重点”。

红杉中学拥有装备精良的物理、化学和生物学实验室。它还有一个综合性的工业艺术项目，但是尽管他对机械修理和假期体力劳动都很熟悉，戈登（以及其他具有学术倾向的学生）被禁止去车间，“因为这会毁了我们的手。”红杉中学出了很多优秀的运动员，但他对运动的兴趣减弱了。凭借非凡的清晰思路，戈登作出了一个理智的决定，事后证明这对未来的成功是至关重要的：他有意识地避免在不擅长的活动上投入时间：“在大学里，我短暂地捣鼓了一下跳水，但认定自己做得不够好。成功位于一个不同的层面上。”从那时起，他就放弃了正规的运动，转而埋头实验室。

尽管在他的小家庭里缺乏先例，但戈登认为他会上大学。对于这个明显有天赋的二儿子，哈罗德·沃尔特曾短暂地试图要求他去学医，但发现戈登对当医生没有兴趣。相反，罗伯特·诺滕也是一个有天赋的学生，他很早就决定要当一个医生。在孩提时代，他亲眼目睹了自己的父亲遭遇到一次颈部骨折脱位，以及一位年轻医生如何采取及时行动，从而避免了长期瘫痪。“我想，‘这是个很不错的生活方式。’我决定要成为一名医生，我想去加州大学伯克利分校。”

戈登从双重表姐哈丽特·威廉姆森那里听到了积极的故事，也对大约 40 英里之外的伯克利产生了兴趣。他和诺滕都收到了录取通知，但都意识到在本地上学更容易些。1946 年，像洪水一样涌来的退伍军人纷纷去上大学，这让学校承受了巨大的压力。“这些人都回来了，高校的首要任务是按照《退伍军人法案》的要求让他们读完大学，”诺滕解释说，“我们被加州大学接受了，但不可能有住的地方。我们一整天都会用在往返于课堂的路上。”戈登一直很务实，他看到在附近的圣何塞州立大学开始学业是“最简单的途径。我可以继续住在家里”。戈登和诺滕都打算，等尘埃落定和应付完了他们的入门课程后，再转到伯克利去。

在确定了当下的安排之后，6 月 14 日，星期五，他在毕业典礼上和中学的同伴们告别。戈登自己在毕业典礼上并不出彩，这在今天看来颇为引人注目。奖学金奖章和科学奖章都被授予了小沃尔特·斯坦利·沙伊布（Walter Stanley Scheib Jr.），他去了斯坦福大学读化学，又在麻省理工学院学习化学工程。沙伊布和其他 20 个人被授予了加州奖学金联合会（California Scholarship Federation）的终身会员，诺滕也在其中；戈登是较为次要的“见习期别针”（novitiate pin）的 4 位得主之一。在这个阶段，人们认为他虽然沉默寡言但做事稳重，没怎么体现出技术才华以及清晰的见解、精明的决策、异常的顽强——不过要不了 10 年，这些特点就会显现得一清二楚。

对于发生在他周围的电子业活动，他在很大程度上仍然一无所知。在美国历史上时间最长、速度最快的经济扩张时期，红木城及其周边地区一片繁忙，加州的人口超过了 1 000 万。在这种爆炸式发展的同时，流入加州的防务承包收入呈指数级上升，加州南部和北部都是如此。由于国防工业的战备需求引发了产业繁荣，为收音机、通信设备和雷达所制造的真空管产量持续增长。紧邻红木城北边的圣卡洛斯（San Carlos）是查尔斯·利顿、达尔马（Dalmo）、艾特尔-麦卡洛（Eitel-McCullough）、瓦里安兄弟以及其他公司制造真空管的大本营。然而，戈登的认识还“仅仅停留在表面，只知道像雷达这样的东西正在变得重要起来。在新闻报道上看到的事情并没有改变我的方向。我下定决心要成为一名化学家。”

有圣何塞州立大学等在前面，戈登把他的大部分化学品都打包带了过去。他忙着做炸药的日子过去了。“我上大学的时候，可能会时不时地做个炸弹，这是为了往日的缘故，但我基本上不太做这事了。”那个有水泥地板的实验室仍然是他父母家里的固定设施：“最终，我父亲认为他必须扔掉那些化学品，但他犯了个错误，他把那些东西都拿下来倒掉并扔掉。我真希望他得到了我的帮助。幸运的是，他没有杀人。那里有好几瓶氰化物和好几瓶硫酸。哇！他的确毁了一双鞋！”

男孩遇到女孩

圣何塞州立大学

1946 年秋天，戈登·摩尔安静地用功、喜欢搞爆炸、还不到 18 岁，成了圣何塞州立学院的一名新生，这所学校也就是今天的圣何塞州立大学。他以25美元购买了一辆1931年的福特A型平板卡车，每天跟罗伯特·诺滕一起通勤。诺滕回忆说，“我们每天早上出发，往返于圣何塞。我在圣卡洛斯有4个朋友上了圣何塞州立大学，但只有戈登和我乘坐他的卡车通勤。”没过多久，南太平洋火车的便利性就打败了卡车的吸引力。戈登喜欢“在火车上玩一种纸牌游戏，因为我们有8到10人一起通勤。学生票真的很便宜。我早晨开车到车站，然后坐火车往返学校”。学费很低，但学生们必须自己买书，理科生还需要买一把计算尺，诺滕记得，计算尺“贵得要命”。

戈登在内心深处还是那个在佩斯卡德罗长大的男孩，忙碌的校园给他留下了深刻的印象：“它又大又没人情味。所有的老兵都回来了。上男厕所的队伍一直排到大厅里。没有人受到重视。”圣何塞州立大学享有特殊的荣誉，这是美国西海岸最古老的公立高等教育机构。1857年它在旧金山成立，后来成为加利福尼亚州立师范学校，最终于1871年落户圣何塞。它位于市中心，主要建筑以及中心的四边形草坪占地62英亩。南边的一个分部有很多运动设施，距离总部只有1英里多一点。当时这个城市的人口还不到10万，而今天已经超过100万了。

作为一名化学专业的学生，戈登知道他需要做什么。他在报告中以实事求是的方式着重指出，“有通常的数学课程：解析几何和两种微积分。化学是最容易的，因为我已经自学了很多内容。物理课把那些应该进入技术职业的人和不该搞技术的人分开了。我必须快速学习很多东西，这些东西我以前从未见过。”他忍不住要展现自己的化学专长。三碘化氮是个重要内容。诺滕记得，“戈登喜欢搞爆炸。他把化学实验室里的一些东西搁在一起，把它裹在各种东西外面，然后就会‘砰砰砰’炸掉。讲师对此有点不高兴。”

学院正对戈登的胃口：在这里他可以着手干正事，应付“更多的德语和加州通常要求的”必须学的小儿科内容。他在两年内搞定了所有这些事情，准备在他喜欢的领域——化学、数学和物理，学习更高级的课程。“在圣何塞的第一年过得非常紧张。我以前从来没有做过那么多作业。我选择了很难学的课程，作业让我忙得团团转。”1947年夏天也同样忙碌，因为他需要挣钱。他回到红木城的水泥厂，但身份已经升格成大学生了。这次他在质量控制实验室里干活。“我东奔西跑地收集样本。我所做的最复杂的事情就是测量砂浆里有多少水分。”

尽管天性安静，戈登·摩尔还是很享受自己的青春期：“荷尔蒙很强劲！我可以鼓起勇气邀请女孩和我一起出去，尽管这一直是件苦差事。中学里每个星期都有舞会，我也会去那儿——至少在头一两年之后。”那年 9 月，他一反常态地没有专注在某件事情上，而且非常难得地心血来潮了一回，在阿西洛马参加了开学前的一次学生会会议，这个地方位于蒙特里半岛，有一处可以眺望大海的基督教青年会隐修地，在圣何塞南边约 60 英里：“我不知道我为什么去参加那次会议。我有一个星期无所事事，所以碰巧就去了那儿。”这是一次意义重大的选择，因为戈登在阿西洛马遇见了将要成为他终身伴侣的女人。

走近贝蒂

贝蒂・艾琳・惠特克（Betty Irene Whitaker）在圣何塞州立大学学习新闻专业，她比戈登早一年入学，年纪差 6 天就比戈登大 1 岁。她的家在位于洛斯加托斯半乡下的家族果园中，从红木城沿着半岛走 30 英里就可以到达，离圣何塞很近。贝蒂上中学时一直是校报的活跃分子。由于她反对在学校里拉帮结派施加影响，而且相应地对学生会有兴趣，所以她很快说服了好友芭芭拉・金尼（Barbara Kinney）和她一起来参加会议。“阿西洛马非常土气，”她回忆说，“他们有个很棒的玻璃会议厅，可以看到外面的大海。那里景色很美。”

1947 年 9 月，贝蒂・惠特克是个 19 岁的年轻女子，活泼自信，生气勃勃，意志坚定，目光炯炯有神，眉毛浓黑，嘴唇饱满，长着一对酒窝，留着当时很流行的波浪式中长发。她很开朗，喜欢跳舞。戈登立即被她那种跟自己截然不同的仪态打动了：“她很漂亮，充满活力，我被她吸引住了。会议期间有一场舞会，我看见了这个漂亮的小女孩，并邀请她跳舞。”对于贝蒂来说，她被戈登个人的镇定和沉静的自信所吸引：“我周围有些人非常要强，但他看起来似乎并不会纠缠我。他看上去就像是我真的想了解的某个人。”他们乘坐会议大巴一起回去。像他们共同回忆的那样，俩人很快就开始谈情说爱。

贝蒂：“戈登在扔硬币。我记得你扔硬币有多么幸运。”

戈登：“我们开始猜硬币，我全赢了。当我们回到学校的时候，我的口袋里装满了硬币。她担心我是个大赌徒。”

贝蒂：“我不知道你是个什么样的人。我在想，‘这到底是怎么回事？’”

戈登：“在赌博上，我一辈子从来没有像那样赢过。”

贝蒂：“他摸过的所有东西都变成了金子。”

有贝蒂在他身边，戈登·摩尔继续着点石成金的好运气。当他们坐着大巴回家时，他并不知道自己已经找到了终身伴侣，从某个方面来看，这位年轻女性和他截然不同，但与他有着共同的价值观，理解了他对隐私和空间的需要，而且克服了她自己父母离婚的影响，给了他稳定、空间及家庭支持，使他得以几十年来毫无顾虑地推动着事情向前发展。

和戈登一样，贝蒂也有强大的本地人脉关系，只是她的家族来这里的时间较晚，但见的世面更多，也更富裕。她的祖父母定居于奥克兰，这是贝蒂的父亲阿瑟·艾伦·惠特克（Arthur Allen Whitaker）的出生地。贝蒂的祖父以利亚·阿伦·惠特克（Elijah Aaron Whitaker）具有创业天赋，性格中有不安分的因子。以利亚·阿伦·惠特克在20岁那年从宾夕法尼亚州出发，很快就在蒙大拿州购买了采矿权，后来又攒下了数千头牛。到45岁时，他已经拥有了大笔财富。他卖掉了自己在牧场的产权，返回宾夕法尼亚。1884年，他在那里娶了比他小23岁的玛格丽特·鲁迪希尔（Margaret Rudisill）为妻。1890年，他们搬到了奥克兰，在第十七大道2303号买了一栋位于山顶的视野开阔的房子，这栋房子以前属于一位著名的旧金山人，他曾横跨海湾来这里保护妻儿免于“接触卖淫、酒吧和传染病”。世纪之交时，惠特克夫妇已有了4个年幼的儿子。当妻子再次怀孕时，以利亚已经63岁了，这次出生的是双胞胎阿瑟和理查德，他们生于1901年。以利亚活到了80多岁，在1925年去世时，是“半个奥克兰市中心”的主人，他为儿子们留下了巨额的财富。玛格丽特·惠特克凭借自己的能力，在《加州女性名人录》（*Who's Who Among the Women of California*）榜上有名，她搬到豪华的奥克兰酒店，在那里住了9年后去世。

贝蒂的母亲奥丽芙·艾琳·梅茨勒（Olive Irene Metzler）也来自一个繁荣兴旺的大家庭。当梅茨勒夫妇在1907年搬到加州时，奥丽芙才3岁。“我的外祖父母在俄亥俄州韦恩郡有个巨大的农场，”贝蒂解释道，“但他们听说加州有个地方，拥有最肥沃的土壤和最棒的生长条件。我的外祖父亚伯拉罕·林肯·梅茨勒（Abraham Lincoln Metzler）卖掉了他的大农场，收拾行装，来到了洛斯加托斯。”坐落于“心的喜悦之谷”的洛斯加托斯以山麓明珠而著称，这里盛产水果，繁花锦簇，阳光充足，气候宜人。

和佩斯卡德罗不同，洛斯加托斯在铁路线上占有稳固的一席之地：南太平洋铁路经停奥克兰和圣克鲁斯，还有一条有轨电车线路通往萨拉托加和圣何塞。到20世纪20年代末，这里是个小型但蓬勃发展的农业中心，四周环绕着果园和葡萄园，吸引着艺术家、画家、作家、音乐家和其他各类放荡不羁的人们。小提琴家耶胡迪·梅纽因（Yehudi Menuhin）把家搬到了这里，小说家约翰·斯坦贝克在西边 1 英里的地方第一次组建了家庭。20 世纪 30 年代后期，他在这里创作了《愤怒的葡萄》，同时一边埋怨这个地区的人口越来越多（1940 年这里只有 35 000 人，99% 都是白人）。

奥丽芙·艾琳·梅茨勒是 4 个孩子中最小的一个。“我的外祖父母把两个儿子、两个女儿以及他们觉得生活中不可或缺的全部家当都带来了。”1923 年，刚高中毕业的奥丽芙还处在天真幼稚的 18 岁，她跟 22 岁的阿瑟·艾伦·惠特克结了婚，结果这成了一桩灾难性的婚姻。夫妇俩在洛斯加托斯参加了一个社区活动，阿瑟的富豪父母在此地的福克斯沃西大道上拥有一处避暑胜地，“很大一片地方”。奥丽芙惊叹于它英式风格的家具和华丽的地毯。贝蒂解释说：“这在乡村和农场地区不常见。”

1925 年，当阿瑟的父亲去世时，他和他的兄弟们都成了有钱人。事后证明这让阿瑟走上了不归路。贝蒂当时还没有出生，后来她才知道整个故事的原委。“事情变得很糟糕，无法挽回了。他开始买汽车，和女人鬼混。这些年轻人不知道如何处理金钱，他们都轻松得到了数百万美元。”这对年轻夫妇本来要往东走，乘坐邮轮横跨大西洋并游览欧洲，这时候问题来了。事与愿违，“妈妈怀孕了，她早晨呕吐。这是压垮骆驼的最后一根稻草。我父亲觉得很厌烦，所以情况越来越糟糕。”贝蒂出生于 1928 年 1 月 9 日，这是他们的第一个也是唯一的一个孩子。夫妻之间的争吵更加激烈了，并以一次变故而告终——阿瑟把他的妻子和年幼的孩子留在路边，独自一人开着车走了。“报纸上有篇文章提到了我父亲把我们推下车的事情。我妈妈说，‘嘿，就是这事。我不要再这样下去了。’她当即提出了离婚。”

离婚在那个时代是很罕见的，也是大家觉得丢脸和可耻的事情。处境艰难但刚毅坚决的奥丽芙带着小贝蒂，和朋友们一起寻找临时避难所。为以后着想，她们搬回了洛斯加托斯的农场，与奥丽芙的父母亚伯拉罕和玛丽·梅茨勒（Marie Metzler）住在一起。贝蒂内心一直抵触关于父母离婚的回忆，同时深知炫富的危险，在内心深处她认可的是一个绝对可靠的男人的美德。“我母亲告诉我，他们离婚了，但多年来我把这件事抛在脑后，从不提起。她曾经说过，‘你父亲对我太刻薄了。他欺骗了我。他把我伤害得那么深，以至于我都无法谈这件事。’”在恰当的时候，贝蒂嫁给了戈登这个安静自信的男人，而且认同他的需求，即回避出风头、保护他们的孩子远离财富的危险、让自己全身心地经营家庭的幸福。

阿瑟自己则搬到了偏僻的农村洪堡郡，这里位于奥克兰以北 200 英里处。他跟贝蒂的母亲离婚之后，很快就和一名出生于肯塔基州的 22 岁女子进入了一段短暂的婚姻。当他跟心魔作斗争的时候，他肯定宁愿远离自己的兄弟、母亲以及第一任妻子的视线。他的第二次婚姻很快就失败了，而且有一段时间他似乎已经无家可归了。1933 年春天，当医院收留他时，他登记的状态是一名单身男子。5 月 29 日，他在加州的尤里卡死于肺结核，这是 4 年来严重酗酒所导致的并发症。

阿瑟被悄悄地埋葬在奥克兰山景公墓的惠特克家族区。至少他还是做了一件正派的事情，为他的女儿贝蒂立了一份遗嘱。“我敢肯定，我父亲感到了内疚。在他去世前，他为我成立了一个信托基金。我的奶奶玛格丽特和我妈妈一直有联系，每个月我们都会得到一笔汇款。那时候，大多数人并不会遇到那样的事情。这笔钱一直照顾我到 18 岁。”贝蒂很少见到奶奶惠特克。“她住在奥克兰，离得很远，去那儿要花很长时间。从洛斯加托斯到那儿的路上风很大，走得很慢，汽车也开不快。”

如果说贝蒂在她父亲的败家行为中得到了一个关于财富危险性的教训，那么在祖母玛格丽特这里，“一个贵妇人，看起来像个皇太后”，她感受到的则是妥善处理财富所带来的可能性。“她来自一个环境舒适的家庭，会送好东西给我。她乘坐一艘泛美快速帆船去夏威夷，并送给了我一件小的丝质和服。她从欧洲给我带来一个漂亮的洋娃娃，脸蛋是橘黄色的，头发也是真的；这个东西美丽极了。当我还是个小女孩的时候，那是我拥有的最昂贵的东西。”当玛格丽特在 1934 年 10 月去世时，她为贝蒂留出 2 000 美元遗赠，专门用于“让 6 岁的贝蒂读完大学”，这远远超出了摩尔家人的任何想象。除此之外，贝蒂和她母亲对于惠特克家族并没有更多的了解。

农场生活

在年轻的时候，亚伯拉罕·梅茨勒在俄亥俄州学习务农和畜牧。在洛斯加托斯，他和妻子有 12 英亩高产的果园，位于卡姆登大街与联盟大街交叉口附近。他们还拥有并经营附近的一处葡萄园。他们的儿子拉塞尔和威廉在当地的学校上学，女儿露丝（Ruth）和奥丽芙也在那里上学，另一个女儿艾达·玛丽（Ada Marie）出生于 1911 年。贝蒂的外祖父母受过教育，相当富有，是虔诚的新教徒。她的外祖父是个文雅而热心的人，“跟他在一起总是很有趣”，而且他对政治很热情。他是个坚定的共和党人，在俄亥俄州有办公室。玛丽·梅茨勒也有政治思想，但立场正好相反。“她对新政很感兴趣。她喜欢罗斯福总统，”贝蒂说，“当我还是个小女孩时，家里桌子上有一台收音机，我们会围在它边上听‘炉边谈话’。我的外祖父母会互相抵消彼此的投票。当他们年纪大了以后，他们都说，‘我不会穿得漂漂亮亮地去投票。无论如何你都会把我投的票抵消掉。’”玛丽·梅茨勒在家里主持演出，这种做法后来被贝蒂和戈登所效仿。

奥丽芙的哥哥姐姐都上了大学，结了婚，并搬走了。她的两个哥哥都是斯坦福大学的学生，在新成立的机构里继续研究生工作。拉塞尔喜欢历史，后来给外国侨民讲公民责任课，“以确保他们熟知我们的国家。”威廉获得了博士学位，成了一位著名的社会学家，在政府工作的同时还从事教学和研究。贝蒂回忆说：“当我还小的时候，他在绍斯韦斯特待过一段时间，在那里研究印第安人，或者跟他们一起工作。”奥丽芙的姐姐露丝毕业于加州大学伯克利分校，跟她的同学卡尔·席勒（Carl Schiller）结了婚，卡尔后来成了一位建筑商，他们在马林郡的圣安塞尔莫养育了 3 个孩子。

奥丽芙是个异类，年轻时草率地结了婚而不是去上大学，然后又很快回到农场，静下心来之后悔悟过来了。她不可避免地变得务实起来。当她的父母上了年纪之后，她接手掌管了农场的所有工作，包括从雇用工人到转包灌溉再到修剪和采摘作物的所有事项。“这是全职工作。”尽管如此，1940 年的美国人口普查还是将奥丽芙列为无业人士。她的父亲亚伯拉罕由于中风致残，则被描述为农场“经营者”，这表明“一名年轻女子管理着一个农场是一件不寻常的事情。这是属于男人的工作：那时候当然如此。当她带着作物去圣何塞的时候，饱受人们的非议：‘寡妇来了。’她必须意志坚定，因为她肩负着那么多的重任。”

奥丽芙是个身材娇小但意志坚定的女人。贝蒂现在认为她是“西海岸的芭芭拉·斯坦威克（Barbara Stanwyck）”。（在 20 世纪 30 年代后期，斯坦威克是快速发展的电影行业的一位明星，饰演坚强的女性人物。在现实生活中，她很小的时候就成了孤儿，也像奥丽芙一样离过婚，而且在加州拥有农场。）在描述母亲的性格和习惯时，贝蒂也预示了自己多年以后相对于戈登的角色：“她对事情的反应很快：并不总是正确，但是出于善意。当你有这么多责任的时候，你不能优柔寡断。”在看着母亲工作的过程中，贝蒂学到了很多关于人性的东西。例如，对于奥丽芙来说，密切监视她在农场雇用的临时工是至关重要的。

> 你不得不相信他们会怎么对待你的财物。你按小时付费，而他们会占便宜。那是一场噩梦。在收获时有外来工人，经常是一家子——一群人，每次 6 个或者 8 个人。如果孩子足够大，他们会采摘作物。其他时候，我们会有很多小孩子制造混乱和吓唬棚舍里的兔子。吉普赛人会从这里经过并逗留：他们会偷走他们够得着的任何东西。墨西哥工人有时会拿走放在边上的工具。我们有一只狗，后来不见了。

尽管有这些不希望看到的侵犯，但奥丽芙“总是对每个人都很好”。她是个有宗教信仰的人，“不是一个宗教狂热者，但她相信一条金科玉律：‘你想让别人怎么对待你，你就怎么对待别人。’”如果有饥饿的人来到家里，他们会得到食物。在大萧条期间，贝蒂和母亲会给流浪汉做饭，但很快察觉到农场外有一小堆石头会让自家成为袭击对象：“我们把石头清理掉了。”20 世纪 30 年代，农场在经济上遭到重创，梅茨勒夫妇差点就失去了它。“我的家人只好用财产抵押贷款。他们害怕银行会取消抵押品赎回权。他们在主要农场的下边还有一个 18 英亩的农场，他们也差点失去了那个农场。”贝蒂父亲留下的信托基金的收入救了他们。“那些款项让抵押的财产渡过了难关，把农场留在了他们手中。”

和哥哥姐姐不同的是，奥丽芙离开中学后很快就结婚并怀孕了。她的妹妹艾达经历的模式骇人地相似。艾达的丈夫也虐待她。看到奥丽芙当机立断走出不幸的婚姻，艾达如法炮制，跟她丈夫离了婚并回到了父母的农场，和奥丽芙及贝蒂住在一起。“她丈夫在一支乐队演奏。他喝醉了酒，回到家里就打她。她就说，‘嘿，我要离开这里。’”艾达的儿子乔治和理查德相差 3 岁，比贝蒂小一些，贝蒂很快就跟这两个讨人喜欢的玩伴亲近起来。“有一段时间，我们 7 个人都在农场。他们对我来说就像兄弟一样。我们毕生都保持着联系。”

在节假日的时候，梅茨勒家族的其他成员会拖儿带女来到农场。拉塞尔舅舅、萨拉舅妈，还有来自弗雷斯诺的表亲们会跟着露丝姨妈、卡尔姨父和他们的孩子一起来。威廉舅舅和他太太朱莉娅也会来，但他们没有孩子，只带着宠物。“我们吃大餐。有大人的桌子，也有小孩子的桌子。”和摩尔家族一样，梅茨勒家族也是个很大的家族，成员枝繁叶茂，在整个地区定居。这种家族网络洋溢着一种安全和稳定的气氛。

第 2 章
化学情缘

梅茨勒农场种植水果，主要是杏和李子。此外，家里把葡萄园出产的葡萄卖给本地的一家葡萄酒厂。“农场不是很大，”戈登回忆说，他在 20 世纪 40 年代后期头一次去那儿拜访，“除了收获期之外，你可以只靠一家人经营它。”两层楼的农场居所是维多利亚哥特式风格的。对于贝蒂来说，这里不但是安全的住处，还有一种她永远记得的美感。“房间很大很舒适。客厅里有一部风琴和一架钢琴，还有一只很大的长沙发和一把摇椅。在房子楼梯旁的平台有漂亮的彩绘玻璃窗户。全都是栏杆和木制品。”洛斯加托斯本身就是以农场和非常狭窄的道路为主。

贝蒂最早的记忆，是在心的喜悦之谷定居的农业生活中，对色彩、气味、光线、声响的强烈共鸣，而当这里变成硅谷的时候，这一切逐渐变得毫无踪影。“这片地区完全被树木覆盖，很多大槐树，就是那种很棒的开花的树。在春天里，我喜欢它们的气味。你认识沿途来往的每一辆车。你知道种菜的人什么时候会过来，这并不是说我们需要一个种菜的人，我们在这方面是自给自足的。还有一个人在叫喊：‘收破烂啦，收瓶子啦，收麻袋啦。’我们的鹦鹉就学着嚷嚷，‘收破烂啦！收瓶子啦！收麻袋啦！’”奥丽芙“来回忙活——干这个，干那个，管理农场。她的事情太多了，以至于她从来没有管过我。她说，‘我从来没有在学校好好上过学，我帮不了你。’”男人可能创造了世界，但女人为了让生活继续下去，会根据形势的需要做任何事情。

像戈登一样，贝蒂童年时代的大多数时候也是在户外和自然界亲密接触。她照看农场的母鸡、山羊、鸭子、小鸡、兔子、马匹、奶牛，并收集粪肥。她还种蔬菜，在学校的一次比赛中种出了“跟大象的眼睛一样长”的玉米。她笑着回忆起那匹名叫“贝贝”的马如何吃掉了她有望获奖的作物。“艾达姨妈试图挽救我的玉米。她在那里拉着贝贝。嗯，贝贝趴在地上。当一匹马趴在那儿的时候，你怎么把她拉开？这就像一部傻乎乎的电影里发生的事情。我从来没能把我的好玉米带去比赛，但我真的对自己种过的东西感到自豪。”

“贝蒂从她的外祖母那里学到了很多生活的道理。”戈登说。贝蒂从中学到的东西影响了她一生：自信而务实的态度和符合常识的思维方式，这与戈登自己的人生观有着完美的契合。从小她的外祖父母和母亲就教导贝蒂，生活需要持续务实的努力。“有洗衣日、烘培日、屠宰日、罐装日，每天都要做点什么。”外祖母教贝蒂做饭和烘培。“她说：‘好吧，你来感觉一下这个面团，它就应该是这个样子。’”到了初夏，贝蒂的工作是切杏子。

劳工们把水果运到切割棚，她就坐在那里“装盘子”，然后这些盘子要被放进硫黄屋。后来，她帮着装桃罐头。当李子和坚果运过来的时候，就会有更多的活儿要干。

> 我们有一个烘干棚。李子在太阳底下晒了一段时间后，我们把它们倒进去，希望老鼠不会进来。如果有任何问题，我们就不能把水果卖给日光种植商合作社。在李子之后运来的是坚果作物，我们必须给它们去壳。我外祖父的双手是西部最黝黑的。冬季里，当外面下雨的时候，我们都坐着敲核桃，把核桃仁卖给圣何塞的糖果店。对半分开的核桃仁可以卖出好价钱；敲碎的就不好卖了。

从小学到初中阶段，暑假对于贝蒂只是一个在农场辛勤劳作的季节。所以，她毫不令人意外地成了一个讲究实际的能干的人——作为一位全神贯注忙于工作、担负诸多责任的技术专家的妻子，这种特质让她应对自己的身份游刃有余。

成长

奥丽芙无法每天为她的女儿贝蒂挤出一点时间，但她认定，在更广阔的天地里，如果有良好的教育，她唯一的孩子将会从中受益。农场位于一所很小的小学的招生范围内，这里只有一名教师负责照顾所有人，但奥丽芙和艾达精明地租了一处小房子，这个地点让她们的孩子们可以被安置在更大的坎贝尔联盟文法学校（Campbell Union Grammar）。

贝蒂在上中学之前一直没有女伴。和戈登一样，她也在独处中茁壮成长。“下一处居所离得很远。农场里没有人去那儿，”她解释说，“我没觉得我错过了什么，因为我一直很忙。”贝蒂遭受了一场风湿热，那时候她和外祖母的关系得到了加强，“知觉时有时无，我的耳朵隆隆作响，脑子里想着某种可怕的生物爬进窗户往我这儿来。我的外祖母陪着我睡，把湿毛巾放在我的头上。真可怕。”随后，贝蒂出现了心脏杂音而且很容易疲倦，但家人仍然希望她继续干农活。

钢琴课是一个主要项目。“练习，练习，再练习。这是我的明确任务！”比贝蒂晚 3 个月出生的秀兰•邓波儿在 1934 年主演了电影《明亮的眼睛》（*Bright Eyes*），由此声名大噪，而贝蒂此时正在圣何塞开始参加音乐和舞蹈课程。“我们全都被逼着做到极致。每个女孩都想成为另一个秀兰。”贝蒂在奥姆斯特德演播乐团（Olmstead studio orchestra）弹钢琴，学习演奏木琴，甚至还有人鼓励她拉手风琴。尽管有这些杂活和义务，她还是设法抽出时间，在家中一隅的一张小书桌旁陶醉于阅读、写作和独自学习。“有些事情跟你拥有自己的私人小角落有关系。”她回忆说。跟戈登的家人不同的是，贝蒂爱看书。像《彼得兔》《爱丽丝漫游仙境》《福尔摩斯探案集》这样的经典作品是主要的读物，另外还有凯·汤普森（Kay Thompson）的《小艾来了》（*Eloise*）系列图书。一个更为出人意料的灵感来自朗费罗（Longfellow）的史诗《伊凡吉林》（*Evangeline*）。“去新斯科舍省（Nova Scotia）是我的梦想之一。”

贝蒂异乎寻常地务实和独立，但又重视智慧和内心生活。这些特点让她和戈登有了相通之处。后来，他们对钓鱼和户外生活的共同热爱增进了夫妻间的和睦之情。“当我遇到戈登时，我发现他正在后门廊上钓鲑鱼。这听起来很棒。很快我们就在一起钓鲑鱼了。”当她还是个孩子的时候，钓鱼就是她最早的爱好之一：“我学着用手拽着一根线钓鱼。我姨妈和我妈妈以前经常开车带着我们表姐弟三个——乔治、理查德和我，去圣克鲁斯码头。我们钓啊钓啊。我们在流经阿尔马登矿山，即现在的水银郡公园的小溪里，学习如何用鱼竿钓鲑鱼。”

位于早餐室一角的小“驼峰电台”是家庭日常生活的一个重要特征，特别是在美国加入第二次世界大战的时候。“我们收听了温斯顿·丘吉尔的所有演讲。他们说，‘丘吉尔要出场了，’我们就都叫喊着扑过去。”露丝姨妈和卡尔姨父带了一台早期的黑白电视机到洛斯加托斯农场，这反映了 20 世纪 40 年代真空管的应用领域日益增长。“我的外祖父母从来没有去过外面，电视节目把世界带给了他们。这让一切都鲜活起来了。当葛培理牧师（Reverend Billy Graham）开始布道的时候，他们就站在电视机前和他在一起。”梅茨勒家族把他们坚定的中西部新教教义带到了加州，这也成为了贝蒂生活中的一部分。

坎贝尔中学离农场很近，但奥丽芙再次采取了更为宏大的计划。她使用了另一个备用地址，这次是把她女儿放到洛斯加托斯中学，一所以其学术标准而闻名的学校。这里也很时尚，其毕业生中包括三名未来的电影女演员：奥丽维亚·德·哈维兰（Olivia de Havilland）、琼·芳登（Joan Fontaine）和奥黛丽·朗（Audrey Long）。1941 年秋天，贝蒂成了这里的学生。对她来说，那是个快乐的日子。“我上中学的时候是最好的时光。”虽然她没能在运动方面大放异彩，而且做任何事情都是最后一个被选上的，但她在射箭上练就了一身奇特的本领。不久，她就发现了自己真正的激情所在：新闻事业。她加入了校报《野猫》（*Wildcat*），并担任记者兼广告经理。“我在城里到处跑，从商家那里收取费用，并把广告放上去。我是非常务实的。”此外，她注意到洛斯加托斯中学是如何被一个小圈子所控制的。“这不公平。如果你不是来自一个富裕的家庭，你就永远无法进入这个圈子。”对于光凭出身权贵而不靠自身成就获得社会地位的情况，戈登也很不耐烦。

贝蒂开始在社交方面扩大范围，跟校友芭芭拉·金尼建立起了亲密的友谊，这是她们在圣何塞州立大学的同窗友谊的延续。贝蒂现在是农场里唯一的年轻人，而且还干着更多的家务和正事。“在中学，我参加了一门家政课，老师说，‘你究竟是怎么知道所有这些事情的？’我说，‘因为我从我外祖母那里学过。’我想在国外工作，并且开始学习西班牙语，以便我可以在某个地方的大使馆工作。那个想法直接来自我的舅舅威廉·梅茨勒。他主张‘出去看看外面的世界’。”

1945 年春天，当高中生涯即将结束时，贝蒂在《野猫》赢得了一个让人羡慕的任务，在旧金山报道联合国的成立会议。“我母亲说，‘现在，你知道你必须坐好，当个淑女。’我只得穿上套装。我们都戴着帽子和手套，显得非常正式。”在这个记者的角色上，贝蒂跟纳尔逊·洛克菲勒（Nelson Rockefeller）和威廉·埃夫里尔·哈里曼（William Averell Harriman）交谈过，哈里曼跟斯大林谈判过，他是美国驻苏联大使。“在一个午餐会上，我隔着桌子坐在我们州的州长对面，心想：‘哦，我的天，谁来掐我一下。我不确定我是在这儿。’”

贝蒂拥有出色的学术能力。和戈登不同的是，她被授予了加州奖学金联合会的会员资格，赢得了一份财政奖励。拿着这笔钱，连同她祖母惠特克的遗赠，她继续着自己的学业。她还有一篇论文赢得了 500 美元奖学金。此外，在 1944 年和 1945 年夏天，她在奥克兰米尔斯学院连续两次获得了国际学习的奖学金。她和好友芭芭拉·金尼都参加了这两期项目，人们记得她“非常善于交际”。米尔斯是一所女子学院，但有男性参加了第二个夏天的项目。“在大厅里听到男人的声音似乎很怪异，所以我把门锁着。联合服务组织（United Service Organizations USO）在那儿组织舞会。舞蹈教练说，‘你是个天生的料子。’他拉着我转圈，说：‘没有多少人能够踩准探戈的节奏。’水手会来跳舞，然后必须离开。这里管得很严。”

通过联合国的活动，贝蒂尝到了从事国际职业的兴奋。通过米尔斯学院的项目，她窥见了做研究的可能性。在家里，她学会了自给自足：“当你年轻的时候，8 年是一段很长的时间。作为一个孩子，我摸索出了自己需要做的事情。这让我成为一个坚强的人，让我意识到我能做很多事情。我所要做的就是让自己定下心来。”所有这些经历激励着贝蒂离开家去上大学。她和芭芭拉打算去南加州的克莱蒙特上学，但被家长否决了，在那个年代，年轻女性很容易遭到这样的反对。“我母亲说，‘我不希望你去那么远的南方。我再也见不到你了。’芭芭拉的母亲和祖母也不希望她去。我们一点支持都没有得到。芭芭拉和我很失望。我们想去看看世界，但我们只有 17 岁。”

和戈登一样，贝蒂也很听家里人的话。遵照当时的观念，她选定了圣何塞州立大学，于 1945 年秋季在那里入学，并从洛斯加托斯坐公交车通勤，然后走 10 分钟到校园；每个季度的学费只需 15 美元。当时还没有几个年轻人从战场回来，而女性上大学和上班已经形成了一种风气。“男女比例大致相当，直到 1946 年数百名老兵回来，”她回忆道，“让整体情况失衡了。我上的课变得很吓人。女性被推到一边，或者被随意摆布。匡西特活动房[①]盖了起来，我们就被放在这些小屋子里。”

开始时，贝蒂遵循她舅舅的步子，学的是社会学，但蜂拥而至的美国大兵让这件事变得很困难。“我换到新闻学专业，因为让我称心的位置没有了。如果学社会学，我没有任何地方可去。我想我最好还是放弃这个念头；这比打架来得容易些。”她可以捍卫自己的权利，但她知道如何选择自己的战役。新闻学可能是次好的，但它很有趣，而且适合她活泼、聪明、爱刨根问底的天性。“你不会像蒙着眼睛的马儿那样专注：你的范围很广，可以接触从音乐到艺术到建筑的全部内容。”她在圣何塞的学生报纸《斯巴达日报》（*Spartan Daily*）工作，对此很有帮助的摄影成了她的部分技能：“我有摄影实验室，我也学着怎么把这个巨大的哈苏（Hasselblad）相机放在三脚架上，走过圣何塞的大街小巷。”

贝蒂迷人，聪明，接受过良好的教育，做事有条不紊。当她在阿西洛马遇到戈登·摩尔并和他一起跳舞的时候，她已经万事俱备。然而在第二次世界大战之后，对于一名年轻的美国女性来说，选择范围受到了限制。对于大多数女性来说，正如贝蒂的境遇那样，一切被限定在了婚姻和家庭的事业当中。

浪漫的化学反应

大萧条和又一次世界大战的严酷经历过去了，家庭生活取而代之成为第二次世界大

---

① 匡西特活动房是一种军用活动房屋，顶部呈半圆筒形，常用瓦楞铁等金属材料制造。——译者注

战后的核心价值观。从 20 世纪 40 年代到 60 年代中期，在美国最伟大的国力空前强大的繁荣期，社会蒸蒸日上，爱情和婚姻、生育高峰、在郊区安家、养家糊口的人、家庭主妇和母亲等主题风靡全美。在这些主题中，戈登和贝蒂彼此发现了对方，并缔结了他们那个时代最伟大的婚姻之一，而这本书是戈登·摩尔的传记，我们只有了解贝蒂对于他们的伴侣关系的重大贡献，才能透彻理解戈登的人生以及他对这个世界的重大贡献。

1947 年秋季学期的第一周，戈登·摩尔和贝蒂·惠特克只是偶尔碰面。即便如此，人与人之间强大的化学反应还是起了作用。“在圣何塞州立大学，戈登和我发现了彼此，但这并不是马上发生的。我在暗室里为报纸洗照片，而戈登永远在科学楼里。如果我没有在阿西洛马遇见他，我可能永远也不会走进他的生活。”

两个人安排了一次钓鱼约会。“这是贝蒂喜欢的一种户外活动，”戈登回忆说，“这对我来说很好。”在周末，他们开始在舞会上一起跳舞，并参加当地的游行和球类运动。“我们没法在平时出去，太忙了，”贝蒂说，“我们的清晨实验室从上午 7：30 开始开放，我必须从洛斯加托斯过来。这太难过了。我们没有太多时间。”这段罗曼史进展非常缓慢。除非他们“正在约会”，否则任何一方都没有明确的义务，而且贝蒂自己有足够多的其他选择。“很多人都从战争中回来。他们想结婚。大多数时候我都对约会请求说不。有个特别的家伙一直在追我，他比我大 10 岁。他对我说，‘我们必须结婚了。’但我说，‘不，我很抱歉。我要完成学业。’这件事发生在我跟戈登开始认真相处之前。”

如果当时有个不偏不倚的观察者，那么他可能会打赌贝蒂·惠特克比戈登·摩尔更有前途得多，尽管戈登注定了要做更大的事情。贝蒂来自一个对财富和教育都不陌生的家庭，威廉·梅茨勒舅舅是游历广泛、受人尊重的社会学家，卡尔·席勒姨父是个成功的建筑商。她赢得过大奖和奖学金，开朗、迷人、果断、直觉敏锐。贝蒂的涉猎更为广泛，阅读能力更强，具有显而易见的社会技能。相反，戈登是个中等偏上的学生，以前常看的是电视而不是书籍，他明显来自穷乡僻壤根深蒂固的文化，毫不起眼，只是默默地用功。

70 年后的观察者的好处在于可以有后见之明。当战争结束时，男性化的技术世界开始在他周围兴起，戈登·摩尔深入而专注的技能正好与之相匹配，这是独一无二的。他成了那个在正确的地方和正确的时间出现的正确的人选。与此同时，对于生活的承诺、挑战和决定使贝蒂表现出了一种凭直觉感知、果断、大无畏的态度，跟他丈夫的安静、理性、审慎、低调的态度形成了非常明显的对比。

到了 1948 年年初，戈登和贝蒂都很清楚，他们的关系不会有始无终。“相较于其他男人，戈登似乎相当诚恳。”这是贝蒂的观察。为了确认“正在约会”，他在那年 1 月份给她送了一份生日礼物：一个用石榴石做的诞生石戒指。在春季，她跟他去红木城见他父母沃尔特和米拉。虽然戈登在西门街的家明显比她的家小一些，但还是深深地打动了她，因为这里跟她自己在洛斯加托斯的家很相似。“这里的家具很朴素，而且非常舒适。我记得我们在他家吃了晚饭。我帮戈登的妈妈做沙拉，她说，‘哦，你做的沙拉很好。’从那时起，我就是做沙拉的人了！戈登的母亲看起来非常开朗。和所有的母亲一样，她护着自己的儿子。她看着我，想，‘又来了一个。这个会怎么走掉？’我们成了很好的朋友。”

贝蒂也和戈登的父亲相处得很好，他抽雪茄抽个不停。由于喜爱马匹和牛仔竞技表演，沃尔特比戈登更像农民。贝蒂很快就适应了他的方式：“你知道沃尔特总是在发号施令。他是个按时做事情的人，戈登也是。戈登和他一样，靠手表生活。在外面出席一个社交场合的时候，戈登的父亲会低头看看他的手表，说：‘到我们活动活动的时间了。’这意味着，如果你和他们一起骑马，‘就去拿上你的东西。’”

当戈登和贝蒂彼此发现对方的时候，戈登也意识到，他的雄心壮志已经超越了圣何塞州立大学。在 50 英里以外的伯克利，一个更加热烈的科学世界在召唤着他。在那里，他对贝蒂和对化学的承诺进一步深化，这对他自己的人生以及更广阔的世界都产生了持久的影响。

第 3 章

Moore's Law
The Life of Gordon Moore,
Silicon Valley's Quiet Revolutionary

化学学徒

伯克利和大赛

克洛因公寓

戈登的雄心不断增长，眼界日益开阔。1948 年初，在大学二年级的中期，他和罗伯特・诺滕向加州大学伯克利分校重新递交了申请。“我把一份成绩单和圣何塞教授的两封推荐信发了过去。我所知道的下一件事情就是，我被录取了。我没觉得头两年在圣何塞州立大学有什么不好。”那年夏天，戈登・摩尔停了水泥厂的活，去为公路部门锄杂草和清理路边环境。然后他收拾好自己的行李，和家人道别，跨过海湾到了伯克利，开始上三年级。

加利福尼亚即将迎来建州一百年的庆典，这里的经济正在蓬勃发展。“灯光突然间就亮了起来，一片通明，而且从来没有黯淡过，”记者凯瑞・麦克威廉斯（Carey McWilliams）说，“人们无法恰如其分地把加州置于美国的总体规划当中。淘金热仍在继续，所有的事情都还是颠三倒四。还是一团乱麻——太多的喧嚣、运动和骚乱了。”旧金山港依然是太平洋沿岸最繁忙的港口，有“成群的船只停泊在海湾里”。作家刘易斯・拉帕姆（Lewis Lapham）是在这个地区长大的，他描述人们穿得就像雷蒙德・钱德勒（Raymond Chandler）推理小说里的人物。男人们戴着帽子，穿着双排纽扣的西服；妇女们穿着毛皮大衣和高跟鞋。他们一起听着科尔·波特（Cole Porter）和安德鲁斯姐妹（Andrews Sisters）的音乐一边跳舞。当时电脑还不为人知，只是“局限于科幻小说领域的一个巨大的机器人”。如果旧金山的八卦专栏作家赫伯·卡恩（Herb Caen）曾经被要求描述“硅”这个词的意思，“他很可能会说这跟某种驱虫剂有关，或者是找到一种新方法来制作丝质衬衫的中国裁缝。”

如果说旧金山是个繁华喧闹的城市，正在享受第二次世界大战后的自由，却在把握新技术时代的可能性方面动作迟缓，那么在跨过海湾相距十几英里的地方，伯克利则是新时代的先锋。在 1948 年，“加大”是个令人兴奋的地方，处在学术物理学和化学的前沿，正在争取全国乃至全球的领导地位。长期以来，学术科学的中心都在东部，但在第一次世界大战之后的那些年里，加州理工学院和加州大学的管理者们决定促进研究工作的发展，并开始在预算方面支持他们的意图。在伯克利，一位 29 岁的全职教授欧内斯特·劳伦斯（Ernest Lawrence）研究将亚原子粒子进行加速的办法，由此产生了第一台回旋加速器、声誉卓著的放射实验室以及原子弹的开发路径。杰出和富有影响力的化学院院长吉尔伯特·路易斯（Gilbert Lewis）将加速器放进一个动力室。尤其是在物理化学的研究上，电子仪器开始改变人们对物质及其化学性质的理解。

到 20 世纪 40 年代后期，加州大学一帆风顺。在戈登·摩尔来到这里之后的 3 年内，他的两位化学教授威廉·吉奥克（William Giauque）和格伦·西博格（Glenn Seaborg）获得了诺贝尔奖。西博格是曼哈顿计划[①]的关键成员，而且是随后研究热核及其对冷战影响的核心人物。他用回旋加速器分离并鉴定出了化学元素锫。西博格成了 10 种元素的主要发现者或共同发现者，包括钚、镄、锘，以及最后为了表彰他的荣誉而命名的第 106 号元素“𨭎”。取得突破性发现是加大的拿手好戏，大学的花名册上包括（校友、教员或学生）另外 12 位获得过或将会获诺贝尔奖的成员：梅尔文·卡尔文（Melvin Calvin）、约瑟夫·厄兰格（Joseph Erlanger）、劳伦斯·克莱因（Lawrence Klein）、威利斯·兰姆（Willis Lamb）、威拉德·利比（Willard Libby）、道格拉斯·诺斯（Douglass North）、托马斯·谢林（Thomas Schelling）、温德尔·斯坦利（Wendell Stanley）、奥托·斯特恩（Otto Stern）、亨利·陶布（Henry Taube）、哈罗德·尤里（Harold Urey）和塞尔曼·瓦克斯曼（Selman Waksman）。

---

① 曼哈顿计划（Manhattan Project）是第二次世界大战期间美国研制原子弹的秘密计划的代号。——译者注

戈登·摩尔和罗伯特·诺滕开始住得非常简陋。他们在山脊路上一所破旧的房子里合租了一间屋子，这里和学校相距一个街区。诺滕描绘了一幅色彩斑斓的图景："我们有最疯狂的女房东。她明确要求我们不要用卫宝（Lifebuoy）肥皂，因为她不喜欢这种肥皂在浴室里留下的颜色！这个地方有 3 个房间。一切都显得很旧；床垫就像是铺了垫子的散兵坑。"这对伙伴才 19 岁，又缺乏烹饪技巧，为了解决吃饭问题，很快就去附近的克洛因公寓报了名，这里原来是一所男性酒店，后来转成了学生住房合作社。它建于 1904 年，是以爱尔兰的一处地名来命名的，乔治·伯克利（George Berkeley）曾经在该地区当过主教。克洛因公寓有 32 个套间，通过成对的专用楼梯连接到公共区域。"合作社确实把我们照顾得很好。餐费是每个月 26 美元。"

戈登记得当时非常节俭：他和诺滕只需要支付 30 美元的月租，而且加州居民不用交学费。一个学生如果把他的开支压缩到最低，可以用 550 美元度过一个学年，这是戈登能在一个夏天挣到的收入。克洛因公寓完全由学生经营。这里的男性住户们会举办舞会，邀请住在附近女生宿舍的年轻女性来参加。住户和来这里吃饭的"外人"要每周干杂活以降低成本。为了省时间，戈登很快就决定，"如果我报名做洗锅这个最不受待见的活儿，我就可以任意支配自己的时间了。对于更好的活儿，你无法挑选好时段。要是洗锅的话，我就可以自行安排，在两个小时里把午餐包含进去——我用一个半小时洗锅，其余的时间吃饭。"

正如他在 11 岁时遇到化学试剂并看到自己轻易就能要到原料和制造炸药那样，戈登也受惠于加州在公共教育上的大规模投资及其独特的低成本系统。正当伯克利向科技巅峰挺进的时候，他来到了这里，这是一个幸运的巧合，对此他将充分地加以利用。

诺贝尔的科学

戈登仍然完全是个小镇男孩，一个不谙世事的外地人。对于其他初来乍到的新人来说，一开始面临的挑战是后勤问题。除了安排膳食和工作轮班之外，他的主要困难是"搞清楚如何通过注册流程"。有那么多的老兵，大学快被撑"破"了，他也不得不"诈"课。"上那些你想上的科目是非常麻烦的。有人告诉你，要避开两个教授，但我所得到的指点也就仅此而已了。"教室很大，上课的至少有 50 名学生。化学课和物理课"人太多了，以至于不知道谁是谁了。我跟那时候一起上课的人从来没有过联系"。

第 3 章
化学学徒

在圣何塞州立大学的时候，戈登已经搞定了要求的导论性课程。现在他可以把自己的重点聚焦到化学、数学和物理学课程上了。他还上了一门化学工程课，内容涵盖物质和能量平衡以及单元操作。尽管这让他“担心要不是上了这门课的话，我就完全错过了”，但其实这本门课程只是让他明确了当一名化学家的决心。“对于将来做什么，我有个先入为主的观念，而工程的部分并不在其中。”他依然沉默寡言，在人山人海的学生中毫不起眼。他既不去寻找一位导师，也吸引不了哪位导师的青睐。他的教育经历偶尔也会有痛苦：

> 我有一门物理学课程，在两年里的每个学期都要上。我记得这是一门可怕的课程：“现代物理学概论”。我们走进教室，教授已经在整个黑板上写满了小字，这是他当天上课的内容。他只是一路念下去。那门课我从头学到尾，但搞不清楚为什么我没有做得更好。多年来他都出同样的试题，对此我发现得太晚了。其他所有人都有副本，而我却在努力学那些内容！我对这门课的记忆不是很美好。

化学日益成为一门数理科学，物理化学这个分支学科尤其如此。物理化学家试图用分子、原子，甚至诸如电子和原子核这些亚原子粒子来解释现象。采用电子器件的新仪器是不可或缺的，它们把物质现实转化为了电子信号。数学首当其冲。这非常适合戈登。

还有别的原因让数学令人难以忘怀。他的老师保琳·斯佩里（Pauline Sperry）和其他 30 名教员被开除了，因为他们拒绝签署当时臭名昭著的“效忠宣誓”，宣誓者要否认自己是鼓吹颠覆联邦政府组织的成员。20 岁的戈登·摩尔对“政治”问题持怀疑态度。就像文学一样，这些话题跟数学和测量的确定性大相径庭。有件事很能说明问题，他记得斯佩里教授是个“情绪化”的人，有人对她的事业“冷嘲热讽”。“我学了一些现代代数学，但吸收的政治思想比数学更多。”20 年后，他带着责备的口气宣布：“我们才是今日世界真正的革命者，而不是那些留长发蓄胡子的孩子。世事变革受到电子技术的影响要比受政治行为的影响大得多。”

尽管左翼运动引人注目，但其中大部分都跟有组织的劳工有关，这个时期加州的政治总体控制在共和党人手里，尤其是在圣马特奥县和像佩斯卡德罗这样的乡下海滨地区。没有任何内在反思的迹象，戈登就接受了他家人的政治认同：加州共和党。在 20 世纪 40 年代末和 50 年代初，这意味着一种务实的取向。随着人口快速、不断地增长，这个州正忙于应付大量的问题，而共和党人采取了一种不强调意识形态的回应方式。在税收、政府的发展以及本州对于企业和个人的要求方面，强调的是尽可能用更少的钱把事情办妥。这种方式完全符合节俭的、具有商业头脑的摩尔家族。而强调自由、自决、创业精神的价值观，也让一个沉浸于拓荒者传统的家族产生了共鸣。州长厄尔·沃伦（Earl Warren）——一个讲究成效的共和党人，提供了一个比斯佩里教授的主张貌似更为可信的理想。戈登本能地喜欢他的观点。

跟对化学的蓬勃激情比起来，戈登对政治没什么兴趣。由于第二次世界大战后的乐观情绪转移到了对氢弹、军备竞赛、冷战以及科研经费背后的军事需要的讨论，戈登很少关注到更广阔的场景，他还是和以往一样专注于实验室和图书馆。这里的化学研究处于全球领先地位，在这种新的环境下，戈登经历了个人的觉醒。他的雄心壮志突飞猛进，这几年是意义重大的定型期。在此之前，当一名化学家的志向已经足够明确了。而现在，他决心要成为一流的化学家，能够和最顶尖的研究人员一起工作，甚至领导这些人。

对于身边的重要人物，他在平静的外表下隐藏着内心的激动："在伯克利周围有一群名人。不乏诺贝尔奖获得者，我遇到了格伦·西博格和威廉·吉奥克。我得知西博格要教核化学，这是我选这门课的原因之一。"另一位著名的老师是温德尔·拉蒂默（Wendell Latimer），他在上课第一天就要求戈登和其他学生熟记元素周期表，并对他们进行测试，直到他们完全记住。"他给了一个很好的概述，解释了为什么元素周期表是这样安排的。我们听到了诸如稀土这样的内容，这是我们在其他任何地方都不太可能学得到的。他一路讲下来肯定谈到了硅，但没太展开。我们按照周期表往下走，学了氧化电位是如何系统性地变化的。这给了我一个有用的思考角度。"

戈登选了一门有机化学课程，教课的是日后获得诺贝尔奖的梅尔文·卡尔文（Melvin Calvin），他因对植物光合作用的重要研究而著称。"他是一位很好的讲师。我一直都喜欢实验室的工作。有机合成很有趣。"唐纳德·诺伊斯（Donald Noyce）是个新来的讲师，他负责监管戈登的有机化学实验室。8 年后，戈登和他的弟弟鲍勃·诺伊斯加入了威廉·肖克利的实验室，而且随着他们的伙伴关系顺利发展，戈登·摩尔和鲍勃·诺伊斯一起创立了电子行业里的两家世界领先企业。

有一门化学课令人瞩目，因为它让戈登首次遇到了挑战，之后这门课让戈登明确了自己正在觉醒的雄心。这是一门研究生水平的热力学课程，由威廉·吉奥克讲授，他是伯克利的另一个明星。本科生戈登混进了这门只向研究生开放的课程："我的大部分化学教授在我毕业以后都获得了诺贝尔奖！但吉奥克是我还在那儿的时候获得诺贝尔奖的，我想看看他在做什么。期中考试我得了一个零分。一分都没得！我永远不会忘记有一次考试得了零分。这确实抓住了我的注意力。"

戈登想参与顶尖的学术活动，但他能实现自己的雄心吗？"我在这门课上下了一些功夫，结果期末考试得了第二名。"他还只是个本科生，却在全国最优秀的一组化学专业研究生中胜过了所有人，只有一个人除外。室友罗伯特·诺滕注意到了这个变化。"他变得非常好学。他精湛的学术工作令我极为惊讶。"戈登认识到，如果他在一项化学任务上投入坚持不懈的努力，没有什么事情是他的能力承受不了的。

火箭和玫瑰碗

根据大学的概况介绍，伯克利的学生可以在马林郡的雷斯岬享受风和日丽的野餐；去利克天文台、优胜美地和皮尔斯伯里湖过夜露营；在旧金山参加周日晚餐；以及和朋友们闲聊。戈登没什么机会享受这些休闲活动，因为他有"一大堆功课"，还要在合作社洗锅。相反，偶有闲暇，他会去看球赛。"我去赛场当观众，相当卖力。那时候，有一个单独的男性拉拉队，不允许女性参加。"

周末的时候，他和诺滕开车跨过海湾回家，避开了反对加利福尼亚效忠宣誓的示威游行（这是美国到那时为止最大规模的学生抗议活动），这并非巧合。诺滕描述了其他喧闹的活动，例如 1948 年的一次游行。"当一部学生花车经过观礼台时，学生们朝着所有的显要人物射水。市政府真的严厉惩罚了加州大学。我们没有参与其中。"相反，他们前往南方与家人团聚。"在某些方面，我们的生活仍然以那里为中心，"诺滕认为，"周日我们和我爸爸玩纸牌游戏，然后开车回伯克利。"

戈登对爆炸的喜爱发展成了对火箭科学的爱好。在伯克利的第一年，他加入了火箭协会，并设计了一个火箭发动机，他把它放在克洛因公寓的书桌上。有一次回家的时候，他和诺滕发射了火箭："它完全飞出了视野。我们不知道它飞了多高。它下落时击穿了一栋两层楼的房子，并且在客厅爆炸了！我们在戈登位于西门街的家里。他父亲走了进来，对我们用火箭瞎搞的行为大发雷霆。幸好没有人受伤。他知道只有两个人能干出这种事来。"

戈登经常开着他的福特A型车从红木城往南走，到洛斯加托斯看望贝蒂·惠特克，现在她在圣何塞州立大学上四年级。有时候他会跟她以及罗伯特·诺滕一起出去游玩。诺滕记得“我们开车回来的时候曾经出过一起事故。我们前面的车突然停了下来，但我们没能停住。那人在高速公路上喝巧克力奶昔。突然之间，看上去像血一样的东西布满了他的挡风玻璃。我们说，‘哦，上帝，我们杀人了！’戈登的父亲是本郡的副警长，我们在这里被抓走了，我们两个人，还有这位年轻的女士。在有人确认他父亲是副警长之前，我们在警察局待了相当长一段时间。”

在1949年伊始的新年假期里，戈登和诺滕冒险前往南加州，去帕萨迪纳观看伯克利橄榄球队——金熊队在玫瑰碗（Rose Bowl）球场对阵西北大学野猫队。“贝蒂没有去看球赛。”戈登解释说。“那是不同的时代，”诺滕补充说，“戈登和我坐火车去那儿。两个可爱的女生走过来，想知道我们是否愿意打桥牌。我们会玩纸牌，但不知道如何玩桥牌。我说，‘哦，上帝。我们需要所有的技能。’”

贝蒂在伯克利

1949年，贝蒂从圣何塞州立大学毕业，取得了新闻学学位。由于有退伍老兵，就业市场饱和了。随着社会对婚姻和家庭生活的重新强调，没有雇主对她的资质感兴趣。对于任何女性来说，这是个找工作的糟糕年代。“我永远不会打算留在农场。我去了整个湾区所有的主要报纸，包括《旧金山纪事报》（*San Francisco Chronicle*）。他们不想雇用女人。什么机会都没有。”唯一给她提供工作机会的是半岛上的一家当地报纸，这份工作的内容是安排小广告和写讣告。

贝蒂在旧金山勉强接受了美国橡胶公司（US Rubber Company）的一个文秘职位。她在那里坐在后排打字，法律资料递到那片区域。“我拿到最初的薪水后，做的第一件事就是给农场买了一台冰箱。这是我想为我妈妈做的一件事。”贝蒂跟着她最喜欢的舅舅威廉·梅茨勒及其太太朱莉娅住在伯克利，他们没有子女。这里离戈登很近，所以她也很方便，而往来市区通勤就乘坐跨越海湾大桥的F列车。此前，威廉舅舅培养了她的政治兴趣，但他“太过自由主义了。我从来不和他谈论政治，因为你不希望把事情搞得那么针锋相对。我从来没有参与过公开的政治活动。戈登也没有”。

梅茨勒还有其他职责，他是美国农业部的一名顾问，经常外出旅行。在一次旅途中，他遭遇了一场严重的车祸，住进了医院。“我舅妈只好飞到东海岸和他待在一起。我留在伯克利，收拾屋子，并照顾所有的宠物，因为她从来没有离开过猫狗——那是他们的家人。”梅茨勒正在研究西南印第安人的历史。戈登习惯了硬科学的一套方法——测量、记录、进分析、形成结论，他发现梅茨勒的劳动让人难以理解。“他很多年都在写那本书。这是一种历史研究和社会学研究，探讨劳工问题、社会问题、农作物歉收—— 一切事情。但凡你想得到的，应有尽有。他一直在修改和重写。”

戈登和贝蒂在平时很少见到对方。“戈登得洗锅，所以我们无法经常约会。”贝蒂说。到了周末，他们会开车一起回家看望他们的家人。戈登经常留在洛斯加托斯农场吃晚饭。“我的家人很喜欢他。一天晚上，当我正准备吃饭时，我听见我的外祖父在说话，戈登没有听见，‘你知道，这些孩子该结婚了。’”确实，随着 1950 年的到来，他们的关系进入了一个新的阶段。这一次，戈登带着贝蒂去了玫瑰碗。金熊队对阵俄亥俄州立大学七叶树队。贝蒂跟她年迈的姨奶奶、玛丽 • 梅茨勒的妹妹科拉（Cora）一起过夜。这是戈登和贝蒂第一次一起去旅行。后来有一次，他们带着他母亲米拉——一个心甘情愿的监护人，跟着他们去塔霍湖，并在里诺停留。“我从来没有去过那儿，想看看它是什么样的。”贝蒂回忆说。在这个阶段，戈登没什么旅行的欲望。他注意到，“到我上完研究生的时候，我从来没有去过南加州的东边。我以前经常说，‘从来没有到过里诺以东’，但我发现洛杉矶在里诺以东。”①

精英抱负

在戈登进入大学四年级的时候，对他具有重要影响的是乔治 • 朱拉（George Jura），这位助理教授于 1946 年受聘于伯克利，帮助学校拓展物理化学课程。他在另一位新教员唐 • 格温（Don Gwinn）的帮助下承担起这项工作，戈登后来认为格温是他所知道的最好的老师。朱拉和格温一起引进新的实验内容，对本科实验室课程进行了改动，重点强调独立思考而非遵照指示操作的能力。学生们必须自己组装仪器设备，这对戈登的成长具有重要意义。作为一名大四学生，戈登选修了朱拉的表面化学课，并很快成为他的得意门生。

① 帕萨迪纳在洛杉矶附近，在经度上位于里诺的东边。——译者注

得益于朱拉的指导，戈登开始进入一个全新的世界：原创性研究，还有与之相伴的成就和磨难。他很喜欢这种方式。这关乎思考、试验、出错，并通过实验发现答案，而不是简单地从一本书上查找答案。“朱拉的观点是，文献几乎全是错的：‘找出某件事情，并解释为什么它是错的。’”

他从一项简单的任务开始：

> 观察一个复杂的东西——某种具有四个卤素原子的东西。氯的实验已经做完了：“你为什么不看一看，如果换成溴，会发生什么？”我一开始用硝酸，这是我手头所能找到的东西，但出师不利。它把我所有的实验都搞砸了，我不得不退回去并采用氢溴酸。我花了一个漫长而繁忙的下午来收集数据和把事情做成。我做了很多滴定实验，成功地确定了化合物的化学成分，它的溴原子的数目跟氯实验中氯原子的数目相同。我写了一篇论文，对此他很高兴，我记得他说这是他见过的最好的论文。

朱拉有兴趣研究的一件事是，为什么当某些化学离子，即带电的原子和分子被硅胶吸收时，会出现不寻常的颜色。他要求戈登找出哪些离子会这样，哪些不会这样。“我花时间尝试了我能想到的每一种金属阳离子（即带正电荷的离子）。最后，我发现区别在于阴离子（带负电荷的离子）。”这些物质的电子性质——它们的电子，即电荷的载体是剩余还是缺少，决定了它们的行为。建立“这是怎么回事”的思考方式，为戈登提供了巨大的满足感。“朱拉为我指出了一个方向。我做实验、收集数据。我是个志愿者——就是为了学习。我很高兴这样做。”

朱拉还让戈登开始接触到另一项技巧：玻璃吹制。在后来的岁月里，当他为半导体研究制作创新的设备时，事实证明这项技巧极为有用。“我开始看着他做，然后反复试验。如果你想做个复杂的东西，比如把一组活塞之类的东西搞在一起，你可以自己教自己。我很喜欢这么做。我后来做了很多次玻璃吹制。”戈登现在完全专注于物理化学，这是一个在数学方面很严格的领域，杰出的研究者都是美国人。它在理论和实践方面也越来越重要。

人们开始了解到，分子结构是物质的化学特性和行为的决定性因素。化学家采用基于真空管的工具来探测分子，利用辐射——从可见光到红外光、从无线电波到微波，来产生电子信号，并通过它来“读”分子结构。当戈登越来越多地进行独立研究时，他自己也使用了一种这样的仪器，这是加州制造的一台贝克曼分光光度计（Beckman spectrophotometer）。“我真的很喜欢它。”

有贝蒂住在附近，他越来越多地留在学校度周末。“戈登经常去做研究。”贝蒂回忆道。生活依然忙碌——“我不记得有很多时间可以浪费”，但他非常开心。因为他得到了想要的教育。随着理科专业的扩招和大学部门的增长，对任何有才华的学生来说，下一步就是获得博士学位。戈登知道自己想居于学科的前沿：“我需要一个高等学位。”留在伯克利并不是一个现实的选择。“他们使劲地推你走，除非有一个令人信服的理由留下来。”

戈登跟他的室友罗伯特·诺滕讨论各所研究生院的长处。戈登已经自如地置身于美国和世界科学界初露峥嵘的精英之中，他希望自己去的地方至少和伯克利不相伯仲，甚至更胜一筹。他把位于南加州帕萨迪纳的加州理工学院作为他的第一选择。他也开始考虑去东部，所以申请了普林斯顿大学和芝加哥大学。“普林斯顿具有出色的声誉，而且它在国内另一个不同的地区。我认为去看一看可能也很有趣。”

21 岁的戈登准备冒险远离他所熟悉的环境，这是他生于斯长于斯的地方。他已经发现了一种清晰的智力天赋，并开始展现这种天赋。他开发了特殊的技能，找到了全新的激情，这些技能和激情让他与曙光初现的高科技时代同步前行。虽然他目前还不怎么了解商业环境，但他已经意识到了专注和努力工作的重要性。但是，老习惯根深蒂固，尤其是对于冲突的回避。“我是一个糟糕的拖拉者。我一直等到最后一刻才去申请研究生院。我的顾问有些担心，怕我可能动手太晚了。”幸运的是，普林斯顿为他提供了一个机会，而且没有要求他去面试：“如果加州理工没有消息，我会去那儿。”实际情况是，他收到了一封姗姗来迟的电报，是来自加州理工学院的接收函。这意味着他可以留在加州。

现在，戈登建立了一种无形的荣誉，因为有人在看。“他知道人们在看着他，因为他能够走出伯克利并马上去加州理工——一所受到高度尊重的学校。”贝蒂观察后认为。罗伯特·诺滕曾经是红杉中学最拔尖的尖子，现在则没有这么幸运：“戈登真的非常好心，尽管他已经被加州理工学院接收了，但他还在等我的接收函，然后我们要为此举办一场聚会。但事情并没有发生。我申请了西海岸的医学院——斯坦福大学和加州大学，但是提出申请的老兵人数极为庞大，这意味着‘没戏’。”两个朋友于 1950 年 6 月 15 日从伯克利毕业，此后很快就分道扬镳了。10 天后，朝鲜战争爆发，诺滕作为一名预备役的医院卫生员，马上被征召入伍了。戈登回到太平洋波特兰水泥公司度过了最后一个夏天。这次他担任了一个责任大得多的职位，做的是质量控制。这是他第一次有机会观察化学专业知识如何直接影响到商业结果。

筒仓里装满了黏土和石灰石。你必须将它们混合，这样才可以对其进行适当的煅烧。你把泥浆倒进一个大窑炉里。你必须得到正确的碳酸钙百分比，否则水泥 10 分钟就会凝固，而不是两个小时。对于开卡车的人来说，那可能会成为一个大问题。

这是很基本的分析。我很喜欢。我告诉人们该做什么，混合所有的试剂，并定义程序。人们对空气污染有顾虑，所以我进行了一氧化碳的分析，采集样本，并分析残留的氧气。这对我来说是件大事。

两个人是伙伴

人生抉择

被加州理工学院接收后，戈登面临一个重大的人生选择。他会要求贝蒂·惠特克跟他一起来吗？在 1950 年，这样的邀请无异于一次求婚。

不出所料，戈登犹豫了。他根深蒂固的回避习惯使这个决定充满了紧张、不确定性和内部冲突。戈登是在一个具有明显性别区分的世界里长大的，他深知一个摩尔家的男人应有的角色，而他父母也给出了一个榜样，让他看到一个稳定的婚姻关系所带来的好处，而且在佩斯卡德罗，他的姑妈路易丝提供了一个生动的例子，为他展现了女性处理社会关系的能力。当他无法再推迟下去时，他选择了贝蒂和婚姻。那年 7 月底做出的这个决定虽然姗姗来迟，但在他的余生中却纹丝不动。“我即将跑去上研究生院。贝蒂有所顾虑，因为帕萨迪纳离得很远。所以她鼓励了我，然后我们就结婚了。”

贝蒂当时是这么问的：“为什么我们没有更早一点订婚？”正确答案是：

他还没有准备好问我！而且我也没有在等他求婚。我的关注点在于获得学位和出去工作。我到了美国橡胶公司。一年后，我的工作结束了。我回到农场，开始在

> 圣何塞面试，很快找到了市政府的一个岗位。然后戈登说："唔。等一会儿。"他秋天要离开，他必须考虑是否想带我一起去。突然之间，他决定，如果没有我，他就不去了。他说："结婚怎么样？"他从来没有问过我他是否应该去加州理工，而是说，"我要去那儿，你想坐车去吗？"

戈登在求婚过程中面不改色，他的行为"并非出自任何电影桥段。如果是那样况，我反而来会很不好意思。"同意结婚之后，贝蒂打电话给她的新雇主提出辞职。"不管我在那份工作中想发展到什么程度，这都把它终结了。"在 20 世纪 50 年代，男人对就业的决定具有无可争议的优先级，无论这个决定是好是坏。如果早结婚，那么下一步很显然也很自然的就是孩子。无论贝蒂还是戈登都不希望质疑普遍的社会秩序。相反，挑战在于如何在秩序内取得成功。正如贝蒂回忆的那样，"我准备好了。我那时候真的很迫切。我什么都不怕。"

戈登要在 1950 年 9 月 11 日星期一那天到达帕萨迪纳。婚礼于两天前的周六举行，这让贝蒂在 8 月份十分忙碌："这创下了订婚用时之短的纪录。"她的家人对即将到来的婚礼激动万分；订婚聚会在佩斯卡德罗举行。贝蒂回忆说："戈登的父亲告诉他，21 岁就结婚，太疯狂了。"根据戈登的说法，沃尔特·哈罗德·摩尔一直很喜欢贝蒂，但比起他和米拉结婚的时机来，他担心这场婚姻会因为夫妇俩的年轻而受挫。此外，他想到自己的经历，把即将来临的朝鲜战争视为一个威胁。然而，沃尔特从自己的副警长徽章中取出一颗珍贵的钻石给了贝蒂，用在她的结婚戒指上，这显示出了他对贝蒂的喜爱。"它非常完美，有着美妙的颜色。我从来没有得到过一枚订婚戒指。"

戈登的一系列行为——拖延、低调的求婚、没有订婚戒指、逃避婚礼的筹备、在前奏阶段找不着人，以极端的形式显示出某些典型的男性行为，而且充分说明了他那被压抑的焦虑感和对控制的需要。他没有为自己的回避举动道歉，而是解释说，"我打算工作到我结婚的那一刻。我有些事情需要完成。我甚至打算在自己的婚礼那天工作，但我需要时间来做好行动的准备。"也许是听从了父亲的话，他在潜意识里把这件事的重要意义降低了，而且因此在心理上担心婚姻会失败。

在四周之内，贝蒂展现出了她天生的决断力和组织天赋，把婚礼的所有内容都安排妥当：教堂、礼服（有裙裾的连衣裙——全套行头）、试衣、邀请函（全都打印出来并且发出去）。戈登的舒适区在实验室里。他在太平洋波特兰水泥公司一直待到仪式的前一天，捎信给贝蒂说他在主管一些事情。然而贝蒂理解这话的潜台词，而且可能在一定程度上感受到了他的脆弱。她也习惯了独处和自主，也知道孤独的好处和痛苦。无论他们表达渴望的方式如何漫不经心，戈登和贝蒂都相信，他们已经找到了一个适合自己的人。

这对夫妻在圣克拉拉霍姆斯特德路的基督复临教堂举行了婚礼，这座小型建筑的陡峭斜坡屋顶和尖拱窗很显眼，里面有一条中央走道。婚礼采取了在晚上 8 点钟点亮烛光的形式，类似于小沃尔特两年前在半月湾举行的结婚仪式。“我喜欢这个想法，”贝蒂说，“夜间婚礼和常规婚礼非常不同，尤其是在 9 月。我们在前面和边上摆满了树枝状的烛台和很大的蜡烛。8 点钟的时候，天已经黑了。真的很美。”

令贝蒂十分失望的是，她的舅舅兼导师威廉·梅茨勒没能赶过去，他现在居住在华盛顿特区。即便如此，他们大家庭的人数还是多得令人难忘（这跟两周后他们举行的家族百年庆典野餐会一样，而这对新婚夫妇不可避免地错过了那次活动）。“教堂里坐满了人。戈登所有的亲戚，我所有的亲戚，80 或 100 位参加婚礼的宾客，我们能安排下多少人就有多少人。”拉塞尔舅舅站在贝蒂边上代替她去世已久的父亲。当晚较晚些时候，戈登和贝蒂在市中心洛斯加托斯历史俱乐部的大会所里举行了简短的招待会。

最后，新鲜出炉的“戈登先生和戈登太太”坐进了一辆装满行李的汽车（一辆 1935 年产的道奇，这是威廉舅舅在去东部时留下来的礼物），向家人和朋友们道别，往帕萨迪纳和南方驶去。他们在一家汽车旅馆停下来，度过了他们的新婚之夜。第二天，他们继续旅行，贝蒂穿着一身新的米黄色旅行套装，戴着帽子。“天气很热，车窗开着。我的帽子飞了出去。戈登停下来，又往回走，找到了帽子。好多年我一直都留着它。”

坐着一辆旧车，戴着一顶新帽子，单独在一起，刚刚 20 岁出头的戈登和贝蒂·摩尔——在科研和更光明的未来的感召下，一起出发了。他们不知道这次搬家会把他们带向何方，但都知道此行将远离他们童年的乡村生活。而戈登不是一个鼓励自我反省的人。“我们的蜜月，”他观察道，“是一个从北加州开车出发的日子。我必须在周一到达帕萨迪纳开始接受测验。”

一个新环境

戈登和贝蒂曾经一起去过一次南加州，那次是去玫瑰碗。现在他们正前往加州理工学院，这是一所比伯克利小得多但也更为专注的学校。他们当下的挑战是倾尽全力在婚姻上和研究生院取得成功。戈登最初的目的是在加州理工学院找到自己的道路，并作为一名实验主义者在化学方面取得进步。他对于研究生院的选择与更多高科技向洛杉矶迁移是一致的，在这里，与电子产业和国防工业的巨幅增长相匹配的是人口的激增：从 1940 年的 280 万居民增加到 1950 年的 420 万居民。帕萨迪纳和洛杉矶盆地正在电子产业和战争——包括热战和冷战——的新领域扮演着领先角色。

洛杉矶郡从西边的马利布、圣塔莫尼卡、埃尔塞贡多和长滩等海滨社区开始，中间经过一块平坦的盆地，是好莱坞和洛杉矶中部，然后延伸到圣加布里埃尔山脚下的帕萨迪纳和克莱蒙特。该郡已经成为休斯、诺思拉普、北美、道格拉斯、康维尔、洛克希德等航空航天业巨头的研发和制造业务的基地。这片有着湛蓝的天空、毗邻太平洋的地区，还有美国空军的主要基地点缀其间。

经历了第二次世界大战，航天技术在战后与电子产品越来越密不可分。通信设备、仪器仪表、雷达系统、机载武器和导弹，到处都用上了真空管电路。真空管还让大量的地面设备得以实现对这些系统的引导、控制和监视，而且用来研制这些东西的研发设施里也遍布着真空管。例如，诺思拉普这家航空业巨头是 IBM 制表机和计算器的一家主要客户，它启发 IBM 造出了卡片编程计算器，这种原型计算机的继电器开关和真空管嗡嗡作响，快速处理导弹设计和测试中所需的大量数字。

当新婚夫妇来到此地的时候，诺思拉普最近刚接收了第一台商业化生产的电子数字计算机：BINAC——二进制自动计算机，由埃克特-莫克利计算机公司（Eckert-Mauchly Computer Company）制造。这家位于费城的公司是从具有先驱性的 ENIAC 电子计算机项目中分拆出来的，该项目由宾夕法尼亚大学承担，在第二次世界大战期间获得了美国军队的资助。ENIAC 缓慢、笨重、不可靠，而且真的很庞大。它有近 18 000 个真空管，占地超过 1 000 平方英尺。

BINAC 打算实现一项进展；在广受期待的计算机行业里，它率先实现商业化用途。诺思拉普可能永远无法让 BINAC 正常工作，但该郡在别处取得了进展，到 1950 年底，由联邦政府的国家标准局自主开发的标准西部自动计算机（SWAC）在洛杉矶上线，它成为西海岸第一台投入工作的电子计算机。SWAC 又巨大又笨重。数以千计的“管”开关把数学计算和信息处理任务简化成“数字”运算，这些运算由数字 0 和 1，也就是“开”和“关”开关来定义。真空管的切换速度就成了计算的速度。就像戈登后来看到的那样，那些是“在玻璃屋子里由懂得正确咒语的僧侣照料的”计算机。

数字电子学采用“如果X，那么Y”这种基本的形式逻辑格式来创造出一种语言，一个选中的逻辑现实就成了一个由0和1组成的特定数字系列。这种序列本身非常适合用真空管的开关动作（“开”或“关”）以及后来的晶体管来代表。令人惊讶且违反直觉的是，事实证明，数字电子编码和通信因此可以用于对许多人类现实进行建模、传输和复制——从思想到诗歌、戏剧、演讲、场景，实际上全部内容现在都可以通过计算机、蜂窝电话、云、网络、电视以及无数的附件来进行沟通。

加州理工学院和帕萨迪纳在早期的产业发展中具有重要地位，这里是电子产业和军工产业之间的桥梁。第二次世界大战把帕萨迪纳的命运谨慎而又稳固地推向了高科技之路，这里演变成了电子仪器的研究中心和小型制造基地。加州理工学院宁静的校园坐落在历史悠久的市中心和一大片住宅区之间。喷气推进实验室与之相距7英里，这里是军队的导弹实验室，戈登·摩尔将在日后深入参与其中。加州理工学院负责为军队管理喷气推进实验室，和加州内外的航空航天承包商互相合作。

1950年，喷气推进实验室深入参与了美国第一种携带核武器的导弹“下士”（Corporal）的开发。真空管电子设备是其制导系统必不可少的部分。随着冷战的加剧，携带原子弹（很快还有氢弹）以摧毁莫斯科和其他优先目标的可靠手段成了一个优先事项。“下士”可以升入太空，在回落到地球之前，其轨迹由雷达跟踪并从地面进行调整。当戈登抵达加州理工学院时，“下士”刚刚创造了一项纪录，达到了244英里的高度，这是有史以来导弹所达到的最大高度。

距加州理工学院的校园更近且马上引起了戈登兴趣的，是两家位于帕萨迪纳的公司——贝克曼仪器公司和联合工程公司，战争成全了它们，尽管它们在1950年也以非同寻常的方式使用电子设备。贝克曼仪器位于南帕萨迪纳，是最早从加州理工学院自身的化学实验室拆分出来的公司。阿诺德·贝克曼（Arnold O. Beckman）就是后来让威廉·肖克利搬到帕洛阿尔托的人，他在20世纪20年代末从加州理工学院取得了化学博士学位，并留校任教。在位于东帕萨迪纳的车库，他还从事着自己的发明，并为其他公司提供咨询。他用真空管电子设备做了一个pH计，这种工具可以快速且高度准确地测定酸性，这是一种基础的化学测量。贝克曼在1935年卖出了他的第一台pH计，用于为当地的柑橘行业监测柠檬汁副产物的酸性。pH计红极一时，贝克曼也很快离开了加州理工学院，去从事他不断发展的商业活动。他用真空管来实现的设备在第二次世界大战中找到了很多用途，对于燃料、炸药、合成材料和药品的生产具有极大的价值，这带动了商业仪表行业在战后的迅速成长。

pH 计既取得了市场的成功，也预示着化学研究中的“仪器革命”曙光初现。各种门类的化学家很快就采纳了新的电子设备，而红外分光光度计特别受欢迎。一名研究生或技术人员可能只工作了一周就突然取得了一项成就，这在以前是需要付出整个职业生涯才能取得的。这些仪器戏剧性地扩张了研究人员的研究范围和雄心壮志。

到了 1950 年，仪器革命声势浩大。贝克曼现在生产一系列采用真空管电子来测量物质的物理性质的设备。联合工程公司是帕萨迪纳另一家跟加州理工学院关系密切的仪表公司。它也为化学界制造电子仪表，是质谱仪的领先制造商，这种机器可以把样品轰击成高能碎片，并通过电磁场进行过滤。

另一种以真空管为基础的技术——黑白电视机，也见证了快速的发展。由附近的好莱坞制作的《杰克·本尼秀》（*The Jack Benny Show*）节目在那一年首次亮相。由于露丝姨妈和她事业成功的丈夫卡尔的帮助，贝蒂在洛斯加托斯的外祖父母得以跻身于美国第一批体验到这种新媒体的乐趣的人群；从他们开始，其他的美国消费者以惊人的速度接纳了电视机。1947 年，美国生产了 10 万台电视机；3 年后销量达到了 700 万台，而到了 1955 年，超过半数的家庭拥有一台电视机。一种新的消遣模式迅速出现，电视机平均每天打开的时间超过了 4 个小时。

电视机是完全电子化的产物，其屏幕和接收电路都依赖于真空管。伴随机器的产销增长的是内容播出的增长。和制作电影一样，好莱坞很快就成了一个巨大的电视节目制作中心。数字化电子信息的新现实开始展示其对人类思想和动机的催眠效果。用真空管这种电子设备制造的系统和设备数量不断上升。在军事领域，电子设备不仅被用于通信，而且还用来生成新的信息，并在许多不同类型的控制中使用这些信息。这种数字信息、电子通信和远程控制的三合一模式，同样也蔓延到了政府办公室和商业场所。

电话网络覆盖了更多的地区，而电子机器（制表机、桌面计算器等）成了基本工具。在工厂里，数字电子设备让全新的自动化机械得以实现。在实验室里，用复杂的仪器来进行测量、计算和信息处理的情况变得更为常见。在家里，电子产品无处不在。现在 90% 以上的住宅都拥有一台收音机，这超过了拥有一台冰箱的家庭的比例。电视机的购买量持续增长。60% 的家庭拥有一部电话，使用率提升了一倍，尽管以最近的标准而言这是微不足道的。从纽约打一个 5 分钟的电话到旧金山，其费用大约相当于今天的 35 美元。

帕萨迪纳距离好莱坞和国防工业区都很近，也是加州理工学院的先进科学和工程研究基地。对于新婚燕尔的戈登和贝蒂来说，这里充满了机会，而他们也处在自己人生中的深刻变化之际。在帕萨迪纳，他们开始组建家庭，并共同为今后的漫长岁月确立基本节奏。与此同时，这个地区的很多方面以及更广阔的世界，对他们（尤其是戈登）来说还相当陌生，而在这种机会勃兴的框架内，他们的关注点仍然狭窄甚至粗鄙。

由于现实所致，夫妻俩来到新家园的第一个夜晚是在一家汽车旅馆度过的，他们在当地报纸上查看出租房源。“我们看了一些非常破的地方。”贝蒂说。他们在卡特琳娜大街（Catalina Avenue）上的一所双拼式公寓中安顿下来，占用了其中的一半空间，这里距离加州理工学院不到 1 英里。贝蒂回忆说：“我们有个奇怪的女房东。她说，‘你在一周开始的时候可以做一大锅意大利面条，然后你就不用做饭了。’她很爱管闲事。当我们不在的时候，她就在我们的公寓里，看我的结婚礼物。她使用我那台全新的 Mixmaster 搅拌器，试图搅拌一些特别沉的东西，结果把它的马达烧了；之后我每次使用时，机器都像在咆哮。”

1950 年，帕萨迪纳本身还没有完全摆脱幽静小镇的氛围，这里气候宜人，经济状况并不起眼。哥伦比亚大学的爱德华·桑代克博士（Edward Thorndike）在 1939 年的一份研究报告中，将其评为最宜居的美国城市，这里的收音机、电话、浴缸和牙医相对于人口的比例高于任何其他被调查的城市。阿罗约·塞科公园大道是通往洛杉矶的一条快速通道，而布洛克（Bullock’s）这家屡获殊荣的“明日百货公司”的落成，使南湖大道上开始形成一处高档购物区。即便如此，帕萨迪纳依然宁静得令人绝望。一位观察者在 20 世纪 40 年代末写道：“富人和退休的人隐居得如此彻底和如此沉默，以至于在一些公寓酒店里，除了时钟的滴答声或某人的动脉硬化声，人们几乎听不见任何声响。”

帕萨迪纳和湾区非常不同。不久，贝蒂就想家了。“太难离开洛斯加托斯了。”熟悉的景色和大家庭是她的基石，她不安地想着年老的外祖母玛丽——她们之间有种特别的联系，在她离家的时候外祖母可能会死去。解药就是让自己保持忙碌。当戈登在应付加州理工学院的入学测试时，贝蒂仔细查看了招聘广告。她不再抱有成为新闻记者的期望，但作为一位博士生的妻子，她希望支持她的丈夫读完研究生院，因此她认为找工作是保障未来财务安全的一个必要步骤。一家代理公司很快就把她安排到联合工程公司，在公共关系部门为公司的电子设备帮助准备广告。贝蒂的工作包括接听电话和准备材料以交付印刷。“我们所有人都非常努力地工作，每天干 9 个小时。我们做出美观的杂志来推广公司制造的泄漏探测器。用于贸易展会的宣传册必须准备好，让销售员带上。”

该公司在技术上采用了真空管系统来制造高灵敏度的泄漏探测器，这种设备除了用在其他地方，还用于铀的制造，这是用来做原子弹的。每台探测器售价数千美元。习惯了在水泥厂工作和在自己的实验室里做实验的戈登，对于技术能够满足这么多需求感到很是震惊。质朴的他也被这种商机惊呆了：“我目瞪口呆，居然有人会为了一台泄漏探测器付那么多钱。我无法想象有人正在花数千美元买一台仪器。我做过这个东西，用一点点火花线圈缠在玻璃外面。世界正在发生何等的改变！那就是我的反应。”

戈登和贝蒂又搬了两次家，第三次租的是一所房子的楼下一层，他们在帕萨迪纳余下的日子里一直住在那里。它还不错，但不完全如贝蒂所愿。“我更喜欢镇上的另一侧，更靠近圣马利诺。”戈登实事求是地解释说：“有一个原因让我们没到圣马利诺去：租金很贵。”

追随巴杰

跟伯克利比起来，加州理工学院很小，但戈登的体会是化学系相当大。他是入学班级的 20 名学生之一，当时班上还全都是男生。“1953 年 8 月，当我离开时，第一位女研究生入学了。”

周六结婚，周日抵达，戈登在周一早上来到加州理工学院，参加一轮严格的、意义重大的考试。加州理工学院把各个系称为部，化学与化学工程部要求入学的研究生参加一系列测试。他以特有的谦逊介绍说，“他们想看看你是否学过有机化学、无机化学和物理化学。如果你没有达标，就得上一门补习课程。我是唯一一个来自另一所学校而不必上补习课程的人，所以伯克利做得相当不错。”

这些测试是教员和新来的学生之间进行对接的重要组成部分。教授们寻找有才华的、敬业的学生，以促进教师的研究计划。学生们寻找可能提升自己职业前景的导师。这是个决定相互投资的时刻。有些学生带着明确的计划来到这里，希望和特定的教授一起工作：莱纳斯·鲍林在化学界是光芒耀眼的明星，他特别受欢迎。戈登还不够世故，不明白这个游戏。“我去帕萨迪纳时并没有真正想过我要和谁一起工作。我开始找各种教授进行面试，看看谁对我感兴趣，以及谁在做些让我觉得有意思的事情。”杰克·柯克伍德（Jack Kirkwood）是一位杰出的物理化学家和理论家，他看了测试成绩，看到戈登的物理化学成绩很好，就邀请他加入。戈登拒绝了。“我的倾向不是做一个理论家。我想要些更偏重实验的东西。”

相反，他被理查德·麦克莱恩·巴杰（Richard McLean Badger）的工作吸引了。巴杰在加州理工学院已经待了三十多年，先是读本科，然后是念研究生，最后成了一名教授。巴杰现在50多岁，以一位实验主义者而著称。他特别擅长的领域是利用红外分光光度计研究分子——分子结构和分子键。他最近的研究工作把他和仪器革命拴在了一起，他对红外线的兴趣也与日俱增。戈登在伯克利已经用过一台分光计。因此，尽管在来到加州理工学院之前从来没有听说过巴杰，但那对于戈登只是一步之遥，他认定巴杰正在做的事情看起来挺有趣的，巴杰正在追寻红外光谱的新颖之处，并探索把它的能量当成一种技术来使用。

尽管巴杰在专家圈子里也颇为出名而且人脉甚广，但巴杰不是像鲍林那样的明星。他只指导着一个很小的小组，包括两名研究生和一名博士后。他在自己的工作中怡然自得，那就是他关注的全部事情。戈登在很多方面跟他一见如故。巴杰和戈登的父亲同龄，性格低调内敛。和戈登一样，他也喜欢加州的户外活动，是个狂热的露营者。“他看起来就像是我可以很容易联想到的某个人。”他的工作作风也令人心动：亲自动手制作原创性的实验设备，并将其用于精确而严苛的测量。在这里，解决实用的技术问题可能就伴随着全新的科学认知。巴杰在这段时间的博士后奥利弗·沃尔夫（Oliver Wulf）描述说，他是个非常认真的调查员，在他的科学工作中展现出一丝不苟的细心。对于沃尔夫来说，巴杰风格的精髓在于他对仪器的创新性应用，这开辟了研究的新路线。正如戈登回忆的那样，“别人把分光计作为一种工具，但对于巴杰来说，分光计本身才是主要的焦点。”

巴杰很高兴戈登加入他的小组。作为一个低调内敛但热情高涨的实验主义者，又在入学测试中取得了优秀成绩，戈登在这里如鱼得水。巴杰的实验室位于克雷林实验室（Crellin Laboratory）的地下二层，它本身是用化学部的资源进行重大扩建而成的，完工于1938年，并因此成了加州理工学院最新的化学实验室。当时的一本小册子描述道，“有机化学家占用了第二层和第三层以及顶层的备用房间。在位置便利的近处，物理化学家和他们的器械装置占用了一楼、地下室和地下二层，通过光化学、磁化学、分光计、X射线和电子衍射来研究分子结构。”简单来说，实验室的工作台在楼上，仪器在楼下。红外线和热量密切相关（一个物体的热量大多是以红外光的形式辐射出来的）。由于巴杰的仪器极为灵敏，所以他的实验室特意设在地下二层。正如戈登解释的那样：“你需要一个非常稳定的环境。如果你离开书桌，就必须留下一个灯泡来弥补房间里的热量损失。”

巴杰的分光光度计采用真空管电子设备，通过谨慎而精确的测量，把红外光转换成可以记录下来的电信号。加州理工学院其他在地下二层工作的教授也在使用电子仪表。唐·约斯特（Don Yost）同样是在获得博士学位后加入加州理工学院教师队伍的，他是微波光谱仪的先驱。约斯特曾经争取过戈登的兴趣，但由于他的工作集中在仪器上而不是化学上，所以戈登选择了巴杰。“我跟约斯特谈了，但我不是一个真正的工程师。我感兴趣的是科学。”

戈登还考虑过跟随年轻得多的弗纳·绍梅克（Verner Schomaker），他同样是在加州理工学院拿了化学博士学位后留校任教，而且也在克雷林的地下二层和精密的仪器打交道。然而，事实证明，为巴杰工作非常棒。戈登安然地待在实验室里，愉快地在地下度过漫长的时间。“早上我就下去，然后，除了上课，一整天都在那里。”情况常常是这样，凌乱的办公桌和工作区总是伴随着纪律严明的工作和思路清晰的头脑。“巴杰生活在一个完全被纸堆掩埋的办公室里。我记得另一位教授说，他想知道有没有人为巴杰工作而能重新变得整洁的。他的办公室乱七八糟，他的实验室乱七八糟。我轻而易举地喜欢上了他的这个样子。你应该去看看我的办公室，情况非常类似。”

巴杰本人管得很松。他偶尔过来转转：

> 我不经常见到他。如果我想找他，他会有时间，但我可能好几个星期都见不到他。这对他一点都不麻烦。他会建议我以某种方式修改一个设备，我就去做了。他并不干预我在做的事情。如果我想做一个新项目，我会跟他讨论，他会决定是否合适。他必须把项目塞进他与海军研究办公室的合同里去。

海军研究办公室提供的资金微不足道。美国军方考虑到科学创新在第二次世界大战中所起的作用（比如原子弹和合成橡胶），支持加州理工学院等精英学术机构进行广泛的基础研究。

光彩照人的名流

戈登获得的支持最初是来自海军研究办公室的合同，以及他在鲍林手下担任的一份为期两年的助教工作。鲍林给化学专业的大一学生讲授一般性课程，并鼓励研究生一年级的学生坐在课堂上。“那一周他谈的是他感兴趣的任何事情。他很有趣，但没有给大一新生教他们要学的化学；这些内容是留给我们讲的，”戈登说，在经过了最初的紧张后，他开始教课，“我一开始做得不是很好。我对加州理工学院的学生印象过于深刻了。在我上第一节课的时候，我在一个小时之内就把我知道的每一件事都讲给他们听了！一旦我把速度放慢到一个合理的水平，我就喜欢上了教学，而且做得相当不错。在考试之前，其他部的本科生很快也来坐在我的班上，因为他们认为他们能学到更多的东西。”

对于戈登来说，教学经历让他确定了自己做一名实验主义者并从事学术工作的目标。那种跟巴杰、约斯特、绍梅克一样的大学职业生涯看来颇具吸引力，而且是有可能的。他的研究方向让他置身于物理和化学的交汇处；现在他对红外分光光度测量的专注加深了他和这两个学科的接触。“我在物理系也经常做那种光谱测量，跟我在化学系做的一样。在这方面我几乎是个物理学家，比起参加有机化学研讨会来，我更倾向于去参加物理学研讨会。”不过，戈登参加化学教师的每周研讨会，也参加了大概一半的物理学研究生研讨会。他上了鲍林的 3 门研究生课程，其中包括一门量子力学和一门化学键的性质，在这些课上鲍林基本上是过一下他的著作。

虽然戈登发现鲍林是一个相当不错的老师，但这个人的某些方面令他不安。作为化学与化学工程系的主席，鲍林是校园里最大腕的名人之一。在成就自己作为 20 世纪最伟大的化学家之一的名声方面，他一路顺风顺水，并在 1954 年获得了诺贝尔化学奖；他在学校和政治活动方面都很杰出，1962 年还获得了第二个诺贝尔奖项，这次是和平奖。戈登・摩尔的不安更多地来自鲍林的个性而非成就，这种个性显得既富有魅力又颇为任性。

沉默寡言、含蓄内敛、有条不紊的戈登无法理解鲍林，当鲍林在场的时候，他甚至无法保持自己的镇定。“他看起来像个小丑，就像是小丑已经化过妆之后那样。我发现他非常吓人。即使我跟着他上了几门课，他还是会询问我的名字，他问的方式很特别，以至于当我被问及的时候，我都答不上来。”戈登的不适感极其严重，所以他为自己的博士学位采取了欺瞒考试委员会的手段。由于他在鲍林那里有大量的课程，让鲍林出现在考试委员会里应该是个合乎逻辑的选择。然而，戈登小心翼翼地把考试安排在“鲍林出国的时候，这样他就不会在我的考试委员会里了”。这是个巧妙的伎俩。在大学里待了近 5 年之后，戈登慢慢地蜕去了他那年轻而粗鄙的天真。他在练习自己那套用回避来解决冲突的方法。

理查德·费曼（Richard Feynman）是另一个光彩熠熠的名人，一个以魅力超凡、性格外向、才华横溢而著称的物理学家，被誉为他这代人中领先的理论家之一、一位非凡的老师。戈登到加州理工学院的时间和费曼大致相同，很快他就热切地参加了费曼的研讨会。“聆听费曼讲课是一种享受。这是布鲁克林的一名出租车司机教的物理。他有一种能力，让你觉得你理解了他告诉你的每一件事。一次我坐在他的研讨会上，心想：‘伙计，这真是精彩绝伦。现在我明白了。’我试着把这解释给别人听，不知道你怎么就从这里到了那里。费曼会蒙蔽你的眼睛，而你意识不到发生了什么事。这非常有趣。”

戈登的新环境进一步激励着他。他更深入地钻研物理化学、仪器仪表、实验和物理学，并树立了新的抱负，对自己成为一名未来的教授有了更为清晰的愿景。他开始享受他的教学任务，变得更加自信。在向费曼和鲍林这样的明星人物学习时，和更为稳重的巴杰密切合作也令他受益匪浅。戈登保持着稳定的发展轨迹，偶尔会有猛然觉醒的时候。10 年前，他在邻居那儿第一次遇到化学试剂，“真正引起了我的注意”。这种兴趣吸引他制作爆炸物，并让他有了成为一名化学家的想法。在伯克利，他在吉奥克的研究生课程上得的“鸭蛋”促使他发挥出潜能，最终在专业上变得游刃有余。现在，加州理工学院也要求他掌握多样化的科学问题。他回忆说，在这里，“我发现了很多有趣的事情”。

实验室以外的生活

在日后的生活中，戈登·摩尔和加州理工学院的教务长讨论到他快速完成博士学位的事情。“你在上研究生的时候就结婚了吗？这似乎是让人们赶紧过关的唯一一件事。”不单单是戈登准备往前走；贝蒂也很高兴，加州理工的所有事情都忙完了。然后她在最高潮的那天收到一份“PhT”证书，意思是“让丈夫捱过来（Putting Husband Through）”，这是由加州理工学院的校长夫人授予她的。

与时俱进的戈登带着自己的倾向性，为夫妻俩的预算和支出决策承担起了全部责任。

“在早期的日子里，我们并没有讨论过钱，”贝蒂说，“他只是接过手去：‘我是精打细算的人。’我说：‘行，好的。’这似乎是个很自然的秩序。”虽然从洛斯加托斯农场的童年时代起，贝蒂就对节俭的生活并不陌生，但她还是发现戈登特别谨慎。俩人都很讨厌欠债，都希望尽可能多地储蓄。他们谁都无法忍受不必要的或无意义的开支。他们对生活方式有着共同的理解，认为这应该建立在辛勤工作和良好管理的基础上。即便如此，贝蒂发现戈登比她更甚。经过了六十年的婚姻之后，贝蒂指出，她丈夫已经积累了数十亿美元的财富，但还是非常节俭。如果衣服还能穿，他就继续穿着。“我说：‘亲爱的，衣领已经过时 10 年了。喂！把那件衬衫扔掉吧。’他说：‘我有一只抽屉，里面全是这些衬衣。’我说：‘但你并不需要穿它们，把它们处理掉吧。’”

结婚后，戈登开始执行一项他后来持续多年的纪律。他用一本带有绿色斑点的普通笔记本，对收入和支出进行了详细的记录，以及对假想投资和实际投资作出注释。“我们没有太多的钱。我们开始记账，了解钱从哪里来和到哪里去了。”这种坚持记录的做法，既反映了他对夫妻俩财务健康的照顾，也体现了他那种一丝不苟地收集数据和进行定量分析的倾向，这也是他在实验工作中的特点。“有一段时间，我们试图把记录精确到分，虽然并不总是成功，但八九不离十。”如果账本落到了他的外祖父、谨小慎微的店主约西亚·考德威尔·威廉姆森那里，无疑会大受称赞。

戈登不但把电影票的价格记录下来，而且还记录看了什么电影，比如 1951 年的《铁血雄师》(*The Red Badge of Courage*)。有一条账目记录了一项 75 美分的费用，用途是“贝蒂洗的衣服”。“我们应该是在拿某件事情开玩笑，而他给了我 75 分钱去用，”她说，“他所有的衣服都是我拿去洗的，每件衬衫都是。”账本还记录了给帕萨迪纳基督复临教会的捐款，他们是那里的成员。这是他们一生致力于慈善事业的小小开端。到一定的时候，加州理工学院本身将成为他们行善的主要受益者之一。

账本显示，在帕萨迪纳的那些年，戈登和贝蒂在经济上一直保持富余。不仅如此，通过记录、测算和分析，戈登开始把自己的人生视为一项实验，甚至一家企业。他在家庭账本里使用商业语言，把“储备金”和“营运资本”分开，把“收入”和“留存现金”分开。小额资金也是有意义的：从贝蒂外套口袋里找到的 5 分硬币、在加州理工学院走廊里发现的 25 分硬币到花在一支“铅笔（红色）”上的一毛钱。多年以后，儿子肯评论道：“我的太太说，‘你们这些人从来不谈论人或感想吗？’我告诉她，‘不。’有一点毫无疑问：摩尔家庭是个企业化结构的家庭。我们像一家小公司那样运转。”

他们到达加州理工学院的时候，贝蒂马上找了一份工作，但很快就明白了，她不会在联合工程公司干很长时间。“情况不正常。我的监督员对我恨之入骨，就像一只老母鸡那样，打我的小报告，做出各种可怕的事情。1951 年初，我用打字机写了辞职信。我知道现在是时候离开了。”这表明她不愿忍受胡说八道，而且愿意直接面对问题（在他们的整个婚姻中，这种品质弥补了戈登对冲突的回避）。

一家猎头公司很快把贝蒂安排到福特基金会。该基金会于 1936 年创立，但直到亨利 • 福特在约 11 年后去世时，它才开始成为世界上最大的慈善机构。在它开始加快发展时，贝蒂被聘用了。离开前一个职位两天后，她在土耳其大楼（Turk House）开始新的工作，这是一座带有宽敞场地和一个游泳池的大厦，位于帕萨迪纳的一处高档区域，福特公司买下了这个地方，为总裁和少数高级管理人员提供安静、舒适、学术性的办公室（半个世纪后，戈登和贝蒂 • 摩尔基金会效仿这种风格，在旧金山的普雷西迪奥开始启动自己的事业）。“福特基金会非常小。我开始工作的时候，甚至不知道它就在那里。”这是贝蒂首次尝试有组织的慈善事业。她的工作是项目控制：追踪信函、申请和倡议书，并筛选提案，“尝试确定哪些项目他们应该跟进，而哪些是不切实际的文件。”戈登如是说。

除了贝蒂的收入，戈登还有每月 100 美元左右的生活津贴，以及担任助教的教学金。他们每个月还从戈登的父母那里收到 50 美元。有了这项帮助，再加上来自贝蒂继承遗产的剩余资金，夫妻俩在过着平静生活的同时，还积攒下了 2 000 美元。他们最昂贵的采购是为新家买的一套银器。“我把我们的大部分收入都存了下来，按照百分比算，我觉得当时存下的比例超过了以后的任何时期！”戈登说。在加州理工学院的最后一年，他被授予了著名的杜邦奖学金（Du Pont Fellowship），这使他摆脱了原来必须做的教学工作，可以完全专注于实验和写作。当好莱坞——更具体地说，派拉蒙电影公司来寻求技术帮助时，他也答应了。

这是早期的 3D 电影生意，采用偏光眼镜。宝丽来公司拥有所有的专利。派拉蒙雇我去通读这些专利并进行总结，希望能找出办法来。他们每小时付我 4 美元，这是个很高的价码。此外，他们的大功率灯泡烧坏了，所以我用不同的电压来测试各种泛光灯，给他们展示如何修改。我甚至开始寻找地方建一个实验室来研究宝丽来的材料，我在考察店面，想找一处合适的空间。他们后来又决定不这么做。这对一名研究生来说是一份很好的兼职。我可以开车去那儿，进到院子里，和那些人交谈。那是我的电影生涯！

这比水泥厂往上又走了一步，也是戈登善于把他的知识应用于实际的另一个例子。

戈登和贝蒂很早起床而且工作努力，经常一周在工作上花上整整6天。对戈登来说，他们住得离校园太远，走路走不到，所以他每天早上开车送贝蒂进城。贝蒂有驾照，但那辆道奇很旧，而且她看见道路狭窄，路上的车速又快，她就不想开车了。晚上，贝蒂会在帕萨迪纳福特基金会一直待到戈登来接她。“我总是不得不等他。即使我的工作时间已经过去了，他还沉浸在实验室里。戈登被任务催着！如果他有一个项目在做，那就会持续到晚上。我会跟他回去，坐在他的地下实验室里。我带着我的阅读材料。”

周日，他们参加当地的基督复临教会，有几百号人聚集在一起。戈登是一名执事。“我们去得相当规律。”他说，在这方面他和他太太的重视程度很一致。贝蒂解释说：

> 戈登的父亲是天主教徒，但他从来没有逼孩子们去上天主教学校。他母亲自己去新教教会，而且她在晚年的时候非常虔诚——可以说，非常高尚。周日她一大早就去教堂，然后他们下午去佩斯卡德罗。
>
> 由于母亲的影响，戈登把自己定义为新教徒。我们结婚时他去过圣克拉拉的教堂很短的时间，也去过帕萨迪纳的教堂。我没有接受洗礼，戈登也没有。结婚后，我们都在牧师住所后面的大水池里接受了浸礼。

在洛斯加托斯，教会是贝蒂生活中的一个重要部分。在帕萨迪纳，她和自己紧密相连的家族相距甚远，便从参与的教会活动中，尤其是音乐中找到了熟悉的舒适感。她每周三晚上参加唱诗班的练习，周日一大早就来到教堂，穿上唱诗班礼袍为大家服务。“我每周工作六天，所以这的确挤占了我们短暂的相处时间。”积极参加有组织的宗教活动是为了跟上时代，也是他们的家族传统。在帕萨迪纳，作为一对没有孩子的年轻夫妇，他们参与了唱诗班、执事和洗礼班。如果说参与基督复临教会提供了宝贵的精神支柱和延续性，那么后来这些活动看来就没有那么迫切了。一旦他们有了一个属于自己的年轻家庭，就不容易再以同样的方式挤出时间了。当离开帕萨迪纳时，他们很少再让有组织的宗教活动融入自己的生活了。

在他们的公寓里，戈登和贝蒂都特别喜欢收养流浪猫。“我们的小猫太多了，以至于不得不开始把它们分出去。”贝蒂回忆道。他们在报纸上做广告，为大多数猫咪找到了家庭，但把其中两只带回了洛斯加托斯的农场。其中一只叫小希特勒，很有特点。贝蒂回忆说：“它会在床上攻击我们，跟我们的脚趾头打架。后来它被一辆小汽车撞死了，但是另一只叫普鲁内拉的猫活了下来。我母亲养了她好几年。”

这个安静的家庭，除了猫咪、夫妻俩以及教堂之外，他们的社交触角仍然直接连着北加州的家人。贝蒂解释说：

> 我们所有的假期都在家里度过。我们一年至少往北走 3 次或 4 次——只要我们有休息的时候，不管何时都会回去。我们跟戈登的父母待在一起，他母亲是个以家庭为中心的人，假期对她意义重大。当我们要上路的时候，我母亲会给每个人做一顿大餐，他母亲也会做一顿大餐，有时候这两顿饭是在同一天。戈登和我会把肚子撑坏。我们临走的时候说：“我们真的需要这么做吗？”答案是“是的”，因为我们必须让他们都感到高兴。

朋友、熟人以及损失

在那个时代，加州理工学院的大多数研究生都没有结婚。因此，戈登发现很多更热闹的社交趣事都没有自己的份，而且和系里其他人没有太多交往。如果他们很难得地参加一次化学系的晚间活动，戈登就“在角落里和人们喋喋不休地谈论科学”，而妇女们则待在另一个区域。“活动很安静，一本正经。”妇女们有自己的半正式小组“化学太太”（Chem Wives），她们定期碰头。贝蒂回忆起理查德·巴杰主办的一次晚会。“有一位有趣的教授坐在角落里读字典。我想，‘这人怎么回事？’”“那是奥利弗·沃尔夫，”戈登解释说，“他的个性非常特别。他晚上的大部分时间都在读字典。贝蒂对他印象非常深刻。”

他们确实偶尔和另外两对年轻夫妇有往来，罗杰（Roger）和卡罗琳·纽曼（Carolyn Newman）以及汤姆和阿迪·丹佛斯（Addy Danforth）。“罗杰和巴杰一起工作，研究晶体光谱学。他做事情非常高效。他会在图书馆花 1 个月时间找出一个问题，并花 1 周时间解决这个问题，大约每 6 个星期他就会写出一篇论文。他选择项目非常谨慎。贝蒂和我跟纽曼夫妇（罗杰和他太太）相处的时间可能超过其他任何人。我们经常在一起吃晚饭。

我们在他们家或者在我们家吃玉米卷。”

这种友谊并不特别密切。离开加州理工学院之后，纽曼来回跳槽，先在学术界工作，然后进入实业界，在航空航天实验室从事研究工作。“我们的发展道路有两三次交集，但我都没能经常见到他。”贝蒂最亲密的朋友是阿迪•丹佛斯，她是联合工程公司印刷事业部的负责人。“阿迪和她的丈夫汤姆是我们第一个真正的‘夫妻朋友’。”她回忆说。他们有好几个周末一起出游进入沙漠，参观死谷（Death Valley），睡在威廉舅舅的旧道奇车上，或者住在一家廉价的汽车旅馆里。

贝蒂精心维护着她的昔日友情。一个是她的表弟乔治•马托斯（George Mattos），艾达姨妈的儿子，他和贝蒂在童年时期一起生活过。他是全美撑杆跳高运动员，在这项运动中排名世界前十位，代表美国参加了赫尔辛基奥运会（1952 年）和墨尔本奥运会（1956 年）。“在农场的时候，乔治总是从树上取下撑杆，在后院练习撑杆跳，跳过箱子和梯子。”贝蒂回忆说。在准备第一次参加奥运会时，“他来帕萨迪纳看望我们，他的撑杆在我们的小公寓里穿过了客厅和餐厅。他待了几周，在洛杉矶参加选拔赛，我们给他提供食物。他取得了参赛资格。我想那就是我为他做的所有好吃的农家饭了。”贝蒂和乔治保持着终生的友谊。2012 年，他最后一次生病时，贝蒂去看望了他。

戈登和他的本科朋友兼室友罗伯特•诺滕的关系则远没有那么铁。从朝鲜战争回来之后，诺滕去帕萨迪纳拜访了他们，但友情逐渐褪色，只是分手几年甚至几十年才偶尔联系一下。“戈登不想跟鲍勃联系。你没法逼迫他叫别人回到你家里来。”贝蒂观察道。亲密友谊涉及意味深长的人际承诺，但这并不是戈登优先考虑的一个重要事项。他仍然被他的科学研究所吸引，并从中得到满足。这项工作“很好玩”，“很有趣”。实验室是让他有自信的地方。人生中其他层面的挑战，比如自我调节以适应婚后生活的亲昵需求，并不那么容易。贝蒂很早就发现，正如她所说的那样，戈登“不喜欢人类的情感”。当她和他遭遇到两次早期的个人损失时，他表达这些情感的能力以及让自己的妻子了解自己的能力都经受了考验。

1953 年 1 月，这对年轻夫妇怀上了他们的第一个孩子。贝蒂非常渴望在“变得太老”之前拥有一个完整的家庭，“我希望戈登不会一直当学生。如果你在 30 岁出头还没有完整的家庭，大家都会认为你不会有健康的孩子。医生们说，‘你必须在 30 岁之前有自己的孩子。’我想，‘我最好行动起来。’”在这第一次怀孕期间，贝蒂通过信件和电话寻求她母亲的支持。

4 月末的一个早上，贝蒂接到一个电话，得知她的外祖父亚伯拉罕·梅茨勒死于中风。很快，他们就开着那辆旧道奇去洛斯加托斯参加葬礼。在回来的路上，贝蒂在车上经历了严重的痛苦，那天晚上她流产了。这让她伤心欲绝。值得注意的是，她不记得跟戈登谈起过她的情绪状态，也没有描述他对这个消息的反应。“我的情况糟透了。我很伤心，因为这是我第一次怀孕。我已经告诉很多人我怀孕了，这是最糟糕的。我马上就回去工作了，每个人都很关照我，但情况很艰难。”

戈登言简意赅，“我当然记得这件事。”然而，他未能表达出流产带来的深刻的情感影响。相反，他采取了他熟悉的防御措施：对更为有形的问题进行务实的、可衡量的活动和智力分析。贝蒂最终把这种缺失视为戈登的一个突出特点。她意识到这一点很久了，“戈登从来不会变得非常情绪化，”在晚年的时候，她说“戈登甚至不喜欢去看电影，因为他不喜欢人类的情感。当戈登和我约会时，他只会看《夺宝奇兵》之类的电影或科幻电影。”

戈登和贝蒂的家族都充斥着实用主义的倾向。“家里的每个人都很务实，想了解事物是如何运转的。”他们的长子肯观察后如是说道。“在我妈妈这一边，我的外祖母有非常强烈的社交兴趣，但她也非常务实。‘你必须工作。’她总是这么说。我爷爷非常爱动手，擅长摆弄机械。他制作各种东西。我观察所有的表亲，他们也都一样。我们家族里没有任何空想家。”肯以及他的弟弟史蒂夫具有这种倾向。“在讲究逻辑、分析以数字和事实为依据这些方面，我们很相似。如果你把人们放在一种以情感为基础和以逻辑为基础的连续区间里，那么我们就是极端的逻辑型。典型的评论就是，我们都在倾听。我们喜欢解决问题。我们喜欢分析事物。”

肯记得自己只有两次亲眼目睹了父亲表达真正的愤怒：一次非常明显，另一次则不易察觉。

> 第一次是在我 16 岁左右的时候，正处于焦虑的青春期。我来到早餐桌前，对一些我不喜欢的衣服发牢骚。当时我是这么说的：“我不穿这些蹩脚的裤子和狗屁鞋子。”我想我爸爸从来没听我用过第二个词，他大发雷霆。他对我怒吼：“啊——！”简直就像是他要把我痛打一顿。这是我唯一一次把事情推到这种一触即发的地步。

对于一个其实头脑非常冷静的人来说，这是一次令人印象深刻的表现。

另外一件事发生在肯和戈登出去钓鱼的时候。他们和其他钓鱼者把鱼饵投入水中吸引鱼儿。“所有人都一无所获。另一个人开始在我们的船上叫喊。这非常愚蠢。”戈登很生气，但克制住了自己。“我知道我爸爸什么时候生气了。他的嘴唇会收紧一点点，音调会略有提高，但他不是会在那种情况下做点什么事的人。”小儿子史蒂夫认同这个说法：“如果他生气了，他就不愿意说话，他会离开。他不会真的说出来，他会消失或者保持沉默。”

虽然贝蒂对于戈登无力表达情感和缺乏同情深感沮丧，但她和儿子们认识到，他的内心深处的确有感情。在极少数情况下，这些感情会显山露水。肯说：

> 爸爸是个智力型的辩论者。你无法惹恼他。如果他争论起来，那么他纯粹是从一种智力角度来讨论问题的。他很少提高嗓门。传统的博士往往都是非常聪明、非常专注的人。他们不考虑别人怎么想、别人有何感受。他们的方法不适合那样做。另一方面，当我的叔叔弗兰即将死于癌症时，我爸爸哽咽得说不出话来。当他自己的父亲去世的时候，他肯定很伤心。他确实是有感情的。

如果说戈登很少表现出愤怒或同情，那么他——根据史蒂夫的说法，在表达欣喜时也同样迟缓。这又和摩尔家族的习惯相符：“当一些确实很棒的事情发生时，他会有个好心情，但不会说太多赞美的话。我母亲会喜笑颜开，但我父亲不会在这方面流露情感。别人在高兴的时候尽情狂欢，但这不是我们的方式。总体上，我们不会表现出太多的情感，尤其是我父亲。”

研究和出版

巴杰让戈登开始工作。他的第一项任务是完成巴杰以前的一个学生卢埃林·琼斯（Llewellyn Jones）的实验。实验目标是采集亚硝酸分子的红外分光光度计数据，以得出关于其结构的结论。其中一部分挑战是，亚硝酸是一种弱酸，很容易分解成其他分子。戈登对它向硝酸的转化很熟悉，硝酸是制作硝化甘油和 TNT（三硝基甲苯）炸药的一种关键成分。另一部分挑战是要用最好的仪器获得最缜密的测量结果。只有获得精确的数据，戈登、巴杰和琼斯才能进行复杂的数学分析，把数据转换成关于分子结构的结论。

红外光和其他任何形式的电磁辐射一样，是由它的波长来定义的。分光光度计可以检测一种材料吸收了多少特定波长的光。这些吸收量构成了材料的特征光谱，也就是它的“指纹”。巴杰的实验室里有三台分光光度计，每一台都被调校成适用于特定的波长范围，而且每一台都分别是一位加州仪器专家的产物。有一台贝克曼 IR-2 型，这是最早的商业化分光光度计之一。有一台与之类似但更为强大的定制仪器，是巴杰从罗伯特·布拉顿（Robert Brattain）那里得到的礼物，他是一位顶级的红外光谱测量专家，在石油巨头壳牌的湾区办事处工作，他的兄弟将和威廉·肖克利分享诺贝尔奖。第三台仪器在灵敏度方面性能最强大，这是巴杰自己制作的。它的外围是一个真空环境，用来去除可能导致错误的残余气体。

利用这些仪器，戈登可以测量亚硝酸的整个红外光谱，并详细研究其中的各个部分。“巴杰给我留了六个问题，让我从这些问题开始着手，”他回忆道，“如果你这么来看的话，那个年代找个论文题目是很容易的。”巴杰的研究合同都围绕着氮化合物，如亚硝酸。“这是个有趣的分子，因为它具有顺式和反式构型（分子的不同三维排列）。琼斯和巴杰在两个吸收红外光的频段观察到一种现象，他们认为这是一种相互作用，它在同一个分子中把能级分开。巴杰要我看看那个现象。”

在简单含氮分子的一系列研究中，亚硝酸实验是第一项内容，巴杰鼓励戈登接着研究下去。戈登对含氮分子拥有第一手知识，又对它发自内心地感兴趣，因为这是潜在的炸药。对于赞助巴杰的美国海军来说，这是个愉快的配合，尽管实验和现实相隔十万八千里。氮是常规炸药的核心要素，而当时朝鲜战争正进行得如火如荼，美国海军的舰艇和飞机朝敌方阵地投掷了无数吨含氮炸药。

在帕萨迪纳的地下二层，为了获得与这些简单分子的结构相关的数据，戈登需要把他的仪器用到极致。他必须让这些仪器跟自己用手做出来的齿轮相适应，同时制作出能够产生、纯化并处理挥发性分子的复杂装置。他把巴杰的仪器也就是实验室里最强大的那台设备进行了修改，用上了一个改进过的红外探测器，本质上来说，它含有一层很薄的铅和硫的混合物。“我的大多数工作都是在一台具有相当高分辨率的自制光栅仪器上做的，它采用了我们的硫化铅元件。你得有个知道如何制作硫化铅元件的人来给你一个‘入口’。”

硫化铅探测器放大了仪器对“指纹”的灵敏度，通过这些“指纹”，光谱数据就会表征出分子结构。通过戈登在攻读博士学位时的研究，“我们可以开始看到一些分子特征。”戈登集成到巴杰的仪器中的检测器，也让戈登第一次真正接触到了半导体，这种材料——顾名思义，既不能很好地导电，也不是良好的绝缘体；相反，它是“半导电的”。

半导体在设备中可以用来开关、放大和反转电能，因为通过特意加入杂质，或者通过使用电场或光，可以改变它们的导电性。特别是当硫化铅暴露在红外光下时，其导电能力会发生改变，它会产生一个电信号，以此作为对这束光的响应。在第一次实际接触半导体的工作中，戈登修改了仪器中对发自探测器的信号进行处理的真空管放大器。修改后的电子设备为他提供了一个灵敏的探测器，可以揭示出所需的红外分子光谱。他还对另一台定制分光光度计进行了重大的修改，也就是理查德·布拉顿送给巴杰的那台，而且在修改过程中设计并制造了一个自动电子控制系统。

戈登还做了一个复杂的玻璃管系统，用来处理气体分子。“我做了很多玻璃吹制工作和一点电子设备，一开始我对电子设备完全不懂，到结束的时候懂了一点。”不去教室的时候，他大部分时间都待在实验室里——处理仪器、连接真空管、吹玻璃、往他的笔记本上记录数据，戈登尽可能快地朝着完成博士学位的目标飞奔。他做实验的速度反映出了他的雄心壮志，以及他在研究工作上对知识的吸收能力。

只有巴杰充分认可他的学生所取得的快速进展。正如他一样，戈登也低调而不张扬。他没有做任何宣传自己的事情，也没有在教师、同学和访客之间为自己培养有权势的关系网。作为一个刻苦用功而不是精明圆滑的人，他完全专注于自己的任务：“我把大部分时间都花在地下二层，得出大量的数据。”这是他的幸福所在。他不停地处理新问题并发表论文。他渴望尽可能快速和高效地获得科学工作中被人们认可的目标——原创性著作。他拼命地努力。

1951 年 12 月，在来到帕萨迪纳仅仅一年之后，戈登就发表了他的第一篇科学论文，当时他只有 22 岁。他和卢埃林·琼斯以及理查德·巴杰是这篇论文的共同作者，论文的标题是《气态亚硝酸的红外光谱和结构》（*The Infrared Spectrum and the Structure of Gaseous Nitrous Acid*），发表在《化学物理学报》（*Journal of Chemical Physics*）上。它介绍了戈登关于亚硝酸分子的实验工作。“有一定的竞争压力。别人也在观察亚硝酸的光谱。”他回忆道。他接下来研究其他含氮的分子。“你挑选一种分子，得到了一些看起来有趣的结果；如果你这样做了，你就会继续下去。”他开始观察二氧化氮：“一个简单的分子，但其结构还不为人知。分子的形状完全飘在空气中。”

很显然，这种分子是日益困扰洛杉矶和帕萨迪纳的烟雾的一种重要成分，但是戈登对它兴趣不大。“我们有一台仪器可以解决二氧化氮的红外光谱问题。它有些方面一开始不太容易解释清楚。很快我就开始寻找其他分子，它们的原子不超过4个，没有人研究过它们的光谱！”一种可能性是一氯胺和二氯胺。“这是可以发表论文的熟练工作，我很乐意干，那种实验我很喜欢。我可以制造设备、生产分子，偶尔也炸毁一支试管！氯胺会分解成三氯化氮。如果你让它们过了一夜，然后第二天洗试管，它就会爆炸。”其他论文接踵而至，它们描述了戈登如何用尖端的红外测量仪器来研究各种含氮分子，从而得出关于其分子结构的结论。

1952年，在该领域世界领先的出版物《美国化学会志》(*Journal of the American Chemical Society*)上，他发表了论文《氯胺和三氯化氮的红外光谱与结构》(*The Infrared Spectra and the Structure of the Chloramines and Nitrogen Trichloride*)，巴杰被列为第二作者。1953年初，戈登提交了他的第一篇独立冠名文章《1.4–3.4 Mu区间的二氧化氮光谱和二氧化氮分子的振动与转动常数》(*The Spectrum of Nitrogen Dioxide in the 1.4–3.4 Mu Region and the Vibrational and Rotational Constants of the NO_2 Molecule*)，发表在《美国光学会志》(*Journal of the Optical Society of America*)上，这对光谱测量学家而言是一个重要媒体。

到了1953年初夏，戈登在加州理工学院的第三学年快要结束时，基于自己在实验方面的快速步伐，加上良好的论文发表记录，他认为自己有资格获得博士学位了。“我的论文包括了对分子结构的研究。我已经观察了足够多的分子。我问巴杰我是否可以结束了。”巴杰同意了，戈登开始写总结。不到3年就完成加州理工学院的化学博士学位，这是一个值得瞩目的成就。它反映了戈登的雄心和专注。他还是个已婚男人，要忙很多自己家里的事情。他大体上是靠自力更生取得他现有的成绩的，这其中有他自己的努力，也得益于加州的公共教育系统，以及父母非常有限的帮助。在他的直系亲属中，他比摩尔家的其他人要走得远得多。现在，为了得到他在教育上的投资回报，作为一名化学家和实验家，他需要开始赚钱养家了。

工作总结一写完，贝蒂就用打字机打出了一份看着十分专业的学位论文，戈登在

1953年夏天提交了这篇论文，其核心内容来自他已发表的和“正准备发表”的文章。它有一份长长的附录，详细介绍了一些复杂的数学运算，是他用于从红外光谱数据中梳理出分子结构的；附录中还阐述了他制作的电子系统，用于控制从布拉顿那里得来的仪器。通过这些内容，戈登展示了他在实验创新和红外光解释方面的专业知识。

按照加州理工学院化学与化学工程部的一种怪异做法，他的论文以一个叫作“建议”的部分作为结尾。在这个部分，学位论文的作者可以把他认为重要的观察、结论和猜测简短地记载一下，无论和论文有无关系。这个部分的形式是一系列带有编号的段落。戈登写了10个段落，大约有一半是声明他研究过的分子的光谱。一个段落记录道，他相信一氧化氮光谱的某些片段是以前没有观察到的一个系列。在最后一段声明，即第10条建议中，也许是眼里灵光一闪，戈登把他在化学教育中取得的这项最高成就和他最初在少年时代的努力联系了起来。“为了缓解化学家的短缺，”他写道，特别是缓解像他这样的物理化学家的短缺，“应当在中学课程里纳入一门关于炸药和烟火制造术的实验室课程。”

戈登现在认为自己是个名副其实的化学家和实验学家了。他的专长是一项重大投资的结果，这个投资应该获得一份薪水优厚而且有趣的工作。他对红外光谱测量和仪器手段所投入的努力，把他推到了科研发展主流方向的中心地带。现在到了寻找一个学术岗位的时候了。经过3年的艰苦努力，他公开表示自己厌倦上学了。

戈登教授

正当小夫妻俩开始考虑离开加州理工学院之后的生活时，贝蒂得知福特基金会将要搬去纽约，而她也被要求协助关闭帕萨迪纳的运营。“时机恰到好处，”戈登说，“他们给了她很大一笔遣散费——以他们的标准来说是很大的，而她也不管怎样都得离开。”贝蒂回忆说：“有很多事情要做，收拾东西，停止运营。”

在加州理工学院，戈登在内心的驱使下，极度专注，把每一天都用在地下二层做实验。他不和别人交谈，摈弃无济于事的联络，只是努力工作，在他喜欢的领域取得成果。现在他的头脑转向显而易见的下一步：找到一份工作，继续他的科研。他对自己的能力以及适合学术生涯的程度有良好的评估。他可以指望得到巴杰的支持和帮助。而且对于一位以研究为导向的化学教授来说，外表沉静、独往独来，甚至回避冲突、不谙世故，人们是完全可以接受的。

第 3 章
化学学徒

戈登希望在一所领先的学校获得一份工作。他在寻找三件事情的组合：一家著名的机构、一个在红外光谱测量方面具有声望的小组，以及一处令人愉快的地点。在为加州理工学院提供的教育进行了投资之后，他希望到一个能够用上他学业的研究中心，一个可以让他不必从头开始的岗位。如果一所像普林斯顿这样具有必要声誉的精英机构给他一份工作，他的人生将会沿着预期的路径展开。“我本该是个教授。”他说。

不幸的是，在 1953 年当他环顾四周时，他发现没有几个选择可以满足他的愿望。退伍军人大潮已过，“婴儿潮”一代还躺在摇篮里；教师岗位人满为患。唯一有显见空缺的是俄克拉荷马大学。它的研究队伍在红外光谱测量学领域具有稳固的地位，而且戈登本来也应该申请一下，但这个位置无法满足他的其他要求。“这不是一所顶尖学校。俄克拉荷马也不是我理想中的生活地点。”他甚至都没有去参观一下；这个机会根本不符合他的野心。除了俄克拉荷马的可能性之外，没有任何在科学方面符合条件的机会。在这种机会缺乏的情况下，巴杰建议他在产业界看一看。

戈登还不太有自我觉悟：“我不知道他为什么认为我会觉得产业界有趣。我一直在做学术研究，并且想象自己会得到一份学术性的工作。没有明显从事红外光的产业群体，所以尽管那是我的技能对雇主最具吸引力的领域，但我认为如果我开始在产业界寻找机会，我就不得不做别的事情。”巴杰具有长期的经验和深厚的人脉关系，他知道情况并非如此。红外技术被越来越多地用于制造业。以戈登的务实作风和实验天分，有可能找到一个不错的选择。

戈登和贝蒂都深深扎根于加州，“待得挺好的，”他们想留在自己的家乡，“如果能找到某个工作的话。”巴杰把他派到北边 150 英里远、位于中国湖的海军航空武器所。这个武器所始于第二次世界大战期间，是美国海军和加州理工学院的合作项目，现在正在开发响尾蛇（Sidewinder）空对空导弹，它采用红外探测器来寻找目标。巴杰是一名顾问。“他要我出去面试。这项工作跟我的研究有关。”戈登开着旧道奇，带着贝蒂一起去那儿。她很失望。“中国湖就像是从地球的边缘掉落下去，远在沙漠里的无人区，由政府管理。当我们开车出了门，我说，‘不行，老弟。我不想这样生活。’”戈登同样对其印象平平。“那周围什么也没有，无处可去。这不是个值得一起工作的出色团队。”在他的三条标准里，沙漠导弹实验室至少有两条不达标。

另一种可能性是回到湾区，到标准石油（Standard Oil）位于里士满的庞大炼油厂工作。该厂是西部历史最悠久、规模最大的炼油厂之一，生产种类繁多的石油产品。红外光和其他电子仪器对它的业务运营是至关重要的。贝蒂回忆起他们去的是个“气味难闻的地方，在海湾的另一边，是一处工业设施。这个鬼地方！从半岛到那儿上下班通勤太远了；我们将不得不住在那里。上大学的时候，你不会花那么多时间生活在那种环境里”。这里同样不是一种良好的投资回报。有了加州理工学院的经历之后，戈登表明了他的标准有多高，尽管承认“它在加州”，但他拒绝了这个机会，因为“不是很有趣”。

随着搜索范围的扩大，戈登到两家化工巨头杜邦和陶氏化学的研发机构进行了面试。它们都在化学界拥有顶尖的研究声望，而且他们的员工同样都和学术界保持着密切的联系。戈登得过一次杜邦奖学金，有义务去公司面试一下。他飞往东部，来到公司位于特拉华州具有传奇色彩的实验所。“这个部门在基础研究上具有很高的威望，它研究出来的东西——像尼龙和特氟龙，具有重大的意义。”红外光对于新产品发展至关重要。杜邦的研发中心满足戈登的所有三个标准。然而，在访问期间，戈登没能表达清楚他在博士生期间的工作是什么，相反他被困在了一件小事情上：“他们只问了光化学，那是一个为期两周的实验。他们把它当成了我的整篇论文，并且认为它相当薄弱。我回答了他们的问题，但我没有说，‘这只是我工作内容的一点点。’”戈登在克雷林地下二层醉心于辛勤实验，其缺点也是显而易见的。他对积极参与非正式的科学讨论持回避态度，不知道如何推广自己和自己的工作；他没有进行很好的陈述。

在东部的时候，他还在杜邦位于新泽西州迪普沃特的大型生产基地进行了面试，这处设施跟太平洋水泥公司没什么太大的不同。对于戈登来说，这里的工作显得无足轻重，而且他认为面试他的人缺乏深度，这个人对工业项目的优点赞不绝口。“他提到了一个使用活性炭的提纯工艺：有个化学家最初使用了手头正好找得到的任何物资，但是对它进行优化后，发现可以显著地改变良品率。他认为这是一个重大贡献。这种水平的工作听起来不太令人兴奋。”

实验所就不一样了。如果杜邦的这个部门提供一份工作，“我会去的——但他们没有这么做。”他把杜邦从他的列表上划掉了。戈登在陶氏化学公司取得了一个更有希望的开局，它在加州的匹兹堡有一个研究实验室（位于伯克利东北方向30英里的庞大生产基地），而且希望扩大规模。他在加州理工学院会见了一位陶氏的代表，然后前往匹兹堡，“看看他们在做什么。”很快就出现了一个可能性，戈登到陶氏位于密歇根州米德兰的总部去工作，然后返回匹兹堡担任研究管理职位。“这听起来相当吸引人。”

陶氏和其他公司按照那个时代的流行方式，用工业心理学家来甄别新员工和评估他们的管理能力。戈登按照要求被送往洛杉矶接受一位心理学家的一系列测试。报告结果为负面；他没有表现出多少管理能力：“技术方面很好，是个很好的研究型科学家，但他永远不会成为一名经理。”他的希望泡汤了。“他们愿意在米德兰给我一份工作，但不再可能和管理有关联。经过这些测试之后，他们只会考虑给我一份技术工作。”要搬家去密歇根的小城镇，又无望晋升管理岗位，早日重返加州也希望渺茫：戈登决定放弃陶氏。

最后，出现了另外一个机会，有点拐弯抹角，但也更有趣一些。化学家摩尔·蒂尔（Gordon Teal）到加州理工学院招人。蒂尔在达拉斯的得州仪器（Texas Instruments TI）担任研究总监才刚刚几个月，他在那里帮助打造公司的创新能力。更早以前，他曾在贝尔电话实验室工作，那是当时领先的产业研究实验室，事实证明，对于电子学中最激动人心的创新之一（固态晶体管）来说，他在材料方面的专长在那里具有宝贵的价值，对于笨重的、耗电量大的、脆弱的真空管来说，晶体管是个有趣的替代品。作为军工电子的产物，晶体管在1953年才刚刚崭露头角。由于看不到这跟他的红外光专长有什么关联，而且“不急于考虑得克萨斯”，戈登——以其后见之明，让自己错过了这个显然是最有前途的机会。蒂尔转而雇用了莫顿·琼斯（Morton Jones），他是在加州理工学院完成博士学位的另一位年轻的物理化学家。

前往东部

巴杰再次出手相救。通过他在红外光社区的关系，他让戈登联系上了应用物理实验室（Applied Physics Laboratory，APL），那里有一个新的基础研究中心，有个同事在一个重要的红外光谱测量小组工作。APL 由约翰·霍普金斯大学负责为美国海军进行管理（类似于加州理工学院为美国陆军管理喷气推进实验室），位于马里兰州的银泉市，就在华盛顿特区外面。1947 年，APL 组建了一个小型基础研究中心，其中有一个小组专门研究先进的红外光技术和分子光谱测量。戈登飞到东部进行了访问，他独自一人出行，就像他到杜邦面试时那样。他很快发现，这是“埋在一个跟政府签约的大型实验室里的一所研究机构，工作内容类似于我们”在巴杰的地下室里做的事情。

关于 APL 红外小组，戈登了解到了更多信息，得知它是由物理学家和物理化学家组成的，于是他拿定主意，认为找到了符合他标准的最佳组合。APL 是个欣欣向荣、久负盛名的机构，在他的专业领域提供高品质的实验活动，地点也很有吸引力。研究项目跟他以前的工作非常匹配，而且提供了他特别喜欢的制作设备的机会。“这是一个相当开放的研究中心，做的是人们感兴趣的事情。我想这是我学以致用的一个机会。”令他高兴的是，他在这个被称为“火焰光谱”的小组得到了一个位置，他是这里的第六位博士。戈登看到，这个部门资金充裕，有很棒的仪器，而且跟加州理工学院相比，这里的“红外探测器明显更好”。这是 1953 年 8 月，他准备往前走。“我决定尽力做好。”

贝蒂从来没有到过东海岸，甚至连中西部也没去过。对于她不想去的地方，戈登重视她的看法，不过在选择职业和地点时，他还是自己拿主意。在他找工作的过程中，她的意见多多少少起了一些作用，贝蒂对中国湖和里士满这些地点的反感，也和他自己对这些工作机会缺乏热情颇为合拍。但考虑搬到东部去时，贝蒂就更兴奋一些了。她从舅舅威廉那里听说过华盛顿特区。然而，她在感兴趣的同时又夹杂着忧虑，因为搬到东海岸会让她离心爱的家人更加遥远。尽管拓荒时代已经过去一个世纪了，但长途旅行仍然是一种重大的冒险。“对我来说，那年 9 月去东部非常艰难，”她回忆道，“我母亲仍然在农场照顾我的外祖母。她什么也没说，但是我的外祖父去世了，而我则失去了一个宝宝。我怕我在有生之年再也见不到我的外祖母了。”

戈登和贝蒂决定开车去马里兰。交通是第一项挑战。他们那辆 1935 年产的道奇车几乎有 20 年了，他们的机械师几乎不相信他们敢开着它往来于帕萨迪纳和湾区之间，更别说横穿整个大陆了。由于福特基金会的关闭，他们找到了解决方案。不但贝蒂得到了遣散费，而且一位高管切斯特·戴维斯（Chester C. Davis）把他的车以折扣价卖给了他们。“我们买下了他那辆 1950 年产的别克。这让我们向前迈了一大步。”兴奋感胜过了疑虑。贝蒂回忆说，“我们不是往西走，而是往东去。我的态度是，‘我们出发了，热情洋溢，就这样了！’”在离开之前，戈登取得了很好的测试成绩，博士答辩也表现上佳。贝蒂看着她的丈夫，看到他决心“在世界上找到一席之地”。重要的是，他们一起投身其中。“我在他身边支持他。”

第 4 章

Moore's Law
The Life of Gordon Moore,
Silicon Valley's Quiet Revolutionary

科学、肖克利和硅

冷战

导弹、炸弹和电子

戈登和贝蒂·摩尔把随身物品塞进二手别克，开始启程跨越全国。他们从容不迫地穿过国家公园，住简易旅馆和汽车旅馆，这条行进路线充分反映了他们对户外活动的偏爱。最终，他们在交通高峰时段抵达华盛顿特区，绕着杜邦环岛走了四趟才找到正确出口。在东部的头几个晚上，他们和贝蒂的威廉舅舅与朱莉娅舅妈待在一起。

这对小夫妻在马里兰州的银泉市租了一套没有家具的公寓，在特区西北部的边缘处。戈登从那里只需要很短的车程就能到达位于马里兰的 APL 研究中心。他们用福特基金会给贝蒂的遣散费买了斯堪的纳维亚风格的家具，还买了一台二手钢琴给她使用。他们很快就进入了一种常规状态。戈登白天大部分时间都在实验室，就像在加州理工学院的时候一样。此前他只是巴杰手下的化学学徒，如今尽管初出茅庐，但羽翼已丰，是一所拥有 50 多名员工、资金充裕的研究中心的工作人员了。

航空航天和核技术的发展在很大程度上依赖于真空管，它们正在让战争的攻防发生转变。自从应用物理实验室在 20 世纪 40 年代初成立以来，它就在参与着这种转变。随着冷战的加剧和僵持，空中优势、战略轰炸、“全面战争”的教条变得更加复杂和晦涩。由于对缴获的德国V2导弹进行了升级，（理论上）在落到遥远的城市和军事编队之前可以射到平流层，航空学演变成了航空航天学。开始的时候，APL研究中心主要是给一位杰出的物理学家詹姆斯·范·艾伦（James Van Allen）进行高海拔实验的基地，他率先用缴获的V2火箭进行研究。V2的射程大约为200英里，但未来可能达到数倍之遥，在20世纪60年代以及随后的几十年，洲际弹道导弹实现了这个可能性。

核武器是电子学的产物。计算设备帮助人们设计出核武器，这些武器的核心机制是电子电路，人们用电子仪器和设备来协调大量的技术工作和工业努力，以制造致命物质。核爆炸为立即毁灭一座城市提供了手段。核武器的运载系统首先是轰炸机，然后是导弹。20世纪40年代末，美国军方倾注了大量资金用于航空航天和核技术。在整个50年代，军费如洪水般不断增长，支持着国内的大多数研发工作和许多大学里的研究。戈登已经受益于这些军费，因为他在加州理工学院的工作，其部分费用源于由海军研究办公室拨给巴杰的研究经费。

美国海军开始资助舰载发射导弹的设计。这项工作的代号为“大黄蜂”，它包含所有方面的设计，从弹头到喷气引擎，从制导系统到遥测（把来自导弹的数据进行电子通信）。光谱学家罗伯特·赫尔曼（Robert Herman）和舍雷·西尔弗曼（Shirleigh Silverman）是著名的分子和红外波长分析师，他们受雇于研究中心，任务是让他们的“火焰光谱”小组用红外光来研究出现在火箭的火焰中的分子，以拓展导弹的知识领域。对红外分光光度法的基本原理进行研究，被视为这项工作的一个合理部分。

到1953年戈登加入研究中心的时候，这里已经聚集了相当可观的一系列仪器。他再次接触到一次高分辨率红外分光光度计，类似于巴杰制作的那一台。这里的新鲜之处在于拥有熟练的技术人员，“负责仪器仪表的人”。尽管可以自由地亲手制作或改造设备，但戈登第一次有了训练有素的助手帮忙，对此他非常欢迎。令人欣慰的是，这项工作类似于他以前的实验工作。他被要求专注于一个结构简单但不易对付的分子，其结构是一个氢原子被一个氯原子束缚。当火箭燃料燃烧时，这种氯化氢分子是一种主要的副产品，因此它和APL的导弹研究工作有关。

戈登使用分光光度计，用红外光对氯化氢样本进行照射，它会吸收特定的波长，从而形成吸收线。他以前已经使用过这种硫化铅检测仪，用来登记线条的产生。这种仪器非常敏感，戈登和他的同事可以用它来分析这些吸收线的精细结构，不仅包括它们的强度，而且还有宽度和形状。深入细节，他可以搜寻到分子振动（其化学键的抖动）及分子旋转的影响，这是研究如何在火箭发动机实际点火时显著减少这种副产品的线索。

研究工作细腻而微妙。样品被放在特殊的炉子里，由于温度和运动密切相关，因此必须仔细地控制热量。为了制造所需的超精密高温炉，戈登花了很多时间吹制玻璃、缠绕金属丝、设计气体供应结构。他的小组还需要一个容器，一个罐子，用来装氯化氢。这个罐子必须能耐受腐蚀性高温气体，同时可以让红外光透射过去，而且尺寸大小要恰到好处。在这个环境里，他感到舒适和开心：制造设备、做试验、一丝不苟地记录数据、进行细致缜密的分析，这些工作对研究项目来说既有价值，又看得见摸得着。而且，他对于先进仪器的能力、化学工艺的微型化、严格的性能标准，正在形成一种微妙的理解，尽管他自己还浑然不觉，但这对他尚未料到的未来职业是必不可少的。

终于变成了三口之家

表面上看，1954 年是安定下来的一年。后来，戈登和贝蒂都认为，那是风暴来临前的宁静。和在加州理工学院时一样，戈登很快就埋头于工作中的实务和智力挑战。他重复着日常的活动：早起，去实验室，回家吃晚饭。“他从来没有时间在上午读报纸。他一起来就风风火火地忙个不停。”贝蒂回忆说。他开着别克走一小段路去上班。贝蒂在帕萨迪纳就不爱开车，而在新的地方，她对这里的景致更没兴趣了。虽然在步行距离内没有商店，待在他们一楼那个带有一间卧室的花园公寓里有点与世隔绝，但她忙着安排家务。她不打算找工作，一心一意只想着组建一个自己的家庭。那年春天，她再次怀孕，这令她松了口气。

戈登的一点点空闲时间都是和贝蒂一起度过的。有时，他们会和邻居们往来一下，和加州理工学院的熟人联系联系，或者到弗吉尼亚州的亚历山德里亚附近去拜访贝蒂的舅舅和舅妈。APL 有几个人，包括他的老板在内，住在公寓大楼里，但年轻夫妇大多过着平静的生活。戈登继续一丝不苟地记录私人账本，详细记载他们的财务状况和他的收入。按照当时的习惯，戈登每周工作五天半（星期六上半天班），所以他们很少离开市区。相反，他们透过公寓的窗户，看到了雷暴和下雪这些新景观。20 世纪 50 年代中期，在马里兰这个南部州里，种族关系紧张，这让他们感到惊讶，这里和加州完全不同。“在帕洛阿尔托，餐馆里没有人会对坐的位置说三道四，”贝蒂回忆说，“在东部，你可以看到人们就座位置的差异。这确实让我印象很深。”

当他们从旧金山半岛搬到帕萨迪纳时，贝蒂跟教会有固定的联系，参加当地的教众集会也是一件重要事务。在陌生的东部世界，附近没有基督复临教会，所以他们放弃了定期去教堂的做法。根据医生的建议，贝蒂照顾自己的健康，小心避免过多活动。她唯一的锻炼就是绕着公寓大楼进行短时间的散步：“我甚至不能出去看看秋叶。我必须非常小心。”相反，她依靠电话来联系家人和办好事情。“我会给商店打电话，让他们把婴儿用品送过来，比如婴儿床和儿童房里的所有东西。”白天她和一位相隔两扇门的怀孕邻居一起打发时间，但她最亲密的伙伴是她在公寓门廊下发现的一只猫咪，当时它已经快冻僵了，她违反了规定，把猫带进了屋里。这只猫最后生下了 4 只小猫，让她有了消遣和陪伴。

圣诞节快到了，白天越来越短，12 月 7 日，贝蒂临盆了。晚上，夫妻俩匆匆赶往市中心的乔治·华盛顿大学医院，这段路似乎十分漫长。贝蒂在那里生产，而戈登在附近等待。她的医生担心宝宝相对于她的娇小身躯来说太大了，他下令采取剖宫产（这在当时还远不是一种常规手术），第二天凌晨，一个体重 8 磅多的健康儿子诞生了。肯是育婴室里个子最大的宝宝，体格健壮，精力充沛。和别的新生儿不同，他经常在摇篮里动来动去。他母亲回忆说，她预感到这是个充满活力的年轻人：“哦，小子。”

剖宫产的后遗症减少了贝蒂初为人母的喜悦：羊肠线手术缝合线引发了感染，这终止了母乳喂养，而且让每件事情都变得“傻乎乎的”。她在医院住了 10 天。一回到家，由于没有大家庭给她提供支持，来自她舅妈和舅舅的帮助也很少，她只好依靠戈登来准备肯的奶瓶。“他很善于混合配方奶，因为他是个化学家。‘这个多少盎司？’他会消毒奶瓶。奶瓶很好用。”圣诞节——他们孤零零地待在东海岸，第一次和自己的孩子庆祝节日，过得有点惨淡。

计算机和晶体管

戈登生活在两个完全独立的世界里：一个是跟外界隔绝的家庭，以前很安静，但现在被肯的喧闹哭声所占据，这个宝宝得了疝气；一个是节奏紧张的实验室。APL 自身正处于一个令人不安的变化期，其推动力来自电子学领域的两个最新进展：数字计算机和晶体管。事实开始证明，在解决密码学、炸弹设计、科学计算等以数据为基础的难题时，数字计算机——“大型主机”，是非常有效的。在改善这些庞大的、喜怒无常的、布满真空管的机器的努力中，美国陆军和海军是主要的赞助商，也是其主要顾客。SWAC 和 BINAC 加入了 AVIDAC、阿特拉斯 1 号、旋风 1 号等计算机的行列，有一个新兴的产业在为军队、政府、大型企业及其研发机构提供商用化的机器。

1952 年 11 月 4 日，美国总统大选之夜，公众头一次见识了计算机的威力。UNIVAC 1 号是运往原子能委员会的一台机器，被哥伦比亚广播公司电视台借了过来，它在当晚早些时候预测艾森豪威尔将取得压倒性胜利（当时的赔率是 100 赔 1）。电脑制造商确信这个预测有点失误，于是隐瞒了这一结果。第二天，电脑预测成功和艾森豪威尔获胜的新闻一起上了头条。在 5 年之内，有 200 多台数字计算机被订购和安装，大部分订单都来自军方及其飞机和导弹供应商：在体积最大和功能最强的计算机中，APL 订购了其中一台。1957 年，著名女演员凯瑟琳·赫本（Katharine Hepburn）在电影《电脑风云》（*Desk Set*）中担任女主角，她扮演一位图书管理员，为了自己的工作而跟这样一台计算机（不是 ENIAC 或者 UNIVAC，而是 EMERAC）展开竞争。数据以及操纵数字化数据的可能性，开始对大众的想象力产生影响，这要纯粹只是个幻想就好了。

与这些早期计算机比肩而来的是一种新设备——晶体管，它首先和真空管形成竞争，最终取而代之，并使电子设备在世界革命的故事里占据了中心舞台的位置。晶体管于 1947 年 12 月在新泽西的贝尔实验室问世，它是一种与真空管具有相同功能的电子元件，但物理形态迥然不同。两者都可以把接收到的信号进行放大、开启和关闭。真空管是围绕着电子流来制作的，在又热又脆的玻璃灯泡内，电子流来自一根炽热发光的金属线，然后通过真空区域，而晶体管是靠温度低得多的电子，它流经的是一个固体，一个半导体。

和真空管不同的是，晶体管里的电流跟晶体管不同区域的化学性质有很大的关系，但跟高温或真空没有任何关系。半导体可以是化合物，像戈登的红外探测器里用到的硫化铅，也可以是化学元素，如锗或硅。通过添加特定的化学物质——叫作“掺杂剂”，半导体的导电性几乎可以随心所欲地改变。晶体管的关键是在一块半导体材料中制作出化学性质不同的区域。这些掺杂的区域有它们自己的电气特性，在适当的组合方式下，可以同时形成一个开关和一个放大器。晶体管不仅是固体，而且比最小的真空管都要小得多。

晶体管被外界评论为一种有趣的小设备。熟悉它的人们则盛赞其为电话技术的一项重大突破。跟易碎的真空管相比，晶体管不仅更小，而且耗电更少，理论上也更为可靠。它以万亿甚至百万万亿计的数量增长，最终给日常的现实生活带来了变革，但在它刚被发明之际，这种未来情形还是相当难察觉的。晶体管成了造就数字革命的基本构件，而且和戈登的未来紧密相连。它起源于何处?

位于新泽西贝尔实验室的领导者们想用真空管的开关速度来接通电话呼叫。电话交换机采用复杂的机械传动装置，这种“开关”远比真空管慢得多。其魅力在于，这些机械式控制开关的功耗更少，并且稳定得多。贝尔实验室里好奇而又专注的研究人员希望结合这些优点，同时又在某种程度上绕开真空管本身：用一种更小、更省电、更快速、更可靠的固态开关来替代机电开关。他们转向了半导体寻求灵感。

20 世纪 20 年代以前，晶体收音机在业余爱好者之间十分流行，它用一根精细的金属丝，被称作“猫须”，附着在一块晶体矿物表面细心甄别出的一个点上。这种机制可以把一个交流电无线信号变成直流电，这样可以把电流转换成声音。从 1920 年起，真空管就可以实现同样的功能了，而其效果具有更好的可预测性，所以随着基于真空管的无线电台遍布全国，猫须设备失宠了。贝尔实验室的研究人员重新审视了这些半导体材料，希望制作一个“固态”设备，可以像真空管一样放大、传输和切换信号。1945 年底，威廉•肖克利就在带领一组科学家寻求实现这种想法。

这个组里的两位物理学家——约翰•巴丁（John Bardeen）和沃尔特•布拉顿（Walter Brattain），在 1947 年圣诞节前后制作出了这样的设备，他们用了一块掺有杂质的锗晶体，把两根带电的导线置于非常接近锗晶体的地方。这个“点接触”晶体管成功的关键是半导体晶体中瞬间发生的电化学变化，使它从一种电导体转变成一种非导体，反之亦然。和真空管相比，它的体积很小、可靠性高，这不单引起了电话工程师的关注，军方也注意到了这些特点。和真空管一样，晶体管可以放大和传输振荡电流、切换导电状态，但它的功耗更低，而且保证了更高的可靠性。

军方为点接触晶体管的研究和有限的生产提供了经费。当锗晶体管头一次进行生产时，它的尺寸大致跟铅笔头上的橡皮擦那么大。然后，在 1951 年 7 月，贝尔实验室宣布威廉•肖克利构思了（而且为此建立了实验室）一种更快速、更可靠的设备：“结型”晶体管。它的前景广阔得多。结型晶体管不是把导线压到锗的表面，而是改变晶体内部材料的化学性质，使之成为三个不同的区域，并利用不同区域之间的边界（结）。特定的元素被“掺杂”到一个区域，以改变其电气特性；由此得到一种化学性质复杂的固体，也就是这种设备。比起以前的点接触晶体管，这种晶体管的性能更好，也更可靠。到1954年，在贝尔实验室的参与下，美国陆军大力推动“奈克”（Nike）核导弹的晶体管化。APL则为美国海军的竞争武器“黄铜骑士”（Talos）做着同样的努力，这是一种舰载发射的导弹。这一年，人们还看到了锗晶体管的一种截然不同的用途：它第一次用于商业化的助听器，使这些累赘的设备少了一点笨拙。

电子企业——大多数聚集在东海岸，开始发展锗结型晶体管。许多公司，如RCA、雷神、飞歌（Philco）已经是真空管的生产商。其他公司，如得州仪器，则是新进入这个领域的。虽然晶体管及其制造和应用都已经被广泛申请了专利，但这并未构成进入壁垒。考虑到自己正在跟联邦政府进行反垄断谈判，AT&T以低廉的授权许可费用推广它的晶体管专利，而它旗下的贝尔实验室则跟获得授权的公司举行座谈会，把最新的晶体管设计、制造和使用技术转让给它们。

随着军方用晶体管来补充其对真空管的使用，计算机和晶体管技术的变化开始彼此反哺。采用晶体管的新一代计算机出现了，它们外形略小，设计也更为紧凑，被用于飞机和轮船上的控制功能，以及在密码中心处理数据。大多数晶体管都是用锗来制造的，但初露头角的半导体行业及其主要客户——美国军方的兴趣转向了一种更新的替代方案，即硅晶体管。这些晶体管能够更好地耐受高温，而高温环境普遍存在于喷气式飞机、导弹和大型计算机中。1954年，得州仪器把硅结型晶体管带入市场并大获成功，军方的初期订单随之而来。但即便如此，在真空管的阴影下，晶体管仍然是一种小众技术。1955年，真空管的产量达到空前的峰值，日产量轻松超过100万只。

戈登·摩尔与晶体管的第一次邂逅发生在1954年底，当时他25岁。一天晚上，他从自己的实验中停下来稍事休息，把身怀六甲的妻子留在家里，和几位同事一起前往市中心，来到著名的宇宙俱乐部，这里长期以来是科学界和政界精英的聚会场所。诱使他前去的是一场讲座，由华盛顿哲学协会（Philosophical Society of Washington）主办。讲座的主题是“晶体管物理”，演讲者是世界上研究该课题最杰出的专家威廉·肖克利。戈登对这项技术以及推广这项技术的这个人印象深刻。比戈登年长20岁的肖克利显得十分自信：“他是个真正的表演者，一个非常有吸引力的演讲者。”在演讲结束时，肖克利做了一个夸张的动作，将一大把花生大小个头的晶体管扔向了观众。戈登认为他可能“是个令人兴奋的家伙，也许可以为他工作”。

1955 年 3 月，轮到戈登自己登台亮相了。APL 小组将其最新成果汇集成短篇论文，在美国物理学会的年度会议上进行陈述，这是物理学家们主要的专业协会，会议在位于巴尔的摩附近的巴尔的摩勋爵酒店和约翰·霍普金斯大学校园举行。大约有 1 000 名参会者注册，提交的研究成果内容繁多。戈登的研究小组有两场交流会，他在第二场交流中进行陈述。这是戈登第一次在科学界同行的全国性聚会中就研究内容进行正式陈述，也是一场必要的成人礼。迄今为之，他一直回避在公开场合抛头露面，而更喜欢独自待在实验室的时光。除了以令人瞩目的速度写完论文之外，他不怎么宣传自己，对于荣耀也没有明显的渴望。

然而，作为一位专业的科学家，戈登已经到了展示自己诚意的时候了：这不仅意味着发表论文，而且还要讲出来。面对无法逃避的公开场合，他对自己即将进行的讲话紧张到了荒唐的地步。尽管演讲简洁明了，但他在几天前胃部不适，又缺乏辞藻和意愿去跟贝蒂讨论自己的紧张。在同时进行的几场会议中，他的论文被含糊地塞进其中一场会议，对此感兴趣的只是那些具有同样专业资历的人。不出所料，他讲述了自己关于氯化氢分子的工作，讨论了光谱吸收线的形状和宽度与分子的电子结构之间的关系。他匆匆忙忙完成了 10 分钟的演讲，说话的时候身子在发抖。尽管发生了这一切，他还是熬了过来；对于戈登来说，这是个有教育意义的经验和重要的一步，让他克服了恐惧，意识到自己确实能在公众面前说话：“我紧张得要命，但我学会了怎么说。”

在这次会议上，人们热烈讨论的当然不是晦涩难懂的红外光谱结果，而是晶体管。会议期间，有一场宴会是为了表彰约翰·巴丁和沃尔特·布拉顿而举办的，这两位来自肖克利小组的物理学家制作出了第一个晶体管。相比之下，戈登对会议的贡献短暂而安静，几乎没人注意，但这却是他职业生涯初期的一个里程碑。

寻求改变

在家里，贝蒂照着一名年轻科学家太太的标准套路，提供了无条件的坚定支持。天生外向的她和邻居夏洛特·布鲁斯（Charlotte Bruce）结成了亲密的友谊，夏洛特也嫁给了一位科学家，有一个比肯大不了几天的儿子。肯是个难缠的孩子，会哭很长时间。两个女人会推着她们的婴儿车来到外面的草地，密谋不让公寓管理员知道贝蒂有小猫的秘密。当戈登和贝蒂搬到综合楼家属区里一处更大的双卧室公寓时，真相泄露了。“我们的猫喜欢跑到主卧室的床上，这意味着我无法把它们藏在宝宝房间里的婴儿床底下，”贝蒂回忆说，“我跟管理员解释说：‘是这只猫跑到我们家里来的。’他说：‘别担心。我有4只！’”

1955年的某个夜晚，戈登在小公寓里来回踱步，试着哄儿子，给妻子减轻一些负担，他有时间思考了。这些断续的夜晚反映出他在工作上有了越来越多的烦恼。他的研究工作很充实，但应用物理实验室不是加州理工；在他眼里，华盛顿地区也不如加州。此外，他现在当上父亲了，很想念自己的大家庭。他来到东海岸还不到两年，但他认为重新评估形势的时机已经成熟了。

研究中心在过去这段时间很不稳定。它是一个小型的、由好奇心驱动的探险性机构，与APL整体上负责的军方课题并不一致。这导致了关系紧张和团队破裂。高海拔研究的元老詹姆斯·范·艾伦出人意料地离开了，去担任一个学术职位，因为他认为实验室的领导层试图对他的工作进行过多的控制。火焰光谱小组的领导者罗伯特·赫尔曼和舍雷·西尔弗曼也开始感到恼火，并在别处寻找机会。1955年底，西尔弗曼离开了，去海军研究办公室那里接受了一个管理岗位。赫尔曼也走了，后来在通用汽车的研究实验室当了一个小组的头儿。

在管理冲突加剧的时候，戈登的不安也日益加深。这种不安不仅和处境有关，还关乎存在的意义。他开始怀疑自己的工作是否有价值。作为化学仪表革命的一部分，红外光谱法在广泛的活动中具有清晰可见的价值，例如制造药品和尼龙等合成纤维。然而，戈登的工作跟任何实际结果的关联性相去甚远。他处在研究的前沿，通过梳理分子行为的那些稍纵即逝的信号，来推动科学的进步。虽然这些发现也许会对生产制造带来影响，但这一天还离得很远。如果他继续沿着这条路走下去，可以预见到，将来只会有更多雷同的场景：深奥的实验、晦涩的解释以及专业的刊物。

为了缓和自己的不安，戈登采取了他最喜欢的反省式理解模式。为了自我反省，他现在经常使用账本或实验室的笔记本。他从本子里选出一个“硬性的”量化尺度，用来产生结果以供分析。很快，他就找到了自己的指标：这就是经济性，因为未来会经常遇到它。他和他的小组发表的文章，也就是他们的“产品”，其成本是多少？谁会阅读这些内容？成本跟收益相比是否相符？“我真的坐下来计算我们发表的文章上每个单词的成本，”他回忆说，“也许有少数人阅读这些文章。我想弄明白，‘政府这些钱是否花得值？’那时候我开始紧张了。往前看，我看不到这种活动的可行性。”测算和分析未能安抚他的顾虑，情况正好相反。

大家在由谁来负责实验室的问题上产生了重大分歧，而且几乎变成了公开的战争。“我们毫无防护。对于将要发生的事情，发生了一场持续的争斗。人们开始到外面找工作。我认为我也最好开始去找工作。”戈登的视角发生了转变。在机会稀缺的时候，他曾渴望在一家久负盛名的机构里获得一份学术性工作。现在，他对分析甚至对学术研究的价值都提出了含蓄的质疑。当一名化学教授、埋头于实验室一隅的形象，对他也不再有吸引力了。“我想我应该离某种实际事务更近一些。”通过这种变动，他可以不仅通过文字，而且还可以通过行动和切实的产出来摊销工作的费用。尽管他在学校的时候对工程缺乏兴趣，但“我想我具有某些工程倾向，它开始显露出来了”。在戈登自己隐约感觉到这个特点以前，他在加州理工学院的导师巴杰很早就感觉到了戈登重视实用性和常识性的方式。后知后觉的他现在专注于寻求产业界和军方实验室的机会了。

最早出现的可能性之一是劳伦斯·利弗莫尔实验室，这是美国的核武器研发中心，就在戈登读本科的地方往内陆走一点。它以伯克利的科学家欧内斯特·劳伦斯的名字来命名，已经创立三年了，正在招募有才华的物理学家、化学家和工程师。这个组织确实符合戈登的首要标准。正如他后来开玩笑说的那样，“他们做的事情很实用：制造炸弹。”在劳伦斯·利弗莫尔实验室工作的话，可以回到湾区。对于足不出户带着年幼儿子的贝蒂来说，搬回家乡的诱惑尤为强烈。戈登也渴望早日回到加州。他申请了这里的工作。劳伦斯·利弗莫尔实验室对他很感兴趣，让他飞过来。贝蒂也来了，尽管她第三次怀孕了。这次旅行中，他们还去附近的红木城和洛斯加托斯看望了家人。他们的旅程非常紧张，其中包括飞越一场很大的雷雨，随后贝蒂再次流产了。

戈登自己也很失望。劳伦斯·利弗莫尔给他提供了一份分析核爆炸光谱的工作，但这份工作看起来在智力上不如他希望的那么有趣。他对于搞核武器处之泰然，但认为在核弹领域没有什么前途；作为一次职业变动，这不怎么靠谱。“这听起来像个一锤子买卖，如果你不介意我这么说的话！你下一步做什么？这是个庞大的政府实验室，他们做的东西并没有让我真正着迷。”对戈登来说，这个前景看起来像个兔子洞①。这只会导致另一种毫无吸引力的专家生涯，而不是他那个时代的一项划算的投资。他拒绝了这个工作机会。然而，实验室对他印象深刻，并在档案里留下了他的简历。

为了寻找线索，戈登联系了加州理工学院巴杰实验室的前同事罗杰·纽曼，他目前在纽约州的斯克内克塔迪任职于通用电气的中央研究机构。通用电气是一家重要的军事承包商、政府供应商和商业制造商，其实验室以技术领先和触角广泛而闻名；研发范围包括真空管、原子能、飞机发动机等。纽曼邀请戈登过来参观。

通用电气有一个特别的风险项目抓住了戈登的兴趣，现在回想起来，这为他雄心勃勃想要发展的方向提供了一个线索：这是一个制造人工钻石的项目。这个项目涉及高温、高压和大件制造设备。在以科学为基础的制造业中，这是个全新的尝试，令他心动，在一个第一流的组织内部去落实一种有难度的技术，他认为这是一个新的、不同的领域。斯克内克塔迪不是旧金山，但在他进行推理论证的资产负债表上，一份明显具有实用性的有趣工作比赶快回家更重要。正如普林斯顿的红外研究组和杜邦实验室一样，“如果他们当时给我一个工作机会，我就接受了。”

这家公司的确给了戈登一个工作机会，但不是去做人工钻石。相反，这是让他加入一个原子能研发小组。通用电气原子能事业部的总部设在加州圣何塞，它对原子能（冷战时期热核武器在民用领域的孪生兄弟）的兴趣部分源于日益凸显的商业利益。瓦利西托斯原子实验室位于利弗莫尔附近，这是一处重要设施，围绕着中央的一座小型核反应堆，有一系列的研究项目在开展。公司希望建成一座功能完整的电站，用来发电。事实上，到 1957 年，该公司的瓦利西托斯反应堆是首个向公共电网提供大量电力的私有发电厂。戈登采取了敷衍的做法；拖拖拉拉是他驾轻就熟的回应方式。

圣诞节过了后，他们依然还在东海岸。随后另一个机会进入视野，这个机会需要利用他在红外专业的积累，让他离实际问题更近一些，而且可以让他回到湾区。位于爱莫利维尔的壳牌开发公司实验室开放了一个职位，这里毗邻伯克利，就在连接旧金山和半岛的海湾大桥旁边。爱莫利维尔的实验室是壳牌石油在美国的研发中心，在红外光谱学领域具有傲人的传奇历史。物理学家罗伯特·布拉顿，即贝尔实验室沃尔特的兄弟、给

① 出自童话故事《爱丽丝梦游仙境》，爱丽丝掉进兔子洞，进入了一个奇怪的世界。兔子洞就被用来比喻一个未知世界的入口，进去之后使人迷失方向、精神恍惚。——译者注

理查德·巴杰捐助了一台仪器的人，在那里工作时开发了重要的红外分光光度计。实验室邀请戈登来进行初步交流。他赶紧再次跑到西部，而且喜欢上了他看到的事情。他回到银泉，等着实验室给他这份工作。

他决定拒绝通用电气。冷战时期对核弹和原子能发电厂的关注并没有让他感到兴奋，这看起来太过局限。简单地找份工作是不够的：在一条狭窄的职业道路上发展的成本不得大于立即返回家乡的好处。关上这扇唯一完全敞开的门是很艰难的，因为他和贝蒂都急于回到西部去。“我们无法再待更长的时间了，”她说，“这是一种不同的文化。我们渴望回到加州，而回归家庭是其中的重要部分。我们希望会发生某件事情。”然后威廉·肖克利的电话就打过来了。通过这件事，戈登·摩尔领悟了“机会垂青有准备的头脑”这句格言中蕴涵的真理。

“我是肖克利”

由于听过肖克利在宇宙俱乐部的公开演讲，所以在1956年2月，当肖克利打来电话时，戈登马上就认出了这个声音和名字。威廉·布拉德福德·肖克利是全球领先的固态物理学家之一。正如电话中说明的那样，肖克利现在离开了新泽西的贝尔实验室，在阿诺德·贝克曼的支持下，开始在加州自己创业。戈登很早就知道，贝克曼仪器是化学仪器革命的领导者，而且在自己的研究工作中经常使用他们的产品。肖克利解释了他的意图，他想聘请最优秀、最聪明的年轻博士跟他一起去鲜为人知的农业小镇山景城，这里位于旧金山半岛上，紧挨着帕洛阿尔托的南边。

帕洛阿尔托是个“无名之地”，离任何晶体管制造商都隔着数百英里远，离东海岸的主要制造商和研究人员更是远隔数千英里。然而，肖克利在帕洛阿尔托度过了童年时光，他渴望——获得了阿诺德·贝克曼的允许，把公司开在离他母亲很近的地方，他母亲仍然住在那里。主流机构里没有哪个物理化学专业的年轻博士听说过山景城，只有一个人除外，那就是戈登。山景城的果园离他父母在红木城的家只有15英里，离洛斯加托斯的梅茨勒农场也差不多远。

贝尔实验室和五角大楼认为肖克利是个极具创造力和极富竞争力的物理学家，很重视他广泛的洞察力。在战争期间，他开创了运筹学，将科学分析用于战略轰炸和猎潜等军事行动。由于具有首屈一指的良好履历，他拥有最高等级的安全事务知情权，包括接触到核机密。然而他极为自负，这使他和其他物理学家同僚产生了强烈的竞争，包括跟那些在贝尔实验室为他工作的人们也进行灾难性的竞争。现在他自己出去单干，目标是完善最高级形态的硅结晶体管并进行大规模生产，这在贝尔实验室才刚刚开始开发。它可以提供更快的开关速度和更高的可靠性。肖克利专注于军用市场，这个市场对性能的重视总是胜过单纯的价格。制造晶体管从根本上讲是一种化学和材料的挑战，而且他知道，在贝尔实验室主要是化学家和冶金学家在负责这项最新突破。

肖克利一心想要组建自己的小团队，他要寻找一位有才华的实验化学家；事实上，他已经在《化学与工程新闻》（*Chemical and Engineering News*）上刊登了广告。

肖克利接着调查了一下，如果有的话，可能有什么有趣的化学家会申请加州的工作。他翻阅了劳伦斯·利弗莫尔实验室的机密人事档案，发现了戈登的名字。“肖克利在贝尔实验室的小组里就有化学家，而且他们做有用的事情，所以他认为他需要一个化学家，”戈登说，“那就是我想要去从事的角色：做有用的事情。”

戈登在伯克利和加州理工的早期记录表明他富有潜力，这引发了肖克利的兴趣。同样有趣的是，戈登拒绝了著名的劳伦斯·利弗莫尔实验室提供的一个工作机会。肖克利着迷于精湛技艺，而且认为即使在经过千挑万选的贝尔实验室，基本上也都是些令人不快的平庸之辈。他认为真正的贡献是由罕见的极少数个人创造的，这些人拥有崇高的“心智温度”：这是一种异常强大的、天才级的能力，能够带来创造性的成果。在考察戈登的档案时，肖克利看的不只是劳伦斯·利弗莫尔的招聘人员寻求的技术技能，而且还有放弃他们给的工作机会的那种自信。也许这就是他在寻找的化学家？

戈登的专业知识和硅晶体管的化学性质之间没有明显的关联。他已经接受了这样的观念，认为被雇去从事实际的工作势必会让他在红外领域的积累打水漂。因此，他对肖克利的垂询持开放态度，这个机会有几个方面让他印象深刻。首先，这是一个跟着世界上最顶尖的科学头脑之一从事实验化学的机会。其次，工作目的是直接有用的：制造先进的晶体管，这是技术领域一个有趣的新进展，这个任务可以把他带到技术的最前沿。再次，肖克利及其赞助商贝克曼和戈登一样，都是加州理工的校友。最后一点也同样重要，山景城就是家乡，或者离家足够近。对戈登和贝蒂来说，这是一个回到他们喜爱的环境（家庭、地理、文化）的真正机会。

肖克利问戈登是否有兴趣。他会飞过来谈一谈吗？戈登毫不犹豫地答应了。在很短的时间内，他要再去一趟西部。他挂了电话，跟贝蒂分享了这番不可思议的对话。她本能的反应是，“肖克利给出的是个非常严肃的提议。”戈登当时还一无所知，而威廉·肖克利也不知道的是，他们俩有着同一个远祖，那就是“五月花”号的约翰·奥尔登（John Alden），其第八代后裔里包括肖克利本人和戈登的外祖父约西亚·考德威尔·威廉姆森。肖克利源自“五月花”号的贵族血统并不是什么秘密。戈登则对自己的家族史所知甚少。

戈登很快订了一趟横跨全国的航班。1956 年，从东海岸到西海岸的空中旅行还是件有点冒险的事。旅途代价极高，要花超过 11 个小时，并且至少经停一站。不过，戈登很快就发现自己又回到了熟悉的地方，沿着山景城和帕洛阿尔托之间的边界，开车走在圣安东尼奥路上。尽管这片地区大体上还是从事农业，但洛克希德的事业部（负责开发美国海军的潜射核导弹）搬进了位于帕洛阿尔托北部的办公场所，这已经引发了微妙的变化，郊区的开发侵占了果园和农田。

他前往的建筑其貌不扬，是个改装过的匡西特小屋，这是一种用预制金属和木材搭建的屋子，美国军方在第二次世界大战期间曾大量制造，战后把过剩的部分出售了。这种小屋在前面有个低垂的附加部分，带有宽敞的窗户，提供额外的办公空间。从环境来看，这不太可能是被大肆炒作的那家朝着高科技前沿跨越的企业。在内部，圣安东尼奥路 391 号也亟待完善，肖克利还处于把空间布置成办公室和实验室的早期阶段。他已经有几位非常年轻的科学家上岗，他们大多数刚刚做完博士课题。他还从西部电气公司招募了一小组生产工程师，那是贝尔电话系统的传奇性制造部门。

肖克利自视甚高，没有人比他本人更了解自己的能力。他知道，戈登这个内敛而难以理解的年轻人拒绝了久负盛名的机构提供的机会。双方下的赌注都很高，戈登·摩尔需要在自己签约之前相信项目的价值——他需要被拉拢，而肖克利需要确定戈登的才华。毕竟，化学是制造晶体管的本质。研究小组带戈登简单转了转，戈登对此的回忆是“他们试图组装起这个办公场所，事情刚刚开头”，然后他们很快转入了一次计划好的讨论。

戈登还不理解，威廉·肖克利何以离职来做这个临时凑合的小规模创业冒险。肖克利过去习惯于在大型组织里工作，位居顶级的研究岗位，领导着自由度很大的研究组。在贝尔实验室，他的竞争性管理风格令其本来光芒四射的声望蒙上了一层阴影。那里的领导想让他做创新性工作，同时让他保持在安全范围内。然而，肖克利自己变得不安分起来，因为他看到，在他的结型晶体管的基础上，一个完整的产业初具规模，而他从中获利甚微。在他动荡的个人生活中，20 世纪 50 年代初这段时间也比通常情况更为动荡。1953 年，肖克利的妻子珍（Jean）被诊断患上了子宫癌。虽然她正在进行术后康复，但肖克利却宣布自己从婚姻中退出，抛弃了她和他们的 3 个孩子。

肖克利从贝尔实验室办了休假（同时在那里保留了他的位置），离开东海岸，成了加州理工学院的一名客座教授。一旦来到南加州，他就开始和技术公司讨论做一家制造晶体管的创业公司。1954 年结束时，他已经进行了几次试探性的交谈，但还没有找到清晰的路线来实现自己的目标，他想要完全控制技术方向，并且拥有相当大的股权。他现在到了华盛顿特区做一项顶级的科研工作，跟五角大楼高级别的武器系统评估小组一起，就冷战问题拟定战略报告，这些问题包括如何对热核战争提起诉或何时使用生化武器等。

1955 年，随着时间的推移，肖克利阅读了一堆来自贝尔实验室的报告，他越来越兴奋，这些报告反映出一个巨大的机会。那里的化学家找到了一种新方法来制造硅晶体管的掺杂层：“扩散法”（diffusion）。扩散法能让晶体管具有更快的开关速度，而且能够一次制造许多晶体管。那年夏天，肖克利放手一搏，放弃了他在贝尔实验室的挂名职位，并退出了五角大楼的工作。在一个月的时间里，他和金融家劳伦斯·洛克菲勒及其家族投资公司洛克菲勒兄弟公司一起合作，希望进行一桩交易，做一个以扩散法为基础的晶体管项目。另一种可能性是阿诺德·贝克曼，看起来他更有希望谈成。

2 月份，贝克曼邀请肖克利和真空管先驱李·德·福瑞斯特（Lee de Forest）一起，作为特邀嘉宾出席洛杉矶商会（Los Angeles Chamber of Commerce）组织的一次盛会。贝克曼比肖克利年长 10 岁，比戈登·摩尔大 30 岁。早在 20 世纪 20 年代，他就抽出时间到贝尔实验室工作了，在那里他赶上了新兴的真空管电子世界。1935 年，即威廉·休利特和戴维·帕卡德在帕洛阿尔托开始业务经营的 4 年前，贝克曼在往南 400 英里的帕萨迪纳租了一个车库，自己创业。到 1955 年，他把自动化——一个和电子学相关、开始让商业界和科学界议论纷纷的技术概念，作为自己如今已经壮大的公司的核心组织概念。他认为，全自动化的工厂近在咫尺，它将变革工业生产，把来自电子传感器的信号送进电脑。

肖克利同样认可自动化，尤其是他认为自己的“自动化可训练机器人”概念将遍布工厂和家庭，并改造美国的制造业。他很快为这些机器人的电子探测器“眼睛”进行了详细设计，并将其带到乔治·多里奥特（George Doriot）那儿，他是哈佛商学院的一位教授，也是一家新公司的领导，对从麻省理工学院出来的高科技创业公司进行投机性投资。在多里奥特的帮助下，肖克利提交了一项电子眼专利。

在洛杉矶的宴会上，贝克曼和肖克利很快发现了他们对自动化的共同兴趣，并开始欣赏彼此的智慧，因为他们有共同的热情和许多相似之处作为基础：加州理工学院、高等级的安全事务知情权、好胜心、对精湛技艺的信奉、富有创造性的驱动力。肖克利把他的机器人眼睛专利送给贝克曼纳入其自动化工作中。贝克曼回头报告说，虽然他的工程师们无法立即让专利派上用场，但他希望他们继续合作。

1955年8月，肖克利再次找上门来。要是合作成立一家公司来大规模生产基于扩散技术的硅晶体管，贝克曼对此会感兴趣吗？这一次，在肖克利的百般建议和争取下，阿诺德·贝克曼无法拒绝了。对他来说，这一切都讲得通。为防卫用途而大规模生产的电子产品已经为他提供了相当大比重的利润，所以他对于不断增长的美国军用需求和新出现的机会谙熟于胸。此外，硅晶体管——坚固耐用、体积小、功耗低、能够耐受高温，对于自动化应用可能是理想的材料，非常适合用于传感器、控制器，以及用在他将来自动化程度更高的化工厂的计算机上。这不是那种未来是否会出现的问题，而是看谁能利用先发优势。在贝尔实验室以外，还极少有人明白未来可能发生什么事情。

肖克利的机构的正式名称是“贝克曼仪器公司肖克利半导体实验室”。贝克曼认为，威廉·肖克利——有着良好履历、一次又一次地取得重大的创新成果，是在电子产业干出下一件大事的正确人选。贝克曼想要得到肖克利的主意，但最重要的是他想要肖克利本人。贝克曼坚定地信仰个人的天才能力，他以中心辐射状的模式运营着自己的公司，他自己处于一圈富有才华的人物的中心，这些人各自都管理着一个大的组织并向他报告工作。肖克利对于需要独特天赋的人物持认同态度；他自己不就是这样的大师吗？这两个人在根本上都属于反管理的风格。在他们看来，如果仅依赖组织规定的流程和程序，就像贝尔实验室那样，那么高科技的持续进步是不可能得到足够滋养的。真正的成功来自发现天才并任其自由发挥。

两个人都有巨大的野心。贝克曼是加州理工的董事会成员，他曾断然拒绝了来自巨头IBM的收购要约。而肖克利希望在贝克曼的赞助下进行一次重大的冒险，从中获得高额的财务回报。1955年8月和9月，这对搭档为他们的国内合作伙伴关系制订了一个计划。肖克利将作为贝克曼仪器的雇员工作两年，初始项目是大批量生产扩散硅晶体管。计划还留有充分的灵活性："我们建议采取及时的和积极的行动，进行与半导体相关的研究、发明专利申请、技术授权许可、生产，以及半导体领域的其他开发工作。"贝克曼承诺提供一份可观的薪水、贝克曼仪器公司的股票期权，以及开公司所需的资金，估计第一年为 30 万美元。两年之后，这个创业公司可以完全独立。

肖克利对会计、销售、营销等业务功能不承担任何责任，这些工作将由 300 多英里以外、位于洛杉矶附近富勒顿的贝克曼仪器公司总部来负责。相反，他对研究工作享有毫无约束的控制力。肖克利明确表示，他与贝克曼仪器合作的原因就是阿诺德·贝克曼本人，而且如果贝克曼离开，他保留终止协议的权利。如果两年之后他们决定发起一家独立的公司，贝克曼将拥有 51% 的股权，肖克利持有剩下的部分。

创业公司开在帕洛阿尔托或者附近，这个决定是对肖克利的一种迁就。这里不但有他的家人和儿时的联系，而且他非常熟悉弗雷德·特尔曼，即斯坦福大学富有能力的工程学院院长，他梦想着在这个地区播撒半导体电子社区的种子。此外，贝克曼最近在湾区购买了两家小型高科技公司，他认为实验室可以加入这个集群。1955 年 11 月，肖克利前往俄亥俄州哥伦布市，娶了一年前遇见的、比自己小 3 岁的精神科护士艾美·兰宁（Emmy Lanning），由此开始了人生的一个新篇章。

硅、化学及贝尔实验室

戈登·摩尔发现，贝克曼也已经知道，在做晶体管的时候，肖克利拥有巨大的优势：他在贝尔实验室有内线。他和那里的同事联系密切，尤其是杰克·莫顿（Jack Morton）和摩根·斯帕克斯（Morgan Sparks），这俩人都是核心职员。莫顿是个作风强硬的电气工程师，也是半导体器件开发工作中无可争议的领导者。斯帕克斯是做出第一只肖克利结型晶体管的物理化学家。一起共事的时候，他们为他提供了所有最新的想法，而在分手之后，他们也给他提供了建议。

到 1955 年中，美国的生产商每个月制造近 5 000 万只晶体管。几乎 99% 的晶体管都是用锗晶体进行化学处理来制作的结型晶体管。军方是最重要的顾客，但商业应用正在增长。得州仪器从贝尔实验室招募了化学家摩尔·蒂尔，顺利地成为一家制造军用晶体管的顶级厂商。在 1954 年 10 月，它已经发布了第一款民用设备，即 TR-1 型晶体管收音机。

TR-1坚固、小巧、轻便、便于携带，它和人们熟悉的真空管收音机很不一样，后者需要放在固定的位置，靠一根室外天线小心翼翼地接收信号。一年之内，就销售了10万台晶体管收音机，每台的售价以今天的币值计算超过500美元。很快，便携式收音机和车载收音机就成了晶体管在消费电子领域的主要用户，销量达数百万，价格也不断下降。因为有了蒂尔的加盟，得州仪器在1954年也少量生产了一种用硅制造的全新结型晶体管。这些新的晶体管比用锗制造的晶体管更为坚固，耐热性也更好，非常适合导弹和飞机等军事用途。它们的主要缺点是开关速度没有那么快。到1955年，全年生产的硅晶体管数量是90 000只，大部分都用于军事用途。晶体管（包括硅）技术正在发生快速的变化。

威廉·肖克利赶紧开干。在戈登·摩尔参观圣安东尼奥路391号时，肖克利让他了解到了贝尔实验室报告的一个秘密。他解释说，那里的研究人员最近想出了一套全新的化学技术来改造硅晶体，用来形成带有结的掺杂层。这些技术的关键在于掌握扩散法，这是掺杂的一种手段。理论上，这会极大地改善制造和性能，让他能够从得州仪器那里夺取主动权。贝尔实验室已经做出了原型，那里开发的扩散技术（透露给了肖克利）完全是让硅晶体管可以用化学方法“打印”出来。

将陌生的微量化学方法用于商业化的规模制造，这其中包含着未知的复杂性，肖克利隐瞒了这一点。正如在传统的印刷业中，化学和机械工艺首先制造出纸张，然后把特殊的油墨印在上面，硅晶体管的制作现在也开始采用化学和机械工艺来制造硅晶圆，即“纸张”，然后在其上进行“打印”，以扩散法为印刷工艺，以掺杂的化学物质为印刷油墨。人们已经开发出相应的技术，通过一台“拉晶机”（crystal puller），可以从一个熔化元素池中拉出近乎完美的硅晶体。一旦这个长条的圆柱状单晶体冷却下来，就可以用它来切割出圆片状的晶圆（尺寸大致和镍币相当，但薄得多）。晶圆的品质对晶体管的功能具有深刻的影响：纯度对于成功至关重要。

贝尔实验室制造的第一批结型晶体里，刻意干扰了半导体晶体的纯度。在拉伸晶体的过程中，通过在熔融元素中添加掺杂的化学物质，研究人员制造出了不同的化学层和它们之间的结，这是结型晶体管的本质。现在，人们开发出了一种更好的技术。如果不往熔融元素中进行掺杂，而是将未掺杂的晶圆置于一个高温炉中，用一种气体作为掺杂剂，气体原子就会掺杂进晶圆中，其方式大致就跟一团奶油融化进一杯热咖啡一样。理论上，扩散法可能成为一种大规模批量处理工艺，把很多晶圆同时放在同一个炉子里进行处理，正如在每块晶圆上制造很多晶体管一样。

贝尔实验室的化学家随后取得了另一项进展，即氧化，在这个化学反应中，材料吸收氧，就像在铁的表面形成氧化铁（铁锈）那样。如果在扩散操作过程中，炉子里加入了水蒸气，就会在晶圆的表面形成一层石英（二氧化硅）。后来证明，这个氧化层有许多优点。它极其耐磨，起到一层保护膜和电绝缘体的作用，在扩散期间和扩散以后，可以保护晶圆免遭损坏或受杂散电荷的影响。同样是贝尔实验室的这些化学家，他们很快发现，随后的扩散操作无法渗透过这层膜，这就提供了另一种可能性。如果研究人员蚀刻出穿透氧化层的窗口，那么他们就可以把掺杂物扩散到晶体中的特定区域。只带两个扩散区的“氧化物掩膜”可以覆盖整块晶圆，中间是很薄的夹心层。薄是晶体管快速开关的关键。氧化物生成、窗口蚀刻、细心的扩散：这就是用化学印刷技术制造快速硅晶体管的关键所在。

1955 年 3 月，曾在肖克利的小组工作过的贝尔实验室化学家莫里斯·塔嫩鲍姆（Morris Tanenbaum），完全通过扩散法制造出了一个硅晶体管的实验室样品。如果这种技术可以改进和标准化，他们将为制造技术提供蓝图。任何人如果把这个愿景化为现实，毫无疑问会发大财。有一个市场是现成的。随着朝鲜战争的结束和冷战紧张局势的进一步升级，美国军方对于先进电子产品的需求更大了，它们被用于导弹、飞机、计算机、近炸引信、通信设备和核武器。在一些高级应用中，锗晶体管已经把真空管挤到一边了。看起来，一种速度很快、能够耐受极端高热的硅晶体管可能会在军用航空的关键领域击败锗晶体管。

在山景城的实验室，很明显，威廉·肖克利打算让自己的团队超越贝尔实验室，并开始奔跑。他相信自己有望主宰军用市场。匡西特小屋也许平凡无奇，但他的远见却令人印象深刻。戈登以他典型的低调风格回忆说：“肖克利告诉我，他准备做一个晶体管；更准确地说，是一个扩散硅晶体管。他计划卖出一定的数量。他是个非常有说服力的人；他是精神领袖。在技术上，我对这个领域了解不多，提不出任何问题。他说，一些有趣的技术工作要做，而且最终产品也很有用。这不是一次硬生生的推销。”

军用市场是肖克利推销的关键所在。但对于戈登来说，加入一个迅速发展的研究领域——硅电子学，是令人兴奋的事情。这为开启一个要求苛刻、大有前途的职业生涯提供了可能性。“我喜欢这个项目的说法。这是一个完全新鲜的领域。我所做的事情会有实际的应用，这是吸引力的一部分。”而且，当然了，在肖克利实验室工作意味着戈登和贝蒂回家来了。即使他早年经常出没的佩斯卡德罗，也只要开车 1 小时越过沿海的山脉就可以到达。这个位置无可挑剔。

戈登也被与最优秀者一起工作的前景强烈地吸引了。在伯克利，他搜寻诺贝尔奖得主的课程；在加州理工，他和鲍林一起工作，并聆听费曼的教诲。肖克利的成就已经被事实证明了，他对自己领域的精通程度是无与伦比的。匡西特小屋里的其他人都是来自最优秀学校的年轻有为的博士科学家，“一群有趣的人，是我可以融入得很好的那种小组。”反过来，他努力给别人留下一个好印象。在《化学与工程新闻》上刊登的广告里，肖克利认为拥有半导体工作的经验是受欢迎的，但“不如出色的技术能力和个人的成熟度那么重要”。戈登看上去是有能力的，即便稍微有点内敛。现在肖克利需要测试他的能力：“肖克利描述了贝尔实验室的一名化学家如何发现他可以用氰化物漂洗去除铜污染，从而络合铜。我会考虑类似的东西吗？那是他询问的具体事情之一。我说，‘是的，可能会！’”

肖克利还远远没有结束。他召集职员举行了一次即兴研讨会，对戈登在 APL 和加州理工的工作进行讨论和提问。以前的公开演讲和面试经验让他有了准备，戈登丝毫没有显现出当年在大会上初次亮相时的紧张感，也没有流露出让他在杜邦搞砸陈述的那种惊人的被动性。相反，他圆满地回答了小组成员提出的一串“好问题”。最终，“我比肖克利更了解这个话题，所以我过关了。”这次拜访以晚餐作为结束，他们去离实验室 1 英里处的里基餐馆吃饭，这是当时在帕洛阿尔托吃商务餐的主要地点。得知戈登第二天要长途跋涉回东部去，肖克利吩咐他去纽约市进行后续行动，做一系列工业心理学测试，就像戈登在应聘陶氏时做的那样。

山景城的机会看来可能成为现实，戈登带着这个消息回到了马里兰的家。在工作中，当他要求再请一天假时，没有一个人抬一下眉毛；大部分同事都已经一只脚踏出了这个门。很快，他安排了自己去纽约的拜访，进行人格评估。戈登对它的价值半信半疑，但暂时采取合作的态度：“他们给你一张长得有点阴郁的人的照片；你可以编造任何你喜欢的故事。很难明白他们是如何了解到你的很多情况的。”事实上，测试结果与陶氏的工业心理学家得出的结论非常一致。肖克利的顾问报告说，虽然戈登很聪明，技术能力也很强，但他永远不会成为一个优秀的管理者。这对肖克利来说再好不过了，他丝毫也不想放弃对其实验室的任何方面的控制。他不想有另一个经理，而只要一个听话的化学家，有足够的才华去做有用的东西。戈登通过了测试。

2 月份的最后一个星期，一封来信敲定了这个交易：“亲爱的戈登博士，我想在我的组织中为你提供一个职位，薪水是每个月 750 美元。我很高兴你前来，如果你妥善安排好了应用物理实验室的离职就过来，我会很高兴，但不要晚于 1956 年 5 月 1 日。由于我们在积极寻找化学专业的候选人，我想在两周内得知你的决定。”在详细说明了搬迁费用后，信上总结道，“通过我们的讨论，我相信你已对我的项目的性质足够熟悉，因此这里没有更多的意见要提出来了。我希望我们将会享受多年的令人满意的合作。”实际情况和他们双方的愿望相反，肖克利和戈登仅仅在一起工作了 18 个月，后面的分歧越来越多，但在 1956 年 2 月，贝蒂 • 摩尔无须别人来说服她。“当肖克利给出这个工作机会时，想都不用想就要了。”戈登接受了。

后来的事情清楚地反映出两个人的风格差异所形成的鲜明对比。如果说肖克利对于硅晶体管的重大意义具有先见之明，那么他实现这个愿景的能力则欠缺得可悲。他的主要优势在于拥有内幕消息，但这很快就变得毫无价值，因为贝尔实验室正打算把扩散硅晶体管的秘密透露给这个新兴的产业。要想在这个领域树立领导地位，队伍的建设和专注的行动是必不可少的，这完全超出了他的能力。

拿戈登与之相比，具有启发意义。当戈登调整到硅晶体管的现实中时，他就变得和肖克利一样富有远见。在随后的十年间出现在他头脑里的议题范围是真正革命性的，但戈登在每个方面都极其务实：他是猎手、体操运动员、竞技选手、熟练的实验者。他是耐心的渔夫，也是用他的笔记本来测量、分析和做决策的记录管理员。在适当的时候，他会掌握必要的技能，成为一个团队建设者、一家大公司的成功且令人钦佩的首席执行官、一名推销员、一位讲述由他开发的议题的发言人，或者找到代理人来执行这一切。“摩尔定律”被用来概括他那沉默寡言的专注力、执行力和交付能力：把人类的一个远见上升为一种具有技术确定性的状态。1956 年 2 月，在永远处于新事物边缘的加州，所有这一切还处于未知的将来之中。

肖克利半导体实验室

贝克曼、肖克利以及随心所欲

在戈登和贝蒂收拾行李的时候，肖克利的计划被刊登在了《化学与工程新闻》上。

有一篇短文的描述是“自由式的研究和开发，初期将包括晶体管和其他半导体设备”。文章的作者注意到，肖克利发现很难提出一个详细的方案，并惊讶于阿诺德·贝克曼支持一家定义如此含糊的企业。威廉·肖克利真正拥有的是对于做事风格的明确想法：“我们想要的是能力非凡的人。我们没有固定的原则。灵活性就是要旨。组织的规模将以有能力者到位的速度来增长，而不是按照一种固定的模式来发展。”

肖克利的愿景也许适合于高规格的基础研究小组，它可以是基于学术组织，也可以是基于产业机构。但涉及半导体技术的状态，这种想法就很幼稚了。贝尔实验室已经证明了，扩散硅晶体管是可以做出来的。商业化生产现在需要发展制造技术，而不是基础研究。需要集中精力把晶体管做成一种更为可行的形式，把实验室的制造方法重新调整为可靠的制造技术，然后量产并把产品推向市场。成功取决于开发和制造及销售的紧密联系。负责后面这些工作的机构远在数百英里之外的富勒顿，而且对此项目并不是特别感兴趣。无论是贝克曼还是肖克利看来都没有考虑过这个问题。

肖克利的本能反应是回过头来聚焦于研究，专注于新奇和能够改变游戏规则的行动，以及关注他在贝尔实验室领导过的研究组。他在纽约找人吃午饭，在加州走访，试图让实验室顶尖的晶体管研究员对他在山景城的创业公司产生兴趣，特别是拉拢他昔日研究组的成员莫里斯·塔嫩鲍姆，以及不断向他通报贝尔实验室情况的摩根·斯帕克斯。这俩人都没有选择加入他的行列。不过他确实成功地雇来了鲍勃·诺伊斯，这是一位毕业于麻省理工学院的年轻有为的物理学家。诺伊斯在费城的飞歌工作，这家公司正在制造市面上速度最快的锗晶体管。在这个年代，电子业的重心仍然在东部——波士顿和纽约周边以及中大西洋一带从贝尔实验室经由普林斯顿再到费城的这片地区。搬到加州山景城的想法对于大多数人来说，就像威廉·肖克利本人一样令人费解。他确实从太平洋半导体招募了一名前贝尔实验室工程师利奥·瓦尔德斯（Leo Valdes），这是一家核导弹承包商在洛杉矶的子公司；他还从西部电气招募了三名机械工程师——朱利叶斯·布兰克（Julius Blank）、尤金·克雷纳（Eugene Kleiner）和迪恩·纳皮克（Dean Knapic），他们拥有自动化生产方法的经验，做过电话交换设备，但没有一个人做过晶体管。

肖克利现在放弃了吸引有经验的贝尔实验室研究员的尝试，而把注意力转向了从麻省理工、加州理工、伯克利和斯坦福获得博士学位的年轻物理学家、化学家、冶金学家和电气工程师。他在寻找具有极高天赋、适合为他这样的科学大师工作的人。这是一个源于傲慢的错误。在肖克利重新修正自己的野心和努力的范围时，又出现了另一个错误。他不但要率先把贝尔实验室的扩散硅晶体管进行商业化，而且还要推出另一种设备。他要交付的初始产品不是一种，而是两种。

肖克利截下了维克多·琼斯（Victor Jones），他刚从伯克利拿到物理学博士学位，正前往贝尔实验室接受一个岗位，肖克利把他招募到了山景城。他给琼斯布置了一项任务，要他拿到一种还完全处于理论阶段的设备的全部报告：四层二极管，这是肖克利本人还在贝尔实验室的时候就在构思的另一个有趣项目。这是人们长期以来梦寐以求的、可靠的固态设备，可以用来替代全球电话交换机的机电开关，而且可能是数字计算机的一个关键组成部分——追求这个圣杯对于可以自行其是的贝尔实验室来说完全合乎情理，但对于肖克利的商业化议程来说却不是这样。他已经失去了对于主要任务，即量产扩散硅晶体管的专注。

在极度紧张兴奋的最初几个月，这些错误的后果还没有浮现出来。肖克利自己忙着招聘人员，并对潜在的军方顾客大谈特谈扩散硅晶体管和四层二极管。与此同时，他雇来的人正在拼命研究化学印刷的基本技术：晶体生长、扩散和氧化物掩膜。随着年轻的新雇员们陆续走进改装过的匡西特小屋，更多的失误接踵而至。肖克利决定，他的实验室将实施一项雄心勃勃的附属工程：制造世界上最先进的拉晶机，来生产纯度最高的硅和完美的晶体。“他认为自己知道如何在一大块固体硅中间融化出浆液，并让晶体从中生长出来。固体硅本身就是熔炉。”戈登回忆说。这个项目声势浩大且代价不菲。就像《化学与工程新闻》对其创业故事所透露的那样，肖克利私下里对贝克曼承认说，跟最初认可的交易相比，他正在投入高得多的筹码。而且，迄今为止，没有什么值得炫耀的结果。

戈登进入工作

当贝蒂和肯坐飞机前往西部时，戈登开着别克车。一辆由贝克曼仪器公司支付费用的搬家货车拉着夫妻俩的钢琴和财物。戈登在 1956 年 4 月进行横越全国的长途跋涉，但并不是直达目的地。通过肖克利给他安排的几次会议，他在“往西部走的路上接受了一点教育”。在贝尔实验室，他和肖克利的前同事们进行了长时间的讨论，其中包括塔嫩鲍姆。在伊利诺伊大学，他和半导体表面化学方面的专家保罗·汉德勒（Paul Handler）进行了深度交谈。“肖克利明白那是一个重要领域，所以他试图让我跟上节奏。我在每个地方都花了两三天。我对此完全不熟悉。我有很多东西可以学。”

在戈登和贝蒂寻找自己的住处时，有很短的一段时间，他们住在沃尔特和米拉·摩尔位于红木城的不大的家里，占用了戈登以前的卧室。在东部地区度过了两年之后，贝蒂注意到，这片地区已经有了何等的改变。“所有的城市都开始蓬勃发展起来。国王大道不再是过去那条沉睡的小街道了。”戈登被自己的前途所鼓舞，热切地想买栋房子扎下根来；他和贝蒂已经存够了首付款，而且现在回到了家乡，他们希望购买自己的第一处房产。他在账本上的精打细算带来了回报。他对肖克利半导体抱有极大的希望，以至于他甚至被贝蒂说服了在安静但昂贵的洛思阿图斯定居点找一处房子。戈登和贝蒂很重视隐私，他们都不想生活在自由主义的“左倾阿尔托”①（Pinko Alto）。

他们相中的房子位于奥尔福德大道，带有开放式横梁天花板和三间卧室，耗资约15 000美元。“我们不得不把起点放低，因为我们只存了5 000美元。”贝蒂回忆说，但那仍然是一大笔钱。品尝着有了自己家的滋味，贝蒂订购了最新式的设备，最后还布置起了一个全新的厨房。她还买了自己的车。她独自在家带着肯，注意附近“挂钥匙的”孩子②。“我知道我永远不会让我们的孩子经受那样的时刻。即使我的儿子长得更大之后，我也总是在那儿。”

到了加州，戈登回复到了熟悉的常规生活。他很早就离开家，把大量时间用在肖克利那里，包括周末，就像他在伯克利、加州理工和APL所做的那样。鲍勃·诺伊斯在一个周五到达实验室，戈登在随后的那个周一到达，两个人发现他们很合得来。诺伊斯外向的性格和贝蒂很像，跟戈登的安静内敛形成了互补。这里有很多工作要做。戈登的员工编号是17号，他发现初创企业的现实条件面临着很大的挑战。“它可以和炼金术士的实验室相比——就是几个工作台和炉子，你可以从化学设备目录上挑些东西买。”他对晶体管及其生产的理解尽管很基础，但进步迅速，这和山景城实验室自身的状态不相上下。他学习了晶体管物理的标准课本，这是肖克利的《半导体的电子和空穴及其在晶体管电子设备的应用》（*Electrons and Holes in Semiconductors with Applications to Transistor Electronics*）。“我不知道我是在到达肖克利实验室之前还是之后开始读的，但在他把他的书发给员工时，我已经有一本了。由于肖克利是国际名人，他给了我一本用波兰语写的，

① 指帕洛阿尔托（Palo Alto）。——译者注

② 指双职工家庭的孩子，放学回家后要靠自己开门。——译者注

我还留着它。肖克利用波兰语亲笔签名的！”

戈登在实验室里稳如磐石。“这是一个开放式空间，但我们有独立的工作台。别人没法在我的工作台上干活，它总是凌乱不堪。”用扩散法制造晶体管要用到化学技术，而戈登的洞察力、观点和理解是至关重要的。他知道，拥有合适的设备是前进的关键。在实验室能够真正确定工艺之前，需要更好的炉子和可靠的供气系统等设施。

> 我是一个很好的玻璃吹制工，所以我做了气体处理系统和另一个系统，它有几个容积为5加仑的壶，可以把蒸馏水用虹吸管从一个壶输送到另一个壶，这样我们就不必每天都装水——这些很简单的事情让我们兴奋了起来。要想做点有用的东西，你不需要知道很多事情。
>
> 制作仪器符合我的兴趣。对于我能够掌握的事情，我可以相当快地看明白。在APL，我做的炉子必须在很长的区域内让温度保持平稳。扩散是在一个管状的炉子里进行的。在肖克利实验室，他们用的炉子的温度分布是抛物线式的，而不是平的。

这里有一个挑战，是戈登喜欢的那种类型：让设备适应更高要求的应用。“温度分布是抛物线式的”，这是一种物理化学家的表达方式，意思是说熔炉内的温度还远远没有达到一致。这样没法用来制作晶体管。戈登兴致勃勃地开始干活：“我开始制造更合适的炉子。你必须把气体进行混合，以获得你想要的气体环境。我一直很喜欢吹玻璃。我制作了我称之为玻璃丛林的东西，并把它们固定在炉子的前端。我能够开始进行扩散工艺的研发了。”

鲍勃·诺伊斯、谢尔顿·罗伯茨（Sheldon Roberts）和杰伊·拉斯特（Jay Last）是几个关键的同事。被拉斯特描述为“年轻的老古板”的罗伯茨，是个来自麻省理工学院的冶金学博士，熟悉稀奇古怪的金相显微镜和诸如此类的东西。杰伊·拉斯特是一名物理学家，是新毕业的麻省理工学院博士，负责对实验室里供应有限的硅晶圆进行一丝不苟的清洁、抛光和平整，每个硅晶片跟一枚5美分的镍币那么大。只有诺伊斯和利奥·瓦尔德斯有半导体经验。上午的研讨会成了一个常态事件：“我们都处于学习模式。尽管诺伊斯的经验只是跟锗相关，但他可以帮助我们学习。他说我们有一个巨大的优势，不知道跟锗打交道比跟硅打交道起来有多容易。在研讨会上，会有一个人带头，这个人事先学些东西，然后教我们剩下的人。不管到哪儿，我们都互相帮助。”

戈登发现，在寻找硅的瑕疵时，谢尔顿·罗伯茨是一个很好的资源，但不是心心相印的伙伴。“从个性的角度来说，我们并非特别吻合。”罗伯茨和拉斯特以及金·赫尔尼关系友好，赫尔尼是个出类拔萃的瑞士物理学家，拥有两个博士学位，戈登帮肖克利把他从加州理工的一个研究岗位上招聘了过来。赫尔尼和拉斯特成了密友。“他们把大量的时间用于一起爬山。”肖克利也热衷于登山，他曾和他女儿攀登过勃朗峰，但他并没有参加同事们的这些旅行。戈登和杰伊·拉斯特形成了紧密的工作关系。在大多数情况下，这仍然是一种职场友谊。“拉斯特刚从学校出来，”戈登回忆道，“他有一种非常有趣的幽默感，我一直从他那里得到很大的乐趣。”

通过肖克利的书和实验室对话，戈登领悟到，晶体管的精髓在于它那些化学性质不同的区域以及它们之间的接触面，也就是结。最根本的任务是准备出具有适当纯度的化学物质，并通过精确的化学扩散创建出单独的区域以及它们之间的结。除非戈登和实验室能够找出办法来让其可以被复制，否则就会输掉这个游戏。扩散是把想要的化学物质（掺杂剂）注入硅的一种办法。剂量微小且精确的掺杂剂必须在正确的时机扩散到正确的地方。即使是最微量的多余材料（污染物）也会造成破坏，就像一支军队里的间谍和第五纵队。[①] 关于这个课题，在2月份的面试中，肖克利和他的团队已经就其中一个方面向戈登进行了提问。“他们在贝尔实验室发现，微量的残留铜会让晶体管的性能大大降低。铜不好，但微量的铁、金或其他几种元素也不好。”

为了在硅内部制造“P型”或“N型”层以及它们之间的“P-N”结，需要特定的化学物质。磷、砷、硼和镓包含了所有的可能性，其他元素，比方说铜或者金，无法让晶体管正常工作。晶圆的精确细节、扩散和污染物就意味着一切。戈登试图做出具有期望的电气特性的结，如果没有做成，也要理解为什么不成。这个任务是他并不熟悉的“微量化学”，其中只要有任何微量的多余化学物质，就会导致灾难。戈登运用自己可观的技能，“我开始学习‘历经坎坷锻炼成才’。相较于获得良好的电气特性而实际需要的环境，很难理解我们工作在一个多么不洁净的环境里。”

失败是家常便饭，随后又是新的实验。成功常常来得很意外：“我得到良好电气特性

---

① 1936年，西班牙爆发内战，10月，叛军将领拉诺声称：“我们的四个纵队正在进攻马德里，市内还有一个‘纵队’在待机接应。”当被问及谁先攻入马德里时，他回答“第五纵队”。因此，“第五纵队”就成为间谍和内奸的代名词，时任战地记者的海明威以此为背景，写出了剧本《第五纵队》。——译者注

的时候，往往是我的系统出岔子的时候。然后我的同事们就从我的意外中计算出硅结的动态。”为制造硅晶体管，在把扩散法转变（但却是无计划地转变）成一种切实可行的制造工艺时，戈登证明了自己具有相当强的化学技能。多年以后，他回想起早期的半导体产业，“物理和化学问题比比皆是。有人建议把万圣节作为一个产业节日来庆祝”，因为在制造工艺中有那么多的巫术。

四面出击，自乱阵脚

肖克利已经宣称他不会按照任何预设的原则来运营，他说到做到。逐渐地，他把实验室往多个方向推：有些员工跟他一起写晶体管物理的科学论文，其他人研究如何制造四层二极管，另一些人做拉晶机，而有的人被吩咐去徒劳地追逐一个想法，做一种基于热效应的新奇设备。他的年轻同事们缺乏经验去质疑这种多样化的活动，而陷入了新奇和兴奋之中。肖克利对于自己的决定极度自信，并把他的信念灌输给别人。众多的想法和实验意味着更多的进展。

对戈登来说，起初这一切都很有意义。肖克利也许节奏忙乱，但非常富有创造性。这是一个研究实验室。“我们随机地做有趣的事情，学习新东西。我们当然没有以一种线性的方式朝着扩散晶体管的方向前进。尽管我们试图制造出它们来，但一路上有大量的事情让我们分心了。”然后事情变得确实非常有趣。1956 年 11 月，肖克利因参与了创造晶体管的工作而获得了诺贝尔物理学奖。他和约翰·巴丁及沃尔特·布拉顿分享了诺贝尔奖，而后两位在 5 年前发现肖克利那种不屈不挠的竞争性令人无法容忍，就要求贝尔实验室的管理层把他们从肖克利的领域撤出来。

为了庆祝获奖，肖克利请他在山景城的员工们在附近的里基餐馆吃了一顿香槟早餐。随着祝贺纷至沓来，大家情绪高涨；诺贝尔奖很少被授予在盈利性企业里工作的个人。12 月份，肖克利前往瑞典参加颁奖典礼。1957 年开始后，他广泛游历于欧洲和美国。他享受着掌声和奉承，到加州实验室里来的次数变少，待的时间也变短了。在他那躁动的心里，现在更多地被四层二极管的承诺所占据（那代表着未知的领域），而不是赢得竞赛、给翘首以盼的市场带来扩散硅晶体管。

就在祝贺肖克利获得诺奖的信函涌来的时候，阿诺德·贝克曼位于富勒顿的办公桌上出现了一封颇为不祥的书信，这是一封交给贝克曼个人的匿名信，这一天是 1956 年

12月8日，正值瑞典举行诺贝尔奖典礼前两天。它的署名为“肖克利半导体实验室的若干位资深技术人员”。这封信声称，山景城的诸项事务正面临崩溃。先进拉晶机遭遇灾难性故障，还无法可靠地生产硅。这是个令人尴尬的失败。肖克利当着其他工作人员的面，解雇了当时深入参与该项目的利奥·瓦尔德斯。“环境决定了这封信的匿名性质。我们都吓得身体发僵，不敢说话。”这封信最有可能是瓦尔德斯写的，而且可能得到了其他人的支持，信里接着说，实验室失去了“最好的人；这是唯一一个有勇气维护自己想法的人。解雇的原因是他拒绝让肖克利的妻子对其进行精神分析。”信中充斥着一股痛苦的洪流：“请马上救救我们。我们的日子已经屈指可数了。我们不知道下一个被解雇的会是谁。请派一名管理人员来运行实验室，并避免进一步的不公正现象和过度开支。”贝克曼把这封信放进了档案袋。

肖克利进一步制造混乱，向贝克曼抱怨另一名参与了开发命途多舛的拉晶机的关键成员。在贝克曼仪器的年度报告中，实验室的一份早期描述表明，迪恩·纳皮克具有显著的重要地位。现在肖克利宣称他是个病态的骗子，并宣布他应当对这个冒险项目未能达到预期负责。这一次，贝克曼确实采取了行动。为了安抚肖克利，他要求心理学顾问对纳皮克进行访谈。他们回来报告说，他不是骗子，只是“一个非常典型的欧洲难民，把自己裹在一种魔幻式思维的斗篷里，这种思维会带来一种非现实的气氛”。这堆废话是否打消了贝克曼的疑虑，这一点不得而知，但无可回避的事实是，山景城有些事情不太对劲。

尽管肖克利不断变换研究方向，而且长期不露面，但戈登相信，他和他的同事们正在朝着扩散硅晶体管的方向取得进展。尽管有过几次失误——其中一个是价值数千美元的铂加热丝意外蒸发，这个失误让节俭的戈登终生难忘，但他成功地制作出了高品质的扩散炉，其精度的控制足够用于制造结。他还开发了扩散程序。到了3月份，戈登已经成功地制造出了一整个系列的硅二极管，这是用两层掺杂硅做出来的简单半导体器件。每个二极管包含一个PN结，这是向扩散硅晶体管迈进的一个明确步骤，非常适合于测试仪器和程序。肖克利和诺伊斯以及萨支唐（Chitang Sah）——一位最近加入实验室的年轻的斯坦福电气工程博士，以二极管为内容，合写了一篇关于扩散结物理特性的重要论文。有了这种对基础知识的了解，再加上他自己对必要的实验技术的把握也日益增长，戈登很有信心地认为，实验室很快就会做出一个扩散硅晶体管来。

与此同时，肖克利则放弃了他对这个目标的残余兴趣和承诺。由于在贝尔实验室有内线，他时刻关注着他们在四层二极管的开拓焦点，这是一个有大量高度专业化的科学家和工程师参与的任务。这不是山景城实验室存在的理由，然而对肖克利来说，这点远不如他和贝尔实验室该项目的负责人杰克·莫顿的密切联系和强烈竞争来得重要。肖克利想要实现这种设备的渴望日益炽烈。“他认为这将是一种革命性的产品，”哈利·塞罗（Harry Sello）回忆道，他在那个夏天加入了当时规模尚小的实验室，“想法是对的。四层二极管的麻烦在于，还得好多年才能在工艺复杂性上达到它的时代。”

进入创业冒险已经 18 个月，肖克利开始感到焦灼了。阿诺德·贝克曼同意为实验室提供两年的资助；谈判很快就会开始，这将决定肖克利半导体是否应该成为一家独立的公司。没什么东西值得称道：成本大幅超支，而又没有真正的产品。为了展现他的工作价值，让贝克曼留下深刻印象，并增加自己保持独立性的机会，肖克利决定督促他的年轻博士们制造他所渴求的四层二极管。他从晶体管项目上拉出几个关键人员，把他们丢进了一个二极管的紧急项目。

由于肖克利非常不耐烦，那些应对紧急项目的人受到了令人难堪的批评。赫尔尼、拉斯特和罗伯茨在实验室外面是朋友，他们在自己短暂但成功的职业生涯中从未遭遇过这样的嘲笑。此事令人愤慨，他们也颇有微词。戈登也不高兴，鲍勃·诺伊斯也是如此，但他们是出于其他原因。这两个人现在是实验室的技术领袖。戈登的安静果断和实验技能已经带来了相当多的扩散工艺知识（这是肖克利半导体最核心的技术），而诺伊斯的个人魅力和全面的晶体管物理学背景使他成了实验室里仅次于肖克利本人的设备专家。戈登和诺伊斯各自管理着自己的小团队。在把扩散硅晶体管带入市场的竞赛中，强调四层二极管的做法扰乱了他们的进展。

实验室很快就可以实现晶体管的制造，而军用和航空航天市场规模庞大且不断增长。然而对戈登来说，很显然硅晶体管不再是肖克利的主要关注点了。他和诺伊斯讨论了他的担忧。他们决定联合写一份备忘录，敦促肖克利保持对晶体管的专注，而不是被二极管转移视线。肖克利不为所动。戈登的异议转入地下状态。

在富勒顿的贝克曼总部，其他人则带着狐疑的目光。罗伯特·埃里克森（Robert Erickson）和麦克斯·利斯顿（Max Liston）等经理青睐知名产品，比如晶体管。在和肖克利的一次会议上，他们对实验室的成本表示疑虑，而且对二极管的市场前景持怀疑态度。肖克利以一大堆信息作为回应，用满满一黑板的统计资料争辩说，未来几年会有一个大市场。埃里克森说他不相信。肖克利坚定不移地反驳道："把我的错误指给我看。"紧急项目继续快速进行。戈登和其他人谈论了晶体管受到忽视的事情。大家一致认为，跟肖克利打交道变得忍无可忍了。正如激光的发明人、肖克利在贝尔实验室的同事查尔斯·汤斯（Charles Townes）后来对戈登所说的那样："肖克利太聪明了，他明白所有的事情，除了人以外。"

局外人

在奥尔福德大道的家里，贝蒂·摩尔很高兴离自己的大家庭近了，但在日常生活中她感觉自己是个局外人。她的丈夫正在做些他一生中最重要的实验，他每天离开家 12 个小时，而且周末也经常如此。"如果晚上 7 点钟看到他，我就很走运了。"贝蒂对于匡西特小屋的布局也没有那么深刻的印象。"它看起来像个旧车库。"然而威廉·肖克利却令人生畏。在蒙特里举行的一次技术会议期间，贝蒂和他一起走了一小段路。"我们就在这个非常棒的港湾旁边。这里有些天鹅——白色的和黑色的。肖克利对我说：'你喜欢天鹅？'我说：'我喜欢所有的鸟类。'他用奇怪的眼神看了我一眼。他在试探我，而我表达这个意见也让他吃了一惊。我开始担心起来。他只是继续走着。对于太太们，他没有太多的话。他处在另一个层面上。"

贝蒂是个聪明、有创意的女人。她生活在那个时代的模式里，独自在家带着一个活跃的孩子，料理家务。最令她沮丧的是戈登无法在白天陪伴她。至少当他还是个学生的时候，她可以坐在实验室跟他做个伴儿。

> 戈登忙上忙下，但是当他下班回家之后，我从来没有听他详细描述过他在做什么。他很少谈论工作，对自己的感受一直守口如瓶，我只能从只言片语中去揣摩。可能有人生了五胞胎，而我也不会知道。我为此责怪戈登，但情况并没有改变，那不是他喜欢的事情。他的态度是："为什么你需要知道这些事？"这是他爸爸对待他妈妈的态度，对于正在发生的事情她知道得不多。这种绝对的隔阂是存在的。

经过 6 年多的婚姻生活，贝蒂找到了其他办法来打探丈夫的心情："我知道他是否一天过得不错。如果他心满意足，他就会很快活地'准备吃晚饭'。他想坐下来好好吃顿饭，然后看看报纸或新闻。有时候他非常沉默，那就是很郁闷。我知道那时候别去要钱。在那种日子，我就不告诉他我们本该去参加一个聚会，或者有人想让我们去吃饭。”

贝蒂通过家族的感情来弥补她平静的家庭生活，尤其是在周末：进行短途旅行去看望她的母亲和外祖母，野餐和烧烤，和戈登的父亲一起去钓鱼，从岩石上抓蛇鳕，而米拉奶奶在海滩上帮小肯建筑沙丘城堡。在肖克利获得诺贝尔奖的庆祝活动之后，她也开始和戈登同事的太太们发展关系。

> 那个活动让实验室的每个人都走到了一起。我们全都开始出入彼此的生活。我们玩桥牌。除了拉斯特，其他人都结了婚，孩子们都还小。有一次，我们和金·赫尔尼夫妇一起吃晚饭，他们做了浓味鱼汤，花了很长时间才把这些鱼放进这个巨大的盘子里。
>
> 我喜欢赫尔尼的太太安娜·玛丽（Anna Marie）。尤金·克雷纳的太太罗斯（Rose）把我们聚到一起。她和我是很好的朋友，谢尔顿·罗伯茨的妻子帕特（Pat）也和我很亲近。我们认识鲍勃·诺伊斯，但我不是他太太贝蒂最好的朋友。她喜欢东海岸，而且从未接受我们是西海岸人的事实。

其他的太太让贝蒂及时了解到实验室最近正在发生的事情，她得知了错过邀请和重要进展等消息。“我对戈登说：‘你为什么不把事情告诉我？这让我变得傻乎乎的。人们开始聊了起来，而我却一点儿也不知道那是怎么回事。’”出了实验室，他们跟诺伊斯夫妇、罗伯茨夫妇出去旅游，这让夫妻俩的社交生活有了一点进展。“我们去了俄勒冈的火山口湖国家公园。孩子们都弄得浑身灰尘，脏兮兮的。戈登喜欢的事情是，我们可以去远足，并了解这个地区。我更愿意多一些便利设施，我就不习惯钻进一只肮脏的旧睡袋里！”

1957 年，正值肖克利半导体出现问题走下坡路的时候，贝蒂的家人遭遇了另一种不同形式的震惊：洛斯加托斯农场，也就是艾琳和外祖母玛丽的家园，被征用了。“这是洛斯加托斯最后一片未被开发的土地。他们想要拿这块地来盖一所小学。我母亲和外祖母必须要在 6 个月之内搬走。”在由梅茨勒家族拥有了 50 年之后，这个农场被拆除了。唯一值得安慰的是，几棵大橡树保留了下来，并且承诺学校将以贝蒂的外祖父亚伯拉罕·林肯·梅茨勒的名字命名。贝蒂的时间完全被安置她母亲和外祖母所占用，她在萨拉托加附近找到一所适合她们需求的房子。“这个地方有一棵很大很茂盛的橡树，我外祖母从她的卧室里就能看到。在我们能够搬进去之前，我们不得不清理所有的东西，并从头开始。厨房长满了黄绿色的东西！我们收拾厨房，把这些东西弄走。突然间，她们住进了一个小地方。这对我外祖母来说是很难适应的。”

在玛丽·梅茨勒摔倒后，贝蒂买了一个轮椅，开始了她会从事一辈子的护理工作。戈登在后门做了一个斜坡，这样玛丽仍然可以到院子里去。在洛斯阿尔托斯的家里，贝蒂又遭遇了另一次流产，还要努力照顾现在已经两岁的儿子肯，“一个可怕的家伙，做各种各样的实验。”白天的电视节目不够新鲜。她得出结论，只有幼儿园才能提供他所需要的刺激。“肯需要活动。他需要一些别的东西，而不只是他母亲和电视。”

有了自己的时间，贝蒂越来越意识到戈登的难处。肖克利开始做些奇怪的事情，并质疑别人，她回忆道，“作为一个小群体，我们开始意识到其中存在问题。有人说，‘现在怎么办？’肖克利偏离到一个新的方向去了。人们对发生的事情很不满。”

四分五裂

面对技术挫折和经营压力，肖克利采取了偏执的做法。他宣称实验室里有人蓄意搞破坏，试图伤害员工。这个指控源于一次简单的意外，涉及他的秘书，她的手被门上某个凸出的东西割伤了。他宣布所有员工都要接受测谎仪的测试，以弄清原委。很快，谢尔顿·罗伯茨用他的金相显微镜检查了造成麻烦的东西：这不过是一个顶部掉了的图钉。肖克利如此大动干戈，让他下面这些已经有所顾虑的研究员们担心不已。

当阿诺德·贝克曼在1957年5月造访山景城时，事态达到高潮。这是贝克曼仪器公司财年结束的时间，结果不容乐观。他在研发上增加了一倍的支出，很大部分是用于支持肖克利半导体，利润因此化为乌有。贝克曼跟小组进行了紧急谈话，要求控制成本，并拿出一个通过销售很快会产生收入和利润的产品来。在劝诫过程中，贝克曼很礼貌也很直接。戈登和同事们认为，他在敦促他们把重点放在四层二极管上。肖克利听到的却是一些不同的事情，他爆发了。他以一种咄咄逼人的无礼态度声称，如果贝克曼不喜欢他所做的事情，他将带着研究人员离开，去找一个新的支持者。贝克曼回避了这个挑战；会议不欢而散，而肖克利的威胁留在了人们心里。

随后不久，在吃午饭时，戈登、诺伊斯、赫尔尼、克雷纳，拉斯特、罗伯茨和电气工程师维克多·格里尼克（Victor Grinich）对于肖克利说他们会跟他一起跳槽的轻率断言表达了共同的愤慨。格里尼克是斯坦福大学的博士，有计算机方面的经验，他宣称，到了做点什么的时候了。他们必须打电话给贝克曼并告诉他真相。谁来打这个电话？他们磨唧了很久。然后戈登宣布：“我来做这件事。”小组的其他人非常乐意让戈登承担这个令人不快的发言人工作。

为什么是戈登？渴望出风头并不是他的本性。“我不认为我会很热情地主动请缨。”他受到同事们的信任，这种信任是基于不同寻常的原因，让他愿意打这个令人不快的电话。他评估和分析了现实情况，知道实验室的工作摇摇欲坠。“我愿意这样做。”他回忆说。戈登平静而沉稳，全心全意地相信科学真理和技术真相的力量，并且不惮于把这些真相报告出来。正如他的同事们知道的那样，他精确地记录最新的实验结果，他们知道他会把实际情况报告给阿诺德·贝克曼。

吃完午饭后，戈登打电话给富勒顿，小组成员聚集在他身边。杰伊·拉斯特回忆说，当戈登要求跟贝克曼说话时，他的声音在颤抖，但老板恰巧不在。对方嘱咐戈登晚点再打电话。第二次他打通了，是下班后在赫尔尼家里打的。异议分子们再次聚集在周围。这次阿诺德·贝克曼确实接到了电话。这两名加州理工的物理化学博士进行了一个简短的交谈。戈登告诉贝克曼，肖克利的说法,即他会把所有人都带上，实际上毫无道理。“他差不多只能自己去。”“那边并不是一切都很顺利，是吗？”贝克曼问道。“是的，确实有很多问题。”戈登实事求是地说。贝克曼迅速安排时间飞过来和戈登以及他的同事吃晚饭，但没有叫上肖克利。

与此同时，肖克利写信给贝克曼的得力助手杰克·毕晓普（Jack Bishop），试图挽回自己造成的伤害。他解释说，他计划销售四层二极管给政府实验室，并希望很快就“每个月生产几百颗”。趁这次回复，他拐弯抹角地表示，他听到了关于成本和收入的敦促。贝克曼亲自飞到湾区，与持有不同意见的人们进行了两三次晚餐会，听取他们对问题根源的分析：威廉·肖克利那种毁灭性的、反复无常的管理方式。由于老板转移重点，以及他那种破坏性的竞争和暴烈性格，工作进展受到了阻挠。贝克曼询问他们的最佳建议。这个小组建议把肖克利调去做顾问，也许是一个跟学术相关的位置。贝克曼看起来真的有兴趣。戈登受到鼓舞，但对于管理的现实还很幼稚，认为他们企图“中和”肖克利的尝试会解决这个问题。

肖克利极其好斗和偏执，但并不幼稚，他开始为一种想象中的突破打基础。他起草了一份新的商业计划书，暗示他会带来另一个投资人。随后贝克曼就面临一个选择：被买断，或者跟肖克利和新的投资人合作。不清楚肖克利是否发出了建议书，但它的存在表明，他对于散伙是认真的。决定实验室归宿的两年期限正在迫近。然后肖克利听到了异议分子们活动的风声。利奥·瓦尔德斯跟一个熟人、杰出的物理学家路易斯·瑞德诺尔（Louis Ridenour）说了实验室里的不愉快，并透露了他们和贝克曼的秘密会议。瑞德诺尔认为肖克利应该得知这些消息，并给他打了电话，这时正值他把自己给贝克曼的建议书进行最终润色的时候。

6 月 1 日，星期六，肖克利从贝克曼本人那里确认了秘密报告的事情。贝克曼邀请肖克利夫妇在湾区吃晚饭，开诚布公地把问题摆到台面上。他会见了持反对意见的人们；他们告诉他，如果肖克利想要找一个新的靠山，他们不会跟着肖克利一起离开。他们的信念是，有必要进行一个管理变革，而肖克利应该换到一个顾问角色。这个消息令肖克利大为震惊。他没说什么话，但到了周一早上，他立刻开始质问他的员工。他的计划是把研究人员一个一个地叫进他的办公室里，询问有关异议分子团体的事。这种突如其来的对抗——挑战那些不知道自己的讨论内容已经泄露的人、抓住每个人打个措手不及以削弱他们的力量，是一种典型的肖克利式战术。

他首先把一名新员工萨支唐叫进去。萨支唐老老实实地说，他不知道这个举动。接下来，他直奔核心，传唤戈登·摩尔。肖克利问他是否知晓与贝克曼的秘密会议。戈登以他一贯的直率对他的老板说，他不妨就此打住。是的，他，戈登，参与了此事。而且，几乎每个高级员工都认可持不同意见者的观点，有几名高级员工也参与了。戈登生性内敛，天然地回避可能引起负面情绪的冲突，他并不觉得这些真话很容易说出口。他的话里并没有耀武扬威或志得意满的意思。半个多世纪后，他还能生动地回忆起来，肖克利站起来走了出去，脑袋耷拉着，下巴垂到了胸前。戈登说："这并不是我最愉快的时刻之一。"

肖克利取消了他的系列审问。当天晚些时候，他把人重新召集起来，并决定评估鲍勃·诺伊斯对此事的想法。他打电话给贝尔实验室的杰克·莫顿——他仍然是个亲密和可信赖的朋友，要他打电话给诺伊斯。莫顿照办了，并带着答复打回电话来。他说，诺伊斯确信，最好的情况是，赫尔尼、拉斯特和罗伯茨会离开。虽然诺伊斯相信他和肖克利能够解决他们的问题，但他对于技术的状况很失望，也就是说，他和戈登共同提交了那份备忘录敦促专注于扩散硅晶体管，对此肖克利却决定漠然置之。

首先是戈登，现在是诺伊斯。1951 年在贝尔实验室的时候，肖克利最初的晶体管团队破裂了，现在他再度面临这种令人气馁的类似状况。当肖克利那天晚上回到家时，他的妻子说他的举动一反常态。他立刻躺在沙发上，面如死灰。两天之内，他用技术能力和智力优越感让自己重新振作起来，并开始恢复状态。倾向晶体管而不是四层二极管，这是对后者竞争潜力的误解，而且让他靠边站去当个顾问的想法是荒谬的。他想出了一个对策。肖克利草草地记了一下，他可以在自己和实验室的其他人之间放一个经理。

肖克利在拖延时间的同时，再次向贝尔实验室寻求支持，以阻止阿诺德 • 贝克曼让他当顾问的想法。他要求莫顿和斯帕克斯给贝克曼打电话，并劝他说必须让肖克利来领导实验室。他们很快就满足了他的要求。斯帕克斯打回电话来向他报告说，在他们和贝克曼的电话里，贝克曼起先建议让肖克利在附近一所大学当教授，并为实验室提供咨询。莫顿和斯帕克斯对他说，这会是一场灾难。他们作证说，肖克利选四层二极管确实是个好的选择。虽然实验室的业绩“值得称道，而非出类拔萃”，但他们断言，如果没有肖克利作为领袖，它成功的机会非常渺茫。

不管贝克曼是否意识到，但莫顿和斯帕克斯的话引发了共鸣。他们的论据坚定了贝克曼对于名家路线的信念。他自己的“成功法则”就包含“雇最好的人，然后给他们让路”的格言。对于肖克利，他就在追随这条法则。通过把实验室的成功和肖克利的天才联系起来，莫顿和斯帕克斯附和了贝克曼自己的信念。他们向他保证，肖克利为二极管紧急项目选择了赫尔尼、拉斯特和罗伯茨，这是严重的错误，他已经意识到了。在结束通话时，贝克曼说，他很高兴也很宽慰。戈登和他那些持不同看法的同事们没有想到，势头这么快就转而对他们不利了。

6 月 8 日，星期六，贝克曼再次飞到湾区，和肖克利进行了私下会谈，以敲定条款。一名经理会坐在他和实验室其他人之间，但肖克利会保持技术和战略方向。他们还达成一致，肖克利至少在 6 个月内不会解雇任何异议分子，到 9 月份他们再就实验室的未来达成一份协议，而且贝克曼会重新树立肖克利的权威。贝克曼轻松搞定了最后这项任务。他立即召集了一个所有实验室员工参与的会议，肖克利也在场。这一次他说得非常明确。贝克曼告诉这个小组，肖克利是主管，领导权不会有变化。他还谈到了雇用一位经理，同时明确说道，没有人会被解雇。戈登和他的同事们几乎没有听说过这个人。他们无一例外地都感到吃惊和沮丧。贝克曼彻底让他们失望了。他站在肖克利一边，而不是站在他们一边。

拉斯特和赫尔尼被贝克曼的180度大转弯惊得目瞪口呆，离开了会议并直接开车去了优胜美地。第二天，在一段艰难的攀登过程中，他们苦思冥想要做什么。对戈登来说，他才意识到很难把一个获得诺贝尔奖的科学家推到一边，而且明白没有回头路可走。这个消息只意味着一件事：他和其他异议分子相当严重地断了自己的后路。让贝克曼来跟肖克利解决问题的尝试已经失败，他们俩现在无可救药地达成妥协了。这两个人怎么会忘掉戈登和其他人的言行？对戈登来说，很明显，他和他的团队只有一个选择：他们必须退出。

有志者，事竟成

曙光初现

贝克曼和肖克利认为，现在情况已经得到控制。一些来自贝克曼仪器公司富勒顿总部的高级职员前来访问，他们是经理岗位的候选人。很能说明问题的是，每个人都拒绝了这个“机会”。7月初，莫里斯·哈纳芬（Maurice Hanafin）被授予了这份工作，他是SpinCo公司的创始人兼总经理，贝克曼收购了这家位于湾区的创业公司。SpinCo为处于黎明阶段的分子生物学开创性地引入了超高速离心机，并搬进了帕洛阿尔托羽翼未丰的斯坦福工业园（它的办公楼在未来某一天将成为Facebook的早期办公地点）。在哈纳芬的管理下，创业公司的工作重点进行了调整。四层二极管的工作挪到了SpinCo那边，而最初的晶体管项目，包括戈登在扩散技术上的工作，被留在了匡西特小屋，这里距离国王大道两英里。

至少在那一刻，这些变化让鲍勃·诺伊斯感到放心了。几个月前，当诺伊斯与肖克利分享了一个特别新颖的想法后，戈登看到诺伊斯极其恼火。“为了看看这个想法是否正确，肖克利立刻打电话给他在贝尔实验室的朋友。”尽管如此，诺伊斯还是忍气吞声地压抑着自尊心，决定站在肖克利背后。其他人包括戈登在内，都认为这无济于事。由于肖克利被重新确认为领导者，对四层二极管的重视就是不容挑战的；扩散硅晶体管将会被抛诸身后。戈登对后一种设备的信心仍然坚定不移，他在自己位于奥尔福德大道的家中组织了一次晚间会议，郑重邀请了 9 或 10 位同事参与地下会谈。有 6 个人出席：布兰克、格里尼克、赫尔尼、克雷纳、拉斯特和罗伯茨。当他们聊起来的时候，这组人意识到两件事。一是，很明显，在他们当中，拥有制造扩散硅晶体管所需的全部专业知识，包括化学、冶金、机械、电气以及生产工程的专业知识。二是，很显然，所有人都是具有相当出色的才华和野心的年轻科学家和工程师，他们都渴望完成他们已经开始的工作，并生产出这种设备来。

每个人都确信，如果必要的话，自己可以找到另一份工作。1957 年，晶体管产业的规模还很小，正处在成长中，对拥有适当教育和经验的人才需求远远超过了供应量。他们此次会谈的新奇之处在于，他们认为不要一个一个地走，而是可以一起走。也许其他某家公司会雇用这个小组，允许他们继续这场角逐，制造扩散硅晶体管并征服利润丰厚的军品市场。那天晚上，在戈登 • 摩尔的客厅里，一个新的现实明朗化了。7 个人会继续在肖克利那里露面，同时找出一条路一起离开。

这是个令人陶醉的夜晚，但戈登保持着他一贯的平静。正如贝蒂回忆道："我们在奥尔福德大道上的房子相当小，人们在讨论一个公开的计划。这里没有隐私，你听到的事情就是你知道的事情。后来，我对戈登说：'告诉我发生了什么事。'我不记得戈登有任何极度兴奋的表现。他不可避免地处于一个对抗性的角色，但我不认为反对贝克曼对他来说是个大问题。"

这个小组的下一步不是考虑他们所了解的晶体管知识，而是他们认识的人有谁可能会帮忙。答案是尤金 • 克雷纳的父亲和他的财务联系人。在妻子罗斯的帮助下，尤金写了一封 3 页纸的信。这封信寄到了纽约一家跟他父亲有交道的投资银行，叫作海登斯通公司（Hayden Stone and Company）。信中要求对方帮助寻找一家可以雇用这个 7 人小组的公司，一家想要进军硅晶体管业务，能够提供"开明管理和财政支持"的公司（这正如肖克利对贝克曼仪器公司的期望）。作为回报，这个小组将在一年之内交付扩散硅晶体管。

虽然克雷纳的提议类似于肖克利对贝克曼的建议，但它有几点重要的差别。其一，这是一支业已存在的团队，对于所讨论的设备是有经验的；这不是一群乳臭未干的新兵蛋子。其二，这里并没有提到要依赖于个别明星或是开办一家新的公司。相反，这些异议分子在寻找一家愿意雇用他们的现有公司。他们都对金融一无所知，他们的经验和词汇里没有初创企业、分拆和股票期权。硅谷尚未诞生，而一组人从原来公司退出并发起一家新公司这种如今了无新意的措辞，在当时还几乎无人知晓。

在海登斯通，这封信到了一位合伙人阿尔弗雷德·科伊尔手里，他把它拿给银行的年轻分析师阿瑟·洛克看，阿瑟是最近从哈佛大学毕业的工商管理硕士。科伊尔和洛克已经参与了资助一家晶体管公司的交易，获利颇丰，所以他们乐于接受这件事。过了几天，他们坐飞机前往旧金山去和这个小组开会。这次会议让戈登·摩尔和他的同事们都大吃一惊，他们开始接受这方面的教育。科伊尔和洛克问他们："为什么不找一个支持者，并创建你们自己的公司？"的确，为什么不呢？这些年轻的研究员学得很快。高科技创业公司的世界正在迎来曙光，这个消息——一种新的淘金热，开始激发他们的欲望。

戈登和这个小组的惊讶可以理解。"风险投资"，就像这个术语本身，还只有 10 年的历史。一些私营企业、上市公司和投资银行开始从富有的个人、公司、养老基金和捐赠基金筹集资本，投资于初创公司，开发与军方相关的技术。这些初创企业利用第二次世界大战时期开发的科学技术，这些技术往往是来自大学的研究，或者是冷战需要的新技术。风险投资商看到了这些投资的高风险，但可能带来高回报。许多实验会失败，但也有一些会非常成功。

这种新方式的主要实践者都在东海岸，位于纽约或波士顿。乔治·多里奥特的开创性企业美国研究与发展公司（American Research and Development Corporation）当年出资建立了数字设备公司（Digital Equipment Corporation），这是一家从麻省理工学院为军方管理的林肯实验室（Lincoln Laboratory）分离出来的计算机制造商。海登斯通对半导体电子的巨大机遇已经拥有第一手的了解。在科伊尔和洛克向肖克利的持异议分子们提出建议的时候，他们知道，风险投资的最新趋势是创建一家公司，在与军方相关的技术领域做某件原创的和未经试验的事情。他们也知道，大量生产晶体管非常昂贵。最好是寻找一家大型的、知名的公司作为靠山：雄厚的财力可以为不可预见的意外情况提供保障。负面因素是，如果事实证明创业公司取得了成功，那么这个支持者可能会收购它。这可能意味着创始团队会发财，但失去持续的独立性。实际上，对于这些被邀请来到创业前沿的年轻人来说，这种负面因素几乎不值一提。

作为一个小组，他们拥有非凡的技能组合，但他们缺乏经验丰富的领导。在听说了鲍勃·诺伊斯的能力之后，科伊尔和洛克敦促他们劝说他参加第二天召开的下一次会谈。那天晚上，谢尔顿·罗伯茨给诺伊斯打电话，和他谈到深夜。当他确信这组人真的要离开，而且银行家们也是认真的之后，诺伊斯决定参加。戈登回忆说，他“最不情愿，最后一个在这件事情上打定主意”。一旦入局，他很快就被争取过来了。在会议结束时，为了签署意向协议，两位来访者和这8名异议分子都在1美元的钞票上签了名，每个参与者保留一张钞票。搜索的目标是一家愿意为角逐扩散硅晶体管而投资的公司。

木已成舟

戈登赶紧给他的银行家伙伴做功课。他和其他人在《华尔街日报》上搜罗名单，给阿瑟·洛克建议有哪些公司可能感兴趣。很快，洛克就有了40多个可能的选择：仪器仪表制造商、电脑制造商、电信公司、防务承包商、汽车制造商和大型工业企业。他开始打电话。兴奋的异议分子们等待着消息。整个7月份，洛克得到的只是一连串的拒绝，没有人接招。与此同时，戈登和其他人仍然在肖克利那里。幸运的是，由于现在业务被拆分成了山景城和帕洛阿尔托两部分，所以很容易避开肖克利本人。

肖克利仍然迷恋于新的可能性和计划。这些内容没有让那些试图把他推到一边的年轻人参与进来。7月底，他前往东部，接受了一份来自美国国家科学院的邀请，参加一个在马萨诸塞州伍兹霍尔召开的小组，评审美国空军的长期研发。莫里斯·哈纳芬在8月中旬也加入进来了。他们在一起策划如何把肖克利半导体做成一家独立的公司，同时让哈纳芬可以取得一定的股权。戈登和其他异议分子们在山景城继续他们自己的密谋，并保持着低姿态。

8月份的晚些时候，异议分子们终于得到了消息。阿瑟·洛克安排了一次与谢尔曼·费尔柴尔德（Sherman Fairchild）的会谈，他在纽约的商界、技术界和社交界非常知名。费尔柴尔德正是他们所需的那种富有的支持者，财力雄厚，对别人可能觉得风险太高的事情，他却很明白值得一做。谢尔曼是乔治·温思罗普·费尔柴尔德（George Winthrop Fairchild）的儿子，老费尔柴尔德是IBM最早的投资人和前董事长。谢尔曼继承了父亲的巨额股票，自己又成为IBM最大的个人股东。他是个根深蒂固的技术爱好者和企业家，自己已经办了两家面向军用市场的大型企业：仙童发动机和飞机公司，这是一家飞机制造商，以及仙童摄影器材公司，这是一家做防务电子设备和勘测业务的公司。他在两家公司都拥有控股权，没过多久又成了 IBM 的董事长。费尔柴尔德表示有兴趣，并要求洛克和仙童摄影器材公司的经理一起了解情况。

仙童摄影器材公司 3/4 的产品都销售给了军方。它已经在提供辐射检测、勘测、卫星和导弹装备，需要在其产品的更新版本中安装扩散硅晶体管，以实现更高的性能。它也可以把晶体管直接卖给航空航天和计算行业的客户。更美妙的一点是，它位于洛杉矶的子公司仙童自控（Fairchild Controls）和贝克曼仪器的一个部门有直接竞争，为航空市场提供精密电位器，而扩散硅晶体管会给它带来优势。贝克曼仪器投资了肖克利的团队，这让此项建议有了进一步的可信度。

谢尔曼·费尔柴尔德此前让仙童摄影器材的副总裁理查德·霍奇森（Richard Hodgson）——一位来自斯坦福工程专业的研究生、曾在原子能委员会从事真空管电子的工作——负责观察机会。在和洛克交谈时，霍奇森看到，公司的利益和“加州小组”可以提供的东西之间有很强的关联性。9 月初，他和科伊尔及洛克一起飞到旧金山会见 8 名异议分子。费尔柴尔德在后来给他的股东的一封信中，描述了仙童摄影器材的利益如何很好地和加州小组的才华相结合。他写道，晶体管产业的重要性与日俱增，但当仙童抱着浓厚兴趣进入这个领域时，他的公司如果没有非常大的资本投入就无法做到这一点，而在投产之前进行多年的研究也许是可行的。挑战在于找到合格的技术人员，这些人“极为短缺。当一组领先的半导体科学家带着一项提议出现时，答案来了，他们要求公司为他们提供财务资助和管理支持，以此作为一个专业化半导体公司的核心。”

霍奇森没有得到什么证据表明这个机会很靠谱。他只是相信这个小组可能制造出扩散硅晶体管，也存在这么一个市场，以及他们会同意各项条款。他安排经验丰富而且魅力非凡的诺伊斯和风险投资的发起者克雷纳一起马上到东部来，跟谢尔曼·费尔柴尔德本人会面。在访问期间，诺伊斯的魅力和克雷纳彬彬有礼的举止收到了很好的效果。费尔柴尔德对此事的兴趣得到了巩固。霍奇森回到旧金山，跟加州小组和海登斯通进行最后的谈判。

他们达成了一份为期 8 年的合约，成立仙童半导体公司，总股份为 1 325 股。作为联合创始人的 8 名异议分子，每人出资 500 美元各自获得 100 股。海登斯通由于统筹策划了这笔交易，将获得 225 股。余下的 300 股将留给未来的员工。仙童摄影器材公司将在头 18 个月提供最高 140 万美元的资金。过了第一阶段，协议还对各种情形进行了描述。费尔柴尔德保留以 300 万美元收购全部股份的选择权，即买断初创公司，除非公司连续 3 年产出 30 万美元利润。在这样一个 3 年期的成功经营后，最多 7 年之内，买断该公司必须要 500 万美元。如果创业公司取得成功，但费尔柴尔德不想行使这个选择权，参与者们可以偿还费尔柴尔德的前期投入，并继续保持独立。对于具有经济头脑的戈登 • 摩尔来说，这份协议很有意义。不管发生了什么情况，他在肖克利那里投入的时间都会给他带来良好的回报，并充分发挥他在硅扩散方面的专长。他急于签署这份协议。

八叛逆

正当 8 名异议分子在敲定交易的时候，肖克利从东海岸回来了。对于这个小组的顾虑并不是他脑子里最重要的事。相反，他再次与莫里斯 • 哈纳芬私下商量如何说服贝克曼把肖克利半导体变成一个独立的公司。贝克曼和肖克利原本同意在 9 月 3 日做出决定，但这个日子一直没有确定下来。按照现有协议的设想，实验室的经营归属于贝克曼仪器公司内部，而哈纳芬和肖克利都不希望这样。在这个时候，威廉 • 肖克利和戈登 • 摩尔的异议小组都更关心外部谈判，而不是他们办公室里的任何事情。

9 月份的第 3 周，加州小组和仙童的迪克 • 霍奇森（Dick Hodgson）之间的协议已经准备好要签字了。几十年后，霍奇森回忆说，谢尔曼 • 费尔柴尔德指示他在签字之前联系阿诺德 • 贝克曼，声明已经得到贝克曼的保证，他可以接受与这组雇员的交易。然而，并没有记录表明有过这次接触或贝克曼因此采取了任何举动。这一次，无论是他还是肖克利都没有内部线人。事实上，贝克曼的行动表明，事情出来之后，他完全是大吃一惊。

戈登和小组的其他人认为，适当的做法是在跟仙童摄影器材签署协议之前递交辞职信。9 月 18 日，星期三，他们把辞职信交给了哈纳芬，后者很快就通知肖克利，他的高级职员中最重要的成员刚刚集体辞职。肖克利再也没有跟任何一个异议分子说过话。贝克曼立即订了一趟航班飞往旧金山。9 月 19 日，星期四，当异议分子们以公司联合创始人的身份签署协议创建仙童半导体公司时，贝克曼在帕洛阿尔托会见了哈纳芬、肖克利以及他的妻子艾美。他对这种被他视为集体背叛的行为大发雷霆。他和肖克利都既愤怒又伤心，据说给这个分裂小组贴了一个标签，这个令人难忘的标签既饱含怨恨又十分响亮——“八叛逆”，这是一个这组人永远摆脱不掉的名声。

第二天，贝克曼和仙童半导体的联合创始人们在 SpinCo 大楼的会议室见面。贝克曼——前美国海军陆战队员、现在年近六旬，身材高大，仪表堂堂，家财万贯，功成名就，造诣颇丰，感情炽烈。他把这组人痛骂了一顿，指责他们"不忠诚"，指责他们的离去是"阴谋行为"。他指责他们"年轻、情绪化，在危难之际逃离"，而且"他花了 100 万美元血本无归"。他们"在他背后捅刀子"，而电子产业界的其他人将认为他们"很可耻"。他威胁说，为了避免法律纠纷，他们应该一起退出半导体产业。他对戈登和其他人的炮轰源于背叛和愤怒的个人情感，而作为一个商人，他看到，阻止这些年轻人成为他的竞争对手至关重要。在那个时候，任何一方都高兴不起来，而现在回想起来，那是一个意义深远的历史性时刻。

1957 年 10 月，戈登 • 摩尔抵达旧金山半岛快 18 个月了。他和贝蒂回到了心的喜悦之谷，这里是他们的归宿。在肖克利手下，戈登完成了紧张的学徒期，成了扩散技术专家。他和贝蒂建立了自己的家庭，照顾着他们年幼的儿子肯，这是个精力充沛、头脑聪明、很难伺候的男孩子。1956 年 10 月以来的这一年就像是在坐过山车：从肖克利获得诺贝尔奖的高点，到任性管理、员工苦恼、公司破裂的低点。贝蒂看到，戈登坚持不懈的职业道德正在走向成熟，他以冷静的沉着和坚毅，帮助他的小组把烦恼揭示出来，并加以解决。他的做法一直是沉静、务实、低调的。

和戈登相比，诺伊斯则举棋不定，加入，退出，最后又回到了异议小组。戈登并不担心创业公司可能会失败。他没有期望过去别的地方，但他相信自己可以"在某处得到一份工作。我们不会饿死"。贝蒂和他的看法相同："我对他们所做的事情有信心。他们都很年轻而且非常有才华，配合得也很好。为什么不去做呢？我知道如何从容应对困难，戈登的态度也一样。"

威廉 • 肖克利有难啃的硬骨头。他即使认真对待过此事，也只是把异议分子们的离开视为一种暂时的中断，他认为可以从欧洲招募新人，作为权宜之计，相比美国人来说，欧洲人制造麻烦的可能性要小一些。1958 年，他终于成功地让四层二极管进入了试产，然而当政府实验室和军事承包商下了订单购买评估样品、可能用于导弹引信和雷管时，他却从来没有生产出在商业上切实可行的二极管。1960 年 4 月，在给这位大师投资了近 5 年之后，阿诺德 • 贝克曼受够了。他把步履蹒跚的企业卖给了一家晶体管制造商克莱维特公司（Clevite Corporation），售价仅为 100 万美元。

肖克利放弃了他伟大的创业梦想，接受了斯坦福的一个教授职位。在那里，他开始接触优生学，这导致他日益边缘化和孤立化。他信奉大师的重要性，认为个人的能力是固定的、由生物遗传性决定的。他接着鼓吹非洲裔美国人在智力上不如白人的观点，并提出各种优生学建议，比如阻止某些群体的繁殖、推广“天才精子库”等。当他在 1989 年去世时，他已经和他的 3 个孩子失去了联系，他们从报纸上得知了他去世的消息。10 年后，《时代》杂志将他评为 20 世纪最重要的人物之一。恰如其分的是，戈登·摩尔执笔撰写了关于他的条目。对于肖克利的成就和缺点，他进行了不偏不倚、实事求是的叙述。

第 5 章

Moore's Law
The Life of Gordon Moore,
Silicon Valley's Quiet Revolutionary

起飞

创业公司

建立仙童半导体

在仙童半导体公司，戈登·摩尔和他的七个共同创始人迫不及待地要证明自己的决定是正确的。还没有租到工作场地的时候，为了避免被妻子儿女分心，他们就在杰伊·拉斯特的公寓开会。拉斯特甚至没有足够的椅子给每个人坐。肖克利半导体给这个小组提供了无可比拟的学徒阶段，并让他们建立起了强烈的相互尊重。戈登在那里学到了很多东西，但“能够抛掉一切，在一张白纸上从头开始，这是个巨大的优势。在仙童半导体，我们专注于进入晶体管业务，而不是搞研究或者被有趣的事情分心”。贝克曼当初只答应为肖克利提供 30 万美元以资助其一年的工作，而戈登和他的共同创始人则可以找来近 5 倍的钱，用来支持超过 18 个月的工作。

肖克利的古怪行径和不自量力让异议分子们与他背道而驰。他们成为一个有凝聚力的群体的根本原因在于，制造扩散硅晶体管是他们的共同愿望。仙童半导体内部是一种合作伙伴关系，它不是一家受制于一个反复无常的天才的企业。八叛逆不再是为一位科学大师工作，而是为他们自己工作。肖克利是个事无巨细的管理者，他让每个人孤立地做事，而戈登和他的同事们则一致认为必须共同合作，为了一个共同的目标而控制自我。正如戈登·摩尔的祖先前往西部冒险时一样，自然选择也发挥了作用：那些具有勇气和意志从肖克利半导体跳槽的人们，现在必定会继续前进并获得回报。

如果说1957年的夏天和初秋是一段动荡不已的时期，那么事情即将变得更加激动人心。就在仙童半导体成立的那个星期，苏联悄无声息地（失败的风险是如此之高）把“史泼尼克”号（Sputnik）送入了太空。世人都惊呆了。苏联用它最先进的火箭，把第一颗人造卫星放到了离地球表面150英里远的一个轨道上。“一次光芒耀眼、震耳欲聋的爆炸，烟雾和火焰照亮了苏联位于哈萨克斯坦丘拉塔姆附近的火箭试验基地，32个喷嘴托着俄罗斯R-7导弹上升。在飞行了295秒和142英里后，R-7的最后几个发动机永久关闭了。然后，在标志着太空时代曙光来临的最后一个动作中，连接到R-7隔离壁的一个推杆被激活，一只183磅重的沙滩球大小的铝制球体被推进寒冷的、一片漆黑的太空。人造地球卫星问世了。”

史泼尼克每98分钟就绕地球一圈，西方对此的反应先是敬畏，然后是歇斯底里。一颗卫星的成功发射，暗示着苏联有能力从高处投放核弹。从一开始，太空时代就和隐约可见的热核战争联系在一起。表面上号称专注于“国际地球物理年”（International Geophysical Year）的美国，仍在开发它自己的“先锋”号（Vanguard）地球轨道卫星，但风头已经被盖过了。11月份，苏联又发射了“史泼尼克2号”，它携带了一只名叫莱卡（Laika）的狗去太空。

人造卫星创造了一次繁荣中的繁荣，这对仙童半导体十分有利。硅晶体管提供了更大的坚固性、小型化和更低的使用功耗，这些都是导弹、卫星和其他许多用途迫切需要的。1957年12月6日，美国第一次回应史泼尼克。这颗卫星很快被贴上了“失败卫星”（Flopnik）的标签，它在发射时爆炸了。此后不久，国会创建了国家航空航天局，这是利润丰厚的开发合同的一个主要来源。1961年，肯尼迪总统站在国会面前，承诺把人送上月球。

第二次世界大战期间，军方通过建立海、陆、空军基地，在加州大规模扩张，数十万军人经由该州前往太平洋战区。通过造船、飞机、电子、军火、食品、日用品合同，军方的作用得到了加强。除此以外，随着冷战加剧以及20年代50年代初朝鲜冲突的升级，又加入了产业及大学研发，后来还有像劳伦斯·利弗莫尔这样的核武器实验室。到

1957年，加州已经成了航空航天领域的一股主要力量，这个领域的联邦采购中有1/3都来自该州，并提供了约40万份工作。随着仙童半导体把目标定义为制造可靠的硅晶体管，它轻松地融入了这个环境。从一开始，它就提出要成为一家军用电子产品供应商，做一个与加州驻军的合同相适应的玩家。对于他们的工作会被用于制造尖端的大规模杀伤性武器，戈登·摩尔和他的同事们并不担忧。国家出于冷战的考虑，需要先进的晶体管，这就足够了。仙童半导体适逢其时。

听到史泼尼克的消息之后，这些共同创始人充满了信心。脱离了肖克利变化无常的管理，又得到了仙童摄影器材的支持来制造他们构思已久的产品，所有事情都一帆风顺。全世界的目光都聚焦在一个前沿地带，而他们的专业知识与之高度相关。开放的可能性唤醒了戈登，他以前所未有的热情投入其中："投入新的冒险事业让每个人都热情洋溢。"

很快，这个小组就租用了一处工作地点。尽管心情兴高采烈，但戈登对于需求的估计却很保守。"我们在圣卡洛斯看了瓦里安联合公司腾出来的一处楼房，但它有40 000平方英尺大。我们无法想象需要那么大的一处设施。我们没想过公司超过100人。"相反，后来找到的是从肖克利的匡西特小屋沿圣安东尼奥路往前走1英里的地方，位于查尔斯顿路（Charleston Road）844号的"荒郊野外"，这里面积适中，是个14 400平方英尺的空房子，"一处倾角向上的研发空间，前边有两层楼，后边是一层敞开式的隔间。它看起来大小合适。"

这座建筑物没有设备、电力、水和其他服务。八个人开始工作，他们创造了一种风格，在随后的几十年间被众多分拆机构和初创公司所效仿。其主题是简单明了的功能性，既不用浮华炫耀也无须润色打磨。"我们以低成本做每件事情。"戈登回忆道。他在家族店铺里长时间熏陶过的节俭意识开始起作用。"我们把所有的设施和工作台放进来。那不是实验室家具，那些似乎贵得离谱，我们买的是水蓝色橱柜，并把富美家（Formica）①放在上面。它看起来非常漂亮，而成本节省了3/4。"

至少他们现在有个地方可以坐下来了。他们的前任老板试图制造世界上最复杂的硅晶体拉晶机，这种高傲的尝试以重大失败而告终。这个小组对傲慢自大保持着防范之心，他们一致认为，他们的工具和设备只要足够完成工作就好了，不需要更多了。母公司仙

① 一种家具塑料贴面材料的商标。——译者注

童摄影器材从东海岸派了财务人员来“帮我们建立账簿”。除此之外，共同创始人都是工作人员，新员工慢慢地补充进来，其中包括几个从肖克利半导体逃出来的人。他们花了一段时间来安装设施。在最初的那段日子里，环境还很原始。小组每周一上午“评估我们到了什么地步”，一边晒着太阳一边工作，把偶尔出现的长耳朵大野兔赶出楼去，到街边一处加油站的卫生间去解手。

贝尔实验室现在披露了它用来制造硅晶体管的化学印刷方法，好几家公司正在忙着把这项发明转化成可靠的产品制造出来。与竞争对手不同的是，仙童半导体是个没有包袱的创业公司，无须分心投入于真空管、锗晶体管，甚至其他硅技术。它全心投入的目标很简单，就是利用贝尔实验室的技术突破，第一个做出扩散硅晶体管来。从 1957 年 10 月份到第二年的 2 月份，戈登和他的共同创始人以一种自组织的团队形式工作，目的是把化学印刷技术发展成一种生产工艺。

“对于我们要开发的制造技术，我们有零零星星的了解，”戈登回忆说，“我们在小组里把这些内容分解开来。”他的同事兼朋友杰伊·拉斯特说，事后来看，这是一个不同寻常的时期。“我们能买到的唯一的东西就是显微镜，其他的每一件东西我们都得自己做。这是一种合作。我们没有真正的老板。进入这座空荡荡的建筑 10 个月后，我们有了一个商品。这表明我们在合作，我们每个人都依赖于其他人做好他们的那份工作。”作为小组里的化学家和扩散技术专家，戈登处在企业的核心位置。从肖克利实验室的歧义重重、不断变化的信号以及种种失误中解脱出来之后，他终于可以专注于化学任务了，这些任务一旦完成，他们就能实现目标。他做起来真的是得心应手。

制作平顶晶体管

戈登和他的共同创始人的目标是扩散硅晶体管，他们开始以平顶晶体管来指代它。这个名字表明了它的外形轮廓。从侧面看，这种微型设备类似于点缀着美国西南部风光的平顶山造型。就像所有的结型晶体管一样，平顶晶体管有 3 层掺杂的硅：发射极、基极和集电极。发射极和集电极以相同的方式掺杂，而它们之间的基极以相反的方式掺杂。结果会有两类晶体管：一类是在 N 型发射极和集电极之间有一个 P 型基极（这是一个 NPN 晶体管），另一类是在 P 型发射极和集电极之间有一个 N 型基极（这是一个 PNP 晶体管）。两类晶体管的电子线路略有不同。

开始制造平顶晶体管时，要用到一台“拉晶机”（远没有肖克利那台复杂），它从温度超过 2 500 华氏度熔化的液态硅中，慢慢拉出一根长条的圆柱，直径小于 1 英寸，形成一个近乎完美的晶体。根据加到熔液中的掺杂剂的不同，晶体要么是 N 型硅，要么是 P 型硅。用一把锯子把硅锭切割成薄片，就像切一根意大利香肠一样，再对这些晶圆进行清洁和抛光平整。它们现在就可以准备在上面用化学印刷方法制作平顶晶体管了。

把一组晶圆——N 型或 P 型硅，放入扩散炉，在高温状态下，注入掺杂气体和氧气，并精确地掌握时间，在晶圆的顶面就会形成一层具有相反类型的扩散硅。这项工艺还会给晶圆盖上一层二氧化硅。现在已经附着好的 N 型和 P 型层就形成了晶体管的基极和集电极。然后需要进行第二轮扩散来制作发射极，这是晶体管所需的第三层。现在晶圆表面覆盖着氧化层，需要在上面切开很多窗口穿过氧化层。这些窗口可以让扩散物进入晶圆内部，这样就做出了发射极，同时也确定了由此形成的众多晶体管在晶圆上的位置。

光刻法，或者叫作“光刻技术”（photolitho-graphy），被用来做出这些窗口。在光刻技术中，晶圆被涂上一种感光化学物质，叫作“光阻蚀剂”（photoresist）。一张带有特定图案的模板，也就是“掩模”（mask），被放在晶圆上，然后整个儿暴露在强光下。掩模的图案就是想要得到的窗口图案。当光线透过窗口照到光阻蚀剂时，就会发生化学变化。现在涂层上有一些区域会阻挡光线，有一些则很容易被强酸腐蚀掉。当晶圆被浸入蚀刻槽时，光阻蚀剂的脆弱部分以及下面的氧化层就会被溶解掉。晶圆的氧化层现在就有了很多的窗口。把剩余的光阻蚀剂除去后，这些带有窗口的晶圆被放回到扩散炉里，并把发射极扩散到晶圆上。

由于内部渗进了掺杂剂而变“脏”了的氧化层，随后在另一次酸液浸泡中被除去。平顶晶体管需要的所有层现在都已经到位：每个晶圆都有一个集电极和一个基极，还有很多与之不同的发射极层像岛屿一样点缀在基极层。下一步是“金属喷镀”（metallization），把金属层蒸镀到晶圆的顶部和底部，与晶体管形成电接触。这些金属层可以让导线连接到晶体管。底层和集电极接触。而在顶部，用光刻技术把金属做成一个周围带有圆环的点阵图案，这些是发射极和基极的接触区。

经过金属喷镀，在每个晶圆上给众多晶体管加入全部要素的化学印刷就完成了。在下一个叫作“平顶成型”（mesa-ing）的步骤中，就会做出单个晶体管来。把黑蜡滴到晶圆上，覆盖住每个发射极区以及周围基极层的一部分，然后晶圆被再次浸泡到酸液槽中。

没有被蜡盖住的基极层被酸液除去，一直到达底部的集电极区域。现在晶圆看上去就像是一片有着多个平顶山的平原。把单个晶体管分离出来，只需简单地把晶圆锯开，成为小小的方块，这就叫作“晶片”。每个晶片都是硅晶圆上的一颗芯片，带有扩散硅晶体管的全部要素：发射极、基极、集电极，以及与之接触的金属。

通过这套极其复杂的批式化学反应工序，可以获得每组数十片的平顶晶体管晶片。只需另外两个步骤，就可以把这些晶片最终做成晶体管：封装和测试。一个工人，通常是一位妇女，把晶体管的晶片装进一个保护套（一个带有三根引线的小金属罐）里面。接触点连接到引线上，并把罐盖焊死。封装一旦完成，平顶晶体管就被放入电子测试机械，以检查它们是否确实可以工作。

可批量生产晶体管是化学印刷工艺的一个直接优点；在此之前，晶体管是采用合金技术单个制造的。批量生产对小型化情有独钟：晶体管越小，晶圆上的晶体管数量就越多，成本也越低——如果可以正常工作的话。“以今天的标准而言，那时的晶圆非常小，”杰伊·拉斯特回忆说，“但每块晶圆上都有很多晶体管。我们必须开发所有技术；要搞清楚如何把金属互连放到晶体管上，如何把他们封装起来，如何在封装上放置引线，如何对它们进行测试，如何制作一个高可靠性的设备。”最重要的是，每个晶体管的不同扩散层被赋予完全正确的属性，以跳出复杂的化学“芭蕾”。

这个小组采用的方法非常新颖，其中一个标志就是，还没有商业公司为电子产品市场生产扩散炉。扩散是一个实验过程，而不是一种为人熟知的生产操作。戈登不得不从头开始构建他所需要的设备，找出可以做出成功结果的时间、能量和试剂的组合。炉子是又长又窄的圆筒，工作在极高的温度下，并且要求均匀受热。他们所要的元素必须既能够产生必要的环境，又能够耐受这样的环境，系统要十分精密，以保持精确的温度达数分钟，甚至数小时之久。幸运的是，戈登以前做过这样的工作。在肖克利实验室，他用铂犯过代价高昂的错误。这一次，他用了一种来自瑞典的特殊材料，能够耐高温：“我制作了一些很好的熔炉。我不是设计控制系统的专家，但我可以阅读目录，足以弄清楚如何让它们工作。”

最重要的任务——由戈登独自监管，是建立一个可靠的、值得投产的扩散过程。对于查尔斯顿路 844 号的任何访客来说，这是显而易见的，那里的大部分工作空间很快就围绕着扩散炉布置起来，燃料由一座“玻璃丛林”供应管道提供，这是戈登自己吹制的，这些管道也把掺杂剂和其他所需化学品输送进来。戈登用6张桌子来铺设扩散区，每张桌子上安装两个炉子。“金·赫尔尼认为，如果我们把桌子错开，可以在那里摆放第7张桌子，万一我们必须扩大规模的话。”在开发阶段，这种安排运作良好；后来，随着产量上升，“我们把炉子摞起来，变成两倍高。”戈登喜欢用他在大学里学到的玻璃吹制技能来制作气体处理系统。“作为唯一知道如何吹玻璃的人，他为扩散制造整个丛林。”杰伊·拉斯特回忆说。

戈登负责的内容很快就有了一个额外的维度。他孜孜不倦的工作态度、沉静的气质和以往的记录都让共同创始人们极为放心，以致他们理所当然地认为他会成功地做出可靠的炉子来。他们一致认为，一旦他做出这些炉子，他应该立即用来为NPN平顶晶体管开发扩散过程。还在这个阶段的时候，八个人就意识到，不但NPN型和PNP型平顶晶体管的制造工艺不同，而且NPN型做起来会更容易些，因而也更接近量产。NPN扩散法只需进行开发，而PNP还需要进一步的研究。

赫尔尼是公司的理论家和扩散物理学专家，他承担了PNP平顶晶体管的研究工作。和其他共同创始人不同，他在实验室的初期搭建阶段不是非常有用。相反，他把时间用来琢磨扩散的内部工作原理，而其他人解决制造技术中余下的零星问题。尤金·克雷纳和朱利叶斯·布兰克在这座建筑附近开始搭建一个机加工车间，制造工具和设备。克雷纳是设备制造者，也承担管理任务，而布兰克负责基础设施：电气设备、水暖工程等。谢尔顿·罗伯茨在克雷纳和布兰克的帮助下制作拉晶机，以提供3/4英寸的硅晶圆。维克多·格里尼克，“一个真正知道晶体管是什么以及它们用来做什么的人”，开发平顶晶体管的测试流程。其他的人，比如戴夫·艾里逊（Dave Allison）——一名早期雇员，曾经是肖克利半导体的员工，但谢绝了那个夏夜在摩尔家里举行的异议者聚会，他也作出了重要贡献。

鲍勃·诺伊斯和杰伊·拉斯特联手负责光刻技术的关键任务。“我们把它用于一种以前从未做过的规模。”戈登说。在制作晶体管的过程中，这个特定步骤需要一台“分步重复照相机”来匹配多重图像掩模。掩膜定义了扩散的窗口和晶体管的金属连接点。相机本身必然是一台复杂的光学设备，它必须足够稳定，能够忠实地微缩图像，镜片的配合十分密切，以对齐掩膜上的图案。眼看没有这样的制造商，诺伊斯和拉斯特——在肖克利拉晶机的惨败中充分意识到了其中隐含的危险，决定自己来做。

另一项棘手的内容是使用光阻蚀剂。这项微妙的任务显得与众不同，它在一个空气经过过滤、带有黄色光的屋子里进行操作，戈登指出，这是因为材料对紫外线敏感。贝尔实验室的光阻蚀剂有问题，杰伊·拉斯特回忆说，他发现不可能采用他们的东西。问题不在于把遮光层放上去，而在于把它去掉时不要破坏下面的层。戈登记得当时面对的大量挑战："那不是很容易擦洗掉。还记得老化学家的清洗方案铬酸吗？我们用它来擦洗，之后我们必须把铬去掉！最后，我们和大型化学品供应商合作，制作出了电子级化学药剂。我们必须明确指定所有的酸和溶剂，而且要求重金属含量达到前所未有的低水平，以避免污染。"

作为一个精确的和严格的实验主义者，具有无可比拟的实践技能和基础广泛的教育，戈登陶醉于各种挑战，长时间地研究引人入胜的化学难题，他喜欢这种做项目的感觉，这个项目有一个明确而务实的目标。不知不觉中，在试剂纯度和工作环境本身的洁净度方面，他也慢慢地发现了微型化学制造中所需的严格标准。

老板在哪儿

查尔斯顿路 844 号建筑物没有预留的停车位。鲍勃·诺伊斯那辆破破烂烂的 1948 年产福特车遭遇了尴尬。"有一天，有个人在车窗上放了一张字条，上面写着：'请你停在后面好吗！在前面停车，对我们公司名声不好！'"相反，当仙童摄影器材的总裁约翰·卡特（John Carter）前来参观时，他的司机在外面待在卡特的豪华轿车里等着，"我们无法想象，有人会像他那样一整天坐在那儿。"前几个月非常平等。每个共同创始人都拥有相等的股份，而且知道自己在新的合作板块中的位置。为了开发技术，他们不需要任何建议，也没有任何必要去解释自己的工作，因为对于仙童摄影器材的投资来说，其基础就是制造平顶晶体管。在肖克利半导体，戈登和他的同事们已经朝着化学印刷技术和制造工艺断断续续地走了几步。现在他们可以全速奔跑，以快速和务实的步骤实现他们的共同愿景。在每周会议上，大家详细讨论问题而不是进展。"我们利用在肖克利那里学到的东西。没有秘密项目！"

共同创始人很快引入了援兵。穆雷·西格尔（Murray Siegel）是一名电子技术人员，被招募来为格里尼克做晶体管测试，他成了 9 号员工。山姆·福克（Sam Fok）是从肖克利那里来的一名博士化学工程师，参与了分步重复照相机的工作。技术会议还有其他晶体管制造商提供了良好的招聘场所。其他的招募出于机缘巧合。拉尔斯·伦恩（Lars Lunn）是个瑞典人，在造访此地之后成了 29 号员工：

> 我中午抵达，并遇到了两个人，他们正往外走。他们问我想要什么。我告诉他们，我正在找一份工作："好吧，一起来吃午饭。"这是鲍勃·诺伊斯和杰伊·拉斯特。我们去国王大道的一家饭馆，并泛泛地谈到了欧洲、滑雪和生活。在回查尔斯顿路的时候，他们说："你被雇用了！"这是第一次、也是唯一一次给我这样的感觉，仅凭自己的行为就接受了评估。当然，3 个月后，他们也许会说："好吧，你被解雇了！"

八个人执着于自己的承诺，要完成他们已经开始的工作。他们合作得很好，但越来越相信他们需要一个全面的老板、一位总经理。威廉·肖克利对制造和业务方面的事情漠然置之，结果未能将任何一款产品推向市场。戈登·摩尔和他的同事们不想犯同样的错误。作为新手来说，在一家更多是由于意外而不是经过策划所组建的创业公司里，他们明白自己对商业现实缺乏洞察力。"我们不用任何人来告诉我们，技术上该怎么做；我们自己可以搞定这些事，"戈登说，"我们隐隐约约地知道，为了运营公司，必须做很多其他的事情。我们需要有个人能为我们带来领导力。我们还不太像企业家。因此，我们一起开始着手聘请一位经理。"

他们显现出高涨的雄心，打出了全国性的广告。"仙童半导体公司正在招募副总裁兼总经理，"1957 年 12 月 8 日的《纽约时报》公布说，"我们正在寻找的这个人必须在半导体或电子元件领域具有丰富的管理经验，并具有宽广的行业关系来帮助把公司建成一个强有力的竞争者。他将全面负责这家成长型公司的管理和扩张。"男性代词反映了当时的现实。尽管在真空管和晶体管的工厂里，担任装配工和生产线工人的妇女们由于手巧而受到珍惜，但主管和工程师仍然是专属于男性的。当鲍勃·诺曼（Bob Norman）加入仙童半导体担任应用工程师时，在 20 世纪 60 年代初曾大胆地提拔了一名女性技师来当"女主角"，但实验室的其他人马上刻意回避她，结果这次提拔被撤销了。

为了找到一名顶级经理人，必须具有大的魄力。在晶体管行业中，消极失业是生活的现实。个人经历的细节，其重要性不如此人是否有过经验。这一年的早些时候，《纽约时报》报道了一次电气工程师的全国性会议，标题为"工作招聘势头旺"（Job Bidding Is

Brisk），并补充道，“为诱使人们换工作而开出财务条件，或者是更理想的气候，更有前途的未来——有一家公司给出的条件是，推荐一名电子工程师奖励550美元；‘给你推荐来的人或者给你本人。’”这种“跳槽”的气氛为这些共同创始人自己铺平了跳槽的道路，现在又让他们为自己的创业公司吸引同事。

人们对这则广告的回应直接而强烈。戈登打趣说，他们收到“一大堆简历，大多数是销售人员的。每个销售员都认为他能够管理一家公司！”销售工程师并不是他们想要找的这个老板，但他们的确从这些简历中发现了一名急需的销售经理：托马斯·贝（Thomas Bay）。“如果你要问哪个销售员看着靠谱，那就是托马斯·贝：一个瘦高的大家伙，健谈、聪明，观点鲜明。”和晶体管行业的大多数销售员以及大多数客户一样，贝是个电气工程师。

对于总经理，戈登和他的同事们选择了尤尔特·鲍德温（Ewart Baldwin），人们称他为埃德。他比他们大多数人的年纪大将近10岁，大学一毕业就在第二次世界大战中服役当了一名伞兵。鲍德温于1950年在卡内基梅隆大学获得固态物理学博士学位，后来在休斯飞机公司位于南加州的半导体制造事业部工作。随着休斯成为行业内的一个重要玩家，他也晋升为产品工程部门的负责人。

鲍德温的经验引起了这个小组的注意。他在休斯做的许多零部件都用在军事和航空航天产品上，这让他在实际市场中拥有宝贵的曝光度。在和戈登以及其他人的讨论过程中，鲍德温展现了他对半导体业务的卓越知识，提倡在原型和生产之间要有一个工程阶段，以确定详细的工艺和产品规格，并用专业仪器进行严格的测试。正如戈登解释的那样，“他带来了很多想法，这是任何商学院的学生第一年要学习的内容。这些事物对于我们来说是新的，但听起来很对。我们确定他就是我们要找的人。”鲍德温在休斯有一个很好的职位，所以聘用谈判拉长到了整个12月份。

晶体管、得克萨斯和虚拟现实

到了1957年，收音机是一种家用的主要产品，而电视正在进入广泛应用：每个拥有电视机的家庭都能接收到形式新颖而迷人的信息。电视是一个先兆，预示着随后几十年来一种令人着迷的现实：通过新技术，每个人的意识可能以一种简单和常规的方式，从我们物理躯体的地域限制和时间限制中解脱出来。几千年来，圣贤、先知、诗人和说书人曾经对这种可能性有过一管之窥（无论是围在一堆篝火旁、在一次宗教集会上，还是在莎士比亚环球剧场上演的戏剧里），但普通人在心智上很少有机会进入一个不同的时间或地点。这样的经历极为罕见，而且稍纵即逝。

19 世纪晚期，识字能力、杂志和蒸汽印刷的发展，开始为人们带来一种更为充分和生动的选择感（即“沉浸在一本书里”的可能性），但直到消费电子的早期阶段——真空管收音机和黑白电视机，才使心灵之旅有可能成为大众人群的常规活动。如今，由于摩尔定律，智能手机、平板电脑和社交媒体中所体现的电子化或数字化现实成了生活的组成部分，居住在地球上的 70 多亿人里有越来越多的人每天都要在上面耗费数个小时。与此同时，虚拟现实——透过能够提供充分三维式沉浸的谷歌耳机设备来进行完全的心灵之旅。

1957 年，美国已经有大约 1.3 亿台收音机正在使用中，另外每年还有 1 400 万台源源不断地从生产线上制造出来，它们大多数采用真空管。然而，锗晶体管已经开始推动一种截然不同的、更坚固且（很快就变得）更便宜的收音机类型，即便携式收音机。彩色电视机也首次进入了由风靡一时的黑白电视机所统治的市场。使用中的电视机大约有 4 700 万，这个数字比全美的家庭数量还大。就在史泼尼克人造卫星升空和仙童半导体成立的同一个星期，哥伦比亚广播公司推出了《反斗小宝贝》节目。这个节目和《我爱露西》《荒野大镖客》《指路明灯》《与媒体见面》等一道播出。

如今，将近 60 年之后，有线电视、卫星电视和万维网可以让人们随时接收到无数的电视频道和数以百万计的电影和视频。美国成年人平均每天花 14 个小时通过各种屏幕来获取当前的物理现实。因为有了晶体管，电子革命已经改变了我们的个人生活，并且这样的改变还在继续，而影视内容是其中最显著的改变方式之一。

真空管被大量用于军事和工业控制、仪器仪表、计算机、通信等用途，与此同时，用于电视机和收音机的真空管的产量在 1955 年达到高点。人们制造了近 5 亿只真空管，市场价值接近 4 亿美元。晶体管制造在 1950 年还几乎不存在，其规模小得多，但增幅稳定。1957 年制造了近 3 000 万个晶体管，95% 以上都是采用合金方法做出来的锗晶体管。硅晶体管仅有 100 万只。由于晶体管的卓越性能（更不用说制造上的挑战），其平均价格为 2.5 美元，相比之下真空管只需 83 美分。尽管晶体管价格昂贵，但这个业务很有前途，虽规模较小但成长迅速；接下来会挣到很多钱。

在参与竞争这些财富的20多家公司中，包括多家领先的真空管生产商。进入晶体管制造业的真空管公司包括通用电气、雷神、RCA、西尔瓦尼亚（Sylvania）、飞歌和西屋。这些东海岸的巨头具有内生性的利益冲突，因为它们的新型晶体管和自己已经存在多时的真空管形成了直接竞争。享受到更大成功的是新来者，它们不会受以前在真空管上投资的拖累。由于贝尔实验室有政府的强制要求，要为所有想做晶体管的人开放技术，所以许多乐观的初学者购买了低成本的专利许可。1957年，得州仪器在一众公司中脱颖而出，稳稳把持着20%的晶体管市场份额——主要是人们熟悉的锗晶体管，也有一些新颖的硅晶体管。海登斯通资助了波士顿地区的初创企业电晶体公司（Transitron），它拥有12%的市场份额。洛杉矶的航空业巨头休斯公司也进入了军用零件市场，并赢得了11%的晶体管市场。

还有一个重大的市场转变，就是大型计算机制造商宣称它们对晶体管化的计算机感兴趣。由于尺寸、功耗及可靠性方面的优势，不仅使军方，而且让越来越多的民间商业应用对晶体管计算机的想法产生了兴趣。1957年底，得州仪器和IBM敲定了一桩交易，成为其主要的晶体管供应商，这桩交易确定了得州仪器从一家石油勘探仪器供应商向一家领先晶体管生产商的转型。

得州仪器的负责人帕特·哈格蒂（Pat Haggerty）是一位经验丰富的电子工程师，此前从贝尔实验室挖走了摩尔·蒂尔。就是这个蒂尔在1953年未能抓住戈登·摩尔的兴趣点，戈登·摩尔或许是对晶体管，或许是对该公司在得克萨斯的地理位置不感兴趣。蒂尔为锗和硅开发了标准的拉晶机，为建立纯净的单晶体树立了价值。得州仪器深信硅才是未来，它生产自己的超纯硅、拉晶机、为自己供应高品质晶圆。这是一种独一无二的能力，有了这样的能力，哈格蒂和蒂尔把他们的公司推向了行业前列。

1954年，得州仪器率先将一种硅晶体管带入量产，这让业界吃了一惊。1957年，公司喜获近7 000万美元的销售额，大约一半来自半导体器件。它的规模大约是“八叛逆”的后台仙童摄影器材的两倍，而利润是其利润的三倍多。1958年伊始，还没有一家公司在公开市场上推出扩散硅晶体管，也就是说，还没有人成功地将其从实验室带入工厂。贝尔实验室是扩散硅晶体管的先驱，它是个天然的竞争对手，然而，让仙童半导体的共同创始人高兴的是，它的经营受到严重的制约。在头一年，美国电报电话公司解决了与美国政府的反托拉斯诉讼，它们达成了一项重大的和解协议，限制前者只能将晶体管应用于自己的通信业务和军用项目。

更直接的威胁是得州仪器和摩尔·蒂尔。在仙童半导体，当戈登赶着完成他的熔炉，并建立 NPN 硅平顶晶体管所需的扩散工艺时，他发现自己直接面对蒂尔的竞争。对于戈登和他的同事们来说，IBM 与得州仪器的交易不是什么好消息。大卫对阵歌利亚，对于一个外部旁观者来说，得州仪器才是值得关注的公司。实际上，在接近 1957 年圣诞节期间，仙童半导体正以快得多的节奏取得进展。公司找到了尤尔特·鲍德温，而且正如戈登所指出的那样，此时“金·赫尔尼坐在桌子前做出了平面晶体管这个意义深远的发明”。这项发明首先改变了仙童半导体的命运，随后又变革了整个行业的本质。

赫尔尼的注意力落到了剥离晶圆氧化层的步骤上。他开始考虑这个剥离是否有必要，这是个离经叛道的问题。在 1956 年公布其硅扩散技术的贝尔实验室教导说，剥离是必要的。赫尔尼有勇气质疑这个假设。扩散会让氧化层变脏，但氧化层真的需要去掉吗？也许它对底下的器件没有任何影响。也许它也可能在物理上保护器件的表面，让电的性能保持稳定，并且覆盖一个绝缘层。赫尔尼和戈登很快就要开始制作平顶晶体管，这些晶体管的 PN 结会在顶面和边缘暴露出来。如果保留氧化物，它可以完全覆盖这些部分，防止污染和电气故障。平顶晶体管的发射极和基极的触点做在顶部，集电极触点在底部。而在赫尔尼设想的扁平型晶体管或曰平面晶体管里，所有触点都在顶部，这样就提高了性能，同时简化了生产，从而降低了成本。戈登回忆道，“当结处于表面的时候，很多电学特性取决于你在这里留下了什么东西——这个区域的电场非常高，也许是 1 厘米 100 万伏，这会吸引所有的灰尘颗粒和污物。传统的观点认为氧化物非常脏，你必须把它去掉。赫尔尼想：‘为什么不把它留在那儿？’”

赫尔尼对他的平面工艺的前景深信不疑，以至于 1957 年 12 月 1 日他在自己的专利笔记本里写了一个条目，当天就让鲍勃·诺伊斯阅读并签了字。很快，两个人和戈登分享了这个想法。不过所有人包括赫尔尼自己都还不确定，这个想法能否真正奏效。

作为一个小组，他们选择了把想法放在一边，而继续制作硅平顶晶体管，这是他们有信心做出来的。戈登回忆说，“纸面上的发明领先于科技。我们不能马上就去试验金的想法，因为它需要 4 次掩膜操作，而鲍勃·诺伊斯只买了 3 个透镜。”在随后的 18 个月里，赫尔尼的平面晶体管这个异端邪说尽管是个技术上的里程碑，但还会蛰伏在他的笔记本里。

瓦尔基里[①]的召唤

1957 年结束时，戈登忙着应付“很好的化学问题”，制作熔炉和控制系统，并开始改善扩散工艺。尽管他和其他人想办法削减成本，但他们已经烧掉了仙童摄影器材承诺的 130 万美元中的近 1/5，大头用在建筑、材料和设备上。除了 8 名共同创始人之外，仙童半导体现在还有 22 名员工。与潜在客户建立关系的需求十分迫切。幸运的是，做外部工作对鲍勃·诺伊斯来说轻而易举，他的个人魅力和竞争力（取得销售成功的经典要素）终有一天会成为具有传奇色彩的东西。由于拥有麻省理工学院物理学博士学位以及在飞歌从事快速锗晶体管项目及军用项目的经验，他和公司的预期客户——服务于军用和航空航天计算领域的工程师和研究人员，拥有共同语言。他是担任这项工作的完美人选。12 月 20 日，他前往东部。诺伊斯应邀来参加一场讨论，把他们小组的平顶晶体管和 IBM 正在做的一种先进的航空航天计算机进行匹配。IBM 和得州仪器可能正在发展密切的业务关系，但 IBM 的董事长谢尔曼·费尔柴尔德也是“八叛逆”的支持者。

IBM 在纽约州的奥韦戈有一个军工产品事业部，是用来配合与苏联进行冷战竞争的。该事业部已经确定了一份合同，与一项可携带热核武器的 B-70“瓦尔基里”超音速轰炸机提案有关。被派去做这个项目的工程师们想要一个快速开关的硅晶体管；问题在于如何得到它。他们听说了仙童半导体的计划，要求去参观一下。很快，他们就让诺伊斯了解清楚了奥韦戈的需求的详细信息以及竞争格局的宝贵情报。他的主顾想用低功耗的快速晶体管来进行计算机的大量数据处理“逻辑”，用中等功率的快速晶体管作为“核心驱动器”来保持计算机“存储器”里的数据，以及用高功率晶体管作为“伺服驱动器”，即可以让计算机引导飞机的自动控制功能。通用电气、得州仪器、电晶体公司、雷神、摩托罗拉和休斯都对此项目感兴趣。谁先提供一款可靠的产品，谁就会得到战利品。

供应商面临着代价高昂的方式，要让自己的晶体管通过严峻的物理测试和电气测试。如果 IBM 必须向美国空军保证提供一台可靠性能够确保热核威慑的计算机，那么供应商就必须保证其产品的可靠性。虽然诺伊斯的公司成立还不到 3 个月，而且尽管它没有任何可以展示的东西，但他自信仙童半导体能够做出性能符合核心驱动器的需求的平顶硅晶体管；可以想象，它甚至可能先发制人赢得竞争。他认为，快速开关的中等功率硅晶体管是

① 瓦尔基里（Valkyrie），北欧神话中的战争女神。——译者注

当时的一个空白区。在 IBM 那里存在一个机会；其他还有多少公司也有类似的需求？

满怀兴奋的诺伊斯回到了帕洛阿尔托。他的同事们不需要什么说服工作，都同意应该把针对 IBM 核心驱动器的平顶晶体管作为他们的第一个产品。典型的晶体管可能售价 2 美元或 3 美元，但对瓦尔基里来说这个指标全然不同。军品市场意味着（如果可靠性和速度符合规格）为一颗晶体管支付 100 美元只是小事一桩。毋庸置疑，价格迟早会下降。人们没有想到的是这种价格长年累月下跌的程度，哪怕一丁点儿都没想到过。一个平凡无奇的晶体管，平均成本为 2.5 美元。如今，同样的钱——以定值美元计，可以买 1 000 多亿个晶体管。硅晶体管成为有史以来人们制造过的最廉价的东西。在 1958 年，这种现实看起来完全是天方夜谭，对戈登·摩尔来说尤其如此，当时他正拼命琢磨如何做出自己的第一个平顶晶体管。

作为一家没有经受过考验的创业公司，仙童半导体既没有做过晶体管，也没有销售过晶体管。来自 IBM 的一份订单可能会改变这个游戏。汤姆·贝在 1 月份加入这个小组，负责营销和销售，他和诺伊斯一起工作，以确保赢得这笔交易。2 月 8 日，当尤尔特·鲍德温终于从休斯过来之后，他们提交了自己的报价。然后鲍德温接过了指挥棒。如果说大家觉得创业公司在头几个月的开支很高，那么他带来的消息则令他的同事们感到惊讶，他说这样的开支毫无问题，甚至还嫌不足。他认为平顶晶体管会获得一个很大的市场；由公司如拉莫–伍尔德里奇（Ramo-Wooldridge）、休斯、利顿工业和仙童自控等促成的军方需求将确保这一点。在他看来，仙童半导体需要变得更大，发展速度要快，而且要为自己的平顶晶体管建立一座单独的制造工厂。

与此同时，诺伊斯和贝在洛杉矶地区到处走访。市场的反应和 IBM 的需求类似：速度、更低的功耗以及最大的可靠性，这些都需要，而且马上就要。这个消息支持了鲍德温的意见，即戈登、诺伊斯和他们的同事们必须迅速扩张，把诸如预生产工程和质量控制等职能的员工增加一倍，并开始建造一座大型工厂。这个想法既令人兴奋又颇具挑战性。“我们都在工作中学习，”戈登回忆道，“我们只能成长得这么快了，能做的事情是有限的。”鲍德温明白创始人必须押上公司的命运，而事情宜早不宜迟。由于其平面晶体管的成功，仙童半导体要么成功要么失败。这意味着大部分承诺的资金应该花在员工和设备上，同时戈登和他的创始人伙伴要找出如何真正制造平顶晶体管的办法。这是个高风险的办法，但共同创始人没有畏缩不前。以一个平等的无领导小组方式工作的日子一去不复返了，鲍德温是负责人。

戈登和赫尔尼负责建立合理的扩散工艺，他们把 1958 年的 2 月和 3 月用来进行试验。诺伊斯集中精力把内部的研发工作和外部世界的客户需求连接起来。这是他在自己余下的职业生涯中一直担任并不断完善的角色。在幕后，鲍德温就自己在创业公司的股权进行了积极谈判。在创立仙童半导体的最初协议中预留了一部分股权，用来分配给未来的关键雇员。为了招到已经在休斯非常成功的鲍德温，给他提供了一份与“八叛逆”的每个人都相等的股份。然而，他现在直接去找仙童摄影器材的领导层，要求获得一份更大的股权：毕竟，他是老板。在不到 6 个月的时间里，创业公司开始从一家公社式的企业变成一家对私利有着更为狭义定义的公司。

当鲍德温在谈条件，而诺伊斯和贝在奥韦戈与 IBM 工程师密切交流时，另外的私下讨论也在进行。谢尔曼 • 费尔柴尔德（IBM 最大的个人股东兼董事会执行委员会主席）会见了 IBM 的著名领袖托马斯 • 沃森二世，并给他吃了定心丸，说仙童半导体拥有智士和资源让平顶晶体管投产。3 月初，一份来自 IBM 的订单过来了。它要一批样本，数量为 100 个平顶晶体管，每个晶体管价格 150 美元（以今天的美元计，近 20 000 美元），交货日期是 1958 年 8 月 1 日，即半年后。

实现产品

在仙童半导体新的组织结构里，共同创始人位于鲍德温下面一层，戈登和诺伊斯担任大部分的研发任务。诺伊斯——魅力非凡、雄心勃勃、经验丰富，既是研发总监（监督其他大多数共同创始人的工作），又是公司的公众形象，与客户、竞争对手及仙童摄影器材的领导层联络。戈登的内心仍然是个十足的书呆子，满足于领导设备开发，指挥赫尔尼和拉斯特，负责为 IBM 制造晶体管。他的化学背景，再加上他的实验才能、扩散技术经验、沉默的坚定以及审慎的公允，使他成为这个角色的不二人选。

戈登很快做出了令人满意的扩散工艺，但无论是他在 NPN 平顶晶体管上的工作还是赫尔尼对 PNP 所做的努力，都被工艺过程后面一个阶段的问题所困扰：即为组成平顶的发射极、基极和集电极层形成电接触。这些触点形成了晶体管和其所在电路之间的连接界面。找到黏合度高足以做出坚固连接的金属相对容易，只要将这些金属进行蒸发以形成接触就可以。为金属和掺杂硅做出一个连接则困难得多。反复出现的情况是，所选择的金属和硅之间形成了一个预期之外的PN结，这使晶体管无法使用。戈登知道他面临着一个重大的技术障碍。更为复杂的是，不同的金属和不同的掺杂硅相容。一种金属可能和N型硅形成一个良好的接触，但会形成一个不希望出现的PN结，从而不能和P型硅形成良好的接触。需要一种金属或合金，它无论和P型硅还是和N型硅都能形成一个可行的接触。对于实验化学家戈登来说，这种搜寻工作需要的正是他谙熟的技能。

铝是一种可能性。这种元素重量轻、耐腐蚀、来源丰富。虽然它和P型硅接触良好，但在熔合到晶体管的N型区域时，它会形成一个不想要的PN结。戈登制作了一种铝和磷的合金，希望磷会阻止PN结的形成，但实验结果令人失望："我摆弄着各种复杂的合金。"屡屡受挫的他需要新点子，就去找共事了两年的亲密同事诺伊斯，后者劝他坚持使用纯铝作为P型和N型接触。只用一种元素可以简化制造，增加每个批次平顶晶体管的良率，降低总体成本，并直接导致市场优势。

乍一看，诺伊斯的建议荒诞不经。铝不会和N型硅形成良好的接触。"诺伊斯比我们任何人都更了解这一点。"戈登说。然而戈登也明白，尽管诺伊斯的许多想法都不切实际，但他有时候会带来卓越的见解。也许吧，戈登若有所思地说，诺伊斯完全使用铝的想法的确有其道理。除了成分简单之外，对于材料的行为还有更多的好处：通过处理和加工，可以让它们具有戏剧性的性能表现。或许，采用适当的魔法，他能够做出既可以和P型硅接触，也可以和N型硅接触的铝来。1958年4月，他成功了。提高N型区域的掺杂水平，并在非常高的温度（摄氏600度）熔铸铝触点，就能得到所需的物质。对于仙童半导体来说，戈登的发现首先是一个重要步骤，很快这也成为整个半导体产业的重大进展。"我们试着这么做了。在随后的30多年，它成了行业标准。"对于那些看到这一切的人来说，这次成功展现了一种强大的动力，它缘于诺伊斯炽烈的热情加上戈登的洞察力、实验能力以及系统性的顽强做法。未来他们将共同实现硅电子产业新领域的诸多进展。

实验的成功树立了信心，戈登对自己的工作很乐观。很快，仙童半导体就要决定支持其中一种平顶晶体管——戈登的NPN或是赫尔尼的PNP，以赶上IBM的截止期限。为了率先进入市场，他们必须选择正确的型号，这种型号要既能正常工作，又要让他们能够迅速地制造出来。作为设备开发的负责人，戈登拥有最后的发言权，而且大家推测他会赞成NPN。然而，他以自己的一种独特方式来对待此事，他希望不但要保持公平，而且决定过程也要被大家认为同样公平。答案是先通过测量和分析，然后再做决定和投资。

8年来，戈登·摩尔一直保持着记录日常开支的个人账本，并计算教育支出相对于自己薪水的回报度。作为一名化学家，他接受过精确测量和严谨分析的训练。现在，在他早期职业生涯中最重大的一项技术决策里，他以自己偏爱的理解方式来寻求安全感。5月初，他给自己的共同创始人伙伴们起草了一份备忘录，定义了他使用的测量方法。他会比较每一种平顶晶体管的多个批次，观察良率、失效率和电气特性：所有的指标都是可量化的。得分最高的型号将成为他们的第一款产品。有人可能会对测量指标的优劣进行争论，但通过提前讨论这个决定的细则，他让这个过程做到了无派系、透明和公正。

赫尔尼的PNP仍然被金属喷镀的问题所困扰。由于完全采用铝的方法获得了成功，而且其扩散过程相对容易，戈登的NPN明显是赢家。才华横溢而好胜心强烈的赫尔尼无法掩饰自己的失望和愤怒。“这是正确的技术决策，但他对此相当恼火，”赫尔尼的登山伙伴杰伊·拉斯特说，“金是个非常复杂的人。他可能成为世界上最可爱的人，也可能成为最讨厌的人。对仙童来说，幸运的是，当他非常恼火的时候，他做出了最棒的活儿。金被大大地激怒了，于是很多好成果就出来了。”

戈登·摩尔在工作中不断成长。在沉默寡言中，他的绩效展现出来，在此基础上巩固着自己的主导角色。“我一直负责晶体管的开发。现在我的工作是，把这些开发成果变成有明确规定的而且可以转入制造的工艺流程。”在尤尔特·鲍德温的怂恿下，他成立了一个试产工程小组，后来成长到“具有相当规模，因为它有一件大事要做”。他也成了工程部门的头，这个部门——由于公司乱哄哄地成长，迅速变成一个与诺伊斯的研发部门平行的正式组织。“鲍德温教导我们，你必须建立独立于开发实验室的制造业务部门。你必须设计并详细说明制造流程，这完全不同于在实验室里做成某种一次性工作。”

按照IBM的截止期限，到1958年8月初要拿出100个平顶晶体管。不仅如此，仙童半导体还计划在西海岸的一场重要的电子产品展会——Wescon，发布平顶晶体管，时间是当月晚些时候。戈登现在承担着企业赖以生存的全部重担。他只有独自一人，必须成功投产并赶上最后期限。如果他失败了，创业公司就会引火烧身。

孤注一掷

仙童半导体致力于自己的批量工艺，在一块晶圆上同时形成多个晶体管。这种工艺比竞争对手所青睐的高度自动化“装配线”方式更为灵活，成本也更低。鲍德温因为有在休斯的经验，他（一群菜鸟中的老手）认为，一旦平顶晶体管进入量产，他们就可以改进化学印刷技术，降低成本，同时提供更多的产品。尽管还没有任何实际的样品，但他认为到1959年底，公司可以从每个月在实验室里制造100个晶体管，发展到每周在工厂里生产10万个晶体管。这种上千倍的惊人增长将会使它们的价格从150美元下降到5美元，同时还能赚取可观的利润。这样做的目的在于抓住市场需求，充分利用公司批量制造技术的潜力。在大批量制造中，如果忽略由于工程问题而影响良率的可能性，他们将实现跨越式的向前发展。不仅如此，他还指出，到1960年底，公司可以收回工厂的成本。

作为老板和身经百战的老兵，鲍德温召开了一个会议，劝说戈登、诺伊斯和其他共同创始人——有投票权的股东，投建一座超过60万平方英尺的工厂。他直言不讳地告诉他们，有必要做一个决定，通过获得成本优势来抓住消费者的需求。就像肖克利一样，戈登·摩尔和他的同事们希望进入这个行业，他们正在接受商业现实的速成教育。戈登对自己的技术能力有信心，对于许多业务经验也还没有成见。现在，在鲍德温的指导下，他的眼界正在扩大。共同创始人们同意了这个计划。

到了6月份，鲍德温还说服了仙童摄影器材提供所需的大笔投资。作为回报，他承诺了一个年底实现50万至75万美元的销售目标，销量高达2万个平顶晶体管。这些数字既反映了全行业范围的经验，又夸大了这个经验；晶体管的产量从1951年的远低于100万个，增长到1958年的近5 000万个。如果说戈登私下里对鲍德温的惊人计划心怀疑虑的话，那他也只是保持了沉默。他有别的选择。行业里消极失业随处可见，如果事情出了问题，他总能找到另一份工作。正如贝蒂所说的那样，他们饿不死。

在讨论扩张的同时，还需要实际看得见的晶体管来满足IBM的订单。这个任务极其耗费精力，以至于没人有时间去策划他们的交货形式。杰伊·拉斯特回忆说：“我们终于有了整装待命的晶体管，但是我们准备把它们放进什么东西里面？我去了杂货店。我觉得布瑞洛（Brillo）[①]的盒子看起来最漂亮，所以我买了一盒子的布瑞洛。我是在匹兹堡长大的，就像安迪·沃霍尔（Andy Warhol）[②]一样。结果是我们俩都依靠一个布瑞洛盒子开始上手。”晶体管被包裹起来，放进盒子，并发往奥韦戈。这是个朴实无华的解决办法，

① 一种便笺盒的品牌。——译者注

② 安迪·沃霍尔（1928—1987年），美国著名艺术家和电影制片人，波普艺术的代表人物。——译者注

和完成这项工作的节俭风格完全相符。同样紧迫的是要把这件事宣传出去。汤姆·贝订购了一份配合 Wescon 的印刷广告，把平顶晶体管定位成适合航天计算的完美选择：能够耐高温，开关速度快。这份广告自夸说，“一个拥有独到丰富经验的团队，由研究科学家和生产工程师组成，其目标是实现对先进固态扩散工艺的严密控制，”它言简意赅地补充道，“他们成功了。”

鲍勃·诺伊斯现在是公认的仙童半导体公众形象代表，他是在洛杉矶会议上宣布公司成功的不二人选。他让潜在客户和竞争对手都产生了很大的兴趣。他告诉同事们说，他们抢在了行业的前头。“近期没有任何人会挡我们的道。”那年 8 月，8 位共同创始人为他们的成功进行了庆祝。他们成立了一家公司，把一座空房子变成了一条试验生产线，精心打造了一种可行的化学制造技术，并且——尤其是通过戈登·摩尔的专心努力，发布了世界上第一个快速开关扩散硅晶体管。有两种型号的产品销售：遵循业内的命名惯例，它们被称为“ZN696”和“ZN697”，事后证明这两种产品立即受到了军事承包商的欢迎。仙童半导体赢了，鲍勃·诺伊斯欢呼道。他们一跃超过了两家最大、最先进的晶体管制造商得州仪器和贝尔实验室。它只花了不到 1 年的时间和不到 100 万美元的资金，这是个令人瞩目的业绩。

在公司选定的狭小的军品市场中，它只想要航天计算的生意，但它的广告引来了 400 多个垂询。同样喜人的还有顾客在展会上表现出来的兴趣；IBM 的另一个分支机构也在那里参会，而且下了一张 500 个平顶晶体管样品的订单。贝的销售工程师预计，斯佩里-兰德（Sperry-Rand）、美国保殊艾玛公司（American Bosch Arma）、巴勒斯（Burroughs）以及通用电气等供应商的军用和航空业务将一同快速下跌。贝本人认为，奥韦戈的工程师会再要多达 3 000 个晶体管。他相信他的人员卖出 15 000 个晶体管毫无问题；价格将高企在 40 美元到 50 美元之间。到九月底，仙童半导体已经收到了价值 65 000 美元的 NPN 晶体管订单。这个数字很快就增长到了 50 万美元，而工资单上的员工数量也跃升至 90 人。戈登回忆说，“每件事情都运转良好：开发工作、对工艺流程进行试产设计以及第一批产品都完成了，我们有了一本厚厚的工艺规范书，记录了全部的细节方法，而且我们有对产品感兴趣的客户。”成功的感觉真好。

到现在为止，员工们还挤在查尔斯顿路 844 号的空间里，装不下的人就到附近租来的各色办公室里办公。由于复杂的生产工序中有很多重复性任务，大多数员工都是工资较低的当地妇女。"那时候，你雇用的一个妇女可能甚至不会讲英语，你教她在显微镜下把两个东西对齐，而她就整天做这件事。你一次培训 12 个人。这些人主要是因为手巧而被雇用。"

制造足够的平顶晶体管以满足汹涌而来的订单，成了一个迫在眉睫的挑战。"我们的增长太快了，几乎应接不暇，"戈登回忆说，他向他的助理阿特·拉什（Art Lasch）求助，把熔炉等制造设备的生产外包给他，"我们鼓励阿特晚上去做生意。"阿特最终把它做成了一份全职工作，成立了伊智公司（Electroglas），而且把产品销售给别的晶体管公司。"在那个早期阶段，很多提供基础设施的公司都像他那样发展起来。"戈登说。仙童在内部只做尽可能少的工作，"不经意间设下了一个关键方向，即水平化的产业结构"——公司高度专注于自己的特殊专长，而从其他公司购买许多需要的物品。

戈登自己要做的阐明和编纂生产程序的工作还远远没有完成，所谓的良率——硅电子产业的一个永恒要点，仍然存在问题。良率代表一块晶圆上的合格晶体管的比例，与之相对的是有缺陷的、无法使用的晶体管。良率是衡量生产方法效率的一种尺度，高良率等同于每个晶体管的制造成本更低。戈登的任务很明确：提高良率。像往常一样，他找出一种测量方法，通过它来理解这个问题。在这个例子中，他的指标是"最后密封件"，这是工艺序列中的最后一个操作，内容涉及把晶体管封装的顶部"罐子"焊到实际放置硅平顶的头部。最后密封件就位之后，晶体管就可以在客户准备就绪的时候进行测试和认证。

在 1958 年 8 月 18 日至 22 日的那个星期——Wescon 展会周之后，戈登报告说，1 000 个最后密封件通过了测试。再往后一周，又增长了 50%，达到 1 500 个。戈登计算了他的设备和劳动力可能产出的最大值，这个数字在继续扩大。有了多个运转良好的扩散炉，他把目标定为每天加工 70 块 3/4 英寸晶圆。每块晶圆上可以得到约 10 个晶体管用于最后密封，这样每天的产能是 700 个晶体管，每周就是 3 500 个，达到年终目标绰绰有余。压力开始减轻，贝和他的销售工程师可以实现他们的预测了。

平顶晶体管的一个客户是美国保殊艾玛公司，这是一家位于纽约的军事承包商。它为美军的首个携带热核弹头的远程导弹"阿特拉斯"（Atlas）开发了制导系统。它的订单给仙童半导体提供了一张进入这个久负盛名且资金充裕的项目的入场券。另一份订单来自北美航空在洛杉矶的自动控制事业部，该事业部有一份为空军的最新核导弹"民兵"

（Minuteman）开发板载制导计算机的合同，它要求拿到一个 NPN 平顶晶体管样本进行评估。这让公司又在冷战战略的核心地带获得了另一项利润丰厚的应用。

为了服务于 IBM 的瓦尔基里超音速战略轰炸机制导计算机，戈登和他的共同创始人设计了他们的平顶晶体管。最终，只开发了两台原型机，不过这无关紧要，因为在更高的可靠性和更加小型化的特点上，戈登及其团队的开拓性工作直接获得了更广泛的宣传。“IBM 不会购买非常多的晶体管，”戈登解释说，“但平顶晶体管立刻在其他应用上获得了成功。一个关键项目就是民兵导弹计划。北美航空需要更高等级的可靠性，而且想要一个硅晶体管。”对军方来说，价格不是主要考虑因素，戈登的 NPN 平顶晶体管被公认为是一种良好的通用晶体管，销售量的绝大部分都来自军方。

价格高企，销售火爆：整个 1959 年，奇迹都在继续。“在我们做出产品之前，已经快过了一年，但是一旦我们做出设备来，就获得了相当广泛的接受，”戈登回忆说，“锗晶体管的耐受温度大约是 80℃，而军方想要一种可以运行在 200℃的东西。他们确实需要硅。空军、通信兵、陆军、海军，每一个兵种对此都相当确信。”戈登当时不知道“先锋”号卫星的事业会如何发展。美国政府希望这种由真空管控制的火箭能撑起一颗卫星，以此来回应史泼尼克，但在 1959 年 9 月，11 次发射里有 8 次都失败了。很显然，真空管和锗晶体管的时代已经过去了。相反，硅晶体管可以耐受火箭和导弹的震动、重力及灼热，且价格并不太高。

仙童半导体孤注一掷的决定得到了回报，需求像火箭腾空般地起飞了。在这个注定要成为硅谷的地方，硅的副产品第一次取得了惊人的成功。戈登不受约束地专注于一种新技术，这是仙童半导体战胜众多已有机构的核心所在。获得成功的新商业模式很简单：摆脱束缚、专注、执行。而仙童半导体生动地告诉世人，在电子产业的前沿，这种成功能够做到怎样的名利双收。

大胆畅想

未来完全采用硅

整个 1958 年，金·赫尔尼都在奋力钻研 PNP 平顶晶体管的扩散和金属喷镀工艺。

客户很快就要求用PNP和NPN配对。正如拉斯特解释的那样，“当我们有了一个配对的NPN和PNP设备后，我们就拥有了世界。”10月份，PNP平顶晶体管的稳定性终于足以进行试生产研究了，赫尔尼解脱出来，把他的创造性天才用在其他项目上。与赫尔尼相反，戈登在自己的实践性任务中迅速取得成功，确定了制造技术，并且正在制造NPN晶体管。他也已经准备好接受新的挑战。他的工程小组开始接手PNP，力求提高良率。戈登对小组的信心越来越足，他宣布PNP平顶晶体管很快就会进入稳定的、可复现的生产。

赫尔尼回头去质疑传统智慧。他的笔记本上保留着平面工艺的草图，这种工艺重新树立了一个概念，让“肮脏的”氧化物成为制造晶体管的一种资产，这样做出来的晶体管甚至比平顶晶体管还要好。在这第二次跨越中，他特立独行，开始考虑另一种“有害”材料：化学元素金，这是一种众所周知的“死亡元素”，因为它对晶体管的性能具有破坏性的影响。他能使用死亡元素吗？

虽然产品成功了，但仙童的平顶晶体管经常失效。确定和解决问题是非常棘手的事情，但却至关重要。IBM的工程师报告说，一些平顶晶体管不会关闭，赫尔尼和其他人对问题进行了跟踪，发现原因在于“吸杂”（gettering）过多。吸杂是一道工序，把一种元素——通常是镍，加到晶体管里，以排除或中和杂质，因为杂质会损害晶体管的性能。赫尔尼以全新的角度来理解这个问题。回想起贝尔实验室最近的一份报告，他认为金有一种类似于吸杂的作用，可以让电子流动，即便不一定朝着期望的目的地流动。也许把适量的黄金置于正确的位置，可能会让晶体管的开关速度变快。1958年的晚些时候，在一系列实验中，赫尔尼把金扩散到集电极的特定区域，结果证实了他的猜测。如果可以做出开关更快速的扩散硅晶体管，在速度这个首要指标上和锗晶体管进行直接竞争，再结合硅晶体管的其他优点，那就有可能拿下整个市场。戈登回忆说：“正当人们开始制造基于硅晶体管的计算机时，金掺杂法把我们带入了很多高速应用中。”

戈登把握住赫尔尼工作成果的重大意义，并把它和自己从尤尔特·鲍德温那里吸收来的经验教训迅速地联系起来。戈登现在已经成了设备开发的领导者和为别人提供建议的人，对于要做什么、怎么做，他的观点具有重要的分量。他具有无与伦比的化学印刷技术知识，他对固态扩散工艺进行了更为严格的控制，做出了具有最佳性能和最高可靠性的晶体管，这些工作带来了令人瞩目的成功和与之俱来的快速增长。即将30岁的他，享受着实践工作的成果，肩负着重大的责任，完成了第一种平顶晶体管，他沉思着：“下一步往哪里走？”在头绪纷繁中，戈登回想着赫尔尼证明的效果，1959年1月，正值公司开始实践赫尔尼的理论，他和负责应用工程的共同创始人维克多·格里尼克一起把一份“仙童半导体长期目标的最佳方向”的备忘录递交给尤尔特·鲍德温，里面介绍了基于金掺杂法的快速开关晶体管。

这份题为“设备规划”的备忘录，预示了戈登十年后在另一家创业公司奉行的战略。该备忘录主张一种标准型号的经营哲学：晶体管业务竞争激烈，能幸存下来的将是那些制造大批量标准型号的公司，而不是制造特殊用途晶体管的公司，因为它们没有广阔的市场。戈登开始相信，“开发某种无法批量制造的东西是没有价值的”。设计产品的成本很高，所以最好的经济学在于长期经营精心设计的产品。公司的NPN和PNP平顶晶体管应该是一个普遍有用的晶体管家族的第一种产品，批量化生产，并以极具竞争力的价格出售。如果鲍德温同意这个观点，就有一个关键问题接踵而至，随着产量逐渐攀升到数千、数百万直至数十亿、数百亿时，这就会让戈登·摩尔产生特殊的共鸣：晶体管对什么东西有用处？对于戈登和格里尼克来说，在1959年，这个答案是“交换机和电脑”。他们认为，作为微型的、坚固耐用的、快速通断的开关，硅晶体管在电话交换机、军用设备的控制系统、政府和企业场合使用的大型主机等所有东西上，可以获得潜在的最大用途。

最好的锗晶体管仍然比仙童半导体的平顶晶体管的开关速度快得多。锗很容易进行处理，而且在商业领域相对低温的典型应用中表现很好，但戈登和仙童都致力于硅晶体管。硅在商业市场是否真的有竞争力？由于赫尔尼的开创性工作，戈登很有信心认为硅可以做得到。成功激发了他日益增长的雄心，这在备忘录里显露无遗。戈登在一个模式变革的时刻——取代真空管，进入晶体管行业，现在他提出，硅晶体管能够在开关市场取代锗。几年后，他的勃勃雄心真正发展起来，宣称一种用硅晶体管制造的新式“微电路”将遍及所有的电子产品。利用数据来实现自己的远见——依照他深信不疑的“测量、分析、投资”范式，他将对自己的首要议程做出革命性的改变。

戈登和格里尼克建议组建一类产品组合，包含不下10种标准开关晶体管，涵盖了不同的电流和功率水平：从功率极低的计算机晶体管，到低功率和中等功率的NPN和PNP平顶晶体管，再到用于自动控制和其他设备的较高功率的晶体管。整个产品组合应该在1961年中期全部做出来。为了保持领先，仙童半导体还需要一种非常小的“小尺寸”平顶晶体管：更小就意味着更快。市场上最快的晶体管是用锗制造的，由诺伊斯的前雇主飞歌供货；它的最新款晶体管当初就是由诺伊斯本人开发的，这是先进军用计算应用的最爱。在高风险的国防和航空航天领域，“更小、更快、更好”就是准则。在这场竞争中，飞歌的锗晶体管是他们想要击败的对象。“任何对速度有要求的人都在使用它的设备。”戈登说。赫尔尼的实验表明，仙童的扩散硅晶体管比得上飞歌的设备，而且拥有更为出色的可靠性，完全可以取代它们。

微粒和可能性

仙童半导体现在碰到了一个意想不到的问题，这个问题威胁到了它的存在。客户和公司自己的工程师开始报告说，它的一些平顶面晶体管——已经通过了一系列试验，不仅不可靠，而且常规性能严重下降。戈登知道平顶晶体管“应当能干净利落地承受 100 伏左右的电压，但其中有一些开始显现出各种稀奇古怪的电气特性”。由于军用和航天系统有严格的要求，不可靠的晶体管就不只是一个蹩脚的广告，而是一个非常严重的问题了。

戈登启动了一项计划来追查故障。一组工程师和博士对根源展开搜索，很快他们就用“不明飞行物”（UFO）这个称谓来指代原因。戈登还指派他的朋友、生产领班鲍勃·罗布森（Bob Robson）参与研究这个问题。“在这些封装好的晶体管中，鲍勃切掉了其中一个晶体管的金属罐，让一股电流流经这个晶体管，并在显微镜下观察它。在有结的这一面，有一个点发着亮光。他把这个光点敲掉，然后突然之间，晶体管又恢复了正常的电气特性。”问题在于灰尘和金属的微小碎屑，它们在最终密封后留在了晶体管的封装里。在晶体管表面的PN结区域，这些微粒受到高电场的吸引，可能造成设备短路。“我们要做的就是把微粒去掉。”戈登回忆道。由于它们的来源仍然是个谜，所以说起来容易做起来难：“我们每天早上 7 点开会，试图查明原因。”

在晶体管的最终密封环节，把金属罐焊到头部本来是一个保护步骤，但讽刺的是，这一步却是罪魁祸首。工程师们转而对封装进行改进，并修改焊接工艺。为了诱发故障，他们还设置了一项原始的“敲打测试”方法。“当你观察它的电气特性时，拿着晶体管，用铅笔猛敲它；如果有这样一颗微粒跳动的话，你就会看到一次变化。”“铅笔敲打”流程实现了自动化，但失效的问题继续存在。它凸显了一项迫切的需求，即制造过程中还需要更高的洁净度。另一方面，赫尔尼的替代性平面工艺表现出了吸引力，由于氧化物覆盖了高电场的结，它不会受到这个问题的影响。平面工艺变得充满活力，戈登说："它突然变得出奇地迷人。"

赫尔尼热衷于充分展示自己想法的可行性。他1957年12月在笔记本上探讨的内容表明，不洁净的氧化物会如何将PN结保护起来。他富有先见之明地设想，这可以"为结提供保护，免得它暴露在外面，在后续的清洁和处理中会污染和漏电"。清洁也许可以提供局部的解决方案，但平面工艺将根除这个问题。创始人们已经讨论过他们想要申请专利的开发内容，一个是"单金属接触"，戈登的全铝金属喷镀工艺将成为一项行业标准，并在1963年的一次专利争议（"制造晶体管的方法"）中，成为仙童半导体可交易专利资产组合的一项重要补充。另一个是赫尔尼的平面工艺。

赫尔尼回头认真地思考自己的想法，在一名技术员的帮助下制作"脏"设备的原型。他们把氧化物留在发射极-基极PN结靠近硅表面的区域，"脏"晶体管的性能和稳定性都优于普通平顶晶体管。戈登立刻产生了兴趣。1959年1月14日，赫尔尼让公司的一位秘书把他于1957年12月记在笔记本上的条目打印成文，作为正式的专利披露。这份披露文件被转交给公司外部的专利律师，及时锁定了他的发明。从那时起，针对不可靠性的问题，戈登和赫尔尼追求独立但互补的解决方案：当赫尔尼聚焦于制作一个可以跟"不明飞行物"绝缘的平面晶体管时，戈登则专注于洁净生产工艺这个更为迫切的任务上。

民兵导弹计划尤其需要结实可靠的晶体管。戈登记得那年春天带着他的团队去跟自动控制事业部开会："陈述开始前，在开始逗乐子的时候，我发现他们在需求建议书里漏掉了百分号。我精心计算过的计划比他们的要求差了100倍！那是一次简短的陈述。"戈登迅速重新部署计划。如果用于民兵导弹计划的晶体管要求达到万分之一这个令人望而生畏的故障率，就必须对生产进行密切监督。

生产工艺是一回事，用来进行实际生产的空间则是另一回事。仙童摄影器材答应为新工厂提供资金后，朱利叶斯·布兰克四处考察，在山景城的北威斯曼路找到了一处合适的地点。这个工厂比公司最初的家大5倍，恰好位于靠近美国航空航天局艾姆斯研究中心和莫费特-费尔德海军航空中心的地方。它于1959年初投产，被设计成包含"完整的设施，可以进行晶体生长、器件组装、测试、电路研究和应用工程"。工厂包括制造部门、企业职能部门（销售、会计、采购、人事）、工程部门（试产和"维持"）、应用和仪器部门（它们有各自的实验室）、一个机加工车间（包括医务室、工具制造区、仓库、检修区）以及机械化部门。穆雷·西格尔现在是高级应用工程师，他回忆起当时跟维克多·格里尼克讨论工厂时的情形。“他说：‘我们需要工作台。’我说：‘好吧，我站起来干活。’我们设计了一个高度刚好到肚脐的工作台，这就成了行业标准。”

仙童半导体以惊人的速度成长。在一个更大规模的行动中，搬到威斯曼路只是其中的一部分，是为了给客户提供更好的产品和服务，并给员工提供更好的条件。在确保了最初的成功之后，公司有时间来考虑自己的形象了。一本名为《欢迎来到仙童》（*Welcome to Fairchild*）的小册子描述道，新的工厂加压的是过滤空气，温度和湿度都经过了调节，以确保晶体管制造所需的洁净条件，并且有助于确保员工的舒适度。虽然几乎一半的空间都给了制造业务，但还是有一个宽敞的食堂和“午餐庭院”。公司提供优质工作条件的更多证据还包括，生产车间有定时的“音乐广播”，以及“足够停800辆车的停车位”。公司创立还不满两年，它认为自己已经拥有全国最具现代化功能的电子元件制造工厂之一。

在金·赫尔尼往他的笔记本上记下平面工艺仅仅一周之后，鲍勃·诺伊斯又在自己的笔记本上写下了另一条内容，其分量与前者不相上下，并让他确立了持久的声望。在这条记载于1959年1月23日的条目里，诺伊斯对芯片进行了设想：把一个完整电路的所有组件都做在单个硅片上，从而成为一个集成电路。史泼尼克的发射把仙童半导体拉进了冷战战略核心地带的军用项目，以提升美国的攻击能力为中心，公司生产的大量平顶晶体管都被采购去用于导弹和轰炸机项目。晶体管缩小了开关元件和放大元件的尺寸，可以做出更小、更可靠的电子设备。在军用电子领域，进一步缩小尺寸，或者说“微微型化”（micro-microminiaturization），显然是下一步发展趋势。军方的需求极其迫切，甚至为之焦虑，科学界、工程界和商业界的领导者们也非常看重可靠性。

到1959年，人们已花费了数百万美元用于“数字暴政”（tyranny of numbers），这是由贝尔实验室的杰克·莫顿的一个说法。他的理由很简单，而且直截了当。计算机和其他电子系统需要成千上万的互连组件，更强的能力就需要更多的组件和互连。每次增加规模，都加大了出现故障的可能性，这会破坏可靠性，设备需要维修，而且维护成本更高。可靠性和维修的局限性给电子系统的规模设定了一个上限。这就是数字暴政。

军事供应商也非常关注电子元器件的庞大规模和重量。杰伊·拉斯特说：“结果人们对机载设备微型化产生了巨大的兴趣；每家公司都有一个计划。”在这些计划中，有一个支持“模块”应用的研究项目——采用一种各方都同意的标准尺寸的小陶瓷块，把导线和某些元件印刷在上面，并附带独立晶体管。这些模块可以做成一系列标准功能，组合起来成为微电路。一些研究人员考虑印刷电路是否可以自行包含晶体管。也许，一个完整电子电路的所有组件可以在单块半导体材料上印刷出来和互连起来？

1959 年 1 月 20 日，在赫尔尼刚刚演示了他的平面工艺后，戈登·摩尔、鲍勃·诺伊斯和他们的共同创始人就直接收到了微电路的需求。他们迎接著名工程师爱德华·契安尼恩（Edward Keonjian）前来查尔斯顿路。契安尼恩正在负责美国美国保殊艾玛公司为阿特拉斯洲际弹道导弹开发计算机的项目，由于保殊艾玛已经订购了戈登的 NPN 平顶晶体管样品，所以这次访问事关重大。契安尼恩把这些晶体管放进了他的项目里，他的团队开发的计算机将包含“微型电路”。由于保殊艾玛做不出军用级的扩散硅晶体管来插到它的电路里，所以契安尼恩建议把他的印刷“块”运到仙童半导体，由他们制作平顶晶体管并将其放到印刷电路板上。契安尼恩要求“尽快”为这项工作提供一份报价。

鲍勃·诺伊斯除了具有独特的人格魅力，还拥有堪与戈登和赫尔尼媲美的智慧。对于制造平顶晶体管固有的低效率，诺伊斯一直很恼火。他的公司采用化学印刷工艺，利用批处理能力在单个硅晶圆上同时做出多个晶体管，但随后还得费力地把晶圆切割成单个的设备，每一个都要放进各自的封装里。客户为了制作电路，必须重新连接晶体管。契安尼恩来访之后，过了三天，诺伊斯灵机一动：为什么不把晶体管一起留在晶圆上？如果你可以在晶圆上把它们互连起来，就可以把一组晶体管划分成一个单元；它可以成为一个可靠地连接在一起的集成电路，或者叫作“芯片”。解决数字暴政的答案在于硅芯片。

在自己的笔记本里，诺伊斯认为在单块硅片上制作多个设备非常可取。这个部分很容易，他可以用扩散法为一个电路做出晶体管和其他类似的组件——二极管、电阻器、电容器，甚至可以用扩散法在组件之间做出额外的 PN 结，以防止不必要的电气干扰。接下来的戏法是让设备之间的互连成为制造工艺的一部分，这比较困难。理论上，布线可以通过扩展现有的金属喷镀工艺来实现——在组件之间形成互连，就像现在为组件制作连接部分一样，但这些互连部分需要和硅内部的底层设备隔离开来。赫尔尼展示的平面工艺让诺伊斯耳目一新，它提供了一种解决方案。脏氧化物是个绝缘层，覆盖着整个晶圆，诺伊斯可以很简单地把互连线路放在上面。

这是建立在生产实践基础上的一系列卓越见解。诺伊斯说明了如何“用平面技术进行互连，而且附加的结可以实现电气隔离”（在戈登看来，“让仙童在集成电路上开始起步”，后者“至少是同样重要的”）。基于自己对电子技术的潜心钻研以及对生产线的弱点与挑战的观察，诺伊斯得出了这些认识。他也敏锐地意识到了商业现实：美国军方需要克服数字暴政，并为可靠的解决方案支付可观的报酬。然而由于面临更为迫切的问题，正如赫尔尼的平面工艺想法被搁置一样，现在诺伊斯也被迫推迟发展自己的理念。

契安尼恩的要求有必要优先处理，而更紧迫的是平顶晶体管的不可靠性问题。耗时数周通过净化制造操作来尽量减少“污物”的努力，已经被事实证明是不够的。戈登回忆说：“我们尽可能地清理，有效降低了晶体管的故障率，但没能让它降到零。”自动控制事业部的订单——价值数百万美元，也许是他们最大的合同，岌岌可危，诺伊斯和戈登必须很快拿出一个更好的方案来。

背叛和重组

不幸的是，他们突然有个更为紧迫的问题需要处理：一次令人吃惊的背信弃义。1959 年 3 月，在这个令人焦灼的时候，情况雪上加霜：总经理尤尔特·鲍德温突然辞职，去开办了自己的公司。这是一次重大打击，因为戈登·摩尔和他的共同创始人们正在实施鲍德温的激进战略，押上了公司的命运。更多的坏消息接踵而至：鲍德温从休斯带过来的许多工程师，包括戈登手下负责测试和试生产的工程师也走了。正如 8 个月前戈登和 7 位同事离开肖克利那里一样，鲍德温的小组也集体辞职，这将成为硅谷的特有模式。在许多年里，这些“仙童们”相继变节，创立了数十个硅电子企业，它们的起源都可以追溯到仙童公司。

在幕后，鲍德温曾积极游说公司，想要在仙童半导体得到最大的个人持股比例。当这些谈判陷入僵局时，他和瑞姆制造公司（Rheem Manufacturing）敲定了一桩交易，这是旧金山的一家大公司，在战时制造飞机零部件和军械物资，并在和平时期保留了一个军工产品事业部。鲍德温知道可以从中谋利，而且希望把自己的知识化为财富，他让瑞姆公司的领导人相信，他可以生产硅平顶晶体管。瑞姆半导体的目标是和戈登及其同事们进行正面竞争，鲍德温自己也得到了很大的股权（但时间很短，因为雷神公司在 1961 年收购了这家创业公司）。“他想要有自己的公司，”戈登说，“他没有考虑把我们的企业变成他的公司。他从来没有购买过或收到过仙童半导体的股份。”

在追随鲍德温的十多名变节者中，包括仪器专家伯尼·艾尔宾格（Bernie Elbinger）和试生产工程负责人戴夫·魏因朵夫（Dave Weindorf）。他们都是戈登的下属，戈登听到这个消息时绝对惊呆了；他很快学到了商业方面的教育。“我和魏因朵夫之间非常友好，各方面事情似乎也很不错，所以这次变节让我们大吃一惊。他们开始着手制造我们开发的晶体管，他们甚至有我们如何制造第一种晶体管的手册。我们有一些专利，还有大量的专有技术诀窍。我们起诉他们，但这些诉讼从来没有特别成功过。当一个工程师变换公司的时候，你什么事情也做不了。当我们离开肖克利时，至少我们做的是他已经放弃的东西。”

这次背叛令人震惊，但这也是一种认可，鲍德温认为硅平顶晶体管足以让他自立山头了。由于在他的公司能够生产出实际的晶体管之前还有几个月的时间，所以眼下的挑战在于组织结构方面而不是经济方面。“八叛逆”共进午餐讨论形势：“问题是，我们现在要怎么办？鲍德温算不上一个很好的动手实践型经理。他给我们指出了正确的方向，但在他离开的时候，我们招募了一堆人来应对各方面的问题。我们是冒险再引进别的人呢，还是我们自己凑合凑合？我们决定凑合一下。”

到了 1959 年春天，仙童半导体拥有 200 多名员工，其中一些人具有广泛的电子产品经验和丰富的专业知识。然而，即便是凑合，也需要重新分配一下权力和责任。这组人决定保留鲍德温留下的部门组织、负责人和称谓。领导层的天然候选人是戈登·摩尔和鲍勃·诺伊斯，从最早在肖克利实验室的时候开始，他们就具有与众不同的能力。这是个轻而易举的决定。诺伊斯主意很多，又是“主外的人”，担任副总裁兼总经理，接替鲍德温的角色。戈登对公司的制造技术拥有最广泛和最深入的知识，他的职责范围扩大，并担任研发负责人，同时继续主管试生产工程和质量控制。大多数共同创始人现在直接向戈登报告工作，他是公司在基础技术上毫无争议的领袖。1956 年，他还是个新手。3 年之后，当他进入而立之年时，他比世界上任何人都对这个领域有着更多的理解。

男人和酗酒

尽管公司的大多数员工是女性体力劳动者，但其管理层和研究人员则全是年轻人，通常是 20 多岁或 30 岁出头。心的喜悦之谷如今正吸引着远道而来的新人。有些人来自洛杉矶地区，但很多人如诺伊斯一样，是来自东海岸和中西部。来自亚洲和欧洲的员工也不少见，比如拉尔斯·伦恩。问题在于如何适当利用新人。

伦恩回忆起大卫·詹姆斯（David James），一个拥有博士学位的“高个子、很骨感的英格兰人”，在一个夏日到访查尔斯顿路，他身着“白T恤、白短裤、白袜子、网球鞋。当时大家都还穿着衬衫打着领带，所以这身装束给人留下了相当深的印象”。詹姆斯正开着吉普车穿越美洲，他要求当他旅行归来时得到一份工作。“没有人预计会再次见到大卫，但几个月后他出现了，要求得到他的工作。他在哥伦比亚和厄瓜多尔交界处遇到了麻烦，被迫把吉普车交给当地军方并离开那个国家。”后来，詹姆斯变节并创立了西格尼蒂克（Signetics），这家公司过了不久就聘用了戈登的儿子肯。

尤尔特·鲍德温给公司的运营带来了一定的组织纪律，但到1959年夏天，结构再次发生变动。查理·斯波克（Charlie Sporck）是20世纪60年代仙童半导体的一个关键人物，他回忆起1959年8月的情况：

> 我回应了一则广告，来到纽约市接受面试，在一家酒店的房间里。两个家伙正坐在桌子边上，各种各样的酒堆得老高。当时大约是上午11点钟。我和他们一见如故；他们继续喝得烂醉，并且给了我一个工作机会。我一年挣7 200美元，他们给我开出13 000美元，我当场接受了。
>
> 我的妻子对于要离开东海岸感到惊讶，但我们还是收拾行装带上孩子，开车前往加州。当我到达时，他们根本不认识我。他们终于承认给了我一份工作机会，于是他们把我放在一个房间里，跟他们为了同一个生产经理岗位而雇来的另一个人待在一起。
>
> 这里完全混乱不堪，人们对于如何管理一家制造企业毫无头绪，这是它之所以如此灵活的原因之一——毫无组织架构可言。对于一个在通用电气待了9年的人来说，这太令人震惊了。东部的家当已经变卖光了，所以我必须坚持下去，而且非常幸运的是我做到了。

在20世纪50年代，酒精是美国商业文化中的一个重大主题。在羽翼未丰且仍然有待定型的硅谷，它缓解了新来者的孤独感，有助于建立情感纽带和友爱互助。仙童半导体也不例外，“3杯马提尼酒的午餐”在男性员工和管理层中司空见惯。喝酒和吃饭是巩固客户关系的黏合剂。公司的销售人员都是年轻的男性工程师，它的客户也都是这些人。

仙童半导体的销售人员格外浮夸，陶醉于咄咄逼人的技术辩论，并拒绝接受否定的答案。正如有个人说道："我们都很年轻，极其自命不凡。"汤姆·贝——高大、威严、衣着无可挑剔，组建了一支聪明伶俐、雄心勃勃的团队，公司的迅速崛起让这些人慕名而来。杰瑞·桑德斯（Jerry Sanders）以其好莱坞风格的黄色和紫色西服而闻名，他后来创立了超微半导体公司（Advanced Micro Devices，AMD），这是英特尔的竞争对手。他说，在 1961 年的时候，他对离开摩托罗拉加盟仙童半导体没兴趣，但同意去面试一下，前提是可以安排在周末："我到了那儿，那些人的能力让我印象极其深刻。他们都是超级聪明的家伙。周末在加州玩一玩的念头不复存在，相反，想法成了'我如何找一份工作和这些家伙一起干'。"

下班后在山景城的里基酒馆、沃克酒馆或车轮酒馆（Wagon Wheel）停下来喝酒，成了司空见惯的事。这些酒吧成了交换信息、做交易、吹牛和寻欢作乐的中心。20 世纪 60 年代初，仙童半导体甚至任命了一名常驻旧金山的"娱乐"代表比尔·赫尔佐格（Bill Herzog），他的工作就是把中西部和东海岸的访客带出去娱乐。随着时间的推移，销售会议开始在更具异国情调的地点举行，比如夏威夷。在 1963 年一起声名狼藉的事件中，仙童的销售工程师登上一趟常规商业航班，劫持了飞机上的烈酒，导致环球航空公司的总裁要求仙童公司的员工永远不要再搭乘他的航空公司的飞机。

戈登·摩尔并非滴酒不沾，但也不是特别热衷于 3 杯马提尼酒的午餐或车轮酒馆的啤酒和鸡尾酒。和他的同事不同，他是湾区电子产业的一个稀有物种：第 5 代当地居民，娶了一个当地土生土长的太太。作为一个沉默寡言的革命者，他生活在工作中，而他的娱乐就是和自己的大家庭成员待在一起，他追求的是佩斯卡德罗户外活动者的传统。

这样的消遣稍纵即逝，因为事实证明 1959 年又是紧张忙碌而影响深远的一年。怀着征服开关市场和开发设备的雄心壮志，戈登有很多事情让自己忙活起来。他的人生有了一种截然不同的主旨，这跟他在东海岸 APL 的体验不同，那里缺乏实用的产品，也跟他在肖克利那里的时候不同，那时随心所欲的管理和混乱的目标让人日益焦虑。现在他的奋发图强和全神贯注达到了一个完全不同的程度。贝蒂在洛斯阿尔托斯享受着现代化的住宅，和她的母亲、祖母还有其他亲戚住得很近。除了应付 4 岁大的肯，她发现自己对将要在 10 月份出生的宝宝再次充满期待。在过去的 6 年中，她由于流产而失去了 3 个未出生的孩子，这个宝宝是她不顾一切想要留住的。

平面工艺起飞

赫尔尼终于做出了一个平面晶体管的原型，实际情况表明，它具有他和戈登以及其他同事想要得到的一切属性。事实证明，令平顶晶体管困扰的污物不会影响到平面晶体管。赫尔尼的创新（不是戈登的清理）就是答案所在。戈登和诺伊斯鼎力支持制造耐受污物的平面晶体管。虽然鲍德温已经出去竞逐平顶晶体管，但仙童正在把他甩到身后；它会走平面晶体管的路子。自动控制事业部和其他公司对这个进展非常感兴趣，它保证了他们渴望得到的可靠性和性能。正如戈登在 1958 年 8 月辛勤工作以满足 IBM 的订单那样，他现在集中精力让平面晶体管进入生产，以确保自动控制事业部的订单。然后，就像史泼尼克一样，从外面突然打过来一记闷棍。

得州仪器宣布，它正在生产一种固体电路，这是杰克·基尔比（Jack Kilby）在 1959 年 3 月发明的。和诺伊斯仍在构想中的平面芯片不同的是，基尔比的设备已经实现。它的设计与众不同（其互连导线从表面上方跨过），这注定了它的生产非常困难、产量有限、价格昂贵；尽管如此，这家达拉斯的巨头还是稳步走在了小暴发户仙童半导体的前头。诺伊斯迅速作出反应，他和仙童的律师坐下来，为自己的平面芯片起草了一份专利申请，其要点是把置于脏氧化物上面的铝作为互连元素。到了 5 月份，赫尔尼的平面工艺和平面晶体管专利提交上去了。随后的一个月，诺伊斯的申请也提交了，这把平面晶体管的制造技术延展到了芯片。

尽快生产出一种实际的设备再次变得至关重要。杰伊·拉斯特负责研究诺伊斯的平面芯片能否做成和能否工作，他从 7 月末开始动手。得州仪器已经拿基尔比的工作夸耀了很长一段时间。仙童需要通过一份自己的“微型电路”声明来迎头赶上。Wescon 展会只剩下不到一个月的时间了，无论是平面晶体管还是平面微型电路，拉斯特都没有机会及时做出来。相反，他回到自己的“布瑞洛盒子”方法，尽量利用手头现有的大部分东西。他拿了一个标准的金属“罐”封装，把 4 个（而不是 1 个）平顶晶体管的晶片安装在里面。为了把它们做成一个电路，他用点到点的飞线把这些晶体管连接起来，就像得州仪器的固体电路一样。然后，拉斯特用铅笔在罐子的头部画上粗粗的石墨线条作为电阻器：打那以后，他就套用铅笔的牌子，把它们称为自己的“提康德罗加（Ticonderoga）

电阻”。这个设备的制作只花了三天时间，只能存储一个“比特”的数字化信息（0或1），但它是个可以工作的微型电路，而且及时赶上了 Wescon。在仙童半导体的展台，它被放在最突出的位置上。

仙童半导体现在有 600 名精兵强将，尽管大多数都是以手工操作为主的女性。公司的内部刊物《引线》（*Leadwire*）写了一篇关于 Wescon 的热情洋溢的报告，一点都没提及忙到最后一刻的事。“戈登·摩尔指出，我们的设计方案的主要优点在于，它可以使用传统的安装和布线技术，同时还能大大节省尺寸和重量。目前正在制订计划，以扩展封装电路的概念。”在 Wescon 展会上，并排陈列着封装电路和一个“小尺寸”NPN 平顶晶体管——体积缩小、开关快速、低功耗的晶体管，这都是用来跟飞歌的开关晶体管竞争的。戈登回忆说，飞歌的锗晶体管已经是周围最好的东西了，但它的生产操作是“一次一个，而且高度自动化，这意味着它完全没有灵活性”。和仙童半导体用化学印刷法批量处理的晶圆相比，“他们的做法很不经济。那并不是一种可扩展的技术。”随着主要竞争对手陷入一个死胡同，仙童半导体可以开始展示其高超技艺了。

市场已经证明了创始人的信念，扩散硅晶体管马上就被客户接受了。随着后续的平面晶体管进入试生产，戈登·摩尔和鲍勃·诺伊斯可以——由于太空竞赛的兴起以及热核威慑的赌注不断升级，看到他们正在取得更大的成功。公司的“研究、设备设计和试生产加速计划”收到了成效，与它在研发方面的领导地位交相呼应的是其“优质半导体产品”的量产。这些事实都被谢尔曼·费尔柴尔德看在眼里。在当初的协议里，他保留了买断公司的期权，把这个独立的企业变成仙童摄影器材的一个事业部。仙童摄影器材自身的股价大幅飙升，往往都在 200 美元以上。这样一来，收购仙童半导体只需要少得多的股票。在这个早期阶段行使期权，而且是以较低的成本，非常合理。1959 年 10 月 16 日，仙童摄影器材这家位于纽约长岛、地位稳固的大型防务承包商，买下了加州山景城这家已经名声在外的创业公司。

收购带来了显著的变化。一方面，公司继续取得成功，并保持着非凡的增长：第二个年头，纪录被刷新，销售额增长了 10 倍。由于山景城的制造规模扩大，而且在北边 50 英里的圣拉斐尔增加了一座工厂，员工数量接近 1 200 人。管理层计划把山景城的设施规模扩大一倍，并为研发提供一座新的实验室。诺伊斯仍然担任总经理，戈登还是研发、试生产和质量控制的负责人，其他创始人也各司其职。然而，母公司的业务和雇佣惯例产生了影响深远的后果。所有员工现在都成了仙童摄影器材的员工，诺伊斯也被要求听命于长岛的高管。股票分配和股票期权受到这些高管们的深恶痛绝，全都不予讨论。作为若干事业部中的一个，仙童半导体——一个暴发户，总部设在西部，非常赚钱，极富创业精神，绝对是个怪胎。

到 1959 年 11 月，公司的平面 NPN 晶体管从试生产转入正式生产，良率得到了提高。杰伊·拉斯特的微型电路小组的工作看起来也前途光明。1960 年，研发部门全年的第一要务就是把公司所有的晶体管都做出平面的版本来。3 月份，这个部门发布了平面 NPN。汤姆·贝和他的销售人员很快就从自动控制事业部拿下了最初的 50 万美元订单，为民兵洲际弹道导弹的制导计算机提供产品。这份订单要求仙童半导体设立一个重要的可靠性项目；此后，公司赢得了自动控制事业部价值 800 万美元的合同，这让其他每一家军用电子产品制造商都明确看到了平面晶体管的必要性。

仙童半导体的销售额增长了 2 倍，达到 2 100 万美元。雇员数量再次扩大，诺伊斯计划在山景城增加全新的综合生产大楼，获得了总部办公室的批准。在斯坦福工业园区的西部边缘，俯瞰宁静的斯坦福山麓，公司专门定制设计的研发实验室也破土动工了，它比当初查尔斯顿路 844 号的建筑大 5 倍。在进行这些扩张的同时，事业部进入了欧洲的电子市场，在意大利买下了一家做锗晶体管的公司，叫作 SGS 微电子公司（Società Generale Semiconduttori），它立即开始制造硅平面晶体管在欧洲销售。1960 年底，仙童摄影器材的年度报告中宣称，这是“平面工艺之年”。这个认可来得很及时，因为戈登的研发实验室证明自己确实能制造平面芯片。而芯片将会开启一条道路，带来革命性的影响，这种影响被戈登·摩尔概括进了“摩尔定律”。

戈登在家里

仙童半导体被其母公司购买，这改变了创始人的命运。以今天的钱来算，每个人只在两年前为各自的份额付出了大约 5 000 美元；现在每个人的收获相当于今天的近 300 万美元。审慎地说，这样一笔横财可以抵得上一个人的终身收入了；而事业的成功也保证了在电子产业的职业机会。不久前，戈登·摩尔这个来自佩斯卡德罗的低调的小伙子，还在一家政府实验室里当初级研究员，拿着微薄的薪水，苦苦平衡着他和贝蒂的开支。如今，年届而立，他已小有财富，在硅电子产业的前沿领域最具创新性的机构里担任技术领导者。

在整整两年的工作中，戈登都处在兴奋和成就的洪流中心。公司被卖掉后仅仅12天，贝蒂在斯坦福医院生下了他们的第二个孩子，她接受了择期剖宫产，戈登在隔壁的屋里等待。他们的儿子肯回忆说，他祖父沃尔特·哈罗德开车带他去医院探望，自始至终都在说生孩子的事。和沃尔特的妻子米拉一样，贝蒂曾希望生一个女孩，但生下了第二个儿子史蒂芬，不过她对照料孩子乐在其中。医生建议切除子宫，这限制了她养第三个孩子的愿望。

对于贝蒂来说，生活富裕在一定程度上是对戈登长期离家工作的补偿：

> 我是什么时候了解到我们的物质体验正在发生重大转变的？是在我意识到我们能够还清房债的时候。我感觉心里暖洋洋的，迷迷糊糊。我说："难道我们不想举行一次聚会吗？"戈登说，"不，我不这么认为！"
>
> 我从来都不是个物质至上主义者。我不是一个跑去巴黎看时髦时装秀的人，也不会每个月在斯坦福购物中心花几千美元买衣服。我穿着同样的衣服去钓鱼，我不需要最新的行头。

戈登对于财富和孩子出生的反应都同样低调。尤尔特·鲍德温的叛离把他推到了公司里更为核心的位置上，平面芯片正在开发，第二个儿子降临，现在他有钱了。这些事件并没有导致明显的情感流露，在这个过程中他也没有什么变化。长期以来，他一直很清楚自己的身份，在半岛上有着稳定的社会关系。戈登的节俭是根深蒂固的，财富并不会让他分心；相反，这让他可以放开手脚，不必再担心生活状况和财务需求，而更深入地专注于他想做的事情。钱是一种毫不含糊的东西，你要么有钱，要么没钱，它是一种可以衡量和描绘的东西。从1953年到1961年再到后来，戈登的工资表上呈现出一种令人放心的指数特征。然而，吸引他想象力的并不是钱，而是硅电子的未知地带。他认为自己的角色既是先驱者也是定居者，他知道这片土地是什么，它意味着什么，以及它可能会产出什么。他才30岁，还太年轻，不会遭遇中年危机；他只是接着探索，并根据自己的分析往下走。

在工作之余，他低调的生活节奏得到了贝蒂的支持，继续使他保持沉着，让他恢复精神，得到休憩。虽然他可能会偶尔停下来和同事喝杯啤酒，对现实中的酗酒、狂欢和下班后的社交也保持宽容，但他的日常节奏更像一位化学教授，而不是在车轮酒馆放松压力的硬汉工程师。正如肯回忆的："妈妈确信爸爸会回家吃晚饭。一次特别会议可以接受，但经常这样就不行了。妈妈对此相当执着。'你有家庭，你的任务不是干活干到死。'在饭桌上，人们一般会谈起自己白天的情况。对爸爸来说，事情永远是一样的：去办公室，开会，读文件。这给我留下的最重要的信息就是，爸爸们每天去上班，无一例外。"

在晚餐时，戈登和他的太太一起跟儿子们进行互动。不过还有工作要做。1960 年，肯 6 岁了，他目睹了自己的父亲带着公文包来来回回，带着一大堆工作回到家里。"仙童是一家非常年轻、积极进取、极为重要的公司。晚饭后他会处理每天的邮件，然后又马上去工作几个小时。他坐在我们家的大活动室里，那里有他的椅子和一堆文件。他总是说，自己在整个职业生涯中每天工作至少 11 个小时，日复一日；这是真的。我父亲总是在工作。"

周末，在贝蒂带宝宝的时候，戈登必定会拿出一些时间来打球、散步、读书，或者和他的大儿子一起去钓鱼。最让肯着迷的是被带去参观仙童实验室。"我还记得去过原来在查尔斯顿路上的那座楼。它相当酷，他们有各种示波器、显微镜和科技新玩意儿。他过去经常跟我谈论技术。我一开始就表现出了对电子产品的兴趣，他就培养我学习跟科学相关的任何东西。"

戈登谈起硬科学来得心应手，对宗教则采取回避态度。在往西部走的时候，贝蒂一直渴望回到圣克拉拉的基督复临教会，她的母亲奥丽芙还在那里的主日学校教课。她甚至带着家人参加教会的夏季露营，但由于怀上了史蒂芬，后来儿子出生，再加上健康状况有点不好，他们的参与逐渐减少。然后贝蒂试图参与当地的公理教会，但发现它太不灵活。"教会太大了，他们不得不提供两次服务。有人告诉我说，我只能第二次布道的时候去，但他们的时间不合适，我们的孩子在托儿所。我想，'好吧，这里不是军队。再见。'对任何死板的东西，我都没有好感。"对于肯来说，星期天是家族日，他的宗教教育来自外祖母艾琳。"我外祖母对人很宽容，即使他们的信仰不同。她教我念主祷文，但从这个角度来说，我们真的很生疏。"贝蒂回忆说，"我妈妈仍然留着她在教会学校的所有小册子，孩子们听她介绍《圣经》的历史背景和所有的箴言。"

贝蒂的祖母玛丽・梅茨勒在她萨拉托加的新家摔了一跤，结果卧床不起，并于 1960 年春天去世，享年 90 岁出头。曾经放弃了一次再婚机会的艾琳，现在可以自由地和自己女儿的家庭住在一起了，以弥补贝蒂年少时失去的时光。“我带妈妈出去吃午饭，我们去购物，做女孩子做的事情。然后随着我们的收入增加，我可以送我妈妈和她的姐妹以及邻居去旅游了。”她母亲也可以临时照料孩子，所以在 20 世纪 60 年代，公司的范围和戈登的义务都扩大了之后，贝蒂开始陪着戈登出差：“我经常跟着去，因为他不喜欢独自旅行。”最终，去到新鲜地方的喜悦感褪色了：“起初我喜欢去，但戈登忙于业务。我常常独自一人，发现那样压力很大。如果只是有个人对戈登说‘我想要你过来’，那就没有社交活动，因为那是去参加一个会议。我到了酒店就得搞清楚：‘我要去哪儿？’这很伤脑筋。过了一阵子，我就不去了。”贝蒂开始觉得戈登花太多时间出差了，但肯对此印象深刻。“爸爸去旅行是因为他在做生意；这很好。”

如果说贝蒂对于戈登回家吃晚饭这件事很执着，那么她对确保自己丈夫休假也很强硬：一周留给夫妇俩自己，一周留给儿子们。随着男孩们逐渐长大，全家人就去内华达山脉。“让戈登从他的日常工作中摆脱出来。”贝蒂回忆说。后来，他们买了一条船，划出时间进行钓鱼之旅。戈登和贝蒂的周末主要是去拜访湾区周围的大家族。他们经常去洛斯加托斯、萨拉托加、红木城和佩斯卡德罗，戈登和他父亲及兄弟们会去猎鹿和进行其他比赛。肯还小，就在他伯父沃尔特的农场里玩。

在贝蒂的监护下，家庭生活简单而朴实。肯开始在圣安东尼奥路的一所幼儿园上学。在他家的大道上，房子都挨得很近，老梅树点缀着后院，保留着关于心的喜悦之谷的记忆。“所有的孩子都在附近闲逛和玩耍。我还记得帮助修剪草坪、学骑自行车、把蜜蜂抓到罐子里，和我的朋友们一起找乐子。我们有一阵子拿一只龙虾当宠物。”感恩节和圣诞节是属于家人的时间。“假期大家来我们家，”肯回忆说，“祖父母、外祖母，还有家里人。外祖母不喜欢烈酒，所以每次她过来时，我父母只好把所有的酒都藏起来。”

贝蒂的外祖母玛丽去世后，夫妻俩决定盖一幢更大的房子。贝蒂长期以来喜爱建筑和家居设计，现在有能力选择自己的理想位置了。她和戈登去找地方，考虑过库比蒂诺和其他地方的小区，然后选定了很有发展前途的洛斯阿尔托斯山（Los Altos Hills），鲍勃·诺伊斯也在这里置办了一处家产。“我妈妈和我爸爸很显然是平等的伙伴，如果说不算绝对平等的话，”肯说，“那就是很多决定都是她做出的，比如我们要住在哪儿。他们俩没有任何一方是绝对当家做主的，过去和现在都是看情况而定。”

不久，他们就找到了一处地方，位于洛斯阿尔托斯山捷普路（Jabil Lane）的尽头，开车很快就可以到达仙童半导体规划的实验室，又比洛斯阿尔托斯本身更有乡土气息，可以看到树林、山谷和丘陵的景致。从表面上看，这个地区很像佩斯卡德罗，但实际上它是个兴旺富裕的郊区生活中心，很快就会有一位内科医生、一名飞行员和一位斯坦福大学教授来做邻居。半导体电子产业的成功、公司拆分和创业企业的涌现，成为建筑物大量激增的第一波推动力。“我们街上所有的房子都是几年内盖起来的。”二儿子史蒂夫解释道，他在这处房子里住了很多年。“这些房子的主人都是专业人士，他们都是30岁出头。除了我的父母，这条街上的每个人都有4个孩子。”

贝蒂聘请了一位本地建筑师，提出了一种非常宏伟的设计——这是加利福尼亚现代风格的一个例子，带一个开放平面规划的复式结构和拱形天花板。这座房子很大程度上是她的创作。肯描述了他有一次来参观的情况，当时看到的还是一块空地：“这里的丘陵还是一片荒郊野外，还没有280号公路，火车开到洛斯阿尔托斯的中心区，也就是现在的联邦高速公路。我当时还是个非常年幼的孩子，这是个很刺激的冒险。你的父母准备盖一栋房子，这是件大事。由于我还没有任何上学的朋友，所以搬家并没有让我为难。我记得我的父母在跟建筑师一起制订计划。看着房子建起来。这很令人着迷。”贝蒂做了很多考虑周到的设计决策，比如把厨房安排在前面，可以一眼看见车道：这对于密切关注两个年幼的儿子是很重要的。对戈登而言，他有一个要求：他的书房望出去要对着一棵加州橡树，这样的景致会唤起他对佩斯卡德罗和青年时代的记忆。

这事主要由贝蒂独自应对，而戈登从早上就去仙童，直到晚上才回来。她来来回回地跑，把肯扔在幼儿园，把史蒂夫装在婴儿兜里背着，以她那种言简意赅的风格监督建筑工人干活。

> 我和承包商在车道下面碰头，并检查木材。如果不是最好的材料，我就会说：“对不起，退回厂里去。我不想让它上山去房子那儿。我不要边角料。”那个笨蛋恨透了我，但这是合同里的内容，所以这不会错的。我是一个不好伺候的人。我查看每块砖、每块木板，我喜欢做规划、设计风格，而且多年来我一直在画草图，我有很多精力都花在了那栋房子上。戈登和我一直在往前走，生活就应该是这样。我开始在旧金山与W&J斯隆家具设计公司的人见面，因为我不打算把任何旧家具搬到新房子里去。

第5章
起飞

贝蒂在家居设计上的工作，反映出她主动承担起了对家庭生活的责任。她的婚姻是基于共同的价值观、共同的地域以及明确按照性别划分责任范围的做法——这是当时的典型模式。在戈登这边，他对自己挣钱养家的角色毫不含糊——提供财源，以及对财务进行管理和控制。他负责职场，贝蒂负责家里。按照肯的说法，她在家里也许是一股不可抗拒的力量。在对自己的家进行设计、建造和装饰的时候，贝蒂负责“大部分的推进”。从1961年开始，尽管他们的资产快速增长，但她和戈登在洛斯阿尔托斯山的这幢房子里住了40年，儿子史蒂夫在他父母搬出去之后也住在那儿，并在那里开始建立自己的家庭。

贝蒂优先考虑的是保持家庭的亲密和安全。“我妈妈总是在那儿陪着我，”肯说，“对于技术问题，你去找爸爸，但其他所有事情，你去找妈妈。”家庭结构很简单，“妈妈的任务是购物和做饭，爸爸的任务是去挣钱。”有一阵子，贝蒂和一个邻居共用一名清洁工，但最终她还是愿意自己干，并给她的丈夫和儿子安排任务。“爸爸用吸尘器吸地板，在晚饭后洗盘子。”半个多世纪后，这种做法依然如故。

贝蒂还负责健康事务和照顾年迈的父母。1961年以来，二儿子史蒂夫的发育受到特别关注。“他不会走路，我就背着他，我们不知道他出了什么问题。他最终被诊断为过敏反应。我不知道过敏可以让孩子那么长时间都动不了。服用了正确的抗组胺剂后，史蒂夫能够站起来走路了，但他直到大约两岁才会走。”

肯在当地小学入学了。随着时间的推移，他当上了“学校交通安全卫士”，而且被选出来在早上升旗，他对此很自豪。他喜欢上学，加入了合唱团，学习单簧管，最后还打棒球。回到家里，他可以到处转悠，跟着父亲的脚步弄出很大的噪音。“这些人家都没有装栅栏；孩子们就到处逛来逛去。这里的人口更少，空间更开放，也不用担心那么繁忙的交通。你可以去任何地方，做任何事情。我过去经常拿我那支点22口径的枪来打，枪声就会在山谷里回响。一位邻居说：‘嘿，怎么回事？’我说：‘哦，只是瞎打。’我们的屋顶前部是平台，我在那里搞一个叫作大爆炸大炮的东西。它可以制造乙炔气，然后发出‘轰！’的一声响。我会在那里坐好几个小时，搞出这些巨大的噪音。这很好玩。”

戈登和贝蒂在各自的领域做出决定，没有太多的商量。对于业务，戈登不愿意发表自己的观点，在家时也不喜欢谈论他的工作。贝蒂自己——在孩提时代就习惯了独居的生活，但性格活泼、精力充沛，希望丈夫不在家的时候能少一些，所以在很多时候，接受这种局面确实很难。其他人的生活激起了她的兴趣，帮助她转移了孤独感。她的知心密友是戈登的共同创始人尤金的妻子罗斯·克雷纳，但她也寻求跟偶尔来家里的清洁女工发展友谊，清洁工变得就像家人一样。她说：

> 对于一个留下来抚养家庭的女人来说，房子的进度并不像男人的工作那么重要。我必须让事情转起来。后来，戈登再也没去管过，甚至连孩子们的生日都不过问。我想："对他来说，总有一些东西比家人更重要。"我要纾解困境。我们认识的其他家庭也有他们自己的问题。戈登从来不操心家务。他总是告诉我，他太忙了，他的时间太宝贵了。我回答说："好吧，我来处理。"我不得不说："这是我的世界，他有他的世界。"戈登始终完全专心致志地扑在他的工作上。我知道我拥有什么——这不算太糟，但这也一直令人痛苦，因为太孤独了。

第 6 章

Moore's Law
The Life of Gordon Moore,
Silicon Valley's Quiet Revolutionary

新的现实

设定框架

每个美元买到更多防卫

戈登的世界是仙童半导体。1959 年 11 月，他这时候已经属于一家东海岸大公司的一个部门了，他坐在办公桌前为自己的研发实验室写下一年的计划。计划的主题直截了当，文字富有革命性。他从基本原则开始，设定了 4 项主要责任——在随后的 8 年他都没有偏离这些原则。戈登将自己的任务定义为，为生产提供源源不断的新设备，研究如何扩大现有市场，改进化学印刷技术，增强公司的技术声誉，以便在消极失业的氛围中吸引顶尖人才。这些简单而雄心勃勃的规划构成了他的职业生涯、摩尔定律以及后面数十年电子革命的基础。这些规划的范围和影响都很广泛，反映出戈登从离开伯克利之后的十年里走过了多么远的旅程。

他的当务之急是把晶体管的系列产品充实起来，为平顶晶体管做出相应的平面版本，并引入另外的平面晶体管来进行互补，实现他的“标准产品理念”。此外，戈登坚定地把仙童的视野设定在“微型电路”上，即平面芯片。本着这个目标，他首先窥见了一个观点的基本要素，而这个观点最终推翻了传统智慧，并永远地改变了游戏规则。

人们普遍认为，小设备很昂贵，比起把较大的独立元件连在一起所做出来的电路，刻意缩小的微型电路（需要更强的技术能力来进行制造）总是需要更高的代价。尽管在一个系统的生命周期里，微型电路可能会降低总体费用（由于运行和维修的经济性），但微型电路就其本身而言，生产的成本更高。它们是带有异国情调的新鲜玩意儿，其成本只在苛刻的军用需求环境中才有意义。

戈登现在开始怀疑，这个广为接受的看法是错误的。现实是可以改变的。如果仙童半导体能够成功地用化学印刷法制作出平面芯片，就像制作平面晶体管那样，那么它就可以反驳设备越小就越昂贵这一“事实”。芯片本身不仅更小，而且比用元件连接起来的等效电路更好做、还更便宜。芯片的制造和维护都可能变得比传统的电子产品更便宜。这其中的暗示很令人吃惊：正当整个电子产业界的成本下降时，平面芯片可能会接管整个电子产业界。

当戈登提前为芯片规划重大开支时，他阐述了自己的见解；全新的认识就在他的“为什么”里：为什么平面芯片将征服整个产业？“微型电路是一个重要趋势，”他这样开头说道，“关于我们的方法有一个最重要的要点，还没有被别人认识到，就是完整电路（即平面芯片）的制造成本最终将低于为复制该电路功能所需的传统元件的制造成本。”制造一个平面芯片的成本将会比制作一个传统电路的独立部件更便宜，更不用说后者还有组装的成本。而且由于“我们的晶体管技术适用于生产微型电路，若干套这样的组件就能够替换数字计算机里所有电路的 90%”。

当杰伊·拉斯特的团队在制作平面芯片时，戈登看到芯片可能导致仙童以及整个电子产业进入一轮重大的革命。微型电路可能会颠覆世界。他在 1959 年 11 月写下的话标志着技术史上的一个里程碑，但在他的实验室真正成功地做出芯片之前，广泛宣传他的见解并没有任何意义：“我必须让这些东西可以工作。”11 月 5 日，在完成研发计划后，他就把它交给了诺伊斯和在长岛的迪克·霍奇森（半导体事业部现在向这位仙童高管汇报）。

得州仪器发布了杰克·基尔比的固体电路概念，并正在为推出其第一款商用设备而努力，戈登和他的同事们对此一清二楚。仙童迅速为自己的平面集成电路（IC）制定了品牌名称——Micrologic（微逻辑）。得州仪器和仙童的营销人员都希望他们的品牌成为这种产品的代名词，就像施乐或北极（Frigidaire）①那样。1960 年 2 月，Micrologic 团队的鲍勃 • 诺曼去费城参加固态电路大会（Solid State Circuits Conference），这是展现设备生产与应用创新的地方。这次会议为年轻的男性参会者们提供了分析竞争对手进展、了解市场前沿和评估可能性的机会。四五年前，流行语是“扩散”；而现在，所有人都在谈论“微型电路”。相对于杰伊 • 拉斯特的绰号“微型先生（Mr. Micro）”，诺曼的绰号是“逻辑先生（Mr. Logic）”，他参加了一组研究人员的讨论，这些人是来自业界的主要玩家，如得州仪器、西屋、通用电气、摩托罗拉、麻省理工学院、贝尔实验室和斯坦福研究院等。

诺曼为仙童半导体定下计划，准备推出一系列用于数字化计算机和其他数字系统的微型电路。当时业内的叫法和现在一样，数字电路通常被称为“数字逻辑”或“逻辑功能”，原因在于二进制信息——即把信息变成 0 和 1，跟数学家和哲学家“如果 A、那么 B”的形式逻辑之间具有一致性。数字电子系统通过形式逻辑运算来处理数据。诺曼告诉费城的专家，仙童即将推出“装在一个晶体管封装里的完整逻辑功能”。他强调了 Micorlogic 电路对于降低装配成本和提高可靠性的潜力，但还没有公布戈登的革命性想法，即平面芯片可能成为最便宜的电子产品形态，就是这么回事。

到 1960 年 5 月底，Micrologic 团队已经成功制造出了平面芯片。然而，良率低得惊人，就此进行常规制造不切实际。此外，它们也极不稳定。戈登花了大量时间，在自己的办公室琢磨这个问题——阅读进度报告、技术出版物和行业媒体，并分析自己了解到的东西。正在搞集成电路的拉斯特团队提出了各种各样的想法。

在一个迅速成长的事业部里，他把诸如此类的技术挑战视为自己的核心职责。难点在于平衡两种分歧很大的需求：创新和专注。他逐渐认识到，新想法是非常纤弱的，“如果在某个人还没有做过任何尝试之前，你就要他去证明他的想法，那么他通常会放弃这个想法”，如果“你给予足够的自由，他们就会在不得不捍卫一个想法之前，先出去尝试这个想法”。对于创新性工作，需要“关于新奇想法的自由思想”和“相当大的灵活性”来把事情试出来，即使老板对此持怀疑态度。保持专注并作出良好的投资决策也很关键，“筛选想法并投入足够的精力，以确保让想法发展成产品。”

① Frigidaire 是一种电冰箱品牌。——译者注

通过 Micrologic 这个挑战，戈登学会了如何成为一个更合格的经理，而不仅仅是个王牌研究员。他慢慢发展出一套优先级——灵活性、照顾脆弱的想法、保持专注并选择值得投资的项目，这使他的管理呈现出非对抗和开放的风格，但并不是简单地自下而上。他希望他的研究人员提出想法，但他也把这些想法和自己对技术及其发展方向和经济后果的理解进行对照分析。这意味着他对任何想法都会运用他偏爱的方法论（“测量、分析、决定”），那些通过了这套方法论评估的想法将获得资源和人手。只有一个好点子是不够的：作为实用主义者，戈登需要被说服。正如诺伊斯的传记作者莱斯利·伯林所说的：“在诺伊斯推崇灵感的地方，戈登就会预见到汗水。”

通过一种改进的扩散工艺，制造出来了平面芯片的样片，戈登和诺伊斯满怀热情又小心翼翼。这种方法实用吗？有足够的良率吗？设备有多可靠？拉斯特的 Micrologic 小组专注于找出答案。“我永远忘不了跟杰伊和他的人一起干活的经历，太不可思议了，我们解决了一个又一个问题，让 Micrologic 运行了起来。”在回忆起诸如紫色斑痕和镊子划痕等问题时，鲍勃·诺曼说道。

不久，诺曼就可以在一次固态专家的重要聚会上推广团队的成功了。他记得自己“处于焦虑之中，因为除非我们已经有了可以工作的东西，并能说清楚我们什么时候有了这个东西，否则我就不能陈述论文。不过我做到了”。军事承包商都对微型电路的尺寸、重量、功耗、可靠性和成本效益深感兴趣。现在诺曼可以公开阐述戈登的见解了，平面芯片可以比常规电路更便宜，它降低了制造成本及最终的系统成本。“最终结果就是每 1 美元可以买到更多的防卫。”他告诉与会专家说。

到了 1960 年 12 月，戈登·摩尔充分相信，Micrologic 团队的努力将会打通他的成本突破之路。确实如此。3 个月后，1961 年 3 月，仙童半导体发布了 Micrologic 系列芯片，成功地把扩散硅晶体管部署在上面，如今这种电子世界的可靠“砖头”已经随处可见，它们组成了复杂的集成电路芯片。然后这些芯片又成了数字系统和计算机的构件。“诺伊斯和基尔比是集成电路的共同发明人，”戈登说，“杰克用实验室技术做了一个集成电路，而鲍勃展示了一种做出实用产品的途径。”赫尔尼的贡献也很关键，因为“我们在仙童拥有的技术成了通往实用集成电路的道路，”戈登说，“我总是从第一个平面晶体管而不是第一个集成电路的角度来衡量这件事。”真正的电子革命已经开始，但到现在为止，对于即将发生的事情，其重要性就连戈登也无法把握。

第 6 章
新的现实

硅谷诞生

戈登·摩尔日益认识到芯片具有改变世界的潜力，而在公司位于威斯曼路的山景城办公室里，人们对此则完全是目光狭隘。它的重点是把分立晶体管，即基本的“砖头”，而不是陌生的“芯片”，交给急切的客户。平面晶体管轰动一时；销售部门已经在民兵导弹的制导计算机项目上赢得了一宗获利丰厚的大单。乱哄哄的增长、迅速扩张的帝国、早些时候把制造从研究实验室进行物理分离的决定，用一位评论员的话来说，这是“麻烦的开始”。1960 年，事业部不仅在物理上分裂开来，在心理上也是如此。仙童专门定制的生产工厂和行政办公室，也就是位于山景城的“铁桶”（Iron Bucket），从戈登·摩尔的组织里分离出来，现在占据了查尔斯顿路 844 号的整栋建筑。“当仙童开始获得成功时，”给公司当顾问的加州理工学院教授卡弗·米德说，“他们把研究实验室分离出来，但那从来都没有太奏效。”不过更大的分离即将发生，研发部门计划搬到数英里外的斯坦福工业园里一处更大的场地。

威斯曼路的综合大楼无疑是事业部的主要部分，随着产量的大幅提升，它稳步扩张，吸纳工人、工具、材料以及高层经理和主要功能。制造部门开始产生自己的“研发”活动，包括生产工程、应用开发和设备设计。这些活动经常和戈登小组做的工作发生重叠和竞争，而戈登又不是那种对抗变化和挑战变化的人。

戈登的研发代表了事业部的未来。虽然他的员工经常为常规设备制造救急，但他的首要责任是在一个瞬息万变、竞争激烈的行业里，通过化学印刷和新设备保持领头羊的位置。相反，山景城的工作专注于眼前的问题。查理·斯波克身材高大、作风强硬，这名毕业于康奈尔的工程师于 1959 年被聘为产品经理，现在负责制造业务，他把在通用电气学到的纪律引入仙童蓬勃发展的工厂，对工人和产品进行严格要求。游戏的名称是维持良率和产量，并建立生产体系。销售工程师也活在当下，他们需要登记订单来达到目标，并用实际的交付来保持客户满意。大批量生产要求他们保持紧迫而持续的关注。

戈登已经预见到，平面芯片可能变得比传统电路更好、更便宜，这在他的研发部门里引发了强烈的共同信念，即他们已经取得了某种极其重要的成果。位于威斯曼路的制造和销售部门不认同这一点。他们的野心是将硅晶体管全面渗透进军工电子，然后取代商业和工业电子的锗晶体管。他们没时间应付芯片。这可靠吗？实惠吗？它会不让客户那边设计电路的工程师遭到淘汰？这是一个令人困惑的发展，客户和仙童的销售人员同样对其表示怀疑。

1960 年底，在一次会议上，这种观念差异浮出水面并且变得白热化，负责销售和市场营销的汤姆·贝既有影响力又外表威严，他公开炮轰杰伊·拉斯特在 Micorlogic 上“浪费了 100 万美元”而不去支持当前的业务：“你到底干吗要去搞集成电路？把这些晶体管搞利索了！”设计完整的电路，使得公司和自己的客户形成了竞争。贝想要停掉 Micrologic 项目，这是在戈登的研发机构内部的一个项目。在座的还有其他人，这种激烈程度让拉斯特觉得，芯片在仙童的命运被蒙上了一层阴影，甚至是在劫难逃。戈登不在这次会议上，而且无论如何他的反应都是回避难以相处的遭遇。“我不知道贝绕开我这么做，”他回忆说，“我是杰伊的老板，但我没有意识到这一点。”

回想起来，戈登承认管理不成熟。他倾向于以间接方式来指导方向，提出问题，然后进行投资。他讨厌调门很高、惊世骇俗的对抗，并且学会了努力保持中立。在肖克利半导体的时候，当肖克利亲自讯问时，他曾直截了当地说了真话，因为不涉及争论，所以陈述事实就够了。拉斯特遇到的情况则远没有那么容易交涉。

回避和缺乏沟通可能是戈登更倾向的模式，但在一个竞争性的、成长中的组织里，这种模式的代价高昂。杰伊·拉斯特明白，向戈登寻求直接支持于事无补。然而，拉斯特可以用自己的脚投票。他得出结论，跟公司的晶体管和二极管的极端成功比起来，Micrologic 只是一个次要的研发内容。Micrologic 面临着“不作为：钱是有的，但没人在意这件事”。在学语法、上高中、进行工作面试和测试的时候，戈登在自我表达方面的沉默寡言让他耽误了不少事情。现在，尽管他是个最出色的技术战略家，但未能掌控管理上的某些现实，这意味着他将再次受到拖累。

戈登认为，未能支持拉斯特是他在仙童犯的一个最大错误。他谦虚地说，他也没有完全明白“集成电路会有多大的生意。对一项如此重要的技术，我们也只不过是触及了皮毛而已。它只是刚刚完成的另一个产品，我们接下来会再找一种新的设备来做”。

戈登的错误引发了灾难性的后果，导致他的 Micrologic 小组分崩离析，结果不是一拨而是两拨人倒戈。第一拨是迄今为止最令人痛苦的一次变节，1961 年 1 月，杰伊·拉斯特和金·赫尔尼退出，这拆散了共同创始人小组。对于拉斯特来说，贝的公开抨击令他忍无可忍。在阿瑟·洛克和阿尔弗雷德·科伊尔的催促下，他同意会见亨利·辛格尔顿（Henry Singleton），这是个有才华的电气工程师，和人共同创办了泰瑞达公司

（Teledyne），为军用航空开发电子系统。辛格尔顿、洛克和科伊尔提议，拉斯特和赫尔尼在泰瑞达公司的支持下成立一个业务部门，专注于硅芯片。

拉斯特觉得有义务让戈登知道这出谈话正在发生，但他轻描淡写地说："也许什么都不会发生。"但事情真的就来了，而且来得很快。辛格尔顿的技术才华和商业雄心让拉斯特和赫尔尼印象深刻，而辛格尔顿也知道他找到了合适的参与者。"辛格尔顿需要他们，而我想做出这些东西来。"拉斯特解释说。他再也不需要证明自己对于芯片的兴趣了。赫尔尼的情况也类似，由于不满而一肚子怨气。他们一起辞职，在山景城成立了泰瑞达公司的子公司阿梅尔科（Amelco）。拉斯特和赫尔尼成为副总裁，拥有大量股权。谢尔顿·罗伯茨很快就加入了他们。尤金·克雷纳也离开了仙童，并开始给泰瑞达公司当顾问。其他同事，包括拉尔斯·伦恩在内也加入了出走的行列，去了一个更令他们兴奋的公司。

戈登惊讶万分，他的情感受到了伤害，并对变节行为耿耿于怀。他非常尊重拉斯特，并为 Micrologic 项目投入了大量的人工、设备和物资。他的错误在于，仙童的两个共同创始人曾经和他平起平坐，他们竭力想解决这个心理现实，而他却未能理解这一点。拉斯特和赫尔尼觉得，现在他们在组织内部"降了两级"，而拉斯特尤其不喜欢"有个人是我的老板"。事实证明，来自一家新企业的诱惑是非常有吸引力的，它对技术开发提供了承诺，又有机会积累更多的个人财富，而且重新唤起了主人翁意识。戈登迟迟没有接收到这个信息："开始时，我们八个人是平等的，然后诺伊斯和我比其他人拥有了更大的分量。"他以典型的低调方式承认说，这"对拉斯特和赫尔尼决定离开有一定的影响"。阿梅尔科的出现具有象征意义，"八叛逆"正好对半分开了。

第二次背叛行动发生在两个月后，另一个重要的小组从戈登的 Micrologic 项目分裂出去，芯片先驱莱昂内尔·凯特纳（Lionel Kattner）和晶体管专家大卫·艾利森（David Allison）以及工程师大卫·詹姆斯和马克·维森斯坦（Mark Weissenstern）离开公司，创立了西格尼蒂克。他们的目标是为商用大型计算机生产芯片。雷曼兄弟组织了一个投资人财团来支持西格尼蒂克的创立，总部设在山景城东南方向的森尼韦尔。尽管这两组分裂者对戈登在 1959 年末的开创性分析并不知情，但都认为仙童半导体专注于元件是在错失良机。"我的洞察力相当不错，我们真的认识到了其中的重要意义，"凯特纳说，"我离开是因为我知道这将是一个激动人心的时代。"

从仙童半导体出来创业的潜在回报很高，而风险又低得令人神往。消极失业为创业的发酵提供了一个理想氛围，换工作可能被积极对待，它被视为一种所需经验的来源，而非一个人不可信赖的标志。尝试创建自己的企业没什么负面影响，如果你失败了，总会有别人来雇用你。对公司忠诚也不一定就是美德；它可能是个累赘。选择留在Micrologic小组的风险很低，然而由于仙童半导体在长岛的母公司制定的政策，那些正在开创新领域的人本身却得不到任何股票期权。对仙童保持忠诚的话，这些人就主动排除了自己像戈登及其共同创始人那样享受横财的机会。

在心的喜悦之谷，分拆开始变得普遍，并且不断复制。这里有许多现实因素结合在一起。一个是“相似的优点”。正如肖克利半导体的异议分子们只走了不到两英里一样，从仙童半导体分拆出来的芯片公司也在附近选址。公司创始人往往都很年轻——有家室的男人、孩子们在上学。留在本地是有道理的，尤其是这个地区的气候很有吸引力。然后还有人际交往，以及不断增长的本地供应商等基础配套。房地产（果园、葡萄园和牧场）很便宜。大量的个人选择相辅相成，直接加入了这个地区的发展，并为它的转型提供了动力。尽管分拆行为刺痛了戈登，但这也间接增强了公司的地位，这种行为是对这个地区新兴诉求的认可，这里将成为世界上首屈一指的硅电子产业中心。

如果说分拆和建立创业公司正成为家常便饭，那么利用风险投资［由约翰·海伊·惠特尼（John Hay Whitney）公司的合伙人本诺·施密特（Benno Schmidt）新造的一个术语］来助推产业的做法也是如此。20 世纪 50 年代，东海岸的投资者开始把他们的注意力投向防务技术领域的高风险、高回报项目。在华尔街开始采用“高科技”这个叫法的时候，乔治·多里奥特、约翰·海伊·惠特尼和劳伦斯·洛克菲勒在早期投资中占主导地位。1958 年，美国联邦政府通过“小企业投资公司”计划开始成为一个重要玩家，有了政府支持的抵押品，金融机构就可以充分利用自己的资本。约 700 家受支持的公司在 20 世纪 60 年代中期成立，其中包括许多传奇性的名字。

另一个重要举动发生在 1961 年，阿瑟·洛克搬到了西海岸。他厌倦了无休无止的红眼航班，又仔细观察了湾区的沃土，决定从他在纽约海登斯通的岗位上辞职。在旧金山，他和托米·戴维斯（Tommy Davis）成立了该地区第一家风险投资合伙公司。这俩人募集了 5 亿美元的基金，但直到 1968 年才专门用来投资高科技，尤其是防务电子产业。仙童半导体的 6 位创始人都在这个基金里有大笔投资，戈登和诺伊斯询问了仙童的管理层是否可以参与，但被毫不含糊地告知说，他们不能参与。由于洛克策划了最近的阿梅尔科与泰瑞达的分离行动，所以这种反应不足为奇，但他们那些同侪的投资标志着半岛上一股强大动力的开端，从高科技发展衍生出来的第一波财富被用于再投资，引发了随之而来的巨浪。戈登·摩尔私下投资了洛克的密友法耶兹·萨若菲姆（Fayez Sarofim），以安慰自己。（给萨若菲姆投资的建议后来让戈登获得了极高的盈利，他们的关系持续了 50 多年。）后来，他又投资了洛克的第二个以及后续的合伙公司。

正如加州过去的爆发式经济扩张那样，一种独特的混合因素在硅谷萌芽的早年岁月发挥着推动作用。风险投资、消极失业、气候宜人，以及诸如斯坦福大学的弗雷德·特尔曼这些思维敏捷的学术推动者：所有这些因素都青睐冒险、实验和标新立异的生活。而且，就像过去一样，土地相对于人口来说十分富余，这使快速增长得以实现。在心的喜悦之谷，果园、田野、牧场很容易转为住宅和工业地产，减轻了当地的通货膨胀压力，而初创公司的创业股本承诺缓解了工资上涨的压力。一如既往，加州仍然是滋养富有雄心和毅力的开拓者的绝佳之地。

新方向和新动力

戈登·摩尔持续观察着外部的发展。每年夏天，他都参加固态设备研究会议（Solid State Device Research Conference，SSDRC）——就是鲍勃·诺曼阐述仙童的计划的地方，也是激烈的竞争技术和青年男子的狂欢相结合的地方：“没有老人。这是一个新的产业。”有一年，在宾夕法尼亚州立大学校园举行的结束宴会上，他在一个组里，这组人表演了一系列打油诗——诙谐、嘲讽、下流。喝酒引发了一场关于行业领军人物能从酒店阳台上尿出多远的竞赛。不出所料，在随后几年里，人们都不鼓励再举行这个会议。除了这种偶尔的过火行为，戈登总是悄悄地收集情报：“交换了大量的非正式信息。人们围坐在酒吧，尽量不把每件事情都说出来，但足以表现出：‘嘿，我们是非常博学的！’我们并不认为贝尔实验室是个商业竞争对手，而只是个技术竞争对手。对得州仪器我们更是三缄其口。”

1960 年夏天，在他的 Micrologic 小组被后面的事情搞得四分五裂之前，气氛还很平静，戈登在 SSDRC 听了贝尔实验室的两场报告，这些内容跟仙童的技术有直接关系。第一场报告概述了一种新的化学工艺，即外延（epitaxy）技术，可用它来制造开关速度更快的硅晶体管。外延是一种化学反应，可以在一块硅晶圆顶上生长出数层硅，完全匹配晶圆的晶体结构。这样的外延层可以按照人们的期望进行掺杂：无论是P型还是N型，无论是高度掺杂还是轻度掺杂。这是一种制作不同掺杂硅层的新方法，可以得到更好的晶体管和芯片。戈登已经得知了外延技术。

1960年初，他的热情被默克公司（Merck）的一次来访点燃了，这家领先的制药和精细化工企业位于新泽西，它用许可的专利制造超纯硅，打算为正在增长的半导体行业提供晶圆。默克偶然发现了硅外延技术，看到了一个商机，就派出工程师去拜访半导体公司，并提供带有各种掺杂层的晶圆。实际上，尽管戈登好几次提出要求，但默克还没有在商业上做好交付晶圆的准备。由于经费有限，他没有找到足够有吸引力的替代方案（花费时间、金钱和人力来做出自己的专有工艺）。

相反，在贝尔实验室，默克的造访刺激了相关行动：如果默克可以做出外延技术，他也可以。贝尔实验室的小组赶快给自己的外延晶体管申请了专利，并在1960年的SSDRC上作了陈述，这促使戈登马上采取行动。他必须开发外延技术，并将其纳入自己的平面制造技术。最终，由于扩散炉可以改造成必要的工具，所以进入壁垒很低，他的实验室迅速形成了自己的工艺。1961年2月，仙童的半导体事业部开始给它的客户提供开关速度更快的外延晶体管样品。外延技术迅速风靡全行业。

贝尔实验室在SSDRC上的第二场陈述首次推出了另一种新型硅晶体管，这是由马丁·阿塔拉（Martin Atalla）和姜大元（Dawon Kahng）开发的。几年来，阿塔拉一直在研究硅氧化物层和下层硅之间的界面，这是一个和戈登的项目类似的智力型项目，以观察氧化层如何保护硅表面并使其电气特性保持稳定。他和姜描述的这种设备，即金属-氧化硅（MOS）场效应晶体管（field-effect transistor），彻底背离了传统的晶体管。晶体管上面的氧化层被一层金属膜或者叫作“门”（gate）的东西所覆盖。通过加载电荷到栅极，就制造出一个电场，即一种“场效应”。就像拧一下水龙头，这种效应可以开通或阻断电流的流动。

MOS晶体管的吸引力在于它很简单，而且事实上它可以被做得非常小。看到它对于小型化和制造成本的影响，戈登简直着迷了。到了1961年夏天，他决定开始探索MOS晶体管。就像芯片一样，他希望自己的实验室把技术扩展到新的可能性。“那时候，我们对氧化物的了解比任何人都多，”他回忆说，“所以我们开始尝试做这些东西。”同时，仙童的生产部门终于采纳了平面芯片技术，尽管良率仍然低得令人担心。面临分拆的挑战，实验室仍然保持着自己作为全球领导者的声誉，戈登日益成为平面芯片的领军人物。得州仪器放弃了自己的固体电路设计，开始青睐于平面芯片，这很有说服力地体现了这项技术的优越性。

在 1962 年，仙童的研发部门搬进了大得多的基地，这是戈登规划的，坐落在斯坦福工业园的西部边缘，位于米兰达大道 4001 号。由于他平静的专注和孜孜不倦的勤勉，以及拥有从 NPN 平顶晶体管到平面芯片的经验，戈登现在成了世界上最重要的专家，沉浸于制造技术的每个方面及将其用于制造晶体管、二极管和芯片。对于这些技术，其他人都缺少像他那样的知识广度、接触机会和深入研究。这是他的领域。

1961 年的年底，戈登的团队成功地把外延工艺加入了仙童的制造技术。这一次，山景城看到为客户交付芯片的能力出现了戏剧性变化，迅速采纳了这项变革。据说查理 • 斯波克大喜过望："全能的上帝啊！这个外延玩意儿的良率是旧工艺的 50 倍！"与此同时，汤姆 • 贝对斯波克打趣说，制造部门把 Micrologic 产品线的"市场毁了"。"你那么长时间都做得那么糟糕，"汤姆 • 贝解释说，"结果没人会相信我们真的能制造这些东西。"戈登对发生的变化感到高兴。"外延结构为我们提供了一种方法，使集成电路的这些隔离区做起来相对容易。不需要 24 个小时，只要 2 个小时的扩散就足够了。这是一项适时到来的非常重要的技术。"

制造的成功证明了戈登的做法是正确的。在管理实验室时，他的工作方式是给他的同事们设置问题，让他们去找出答案。这也是默文 • 凯利（Mervin Kelly）的方法，他是 20 世纪 50 年代贝尔实验室富有名望的总裁，相信发现好问题比得出好答案更加困难。戈登和凯利跟指导大型学术实验室的教授没有什么不同。他们构思想法，选择个人或小组去追求这些想法，给出反馈和挑战，为独立的由好奇心驱动的努力提供便利，从而让这些努力得出有价值的结果。

戈登洞悉平面芯片会让花出的美元更有保障，因为这些美元可以买到更多的电子产品，这个观点慢慢获得了共鸣。1961 年夏天，鲍勃 • 诺曼在奥斯陆举行的一场由美国和西欧的顶级军事专家和行业专家出席的会议上发言，他强调说，硅平面芯片不仅可以让系统小型化达到更高的级别，而且提高了可靠性，同时显著降低了设备成本。更小就会更好而且更便宜，更小、更好、更便宜就是未来的方向。

成本是一回事，需求的紧迫性则是另一回事。美国和苏联的航天飞行成为导弹力量的一种替代演示。1959 年，美国开始了“水星计划”（Project Mercury），希望抢在苏联之前把美国公民送入太空。然而，苏联再次获胜，1961 年 4 月，尤里·加加林（Yuri Gagarin）在一个狭小的航天舱里绕着地球轨道飞行。约翰·肯尼迪总统作出了一个赌徒式的还击，1961 年 5 月 25 日，他宣布了阿波罗计划，目标是在 1970 年让美国人登上月球。肯尼迪也意识到导弹带来核毁灭的可能性，呼吁美国公民和社区建设防核辐射避难所（他让人把自己的总统避难所建在棕榈滩和玛莎葡萄园）。没有人这么说过，但人们认为，在人类文明的终结和延续之间进行选择的时候，以芯片的形式出现的晶体管现在成了核心要素。

戈登的芯片被选择用于阿波罗计划的板载制导计算机：可以毫不夸张地说，Micrologic 引导了人类登上月球和从月球返回。这是一个重大的设计赢单（design win），具有重要的象征性和市场影响力。到 1965 年，阿波罗计算机是芯片最大的单个消费者，为仙童带来了 500 万美元（200 000 颗芯片）的销售量。晶体管也开始寻找更广泛的商业用途。为了迎合电视频道的扩张需求，联邦通信委员会要求所有电视机都能接收甚高频（VHF）和超高频（UHF）无线电传输信号。硅晶体管（军方经常每颗支付 100 美元以上的价格）的规格符合超高频的工作要求。仙童的明星销售员杰瑞·桑德斯把这个机会告诉了诺伊斯。超高频调谐器市场需要数以百万计的晶体管，但东海岸的竞争对手 RCA 提供一种传统的真空管，售价 1.05 美元，可以以较低的成本执行这项工作（尽管可靠性较差、尺寸更大、功率更大）。诺伊斯告诉桑德斯，用相同的价格向市场提供仙童的晶体管，这让桑德斯大为惊讶。

这个举动十分大胆，它再次改写了游戏。戈登和诺伊斯已经看到尤尔特·鲍德温的预言成了现实，他们明白制造成本会如何随着产量而大幅下降；因此在定价策略上可以有这种自信，把未来的技术和更低的成本考虑进去。桑德斯以 1.05 美元的单价敲定了 200 颗晶体管的订单。这和仙童 5 年前争取到的第一笔交易形成了鲜明的对比：当时是以以每颗 150 美元的价格提供 100 颗晶体管。最初成本会高于价格，但在一份多年合同的生命周期里，这种交易会变得有利可图。这个经验巩固了一种长久的战略：通过降价来打开新的消费市场。就像在核导弹里一样，硅晶体管在电视机里无处不在。戈登观察到，随着时间的推移，“商用市场让军用市场相形见绌。”

第 6 章
新的现实

在拉斯特、赫尔尼、罗伯茨和克雷纳于 1961 年离开后，戈登·摩尔和鲍勃·诺伊斯的关系更紧密了，尽管他们同时在一起的时候很少。戈登的时间都用在研发实验室里，而诺伊斯的中心在山景城的行政与制造大楼。他们一起管理事业部，基于互补的技能，他们很享受这种稳固而轻松的关系。戈登对鲍勃的评价不仅仅是由于他的技术判断力和想法，而且还有他的个人魅力，"具有处理公司政治的天分，以及和非技术人员打交道的耐心。"诺伊斯甚至让花里胡哨的杰瑞·桑德斯都为之倾倒，作为一名领袖，他令行业内的其他人望尘莫及。戈登欣赏他的创造性风格，特别是他解决问题的大胆方法以及跟客户打交道的成功之处。

对诺伊斯来说，他重视戈登的判断、慎重测量而且坚持不懈的方法，还有他那沉稳、自重的天性。他欣赏戈登对于硅技术在技术可能性和经济可能性上的洞察力，以及戈登对重大技术变革的稳健反应。戈登是对内的人，指导投资方向，把握事业部的未来，而诺伊斯是对外的人，跟客户和东部的高管人员联络，制定战略来打开市场。戈登可以把外部世界托付给诺伊斯，而后者可以依靠戈登来确保他们企业的根本：新技术。戈登在自己的领域得到满足和尊重，他对诺伊斯显而易见的明星气质毫不担心，因为内部就是给他的操作空间。两人毫无竞争，却是一对盟友。

他们偶尔会带着自己的妻子（都叫贝蒂）在一起吃饭。"我们跟他们在一起的时候，谈论的事情比跟别人在一起的时候多一些。"贝蒂·摩尔说。诺伊斯夫妇搬到了罗耀拉大道，在洛斯阿尔托斯乡村俱乐部附近，离戈登夫妇的新家很近。"他们搬到了一幢非常大的房子，有果园和很美妙的游戏场地，还有水上运动区，"贝蒂回忆说，"我叫它北部迪士尼乐园。"肯尼斯·摩尔对鲍勃和贝蒂的独子比尔印象深刻，比尔比他大，"而且有很多漂亮玩具，"比如无线电遥控飞机，"另外，他爸爸有一台示波器，这让我觉得太了不起了。"贝蒂·摩尔发现诺伊斯的妻子对学校活动并不耐烦，也不感兴趣，所以对她没有那么深的印象。

诺伊斯夫妻俩的关系闹得很僵，但戈登夫妇的日子平静得多。戈登一直忙于工作，不在"边上"，就像他自己的父亲以前那样。不过，在他做得到的时候，他喜欢给成长中的儿子们做东西。他注意到，在洛斯阿尔托斯山的房子外面，肯和小史蒂夫会坐在纸箱上顺着斜坡滑下去，就给他们做了一个滑坡比赛过山车。"它有一个开放的骨架，带一个简单的方向盘和踏板刹车，"史蒂夫回忆说，"他找到了一些特氟龙板，这可是个大事；

有了这些板，就很容易让车子转向。我们一次又一次地沿着我们的车道和大街滑。”7 岁大的肯已经在发展对电子产品的兴趣了，他喜欢修理东西。他和一个邻居朋友“用雪茄盒做各种东西。我的祖父抽了很多雪茄，我们就拿他的盒子来用。电子设备其貌不扬，我想知道那些东西是怎么工作的。”

摩尔定律即将登场

就像他儿子在学校专注于科学的原因和方法一样，戈登也沉迷于硅电子技术的原因和方法。他领悟到，平面芯片会改变游戏规则。虽然他在仙童内部讨论了这个见解，鲍勃·诺曼也在一系列演讲中采用了他的想法，但戈登还没有公开表明自己的观点。没有任何其他机构宣扬说未来属于微型电路，人们更多是将其视为一种符合军方苛刻要求和高端应用的解决方案。与此相反，戈登确信，它们可以完全取代传统电路；买一颗芯片会变得比购买独立元件并将其连接成一个电路更加便宜。

1962 年，由于外延技术给平面芯片的良率带来了戏剧性改善，戈登看到自己的见解开始得到证实。麦格劳-希尔《科学技术年鉴》向他发出邀请，要求提供一篇关于分子电子学的 1 000 字的文章，他在回应时决定公开发表自己的理念。他在文中断言平面芯片将成为最廉价的电子电路形态，彻底征服数字暴政。随后他开始着手撰写一篇以集成电路为主题的很长的文章，后来它被收入了爱德华·契安尼恩编辑的《微电子学》（*Microelectronics*）一书。

在这篇长达 100 页的论述中，戈登取得了他人生中意义深远的智力突破，正式亮出了自己先前的观点和洞察，有力地证明了芯片才是未来所在。他用论据、公式和图表对芯片的技术性和经济性进行了缜密的分析，然后他在结论中断言，这将带来全新的系统，并拥有以前无法想象的能力，从而大幅度降低电子产品的成本。在这里，他对未来作出了精确的预言。

他的论点是关于“集成的经济学”，也就是更复杂的硅芯片如何带来更低的成本，戈登此后在半导体行业的所有努力由此定型。在接下来的四十年间，他的职业生涯就是去实现自己的思想突破所带来的意义，而他的工作影响到了地球上的每一个人。这个突破本身来自他对化学印刷技术的仔细考察。“以现有的制造技术可以对一种给定的应用确定微电路的适用性，对这项技术所发挥的关键作用，再怎么强调都不为过，”他写道，“它决定了可以做出什么，以及可以很经济地做出什么来。”

对于像戈登·摩尔这样一个跟测量工作如此合拍的人来说，知道了随着化学印刷技术的改进，芯片将成为越来越多的电子应用需求的最廉价选择，那是不够的。他需要用数字来证明这件事。他在文章里写满了等式，比较芯片和传统电路的成本，包括当时和未来的情况。在摆弄这些数字时，戈登发现平面芯片已经有了成本优势。在一块1/10平方英寸的晶圆上，可以形成一块带有64个晶体管的芯片，或者可以做出25颗独立晶体管。由于良率相同，所以芯片的成本已经有利了。再把封装成本考虑进去，这种局面只会进一步强化。

这些数字让戈登得出了一个戏剧性的结论。对于计算机的数据处理逻辑，仙童的数字芯片已经是最便宜的方式了。芯片具有更多的晶体管，这会有什么重要意义？在一定程度上，戈登方程表明，它们会变得更加便宜。芯片会越来越受青睐，直到由于复杂性使得良率低于一个划得来生产的值。当细微的、不断缩小的微观世界到达这一刻的时候，化学印刷的可用技术将会失灵，良率下降，芯片的成本上升。在任何时刻，当芯片最复杂时，电子产品就会达到最廉价的水平，而可能的复杂度将取决于制造技巧的进步。

戈登很快就观察到，可能的最高复杂度会随着时间而增加。制造技巧在不断进步：由于光刻、扩散、外延和金属喷镀的改进，临界点会向越来越高的复杂度移动：“由于技术的进步，可以实际集成的电路功能的规模会迅速增加。”晶体管的尺寸变小，芯片的复杂度增加，同时成本将下降：这是一个奇迹！戈登得出了一个令人欢欣鼓舞的结论：平面芯片会以从前难以想象的尺寸和功率做出计算机来。与此同时，芯片将稳步改进现有计算机的成本和可靠性。最终，平面芯片的好处会扩展到计算机以外，延伸到所有电子产品，包括消费类产品。戈登正确地总结道，整合经济学意味着，平面芯片是电子产品的未来。

证据已经在那儿了。1957年，当“八叛逆”成立仙童半导体时，全世界砖头式晶体管的产量大约是每周50万颗，几乎全都是用锗制造的。到1963年，当戈登发表他的突破性分析时，晶体管的产量已经增长了10倍，现在20%是用硅制成的，而且用硅晶体管制成块状的平面芯片也量产了。晶体管市场总规模刚刚超过3亿美元，而集成电路市场就已经是2 000万美元了。芯片正在崛起。

早在1960年，戈登去了一趟加州理工学院，以恢复他和该校教员的联系，希望能为自己的实验室招募一些最好的研究生。他顺道拜访了卡弗·米德（Carver Mead），这是一位年轻的电气工程教授，发表了半导体器件方面的最新研究。米德的学生是戈登想要的那种类型。戈登迅速作出了一个无声的决定，问："你可以采用一些晶体管吗？"晶体管和晶体管电路还是个全新的领域，米德讲授一门课程，其中包括指导一个实验室，他只用过自己找到的糟糕透顶的廉价设备。采用新的军用级硅晶体管是一个妙招；他回答说："哦，那太好了！"卡弗回忆起接下来发生的事情：

> 戈登有个老式皮革公文包，打开来像个蛤壳的那种。他开始在里面翻来翻去，旁边是一件脏衬衣和一只袜子。他注意到我在看，就说："我轻装上阵。"他找到了，抽出了一个全尺寸的牛皮纸信封，鼓鼓囊囊的。他把它放下，说："这些是 2N697，"然后又把手伸进包里抓出另一个信封，"这些是 2N706。"我这辈子从来没见过这么多晶体管。戈登说："这些是表面有瑕疵的次品。你可以用它们做你想做的事情。"我惊呆了。

惊讶万分的卡弗·米德接受了价值数千美元的世界上最先进的晶体管，这些最初的 NPN 平顶晶体管（2N697）是在戈登·摩尔的指导下投入量产的，还有最新的小型化、掺杂黄金的快速开关型产品（2N706）。不久后，米德成了仙童的一名顾问，他到帕洛阿尔托拜访戈登，给工作人员讲解自己的研究，并和各个团队开会讨论他们的工作。

从 1963 年起，戈登·摩尔根据自己的突破性分析指导他的同事，为平面芯片改进制造技术。他知道，这个他勾勒出来并希望实现和利用的愿景，只有通过有意识的、持续的行动才能实现。他的分析是建立在与别人合作的基础上的：这需要很多的演员，所有人都在追求同样的目标。为了推动制造技术的发展，工程师们在设计芯片时必须优化成本、性能和可靠性，而系统制造商必须围绕这些芯片来构造他们的产品。戈登·摩尔的整合经济学需要一个社会框架。整个社群必须把注意力投向实现芯片在电子产业界的承诺。芯片不会自己把自己做出来。

戈登现在开始在自己的直接势力范围以外招募人员，以帮助实现他的愿景。在余下的职业生涯里，他将推动业界同仁实践整合经济学。随着时间的推移，这种现实成了著名的摩尔定律：这是一个社会法则，依赖于许多演员，而且带来了变革性的结果。为了推动变革，戈登·摩尔将学会把自己的聪明才智不仅用于改进制造技术，而且越来越多地用来倡导电子产业的未来。

电子产业的面貌变迁

晶体管的产量持续上升，这个走势几乎毫不动摇。20 世纪 50 年代后半期，美国的计算机数量从约 250 台上升至约 5 500 台，每 31 000 个公民拥有 1 台。这些系统很多是用真空管建成的，但晶体管蒸蒸日上。1959 年，IBM 推出第一款基于晶体管的大型主机 1401。它比 IBM 采用大量真空管制造的计算机更小，性能却一样好，甚至更好，而售价只是原来的 1/6。慢慢地，公众开始认识到，美国人生活方式的重大改变或多或少跟这种陌生的技术有关。

有了晶体管化的大型主机，美国的计算机数量在 1965 年增加到近 25 000 台，或每 8 000 个公民拥有 1 台计算机。这些机器有将近一半都是 IBM 的 1400 系列产品。到 1975 年，有近 75 000 台大型主机和更小、更便宜的小型计算机系统投入应用：每 3 000 个美国公民拥有 1 台计算机。军方多年的强力支持，使得晶体管计算机获得了打入商用领域所需的经济速度。数字计算机有了更广泛的应用，而不是简单地用于冷战军事系统。大型主机成为了人们熟悉的商业机器，费劲地处理着穿孔卡片上送进来的数据。

1957 年，浪漫喜剧《电脑风云》在全美的影院上映，而 1964 年出现了一部阴暗得多的讽刺喜剧，即斯坦利·库布里克（Stanley Kubrick）导演的《奇爱博士》（*Dr. Strangelove*），这时正值仙童的 Micrologic 芯片在航天计算中找到了自己的第一种用途。对于两个超级大国以及它们同归于尽的复杂计划，这部电影流露出了深深的忧虑。计算机运行一个战略轰炸系统，一名叛变的美国空军军官以此挑起了核战争。还有一台自动化的“末日机器”，很像苏联最后开发的东西。电影的结尾处是核末日的场面（由热核炸弹试验的片段所组成），在这个时刻到来之前，由彼得·塞勒斯（Peter Sellers）饰演的奇爱博士用一台计算机选择出一些美国公民住进一个深洞，希望他们在地球重新繁衍生息。

在 20 世纪 50 年代，晶体管进入美国家庭，主要是用在微型收音机上。到 1960 年，94% 的家庭拥有收音机（采用晶体管的比例越来越大），78% 拥有固定电话。对于有听力障碍者的家庭，除了传统的真空管助听器之外，基于晶体管的助听器也加了进来。然而，20 世纪 50 年代最重要的故事是电视。在这个十年开始的时候，9% 的家庭拥有 1 台电视机，而 1960 年，这个比例达到了 87%。这种上升史无前例，在此之前和之后，其他电子技术都没有取得如此突然和彻底的接纳度。

这种前所未有的超越时空限制的能力造就了美国家庭的特征。一个人可以把想法转变成电子方式而非物理现实，这种选择有赖于单向沟通技术：一小群发送者和一个大得多的广播电视接收群体。发送者主要是企业，在较小的程度上也有政府。从新闻到娱乐，美国人开始接受一种共同的商业化大众文化。

到 1960 年，晶体管的主要市场不只是在美国，在西欧和日本也有了市场。那一年，仙童通过其合资公司 SGS–仙童进入了欧洲市场。得州仪器等竞争对手采取了一种类似的模式，在西欧创建外国子公司并开设工厂。进入日本市场进行销售的限制更多，但美国公司可以利用专利许可从日本获利。鲍勃 • 诺伊斯和仙童的迪克 • 霍奇森开始访问日本，和电子产业巨头日本电气公司的最高管理层建立了牢固的关系。1963 年初，仙童敲定了一份创新协议：日本电气将帮助公司确保赫尔尼平面工艺的日本专利，然后向日本的电子产业界提供许可。仙童随后从这笔交易中挣到了高达 1 亿美元的特许使用费。这有一个意料之外的代价：日本工业界在国际市场上成了晶体管的有力竞争者，而且最终延伸到了芯片市场。

诺伊斯和霍奇森是另一种形式的全球化倡导者：通过把劳动力密集型业务转移到工资水平较低的国家或地区，进行离岸外包。当仙童的半导体事业部在 1960 年首次提供平面晶体管时，雇员数是 1 300 人。7 年之内，事业部扩大了 10 倍，那时候离岸外包已经成型了。采用喷气式飞机所提供的新运输模式，仙童开始把处理过的晶圆从加州运到香港，这种模式本身有赖于晶体管和电子产品的扩散。在那里，这些晶圆被切割，封装成晶体管，然后运回来。从 1963 年开始，香港工厂每年封装数百万颗晶体管，工人每天的工资只有 1 美元。缅因州的南波特兰也开了一个封装厂，这里有足够多的人愿意为一份低工资而干活。

仙童的成功部分是缘于使用亚洲工人，其劳动力价格与美国相差甚远，从而降低了成本。“仙童很早就看到了这一点，而其他人的动作都很迟缓。很多开公司的人并没有这样做，如果他们这么做，他们会成功得多。”杰瑞 • 桑德斯说。1973 年，戈登在接受《福布斯》的一次采访时，宣称半导体制造商是真正的革命者，当时美国公司雇来从事离岸封装的人手（89 000 人）多于国内的业务人员（85 000 人）。戈登的工作是建立在一个全球背景下的，他的仙童实验室在全球的影响力不断扩大。电子革命正在成为一种世界性变革。

这轮革命有一个不太良性的方面，就是业界在使用某些化学品的时候，未能跟上市场爆发式增长的步伐。半导体制造商通过控制能源的应用——化学的、电磁的、机械的方法，把原材料转化为成品。20世纪50年代后期，硅晶体管的制造由实验室里的小规模生产转入大批量制造，废弃物随之而来，到20世纪60年代后期，这成了一个受到社会广泛关注的问题。对光刻技术来说，有两种强大的关键化学试剂：一种是溶剂三氯乙烯，还有一种是蚀刻剂氢氟酸。“三氯”因为被用于干洗、工业溶剂和麻醉药而为人们所熟知。在硅器件的生产中，它被用来剥离晶圆上的光阻蚀剂。氢氟酸是一种具有高度腐蚀性的酸，随后能把晶圆上未被光阻蚀剂覆盖区域的氧化物溶解掉。三氯乙烯和氢氟酸前后协作，这在晶体管和芯片的制造中是必不可少的。化学试剂在沾染了它们剥离掉或蚀刻掉的材料后，就变成了废料。

仙童和其他公司处理这种废弃物（产生的量很少）的方式就是把它倒进下水道。这些下水道连接到山景城、帕洛阿尔托、桑尼维尔和圣何塞的市政排水系统。氢氟酸破坏了这些系统，造成了渗漏。很快，三氯乙烯从这些渗漏点渗透下去，形成了很大的地下水池，它们跟着地下水一起流动，几十年间形成了大股大股的三氯乙烯（如今人们了解到这是一种致癌物质），特别是在山景城。从20世纪90年代起，随着环境保护局把许多制造基地划归为“超级基金（superfund）”地块，这个区域的可疑特性终于为人所知，此类地块在这里的密度高居全美之首。现在谷歌的总部有一部分就坐落在超级基金地块上，那里曾经是仙童的制造工厂。

戈登·摩尔对这些问题一无所知，他的同行科学家和工程师乃至整个国家都是如此。在仙童实验室，“我们有一大罐一大罐的氢氟酸。业内人士一桶一桶地用，并把它倒进下水道。”杰伊·拉斯特回忆说，戈登至少试图了解可能发生的事情，“他跟斯坦福或者伯克利的一些化学工程师说：‘使用三氯乙烯有什么健康方面的问题？’得到的回答是，‘如果你用一个足够大的容器来装它，而你掉了进去，你就会淹死。’那就是当时的看法，没有人知道这些事。”

即便如此，这也令人苦恼，废料破坏了管道系统。“我们很难办，这种腐蚀性混合物在吞噬排水管，”拉斯特解释说，“一个销售员说他有做排水管的理想材料。我把废料倒进去，腐蚀从来没有得到减缓，废料直接穿透了管道。这是我们在扩大规模时面临的一种现实问题。”这个问题在地下实实在在存在了很多年。戈登并没有深究此事，他后来把自己的数十亿美元投入了环保工作。

学习当领导

为实验室指引方向

在醒着的时候，戈登把大部分时间都花在帕洛阿尔托的实验室。随着仙童半导体事业部持续增长，他不再把那么多时间都花在工作台上，而是几乎全都用来指导其他人工作。“我们有许多技术都可以起到作用，但我们不知道为什么。我们必须更好地理解这些事情。”

通常，戈登会随身带着一本他发给研究人员的专利笔记本，它是角上包着真皮的灰橄榄色精装本。员工们按例记录他们的活动，以便对专利申请进行备份。从 1957 年到 1961 年，戈登自己也是这么做的，当时他尝试用全铝接触来制造出公司的第一个晶体管，他记录下了这些工作。现在，他主要是用笔记本来评估同事们的进展。在他试图引导仙童的研发工作时，每周会有多个条目，记录下他跟研究小组开会的情况。

戈登有两个最喜欢的术语：指引（vectoring）和布局（layout）。第一个词表明他试图塑造小组和个人的努力，这个词来自数学，向量（vector）在数学里是一个带有方向和尺寸的实体：戈登的目的是通过把建议、问题、决策和投资结合在一起，指引研究人员向特定的目标和结果前进。他鼓励人们沿着一定的路径行进，“指向”一个终点。戈登坚信，对于如何朝着正确的方向前进，他的科学家和工程师需要合理的灵活性。多年以后他评价说：“我还是喜欢聪明、单纯的年轻工程师有精巧的新想法，还有一个他确信自己可以做成的‘最佳情况’计划。”

第二个他最喜爱的术语“布局”来自硅制造技术。在制作设备的过程中，布局是一个至关重要的阶段。在制作光刻掩膜之前，工程师画出晶体管或芯片的详细图解，并对布局进行研究，以应对可能遇到的困难和错误。戈登采用这种技术；在工作台的活动展开之前，他的工作人员把要做的实验的顺序和目标规划好，由此产生源源不断需要讨论的问题。有时候，这需要戈登自己对一个项目、一道程序或一种产品做出艰难的决定，他并不喜欢这种事情。

他喜欢的方式是一种非常柔和的命令和控制。在他感兴趣的领域，戈登投入资源雇用适合的员工，为他们追求的目标提供空间、设备和资金。员工们可以遵循自己的直觉，但由于戈登的技术专长受到人们的高度重视，以至于他的指导意见通常具有一种直接命令的效果。安迪·格鲁夫是 1963 年加入实验室的一名出类拔萃的博士，后来成了戈登的得力助手，而且凭自己的本事成了一位管理大师，他回忆说，对那些极为关心自己工作的人来说，戈登的灵感具有一种神奇的效果。“我走进戈登的办公室，说：‘我想这样做或那样做。’他会告诉我这样做有什么问题，但他不会告诉我，‘做这个或者做那个。’”戈登很少给出明确的指示，“我对他的智慧怀有深深的敬意，所以他并不需要那样。”

并非实验室里的所有事情或项目都详细地记录在戈登的笔记本里。相反，他专注于那些与他关于硅芯片和未来电子产品的突破性洞察相一致的努力。他利用自己的化学专业知识，跟从事氧化物、金属镀膜、外延的大多数团队开会，所有这些领域都存在很好的化学挑战。他也与从事制造和营销的代表开会讨论设备开发，关注独立晶体管（仍然是业务的主心骨）的计划，但他的首要任务是芯片未来产品家族的开发。MOS 芯片是他特别关注的中心内容。

戈登要求有自己的时间，他对此仍然极其敏感，而且可能（和他那善于交际的共同创始人兼现任老板鲍勃·诺伊斯形成了直接对比）显得有些高冷。在实验室，他经常待在自己的办公室或会议室里；在这两者之间走动时，他的目光往下注视，手里拿着笔记本，大步流星不停顿，走楼梯每次迈两个台阶。虽然彬彬有礼，但他并不想被人拦下来；他尽可能少地打招呼。海伦·邦法迪尼（Helen Bonfadini）以前是一个技术人员，现在是戈登的个人秘书，她是个典型的看门人，用一种生硬粗暴的态度来保护他免受打扰。戈登不希望自己的时间被浪费或者思考被干扰。一心一意以及专注成了他的标志性特点。

在迎合戈登对私人空间的需求上，布局同样重要。在帕洛阿尔托的新研发实验室，入口处有一个办公室，在物理上由一个复杂的行政办公室将其跟实验室的其他部分分开。这个办公室只给戈登和他的副总监维克多·格里尼克使用。（戈登总是小心翼翼地坚称格里尼克是副总监，而不是助理。）这间屋子非常孤立，安迪·格鲁夫回忆说：“我试图顺道拜访过几次，去那里太辛苦了。”当他对戈登有了更多了解以后，格鲁夫学会了如何在迎合他老板对私人空间需求的情况下工作。“我几乎每天都去见戈登。当我出去时，在靠近出口处，我会走进他的办公室，靠在墙上，和他说话。那都是非常有用的对话。”

在戈登和格里尼克的办公室之间，是一个他们俩都可以用的小工作室，里面有一台功能强大的显微镜和各种检测齿轮。这两个人结合双方互补的专业能力，分别或共同利用这个空间来检查设备和处理晶圆，苦心钻研着他们的发现。当戈登和唐纳德·布鲁姆还是 11 岁的男孩时，他们就傻乎乎地摆弄化学仪器了。如今，在这个私人实验室里，戈登继续着他最喜爱的活动。他还在自己的办公室里守着自己独处的时间。“我必须坐下来拿起一个小本和一支铅笔思考，”他解释说，“我需要时间来阅读和思考，我要有私人的时间。对我来说，这是非常必要的。”

当他从自己实验室的每个部门收取每月进度报告时，戈登还试图了解事业部其他部门的无数备忘录，而且持续关注技术和商业文献并进行思考。20 世纪 60 年代中期，仙童的企业风格发展得很完善了。一位新人发现，整个备忘录文化令人难以置信。“我记得有两个人站在他们的小隔间旁边讨论一件事。他们交谈了一阵子，然后坐下来，每个人都叫了一位秘书进来，把一份备忘录交给另外一个人，解释这次会议是关于什么事情的。备忘录被全部放进一个文件里，而且被四处发放。每个人都会读到这些备忘录。”

通过跟踪现有文献，戈登和更广泛的半导体社群保持着密切的联系，而且他从与会员工的报告中获得补充信息。戈登有他自己的常规内容，包括设备研究会议，工业界和学术界的参会者聚集在这里热烈地交换信息。对于负责把自己的工作提交给技术出版物的工作人员，戈登也向他们提供反馈意见。即使有过这种情况，他也很少把自己的名字加为共同作者。要是他像许多管理大型实验室的学术科学家那样对待员工们的工作的话，那么他就会成为数百篇论文的第一作者。

在这个时期，他的笔记本里包含着大量待办事项。他敦促自己阅读实验室的月度报告，提醒自己是这些报告的首要听众。如果阅读可以深入了解情况，戈登对自己实验室的大量事情就很少进行主动监督。大多数事情都留给了格里尼克和其他人。“管理团队有显著的局限，”他承认道，“我们都在进行在职培训。我们在挖掘一条储量极其丰富的技术矿脉，但采矿公司太小了，还应付不了它。”

随着仙童的成长，这种缺乏监督带来了问题。戈登的放手风格可能会引发最优秀的员工做出伟大的工作，但对那些没那么有才华的人则恰恰相反。缺乏内部纪律导致了一种安迪・格鲁夫所说的散漫的“乡村俱乐部氛围”，在这种气氛中人们很晚才开始工作而且早早就离开，对于有形的产出没什么期望。一些部门设置自己的优先事项；有个部门因为特别缺乏生产力而沦为笑柄。格鲁夫（一位出名且同样令人害怕的经理）很是恼火。“你依赖于别人的合作来推进你的工作：他的自由散漫导致了你的无用。”他解释说。戈登可能会在研究小组之间进行积极指导，并把笔记本拿在手上，但那些在一个组里的人经常感到和其他组没有关联。这发展出了一种竖井式的心态。“对跨越组织边界的任何产品或知识，他都会顺其自然。戈登是个技术领袖。他或者是根本做不到，或者就是不愿意去做一个经理必须做的事情。”

账本上的最后一条记录

戈登也许不愿意和他人充分接触，但对于自己的财务状况，他一点都不含糊。早在 1950 年 9 月，他就开始用一本 8 英寸 ×10 英寸带图的本子，作为他和贝蒂的个人财务账本。在加州理工学院以及应用物理实验室的时候，他把每一笔收入和每一项开支都记录下来，详细到每一分钱。有个遵守纪律的方法是不错的：因为他们没什么钱。然后是威廉・肖克利给的工作机会和过山车般的 18 个月，之后是仙童半导体。在买断之后，他拥有了仙童摄影器材的大笔股票。尤其是在戈登自己从事的半导体工作的推动下，这些股票很快就涨了一倍，然后继续大幅上扬。即便如此，他仍然很俭朴。

1961 年，在账本上记了 140 页左右后，他记下了最后一条账目。这表明了一种已经改变的现实。作为总监，他的薪水现在超过了一年 26 000 美元（相当于今天的 30 多万美元），这对一个 30 岁出头的男人来说，是个令人印象深刻的数字。他的股票价值已经超过 40 万美元（大约相当于今天的 500 万美元），而且他的资产还包括美赞臣、佐治亚太平洋（Georgia Pacific）、好利获得（Olivetti）和标准金融（Standard Financial）的持股。他对测量、分析然后做出投资决策的专注，全然符合提倡私人资本、个人财产和金融市场的美国精神；到 1966 年，他的仙童股票价值又翻了一番。他很舒服地成了富人，拥有相当于今天 1 000 多万美元的财产。

他和贝蒂靠他的年薪生活，偶尔痛快地进行大宗消费。1961 年，尽管他有钱了，但仍然开着一辆旧的庞蒂亚克。由于定期开车跑 50 多英里到圣拉斐尔的仙童新工厂，他意识到这辆车已经破旧了。有一天他在一家经销商那里停下，对他们说，如果他们有一辆保时捷，他会在当天下午回家经过时买下来。就像拥有一辆水星美洲狮的诺伊斯一样，戈登在帮助树立一种刻板的印象，即艰苦创业成功的年轻人把钱大肆挥霍在一款高性能跑车上。向来节俭的戈登开了很多年的保时捷；最后，他把它给了儿子史蒂夫，史蒂夫现在仍然拥有并开着这辆车。

继保时捷之后，夫妻俩在 1965 年决定提升一下他们最喜欢的爱好：钓鱼。他们买了一艘 27 英尺长的克里斯游艇，把它留在南旧金山 101 号公路旁边一个离家往北 30 英里的码头。钓鱼是戈登的主要业余爱好。有奥丽芙在洛斯阿尔托斯山照看孙子肯和史蒂夫，戈登和贝蒂可以在周末乘船出去，有时候跟他的兄弟或者鲍勃·格雷厄姆等同事一起去。他们会钓条纹鲈鱼，如果他们穿过金门大桥进入大海，也会钓到鲑鱼。

为了家庭度假，夫妻俩在内华达山脉的高处租了一座小木屋，靠近派恩克雷斯特湖，这里位于“草莓公寓”（Strawberry Flat），离家只有 3 个小时出头的车程。“我们连续很多年都到那里去，”儿子肯回忆说，“我们沿着溪流来回钓鳟鱼，或者坐船到湖上去。在我的美好回忆中，我和父母沿着湖边散步，在岩石上钓鱼，去大坝上，在小卖部吃冰激凌。我们去徒步远足，我很喜欢这件事。”这样的旅行可能变成冒险。有一次，戈登准备了一张政府拓扑勘测图，载着全家人横跨溪流，沿着泥土小径寻找贝内特刺柏（Bennett juniper），这是存活于西部的最大的刺柏树。

戈登和贝蒂热衷于让儿子们接触户外活动，这是他们自己在童年时很喜欢的，他们把这些假期视为家庭生活的一个重要部分。夫妻俩还开始在更远的地方钓海鱼，先是在下加利福尼亚，后来又在墨西哥进行钓鱼露营。这些探险具有双重乐趣：追逐像马林鱼这样更大的鱼类的挑战，享受宁静时光的机会。戈登和贝蒂都喜欢从每天人山人海的生活中逃脱出来，享受探索未开发地带的机会，那里充满了多样化的动植物。两人都是在这种环境下成长起来的，都很珍视这种孤独的宁静。

船、钓鱼度假、新车：所有这些东西戈登都可以用他的年薪轻松买下，这让熟悉的主题有了令人愉快的变化。有了足够的资产来保障余生后，戈登和贝蒂的财富就只是强调了他们的根基雄厚。财富提供了选择的自由，他们可以适度地放纵一下。财富不是用来炫耀的东西，而是需要进行管理和慎重增长的。财富不是用来花费的，而是用来投资的。

第6章
新的现实

仙童半导体的两个世界

到了1963年，仙童稳定地掌握了制造硅电子产品的化学印刷技术的基本要点（扩散、光刻、平面器件、外延和薄膜沉积），而且有越来越多的公司采用该技术。有了这项技术，科学家、工程师和技术人员可以精心制作硅二极管、晶体管和芯片，并大量制造这些设备。由于戈登对基础技术的投资，仙童学会了以更为便宜的成本制造更好的电子设备。这种能力在事业部两个主要部门的表现截然不同：一个是戈登在帕洛阿尔托的研发实验室，另一个是查理·斯波克在山景城的制造部门，这个部门跟销售、营销和行政管理部门紧密结合，而且同处一地。

随着时间的推移，戈登和斯波克创建出了并行的组织，各自在制造和器件设计上都具有相当多的专业知识，但在议事日程和优先级上存在着根本分歧。研发实验室存在的理由在于未来，而制造部门的着眼点是现在。戈登对工艺和产品的考虑事关仙童在未来几年内是成功还是失败，所以他让自己的实验室面向最前沿的硅芯片，他确信，如果进行必要的社会投资，芯片将拥有未来。

对于制造、销售和营销部门的大量工程师和操作人员来说，情况正好相反。独立的硅晶体管是他们制造、销售和推广的产品。分立式硅晶体管的市场还在爆发。在晶体管从真空管那里夺取电子产品控制权的战役中，1964是个跨越之年：晶体管的产量首次超过了真空管。在1964年制造的4亿颗晶体管中，超过40%的是硅晶体管。相比之下，芯片包括仙童的产品在内，仍是一个利基市场：共制造了2 200万颗，大部分用于军事和航空航天应用。

对斯波克来说，更好的电子产品意味着可以在性能上，最重要的是在价格上淘汰锗晶体管的分立式硅晶体管。把晶体管放进金属“罐”的成本，以及罐本身的成本，要高于从晶圆上通过扩散、外延、光刻和金属化来对硅进行处理的成本。尽管制造团队享受到了改进的良率和小型化（以及由此降低工艺成本）带来的好处，但他们的主要挑战是降低封装成本。改进封装是改善成本的关键。

戈登对当前的需求并没有充耳不闻。他的实验室里的工程师继续为销售、营销和制造部门开发分立式硅晶体管。他们还帮助检查极为常见的制造良率崩溃，在这种情况下制造部门会“迷失”工艺，而潜在的晶体管则会变成废品。硅制造技术是材料、设备、工艺和操作配方的复杂组合。这些方面的任何改变，都可能造成紊乱；需要快速追踪到源头，并重新调整系统（有时被戈登称作“巫术”）。戈登本人就在仙童的第一个 NPN 和 PNP 平顶晶体管上做过这种侦探工作，让它们投入量产并提高良率。现在他让自己的工作人员可以为斯波克的制造部门做同样的事情。

这种互惠互利偶尔行之有效，正如人们在 1964 年看到的那样，仙童接到了一张来自明尼苏达的控制数据公司（Control Data Corporation，CDC）的巨额订单。CDC 以生产功能强大的大型计算机而知名，它正在开发一种超级计算机。这项工作由著名设计师西摩·克雷（Seymour Cray）领导，它需要非常快速、可靠的晶体管。克雷找到仙童，投入 50 万美元，要做出一种适合的设备。戈登的实验室很快开发出了一种更小、更可靠的平面晶体管。这带来了一份 500 万美元的订单，这是业界历史上单一产品的最大订单。每台超级计算机需要 60 万颗晶体管。斯波克的制造部门相应地加大了自己的生产量。

比互惠互利更常见的情况是，他们彼此对对方缺乏兴趣。安迪·格鲁夫说：“实际上，研发部门的每个参与者都放弃了把技术转化到制造领域的尝试。我们只是做我们的东西，写我们的文章；它几乎是个学术环境。从山景城来的人很难得能到我们的大厅来转一转或者过来开会。我不认识制造部门的任何人，因为我从来没有见过他们。”戈登自己的很多会议都试图把芯片交给斯波克的部门，但这些转移工作经常失败，并不是因为山景城做不了帕洛阿尔托所做的事情，而是因为他们选择不接手。对于不是非常贴近自己内心的事情，戈登不愿意抗争到底。“随着制造部门技术能力的增长，要告诉他们该做什么就越来越难了。他们想自己把事情弄明白。人们告诉我，我们应该坐下来测量一些基本的东西，而让威斯曼路那边去做开发。但是，我们保留了开发真正的新事物的控制权。我不想放弃开发，对此我会采取非常强硬的立场。”

令人不快的低效率开始累积。正如杰瑞·桑德斯回忆的那样，“仙童的人是一群乌合之众。他们很聪明，但他们非常不同，争论时大喊大叫。”汤姆·贝甚至抓住他的领带挑战一个观点。戈登致力于培养精妙的想法，而对于对抗又极为不适，他发现很难维持平衡和指引他的员工。制造部门有一个“相当野的技术专家”开始开发自己的设备来做外延生长。另一个是李·博伊塞尔（Lee Boysel），他后来成立了四相（Four Phase）公司，“他开始搞一个项目，全都是他自己干”，并秘密设计了一套先进的芯片。“这确实在两个部门之间引起了很大的矛盾。”戈登说。事情变得极为糟糕，以至于一个研发部门的员工指责桑德斯玩弄研发就像摆弄一架钢琴。桑德斯说，“我想做的就是让那个运转良好的了不起的产品投入生产。那东西很难做，它让某些人干得很辛苦。”

斯波克在低成本分立式晶体管上的成功，以及在为 CDC 制造高性能晶体管方面的成功合作，使仙童扩大了销售额。“军用市场很关键，”桑德斯说，“但汤姆 • 贝永远值得称道，他说我们必须进入消费市场。”晶体管最初几乎完全用于军事应用；仙童现在开始径直瞄准商业应用，从数字化计算机到电视调谐器。

进展和挫折

戈登 • 摩尔继续专注于技术进展。哪些路行得通？如果他推动制造技术的改进，即通过化学印刷在芯片上以更高的密度做出更小的晶体管的能力，他能走多远？这些更便宜、更好的电子产品可能有什么用途？他立刻能想到的答案是大型计算机。即使在民用时，这些大型主机也有很多是用在参与冷战的企业和实验室里。就像所有的数字计算机一样，大型主机有三个功能部分：逻辑、主存储器和存储。逻辑部分是数字电路——中央处理单元，或者叫 CPU，信息在这里实际上是通过算术函数对“二进制”或“数字化”数据的无数 0 和 1 进行处理。主存储器用来保持移入和移出 CPU 的数字化数据。存储部分对数据进行长期的保留，并把它提供给更快速的主存储器。

大多数计算机逻辑使用分立式晶体管，并越来越多地选择硅；有少数计算机系统，主要是用于航空航天和军工，已经在逻辑部分采用硅芯片。主存储器完全不是由半导体组成，而是用磁芯阵列做的。晶体管可以用来在磁芯阵列上读取和写入数字化数据，但阵列本身是用数千个微小的甜甜圈形状的磁珠做成的，它们被磁化或不被磁化，以对应于数字化数据的 0 和 1。计算机的第三个功能组件是存储，也是磁技术占主导地位——一卷一卷的磁带以及洗衣机大小的磁硬盘驱动器。

当下提高产量的机会在于逻辑部分。戈登看到，如果他在改进 Micrologic 芯片的良率和复杂度方面进行投资，它们可以成为最便宜、性能最佳的选项，而他的公司也可以占领数字逻辑的市场。然而事情并没有那么简单，数字逻辑电路有各种各样的形式，工程师在如何用数字化架构来实现这些形式以及在他们所制造的部件中进行选择时，可能会采取富有创意的灵活性。

仙童的设计工程师只用电阻器和晶体管来制造他们的电路；它们是电阻密集型的“电阻–晶体管逻辑电路”（RTL）。在戈登的实验室里，对芯片进行早期工作时，一位工程师建议了一种不同的形式："晶体管–晶体管逻辑电路"（TTL），它最大化地使用了晶体管。这个建议对戈登关于成本、复杂性和芯片的突破性领悟是绝佳的补充。如果晶体管的制造成本下跌，使用更多的晶体管就很有道理了；TTL 芯片会有更好的性能，但仍然可以在价格上进行竞争。一直忙于其他事务的戈登没能抓住机会。他继续搞 RTL 芯片，而这个建议被放弃掉了。

1964 年，从 Micrologic 分裂出去的西格尼蒂克对仙童的业务构成了严重威胁。它采取了一条中间道路，叫作"二极管–晶体管逻辑电路（DTL）"，提供显著的性能优势，但生产工艺的难度只是稍有增加。随着 DTL 的走红，西格尼蒂克的电路找到了一个急切的市场，它的销量激增，这让仙童的 RTL Micrologic 芯片苦于追赶。戈登很晚才意识到这个威胁，他做出了仙童的一系列 DTL 芯片，与西格尼蒂克进行直接竞争。

鲍勃·诺伊斯下令仙童的 DTL 芯片以低于成本的价格销售，其售价是西格尼蒂克的一半，戈登对此没有异议。诺伊斯曾经大幅削减平面晶体管的价格，现在对这些新的芯片他如法炮制。这是一个具有双重竞争性的举措，一边拓展市场，同时大幅度压制西格尼蒂克的价格，对这个分裂出去的年轻公司展开雷霆一击。在投标时，仙童可以经受短期损失以占领市场；西格尼蒂克却受不了。"通过这个举动，我们几乎把西格尼蒂克击沉了。"一位营销部门的员工回忆说。在这次以及其他的业务决策上，诺伊斯和戈登展现出了凶猛的一面。如果说西格尼蒂克在投标中冷酷无情地把其前任雇主掀翻，那么戈登和诺伊斯则采取了一个毫不逊色的冷酷做法。戈登可能态度温和，但他是个坚定的竞争者，在不带个人色彩的市场、技术和商业竞争领域，他可能变得极富攻击性。

得州仪器做了另一种有竞争力的开关，引入了一条 TTL 芯片产品线，这是一种晶体管非常密集的逻辑电路形式，就是在戈登的实验室想过又放弃的。得州仪器拥有大量资源，能够给这些高性能芯片进行非常有竞争力的定价。戈登和诺伊斯刚刚取代了西格尼蒂克，就发现自己被得州仪器推开了，他们又成了追赶者。他们后知后觉地推出自己的 TTL 产品来进行反击，但在此之前他们的竞争对手已经占领了大部分芯片市场。为什么戈登·摩尔允许自己被别人超越？说到底，他的失败可以归结为一种狭隘的视野、一种根深蒂固的不肯抛头露面的倾向。摩尔本质上是一位物理化学家；当他奋起时，他可能坚决地进行竞争，但在商业事务中，他的技能还处于不成熟的萌芽状态。

对于戈登来说，幸福在于沉浸在他感兴趣的开发工作中；其结果就是他很容易错过没那么明显的趋势。在这个例子中，他未能把握 TTL 的重要性并让自己的实验室处于领先位置。由此，他失去了开发出当时商业上最成功的逻辑电路形式的机会。这是一个重要的教训。在 20 世纪 60 年代初谈到这件事时，戈登说："对于我们所面临的机会，我们对其重要性一无所知。我们还是一群待在实验室里的家伙，惊讶于人们真的想购买我们的产品。"

MOS 的希望和风险

在各种开发中，戈登最感兴趣的是 MOS 晶体管。1960 年，他得知贝尔实验室在对这种新品进行最早期的研究。MOS 本身是一个平面晶体管，但可以做得非常小，比标准晶体管需要的掩膜更少。在芯片上，MOS 晶体管可以自我隔离，这避免了困扰其他芯片的电气问题，可以把更为复杂的电路封装到一块特定面积的硅上。MOS 芯片很有吸引力，而且东海岸一个强大的玩家 RCA 在这上面押了很大的赌注，1962 年底，它的实验室成功地做出了一块采用 MOS 晶体管的芯片。戈登作出了反应，他让负责物理学的萨支唐掌管一个"赶超"项目。

弗朗克·万拉斯（Frank Wanlass）刚刚从犹他大学取得物理学博士学位，他是一个"创造力惊人的家伙，曾把一张列有 48 项专利发明的清单带进实验室"。现在他也加入了萨支唐的小组，并迅速想出了另一种新型芯片，即"互补金属氧化物半导体"芯片，或 CMOS。芯片通常要在速度和功耗之间进行权衡：速度越快，功耗就越大；低功耗意味着低性能。万拉斯对 CMOS 芯片进行了配置，使其晶体管只有在实际开关时才会耗电。由于无论何时大多数晶体管都是闲置的，所以这是一种成功组合的关键：低功耗和高性能。

这种东西令人陶醉，但戈登遇到了一些令人费解的挑战。MOS 晶体管变幻莫测，电气性能不稳定，受制于"漂移"。除非这个问题得到解决，否则它无法成为切实可行的产品。戈登招聘了更多的化学和物理学人才，而他本人指导一个"表面"小组。还没等这个小组成立起来，一个更重大的挑战又出现了。Micrologic 的核心工作人员宣布离开，这次是分裂出去创立了一家做 MOS 芯片的公司：通用微电子（General Microelectronics）。万拉斯也加入了他们。戈登认为万拉斯和安迪·格鲁夫是他的实验室里最好的两个人，这是一次重大挫折。

那年夏天，戈登自己（尽管是暂时的）离开仙童，进行了他的首次海外之旅。他的曾祖父亚历山大·摩尔和外祖父约西亚·考德威尔·威廉姆森在20多岁的时候就是老练的旅行者了，他们经历了漫长而危险的旅程，进入了未知地带。与之相反，戈登的先驱之旅是在智力方面而不是地理上的。现在他参加了一场由北约赞助的欧洲巡回演讲，这把他的思想之旅和一次物理上的旅程结合起来。这次旅行由《微电子学》的编纂者爱德华·契安尼恩发起，活动范围包括法国、德国、意大利和英国，旨在向欧洲的技术社区推广最新进展。戈登和其他美国专家向多组科学家和工程师介绍了“微功耗电子学”。

微功耗电子学提到了只需耗费极少功率的高度微型化电路。北约军方认识到，这可能意味着卫星、导弹、飞机具有至关重要的新能力。戈登的演讲介绍了CMOS芯片，详细描述了它们如何只在实际开关时耗能。他煞费苦心地澄清说，需要再做更多的工作，让制造技术获得“充分发展”（考虑到技术上的困难以及从他的研发团队分裂出去的公司，这是一种典型的轻描淡写）。无论是戈登还是其他任何人都没有想到的是，在20年之内，全球的整个半导体产业都会转向这种技术，生产出来的绝大多数硅晶体管都是MOS晶体管，其余的是CMOS芯片。

戈登确实预见到了CMOS芯片在未来的一个重要机会：它们可能打开计算机的主存储器市场。当时，磁芯在主存储器中占统治地位。有了CMOS，戈登知道，“即使是一个非常大的存储器，消耗的功率也只有几分之一瓦。在积累了更多经验之后，这种应用切实可行，可以把这些设备做成集成阵列。”这种四平八稳的表述预示着一个巨大的机会，因为计算机的成本大部分是用在主存储器中。戈登正在计划为芯片开拓一个新的领域。

重新确定方向

愿景和讲座是一回事，令人麻烦的现实是另一回事。戈登回到帕洛阿尔托，眼见着在仙童做CMOS的前景迅速黯淡下来。同事流失到通用微电子已经是个巨大的挫折；现在萨支唐由于接受了伊利诺伊大学的一份教职而减少了他的专业投入。他提供咨询并偶尔领导一下，但戈登这里20个人的物理部就没有全职的管理者了。“我没有一位真正的替代者，所以萨支唐会一个月来一次，看看人们在做什么，然后回去。”戈登寻找萨支唐替代者的行动很迟缓，这造成了严重的影响。CMOS的工作几近崩溃。

幸运的是，在仙童内部有一个新生力军在干活：安迪·格鲁夫，他有朝一日将成为戈登的关键执行者，为他减轻直接的管理负担，提供急需的纪律，并使戈登把自己对于芯片的远见变成现实。在伯克利获得了化学工程博士学位后，格鲁夫把自己的目光投向了半导体产业。戈登和格鲁夫在初次相遇时就一拍即合。格鲁夫的学术导师为格鲁夫铺平了道路，1962 年底，他给戈登写了一张便条，称格鲁夫是“一个真正卓越的人。无论谁雇用了他都将会非常幸运”。就像大多数事情一样，戈登不需要别人说两遍。格鲁夫记得，在面试过程中，戈登“绝对明白了我在博士期间做的事情的意义，他非常感兴趣，而且提了很好的问题。他是个聪明的家伙——非常平易近人，没有架子，帮我看清了我想成为什么样的人”。戈登的成就再加上他那沉静的智慧和专注，是“一个很大的卖点”。如果不是因为加州和戈登，格鲁夫本来可能去贝尔实验室，那边正在拉拢他。

青年时代生活在匈牙利的格鲁夫穷困潦倒。1956 年匈牙利发生了短暂的起义，他在此期间逃了出来，先后就读于纽约城市学院和伯克利大学，尽管他带着浓重的口音以及听力在一定程度损失，但这个才华横溢的年轻流亡者顽强不屈。在仙童工作的早期，格鲁夫面临诸多压力，他需要一个像戈登这样的老板：功成名就的典范，但同时又十分可靠，显得沉静、投入、充满善意。反过来，戈登也需要格鲁夫：这个人能量强大，而且相当执着，同时才华卓越，对对抗有着无限的欲望，这和戈登采取回避的本能反应形成了令人吃惊又让人欣喜的对比。戈登认可格鲁夫的能力，钦佩他的雄心，认为他们可以共事：他的“行动导向”和戈登的“间接式指导”形成了完美的互补。

戈登知道他需要恢复和扩大自己在 MOS 上的投入，并永久解决 MOS 的漂移问题。他安排格鲁夫承担这项任务。“安迪・格鲁夫进来了，而且几乎立刻就成了一个正在研究 MOS 器件及其表面技术的小组的领导。他们开发了一套很好的实验方法。安迪搞定了这个问题。他有一种简化局面的巨大能力，他把这个任务拆解成若干个我们可以全力投入的事情。”格鲁夫跟两位经验丰富的半导体研究人员布鲁斯・迪尔（Bruce Deal）和埃德・斯诺（Ed Snow）合作。尽管他抱怨自己的新公司那种各自为战的心态，但在他身上也证实了戈登对才华横溢的员工采取包容态度所产生的力量：

> 我不记得开过一次部门会议，我们三个人的相遇很意外，我们在食堂餐厅巧遇对方。“你好，我是某某人。”“我是某某人。”“你在干什么？”“我在做一个电容器。”“呀，那很有趣。我也在做 MOS 电容器。”手都伸了出来。“你是做什么的？”“我在尝试培养纯净的氧化物。”（松了一口气。）“我在试图分析理论容量。”（另一个人

放松了下来。）我们都在解决同一个问题的不同部分。如果有一个总体规划来挑选三个合适的人，那不可能有比这更好的组合了。没有任何人来给我们交代，我们就非正式地开始一起工作了。

正如戈登看到的那样，“格鲁夫的成功超出了我最狂野的梦想”：他的小组发展到了12个人。有了清理工艺后，MOS晶体管最终在商业上变得可行。“他们在这个领域进展非常快，干得非常漂亮。”同时，处于半缺席状态的萨支唐则拿走了功劳。这让格鲁夫非常恼怒，因为在终止雇用萨支唐这个令人不快的决定上，戈登选择让自己置身事外：“戈登总是看起来像是他从来没有听到过我们抱怨似的。”戈登确实迟迟才在一次临时安排中提拔格鲁夫担任一个科室的头。

1965年3月，在纽约举行的电气和电子工程师协会（Institute of Electrical and Electronic Engineers，IEEE）全国会议上，戈登向他的同行谈到了MOS芯片。尽管它对工艺的变量很敏感，但是大有希望，因为结构的布局被大大简化了。以这种方式制造的大型数字化功能将会非常重要。为了讲清楚自己的观点，戈登悄悄地制作了一张MOS芯片的照片，这是他的工程师最近做的：一个64位的随机存取存储器（RAM），它实现的功能和一个磁存储器阵列相同。随机存取的意思是，存储器的任何特定“位”都可以直接访问，而不是要按顺序查看。戈登在商业上也许是在追赶别人，但他在1965年披露的这个芯片表明，他的实验室在两年中已经走了多远。在他的视野里，他现在不仅仅看着逻辑电路，而且还牢牢地盯着主存储器。

芯片

从证据到信仰

1963年售出了50万颗硅芯片（和晶体管截然不同），销售额将近2 000万美元，几乎全部用于军事用途。靠自己的第一种扩散硅晶体管抢先进入行业且平面技术大获成功的仙童，现在把地盘丢给了得州仪器这样的竞争对手，在美国空军最重要的洲际弹道导弹“民兵II型”（Minuteman II）中，得州仪器赢得了一份合同，为其提供所有的先进芯片。仙童处于落后的位置，它的销售人员尽其所能地进行反击。在美国的太空计划（包括阿波罗制导计算机的巨额合同）中，他们已经为 Micrologic 芯片拿下了几个设计赢单。1964 年，美国航空航天局的太空探测器“水手 IV 号”（Mariner IV）也采用了 Micrologic 芯片。最终，这个探测器传回了火星表面的电视图像。

从一种令人兴奋的实验室技术开发到一项实际的业务，芯片已经走过了漫长的道路。戈登在早期错过了机会（“好了，我们已经做了集成电路，下一步我们要做什么？”）。随后，由于自己的突破性分析，他面对客户的质疑，据杰伊·拉斯特说，“对世人不接受集成电路而感到沮丧”。然而，芯片在军事航天领域取得成功的消息开始在整个电子社区传开了。行业领导者想谈论芯片，而且潜在客户也变得更乐于接受了。

20 世纪 60 年代中期，到处弥漫着关于社会革命的不安和言论，而且变本加厉（“永远不要相信 30 岁以上的任何人”），处在电子行业的那些人理解到一个现实，即芯片将改变个人和组织的行为、通信以及日常现实世界和全球关系。由戈登担任总监的实验室开创了平面芯片，整个国际半导体产业正在向其聚合，戈登将自己置于这场对话的中心。在 1962 年的年鉴文章中，以及在 1963 年《微电子学》的章节里，他将自己的见解公布于众，他指出，通过戏剧性的成本降低，硅芯片会让电子世界实现普及和拓展。

戈登知道，自己的观点有赖于社会的接受度。为了使之成为现实而不仅仅是个抽象概念，业界需要投入前所未有的资金来开发制造技术。他所预见到的突破依赖于认可和合作，依赖于大量工程师把自己的职业生涯奉献给技术，并且依赖于大量的客户选择芯片用于自己的产品。半导体社区作为一个整体，需要相信这个未来不但可以实现，而且利润丰厚。随着美国电子产业的领袖们呼应他的观点，并加入他们自己的分析、预测和曲解，戈登的远见开始找到了共鸣。

1964 年，大约销售了 1.2 亿颗硅晶体管和 2.8 亿颗锗晶体管。从家里客厅到导弹发射井，从卫星到工厂车间，可以在很多地方找到这些晶体管。当年美国制造了 1 000 万台电视机，大多数都包含晶体管。晶体管还充斥于 2 000 多万部收音机和价值 4 亿美元的家用音响设备：留声机、磁带录音机、高保真音响系统。晶体管让美国公众享受到了披头士乐队的第一批专辑，收看北部湾事件的新闻报道，收听马丁·路德·金获得诺贝尔奖的无线电报道。

美国政府和企业在计算机上花费了 20 亿美元，此时正值 IBM 宣布其最新的晶体管计算机 S360，它一鸣惊人。工业界又在电子控制上花了 2.5 亿美元，而技术界和科学界在电子仪器上也豪掷3.6亿美元。此外，有10亿美元被用于电子通信设备，以扩张电话网络。20世纪60年代末，在越南战争升级期间，美国国防部所有支出中的16%都用于电子设备，价值约80亿美元。

临近1964年底，戈登起草了一份新的谈话，题为“半导体集成电路不断演进的技术”，在这里他把证据换成了信仰。在以前的出版物里，他已经表达了自己的观点；现在到了把他的洞察传达给技术社区的时候了，而且他要尽可能令人信服地传达出来，并说服别人认可电子产品的未来。对于在学校里由于口齿不清而受阻的戈登来说，这是个挑战。宣讲自己的信息需要练习，因此他在主场很低调地开始，在12月2日，他为电化学协会（Electrochemical Society）驻旧金山半岛上的一个部门作了一次讲话。实事求是地讲，戈登用了“回顾”（Review）这个词，但这几乎可以忽略不计。他的讲话简单概括起来就是：“集成电路技术的进步将被人回顾并推测其未来。这些技术进步将会促成电子革命，有人会尝试说明这场变革的程度。”

摩尔定律

1965年2月，戈登找到了让自己与更广泛的电子社区直接交流的机会：行业杂志《电子学》（*Electronics*）周刊的编辑刘易斯·扬（Lewis Young）发来一封信，邀请他写一篇关于微型电路未来的深度分析文章。《电子学》杂志创刊已久，被广泛阅读，其刊登的内容包括新闻报道、企业公告和大量的文章，其中包含业界研究人员对自己近期成就的概述。它既报道半导体行业的进展，也报道更广泛的电子产业，提出技术和商业方面的观点。

刘易斯·扬正在策划一期35周年纪念专刊，其中包括一个名为“专家展望未来”的栏目。作为专刊里唯一的芯片专家，戈登的话将会传达给65 000名订户。这是他一直在等待的时刻。他用铅笔在扬的邀请函顶部标了一个巨大的星号，并强调提醒自己：“赶紧去做（GO-GO）。”在给扬答复时，他承认：“我发现无法拒绝对这个领域的未来进行预测的机会，所以我很乐意准备一份稿件。”他在1个月之内起草了手稿《集成电子的未来》。

这篇文章重申了戈登已经写过的大部分内容，但他试图写得更为引人入胜。他巧妙地运用冷幽默和一种清晰易懂的低调文风，这透露出戈登作为专家的信心和坦然。他有意尝试用温情脉脉的方式来说服读者既认同他所预见的未来，又帮助创造这个未来。文中首次给出了几个明确的数值预测。他把自己论点的主旨简要总结了一下，发电报给审阅初稿的仙童律师：“可以推断出集成电子的前景无限，这表明集成电子在未来将普及到所有的电子设备。曲线显示，10 年以后，制造电子系统的最经济方式将是每个集成电路包含 65 000 个元件。”

这个断言大胆至极。每个硅芯片从 1965 年的 64 个晶体管增加到 65 000 个晶体管，这是一个极其复杂的程度。这些含有 65 000 个晶体管的芯片代表制造电子产品最经济的方式，戈登的信息简单而惊人。硅芯片可以做出更好、更便宜的电子产品，应用范围将扩大到工业界、技术界和全社会，计算机有可能发展出前所未有的能力。

在开头第一段，戈登就定下了基调：“集成电子的未来就是电子产业自身的未来。”由于实际的未来超出了他的想象，他没有把目标定为预见这些扩展的应用，而是预测今后十年集成电子技术的发展，这种发展正是扩展应用所依赖的。硅芯片现在是一种成熟的技术。没有什么地方比军用系统更为真实地体现了这一点，因为军用系统对可靠性、尺寸和重量的要求只能通过集成来实现，这使得硅芯片不可或缺。除此之外，在大型主机里使用芯片已经在成本和性能上超越了传统的电子产品。高品质的廉价芯片将使电子技术更广泛地用于全社会，可以稳定实现其他技术未能充分实现或根本不具备的许多功能。现有技术将基于电子的方法进行重新设计或替代，并提供新的技术功能、社会功能和经济功能。

低成本功能包的供应唾手可得，较低的系统成本将推动这种扩张。他提出了一系列令人难忘的、富有远见的可能性：“家用电脑”“汽车自动控制”“便携式通信设备”和“电子腕表”，这个清单在今天看似保守，但在 1965 年，这是令人惊讶、令人兴奋和极具刺激性的。硅芯片提供了一条清晰的路径，来实现这种未来主义的、科幻的可能性。这的确就是革命。

这种改变似乎难以置信。IBM 的 S360 大型主机开始时的售价为 11.3 万美元（相当于今天的 100 多万美元）。更复杂版本的费用相当于今天的 700 万或 800 万美元。性能不那么强大的小型机，像数字设备公司的 PDP-8，费用超过了今天的 15 万美元；即使是小型机也和房子一样贵。戈登·摩尔的说法，即芯片会让普通购买者买得起家用电脑，其含义和论证都让人难以消化。他还提出了一个更为务实的观点：在短期内，该技术的主要资助者将是大型系统制造商。大型主机的成本会变得更低，而且具有更强的计算能力。

由于他在肖克利的匡西特小屋积累的经验，戈登一直是开发核心制造技术的积极参与者。在把工作移交给技术人员之前，他从零开始制作了扩散炉和玻璃丛林。现在化学印刷技术完全到位了，而且很可靠。早在 1962 年，他就在自己的橄榄色专利笔记本里写道："硅器件技术没有重大问题了。"对戈登来说，在掌握其本质部分的基础知识这个意义上，这项技术已经完成了，但它并不受任何当下物理现实条件的限制，而且是有待持续发展的。

戈登在他的同龄人中独树一帜，他认为制造技术已经处在一个稳步改进的轨道上，在此基础上他对自己的远见下了断言。通过大量的努力和昂贵的投资，技术可以不断地完善，以使更为复杂的、包含更小晶体管的芯片获得更高的良率。他的理念是用标准产品来构造未来的复杂芯片，这是他的核心思想，因为只有需求度高、数量大的芯片大市场持续发展，这样的未来（随着设计和开发越来越复杂芯片的成本不断膨胀）才是可行的。与此同时，他和他的同事全力以赴地努力工作，从每个方面来改进技术。

光刻可以生成更小的图样，也较少有良率崩溃的缺点。更好的扩散工艺可以改善化学掺杂和减少晶圆损坏。外延可以制造出更好的晶体层，而变形更少。有了新材料和新配方来提高设备稳定性和改善设备保护，氧化过程可以被改善。通过水、光阻蚀剂、酸和气体的纯化，可以更严格地去除污染物。可以生成更大、更纯净、更完美的硅晶圆。更好的金属喷镀可以带来更牢靠的接触和连接。制造技术的每个方面都可以得到加强，以支持在芯片上稳步促进晶体管的小型化，扩大复杂性和提高良率。戈登的洞察（在他 1965 年的文章发表了半个世纪之后依然正确）的力量在于，电子革命依赖于改进现有的技术，而非改变其本质特征。

戈登的信念很质朴，这让他能够勾画出芯片、电子产品和社会的未来。由于化学印刷技术的进步，芯片的经济学意义会发生改变。随着时间的推移，越发复杂的芯片会带来最便宜的电子产品。为了说明这一点，他提供了一张图表。

垂直刻度表示在一颗芯片上制造一个晶体管的成本，每个增量代表成本上的 10 倍差异。水平刻度表示芯片的复杂性，由其包含的晶体管数量来衡量，每个增量代表复杂度增加 10 倍。曲线所代表的关系不是线性的，而是指数型的：很小的变化就会产生很大的影响。3 条下行曲线说明了 1962、1965 以及（假设的）1970 年的成本和复杂性之间的关系。每一种情况都是这样的，成本先降到最低，然后随着复杂性的进一步增加而提高；曲线逐条往下，成本更低而复杂程度更高。一个惊人的变化产生了：1962 年，一颗含有 8 个晶体管的芯片是最便宜的，而到了 1970 年，按照预测，变成了一颗含有 2 048 个晶体管的芯片是最便宜的。

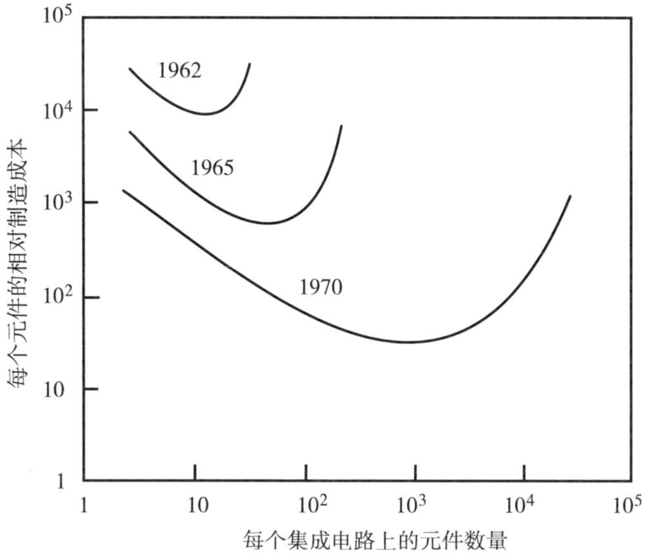

图 6-1　单个元件制作成本与集成电路元件数量对比曲线图

图注：戈登·摩尔在这张图表上的曲线显示，化学印刷技术的发展使得更复杂的芯片成为电子设备最便宜的形态。

戈登把集成经济学和自己关于标准部件的理念结合起来，他断言，到了 1970 年，在一个芯片上可以做出来的最便宜的晶体管，将比 1965 年的时候复杂 20 倍。冲击力十足的是结尾这句话："可以预期，每个元件的制造成本比目前低至少一个数量级。"换句话说，标准芯片可以在 5 年之内让电子产品价格便宜到只有原来 1/10。戈登和整个产业可以提供很便宜的、以指数级稳定增加的电子设备。这的确是革命！

第二张图表回答了这个问题："随着时间的变化，最低成本对应的复杂性如何？"戈登用一个数值预测进行了回答，增强了文章的说服力。

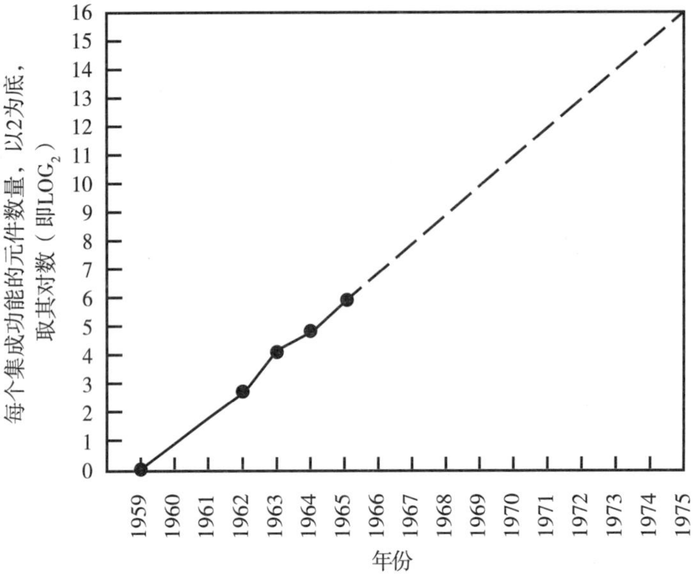

图 6-2　随着时间的推移，最低成本对应的复杂性变化

图注：戈登·摩尔用来对硅芯片的未来进行数值预测的图表：激烈的竞争导致复杂性每年翻一番，以使电子产品的成本最小化。

这次的水平轴是线性的，表示从 1959 年到 1975 年的每一年，而垂直轴是指数级的；等额的增量代表芯片里的晶体管数量翻一番。因为仙童和它的竞争对手都聚焦于通过技术投资来使电子产品的成本最小化，“对应最小组件成本的复杂性以大约每年两倍的速度增加。”后来这句话就被视为“摩尔定律”的首次表述，但世人的注意力往往停留在“是什么”（即复杂性翻一番）而不是“为什么”（即通过投资促进化学印刷的进步，从而使成本最小化，以获取竞争优势）。

在图 6-3 上，戈登的图形是一种曲棍球棒的形状，这是典型的指数级增长。

每年翻番的趋势在 1965 年之后会继续吗？图 6-3 给出了肯定的答案——1975 年最廉价的电子产品将会在一个芯片上包含超过 65 000 个晶体管。在措辞上，他说得干巴巴的：“当然，可以预计，这个速度即使不加快，也会继续下去。更长期的情况尚无法推论，尽管在曲线和图表顶部相交之前，没有明显的理由会让它停下来。”他用一个跟数字本身一样枯燥乏味的双关语作为结尾：“在绘制这条曲线时，纵坐标特意采用了一个相当模糊的单位，以便理解历史数据的推论逻辑，而不会和绝对数混淆。”

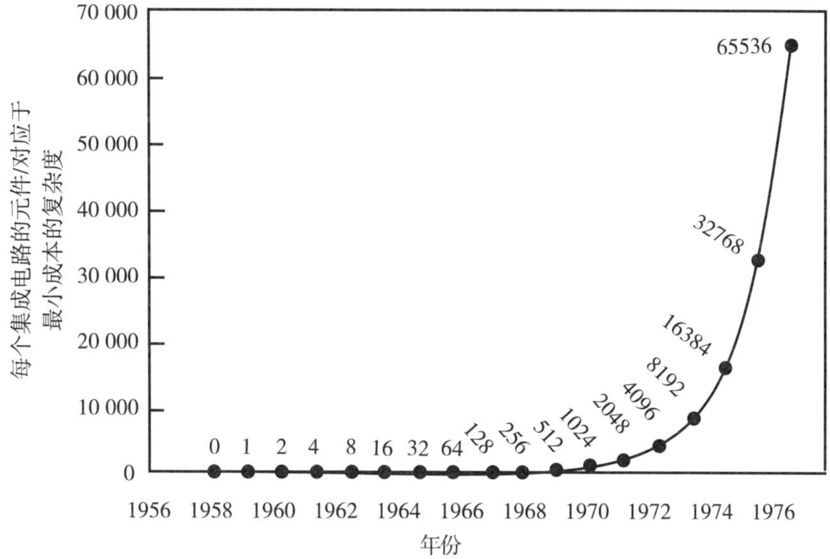

图 6-3　芯片复杂度随着时间推移对应于最小成本的图表

图注：这是一种线性的表现方式。

在这份原稿的其余部分，戈登设置了疑问，来考察 1975 年包含 65 000 个晶体管的芯片的合理程度。这么大的电路能否做到单个晶圆上？是的。在直径 1 英寸的晶圆上有足够的空间挤进 65 000 个晶体管。这个想法在 1965 年昂贵得吓人；再过 10 年，化学印刷技术改进之后，情况就截然不同了。最关键的是要记住，“良率受限和低于百分之百没有根本性的原因。没有什么东西可以和热力学平衡的原因相比，它往往在化学反应中制约了良率。”对于戈登这个物理化学家来说，完美的良率只是个大规模投资的问题。“经济上有多合算，设备的良率就可以提高到多高。必要的事情就是确保工程方面做出所需的努力。”

然后一个问题来了，一个包含 65 000 个晶体管的芯片，它工作时的功耗如何，“是否有可能消除所产生的热量？”这个顾虑很有先见之明。四十年后，发热成为半导体产业的主要担忧之一。尽管戈登预见到了这一点，但他认为产生的热量可以进行处理。跟炽热发光的真空管不同，重新设计过的芯片的功率密度会得到改善，以更低的功耗提供越来越快的速度。

戈登在结束自己的论述时说，他观察到，对于这样一种复杂的芯片，必须让高昂的设计成本最小化，无论是在几个相同的项目上分摊工程投入，还是灵活改进工程技术，“以使某个特定的阵列无须负担不成比例的费用。”这是他在仙童半导体的最初阶段就琢磨出的标准产品理念。正如晶体管一样，芯片也是如此：最好的产品是那些实现标准功能的产品。

戈登把他的手稿递交给《电子学》杂志，但经过修改，他最初论述的清晰度被削弱了。文章用了一个更为笨拙的标题《在集成电路上塞进更多元件》，出现在 1965 年 4 月 19 日的《电子学》周年专刊上。他的大部分关键话语出现在了发表的文章里，还配了一张卡通画，这说明即使是对于电子社区主要传播载体的编辑来说，家用电脑的概念看起来也是多么的美妙！没有证据表明这篇文章在当时引起了轰动。它可能被、也可能没有被广泛阅读，但并没有被特别引用或转载。

在 1965 年，戈登发表在《电子学》上的文章也许在更大范围的世界影响不大，但它以一种深刻的方式影响了戈登自己。他阐述了自己对于未来的愿景，这个未来是可以实现的。他现在清楚地知道要往哪里去了，并主动担负起实现自己愿景的责任，确保这个预言成为现实。他在 1965 年春天获得的领悟为他余下的职业生涯提供了向导。

在整个 20 世纪 60 年代后期，戈登以文字和口头陈述的方式，抓住一切机会阐述自己的分析。他对说服别人的投入不亚于对开发制造技术本身的投入：顶着聚光灯，试着让语言柔和（这不是他天生擅长的），发展修辞技巧，并掌握演讲技巧。戈登可以把一个句子表达完美，但说服的艺术取决于操纵激情和情感。直到后来的 20 世纪 70 年代，在谈及自己激动人心的公司时，他才开始发表评论。那时候，他也在完善幽默的运用，将其作为一种工具来舒缓和吸引听众。

卡弗·米德越来越被人们认为是这个领域的专家，开始主动推广戈登的分析。随着时间的推移，戈登的数值预测应验了。每过一年左右，电路的复杂性就提高一倍，慢慢地有了“摩尔定律”的名称。即便如此，人们的大多数讨论还是没有抓住他的基本要点，即倍增本身并不是根本动力。他的突破性见解是，出于经济性竞争的动机，对于最好的、成本最低的电子产品的追求，通过一种持续的、广泛的、昂贵的社会努力，必然创造出这种倍增。

第 6 章
新的现实

失败和挫折

在《电子学》上发表的文章让他登上了巅峰，到了走下神坛的时候了，有很多工作要做。眼前的一个任务是探讨芯片是否可以给计算机带来全新的架构。因为很明显，芯片可以组成计算机逻辑电路，而且某一天也可能提供主存储器，所以戈登相信它们将重塑计算。计算机的成本将会下降，并具有更大的能力。但计算机本身会变化吗？如果采用了芯片，计算机的特征，即它的体系结构，会改变吗？

为了探索这个领域，戈登聘用了雷克斯·莱斯（Rex Rice），他是一位来自 IBM 的经验丰富的电脑设计师。戈登的副主任维克多·格里尼克在最早的一台晶体管计算机上工作过，现在他和戈登发起了一个雄心勃勃的“符号”项目，旨在围绕芯片设计一种新型数字计算机。戈登想做这个项目，但电脑设计更类似于电气工程而不是化学，但电气工程不是他的专长。正如他在 TTL 上错失良机一样，他这次在“符号”上也犯了大错。该项目的最终失败揭示了理解芯片如何改变计算本质的难度。

戈登为“符号”倾注了大量资源，给它提供了一支超过 20 名专业人员的队伍。这种自负很坦率：如果芯片会变得非常便宜，为什么不把它们用到所有的东西上？为什么不把软件变回硬件去？通常来说，计算机有一个主软件程序或“操作系统”，它让其他软件程序在上面运行（就像在微软的 Windows 上运行 Internet Explorer）。“符号”的操作系统不是用数字代码写的，而是用芯片做的，这就是让戈登着迷并且持续了数年的工作。然而，“符号”本身没有获得多少成功，单个完整系统最终交给了艾奥瓦大学。

1966 年，戈登遭遇到其他比“符号”缺乏进展更大的挫折。随着这一年的开始，他在自己的专利笔记本上写下了题为“规划”的内容，这暗示了他自己的研发实验室以及整个组织存在的问题。

> 项目——把一切落到纸面上。
> 人事——用一个程序让需求和能力匹配起来。
> 激励技能！
> 政治——通过指定具体责任来影响外部组织。

在 20 世纪 50 年代，两组心理学家都判断戈登·摩尔没有管理天赋，但他现在正管理着业界最具创造力的研究实验室。他后来提出异议说，这只是证明研究不需要太多的管理！你招聘合适的人，给他们合适的环境，给他们或多或少的引导，然后你就得到了你想要的东西。就像安迪·格鲁夫所说的那样，“我们从一个小实验室开始进行最先进的研究，围绕着更大的组织转圈。”20世纪60年代后期，加入戈登的事业部的一位物理学家赫伯·克罗默（Herb Kroemer）甚至赢得了诺贝尔物理学奖，他很凑巧地跟得州仪器开发集成电路的杰克·基尔比分享了该奖项。

然而存在着严重的问题。研发实验室和仙童半导体事业部的其他部门一起，也经历了不间断的增长，这让管理成了一项复杂的挑战。戈登现在负责管理大约700个员工，其中包括60位博士。他天生不适应走动式管理，而更愿意参加会议、做笔记、决定投资以及提出建议。在早期，和同龄人一起工作时，他发现，定义行动要点并跟进追踪很简单。现在，他的风格失效了。每个团队都各自为战，工作人员未能互相沟通或进行合作。

一些研发小组设定自己的优先事项，造成了并非重点关注的活动。“没有内部纪律；外部对实验室没有期望，对制造部门支持实验室也没有期望。”格鲁夫回忆说。适合于一个小部门的技术失去了拉动力。失败的项目由于戈登回避冲突的倾向而得到宽容，尤其是人员过于臃肿，这些特点被格鲁夫视为消极被动。“我在戈登这里遇到的每一个麻烦或担心都跟无所作为有关。他会去干预X、Y、Z之间的某个冲突吗？这辈子都休想。”经常性的分裂也很伤人，同事情谊备受打击。研发部门四分五裂。

另一个令人不安的问题是，帕洛阿尔托的研发部门跟相距5英里的山景城制造部门之间持续缺乏沟通。在增长的利润、设施及人员的推动下，两处的技术能力各自迅速发展，使得戈登和斯波克实际上管理着两家自治的公司。由于硅器件和芯片的市场具有不可思议的弹性（价格越低，市场越大，机会永远在当下），斯波克的最大挑战是应对增长；因此，虽然他没有干预戈登的活动，但他越来越无法接受具有挑战性的产品和新技术。

令人不安的现实是，仙童的半导体事业部已经达到了如此大的规模，以至于连鲍勃·诺伊斯那巨大的魅力都不足以带来所需的魔力了。诺伊斯担任事业部的代表，并向外界推广事业部的产品，他把事业部和更大的母公司联结起来，但正如戈登后来说的那样：“诺伊斯不是一个经理；他是一位领袖。他设定方向和基调。他认为，如果你向人们提出好点子，他们自然会做正确的事。他不喜欢管理，因为要涉及后续跟进。”无论是斯波克还是戈登，诺伊斯谁都不想疏远。他无法愈合分裂状态。

戈登特别担心仙童未能在 MOS 领域树立真正的地位。尽管他确信 MOS 芯片是未来所在，他的实验室做了开创性的工作，但他无法让公司抓住机会使之成为可能。斯波克忽视他的努力，诺伊斯则回避争议。性情温和的戈登很受伤，他无法让 MOS 以任何严肃的方式进入制造。就像他后来解释的那样，“我的实验室开发了如何让 MOS 芯片稳定的科技，还有如何制造这些设备的技术，但我们无法把这些技术转移给制造部门。对于经历了早期双极技术的人们来说，很难让他们相信必须要做的这一切。它需要特殊的咒语才能工作，对此他们不愿意接受。”

尽管戈登不停敦促，但制造部门只做它想做的事。由于这些政治问题的存在，戈登按照自己对于测量、分析和决策的偏好，试图把一切都落到纸面上，并让斯波克答应“明确责任”。然而在 1966 年 12 月底，他苦涩地记录道：“我们公司在 MOS 上的地位远远落后。”通用仪器公司现在招募了弗兰克·万拉斯，和通用微电子一样成了 MOS 芯片的一个主要生产商。令戈登难以置信且怒不可遏的是，他发现自己正从局外往里面看。“在我们让山景城做出任何举动之前，从我们这里分出去的公司都分拆出一家公司了。”后来在英特尔，他那苦涩的自夸变成了“我们已经能够证明，你真的可以从帕洛阿尔托向山景城移交产品了”。

阔步前进

尽管有这些失败，但在 20 世纪 60 年代后期，仙童摄影器材是一家营收 2 亿美元的公司，约有 1.5 万名员工。它比自己的竞争对手要小——这是个危险的位置。1967 年的年中，戈登逐渐失去了耐心，他采取了一个戏剧性的步骤：“我谈了一个协议，我会在实验室设立一条意义重大的试产线，试着让 MOS 走下去。”如果查理·斯波克在山景城不制造 MOS 芯片，戈登就自己来做。他在自己的笔记本上起草了一项计划，要“建立一处设施，我们在这里展示制造 P 型沟道电路的能力，其性能规格至少和通用仪器公司的相当，包括封装电路的能力。”除了规模之外，这个试产线在性质上跟山景城的工厂并无不同。

在推动建立生产线的同时，戈登终于在自己的实验室对 MOS 的研究工作进行了重新组织。安迪·格鲁夫和另一位匈牙利流亡者莱斯·瓦达斯（Les Vadász）被委以重任，比赛再次开始。瓦达斯求得戈登的批准开发硅栅 MOS 芯片，从欧洲的合资公司 SGS–仙童招募了卓越的物理学家费德里科·法金（Federico Faggin）。在 1968 年的头 3 个月，法金开发了一种工艺，它在速度和功耗上都具有优势。戈登密切关注着进展。重新推动 MOS 芯片的努力，为开发更复杂的芯片提供了最佳路线，而且有了这些芯片后，也有了继续征服数字计算机的最好途径。

戈登的目标是打造“大规模集成电路”（LSI）芯片，每个芯片包含数千个晶体管，为这种芯片找到一种标准功能就变得很重要了。主存储器看起来是个非常有吸引力的可能性。自从 1962 年以来，戈登就在自己的实验室里资助小型内存芯片的探索。现在，大规模芯片进入了他的视野，主存储器看来像个合理的目标，LSI 芯片可以跟磁核阵列竞争，以 1 个比特 1 美分的成本提供数字化数据。在这里，戈登的突破性洞察用到了实践当中，他毫不掩饰自己的乐观。认识到制造技术的进步后，1968 年春天，他把自己的观点直接亮给了对手，在有 900 多位计算机存储专家参加的应用磁学国际会议（International Conference on Applied Magnetics，Intermag）上进行发言。

应用磁学国际会议邀请竞争性的技术来“串门”，好让怀疑者“可以在我们进行陈述时窃笑”，戈登回忆道。即使如此，他还是毫无保留。戈登告诉与会者，硅芯片很快就会侵入磁存储器的领地。“我是来埋葬磁性元件的，不是来赞美它们的，”他在演讲笔记中写道，“未来会有 1 个比特 1 美分的半导体存储器。”挑战已经开始了。

创造性毁灭

当摩尔在 1965 年宣传了自己的远见后，仙童半导体事业部的其他人开始打起精神，关注起这件事来了。他的观点让创业之火熊熊燃烧，那些具有远见和充满欲望的人从中看到了巨大的机遇。由于存在消极失业，风险基金的市场资金充足，防务市场和消费者市场蓬勃发展，现成的技术机会意味着可以发大财和打造商业帝国。摩尔的信息无论怎么悄无声息地传递，他的同事兼绊脚石查理·斯波克对此却并未错失。

跟摩尔和诺伊斯不同的是，斯波克缺少财富。他亲眼目睹了（好几次）从仙童分拆出去的公司如何赚到可观的利润。他也发现，研发和制造之间的裂痕令人沮丧。杰瑞·桑德斯讲述道：“查理说，‘我再也不要在这里工作了。我得做回我自己。我要走了。'" 斯波克拉上他的密友皮埃尔·拉蒙德（Pierre Lamond）[①]，开始暗地里谋划，负责海外业务的弗雷德·比亚雷克（Fred Bialek）和负责制造工程的罗杰·斯马伦（Roger Smullen）加入其中，营销人员弗洛伊德·科瓦米（Floyd Kvamme）也决心和这组人共命运。

在 20 世纪 60 年代初分拆出去的几家公司中，有一家是光刻专家詹姆斯·纳尔（James Nall）创立的 Molectro。国家半导体是一家位于康涅狄格州的公司，正在苦苦挣扎，它在 1965 年买下了纳尔的初创企业，有两位关键的仙童芯片工程师鲍勃·韦德拉（Bob Widlar）和戴夫·塔尔伯特（Dave Talbert）在那时加入了这家公司。斯波克对这两个人评价很高，现在这个因素促使他对国家半导体好好考虑了一番。到了 1967 年 1 月，他说服了董事会，让他来接管公司。他把公司搬到旧金山半岛，而他的芯片专家成立了跟仙童直接竞争的业务部门。

鲍勃·诺伊斯依靠斯波克来管理半导体事业部，正如他依靠摩尔来发展技术一样。诺伊斯和斯波克很谈得来，所以当斯波克在那个二月宣布自己离开时，诺伊斯几乎悲痛欲绝。在仙童半导体的最早期，尤尔特·鲍德温叛逃去创立瑞姆半导体已经是一次沉重打击了，但这次更惨：由于斯波克在组织中处于核心地位，这使得他的变节成了所有的分拆之母。约有 35 名员工随他而去。

当鲍德温在 1959 年退出时，共同创始人们决定不再冒险把公司委任给另一个外部人。对于斯波克的倒戈，诺伊斯做出了类似的反应，求助于跟他相处最久、最值得信赖的同事和伙伴戈登·摩尔。为了渡过难关，诺伊斯要求摩尔掌权和管理事业部。他当时一定知道这是个徒劳的奢望。总是对自己的时间很讲究的摩尔，对自己在管理方面的局限有着足够的认识，即使他想花时间和作出努力，他也很怀疑自己能否解决事业部复杂的组织问题。他自己的专长是推动研发，充分利用存储器的广阔机会（对于这个机会，他已经向诺伊斯发出了信号），和设计出芯片来征服数字计算机。他手头的事情已经应接不暇了。

摩尔发现，决定容易做，但沟通很难。局促不安的他设法告诉诺伊斯他“真的不想”。诺伊斯不情愿地去找销售和营销的主管汤姆·贝，他早在 1957 年就申请了运营经

---

① 皮埃尔·拉蒙德从 1962 年起就是戈登实验室里的一位工程师，现在是器件开发的负责人。——作者注

理这个工作。当时也跟现在一样，摩尔判断贝没有准备好迎接挑战。“他可能不是最佳选择，”桑德斯说，“我们需要一个搞制造的家伙在那儿。我们做不了这个东西。”半导体事业部内部的问题很多，其母公司仙童摄影器材也是如此。起初“在一家初创公司里集中了也许是最非同凡响的商业人才”，如今仙童半导体事业部正在灰头土脸地衰败。“我们走过了很长的路，”摩尔评论说，“但我们也犯了大量错误，浪费了机会。幸运的是，在一个组织里，好产品弥补了很多问题。”

挽救和崩盘

形势马上就变得危急了。皮埃尔·拉蒙德现在和斯波克一起在国家半导体，正在拉拢摩尔的门生、也是最有价值的研究员安迪·格鲁夫。“国家半导体非常成功。我动心了，”格鲁夫承认，他的第一本书《半导体器件物理学和技术》（*Physics and Technology of Semiconductor Devices*）在那年出版，“我的书出来的时候，就好像有个人把灯吹灭了：太扫兴了。我在仙童又沮丧又无聊，工作中一无所获。皮埃尔来争取我；我去面试了。时机很完美，我接受了。”

格鲁夫对摩尔怀着深深的敬意，他带着些许惶恐，走进了老板的办公室。“我向上帝发誓，摩尔哽咽起来，眼里含着泪水。他说，‘我一直希望有一天你会在这个实验室接替我。我想这是不可能的了。’他的失落是一种很安静的方式。我感觉非常糟糕，但没什么可说的，所以我回到自己的办公室去了。”摩尔已经失去了弗兰克·万拉斯。这一次，他一反常态地采取了行动；他想留住格鲁夫。他给鲍勃·诺伊斯打电话寻求帮助。诺伊斯很少出现在研发实验室，但现在他飞奔了过来，决心采取一切手段。格鲁夫回忆说，诺伊斯“在我的正对面坐了下来，靠在椅背上，并对我的书提出了一些意见”。然后他言归正传，“我们不想让你离开。”“我们来来回回地说到我为什么要走。谈话结束时（那是个星期五）诺伊斯给了一项任务，‘想一想在什么情况下你会改变想法。’‘你是认真的吗？’‘当然。’”

想要“解决我对实验室有用处的问题”的格鲁夫，想出了一个大胆的建议。那个星期天，他从家里给摩尔打电话，两个人约定第二天早上到里基餐馆会面，一起吃早餐，格鲁夫在那里摊开了他的计划，告诉摩尔说他想要成为拥有技术权威的研发副主任。“我不想跟那些我认为没用的而且年纪全都比我老一大截的部门领导打交道。我想和科室主管一起工作，到山景城代表主要发展方向”，并帮助解决研发和制造之间的裂痕。

格鲁夫把自己视为副主任维克多·格里尼克的继任者，维克多离开实验室去领导一个新的仙童事业部。格鲁夫建议直接向摩尔报告，同时还倡导在山景城做研发。这在组织结构图上跳了好几级，摩尔当场同意了。“摩尔非常和蔼地宣布把我提升两级，”格鲁夫回忆道，“我选择不用维克多·格里尼克的办公室，而是留在我原来办公室的附近，让人们更容易过来。”格鲁夫打电话给国家半导体，告诉他们他最后不打算倒戈了。“我从一个电话亭打给皮埃尔，告诉他我改主意了，还有为什么这么做。他说，‘我就知道！’他告诉我，‘我们打算给你两个部门。’当我把我的决定告诉他时，他说，‘听起来似乎他们给了你四个部门。’”

留住了格鲁夫，贝到位了，诺伊斯在企业层面担纲，公司恢复了稳定，摩尔希望重新聚焦于实验室的领导，但结果并非如此。仙童的半导体事业部继续瓦解，安迪·格鲁夫后来把事态的发展归咎于汤姆·贝的弱点，还有诺伊斯和摩尔没能把他挪开。“回想起来，斯波克起到了决定性作用，发挥了运营的威力，敲打人们的脑袋，纠正不当行为。他留下了一个洞，这不仅体现在组织结构图上，而且也体现在公司的动力上。”

其他外部问题正在酝酿之中。交付问题和需求下降加剧了半导体事业部的惨淡状况。1967年中期，依赖于事业部而成功的仙童摄影器材开始报告亏损；令人担忧的是，其股价下滑了几乎50%。制造部门感受到了银根紧缩——“抠门得跟苍蝇成群时的牛屁股一样”，杰瑞·桑德斯说。摩尔的评价较为温和：“西海岸的尾巴对着东海岸的狗摇来摇去，不是非常有效。”母公司的董事会撵走了首席执行官约翰·卡特，用迪克·霍奇森取而代之。这在加州听上去像是好消息：霍奇森负责过仙童半导体的创立，是诺伊斯、摩尔和事业部的老朋友了。然而，霍奇森的位置也不稳固，到了1968年1月，人们断定他正在失去控制能力。对诺伊斯来说，形势看来极为糟糕。如果霍奇森被赶走，他们就没有任何朋友留在长岛的最高管理层了。

那个月，诺伊斯对戈登吐露了秘密，他可能会离开仙童。诺伊斯打算开创另一家芯片公司，这是个爆炸性的想法。他知道戈登沉默寡言、值得信赖、个性独立，他想要戈登加入他。他们第一次分拆出来成立了一家公司，为什么不从中再分出来创立一家呢？戈登拒绝了，对他说：“不，我已经有了业界最好的工作。”一定程度上，确实如此：他组建了一个极富生产力的科研人员队伍，而且设计了精巧的设施；他拥有良好的资金支持，而且声誉卓著。尽管仙童最近麻烦不断，戈登的世界仍然相当完整。他热衷于追求太多的令人兴奋的技术发展，硅栅 MOS 和芯片存储器只不过是其中最显而易见的。

2 月份，事态进一步扭曲。霍奇森被剥夺了头衔；首席执行官的职能交给了一个三人执行委员会。诺伊斯在这个委员会里，其中还有谢尔曼·费尔柴尔德本人。令诺伊斯懊恼的是，他了解到，东部的同事们认为 40 岁的他太年轻了，还不能接掌最高职位。在心的喜悦之谷，他是个老手，而且他是合乎逻辑的内部候选人，但在古板的长岛，他还是一个新人。诺伊斯同意帮助寻找一位 CEO，他去恳求莱斯特·霍根（Lester Hogan）这位摩托罗拉半导体业务的受人尊重的领导人。然而，霍根的委任就意味着诺伊斯在仙童没有未来。1968 年 5 月，他再次去跟戈登商量。他真的要离开去成立一家新公司。戈登愿意做他的合作伙伴吗？

这个问题给戈登·摩尔留下了一个明确的选择。就像他向贝蒂求婚的时候一样，戈登在做决定之前对事实进行了衡量和分析。如果没有诺伊斯提供保护和领导，而且汤姆·贝缺乏解决事业部问题的能力，那么他的情况就会恶化："新的管理层可能会改变公司的性质。"他将不再拥有业界最好的工作。如果他现在采取行动，在最佳条件下和诺伊斯一起离开，在一张白纸上应用他们学到的东西，他就有一个好机会来创造新的最佳工作。戈登花了一天时间来思考，然后给诺伊斯打电话："好吧，我也走。"仙童是他生命中的一个重要组成部分，离开并不容易，但留在身后的通常是不值得你回顾的东西。

1968 年春天和夏天，整个国家处于动荡和混乱之中。4 月份，马丁·路德·金遇刺，引发了芝加哥、巴尔的摩和华盛顿特区的骚乱。6 月份，罗伯特·肯尼迪在加州的民主党初选获胜后，在洛杉矶被暗杀。当年夏天，反对越南战争、"权势集团"、军工企业综合体和公司资本主义的示威活动不断升级。在哥伦比亚大学，学生们举行高调的抗议活动，在行政大楼发起静坐示威。好几所学校都发生了纵火或爆炸事件，加州斯坦福预备役军官训练大队的建筑被焚毁。

相反，那年 6 月，公司则照常在科罗拉多的博尔德举行设备研究会议。芯片可能和军方密切相关，而且对冷战政治和越南的战事影响显著，但最新公布的研究成果却是实事求是的，没有任何革命的迹象。这对安迪·格鲁夫来说是动荡不安的一年，但他及时到达并参加了整个会议，认真听取了正式会谈，也非正式地收集了有用的信息。戈登在一个环节接近尾声时抵达，他刚刚在仙童开完一个计划制订会议。两个人碰头在一起散步，格鲁夫急于描述会议的亮点，但他感觉到老板心不在焉。他问起了加州的计划会，戈登打趣说，做计划很有趣，但他本人没有兴趣。

格鲁夫在一年前透露了自己想要变节的意图，这次轮到戈登回敬了。“我要离开仙童。”他告诉格鲁夫，后者急忙问道：“那你打算做什么？”戈登的回答很简单：“我想成立一家新的半导体公司。”格鲁夫本能地反应道：“我要跟你一起去！”戈登平静地接受了这个声明，没有说“是的”“当然”“当然可以”或者别的什么。他们并没有握手或拥抱，只是继续散步，但现在他们有了一个新的话题：这个未来公司的性质，以及它要做什么。

第7章

创建英特尔

始终忙碌

行动计划

1957年的新生事物——分拆出来成立一家专注于硅电子的公司，在十年之后就成了家常便饭。“八叛逆”的行动是一次即兴发挥，得到了金融家阿瑟·洛克和阿尔弗雷德·科伊尔的指导。尽管有祖先的传承，但戈登·摩尔并不急于成立一家企业，“我不是那种能脱口说出‘我要开一家公司’的人，像我这样的意外创业者必须掉进机会里或者被推进机会里去。”

1968年，情况不同了。戈登认为硅电子将会带来革命，他深深地致力于实现自己的远见。他既是晶体管技术大师，又是预言芯片前途的先知，他想要最佳手段来实现他的任务，他已经成为一个深思熟虑的企业家。现在，如果不做一家突破性的公司，他相信任何事情都是虎头蛇尾。“对我来说，机会寥寥无几，必须把事情安排好。”他和诺伊斯相应地计划起来。两个人都明白，这是巨大的赌注：一家成功的创业公司不仅会推动电子革命，而且会创造极为可观的财富。

戈登看到，从仙童半导体分出去了很多家企业，然后“小仙童们”又开始进一步分拆。“八叛逆”中的 6 个人已经玩过这个游戏，正如当初他的 Micrologic 团队成员一样。所有分拆出来的公司都位于十几英里的范围之内，除了第一家（尤尔特·鲍德温的瑞姆半导体）以外，每家公司的目标都是制造芯片。这发展出了一个心照不宣的剧本：出于对一种新开发的技术的共同热情，一组技术人员和营销人员聚在了一起。他们察觉到了机会，对自己在现在的公司受到的约束感到恼怒，便讨论组建一家企业来抓住时机。他们秘密地找到支持者和律师，这些人现在对分拆的技术公司已经很熟悉了。一旦协商到位，这组人就集体辞职并成立自己的企业，他们谨慎行事，以免遭到起诉。这个剧本成立的前提是，由于芯片市场不断扩大，所以资本唾手可得。创始人持有股份，这可能为个人带来回报。以往的经验很有价值，即使是在一个失败的公司或项目里的经验也是非常宝贵的，所以没什么损失。

戈登和诺伊斯计划中的创业公司在这些方面很典型，但并不寻常。诺伊斯富有激情，这种催化性的能量可以引发连锁反应。在说服客户和行业观察家认可仙童产品价值的过程中，他练就了敏锐的商业眼光，在这个方面无人能望其项背。在戈登这边，对于这次创业应该做一家什么样的公司，他有一个清晰的思路，他为技术的和经济的成就提供了战略。安迪·格鲁夫是个满腹狐疑、富有见地的宣传者，随着时间的推移，戈登和诺伊斯把他视为强力执行者，把他们的计划执行得很好。

作为仙童半导体成功的两个关键主角，戈登和诺伊斯声望卓著，因此他们第二次创业的融资毫不复杂。他们很自然地找到阿瑟·洛克，洛克和这两个人都保持着良好的关系，而且和诺伊斯的私交很近。洛克说：“他们为仙童摄影器材带来了 110% 的利润，所以对于事情应该怎么做，他们认为自己应该有更多的发言权。诺伊斯打来电话说：‘我们打算离开。我们需要 250 万美元来启动。’我说，‘好，我们干吧。’就这么简单。”他对戈登和诺伊斯也有着超级的自信，“我认为他们能做他们想做的任何事情。他们那么聪明，而且动力十足。在我的一生中，从来没有一桩投资让我像这次一样有把握。”

这是一次从零开始就把事情做对的机会：“我们看到一个开发新技术的机会，方向是制造半导体存储器，它可以为各种应用保留数据。我们认为，回过头来把聪明才智用在处理硅上，我们可以和已经成名的公司竞争。”格鲁夫也参与进来，他们聚到诺伊斯位于洛斯阿尔托斯市罗耀拉大道的家中，在书房里进行讨论。戈登从捷普巷只需开车 5 分钟就可以到达那里。他们如此成功地打造了仙童半导体，所以两个人毫无困难地达成一致意见，要重复这个公式："找到一个新的市场。"戈登对于复杂存储器芯片的前景的看法，以及它可以把磁芯从主存储器市场赶出去的能力，激发了鲍勃·诺伊斯对于新事物的热情。在面对半导体技术的发展时，他是个很容易就充满激情的人。试图在一个既定的市场里，跟得州仪器、摩托罗拉、仙童或者日本的NEC这种大型多元化公司竞争，这是毫无意义的。与此相反，他们要缔造未来。

戈登强调，拥有最好的硅印刷技术将把他们的初创公司跟竞争者隔离开来，诺伊斯对此深信不疑。他们将会采用新的制造技术，打开新的市场，夺取领先的份额，并通过坚持不懈地提高自己的工艺来领先于竞争者。戈登专注于芯片和化学印刷技术，体现出他对标准产品理念的坚持和他对整合经济的关切。从仙童半导体最早年的岁月起，戈登就认为，最好的产品是可以把一种功能大批量销售给很多顾客的标准产品。标准产品具有潜在的大市场，也可以让公司获得主导地位。

戈登还认为，更小、更复杂的芯片会是最便宜的产品形态，可以在给定的时刻把晶体管放进去。在一个关键的社会经济学限制条件下，它们的用途就会广泛而快速地扩散。日益增长的复杂性意味着付出更多的努力来进行设计，这就意味着初始固定成本会越来越大。日益增加的工程师数量必然会在越来越深奥的电路上花费越来越多的时间。如果戈登将来要实现自己的预言，让芯片的复杂度稳步翻番，以获得最低的成本，那么设计成本就需要得到严格的控制，并摊到大量完全相同的标准产品上。

戈登·摩尔担心他那羽翼未丰的电子革命会失去发展动力。随着逻辑芯片在计算机的中央处理单元里承担更多的功能，任何特定芯片的市场就会萎缩。每家计算机制造商对于自家计算机的逻辑大脑都有各自不同的设计，而且想要自己的专用芯片，即定制化而不是标准化的产品。设计这么多不同的逻辑芯片，其成本日益增加，这就阻碍了戈登要确保革命前景的理想动态。这是一个固有的矛盾：电路越复杂，应用就越受限制，也越需要定制化。戈登必须找到能够打破这种矛盾的产品：能够满足一种标准的、有广泛应用需求的复杂芯片。

存储器提供了一条前进的道路。不同于逻辑芯片，存储器芯片可以做成标准产品。计算机制造商已经或多或少使用了标准的磁芯存储器阵列，存储器芯片（本身越复杂越好）旨在取代磁芯。随着化学印刷技术的进步，更新的芯片会推动计算机存储器的成本下降，这让计算机可以有更大的存储器。客户对存储器有着似乎永不知足的胃口，因为更大的存储器让数字计算机更有用处。存储器芯片同时符合戈登的标准产品理念和他的整合经济学，而且这种良性序列可以无限地进行下去。

如果内存芯片要成为理想的新产品，它就必须更小、更快、更可靠，功耗更低，最重要的是要更便宜。磁芯按每个比特或单条指令（即从 0 切换到 1）来算的成本非常低，这种低成本构成了巨大的障碍。为了干掉磁芯，戈登·摩尔需要卓越的化学印刷技术，这是为仙童带来竞争优势的要素。

对于戈登来说，最好的硅印刷技术和新的芯片市场相结合，具有别样的魅力。在仙童，他懂得了先发优势的重要性。当初的扩散晶体管、平面晶体管和平面芯片这些先进化学印刷技术的产物，打破了既有的格局，在其中开辟了新的市场，并取得了统治位置。通过持续为印刷技术进行投资，仙童攫取了市场份额，并靠着在竞争中一路领先来保护自己的份额。有了存储器芯片，戈登可以重复这个动作，新公司可以把竞争对手置于同样的境地，他后来把那叫作跑步机，对手永远穷于追赶。通过不断的完善，戈登和诺伊斯可以保持领先。

如果企业把新颖性作为基本竞争策略，那么它必须身手敏捷。在仙童的时候，两个人都对那里的做事方式深感不满，他们快速行动的能力受到了利益分歧、等级森严和部门隔阂的阻碍。未能把 MOS 技术从自己的研发实验室转移到制造部门，戈登的沮丧之情逐渐达到沸点。诺伊斯负责公司这个事业部，无法让核心高管对半导体业务部门表示赏识，在公司里连续碰壁。两个人决心尽可能消除任何的内部分歧，以避免这些问题。这不愧是一家初创企业，他们公司的组织结构是扁平化的，允许专家充分表达意见，也能够让他们自己的指示被大家听到和遵循。虽然鼓励互动和讨论，但这个组织既不是民主制，也不搞平均主义，没有员工投票来决定要做什么事，戈登和诺伊斯是负责人，但人们很容易找到和接近他们。

前期受挫导致的最激进后果就是，他和诺伊斯决定取消研发与制造之间的界限。在仙童，“由于制造部门的人较有能力，他们想重新设计一切，从头开始。”现在，只有一条生产线，一套硅印刷技术。他们将用它来讨论如何让新的芯片进入工序，使其以适宜的良率进入常规量产，并且大批量产出产品。一切都将专注于创新和生产，两者同时进行，戈登对此进行了相当强力的推动。“我相信，技术在早期是非常娇弱的。它仅仅适用于真正的信徒！你必须拥有那些相信它可行的人。我们决定不设单独的研发部门，我们承诺把生产作业的一小部分交给它，在制造中接受某种低效率，从而在技术转移时获得效率。我们不打算像以前那样，设立一个独立的中央实验室。”戈登后来判断道，这个决定让英特尔“在技术的进化演变中表现得非常高效，使它持续有效地‘挖到矿脉’，而让分拆的机会更少。比起仙童来，英特尔得益于高得多的研发捕获率”。

另一项重要决定是股票期权的采用：公司同意在某个未来的日子以一个设定的价格把股票卖给员工。戈登在仙童时饱受员工倒戈的煎熬，他把这种反复分裂的混乱不堪归咎于东海岸的管理层。“为了减缓人才流向初创企业，我们没有要求任何东西，只要求给关键的技术人员和管理员工提供股票期权”，但每次请求都遭到拒绝。戈登相信，期权是一种至关重要的管理工具。“从头开始，我们可以摆脱以前的很多错误。”按照行业标准，会给新员工提供适度的工资，但同时会有（在当时）巨额的股票期权。戈登认为，这样才是公平的：“公司创造价值，应该让出了钱的人和做了有意义工作的人来共同分享这些价值。规则是，90% 的价值应该给股东，10% 给创造了这些价值的员工。在为公司的成功而奖励员工时，期权是极其重要的。”

虽然有高比例的员工股权，但企业在物质文化方面则采取了一种朴实无华的实用主义做法。没有红木家具和高管卫生间，也没有保留的停车位，相反，只有简单的桌子、椅子和小型办公室。“我们将为每个人提供他们完成工作所需的东西，工作不能只靠天资来完成。”诺伊斯开玩笑说。

在完善自己的原则时，戈登和诺伊斯致力于采用硅印刷设备的一种新模式，这是他们计划中其他一切事情的基础。他们没有自己制造工具，而是尽可能地购买商用设备。在肖克利半导体的时候，戈登和其他研究人员创造了他们所需的东西；在仙童的早年，情况大致相同。现在，情况发生了变化，涌现出了提供硅晶圆、化学药品和扩散炉的公司，专业经营者的生死存亡取决于他们为芯片制造商提供所需物品的能力。购买设备是为了获得两个额外的好处：真正的工具方面的专业知识以及速度。要做的全部事情就是一张采购订单。

戈登·摩尔和鲍勃·诺伊斯进行了长时间的讨论，对基本问题达成了一致意见，洛克又保证资金筹措轻而易举，此时木已成舟。6 月 25 日，诺伊斯从仙童辞职。1 周之后的 7 月 3 日，戈登也跟着离开了。

含糊和资源

戈登带着贝蒂和儿子们以及他的岳母在内华达山度假，去他们经常租的小木屋。它的屋顶俯视着斯坦尼斯拉斯河的南岔口，巨大的松树呈现出一片壮丽的美景。肯和史蒂夫分别是 13 岁和 8 岁，他们睡在上下铺，而贝蒂的母亲睡在客厅的沙发上。

这一家子很快就有人来访：安迪・格鲁夫和他的妻子伊娃（Eva）。这不是社交拜访，格鲁夫“过来谈的是公司里可能要发生的事情”。戈登已经离开了仙童，安迪想明确表示他决心有样学样。外祖母带着孩子们，而两对夫妇坐在平台上，一起吃了顿饭，欣赏美景。两个男人随后走出去谈话，谈完之后格鲁夫夫妇就离开了。“我们没有任何地方给他们住，因为这是个非常小的木屋。”贝蒂说。

贝蒂认为，对于正在发生的某件重要事情，她的孩子们不怎么了解，但大儿子肯正在步入青春期，他还没有意识到家庭的财富，对此事却有着深深的顾虑：“当爸爸去创建一个新的公司时，这让我大吃一惊。我想，‘哇，他离开自己的工作去做这件不太确定的事情。’这对我来说是一件大事。爸爸的话听上去信心十足；我妈妈似乎也并不过分担忧。但我很担心，这看起来是从一种非常稳定的状态转向一个巨大的变化，我们的生活方式并没有让我相信我们干得不错。”小儿子史蒂夫没有那么不安：“我记得经常看到鲍勃・诺伊斯和安迪・格鲁夫，还有爸爸离职了，但我并不知道其中的风险。后来我才知道，这是我父母的一个重大决定。”

度假回来后，戈登跟诺伊斯一起紧锣密鼓地忙着创立公司的事。他们委托一位律师起草注册文件，用的名称不是 MN［“更多噪音”（more noise），而是 NM（诺伊斯，戈登）］，同时他们探讨用一个没有确切含义的词作为永久名称。在得到加州和纽约州的州务卿批准使用这个名称之前，他们进行了 4 次尝试。由此诞生了“集成电子”，删减成简练而且有点性感的 intel（英特尔）。这个名字也不是没有问题：一家中西部连锁旅馆叫作 Intelco，他们付了 15 000 美元给它，以取得冠名权。另一家名字发音相似的公司认为，两家公司的“差异足够大，所以我们大可不必担心”。（当后面一家公司破产时，戈登回忆说：“我岳母在报纸上看到了，打电话给贝蒂表示同情。”）

英特尔最终于 1968 年 7 月 18 日注册。这时候，诺伊斯出发去东海岸进行家庭度假，留下戈登跟一位来自《帕洛阿尔托时报》（*Palo Alto Times*）的记者交谈。一篇文章按时亮相，向世人宣布了英特尔的成立。戈登在描述公司的意图时，有意含糊其辞。他们将从事扩展的技术工作，但尚未决定专攻什么，只说是“没有一家制造商正在提供产品的领域”。他认为没有理由讲述细节。如果投资者可以为每家公司提供数十万美元的支持，而并不了解它们的技术方案的详细信息，那么世界上其他人不知道这个信息也可以活下去。戈登确实提到了雇用50个人的目标，其中包括十几位工程师。由于文章中包含了两位创始人的家庭地址，所以他们很快就收到了询问；确实，“贝蒂接到了打到我们家的电话，人们想投钱进来。”

第一笔资金来自戈登和诺伊斯，他们可以毫不拖延地开始。“我们应该投入50万还是25万美元？我们选择每人投入25万美元。诺伊斯的想法是我们以每股1美元投入进来，然后以每股5美元进行外部首轮融资。”阿瑟·洛克指出，允许安排融资的人以和创始人相同的条件进行投资，这是惯例。他投资了1万美元，而戈登和诺伊斯每人投了24.5万美元。三个人现在拥有他们打算发行的半数股票，也就是半个英特尔。

他们安排出20万美元的预算用于购买设备和租用建筑，10万美元用于研发，并保留剩余部分作为运营资本。他们还以每股5美元的价格留出10万股，作为员工的股票期权。安迪·格鲁夫并不是英特尔的初始投资人。相反，他“非常在意有人应该给我支付点儿什么，因为我是靠领薪水过日子的”，并且从戈登那里得到了保证，他甚至在公司开始运营之前就会领到工资。因此，他在7月底之前就列进工资单了，还得到了一大块股票期权。

9月底，戈登、诺伊斯和洛克决定，现在是卖出英特尔的另一半股份来换取250万美元的恰当时机了。一眨眼功夫，时间已经过去很久了。“我们必须组建一个机构，表明我们做了点什么，来证明资金储备的合理性。”戈登解释说。一个潜在的投资者在冒险一试之前，会想看到一份商业计划书。诺伊斯用打字机做了一份一页纸的描述，它什么也没说。“公司将从事集成电子结构体的研究、开发、制造和销售，以满足电子系统制造商的需求。”它开头如是说。接下来的句子也是类似的泛泛之谈，写得味同嚼蜡。

洛克很快就卖掉了额外的股份。“那是在传真和应答机出现之前的时代。我们联系完我们选择的所有人并且得到答复的时候，时间只过了一天半或两天。如果我们可以更快地联系到他们的话，这事做起来会更快。我们没有收到一个拒绝的答复。”洛克个人预先以新的价格增持了价值30万美元的股票，成为英特尔的董事会主席，以及继戈登和诺伊斯之后的最大股东。“洛克负责让我们做合理的事。”戈登说。恰如其分的是，“八叛逆”

的其他人都在第一轮投资者当中。

仙童已经派生出将近一打的公司。现在有一波新的分拆行动爆发，因为在 12 个月的时间里，还有 8 家公司和英特尔一起先后创立，它们全都把自己设在离仙童的山景城总部近在咫尺的地方。先进存储器系统（Advanced Memory Systems）公司也在其中，它由来自 IBM 和仙童的工程师创立，其目标和英特尔非常相似：为电脑主存储器制造芯片。戈登·摩尔并不是唯一看到芯片潜力的人，英特尔对细节保持含糊的策略才是明智的。

战略、人员和场所

多年以后，戈登解释了他为英特尔确定的基本战略：

> 20 世纪 60 年代后期，行业发展到了可以制造相当复杂的集成电路的地步，只要有人能找到一个理由来制造。人们没有做出过数量足够多的计算机系统，无法证实为电路功能的大规模集成进行投资的理由，业界停留在中小规模电路上。在创立英特尔的时候，通过专注于半导体存储器，我们看到了一条改变这个现状的途径，这是所有数字系统都需要的一种功能，也是无限高复杂度的电路可以用得上的一种功能。

尽管戈登专注于存储器芯片，这对英特尔是定义好了的，但他也在留意另一个前景广阔的机会。“我们的目标是大批量制造复杂的集成电路。存储器很适合，因为它们应用广泛。另一种替代途径是找到一种应用，由于产品的绝对数量很大，可以提供类似的经济性。电子计算器提供了这种可能性，所以英特尔开始寻找一家制造商，和它一起开发专用计算器芯片。”

20 世纪 60 年代中期的《纽约时报》和《华尔街日报》长期读者会很快注意到一个新的不断增长的市场：台式计算器，售价在 1 000~4 000 美元之间（按照今天的美元价值，就是通常以数万美元计）。计算器制造商和芯片制造商合作来满足这个市场，尽管价格高昂，但市场需求蒸蒸日上。一些最早的商用 MOS 芯片，由仙童分拆出来的通用微电子公司制造，用在了一种早期的电子台式计算器里。夏普和索尼等日本企业处于领先地位，它们采用日立和 NEC 制造的芯片。得州仪器这家世界芯片巨头也很活跃。戈登的眼睛盯着存储器芯片，但他的余光一直观察着计算器芯片。

戈登和诺伊斯想要招募专业人士，找来那些让他们印象深刻的人，为他们在打造最佳硅印刷技术这个雄心勃勃的任务上提供帮助。他们已经有了安迪·格鲁夫，他那敏锐的头脑和出色的驱动力将在英特尔得到充分的发挥。他们开始给其他人打电话。“我们只打算聘请完美的人，”诺伊斯半开玩笑地告诉自己的孩子们，“知道自己在做什么的一小群人，比不知道自己在做什么的一大群人取得的成就会大得多。”

莱斯·瓦达斯是名单上的第一个人，这位才华横溢的工程师在戈登的实验室里领导了MOS芯片的大多数工作。在仙童，尽管他的知识、工程方面的智慧以及良好的判断力让他与众不同，但这个瘦小的匈牙利人得不到认可，价值被低估了。戈登希望瓦达斯成为英特尔向MOS芯片进军的先头部队。当瓦达斯听说“他们想和你谈谈”时，他刚刚从他父亲的葬礼上回到家里。他很快跟戈登、诺伊斯和格鲁夫碰了头，他们全都要求他在英特尔承担MOS的工程开发。他开玩笑说，他不得不思考了5纳秒：

> 这是个不用动脑子的问题。你要跟着一些你所认识的最出色的人一起走。你还年轻，对于自己的能力有着强烈的感觉。如果这事不成，你仍然拥有那些能力。如果能成，这就是个非常棒的事。他们的观点是，技术已经足够先进，你可以用成千上万个元件做出超大规模集成电路，而且有一种功能天然地适合这个级别的集成度：用于计算机的半导体存储器，这在当时还是一个规模为零的生意。

戈登对一名制造专家的需求也同样紧迫，而且他发现了尤金·弗雷思（Eugene Flath）这个理想人选，这是一位电气工程师，前美国海军军官。弗雷思在仙童平步青云，正负责双极芯片的生产线。让戈登懊恼的是，MOS芯片还停留在研发实验室。在研发实验室学习格鲁夫关于器件物理的内部课程时，弗雷思引起了格鲁夫的注意。格鲁夫后来暗示自己打算离开仙童。弗雷思认为这是真正的坏消息，并立即表示他愿意到新公司当一个搞制造的。格鲁夫在帕洛阿尔托的国际煎饼屋安排了一顿早上7点钟的早餐。弗雷思到了之后，惊讶地看到坐在格鲁夫对面位子上的不是别人，正是戈登·摩尔和鲍勃·诺伊斯。不到1个小时，他就接受了他们的邀请，他们提供的薪水只有他目前的2/3，但给出的股票期权很慷慨。他开车直奔仙童去办辞职了。

在确保继续获得其他人才时，戈登和诺伊斯更拐弯抹角一些，这其中包括戈登的朋友、加州理工学院的半导体专家卡弗·米德。英特尔同意，在帕萨迪纳的加州理工学院校园附近资助一个小型实验室。在那里，米德开始探索制造一种蓝色发光二极管（LED），想把它用到显示屏上。他成了英特尔的一个业务合作伙伴，并收到了一张英特尔员工卡，这是日渐增加的小蓝牌之一，“塑料上刻有我们的名字，保存在前台的一个罩盒里。”米德经常前往仙童为戈登提供咨询；现在 LED 实验室让戈登可以再次使用米德的服务。

格鲁夫、瓦达斯和弗雷思高调倒戈，进一步挖墙脚会导致仙童决定起诉新公司的风险。尽管如此，特德・詹金斯（Ted Jenkins）很快接到了一个电话，邀请他共进午餐。詹金斯在仙童研发实验室开发出一种双极芯片的新变种，其开关速度很快，这让戈登和格鲁夫印象深刻，他跳槽接受了他们提供的机会，在米德的 LED 项目里工作。对于戈登和格鲁夫来说，更重要的是，他们确保拥有了芯片技术方面的少数专家之一。1969 年 1 月，詹金斯转到英特尔，开发被戈登认为最有前途的硅印刷双极芯片。

随着人才的加盟，英特尔需要一处家园。当戈登和诺伊斯离开肖克利时，为硅电子产品营造合适设施的唯一方法，就是找到一处空建筑并进行定制化改造。与此相反，在 1968 年，他们租用了一处已经建好的芯片开发和制造建筑：联合碳化物电子的旧居，位于东米德菲尔德路 365 号，跟仙童总部的距离近得可笑，离车轮酒馆也很近，这是人们下班后的最爱。联合碳化物的工厂是戈登的前同事金・赫尔尼建起来的。永不安宁的他在离开泰瑞达阿梅尔科公司以后，帮助联合碳化物这家大型石油化工公司进入芯片业务。当这家公司搬到土地更为便宜的圣地亚哥时，它开始清空赫尔尼曾经帮助设计的工厂。戈登和诺伊斯签了一份用到 1974 年的租约，每年支付 5 万美元。

“我们开始行动起来，”戈登说，“这处设施最初比我们需要的大”。有 6 间带硬墙的办公室、一间会议室、一个带有自动售货机的小食堂，以及一大片用于生产制造的开放式空间。诺伊斯要了前门旁边的一间办公室，格鲁夫坐在靠近建筑物中心的位置，戈登的办公室在他们之间，离两边都只有几步之遥。1968 年 8 月 1 日，所有人都围坐在会议桌旁。维克多・格里尼克从前的秘书珍・琼斯（Jean Jones）从一开始就在那里记笔记。戈登说服她暂时来上岗（她给他当秘书长达四分之一个世纪之久）。在头一年，她是英特尔唯一的行政人员。

戈登・摩尔对东米德菲尔德路这座定制化设计的基础设施感到很高兴。这是个良好的开端，为他们赢得了时间，尽管这栋建筑需要部分翻新，比如污水管道。“我们把横跨前面草坪的管道挖出来，连接到主下水道。管道的横截面是个倒马蹄铁形状，底部完全被腐蚀掉了。人们往那里倾倒硝酸或者盐酸已经有很长一段时间了！排放量增加了100多倍，但没有人去管这个事实。作为一个行业，我被我们当初做的一些事情吓坏了。”随着时间的推移，人们开始了解到，即使把酸液倒进漏水管，其问题也小于把有机溶剂倒入下水道。这些溶剂会在地下累积；最终，威斯曼和米德菲尔德路周围的整个区域都被指定为环保局的超级基金地块。

制造过程仍存在许多很原始的元素。设计和布局是由手工完成的。卡弗·米德回忆道：“一大群人在绘图板上做布局，对其进行检查，把宝石红（一种塑料薄膜）放在桌子上，用剃须刀片来切割，再手拿着镊子进行剥离。”即便如此，戈登还是雄心勃勃的。他决定尽可能采用商业上现成的材料，对于英特尔要买的东西，他现在做出了一个战略决策。

绝大多数公司现在采用的是直径1.5英寸的晶圆，但有些供应商开始提供2英寸的晶圆。戈登想要这些更大的晶圆。直径的小增长意味着晶圆面积的大幅增加，这样每一批次会出来更多器件，而且提供了产能跃升的潜在可能性，随之而来的就是每个晶体管制造成本的下降。8月下旬，尤金·弗雷思在洛杉矶附近度假。由于他离那年的Wescon展会的会场很近，他接到指示，去购买全套的半导体制造设备。弗雷思照做了，从展厅购买了扩散炉和其他设备。作为英特尔在扩散和金属喷镀方面的最高专家，戈登和他合作密切。

对戈登来说，英特尔的起步和仙童当时类似，这令人欣慰。他负责把新的器件制造方法转化成制造工艺，并交付产品，这得靠他自己以及通过指导别人来做到。和以前一样，他使用了大量的实验室笔记本。他在第一本笔记本的第一页写上了“英特尔1号”，还有他的签名，开始详细描述他为晶圆加入氧化层或外延层的努力。这是很好的实验化学，他记录说：“其宗旨是尝试和了解事物。”

戈登经常在食堂和员工们共进午餐，“跟一群工程师坐在一起，他非常安静，工程师们正在和一个问题进行斗争，他们提出建议，可能想这样看看或者那样试试。”和关键员工在一起的时候，戈登对自己的战略描述得一清二楚，而他对投资者和记者则语焉不详。当他告诉新人，英特尔要为存储器芯片开创一个大市场时，他们都非常清楚他在说什么。此时，仙童较早期的双极型芯片正在驱动NASA的计算机引导阿波罗8号的登月。在英特尔，戈登正在准备自己的登月。存储器芯片是个已知的概念，但他在存储器芯片上的野心处于一个全新的水平。

戈登学会了重视诺伊斯所强调的最小信息原则，有了一个想法就迅速向前推动。“有些人回避做关键的实验。总有一个实验会告诉他们这样行还是不行，而他们似乎想推迟这个实验。诺伊斯则完全相反，我和他有同感，我喜欢跳进去先做这个部分。”诺伊斯仍然是“点子工厂、受人瞩目、拍拍后背加油鼓劲的社交达人”，是英特尔的挂名领袖。他开白色水星美洲狮轿车，挂着“INTEL”的车牌，还热爱开飞机、滑雪和潜水，他负责让人们觉得英特尔十分性感、令人兴奋。戈登沉默寡言、含蓄内敛、守口如瓶，对自认为有可取之处的点子进行审慎的筛选。“我相当善于倾听然后又会忽略。诺伊斯并不介意。”

在英特尔，他们的办公室离得很近。“开始的大多数时候，我俩都在那儿。”非正式互动导致了按照倾向性的领域划分。“鲍勃经常和外界接触，而且真的乐在其中。我喜欢内部的东西。我关注我们花了什么钱，以及所有的内部项目。”过去，戈登和诺伊斯一起讨论技术问题。然而诺伊斯更多地投入了外部工作，会见潜在客户和业界代表。他离开实验室工作台 8 年了，无法像戈登一样密切关注制造技术。

戈登自然越来越多地转而与安迪·格鲁夫讨论技术和制造问题。他设想格鲁夫将成为英特尔的研发总监，“如果到了需要那样做的话。”事情很快就明朗了，格鲁夫准备而且愿意思考技术难题，同时还打算担负起整个公司的内部运营：设定进度、作出决定，以确保目标得以实现。戈登很快喜欢上了这个主意。“格鲁夫忘记了自己的博士学位，变得对组织工作非常感兴趣。”格鲁夫尽管会仔细聆听戈登的话，却跟他老板回避冲突的倾向性正好相反，非常善于主动采取行动。不会等着戈登来处理组织问题。

卡弗·米德解释道：“格鲁夫真的很尊重戈登，我甚至认为他以自己的有趣方式爱着戈登。”在仙童半导体，格鲁夫变得很依赖他的老板戈登。当格鲁夫的父亲失踪时，他只有 5 岁大。1963 年，他们第一次会面时，戈登就以最优秀的姿态出现，这对于潜在的新人意义重大。戈登仅年长格鲁夫 7 岁，职业生涯已然确立；更重要的是，年轻而缺乏安全感的格鲁夫明显感受到了戈登对自己的把握和他散发出来的沉静信心。从第一次见面起，戈登就帮助他看清自己想成为什么样的人。

相比之下，诺伊斯让格鲁夫大失所望。格鲁夫在仙童工作的早期，在一个星期五他递交了一项工作，并在随后的星期一收到了一张便条：“‘我刚刚读了你关于 MOS 的报告，这件事干得非常不错。’签名：‘鲍勃·诺伊斯’。我发现了诺伊斯是谁：总经理兼戈登的老板。天哪！我觉得我死了，并且上了天堂。我很珍惜那张便条，而且仍然把它保存在某个地方。”令人头晕目眩的诺伊斯随即沉寂下来，这对格鲁夫来说就是在重演被自己父亲遗弃的一幕：“那是我第一次也是最后一次收到诺伊斯的信息。”格鲁夫断定诺伊斯能力不足，“我不是一个追星族，但戈登说：‘他比你想象的要强。’”格鲁夫发现诺伊斯是“一个矛盾体：刚开始相处时非常亲密、非常平易近人，然后你就无法再进一步了”。相反，尽管戈登可能很超然很被动，但格鲁夫对他的体会是始终如一、靠得住、够得着，“如果你想聆听戈登怎么讲，他就在那里；如果你想得到他的忠告，他就在那里。”

随着英特尔的发展，有些人把格鲁夫视为“才华横溢但争强好胜的儿子，和诺伊斯进行着一场永恒的俄狄浦斯式战役”。[①] 不可否认，其中有许多愤怒、嫉妒、取而代之的尝试，因为诺伊斯经常旅行，一直扮演着不在家的父亲的角色。然而，更重要的是格鲁夫如何在戈登身上找到他所需要的权威。戈登自己说，“格鲁夫认为我类似父亲的形象”，反过来戈登又把格鲁夫视为自己天然的接班人。毫不令人意外的是，格鲁夫的专长就变成了领会他老板的想法。“戈登是个被动、羞涩的人。你在客观状态下都搞不懂他的意思，更别说在情绪状态时了。”反过来，戈登发现格鲁夫“很容易沟通”，不会咄咄逼人，而是谦恭顺从。随着他们之间关系的加深，格鲁夫成了一个重要的代理人，他放大戈登的想法，展开他的策略，并推动英特尔向前发展。“我认为事情总是存在柔和的过渡态，”戈登说，“安迪看事情则是非黑即白。我们会这样讨论问题：‘或许我们应该这样做。’他出去之后就成了‘我们打算这样做这件事’。”

在珍·琼斯看来，格鲁夫的责任感及其“孪生子”——权威，从一开始就显而易见。“我惊讶于他的年轻和他那明显的控制欲，他知道自己说了算。”格鲁夫可能行为粗暴，而且总是公事公办，但这部分是出于他非常想让英特尔成功。有一件生动的趣事，发生在12月下旬。那是英特尔的第一个圣诞节，大多数英特尔员工，也就是装配工人和技工，想举办一场聚会。琼斯记得，戈登决定把聚会推迟到12月31日以后，这反映出他对待自己的工作是多么严肃，还有他启动制造技术的惊人速度。“戈登不希望浪费时间，他决定在1月份用一场节日聚会来代替。这不太合适。午饭时间，我正放下总机时，格鲁

① 俄狄浦斯是古希腊神话中的悲剧英雄人物，在不知情的情况下杀死了自己的父亲并娶了自己的母亲，所以俄狄浦斯式一词也代表恋母情结。——译者注

夫走了出来，在这个小小的位置上蹲在我旁边，说：‘你知道人们的不愉快吗？’我说：‘我知道有些骚动，但我没想太多。’他说：‘为什么你不告诉我？’我说：‘我们搞不搞聚会，这件事并不会让我感到烦恼。’他说：‘不管什么时候你听到这样的事情，珍，你都应该过来告诉我。’”

更说明问题的是第二天发生的事情。格鲁夫怀疑装配线的姑娘们在挨着女厕所的一个小休息室里举行她们自己的圣诞聚会，而且在工作时间喝酒。他让琼斯去看看他是否猜对了。“‘进去稍微看一下。你出来的时候，只要点头或者摇头就行。’我走了进去。她们做的第一件事就是递给我一个纸杯，里面装满了橙汁和伏特加，我几乎无法下咽。我走出了门，然后点了点头。”他的老板专注于未来，而格鲁夫对于当下的人性现实和需求更加留意，那天余下的时间他给所有人都放了假，挽救了士气，同时也帮姑娘们保住了工作。

金发姑娘和圣诞节的打赌

为了抢先，英特尔需要同时完成两件事：打造最好的印刷技术和开发存储器芯片。任何特定芯片的设计都高度依赖于制造技术的精巧细节：晶体管如何紧密排列，或者铝互连线如何在芯片表面穿行。让戈登最为兴奋的尖端制造技术——他在仙童研发实验室追求的硅栅 MOS 法，具有一项优势，可以把排列紧凑得多的晶体管封装起来。为了把它发展成一种真正的印刷技术，印制出芯片来，需要对实际的芯片设计进行处理。印刷技术及其产品需要一起开发。英特尔需要进行产品设计。

英特尔和戈登绝不是第一个考虑存储器芯片的公司和人。当戈登和诺伊斯开始启动的时候，存储器芯片已经有了一个利基市场，仙童在这个市场很活跃，同时得州仪器、西格尼蒂克、IBM 和其他公司也在其中。这些产品都是小容量的“静态随机存取存储器”（static random-access memory，SRAM）。随机存取存储器是计算机存储器的主要类型，做得就像由一列列、一行行的盒子堆叠而成的一堵墙。通过随机存取，计算机可以找到任何特定的盒子，并从中获取数据。“静态”这个修饰语的意思就是，只要有供电，存储器芯片就会一直维持其保存的数据。

英特尔设法从仙童挖走了蔡（H. T. Chua），他是业界最有经验的设计师之一。正如戈登所说，“我们不想把每个人都从仙童挖走。事实上，我们尽量不这么做，但就像在一条严重损坏的大型客轮上，任何人只要有机会都会转移到一条更适航的船上，谁都明白这么做的好处。”来到英特尔的最初几周，蔡开始着手努力抓住一个眼前的机会：公司有可能获得一份来自霍尼韦尔的订单，它当时是一家主要的电脑生产商。霍尼韦尔正在寻找一种小型的、快速的存储器芯片，将其用作一种“高速暂存”。当时，计算机被设计用于满足少量数据的存储需求，同时进行其他操作，就像现在的一张便条纸，可以用来草草记下稍纵即逝的想法。霍尼韦尔同意英特尔的观点，认为 64 位双极存储器可以满足要求。另外 6 家公司已经在竞相制造原型产品。蔡着手设计一种双极芯片，这就是人们所知的“3101”。

为了抢进存储器市场，戈登决定采取多管齐下的办法，他后来称之为“金发姑娘”战略[①]。他开发了三种不同的方法，来对冲自己的赌注，看看到底哪个最诱人。双极法是最简单的。高容量硅栅 MOS 芯片是第二种可能，它尚未接受过检验。戈登回忆说，硅栅 MOS“在小型存储器模块里很有用，我们可以在和双极芯片同样大小的芯片上放进 4 倍容量的存储器。这个芯片要慢得多，但大多数应用对速度并不敏感”。第三种办法用来对冲复杂硅栅芯片在经济性上失败的可能性，也就是说，这个项目是用几个没那么复杂的硅栅芯片来制作一个多芯片的存储器。

戈登需要为他的硅栅 MOS 法找一位设计师。1968 年，乔尔·卡普（Joel Karp）在圣克拉拉的通用微电子工作。在那里，他为一种早期的台式计算器设计 MOS 芯片，还有移位寄存器——这种非常简单的芯片既可以用于逻辑电路，也可以用于存储器。卡普对通用微电子的命运心怀疑虑（随着它被鲍勃·诺伊斯的老东家、位于费城的飞歌收购后），并且得知了英特尔的成立，他立刻把自己的简历发了过去。格鲁夫和瓦达斯把卡普捞了出来，并把他派去干活，设计他们称之为“1101”的存储器芯片：一种能保存 256 比特数据（0 或 1）的 SRAM，用硅栅 MOS 工艺制造。戈登希望，这种复杂的、能力更强的芯片，其每比特成本可以对磁芯存储器构成挑战。卡普掏出纸和笔，开始干活。

最终目标是将磁芯完全赶出计算机主存储器（当时计算机里最昂贵的部分）。为此，英特尔需要自己的计算机专家。斯坦福大学计算机科学实验室的一位博士马尔西安·霍夫（Marcian “Ted” Hoff）适时地被聘用过来。“霍夫对计算机的体系架构非常了解，”戈

① “金发姑娘”是童话故事里的人物。她跑到了三只熊家里，发现熊爸爸的粥太烫、椅子太硬、床太高，熊妈妈的粥太凉、椅子太软、床太低，熊宝宝的粥、椅子、床都刚好合适。——译者注

登说，“我们大部分人是搞器件的。我们知道自己的产品将变得越来越复杂。他能从另一个方向去看市场会采用什么样的产品。”霍夫的工作是找出客户并推广英特尔芯片的用途。麦克斯·派里维斯基（Max Palevsky）是英特尔早期的董事会成员之一，他在董事会上进行游说，要找一个计算机专家，某个真正了解计算机的人。问题在于，麦克斯代表旧日的计算机产业，而这个领域正在发生巨变。相反，戈登希望霍夫能说出“我们应该做什么产品”，以确保英特尔的存储器芯片可以适用。

戈登首要考虑的是同时制造双极芯片和硅栅 MOS 芯片。如果他可以在 3 英寸的晶圆上制造这些芯片，他就可以在得州仪器、日立、NEC 这些庞然大物进入并接管这个新兴市场之前确立主导地位。这么做的风险很高。为了鼓励竞争精神，他在全公司范围组织了一场赌局，赌硅印刷技术能否在 1968 年底运转起来。戈登赌的是，到 12 月 31 日的午夜，他的员工能够把满足规格要求的 MOS 晶体管和双极晶体管都做出来。他们能成功吗？每个人都选择一方。赌注是一瓶拿破仑白兰地，各方都签了字，由获胜者为失败者举行一场聚会。“我说我们做得到，安迪说我们做不到。我正在促成这件事情发生，而他把鞭子挥得噼里啪啦响！弗雷思和管工艺的人都在我这一边，但管理层的大部分人站在另一边，这让它成了一个值得下的赌注。”

回忆这一时期全力以赴的艰苦工作，戈登认为这是小公司的优势，在一个项目上培训所有的优秀人员，瞄准一个狭窄的方向，解决一些具体问题。这是干净利落的树立标准的方法：“先射击，然后画出靶心。”在英特尔的未来处于生死攸关之际，戈登回到实验台，直接解决材料的问题，对公司设备的功能和弱点进行测试，他很享受这样的机会。他带着一位助手拉里·布朗（Larry Brown），运行了所有用来在晶圆上沉积铝的蒸发器。戈登是业内最先弄清楚如何使用全铝接触的人，所以双极芯片对他来说是小菜一碟。

他认为其中一个蒸发器应该专门用来搞清楚更难的问题，也就是如何制造硅栅 MOS 芯片。在某些问题得到解决之前，这种新器件不能离开实验室。硅栅需要有一层多晶硅薄膜沉积在二氧化硅上面，而二氧化硅又紧贴在晶圆的表面。如何做出最后这一层来，还没有人完全想清楚。戈登的实验成了一场灾难。在第一次尝试中，他把晶圆留在蒸发器中过夜冷却。第二天早上，所有的晶圆都坏了：多晶硅薄膜卷成了小卷，剥落的氧化层形成了乱七八糟的斑点。改变蒸发过程也无济于事。尤金·弗雷思回忆说：“薄膜脱落了，看着很漂亮。我们坐在那里看着；不一会儿，表面就开始卷起来，像个沙丁鱼罐头一样。”后来，一位新员工描述了他如何通过一种不同的途径，误打误撞地在一个外延反应器的氧化物上面生成了多晶硅，从而避免了这个问题。

即便如此，问题似乎从未停止过。团队遇到了一个真正的挑战，戈登称之为破碎金属。当他们把铝放到盖住结构的氧化层上面时，铝会破裂，从而毁坏器件。12 月 20 日，戈登提出了一个建议。戈登在伯克利和加州理工学院的时候，掌握了玻璃工艺技术，他用常见的火焰抛光技术让尖锐的边缘变得平滑：用一束火焰把边缘轻微地熔化。戈登看到，这和硅栅 MOS 晶体管的破碎金属问题有关联：“边缘非常锐利，而当你试图在它们上面放一层铝膜时，它会划开薄膜。我想，‘为什么不用火焰来抛光它？’”把火焰放到芯片上绝不可能，所以戈登采用了一种化学方法。他建议给芯片的氧化物层增加一点磷，这样就降低了熔点。通过温和加热，氧化层就会回流，填充到缺口里，让边缘变得圆润，它上面的金属就不再破裂了。

圣诞节前夕，又冒出了一个不同的问题。戈登是最后离开的人之一。为了让大家过节，他和助手拉里·布朗一起走在前往车轮酒馆的破旧小路上。同时，弗雷思还留在东米德菲尔德路，他路过蒸发器室，注意到门下面有一小股水流。蒸发器的冷却系统发生了泄漏，水开始在建筑内泛滥。他找到正准备要离开的鲍勃·诺伊斯，他们一起关掉蒸发器，拿出拖把拖地，避免了灾难。半个小时后，他们到达车轮酒馆，大喊：“你们去哪儿了？”

打赌的结果在最后一天揭晓。12 月 31 日，戈登断定，他们确实取得了技术定义上的成功。他们让基本要素到位了，可以制造 MOS 芯片和双极芯片测试批次的产品了。作为胜利者，戈登拿走了瓶身上有大家签名的拿破仑白兰地，正如他计划的那样，也由他来决定为赌输的一方举行一场节日聚会。鲍勃·诺伊斯属于赌输的一边，而他的妻子宣布，她在任何情况下都不想参加商务社交活动。戈登和贝蒂不得已放弃了他们那种自然、私密的生活模式，邀请每个人都去了他们位于捷普路的房子。大约 30 名员工带着他们的配偶或朋友，在戈登夫妇的客厅里喝了波士顿鱼之家（Boston Fish House）的潘趣酒。“英特尔的每个人，上到高管，下至清洁工，大家在我们家显得其乐融融，”贝蒂回忆说，她即使和别人保持着距离，也认为自己是戈登的新公司的一分子，“这说明英特尔当时有多么小。从那时起，它就像个雪球一样滚动起来。”

投产

针孔和进展

从 1969 年 1 月到 4 月，戈登把自己的精力放到了两个问题上，一个是破碎的金属，一个是更伤脑筋的新问题：针孔。氧化层出现的小洞具有毁灭性，会导致电路短路，并严重影响良率。他迅速征用反应器，研究如何改进设置、步骤和材料。他还设立了一道审查工序，在显微镜下检查晶圆，把小孔出现的位置绘制下来。他希望通过自己钟爱的测量和分析模式来解决这个问题。

托马斯·罗（Thomas Rowe）是由弗雷思招募来的一位经验丰富的生产工程师，他采用戈登的回流方案来解决金属破碎的问题。这个方法获得了完美的成功。1969 年 3 月 5 日，戈登在自己的实验室笔记本上记录了细节，并让格鲁夫见证了这件事。罗写了一篇关于硅栅 MOS 的论文，来提升英特尔的技术声望，戈登是合著者。论文刻意把细节写得很模糊。回流技术的代号是“退火”，它成了英特尔紧抓不放的一个商业机密，也是英特尔在操作中的一个关键部分。“这最终成为制造硅栅的一个重要步骤。”戈登回忆说。1974 年，他得到了这道工艺的一项专利。

采用回流技术，MOS 团队在当月成功地做出了第一颗可以工作的存储器芯片。全公司的人挤进食堂喝香槟，戈登打电话给鲍勃·诺伊斯，把这个消息告诉了他。诺伊斯当时住在阿斯彭的一家医院，他在滑雪时摔断了腿而无法工作。格鲁夫觉得这是“地狱般的 1 个月”，但 MOS 成功后，他记录道：“众人的兴奋感被引燃。”如果他们能做出一个可以工作的 MOS 存储器，那他们就可以做出很多；然而，除非克服了严重影响良率的针孔，否则他们在市场上就没有竞争力。

戈登继续跟针孔战斗。他反复做实验，把晶圆用不同的变量在反应器中进行测试，把它们放在显微镜下检查，标出问题，并尝试可能的解决方案。他的努力在 6 月份得到了回报。他发现，通过控制温度，针孔的发生率可以减少，就像他在仙童开发全铝接触时所做的那样。在托马斯·罗的建议下，他们也开始使用双氧化层。如果针孔是氧化物上的薄弱点，为什么不先长出第一层，用酸浸泡除去薄弱的区域，然后在上面再生长出另一层氧化物？“除非针孔一字排开，”戈登解释说，“否则就不会有问题。”这个解决方案对他的务实心态很有吸引力：这是一种“马虎一点也能做好”的工艺，“我喜欢这种工艺！”

消除了针孔，破碎的金属通过回流得到了解决，两个问题都由戈登出手搞定，东米德菲尔德路365号的生产车间开始生产1101芯片了。在早期的这段运营中，芯片设计师乔尔·卡普守在边上，他记得1969年7月20日在一台晶体管收音机上收听登月的消息。那个时刻抓住了全世界的想象力，但对于戈登和诺伊斯这些曾经在仙童参与制造了Micrologic芯片的人来说，这种感受尤其深切，正是那些芯片驱动着阿波罗制导计算机指挥登月舱。英特尔研发的硅栅MOS技术树立了里程碑，公司内部的兴奋之情日益高涨，这与美国人对抢在苏联之前登上月球所表现出的更广泛的兴奋感形成了共鸣。当史泼尼克卫星进入轨道时，戈登创立了仙童。现在，当美国人取得领先、尼尔·阿姆斯特朗（Neil Armstrong）在月球上漫步时，英特尔庆祝了自己成功的第一年。

即使有戈登的回流技术，针孔也得到了控制，但其他问题仍然导致良率糟糕透顶。通常情况下，一块直径2英寸的晶圆只能产出两个可以工作的1101。“我们扔掉的比我们留下的多得多，我们处理的数量很吓人。”对于英特尔来说，要真正做买卖，就得每片晶圆至少生产20个有效的器件。戈登在仙童从事过一项重要的净化工艺，以改进硅平顶晶体管的良率，但在英特尔，净化有所滞后。“所需的投资令人难以接受，我们不希望花费超过我们必须花的钱。让工作台上的东西保持干净很重要，但我们认为工作台下面肮脏也没什么区别。我们试图把工作台弄干净，但无奈人们都穿着平常穿的鞋子走来走去。我们确实凌乱。”

在托马斯·罗的帮助下，戈登展开了一系列化学实验来改进金属喷镀工艺，在沉积铝之前，探索使用不同的“浸泡”来清洁硅表面。戈登让罗把晶圆以既定的步骤处理过，然后改变浸泡液的成分，进行更多的测试。8月初，罗用另一种配方进行处理。当晶圆交到测试者的工作台上时，他大喊道：“天哪！看看这是怎么回事！”晶圆上不是只有两个好的设备，而是25个。这阵骚动引得大家都跑过去看。格鲁夫和瓦达斯都把自己的希望、事业和未来完全寄托在了硅栅MOS技术上。他们看着晶圆从工艺线上下来，同时听着罗解释了浸泡液的配方。戈登和他的团队跨越了最后一道障碍。

戈登·摩尔的激动悄无声息，他没有流露出明显的情感。“在非常好的事情发生时，”他的儿子史蒂夫解释说，“他会有个好心情，但不会举行什么盛大的庆祝。”相比之下，瓦达斯就大声叫了起来，“这是个超级浸泡液！一个超级浸泡液！”一夜之间，硅栅1101

SRAM 的良率一跃达到了目标。戈登有了自己的硅栅印刷技术，公司可以做生意了，每个人都可以对未来充满信心了。生产线开始大量出产 1101 芯片，工程师们也可以根据乔尔・卡普“下一阶段”的 1102 和 1103 动态随机存储器（DRAM）设计来制作芯片了。1969 年 8 月中旬，卡普获得了去波士顿跑一趟的奖励，当时那里是小型机制造商的温床，他在一个电子元器件经销商会议上介绍了 1101。对于英特尔来说，这是成功的第一步。戈登回忆说：“1101 带来的回报超过了我们制造它的成本。这不足以让我们成长为一家大公司，但足以让我们开始上路。”

DRAM 和微处理器

硅栅 MOS 芯片只用一半的芯片面积，而速度高出了 5 倍，这成了英特尔的主要关注点。戈登沉醉于重返实验室工作台的机会。为了推进化工印刷技术，保障良率，让未来充斥着更为复杂的芯片，降低电子产品的成本，总会有重要的问题需要解决。即便如此，还是到把问题交给别人的时候了。成立一年的公司需要他步入领导角色，集中注意力应对新的机遇。在奠定英特尔的印刷技术时，戈登发挥了关键的作用，现在，他需要弄清楚如何最好地利用印刷技术。“我从来没有真正回到实验室，”他说，“你没法非常有效地兼职做这件事。”

在鲍勃・诺伊斯这边，他在琢磨如何把复杂的芯片卖给一家桌面计算器制造商。诺伊斯在日本电子界非常知名，他经常去那里旅行。一家日本商业机器制造商比吉康（Busicom）对此颇有兴趣。1969 年 4 月 28 日，英特尔和比吉康签署了一项协议，为一款计算器共同开发芯片。该协议要求比吉康为英特尔的设计工作付钱，并对英特尔为其开发的芯片拥有排他性权利。

对戈登来说，这份协议很有意义。日本制造商每年出产 5 万台计算器（超过数字计算机的年总产量）。不仅比吉康会向英特尔支付设计成本，而且如果计算器取得成功，它也需要大量的定制芯片：一种从整合经济中获利的标准产品。6 月份，比吉康的工程师前往山景城。他们想要 9 种不同的复杂定制 MOS 芯片，这个设计要求立刻让人感到上火。特德・霍夫（Ted Hoff）知道，由于公司在推动存储器芯片，英特尔没有足够的工程人员来设计那么多芯片。绝望之下，霍夫从英特尔最新的硅栅芯片设计得到启发，想出了一个新的方法来做比吉康计算器。

设计完 1101 SRAM 后，乔尔·卡普立刻转到另一种存储器芯片，它可以携带 4 倍的数据量：1 000 比特或者叫 1 千比特（1K）的存储器。它的基本设计来自计算机制造商霍尼韦尔，该公司的威廉·雷吉茨（William Regitz）设计了一种新型的存储器芯片，被委婉地称作动态存储器。它的意思是，这种芯片只能让数据保持一段有限的时间，所以它必须不断地“刷新”，花 10% 到 20% 的时间来提醒自己原来储存的数据是什么。与此相反，诸如 1101 这样的静态存储器就不需要这样的提醒。DRAM 虽然有必须刷新数据的缺点，但它也有好处，可以用一种简化的设计使单个芯片拥有更大的容量。

为了制造 DRAM，霍尼韦尔找到了英特尔及其几家竞争对手。当英特尔的工程师看到这个设计时，他们给出的反馈就是直接抛出戈登的剧本：如果是 512 比特，那么霍尼韦尔的 DRAM 在经济上不合算。另一方面，如果他们换成 1 千比特——一种更复杂的设计，那么芯片采用 MOS 技术就最为理想，而且具有最优的生产成本。霍尼韦尔同意了，英特尔让卡普开始设计这款芯片，它被称作 1102。卡普和他的同事们对硅栅技术的设计诀窍有着丰富的知识，他们看到了一种更为简单的设计的可能性。他们还开始一项 1K DRAM 替代方案的设计，叫作 1103。

在特德·霍夫重新考虑比吉康计算器的时候，他脑子里思考着英特尔提议的 1103 DRAM。如果比吉康使用更多的存储，就像 1103 DRAM，那么计算器的逻辑可以简单得多。霍夫随后意识到，他可以完全抛开比吉康的定制逻辑，把计算器重新想象成一种简单的通用计算机，可以通过软件编程来让它的行为就像一台计算器一样。关键是，他看到他可以在单一芯片上做出中央处理单元，这是简单计算机的精髓所在。一个芯片上只需要 4 个这样的 CPU，即微处理器，就可以完成比吉康提议的 9 个芯片所做的工作。霍夫推断，有了这种转变，英特尔可能会解决比吉康的任务。这种新的做法——采用一种编程的标准微处理器而非定制逻辑芯片，可能有很大的应用范围。戈登很快就对此热情高涨；他批准了霍夫追踪这个方案。1969 年 9 月，霍夫开始为这个微处理器进行高层架构设计，这在英特尔内部被称为 4004。

英特尔和比吉康签订了开发 4004 的正式协议。戈登回忆说：“我们能做这个项目的唯一办法，就是说服日本人抛弃他们的设计工作，并接受我们的方法。他们派过来一位首席工程师，我们对他进行了说教。他说：‘好吧。我们会用你们的办法做。’他这么快就转变过来，让我目瞪口呆。如果他们不接受我们的办法，我们就只好对他们说不，因为我们没法那么快雇到人手，没有那么多能够设计复杂芯片的人。”

4004 的架构设计出来了，需要有人来为芯片设计实际的电路。对于把这一步先放一边的决定，戈登表示支持：“比吉康的人离开了，留给我们几个月的时间来搞定事情。”在戈登看来，英特尔仍然是一个小业务部门，需要解决一个更紧迫的问题：推出 1102 和 1103 DRAM。这些芯片便宜得足以和磁芯竞争，它们是进入存储器芯片市场的关键。4004 微处理器可以等一等，“它需要几位拥有适当背景的工程师，而且可能要专注在这上面，”戈登说，“我们在存储器芯片上确实太忙了。”

1103 DRAM 是一场豪赌。公司的命运依赖于这种更大容量的芯片，它希望靠这款芯片来主宰利润丰厚的计算机主存储器市场。有了巨大的产量和足够的客户，英特尔就可以按每比特 1 分钱的价格来提供主存储器：这个价格和磁核阵列相同。这一切将为今后的发展打下基础。与此同时，资金的困扰也很紧迫。摩尔定律鼓励超前规划和承担风险，但英特尔需要实际的销售额来抵消其不断增长的开支。卡弗・米德记得 1969 年资金短缺，当时“我们全都在强忍着，因为家底都掏光了。没有任何买家；鲍勃・诺伊斯经常在大厅里来回踱步”。

当机会渺茫时，救星出现了。在 1969 年，计算机是多用户的。客户端和大型主机的互动方式是，在中心设施留下 IBM 打孔卡，等几小时甚至几天之后再来取打印结果。然而，一种新的与计算机互动的模式，包括大型主机和规模较小的小型机，正在兴起：分时共享。多个终端（通过直接连线或电话）连接到一台计算机，计算机在终端之间分配自己的注意力，从一个用户切换到另一个用户。对于在自己终端上的客户来说，交互是直接且面向个人的，不会有重大的延迟。

终端跟美化过的打字机差不多，它靠计算机将响应的内容打印到纸上。随后，计算机制造商在 1969 年开始提供视频终端，带一个阴极射线管显示器和一个键盘。这些设备可以让客户键入命令，并且马上在发光的屏幕上看到以文本打印出来的结果。一家叫作计算机终端公司（Computer Terminals Corporation，CTC）的初创公司进入了这个市场，它正在寻找所需的芯片。对戈登来说，这是个很好的机会。鉴于不断发展的大型计算机技术，视觉显示器是一种很有前途的附件。必要的移位寄存器芯片很容易做，而英特尔也能在做 1103 DRAM 的同时将其赶制出来，它很快就和 CTC 签下了一桩交易。

后来的某个时候，米德走进戈登的办公室，他回忆说：“我说，‘怎么样了？’他说：

‘棒极了！’那不是我习惯听到的回答。‘哦，怎么回事？你在卖东西吗？’‘是的，移位寄存器。不久以后，世界上就会遍布移位寄存器。’这是第一个挣钱的产品。走投无路的英特尔赶紧将其投入量产，开始了一桩真正的生意。”

插曲：保持亲密

戈登·摩尔把自己的实验室工作放在一边，专注于战略问题。在家里，他和儿子们分享了自己对实践工作和实验的热爱，以此获得补偿。“戈登在家里有一家‘店’，”贝蒂说，“他一如既往地节俭，他去西尔斯买了些很大的箱子，里面装满了 Craftsman 的工具。”肯回忆起他跟父亲一起做东西的情形，“他设计和制作的东西超级好。他教给我很多木工活，我们做了一张精美的八角形桌子，还做了架子来布置家里的房间。爸爸做了大量的东西，我经常看他在自己的店里，那里总是很令人兴奋。”肯也开始拆旧汽车，史蒂夫对汽车也极其热衷。

1969 年是戈登夫妇在财政上野心勃勃的一年。在 20 世纪 60 年代中期完成了位于洛斯阿尔托斯山的房子后，贝蒂开始了一个大项目，他们在达文波特购买了一个地块，位于圣克鲁斯和佩斯卡德罗之间的海岸，她要在这里建一幢海滨别墅。这幢房子有一个大壁炉，可以看到美妙的海景。一家人很快就可以在那里度周末和过夏天。戈登在那里和山景城之间来回通勤，车程 1 个小时：“我开着自己的小保时捷，可以很快翻过山去。我过去经常带着渔网去海滩上抓胡瓜鱼。尽管有波浪，但我从来没有去冲过浪，水太冷了。”圣诞节是在海滨别墅和家庭成员一起庆祝的。“我们在平安夜把树修剪好，炖一大锅菜，还有很棒的厚皮面包，和一大盘黏糊糊的甜点，”贝蒂说，“外面的暴风雨大得像发了疯似的。戈登的母亲永远不会待在海边，担心‘它会咆哮起来把我卷走’。”

戈登和贝蒂都是重视隐私的人，除了直系亲属，他们不喜欢参与外界的娱乐。肯提到，“妈妈对于谁来她家里特别讲究。爸爸更典型，跟娱乐毫不沾边。”他们家鲜有客人，但他们经常去看望戈登的父母沃尔特·哈罗德和米拉·摩尔，他们俩仍然住在红木城。他们定期举行钓鱼之旅，并拜访住在佩斯卡德罗的牧场的哥哥沃尔特。“如果我们在一起的时间更长一些，我们会玩扑克牌，但不涉及真钱，”肯回忆说，“作为一个家族，我们一起做很多事情。我爸爸和他的兄弟们兴趣相似：钓鱼和狩猎。”

尽管沃尔特·哈罗德·摩尔听力有困难，而且可能还难以沟通，但生活中他仍然和自己的孙子们关系亲密。小儿子史蒂夫发现他“非常高大，仪表堂堂”。和戈登一样，爷爷也喜欢做东西。“我们会在他的卡车里或者去他家里听候差遣，”史蒂夫回忆说，“我们摆弄木头，把东西粘在一起，做些我们可以帮他做的事情。我一直很有兴趣看他挂在自己车库里的东西。”肯和史蒂夫也常和诺伊斯的孩子们在一起，他们家的后院进行了大量的改造。肯记得“有两个湖，中间有点激流，可以划独木舟”。

贝蒂·摩尔跟诺伊斯的第一任妻子贝蒂没有什么共同点，两家人之间的交往逐渐终止了。诺伊斯和他的妻子分居了，贝蒂·诺伊斯夏天就去东部位于缅因州的家里，诺伊斯留在洛斯阿尔托斯山，他成了戈登夫妇海滨别墅的常客。肯回忆说：“我做了一个小仪表，可以按一个按钮来跟踪一个正弦波。诺伊斯会坐下来，询问关于它的每个问题。他的个性迷人，嗓音洪亮，说起话来抑扬顿挫。你情不自禁就会喜欢他。”贝蒂鼓励戈登“把诺伊斯带到达文波特来。我们把孩子们一起放在男孩的卧室，我们也有一个给客人的卧室，”其他时候，“我们会带他出去，到我们的船上，或者他在我们的船上迎我们；有时候他会掌舵。他会离开洛斯阿尔托斯一天，然后和戈登一起开车回办公室。”在这段时期，戈登和诺伊斯比以往任何时候都更亲密，“诺伊斯是唯一一个我可能与之互动的人，主要是因为他在夏天会被单独留下”，然而戈登还是典型地保持着一定程度的超然。

贝蒂继续专注于家庭责任：计划饭菜、烹饪、购物。“她有保洁人员帮忙，”史蒂夫说，“但我父母在任何事情上从来没有接受过太多的个人帮助，我们是个自己动手的家庭。”戈登的日常内容一成不变：清晨很早就出门上班，回家和家人共进晚餐。晚饭后他去洗碗碟，把它们放进洗碗机，然后回头去处理生意上的事情。

随着男孩子们的年龄增长，肯开始在学校里喜欢上了科学：“我想知道事物是如何运行的，”他用电子设备做实验，“爸爸给我带来了很棒的东西。当时，有些晶体管要 40 美元，但我能拿到免费的次品。我爷爷抽了很多雪茄，我们得到了他的盒子，你可以在里面做所有的东西。”肯用一块纸板，一个 9 伏的电池，以及一些英特尔最早的集成电路，在自己的七年级科学课上做了一个二进制计算器。“对我来说，这非常好。对爸爸来说，这很好玩。我把计算器带到课上，当我展示它是如何工作时，科学老师停止了讲课。我宣布，‘固态电路将把真空管从这个星球上抹去，而且现在已经在这样做了。’”

青春期带来了真正的挑战，因为 20 世纪 60 年代成了一个青年人造反的时代。“即使没有英特尔这边的故事，”贝蒂说，“那些年也造成了压力。”两个男孩都上了当地的公立学校，但随着湾区成为学生造反运动的先锋，肯那所开明的中学也由于违法行为而名声大噪。戈登认为自己的大儿子吊儿郎当，一点儿都没有干他本来可以干的事。肯百无聊赖。“我让爸爸急疯了。他不明白我为什么不学习，我一点儿也没有从中看到价值。”相反，肯和摩尔一样，喜欢搞爆炸。“爸爸教我如何制造三氧化二氮，这是一种接触爆炸物。它呈现出一点紫色的云，并在你的手指上留下一块黄色的碘渍，就好像你被烧伤过似的。我带了一些去学校，并把它放在更衣室。‘砰！’我被停学了。爸爸难过得无以复加，因为他也曾经在自己的历史课上往地板上扔了一些。”

由于肯的行为恶化，事情发展到了戈登和贝蒂很不情愿地把他带到一位辅导员那里去的地步。辅导员很快就注意到了这一家子不善表达的风格。“哎呀，你们彼此之间多些微笑吧。你们没有真正交流过你们的感受，而是用这种友善的外表掩饰了自己的感受。”如果生气了，贝蒂会发泄出来，但是戈登不会，他会沉默不语或者消失，而且和以往一样，专注于实用的任务。戈登渴望把自己的职业道德传授下去。肯上三年级的时候，家人承诺他，如果成绩为A级，就给他一本渴望已久的天文学书籍。“我还记得把这个协议写在一张小卡片上。当然，我做得格外努力，而且得到了书。”后来，戈登答应肯，读完中学就给他300美元，取得学士学位给3 000美元，而完成博士学位给30 000美元。达到最后一个目标永远没有什么问题。

戈登和贝蒂尽量不让肯去惹麻烦，他们坚持让叛逆的儿子在周末干家务活。戈登站在平台的栏杆上清理檐沟，而肯用锄头锄草、挖水渠、劈柴、整理车道。“爸爸是监工，”他回忆说，“早晨不能躺在床上无所事事。他会进来叫我起床。‘年轻人不能浪费时间。你起来做些事情。’有一次，我生病了，他以为我试图偷懒。他让我去干活，我呕吐了。这是他第一次说：‘哎呀，对不起。’不过我认为是妈妈让他说的。”

史蒂夫比哥哥小5岁，勤奋好学、沉默寡言，很像他的父亲，“和肯正相反”，戈登说。过敏症耽误了他学走路，而腹腔疾病让他在小学里受到了欺负。贝蒂把他转到一家私立学校，鲍勃·诺伊斯的孩子们也在那里上学。课外时间，史蒂夫制作汽车模型，在阁楼里搭建了一条电动轨道。戈登晚上有时候会把工作放在一边，“我们走出去，在附近扔棒球，”史蒂夫回忆说，“他让我们找些我们喜欢做的事。”

肯和史蒂夫每周会得到一小笔津贴：先是25美分，然后是1美元。戈登和贝蒂决心不让财富毁了他们的儿子，“我父亲一下子得到了太多的钱，这毁了他的生活。”贝蒂说。

肯为一个邻居做清洁和修理工作，由此获得报酬。“我父母强调干活主要不是为了钱；这是为了从时间上把我拴住。这也是一种关于责任的学习，”他说，“只要我一周挣到了 14 到 16 美元，我就可以把女朋友带出去看电影。”他为管理普通高校的妇女工作，跟残留的嬉皮士混在一起，还留起了长发。“我来自刻板拘谨的一方，所以那种类型绝对令人着迷。”

戈登鼓励肯对电子学的兴趣。“我的卧室开始看着像个电子商店。我朝四面八方铺设了大量的线缆。”他创立了一家做电视机维修的小公司，并爱上了业余无线电。“我经常收听和发送报告，还收到了可爱的小卡片。我在另一个国家有个联系人。爸爸过去经常开玩笑：‘如果你一直让这些东西送到这里来，我会很难拿到绝密许可证的。’”肯也花时间待在东米德菲尔德路的英特尔办公室，他可以使用那里的一台小型机。“一台机器有 8K 内存是很巨大的。我的编码必须非常仔细，以节省空间和尽可能高效。我最终用上了那台机器，进入了信息技术行业，并且靠编写代码谋生。”戈登基本上不是搞电路的人，但对于他的长子，计算机“合乎逻辑”。戈登说：“如果我的计算机出了问题，而又找不到现成的英特尔技术人员，我就会打电话找肯。”

持续经营

融资成功

在戈登・摩尔负责英特尔的技术工作的时候，鲍勃・诺伊斯的大部分精力都专注于业务和财务问题。早期的一个问题是，仙童的律师积极考虑起诉英特尔窃取商业机密。然而，谢尔曼・费尔柴尔德不愿意追究这两个人，他们做了那么多的事情来让自己的公司取得成功；他对于要求赔偿几乎毫无兴趣。

诺伊斯到处旅行，拜访霍尼韦尔和巴勒斯等计算机制造商，推广芯片存储器。他还负责购买圣克拉拉一处 26 英亩的梨园，准备扩张企业。戈登和诺伊斯从长远考虑，设想他们这个联合碳化物工厂装不下的时候，他们可以搬到一个宽敞的、定制的总部和工厂。这桩采购反映并确认了硅创业公司的中心正在发生转移，从帕洛阿尔托边缘的肖克利半导体移到了南边十多英里处心的喜悦之谷的果林：这片廉价的、平坦的、现成的土地，位于日后的硅谷之中（硅谷一词是一种隐喻）。

正如预期的那样，创立之初的几个月只有费用，没有销售额。到了年底，几乎花掉了 50 万美元。1969 年，花钱的速度加快了。虽然销售额达到 37 万美元，但当年的最终结果是损失近 200 万美元。令人高兴的是，公司有了移位寄存器的生意，硅栅 MOS 技术也有了进步的迹象。尽管即将卸任的总统林登 • B. 约翰逊（Lyndon B. Johnson）对不断升级的越南战争推行“大炮和黄油”的做法，让整个美国经济开始体会到压力，但戈登 • 摩尔和鲍勃 • 诺伊斯的声望依然令人信服。鲍勃 • 诺伊斯和英特尔董事长阿瑟 • 洛克密切合作，引入新的资金。现有股票进行了分拆，每股拆成 1.75 股，同时以小幅提升到 14 美元的股价增发了 285 000 股。这笔新的股票快速到位，为戈登和诺伊斯筹集了 390 万美元用于业务需要。这时候，他们推出了计划过的方案，让员工可以购买目前仍属于私有的股票。

戈登和诺伊斯知道，英特尔自己的金库里需要更多的钱。他们的计划是把公司上市，以获得急需的现金。然而，对于首次公开发行（IPO）来说，1970 年是个可怕的时间。国家陷入混乱，因为尼克松总统的政府扩大了在越南的暴力冲突范围。当美国军队开始在柬埔寨进行地面作战时，伴随着大规模的空袭，美国国内爆发了大规模的反抗活动。炸弹在大学校园里爆炸，部队甚至开枪射杀抗议的学生。经济陷入衰退，股市损失了约 20% 的价值。技术公司的股票被大规模抛售，尤其是计算机制造商，IBM 的股价下跌了超过 30%，得州仪器和其他公司也遭遇到了类似的下滑。英特尔 IPO 的前景看起来并不光明。

随后，英特尔较大的投资者之一法耶兹 • 萨若菲姆出手干预了。他对戈登、对半导体、对英特尔都是信心十足，他的投资公司总部位于休斯敦，他建议通过自己的公司进行一轮私募。萨若菲姆是伯克利的毕业生，而且跟阿瑟 • 洛克是哈佛商学院的同学，戈登 • 摩尔日益增长的个人财富已经交给他打理了多年。在 1970 年，私募股票是英特尔的唯一选择，这是个不用动脑筋的事；萨若菲姆带来了受人欢迎的 150 万美元。

第二货源

晶体管的早期业务是在冷战的基础建立上起来的，它是冷战技术的“一个重要组成部分”。军方客户要求，他们购买的任何半导体产品都要有个“第二货源”，这成了一种惯例。一家芯片制造商需要让客户相信，至少有另一家制造商准备供应完全相同的设备，从而确保客户不会在价格上受到挟持，而供货也会保持稳定。如果英特尔的 1103 DRAM 想要打开主存储器市场，计算机制造商就会要求有一个第二货源。英特尔在 3 000 英里外的加拿大渥太华找到了一个解决方案，加拿大贝尔（Bell Canada）的制造部门和加拿大政府在那里有一家合资企业，它正在寻求进入芯片业务。微系统国际有限公司（Microsystems International Ltd. MIL）计划为加拿大贝尔及开放市场制造芯片，它的现金很充裕，但没有经验。英特尔需要现金，又有领先的技术，是理想的合作伙伴。

人们日益认识到，成立仅有两年的英特尔技艺高超，MIL 确认了这一点之后，同意进行全面的技术采购，它支付 150 万美元，让英特尔在渥太华建设一条生产线并让 1103 投产。MIL 将为售出的每颗 1103 支付一笔特许使用费，如果达到生产目标，再给 50 万美元现金。MIL 提供的首期付款让英特尔在 1970 年的亏损减少了一半，使之变成了略低于 100 万美元。“历史上，技术转让一直是这样，‘这是秘方。你自己去干，而我可能留了一手！’”这次交易所包含的内容比“如何让工艺运转起来的菜谱”要多。MIL 支付了相当于英特尔净资产的总额，收购了硅栅印刷技术和 1103，甚至还包括一款计划好的微处理器 4005 的设计，它类似比吉康的 4004，但是会完全属于英特尔。

戈登说，和 MIL 的冒险是“一个关于我们愿意做什么，以及我们愿意如何做的重大决定”。安迪·格鲁夫却很不开心。他已经听说了早先的分头开发计划[①]，就一直在考虑：“走开，走开，我们没有时间来弄这个了。”MIL 的开发任务更是雪上加霜。格鲁夫正在试图提高 1103 的良率，眼下还是太低了，现在他不得不把自己最好的员工送去渥太华度过相当长一段时间。尽管格鲁夫反对，戈登和诺伊斯还是在 1970 年 7 月签署了合同，他们有信心可以圆满完成任务。如果说他们气味相投的话，他们压榨起安迪·格鲁夫来也都很冷酷无情。

在早年历经磨难的格鲁夫无法忍受失败，现在他由于超乎预期而赢得了可靠的声誉。他对自我反省或百无聊赖毫不同情。“安迪是那种早上 5 点钟起床的人，他不明白为什么一位工程师头一天晚上干到 11 点，第二天早上 8 点钟就可能来不了。”他致力于执行戈登的追求，要让英特尔的制造技术尽可能地先进。他那种“严格执行纪律的偏好”——他借此引导戈登作出明确决断、以避免仙童的错误，使他成了一个不那么受欢迎的人物。然而，正是戈登而不是格鲁夫如此描述自己的希望：英特尔的管理要“像海军陆战队的

① 指在存储器之外又开发微处理器。——译者注

新兵训练营”。

戈登是为数不多发现格鲁夫也有脆弱一面的人。甚至诺伊斯也戏称他为“鞭子”，并评论道：“我很难去做辛苦的事情，但这对安迪来说并不难。”格鲁夫后来告诉他自己的传记作者：“在英特尔，我怕得要死。我离开了一份非常安全的工作，去了一家全新的公司，进入了一个从未尝试过的领域。这太可怕了，我经常做噩梦。”在一个反复出现的梦境里，恶狗从一个衣柜里跳出来：“那些狗有着像戈登和诺伊斯那样的名字，它们想知道为什么我没有按时、按规范完成工作。”格鲁夫是用自己的一切在冒险，相比之下，戈登和诺伊斯已经发财了。对戈登来说，在 40 岁的年纪开始创立英特尔，没有太大的风险，他后来把这个经历描述为“有趣”和“顺利”的，“我们按时按预算做事情，一切最终都奏效了。”诺伊斯轻松到足以在长周末去滑雪。相反，安迪·格鲁夫“在 12 道前线跟杂乱无章的部队作战”，他发现初创公司完全是个地狱，“我无论如何也不想重温那些早年的岁月了”。

其他人甚至比格鲁夫还惨。在生意上，戈登（测量、分析、决定）和诺伊斯对于竞争都很冷血无情，但戈登——乐于接受个人的乞求且越来越意识到人性的细节，发现大规模裁员是可以忍受的，只要这事由代理人和副手来处理，就可以让他避免与受到影响的个人进行痛苦的对抗。随着经济恶化，士气一蹶不振，英特尔面临大量裁员的创痛，有近 1/4 的员工在 1970 年 6 月到 10 月之间被裁掉。由于产品存在诸多问题，格鲁夫也如坐针毡。他原以为离开仙童就可以把压力抛在身后，但现在他对自己的智慧表示怀疑。他那种永远近乎恐慌的心理，经常导致他采取专横暴虐的方式。相比之下，在引领英特尔经历早期岁月时，戈登沉稳自信，极少对问题表现出公开的反应。

荣耀之争

大规模裁员、一队关键员工前往 MIL 去建生产线、1103 DRAM 及计划中的 4004 微处理器的问题等，可以想见这段时期十分紧张。英特尔董事长阿瑟·洛克给戈登和诺伊斯施压，要求尽快投产和推出 1103，对优缺点都要和盘托出。他们希望，MIL 的付款和 1103 销售额的扩大可以为英特尔提供实现盈利和上市的机会。

随着良率取得上升势头，戈登和诺伊斯批准了一份公告，宣布 1103 准备出货。半导体行业的营销人员在进行推广时毫不害臊，而且他们已经有了产品尚未彻底完工就发布的名声；对于晶体管和芯片的预期优点，它们的广告也毫不谦虚。英特尔的广告跟这种文化一致，在一个两页的对开彩页上画了数十个黑色的矩形，以粗体文字宣告：“终结。磁芯在价格战中输给了新的芯片。去跟英特尔证实一下。”并以更柔和的字体将 1103 称作“一种创造历史的 1024 比特 RAM，用我们的硅栅 MOS 工艺制造而成，它的良率如此之高，以至于其成本比磁芯还低”。1103 的实际定价是 1 000 比特超过 21 美元，约每比特 2 美分。即便如此，它还是在计算机制造商和系统制造商当中唤起了潜在需求，英特尔的电话开始响个不停。

尽管前期反应令人欣喜，但 1103 的成功尚不确定。良率还很脆弱，改善是个永无止境的过程，需要艰苦的创造性工作来推动结果向上发展。格鲁夫敏锐地察觉到，“在某些不利条件下，这些东西就是无法记忆数据。”不仅如此，它还很难操作。“1103 以非常微弱的信号运行，周边的电路很复杂，各种问题都有，”戈登说，“你不得不担心当你加载一个比特时，有没有干扰旁边的单元。我曾经称之为‘有史以来由人类制造的最难用的半导体。’”

有悖常理的是，芯片存在的问题却成了它的优势。“存储器工程师”是计算机公司的主要买家，他们开始接受 1103，这恰恰是因为它带来的威胁比他们想象的要小。“如果在拿到存储器之后，他们要做的全部工作就是把这些电路插进去的话，那他们的工作就没了，”戈登说。“当他们开始发现问题的时候，他们知道自己仍然还有未来，于是就采纳了 1103。如果它更容易用的话，会难卖得多。”这款设备成功地在一个快速增长的市场里站稳了脚跟；尽管这是个非常脆弱的设备，却变成一种业界标准。惠普这家更受人尊敬的公司，成了它迄今为止最大的客户。到 1972 年，1103 是世界上最畅销的半导体存储器芯片，英特尔的收入急剧增长到 2 300 万美元，而它几乎是全部的收入。回顾过去，戈登把 1103 称为英特尔的制胜技术，“大多数厂商都愿意认真地看一看，把它用作大型主机的存储器。这是第一款取得商业成功的半导体存储器设备，我们在 1103 上赚了很多钱，它让我们成长起来了。”

对于戈登来说，他的金发姑娘战略的寓意很明确：

> 如果我们只押宝单一赌注，这可能就会出问题。双极法太容易了，我们做出了自己的 64 位存储器，但我们对于老牌公司没有任何优势，所有人都能马上做出来。多芯片组装在经济性上远远超出了我们做得到的地步，所以我们放弃了它，因为太

> 辛苦了。硅栅 MOS 恰到好处，当我们在这上面发现了真正的吸引力，我们就顺其自然。我们把精力集中于解决棘手的工艺问题，把它做成了。我们的竞争对手花了很长时间来把他们的同等技术投入生产，我们取得垄断地位达 7 年之久。

在 1970 年，这一切还是未知数，不难理解，戈登很紧张。英特尔的 1103 DRAM 越成功，他越确信自己的竞争对手会进来。他已经看到，自己的第一个产品，即 3101 双极型 64 位 SRAM，有公司提供芯片与之竞争了。英特尔是个非常小的初创公司，净资产约 100 万美元，处于亏损运行状态。得州仪器的规模远远超出它和其他公司，现在一年销售价值 2 亿美元价值的芯片。仙童和摩托罗拉每家的芯片销售额都约为 9 000 万美元，而国家半导体、西格尼蒂克和日本的领先企业 NEC 各自的销售额都超过 4 000 万美元。这些公司都可能会跳进 DRAM 来，利用更胜一筹的资源获得竞争优势。早些时候，仙童自身就在一场代价不菲的价格战中重创西格尼蒂克，收复了自己的优势。英特尔还是一只小蚂蚁，随时会被压扁。在自己公司内部，有些人认为"这事可能会在几年内告终，也许是被遣散，也许是被纳入其他某家公司。有那么多的公司半途而废，所以考虑'从现在往后 30 年的英特尔'似乎并不合理"。

戈登对此的反应就是坚持自己知道的东西。现在的芯片正在量产，保持竞争优势的最佳途径就是设计下一代芯片，并持续推进化学印刷的能力。在这个事情上，他为英特尔制定的策略直截了当、一成不变。戈登推动设计和工程，投入巨资以保持自己的印刷技术处于最前沿的水平，并寻求能够最充分地利用自己的制造技术的、虽然复杂但是标准的芯片设计。随着 1103 成为大路货，英特尔不会跟那些有钱的庞然大物在低利润、大批量的较量中决一雌雄。相反，它的所获是成为第一家供应商，并继续前进，在下一代产品上制造一种类似的成功。对这种一路领先的预测，是建立在他的坚定信念之上的，即硅技术可以被无止境地推进，一直产生利润。竞争者奋力追赶，而戈登不遗余力地准备好更复杂、更小的产品并令其畅销。1970 年 11 月，就在 1103 到达客户手中时，他让乔尔·卡普设计一个 4 倍容量的 DRAM，也就是 4K 而非 1K 的芯片，能够保存 4 000 比特的数据。

戈登在硅栅技术上做了很多工作，使 1103 DRAM 和 4004 微处理器在经济上变得可行。作为一种具有更低的每晶体管成本和良好性能的复杂芯片，1103 DRAM 对磁芯有了竞争力。类似地，单芯片 CPU 也变得可行。戈登对于可以利用硅栅获利的任何想法都很开放，现在他想找到了其他新的芯片，可以满足一种大规模的标准需求。

1970 年，多夫 • 弗罗曼（Dov Frohman）把这样一种可能性带给了戈登。弗罗曼是伯克利的一位电气工程师，他上研究生时，在戈登的仙童实验室工作过。他给戈登、格鲁夫和瓦达斯留下了深刻印象，很早就被英特尔聘用了。在戈登的金发姑娘战略中，弗罗曼被分配去试验多芯片方法。工作了数个月之后，戈登判断弗罗曼的结果干得不错，但他叫停了这个努力：1103 DRAM 更好。戈登和瓦达斯现在要求弗罗曼去调查英特尔硅栅存储器的一些莫名其妙的错误。工作期间，弗罗曼想象如何制造一种新的存储器芯片。和英特尔的 SRAM 和 DRAM 不同的是，弗罗曼的芯片即使在电源关闭时也可以保存数据。英特尔现有的存储器芯片只在供电的时候才保存数据。

现在，另一种常见的芯片存储器已经做出来了：ROM，即只读存储器。即使电源被切断，这些芯片也可以永久保留数据，但这些数据——通过化学印刷放进芯片里，会被固定，而且无法被改变。ROM 很适合用来保持计算机和其他数字系统中必不可少的程序。弗罗曼看到一条用硅栅 MOS 芯片来做 ROM 的途径，而它有一个重要的优点：可以借助电信号用数据来编程，但用紫外光照射到芯片上，这个数据可以被“擦除”，然后再把新的数据编写进去。

弗罗曼给戈登展示了一个原型，令他十分兴奋，这种存储器芯片（电可擦除可编程只读存储器，或 EPROM）正是工程师需要的。他让弗罗曼开发一款 2 千比特的 EPROM，英特尔在 1971 年 1 月非常快速地推出了这种产品，称作 1601 EPROM。1 个月后，在费城召开的固态电路会议上，弗罗曼和英特尔向电子业界介绍了这种设备，展现了它的优点。与此同时，乔尔 • 卡普告诉听众，英特尔已经在开发下一代的 4K DRAM——1103 的后续产品，并强调它的容量增加了 4 倍。英特尔正在开始掌握节奏和制定规则。

正当英特尔春风得意的时候，日本公司比吉康却陷入了严重的财政困难。它的台式计算器搭载了专门设计的英特尔微处理器和 3 颗相关的支持芯片，于 1971 年 4 月首次亮相，但只取得了有限的成功，不足以抵挡其他来自日本、美国和欧洲的制造商的竞争。比吉康要求英特尔降低其芯片价格，以帮助该公司进行竞争，这给了英特尔一个机会。霍夫、诺伊斯和戈登知道，比吉康的“芯片组”能做的事情比充当一个计算器多得多。4004 微处理器及其 3 颗支持芯片实际上构成了一台通用计算机，尽管是一台非常有限的计算机。有合适的软件，它就可以驱动五花八门的机器和系统，从电梯到红绿灯乃至更多。戈登说："这是一个非常有趣的小玩意儿。它具有这种可能性，可以非常灵活地进行大批量应用。你可以想象通过对这种标准产品进行编程，来完成各种各样的控制功能。"

比吉康拥有 4004 芯片组的完整权利。诺伊斯和戈登同意霍夫的观点，英特尔应该把这些权利赢回来。戈登解释说："1971 年 5 月，他们来到我们这儿，说他们需要显著降低价格，以使他们的计算器具有竞争力，所以我们说，'让成本下降的办法是提高产量。做到这一点的办法是开发更多的应用。'"英特尔为比吉康提供更低的价格，而比吉康给了英特尔把 4004 及其支持芯片卖给任何它想要的客户的权利，没有特许使用费，只要他们不做计算器。微处理器的潜在机会突然宽广了许多。

视而不见：格鲁夫、格雷厄姆和盖尔博

英特尔在维护着戈登对硅技术的力量所抱有的信念，也在维护着其他人对戈登卓越的技术天资的信念。然而，这种动人的组合只能凸显出他的不足，在更早以前，这些不足之处让工业心理学家怀疑他的管理能力。随着英特尔的成长，管理者之间的个人冲突经常发生。戈登本能地避免这些冲突。

在将近两年的时间里，鲍勃·格雷厄姆（以前在仙童，1968 年 5 月从国际电话电报公司的一个最高职位离开，被哄到英特尔做销售和营销负责人）跟安迪·格鲁夫经常吵架。格雷厄姆是位电气工程师，在 RCA 和雷神公司的半导体销售工作中积累了经验；诺伊斯从一开始就向他展现英特尔的愿景，他制定的"英特尔交付"的口号成了公司 DNA 的一部分。戈登和格雷厄姆都热爱钓鱼，而格雷厄姆也是戈登在办公室以外会去看望的极少数人之一，鲍勃·格雷厄姆和妻子南（Nan）甚至跟戈登和贝蒂在捷普路吃过晚饭。对于戈登来说，令人不快的是，"鲍勃几乎跟格鲁夫做的每一件事都发生冲突。"这种紧张气氛显而易见。戈登一直是个敏锐的观察者，知道有一部分问题出在格雷厄姆的方式上，他必须赢得争论，然后以此敲打别人的脑袋。

对于反复发生的口角，格鲁夫的看法有点不同。"事实上，我们很快开始互相惹恼对方。我认为他把我视为竞争对手，并开始令我失望。"格鲁夫已经为 1103 DRAM 的交付而忧心忡忡，因此与格雷厄姆的矛盾成了一大压力源："我惨透了。"1970 年，当格鲁夫和戈登在华盛顿特区出席一次技术会议时，他们在国家动物园散步。戈登为自己看到的问题感到担忧，并试图安抚格鲁夫，毫不含糊地告诉他说，有朝一日他会管理英特尔。

格鲁夫同样坦诚地说，跟格雷厄姆的积怨令他苦不堪言。戈登继续回避问题。“他在这个问题上从来没有做过一点该死的事，”格鲁夫说，“我正在趋向于离开英特尔”。格鲁夫从未直接跟戈登讨论换掉格雷厄姆的想法，但希望他的导师看到现状“太痛苦”以至于难以为继。“由于他对我说过他的愿望，所以我无法理解他会放我走。”

格鲁夫习惯了戈登作为一位管理者的被动状态。在仙童时，萨支唐持续缺席的问题激怒了他，而戈登“看起来就像是他从来没有听到过我们的抱怨，但他听到了每一句话，并选择让自己超然事外”。这一次，戈登在幕后确实迈出了这一步，最终去跟诺伊斯讨论了情况。他们同意，这是个简单明了的选择。“对格雷厄姆和格鲁夫来说，英特尔是个太小的公司了，而格鲁夫对于英特尔的成功显然更为至关重要。”要想把英特尔推到他们所渴望的高度，他们自己的商业和科学洞察力都还不够。“他们需要一个强硬的经理，而他们都不曾遇到过比安迪·格鲁夫更强硬的人。”诺伊斯悄悄地开始寻找代替格雷厄姆的候选人，很快就找到了一个符合戈登口味的人选。

事情恶化到了格鲁夫和格雷厄姆互不说话的地步。为了逃离紧张局势，经过深思熟虑，戈登带着家人度假去了。诺伊斯现在采取行动了，他向格雷厄姆摊了牌：或者按照格鲁夫的路子走，或者离开。格雷厄姆选择了离开。戈登没有在那里道别，也没有介入格雷厄姆的解雇条款。他很多年都没有再和他的朋友说过话。戈登对事实进行自我开脱，他说：“鲍勃·诺伊斯真的帮了我一个忙。他在我度假时解雇了格雷厄姆，没有告诉我。要是我，这么做会非常困难，因为我跟格雷厄姆那么友好。诺伊斯的做法显然是正确的。”格雷厄姆成了应用材料公司（Applied Materials）的成功高管，后来当了诺发（Novellus）的首席执行官。

埃德·盖尔博（Ed Gelbach）来自得州仪器的销售和营销部门，被招来取代了格雷厄姆。从一开始他就具有很强的影响力，有很好的市场意识，事实证明，对他的提拔加大了产品的推动力度，这是英特尔在微处理器上的一个转折点。戈登和诺伊斯对微处理器深感兴趣，但依然专注于存储器芯片眼下的成功。盖尔博则相反，他相信微处理器的前景跟存储器不相上下。他有第一手信息，知道得州仪器正在这两种产品上加速发力，而且他确信英特尔需要微处理器市场：在和巨头竞争时，需要先发优势。

盖尔博相信，客户想要用软件来定制微处理器：这必须提供手册、应用指南、软件，甚至新的硬件。在配套这些东西时，他明白弗罗曼新开发的 EPROM 的重要性。戈登也明白：

> 结果证明，EPROM是个非常重要的设备。我们认为它将是一种小批量的产品，所以我们把它的价格定得很高。结果EPROM成了工程师的保护伞。他可以一直修改自己的程序，所以他从来不用其他的廉价设备来取代它。它和微处理器同一年出来，这件事实是个奇妙的机缘巧合。对我们来说，EPROM是个利润惊人的产品，为英特尔的扩张提供了极大的财源。从1972年一直到1985年，我们赚的钱大部分都是靠EPROM。

正名：首次公开发行

戈登和诺伊斯创立英特尔近3年后，公司搬进了位于圣克拉拉的总部，其面积达78 000平方英尺。工厂规模比原来大了300%，使得产量也提升了3倍多。这座设施具有令人自豪的洁净的房间、气流控制，以及更好的废物处理系统。圣克拉拉工厂的停车场没有专人预留车位，大型开放式楼层布满了低隔断、可重构的格子间，反映出英特尔正在发展中的文化远远强于东米德菲尔德路的联合碳化物大楼。戈登解释说："硬墙办公室没有任何意义。如果我们雇用了500名工程师，把每个人放在一间办公室里，那它就成了一幢模样滑稽的建筑。工程师们在桌子上进行设计工作；办公室看上去像一排排牢房，所以我们采用了格子间。比起画一条线然后说谁有停车位谁没有停车位，更容易的做法是在哪儿都不画线。我们开始在安排上做到尽可能平等，随着时间的推移，这就成了制度。"

即使是戈登和诺伊斯也坐格子间。物理上的安排是出于功能性考虑，但也具有象征意义，强化了英特尔作为一家秉持简单实用理念的制造和工程公司的形象。没有多余的装饰就说明没有浪费，这对于拥有股票期权的员工来说是个重要信息。员工坐在哪儿并不重要。在英特尔的精英领导体制下，一个人的观点、数据和个人绩效所代表的意义大得多。"为老板布置花哨的办公室，不是我们的做事风格。"戈登说。

1103的销售步入正轨，产生了数百万美元的收入："如果硅栅再难做一点，我们可能就把钱花光了。如果它做起来容易得多，那我们很快就会遇到竞争者。运气极为重要，它让我们有了一个很棒的开端。1971年，事情开始凑到一块儿了，我们在生产从一开始就着手做的产品，技术运行良好，我们在几个不同的方向同时迈进。"

第 7 章
创建英特尔

1103 的成功以及来自 MIL 在第二货源交易上的持续付款，意味着盈利在望。头一年科技股受到的打击已经结束，市场正在复苏。鲍勃·诺伊斯开始准备 IPO，这事发生在 1971 年 10 月 15 日，以每股 23.5 美元的价格卖出了 307 472 股。英特尔在新的电子交易所纳斯达克上市，而纳斯达克本身就是由计算机，也就是由芯片造就的。公司有了更多的资金来推动自己的增长，以今天的美元计，戈登自己的英特尔股票就远远超过了 6 000 万美元的价值。那个来自佩斯卡德罗的沉默内敛的男孩，一度险些被留在沙箱里，现在成了一种不容小觑的力量。42 岁的他正儿八经地变得富有了，而且正在领导一场革命。

在英特尔 IPO 正好 1 个月后，公司向普通市场推出了 4004。在 1971 年 11 月 15 日出版的《电子报》刊出了一幅很大的广告，宣告了一个集成电子新时代的到来。“一颗芯片上的微型可编程计算机”为电子革命的下一轮行动搭建了舞台。这张报纸上解释了 4004 及其 3 颗支持芯片如何给出一个全功能的微型可编程计算机。4004 只有 1/8 英寸宽、1/6 英寸长，带有 2 300 个 MOS 晶体管，其能力相当于美国 25 年前推出的第一台电子通用计算机 ENIAC 的 10 倍，那台怪物重达 30 吨，需要 6 名全职技术人员来管理，而 4004 只需要 200 美元，价格只有 EMIACDE 1/4 000。它被广泛销售，戈登也从新的应用中得到了乐趣，比如它被用于加州中部谷地的一处鸡舍进行自动化管理。戈登预见到了硅晶体管会降低电子产品的成本，而 4004 使这个不可思议的前景鲜活了起来。这种芯片上的计算机是数字革命的下一步。

埃德·盖尔博准确地预测到，客户需要工具来定制微处理器：手册、应用指南、软件，甚至额外的硬件。成千上万的人写信来索取资料，在商业展会上，英特尔的展台被络绎不绝的参观者淹没了。人们对此兴趣浓厚，但实际的销售量很小，发出去的手册复印件比芯片组还多。对戈登来说，很显然，许多人都想了解这个设备的功能，但销售微处理器需要英特尔采取不同的方法。“这令人兴奋，因为它是一个系列中的第一款产品。没过多久，我们开始研制下一代更为强大得的芯片。”

回想起来，商用微处理器的实现是一个重要的时刻。成功有一千个父亲。特德·霍夫和设计 4004 的那些人［费德里科·法金、斯坦·麦卓尔（Stan Mazor）、岛正利（Masatoshi Shima）］当然是功不可没。从仙童挖来法金很关键。法金是个聪明且专注的设计师。他继续开发从仙童带来的技术，并且证明这些技术对微处理器的性能非常重要。

令戈登烦恼的是，人们普遍认为他不怎么关心微处理器。这仍然让他耿耿于怀：

我的兴趣从来没有动摇过。我不一定要很强烈地表达出这种兴趣，而且霍夫可能不知道，我全力支持把它做出来。我们到了可以做出微处理器的地步，这是关键的一步。特德·霍夫看到了这个主意，它可以用在比一组计算器多得多的地方。

我始终相信微处理器，但早期的市场还不够大。我继续支持它，尽管事实上在很长一段时间里，它的生意小于我们卖出去实现其应用的开发系统。但就在存储器走出去的时候，微处理器得到了应有的重视。成功来自我们一直在寻求以独特的方式使用硅。作为老板，对发生的事情我比任何人都更有发言权。

即使戈登·摩尔以全部的洞察力和高瞻远瞩的力量，也无法想象微处理器的影响会有多么深远。在回顾英特尔1971年的财务报表和报告时，他高兴地看到销售额翻了一番，达到了900万美元，而利润是100万美元。1103 DRAM已经从磁芯那里夺取了芯片存储器现有市场的一半。1103约有3 500个晶体管，这对他的硅印刷技术来说是一种引人注目的成功，戈登对此也表示满意。仙童在1960年推出的第一批晶体管，小到足以把625个晶体管挤到一个1美分的硬币上。到了1970年，英特尔可以把几乎45 000个晶体管放到同样的硬币上。正如他预测的那样，晶体管的价格也下降了：均价从每个10美元降到每个只需1美分。

对于戈登·摩尔来说，正如别人同样感受到的那样，英特尔的起步阶段是一辆令人感到紧张刺激同时也兴奋的过山车。到1971年后期，初创期的颠簸过去了。不仅1103取得了无可争议的成功，而且EPROM也正式投入了商用。英特尔的硅印刷技术是业界的领导者，而且经过IPO，公司正在盈利中运营。鲍勃·格雷厄姆的离开驱散了某些存在已久的紧张气氛，焦虑的愁云开始消散。回首过去，莱斯·瓦达斯承认，在令人兴奋的最初这几年，戈登是一股多么沉着的力量。“初创公司的环境非常紧张，有很多令人焦虑的时刻，不管事情行不行，你总是战战兢兢。公司艰难前行；大家情绪高涨。你把人们凑在一起，每个人都有自己的自尊心。在所有这些人中，戈登一直是最冷静、头脑最清醒的，我不知道有哪个场合他失去过冷静。他为公司提供了稳定的情绪。”

和父亲一样，戈登对情绪保持克制。他的稳定存在抵消了诺伊斯的频繁缺席，而他的冷静中和了格鲁夫的反复无常。他那可预测的、安全可靠的家庭生活是他的基础：每天早上他告别家人，每天晚上则会回去吃自家做的晚饭，随后是安静的沉思和文书工作。

周末会造访大家族成员、钓鱼或在海边的房子消遣，这些全都发生在摩尔家族几代人熟悉的乡土上。

通过押宝新技术、打开新市场、努力形成新方法，并在第一批 1K DRAM 出来之后毫不松懈地开始做 4K DRAM，戈登在英特尔内部直接负责施加压力。与此同时，他是企业的定海神针。随着英特尔进入下一个阶段，戈登继续鼓动高风险的策略，同时保持着冷静、沉着的领导者角色。对于 1972 年，他以一种很少对别人使用、只对自己用的语言，在他的个人笔记本上写道：“这个游戏的名字就是玩命扩张。”

第 8 章

真正的革命

美国硅谷

融合与竞争

旧金山半岛上的电子社区现在已经有了自我意识，它觉察到自己正在创造新的社会现实和技术现实。1972 年 1 月，行业记者唐纳德·霍夫勒（Donald Hoefler）在商业杂志《电子报》撰文指出，曾经的心的喜悦之谷是芯片以及更为广泛的电子产品的行动中心。术语“硅谷”已经偶尔被用到，但霍夫勒这篇文章使其成了一个正式的名称。

自从最早的硅晶体管出现以来，已经过去十多年的时光。对于半导体行业来说，这是一段融合的岁月，既是地理上的融合，也是技术上的融合。威廉·肖克利在山景城开业之后，不断分拆出来的公司就坐落在附近。这个地区不仅成了芯片制造商的家园，而且成了工具和设备供应商、风险投资合伙公司、专门代理高科技事务的律师事务所的乐土。总部设在美国其他地方的公司开始在硅谷开设办事处和事业部，以免错失良机。

并非所有的制造商都选择搬家：例如，得州仪器扎根于得克萨斯的奥斯汀，摩托罗拉的芯片部门留在亚利桑那州，而 RCA、飞歌和 AT&T 都坚守在东海岸。然而，所有人都开始跟随硅谷的鼓点，专注于平面硅芯片。竞争压力、客户需求和技术现实，使得管理人员和研究人员无论身在何处，都采用类似的制造技术，密切配合化学印刷技术。每家企业都对别人的成功反应迅速，并赶制出自己的竞争产品。随着设备变得越来越相似，响应速度就变得越来越重要。

戈登·摩尔和他的同事在平面硅芯片上的工作，说服了整个行业，并使之发生了转变。芯片的销售额从 1962 年的 1 000 万美元翻了数倍，仅仅 7 年之后就超过了 3 500 万美元。戈登从中汲取经验，决定让自己新成立的英特尔抓住新机会，用最新的化学印刷技术制造最复杂的芯片。他的洞察力引领公司打开了存储器芯片市场，并击败了磁芯。英特尔的销售额从 1971 年的 900 万美元猛增到第二年的 2 300 多万美元，而美国芯片市场的规模则飙升到 7 亿多美元。

英特尔以自己的成功令行业为之惊讶，这证明了它的硅栅 MOS 工艺是打开巨大市场的关键。1103 DRAM 成了全行业最畅销的芯片。在初创期，从 1968 年夏天到 1972 年初，戈登还开辟了第二条战线，用微处理器来实现数字逻辑。这个第二战线有赖于他的信念，即通过软件进行定制后，微处理器可以成为一种标准产品，既能用于控制，也能用来计算。

英特尔不但很快就拥有了领先的存储器芯片，而且在利润丰厚的 EPROM（电源关闭时可以保存数据的可重写存储器）和商用微处理器上享有垄断地位。莱斯·瓦达斯认为，这是富有成效的岁月，具有深远的影响。“我们基本上创立了一种制造技术，也就是硅栅，它激发了一种如今已高达 2 000 亿美元的生意。”

20 世纪 70 年代中期，行业经历了第二次剧烈的融合期。硅谷的芯片生产和计算机技术继续高速增长，创业和分拆的浪潮此起彼伏。戈登在制造 MOS 芯片，特别是硅栅 MOS 芯片上取得了战略领先，芯片制造商们跟了上来，提供存储器和微处理器。戈登在自己的同行中与众不同，他看到需要进行悉心的指导和监管，才能改善新现实情况下的两个不同方面。一方面，对其他芯片制造商提供的产品，有必要引导英特尔的技术反应。另一方面，他需要监督自己公司的战略和同事们的活动，他们跟英特尔自己的客户出现了越来越多的、不可避免的竞争。

随着制造工艺和芯片设计的微小差异逐渐成为一家公司的竞争优势的主要部分，芯片产业的文化趋于封闭，变得保密性更强。组织控制和纪律更为严格，公司力求更快速地进入市场。专业会议上的讨论变得更加正式，中心话题围绕着专利流程或者是离商业发布还很远的产品。因为来自不同公司的产品经常在外观和价格上惊人地相似，所以在确保一份多年销售合同时，营销技术事关重大。营销延伸到技术和教育方面，包括印刷材料和培训课程，营销部门本身的权力得到增强。

激烈竞争的另一个方面不是那么明显，但对戈登·摩尔同样重要。硅制造技术的持续发展，使英特尔及其竞争对手陷入了一种本质性的两难境地。戈登很早就相信，为了取得成功，一家芯片制造商必须追求标准产品——也就是说，可以被很多客户使用。设计成本需要在漫长的生产经营中摊销掉，而障碍在于，尽管日益复杂的芯片可以提供最廉价的电子产品（这为制造商带来了最有竞争力的优势），但在英特尔的客户看来，它们变得越来越有问题。

存储器和逻辑芯片都开始染指曾经属于客户的设计领域：数字计算机系统制造商、工业设备、军事硬件和消费性电子产品。更复杂的芯片可以把他们越来越多的专业设计加进去，而且由于成了标准，也就降低了特定产品的独特性。英特尔的客户正在被要求放弃自己竞争优势的一个有价值的部分。戈登解释说，集成电路的本质是“我们拿了客户的架构，把它放在芯片上，并免费还给他们。设计责任转移到了半导体产业，随着芯片变得越来越复杂，我们也积累了越来越多的客户价值。”

芯片供应商和系统制造商是两个不同的实体，为了得到大部分利润而竞争。在20世纪60年代初，系统制造商对这种情况感到不安，导致其抵制最初的集成电路。戈登当时写的文章就出自这样的背景，它们描述了这种态势，复杂的芯片将使电子产品价格大幅降低。价格制胜，以更低的成本得到标准的芯片后，系统制造商就缴械投降了。戈登明白，他、英特尔和行业的其他人还会生产更复杂的芯片，类似的侵蚀就意味着与客户的竞争日益增多。这种紧张局面是电子世界生活的一部分，成功的关键在于管理紧张局面的方式。

20世纪70年代，戈登开始为可接受的做法定义边界，并对其进行密切监督，这就像他的副警长父亲一样，但背景完全不同。英特尔的标准芯片取代了系统制造商的专有设计，为了补偿系统制造商，他需要提供集不可抗拒的经济性和性能优势于一身的高层次产品。而且，在承受了额外的设计成本时，英特尔也必须获得利润，这有赖于向不同的竞争客户销售标准芯片（DRAM、EPROM和微处理器）的能力。至关重要的是，要避免在产品领域上推进得太远，或与任何一家公司合作过于紧密，从而与这些客户形成对抗。为了让这种模式奏效，英特尔就不仅要避免直接竞争，而且还得被视为正在这么做。这是个脆弱的平衡状态。戈登不再守着实验室工作台，而是越来越专注于更广阔的画面，他悄无声息地有效监督着边界，严格地，甚至在必要时凶猛地执行这个任务。

完善领导层

到 1972 年底，英特尔雇用了 1 000 多人，在存储器芯片和微处理器领域占据主导地位。随着行业的融合，公司变得更为咄咄逼人，也更不透明。其他事件，如解雇营销负责人鲍勃·格雷厄姆，选定安迪·格鲁夫作为接班人，搬到圣克拉拉等，标志着英特尔的文化开始发生根本性的转变。地理位置的改变促成了重新洗牌，并形成了新的权力格局。诺伊斯、戈登和格鲁夫都具有洞悉全局和见微知著的能力。“他们都能一下子就看清问题并抓住细节，”戈登的儿子肯解释说，“他们有着不可思议的记忆力和高智商。在一些公司，很多最高管理层都不注重细节，他们高高在上地待在 50 000 英尺之上的空中。”

在早期，诺伊斯喜欢把组织结构描绘成员工之间的“互惠关系”。比尔·乔丹（Bill Jordan）是一位从霍尼韦尔招募过来的芯片设计师，他回忆说，当他在 1971 年春来到这儿时，“我在诺伊斯的办公室，我问他，‘你这里的组织是什么？’他走到黑板前画了一个圈，‘这是你，’然后他画出所有的放射状线条，‘这是所有其他人。这就是组织。’”在早年，诺伊斯把英特尔描述成一个利益共同体。早期的时候，肯·摩尔经常造访山景城办公室，乞求让他使用 PDP-8 小型机，他记得看到人们穿着凉鞋走过。戈登和诺伊斯可能是拘谨型的人，但他们雇用了很多非传统类型的人。

英特尔的领导层演变成了鲍勃·诺伊斯、戈登·摩尔和安迪·格鲁夫组成的三人执政或“主管办公室”。诺伊斯是变革的催化剂，摆脱了仙童、说服戈登加入自己、创立了英特尔，并通过自己和客户、竞争对手以及华尔街的互动，树立了公司在世界上和公众眼中的地位。戈登位于英特尔的核心，为之塑造了战略并确定了优先事项和发展方向。格鲁夫坚持不懈地工作以确保这些战略取得成功，随着他的重要性提高，权力的平衡发生了转移。戈登成了两组非同凡响的伙伴关系中的共同点，把英特尔带到了一个截然不同的水平。

三个人风格彼此互补，结合得很好。克雷格·贝瑞特（Craig Barrett）是一名新员工，在 20 世纪 90 年代成了英特尔的首席执行官，他认为“诺伊斯在每块石头下面会看到机会，戈登在每块石头下面会看到技术方向，格鲁夫则会在每块石头下面看到改善运营效率的机会。如果你把他们排个队，你会看到诺伊斯是首席执行官，戈登是技术首脑，而安迪是管运营踢屁股的人”。

诺伊斯拥有贝瑞特所说的天使光环，他是公司的公众形象，会见投资者、和业界互动，并向关键客户进行销售。事实证明，他个人的温情加上巨大的魅力和绝佳的幽默感，是公司的关键资产。如果事情变得太严重了，他用一条带刺的评论就能摆脱它。

戈登受到公司在技术上成功的鼓舞，自己的预言又迅速得以实现，技术卓越而性格内向的他继续着自己的稳定轨迹，对事物进行深入思考，从不大吹大擂。他的长处在于产生和识别重要的见解，然后将其提炼并加以实现，机敏而不带感情。他是公司超级能干的工程师和技术专家，就像贝瑞特描绘的那样，他那“宁静的智慧和能力”将其他人推向正确的方向。然而，尽管他把自己描述成一名从未在技术以外走得太远的技术人员，但在数十年间，他反复地变换重要角色，这看似毫不费力而且总是成功：从学术型化学家到工程师型企业家，从经理到首席执行官，从首席执行官到董事长，以及从幕后战略家到重要的慈善家、政治家和富有远见的梦想家。

对于安迪・格鲁夫来说，1971 年的夏天是个分水岭。地狱般的生产需求和英特尔早期的人际冲突，让他沮丧到了要辞职的地步，但因为鲍勃・格雷厄姆的败退、诺伊斯经常不在，而 1103 DRAM 成功推出，前途变得更光明了，皇冠于他已是触手可及。在戈登下面的 3 位副总裁中，他迅速成了占据主导地位的那一个，指挥着英特尔的运营，塑造着它的文化，戈登则对这个现实欣然处之。“很少人能够为格鲁夫那样强势的人腾出地方来，”卡弗・米德说，但戈登一如既往地讲求实效，“他足够聪明，很早就知道自己总有一天要么摆脱安迪，要么让他接管，只能二选其一。”12 年前，在仙童半导体，戈登和他的共同创始人雇用了尤尔特・鲍德温，为自己不断增长的公司创建组织结构。现在，在英特尔，安迪・格鲁夫开始担任这个角色。“在圣克拉拉，权力的转移对我们所有人都显而易见。”米德说。

戈登对这种评价进行了修饰。“安迪什么时候被认为在扮演主管的角色？我不确定有 1971 年那么早，但当诺伊斯退让的时候，安迪对综合管理的参与越来越多。”比尔・达维多（Bill Davidow）是 1973 年从惠普来到英特尔的电气工程师兼营销主管，他清晰地记得诺伊斯仍在管理公司，但埃德・盖尔博断言，早在 1972 年，就是“诺伊斯给建议，但安迪和戈登运营公司”。根据格鲁夫自己的说法，这个过程更为渐进。“戈登是英特尔后面的智慧力量，但诺伊斯是高调展现魅力的人，他的风头盖过了戈登。戈登是负责人，当诺伊斯从台上引退的时候，我就光芒四射了。”

戈登关于即将到来的数字革命的远见，需要众多玩家的合作。作为社会舞台上的一名演员，他知道自己的局限性。在纸上做决定时，他可以坚定不移和不感情用事，但在人际交往中，他不愿参与冲突，这造成了有害的模棱两可。他展示了自己有能力创造一个成功的组织，由此证明了心理学家的判断是错误的，然而尽管他看人的眼光很敏锐，对于激励人们的动机也看得很准，但他的真正长处在于技术领导力和战略布局。在仙童，他的研发实验室曾经有过一些辉煌，也享有卓越的声誉，但其惊人的、几乎不受控制的增长却令其严重失调，无法充分利用戈登的思考。他的风格是内向型的，而且他没有副手负责诱发他的想法、基于他的战略进行决策，并迫使别人跟从他的预感。实验室的设置和结构根本不符合戈登希望的操作模式，而且给他造成了许多挫折感。

在英特尔，情况有所不同。他的战略成为公司的灵魂，而诺伊斯和格鲁夫的作用是捕捉他的洞察力并采取进一步的行动，一个在英特尔外部推动，另一个在内部推动。诺伊斯是个活跃的发言人，他会习惯性地在谈话中引用戈登的幻灯片。通常，他的细节和分析都直接来自戈登：“该死的诺伊斯总是来抄查我的抽屉。他要做一场演讲，就会在头一天来我的办公室，仔细搜查我的幻灯片文件，并拿走他想要的任何东西！”在英特尔内部，按照戈登的见解采取行动的人是格鲁夫。“你观察问题，试图想出创造性的解决方案，或者把它们交给格鲁夫。”戈登解释道。卡弗·米德说，戈登极其有效地把格鲁夫当成自己的打手。

> 戈登不想要一个跟他一样的人来为他工作。他的判断力非常棒。他知道，在一个由鲜活的人组成的真正的组织里，你不能什么时候都和和气气的。他需要一个外向的人，而安迪·格鲁夫可以做到这一点。他会以自己的方式凿穿任何东西，无论它多么牢固。他聪明得吓人，但方式并不和善。一旦有什么问题，他就会大喊大叫，并让问题得到解决。
>
> 这是戈登做不到的。作为一个观察者，戈登从来不是那种出去敲打人们把 X、Y 或 Z 做出来的人，但他很清楚，成功的公司都有那样的人。戈登非常清楚，要取得成功，必须要有这种能力。这就是为什么他会带上格鲁夫。

英特尔的战略要获得成功，就需要继续放大和执行戈登的战略思维。他认可格鲁夫在人际相处中的执行能力。同样重要的是，格鲁夫解读戈登细微的面部反应的能力越来越强，“比任何人都好”。也许这与格鲁夫自幼就部分失聪有关。格鲁夫本人道出了自己如何解读戈登的表情：

我组织开会并完全负责。人们互相打得一塌糊涂。我看着戈登，发现事情有点不对劲。我大喊：“停下！”然后问他：“有什么东西困扰着你？”“闭嘴！”“不管是什么，把你想说的告诉我们。”他通常都有正确的答案、正确的意见和正确的顾虑，但必须有人来阻止混乱。只有我能意识到是时候停止混乱局面了，此外没有人可以领会戈登的见解。他在等着我；他会露出一点点难为情的笑容并表示同意。他曾经说过：“你比我的太太更了解我——就算不是更了解，也是同样了解。”

反过来，戈登也回忆说，格鲁夫能读懂他的想法：“如果我对某件事的感觉不是特别强烈，但我认为这对我们可能是个更好的方向，那么格鲁夫就会决定我们绝对必须这么做，并且实现它。”

贝瑞特进一步说道：

戈登离群索居。他可能会对一个话题发表意见，但仅此而已，他不会在你面前张牙舞爪。你承认他的技术才华、他的经验，你不会立刻发起战斗，你会走出去想一想。我听说过戈登生气的传闻，但你不会有那种体验。戈登利用格鲁夫作为代理人来包办这一切。安迪会对你当头棒喝；而在戈登那边你必须询问他对一个话题的看法。但他总是在那里，总是可以找得到，而且总是考虑周到。他对技术细节感兴趣，当他提问的时候，提的问题都非常恰当。

对于自己认为重要的事情，戈登有时候会进行干预。1957 年，在肖克利半导体瓦解的过程中，他克服了自己对冲突的厌恶，拿起电话打给阿诺德·贝克曼，试图商量出一种解决方案。在英特尔，米德回忆起一件跟他的门生盖瑞·帕克（Gerry Parker）有关的事件，戈登果断介入，撤销了格鲁夫的命令。

盖瑞的工作是确保他们发运的部件都是可靠的。在刚刚搬到圣克拉拉的时候，

> 安迪·格鲁夫刚刚成为首席运营官，盖瑞告诉我，他们发现了一批坏的部件，格鲁夫告诉他无论如何都要发运出去。盖瑞求助于戈登，戈登否决了格鲁夫。“不，我们不会发运不可靠的部件。”戈登会出手干预以确保事情都做对，但他并不经常这么做。那是来自最高法院的决定。

戈登和格鲁夫之间的关系依然紧密。格鲁夫在其他所有方面都是条硬汉，但当他那位稳如泰山的向导和父亲般的人物实际在场时，他的作用才能发挥到最佳。有一次，当戈登离开办公室时，格鲁夫写信给他：“在我看来，英特尔应该跟你签订不让你休假的合同——当你离开时，世界似乎总是变成一坨狗屎。”实际上，格鲁夫证明了自己更加能干。随着竞争的加剧，戈登看到，为了让英特尔击败对手，格鲁夫需要自由发挥。

作为拼劲十足的加州定居者的曾孙、副警长的儿子，戈登可能是性格内向和趋于回避的，但他也极为适合这种充满冒险的、男子气概的、坦然竞争的环境。太多的领域还有待开发，疆界不断地迁移，一切都可以去争取。他继续向格鲁夫施加压力，而格鲁夫又将其施加给组织。多年以后，戈登被问及是否认为自己是个有竞争性的人时，他直接答复说“我想我应该是”，随即发出一阵笑声并给出一个限定条件，“每个人都喜欢取胜。我不认为我是在做破坏性的竞争。”令人欣慰的是，他处在正确的领域。在半导体行业，不断升级的竞争是基于技术、产品和制造能力，是基于可衡量的价值和性能，而不是个性。成功取决于衡量指标，这是戈登·摩尔擅长的一种竞争。

成长的挑战

戈登的时间和精力越来越多地消耗在成长的战略性挑战上。一个挑战是 1103 DRAM 的需求激增，英特尔能否满足这些需求。很显然，除了米德菲尔德路和圣克拉拉现有的制造厂（或叫“晶圆厂”）以外，公司需要第三座工厂。戈登很快就同意把这座 3 号晶圆厂（Fab 3）设在利弗莫尔，位于圣克拉拉东北 30 英里处，在旧金山湾东侧。“我们想要一个足够近的地方，这样你就可以早上去那儿，干一天活，然后下午回来。”他解释说。这个位置让英特尔可以利用一个新的劳动力市场，而且这里跟其他两个工厂不同，利弗莫尔不在圣安德烈亚斯断层上。戈登决定让 3 号晶圆厂使用 3 英寸晶圆，以实现一次技术跨越，既降低成本又增加产量。更大的晶圆的面积是其前一代 2 英寸晶圆的两倍以上，这样就可以做出更多的 1103，但化学印刷工艺的步骤是一样的。晶体管的成本急剧下降，

1103 的成本也是一样。

戈登非常清楚，变化远远没有那么简单——需要调整反复无常的工艺、改变或升级生产设备，但这种转变是雕琢芯片技术的一部分，也是证明和执行摩尔定律的一部分。从仙童的早期开始，向更大晶圆尺寸的迁移（每一次都需要细致的努力和成本核算，每一次也都回报丰厚）就不时地出现于技术发展过程中，而且几十年间还会继续出现。仙童推出了直径 3/4 英寸的晶圆；今天，人们使用 12 英寸（300 毫米）的晶圆，而 18 英寸的晶圆（450 毫米）即将树立一个新的规范。

戈登还决定，3 号晶圆厂将使用英特尔的新一代芯片印刷技术，生产速度更快的芯片。对戈登来说，限制化学印刷技术进步的，仅仅是公司在工程开发各个方面进行大规模投资的能力。前面总是有一种更好的工艺，可以做出更小的、速度更快、功耗需求更低的晶体管，从而带来更便宜的电子产品——体现为更复杂的芯片。1972 年，戈登认为，英特尔需要超越其最初制造硅栅 MOS 芯片的方法，而采用一种能够做出更小、更快的晶体管和更复杂的芯片的新方法。他指示英特尔的工程师使用新版的化学印刷技术，做一个能够保存 1 000 比特数据的 SRAM。到了年底，英特尔实现了戈登的目标，并将其 1K SRAM 推向市场。英特尔由此率先挺进了全新的芯片印刷技术，它即将推出的所有产品都具有更高的速度和更加微型化的优势。

英特尔在 1103 上的成功，意味着许多公司都被挡在了 1K DRAM 的生意之外。竞争对手，包括得州仪器在内，由于落后太多，获取市场份额或取得盈利的希望不大。相反，英特尔盯着下一代高容量 DRAM 芯片（可以保存 4 000 比特的数据），作为自己的切入点。戈登抵御竞争对手的计划依然专注于跑步机般的枯燥方式：让别人疲于追赶。“我们继续转到下一代。6 个月的领先可以带来非常好的利润。如果你落在后面，价格就会大幅下滑。在那些日子里，领先者几乎收获了所有的战利品。”戈登想要尽快拿出一个 4K DRAM。

英特尔首个 4K DRAM 的设计任务落到了乔尔 • 卡普身上。英特尔 1972 年底发布了这款产品，它被称作 2107 芯片。由于英特尔的 DRAM 既用在小型机上，也用在大型主机上，所以众多计算机制造商的订单蜂拥而至，但仍有一家重要的厂商缺席：IBM，这是占据统治地位的玩家，拥有美国计算机市场 80% 的份额。十多年前，戈登负责制造仙童的第一种硅晶体管并将其交付给 IBM。现在他把存储器卖给所有人，除了 IBM。曾经依赖于外部供应商的“蓝色巨人”发展出了自己的半导体制造业务，用来服务它那一鸣惊人的“System 360”大型主机产品线。即使对于新的 System 370 产品线，IBM 也有自己的芯片存储器供应。“他们在内部做所有的东西。”戈登回忆说。他被拒之门外。

两位外部人士给出了一份建议，提供了一个解决方案，让英特尔有机会进行侧翼包抄。这两个人是比尔 • 雷吉茨和目前在霍尼韦尔的比尔 • 乔丹，后者曾在英特尔负责启动首个 DRAM 芯片的制造项目。现在他们建议英特尔聘请他们成立一个业务部门，销售插入式存储器单元——用很多颗英特尔芯片制成，这可以扩大现有大型主机和小型机的主存储器。诺伊斯喜欢这个提议；戈登也喜欢这个想法，他看到，通过做成可以插到 IBM 机器里的大箱子、冰箱大小的存储系统，英特尔就可以把自己的 DRAM 卖给 IBM 的市场了。打开这个市场段的唯一途径“是销售给他们的最终用户”，他解释说，“以此为目标，我们设立了一个存储系统事业部”。

在公司的另一头，埃德 • 盖尔博狂热地推动着英特尔第二款微处理器的发布：号称有 3 500 个晶体管的 8008。公司现在是遥遥领先，在微处理器的生意上几乎无人能敌。它正在起飞的这个空间里，没有很多人堵成一团。关键的挑战在于教育和营销。戈登批准采取各种努力，以教导客户了解微处理器的使用方法：研讨会、出版一套教材、生产带有微处理器芯片组的电路板（类似于今天的主板，为完整的微型计算机系统提供必要的电路）。其目的还是让客户易于使用英特尔的芯片。特德 • 霍夫四处奔走，向潜在客户介绍 8008 并争取订单。

这些客户透露出一个共同的顾虑，这成了微处理器业务的一个决定性特征：“我在软件上的投资怎么办？”为了让微处理器进入任何系统的“控制器”（无论是交通信号灯、台式计算器、工业机械还是复印机），客户需要花费时间、精力和资金来创建软件。这个软件代表客户的一项重大投资，它引出了一个真切的担忧：这种软件可以用多长时间？英特尔在发布 4004 仅仅 4 个月后就推出了 8008，而在这两种产品之间，软件是不兼容的。尽管如此，霍夫和他的同事们还是苦口婆心地向客户保证，兼容性问题尽在英特尔的掌控之中。

实际上，戈登和他的同事们迟迟才醒悟过来，软件向后兼容应该成为一个重要的卖点。英特尔已经在规划一种更强大的 8 位微处理器 8080。费德里科 • 法金是 4004 和 8008 的幕后天才，他给 8080 增加了新的能力，同时也关注它与前代产品的软件兼容性。

技术的改进让他们多出了 1 000 个晶体管可用。他们的努力造就了最流行和最有影响力的早期微处理器，这极大地拓展了市场。多年以后，戈登指出：“英特尔微处理器在世界各地如此广泛地使用，兼容性是最重要的原因之一。我们知道兼容性很重要，但当时我们没人意识到这有多重要。”

戈登有个长期养成的习惯，会在一个普通的作文本上快速记下自己关心的事情。1972 年春天，在他的优先任务列表上出现了一两个跟家庭有关的条目（“船的马达”和“防盗报警器”），但大部分内容都集中在几个英特尔的话题上，最主要考虑的是掌握好市场对 1103 的爆发式需求。英特尔的微处理器业务也是一个优先事项，既需要一个“计划与策略”，也需要能让客户采纳和使用这些设备的“软件”。

戈登在 1972 年的英特尔问题的年终总结里特别提到了与格鲁夫、诺伊斯以及其他人的讨论，他们有一个顾虑，就是英特尔的组件生产速度仍然不足，其部分原因在于“吞吐时间”（由于芯片复杂性增加而使制造芯片的工艺变长），但主要是由于良率不佳，良率仍然像一只多头龙般难以控制。戈登列出的第二个顾虑与之相关：“成本下降得不够快，这既需要良率又需要效率。”对生产和成本的关注让另一个担忧有所改善，即新产品和新工艺中的“便秘”。获得合适的人员也很重要，英特尔迫切需要技术领域的资深人士。戈登还列出了一个关于存在性的重大问题：“我们的业务范围是什么？只做半导体元件、存储器，还是更多？”对于英特尔来说，最大限度地利用硅技术到底意味着什么？整合经济学和标准产品理念会把英特尔和戈登本人带往何处？这些问题都没有明确和定量的答案。

1 500 万美元的手表

戈登单子上的另一个担忧是 Microma，这是英特尔最近收购的一家数字手表公司。创立英特尔的时候，戈登的主要目标是击败磁芯存储器。计算器似乎也提供了一片新鲜而肥沃的土壤，用英特尔的硅印刷技术制造出来的标准芯片也许会在其上生根发芽。戈登到处寻找其他需要大量使用标准芯片的领域，数字手表看起来是个大有希望的路子。起搏器和助听器是可穿戴电子产品的先锋，但在 1972 年春天，出现了一种叫作汉密尔顿脉冲星（Hamilton Pulsar）的全电子化手表，搭载的是东海岸电子巨头 RCA 制造的节电型芯片。以今天的钱来计算，脉冲星的零售价超过 12 000 美元，带有一个由发光二极管制成的数字显示器，这是个全新的主意。对戈登来说，电子表为复杂的芯片提供了一个潜在的巨大市场；而实际上，进入这个市场只是表现出了他对商业现实世界的天真幼稚。

当鲍勃·罗布森——一位前仙童同事、钓鱼伙伴、洛斯阿尔托斯山的邻居，提出让英特尔收购其刚刚起步的数字手表公司时，戈登受到了激励，要开发市场机会。罗布森是仙童早期的一位生产工头，离开后加入了由戈登的老同事金·赫尔尼创立的英特矽尔（Intersil）公司。20 世纪 60 年代后期，英特矽尔为一家日本制表商精工（Seiko）开发新的 CMOS 芯片。罗布森相信通过把液晶显示器与这些芯片相结合，他可以抓住新兴的电子手表市场。罗布森和一个同事以最典型的创业方式，离开英特矽尔创立了 Microma，目标是做出第一款 LCD 手表，仙童的另一位共同创始人尤金·克雷纳为这家公司提供支持。

罗布森充满热情地对英特尔说："瞧，我们可以在这里卖一大堆玩意儿。"他估计手表的产量为 2 亿只，但预计十年之内美国将增加 1 亿只电子手表。戈登和诺伊斯去罗布森的公司实地考察。戈登对它的 CMOS 芯片技术特别感兴趣，并认为这些技术非常符合整合经济学和标准产品理念。"这很有吸引力，它涉及很小的电路。我们认为，'这又是一个机会，可以做出一种能大量销售的复杂芯片，就像计算器一样。'我们设想了一种可以不断为其增加功能的手表。"制造芯片存储器是戈登为英特尔设定的最初目标，同样的推理使得计算器芯片紧随其后成为第二个目标，现在这又被应用到数字手表上，而且也符合推理。

戈登在英特尔的 1972 年年度报告中总结道："预测成本是我们做产品规划的关键。我们在变化极快的领域里经营：自从英特尔在 1968 年成立以来，半导体存储器的每比特成本下降到只有原来的 1/100，恰当的产品选择取决于能够预见这种变化。"Microma 可以为英特尔带来这个机会，进入"一桩潜力巨大的生意，这是个极佳的例子，一种以前靠机械来完成的功能，可以用电子技术来取代，并显著改善其精确度。固态手表的设计和制造需求跟我们在半导体制造上的优势密切相关"。

戈登和诺伊斯决定买下 Microma。该公司带有 LCD 显示器的手表已经开始出货，这是业界第一家。戈登对这个机会极为热衷，以至于他逐一去找董事会成员谈，说服他们这笔交易很有吸引力。有些人心存疑虑，这意味着要承担 Microma 的 150 万美元债务，并用近 7 万股英特尔股票（价值 400 万美元）购买 Microma 的私有股票。对于一家新近上市、直到最近才实现盈利的公司来说，这是一起重大的收购，大到有必要对英特尔 1971 年的财务报告进行重述，从 100 万美元的盈利降为 50 万美元的亏损。

戈登迅速把 Microma CMOS 芯片的生产工艺转移到英特尔在圣克拉拉的晶圆厂。在英特尔早期的双极技术开发中，卡弗·米德的门生特德·詹金斯在那里起到了重要作用，现在他着手进行离子注入的工作。离子注入是由吉姆·吉本斯（Jim Gibbons）（肖克利那家注定要倒霉的企业里另一个天赋异禀的员工）首创的一种技术，目前这是英特尔的竞争对手在化学印刷工艺中的一项重要技术，但戈登本人却忽视了这项技术。收购 Microma 的一个好处是，它带来了这项技术。离子注入搭配扩散技术，可以对芯片进行更精确、更复杂的掺杂。到 1974 年，英特尔做了一款手表芯片（5810），把用于计时和 LCD 显示器的电路合在一起。英特尔的手表有“一种漂亮的工艺，以低电压运行”，卡弗·米德说，这个工艺“比他们的标准工艺好得多”。这是个好消息。

戈登相信，不断降低的制造成本可以让英特尔旗下的 Microma 企业与其他电子手表在价格上进行竞争。毕竟，英特尔很早就进入了市场。“当我们进入的时候，脉冲星是市场上一种成功的数字手表，它的显示器你无法在阳光下看清楚。那是些非常昂贵的机械。相反，我们的手表目标价格只有它的 1/10。”认为这个消费市场是个激动人心的机会的，远远不止戈登一人。仙童和得州仪器于 1975 年推出了手表，后者在袖珍计算器上进行业务扩张，但对仙童来说，此举是其第一次进入消费电子领域。甚至连国家半导体也加入了这个游戏。

Microma 很快就发现自己面临技术困难，同时还跟得州仪器展开了激烈的竞争：“我们的可靠性问题很多，组装技术很糟糕。董事会成员把他们的手表拿来修理，这成了我们董事会会议的第一项议程！我们继续奋力拼搏，但得州仪器拿着里面的东西——就是装进盒子里的带有完整显示器的模块，说：‘这些东西我们卖 19.95 美元。’（我们卖 75 或 80 美元。）第二年，他们说：‘9.95 美元。’这让一切乐趣荡然无存。”

事实证明这桩收购给戈登造成了一个真正棘手的麻烦，这个令人困扰的话题反复出现在他的笔记本上。“Microma 不是一桩稳重的交易，”他写道，“需要业务管理，但还需要一个长远的技术方案。”起初，他认为数字手表类似于其他任何电子元件；理论上，这为他原来打算做的那种芯片提供了一个用场。然而，一种消费类产品要想取得成功，需要的东西远远超过了驱动它的芯片。“手表生意不是一种技术业务。”被格鲁夫带进来管理 Microma 的主管迪克·鲍彻（Dick Boucher）评论说。从一开始，一些董事会成员就有这个顾虑。“他们比我明智得多，”戈登反思道，“这是一种不同的生意。”他既没有市场营销的经验，也没有做手表的经验，但在收购 Microma 之后不久，他就开始花时间进行旅行，乐观地跑到瑞士参加一场重要的珠宝贸易展，以了解生意的现实情况。

要命的是，英特尔和 Microma 都是由仙童的老伙计创立的，这些人在市场营销和分销奢侈品方面经验很少或毫无经验。戈登对这次收购轻描淡写，“我们买了罗布森和其他人的东西，几乎什么都没得到”，他甩掉了这个包袱。然而，罗布森从中获得了足够的利益，当年就从电子产业退休了，兑现了他的英特尔股票，卖掉了他在洛斯阿尔托斯山的房子，在加州中部买了一处 1 000 英亩的开心果树林。和戈登一样，他也是个农村男孩，是个前高中橄榄球运动员、一个普通的猎人。多年来，他和戈登约着一起钓鱼，这样持续了三十多年。

Microma 引发了戈登的远见，“很快你就会在自己的手腕上得到你想要的一切”，这种可能性令他着迷。电子设备最终会变得功能多样、无处不在和可以穿戴，但还需要四十年才能发展到这个地步。美国军方最终开发出了一款隐形眼镜，可以让佩戴者看见整个战场，而三星、苹果和其他公司则是智能手表的先锋，通过云计算推动杀手级应用。在距离英特尔山景城基地半英里的地方，谷歌在开发其谷歌眼镜。所有这些都发生在日后，摩尔定律深刻地塑造着这样的未来，但在 20 世纪 70 年代这还不切实际。戈登的想象力远远超前于市场营销和技术的现实。

对戈登来说，手表本身早已成为一件重要的东西。它不仅为他计时、让他对自己的日程进行细致的跟踪，而且也标志着他强大的内在动力。戈登的时间意识一直很好，有时候这种意识还极为强烈。他从他父亲那里学到了一个经常查看手表的习惯。“就像沃尔特一样，戈登依靠手表活着。”贝蒂解释道。在青年时代，他就决定不在自己不擅长的活动上浪费时间。而在贝蒂看来，这是一种持久的挫败感。

英特尔在 1977 年关闭了 Microma 事业部。“他们真的认为自己要进入手表行业，但回顾起来，这似乎很傻。”卡弗·米德说。其他美国芯片公司也试图抢占市场手表；它们全都失败了，到 20 世纪 70 年代末，从香港和日本进口的数字手表把美国半导体公司（以及所有其他美国公司）都赶出了市场。“我们误读了这门生意的做事方式，”戈登说，“我们未能成功地把我们设想的附加功能加进去。当我们退出时，半导体的部分，也就是芯片，其成本比表壳侧面的小针还低。”

当初的Microma手表一直是戈登日常戴的手表，他一直戴到2000年它停止运行为止。他称之为“我的1 500万美元的手表，这是英特尔在这个生意上的总体亏损”。这次经历给戈登带回两个重要原则。第一，英特尔最好避开消费性产品；第二，任何风险项目要想起飞，需要努力追踪合适的人并雇用必要的人才。“手表确实是一条岔路。我们走了几次岔路，但我们也成功地保持了主营业务的发展。”20年来，戈登·摩尔的Microma手表证明了一件事，在竞争异常激烈的半导体世界，时间稍纵即逝，投资必须睿智。英特尔的主要危险在于，不再专注于自己做得最好的事情：为每个制造最终产品的人提供标准芯片。

数以万亿个晶体管

对于生活在美国的人来说，人均晶体管产量从1968年的4 000个上升到1972年的90 000个（总共1.9万亿个硅晶体管）。它们大部分被用作芯片里的“建筑砖瓦”，大多由美国公司制造，这些公司在规模达13亿美元的全球市场上控制了80%的份额。5家公司拿走了大头：得州仪器（2.19亿美元）、仙童（9 700万美元）、摩托罗拉（9 000万美元），以及两家从仙童分拆出来的公司，即国家半导体（6 300万美元）和西格尼蒂克（4 800万美元）。日本的芯片产业在NEC和日立的带领下，拥有相当于得州仪器的市场份额。欧洲公司包括荷兰电子巨人飞利浦和德国巨头西门子在内，占有价值1亿美元的市场份额。英特尔尽管获得了突飞猛进的增长，但还是个无足轻重的小角色，销售额为2 200万美元。

英特尔的市场份额也许只是得州仪器的1/10，但戈登专注于制造高度复杂的MOS芯片，1972年，这块市场价值2.5亿美元。从通用微电子分拆出来的美国微系统一马当先（2 900万美元），紧随其后的是得州仪器（2 500万美元）以及从它分拆出来的莫斯特克（Mostek，1 800万美元）。英特尔以1 600万美元位居第四，它在这个市场上的份额已经达到市场领导者的一半，而且和成名已久的日本巨头NEC、日立具有相同的销售规模，还不到4岁的英特尔正在崭露头角。与此同时，冷战的主导地位——尽管并非冷战本身，正在褪去。在生产出来的1.9万亿个晶体管里，只有1/4用于军事和航空航天系统，1/4

用在仍然由贝尔系统（Bell System）占据统治地位的电信网络里，另外 1/4 进入了工业机械和办公设备领域，其余部分则用于消费类产品的驱动芯片，这些产品包括电视机、手表等。

通过加强大众文化的吸引力，晶体管继续改变着人们与现实的互动方式。电器和电子设备被定义成现代家庭的主要部分，促成了新的大众市场的形成，如高保真音乐，到处都是收音机、家用音频设备、留声机和磁带录音机。美国人 1972 年购买的 1 700 万台电视机里，有一半是彩电；大量的硅晶体管装进这些电视机的调谐器和机箱里，让这些机器把越南战争、城市骚乱和学潮的生动而又令人不安的画面带进了美国人的客厅。晶体管也让便携性成为现实，早期的晶体管收音机让位于更小的袖珍收音机，后者采用更强大的芯片，并自诩拥有更多的功能。随之而来的是尺寸的进一步缩小和成本的进一步下降，还有整个移动设备领域也会出现新的选择。与此同时，在工作场合，基于芯片的复杂的袖珍计算器正在取代老式的更为笨重的型号。

电子设备继续快速征服美国家庭。到 1970 年，已经有 90% 的家庭都拥有一部电话，美国人平均一年打 800 多次电话（对比十年前的 550 次通话）。95% 的家庭拥有一台电视机，还有一群比例虽小但不断增长的用户正在转向付费有线电视，这是一种依赖于芯片电子产品的系统。

信息以电子化的方式进行沟通已经有很长时间了；它越来越多地以电子化的方式用于控制。在美国的工作场所，这种情况兴起于 20 世纪 60 年代，政府、军方、工业和商业组织进行了大规模的计算机化。使用大型计算机通过信息来控制活动内容成了家常便饭，美国计算机行业每年增长 20%，到 60 年代末，这方面的开支增长到每年 50 多亿美元。数字计算机被用于银行交易、航班预订、客户账户、计费、会计、库存控制、机床操作、炼油生产、工程设计，以及其他诸多功能。电子技术用于通信和控制，这也是热核冷战、太空竞赛和越南战争的地缘政治的中心内容。依赖于晶体管和芯片的卫星提供了全球通信——广播、电视、电话，也进行着全球监控。

在晶体管的驱动下，数字化数据（计算机之间，以及终端用户和远程计算机之间的通信）现在经由美国的电信网络来回传递。阿帕网（ARPANET）是一个由美国军方资助的网络，可以在计算机之间传递简单的文本消息。到 1972 年，生产出来的芯片有 1/3 都进入了大型主机和小型机的逻辑电路和主存储器。两年后，美国有 16.5 万台计算机（是

1970 年的两倍多）。计算机里晶体管的年消费量上升到 5 000 多亿个。

是新斯巴达吗

英特尔从创立时期的开放性组织转变成一种更严格的结构，这是它对公司成长、日益激烈的竞争环境以及安迪·格鲁夫作用越来越大的一种反应。戈登·摩尔不喜欢对此进行论战，而是强调格鲁夫简化并创造一家组织良好的公司的能力："我希望早点得到格鲁夫的一些想法。他想出了一些非常好的管理方法，拿出了技术细节。跟我相反，他对组织如何运作非常感兴趣，认为管理是一门他应该学习的科学。他承担了这些挑战，从科学角度考验它们。"

如果说惠普是更为温和的雅典，那么英特尔就成了硅谷的斯巴达，而它的无情是由于它选择的领域竞争更为激烈。其他芯片制造商，像得州仪器和摩托罗拉，也同样铁石心肠。"成为第一名的价值极其巨大；晚进入就意味着问题很大，"戈登说，"这是个高风险的行业，你在每一代技术上都是用你的公司在押注，如果采取安全的方法，你就落后了。为了真正把事情做起来，我们的强硬态度是不得已而为之。"对每个部门垫底的 10% 来说，格鲁夫的严密组织令人难受，但戈登认为这没什么不舒服，"只要我们能取胜！"

就像仙童一样，这种傲慢的观念也在英特尔发展起来。戈登出身于地位低微而吃苦耐劳的家庭，在农村落后地区长大，他解释道："傲慢是我们一直在努力克服的，但当你取胜的时候，你很难避免这种形象。也许我们是傲慢的，但我们肯定没有把它作为我们的一种价值观。在微处理器时代，有一件事对这种形象的形成起关键作用，就是我们不愿意对价格进行谈判。我们说，'价格就是这样。我们可以为您做些别的什么事情？'"

现在英特尔的圣克拉拉总部显然期望在行为上有一个转变，这是领导层逐步过渡时不可或缺的一部分（鲍勃·诺伊斯后撤、安迪·格鲁夫挺进）。格鲁夫的影响力越来越大，这成了"在那里让人不舒服的部分原因"，从自己的顾问工作中撤出来的卡弗·米德说。

对米德来说，英特尔从充满意气相投的同志情谊变成了一个被强力推动的、几乎残酷的工作场所。对诺伊斯也一样，它不再让人感到快乐了。相比之下，戈登对变化不那么敏感，而且继续被战略、愿景以及引人入胜的制造难题所吸引。他看到了人际纠纷，但采取了回避的做法。在格鲁夫的领导下，公司变成了一个冷酷无情的、精英治理的高压环境，企业有层层的经理人员和烟囱式的事业部，一切都处在这个不屈不挠、经常炸锅、习惯于大发脾气的匈牙利移民的注视之下。“组织方式”的新文化姗姗来迟，与一种悠久的传统融为一体。组织和纪律是人们在良好的制造实践中熟知的标志，只是激烈的竞争和无情的技术进步把更高的溢价加到了它们上面。

这种转变的一种体现就是英特尔的签到表，即公司从 1971 年开始实行的臭名昭著的“迟到名单”，直到 1988 年才停止执行。这项制度的实施，显示了格鲁夫如何充当戈登的“放大器”。戈登解释说：

> 我记得感到很沮丧。正常的上班时间是上午 8:00，但即使我们要开会，也没法 8:25 或 8:30 让每个人都到。我对安迪发了一些牢骚，他提出了自己的解决方案之一：“核心时间为上午 8:00 至下午 5:00，我们希望你这段时间在这里！”上午 8:06 是截止时间，在那之后，你必须在一张表上签字。从来没有用它来做过什么，但不得不签上自己的名字是件可怕的事，秘书们会长篇大论地谈论此事。如果这个时间快到了，我发现自己会手忙脚乱。

按照戈登的说法，迟到名单造成的麻烦比其他任何管理措施都多。它让员工出现了分化，很多人对追究责任的主意感到不满。芯片设计师乔尔·卡普和约翰·里德（John Reed）很快就离开了，理由是英特尔文化出现了一种新的负面性。其他人认为，有必要避免晶圆厂经营者在将来出现滑坡。“格鲁夫在仙童看到过一些令人难以置信的草率做法，并对此作出了反应，”1974 年加入英特尔的一名工程师蒂姆·梅（Tim May）说，“没有人因为太多次迟到签字而遭到惩罚。”戈登觉得签到表的做法值得保持，它造成了冲突，但那归格鲁夫负责解决。名单很实用：“这意味着我们确实在上午 8 点就到那儿了。”

格鲁夫负责基层运营，戈登则把自己的大部分时间花在高层管理问题上：“在管理一家增长极其迅速的公司时，遇到的所有事务：操心建筑、人员、产品、技术和客户。我观察我们花钱的情况，并察看内部的所有项目。”他不再过多地直接参与实验室里的事情，而是通过书面报告及时了解现状，这是他用来内化、映射、评价和判断技术活动的一种至关重要的工具。除了对着自己草草地涂鸦，戈登很少直接进行书面回应，但经常在过后提出建议和问题。在别的时间，格鲁夫会得到他对这份报告的反应，并据此采取行动。

在英特尔早期，员工会议是非正式的和开放的："人们聚在一起，我们全都可以得知各个领域发生的事情。"搬到圣克拉拉后，会议变得严格了。戈登知道自己内向沉默的倾向性，他从未忘记威廉·肖克利那种孤家寡人的害处，所以每个月召集更大范围的会议，确保员工了解最新情况，"一个包罗万象的会议，我们没有秘密项目。"然而，英特尔的发展和竞争自有其影响，很多会议现在只有事业部领导和三驾马车中的某个人或全体参与其中。

戈登回忆说，"那些年我经常白天有一半时间花在会议上。"一般来说，会有几个人在场，察看项目或者会见来访的客户，"那往往就是把事情做完的方式"。戈登确实在尝试拓宽自己的非正式接触面："我不是很擅长惠普所说的'走动式管理'，我没有比尔·休利特的那种办法，但有些人我会经常去看看。"尽管诺伊斯"从一开始就对所有顾客来者不拒"，在自己的办公室接待络绎不绝的到访者，但戈登却保留着自己的隐私。他常常独坐思考，手头带着自己的笔记本或信笺簿（一个便笺本和一支铅笔）。独处也许是内向性格者的典型行为，但作为一位战略家，这是他的工作中极为有效的一部分。

在公司以外的技术会议中，英特尔的防范心理显而易见，戈登和他的同事们在这些场合介绍自己的产品和工艺。英特尔把有把握的成就公布出来，但不会透露正在进行的研究议程。诺伊斯承担了大部分形象大使的工作，但戈登的出行是偶尔去见客户（通常每年访问两次欧洲）、陈述论文或参与业界专家组讨论。旅行为每天的单调生活提供了一种变化。"直到 20 世纪 70 年代中期，我都去参加所有的设备会议，"他解释道，"这是个快速发展的领域。总是有有趣的论文，而且你能明白到底发生了什么事。"在过去，"我们对于自己公布了多少信息管得相当松，这取决于工程师如何获取信息，我们没有说，'看我可以用什么，'而是说，'小子，看这些家伙有多笨，居然那样做！'"

戈登持续关注着开发震撼世界的制造技术，他对如何最好地激励员工也抱有强烈的兴趣。安迪·格鲁夫记得他对薪酬有定义得非常完善的想法："相对于机会主义的做法，这里底薪低、以业绩为导向、可更改、公平。"英特尔登广告招募刚毕业的大学生，希望得到"对增长和变化的挑战进行回应"和"能够遵守所需的纪律、以保持业务的严格控制"的人。很多大学现在都在自己的电气工程系内部有半导体工厂。"我们招聘的是受过训练的电气工程师，做过基本的工艺，"戈登说，"但我们仍然雇用了一些化学家和化学工程师。"

第 8 章
真正的革命

在寻求雇用最聪明和最杰出的人才时，英特尔面临着激烈的竞争，因为对合格的研究员和工程师的需求持续超出供给。即使戈登如此光芒四射的个人品质在 1963 年吸引了稚气未脱的博士安迪·格鲁夫，也不足以把所有事情都搞定。一位 AMI 的工程师从前在仙童与戈登和诺伊斯一起工作过，他讲述了英特尔如何错过了一次机会，未能招募到“十年间从斯坦福出来的最聪明的家伙之一”。

> 我把任务派给我的同事，要求确保他来为我们工作。我的同事一周又一周地回来，气馁极了。“有什么问题吗？”“我们永远得不到他。鲍勃·诺伊斯把他带到了纳帕品尝葡萄酒，而戈登则把他带到自己的船上去钓鱼。没辙了。”我说：“我们给他开出更多的钱。英特尔今年打算比我们聘请更多的博士，他们会遇到工资问题。我们将不惜一切代价。”于是我们雇用了他，而英特尔没有成功。

戈登不是靠现金而是靠英特尔的股票期权计划来激励员工。他把这种长期参与视为一种让参与者保持参与的手段，需要这些参与者让他的计划得以实现。“我妈妈可能会说爸爸没有太多感情，”戈登的儿子肯说，“但他在思考什么东西能激励人，这在他的内心根深蒂固。对于薪酬，你必须从某个情感层面来看待。他在英特尔做了很多跟薪酬有关的工作，那完全是他的工作范围。”安迪·格鲁夫对此表示同意，“戈登对少数事情有着强烈的感受，薪酬是其中一件。直到今天，英特尔的薪酬体系依然是基于戈登的理念和实践。”

戈登和诺伊斯都有实用主义的倾向。他们拒绝为公司高管预留停车位，并致力于贯彻人人都应该在基本一样的格子间工作的想法。如果每个人都是所有者，谁会选择把钱浪费在花哨的办公室和指定的停车位上，而不是用来提振利润和股价？股票期权、开放式的办公室，以及避免等级制的停车系统，给公司带来了一种公开主张人人平等的感觉，但这些元素植根于精英治理的实用主义、一种直截了当和不讲情面的做法。要成为一家严肃的工程公司，英特尔的制造技术在本质上需要极大的纪律和控制。为了缓解冲突，戈登和诺伊斯为产品开发和实际制造创建了单一的工艺线。和以往相比，现在成功的关键是严谨、数据和衡量。

格鲁夫从戈登那里得到暗示，接手了他对创造透明度的渴望，确保后续行动，并履行公司早期口号所承诺的“英特尔交付”。“建设性对抗是格鲁夫推动的事情，”戈登解释道，“这是我们试图在所有会议中都采用的方法。没有隐秘的企图，我们把每件事情都摆出来，然后解决问题。我们为问题而生，我们喜欢跳进去并解决问题。”作为一种管理实践，这准确地再现了格鲁夫所希望的运营方式。但就像迟到名单一样，这也导致了意见分歧。对于一些人来说，这是解放；而对于其他人来说，这造成了难以对付的压力。“人们理解对抗的部分，”戈登说道，“他们并不总是理解建设性的部分。他在这个过程中并没有积极参与，而是把它留给格鲁夫和其他人。”

卡弗·米德本人不再抱有幻想，但回想起来，他不由得钦佩格鲁夫用这种方式——根据戈登的战略来行动，创造出了一家全球半导体产业的领先者。“要不是格鲁夫，英特尔永远不会成为我们今天看到的英特尔，也许会是一家没那么拼劲十足、没那么凶狠好斗、没那么一家独大的公司。至关重要的是，格鲁夫看到了我们其余的人没有看到的某些事情：我们处在一种世界竞争的局面下，为了生存下去，你不得不冷酷无情，所以你最好顺势而为。”

脚踏实地

业务方面需要戈登投入更多的时间、精力和注意力，但他仍然踏踏实实地和自己的妻子及家人待在一起。肯进入了青春期的后期，史蒂夫也长到了十几岁，戈登在捷普路家中的时间有限，他爱护、倾听和陪伴着儿子们，并不时地灵机一动搞点恶作剧。

家庭生活自有其烦恼。在洛斯阿尔托斯中学念书的史蒂夫患了严重的流感，长期的关节疼痛和背痛又加剧了病情。很快，他就卧床不起了，“医生搞不清楚这是怎么回事。”他说。通过验血、照X光和骨扫描，最终发现这很可能是一种免疫系统紊乱。史蒂夫最初担心自己会瘫痪，但几个月后他得以重返校园。他和哥哥变得更加亲近了，“史蒂夫过去经常在汽车的事情上帮很多忙，我们之间形成了良好的信任。”肯说。

史蒂夫生病时，贝蒂开车送他去看医学专家，并安排他在家里接受辅导。戈登一门心思忙活英特尔的需要，到了晚上就帮史蒂夫学数学。“史蒂夫很努力、很勤奋，而且做得很好，但这对他并不容易，”史蒂夫对此极为感激，“从小学到考上大学一路过来，爸爸对我帮助很大。始终让我吃惊的是，即使到现在，他都还记得数学。”肯同样证实了这个特点：“我20岁时就忘掉了的方程，他到70岁都还记得。他总是非常精确。他从大学以来的那些化学笔记，上面的内容全都是排得整整齐齐，图表清晰明了。他透彻地思考并将其写了下来。”

戈登和贝蒂鼓励两个儿子为他们热衷的事情挣些必要的钱。肯一直对汽车感兴趣，“他用整理庭院挣到的钱来支持他惦记的所有车辆和车道上的那辆车，”贝蒂说，“他没有等待施舍。”史蒂夫“很晚才意识到英特尔是怎么回事、它如何成长，以及它的重要意义”，但两个儿子都对父母亲的真正财产毫不了解。肯记得自己当时想：“‘呀，我爸爸是某家公司的执行副总裁，这家公司看上去做得相当不错。他似乎有点权力和影响力。’直到他们开始带着我们去加拉帕戈斯群岛、厄瓜多尔和秘鲁旅行，我才意识到我的朋友们没有做过类似的事情。我可以说，我有些朋友的手头真的很紧，电力公司把他们的供电都切断了。这时候，我终于开始注意到自己的境况非常不同。”

戈登的个人习惯和采购基本上不受他的财富影响，成功并没有改变他的性格。“他一点也不贪心，”卡弗·米德说，“我从来没有听他说过自己有钱，这跟他是什么人没关系。”和半导体行业里更为招摇的人物不同，戈登在钱上很小心，除非是必须花的钱，否则他就不想花钱。米德说戈登曾经告诉他，正在家里做一个木工车间，“他对我说，所有这些工具确实很昂贵。实际上，他的任何东西都到不了 4 位数。个人财富的数字跟他在铣床上用的那些东西的价值截然不同。”

戈登的童年大部分是在户外活动中度过的，他家住在佩斯卡德罗的普通平房里，他在这里长大，东西很少。诸如谦逊、节俭这样的价值观塑造了他，让他成为一个实用主义者，专注于有用的或者实用的东西。他不花哨，讨厌浪费。即使是他钟爱的钓鱼，他也不愿意换掉自己的旧船和有故障的引擎。“贝蒂一再提醒他买条新船，但他不想要别的，”米德说，“他爱这条旧船，放弃它会让他伤心。最终，他勉强承认，‘我想我应该这么做，因为它变得越来越危险了。’”

贝蒂也不会漫不经心地花钱，但对于支持慈善机构，或者投资于她看到真正值得的地方，她的出手并不迟缓。她的祖父以利亚·惠特克曾拥有半个奥克兰市中心；贝蒂决定测试一下自己的理财技巧。“戈登给了我 100 万玩一玩，我管理着自己的小基金。”她一度参加了一个妇女投资群体，但是她不耐烦了，决定自己来做投资选择，“我很快就让自己的钱翻了一番。”在满足了自己的好奇心之后，她就兴致索然了，把基金交给了戈登的顾问法耶兹·萨若菲姆去管理。

戈登也决定向还在上中学的肯介绍投资的艺术。他给肯买了诸如贝克曼仪器这样的创新型公司的股票，给他1万美元（这是不会被课以赠予税的最高额度）去投资他选择的股票。“爸爸说他会从上涨的幅度里拿走百分之一，但承担下跌的部分。我爸爸是个长期的思想家，他过去经常谈起，把你的钱放到市场上是多么好的一件事。我不愿意去尝试，所以我没有这么做。当我回顾的时候，我的失败在于没有抓住那个机会。我担心自己会赔钱，而且对于失败意味着什么，我只有短期的看法。”

作为一个青少年，个性谨慎的肯对自己的父亲开始一项新的、未经试验的业务一直很担心。戈登本人在很小的时候就学会了如何抑制自己的焦虑，他现在开始意识到，自己的长子不太可能步自己的后尘去做生意。（小儿子史蒂夫也不太可能，他有严重的健康问题，将来要格外小心，他自视为一个冒险家。）不过，肯吸收了许多关于诚实、财政责任、推迟享乐的宝贵经验。

> 每次爸爸收到一张手写的账单时，他都会把它加起来。他说，在他的一生中，如果他从来没有这么做过，他会获得更多的好处，因为大多数时候这些账单都会算错而让他获利。他把算错的数指出来，账单上的费用就增多了。这传达出一种关于价值观和诚实的信息，我一次又一次地看他这么做，我看着他把账单上的数字加起来，最后还得多付钱。这是有益的教训。
>
> 爸爸过去经常跟我谈起摩尔定律，他没有把摩尔定律提炼成现在所使用的“更好、更快、更便宜”的术语，但就是那个意思。我学会了复利的时间价值，他教给我一个经典的例子，从一分钱开始，每天翻一番，持续一个月。我学会了如何形成一种长远的眼光。用商学院的术语来说，我慢慢明白了机会成本，现在花了1美元，以后就花不了这个钱了。这并不是爸爸告诉我的，他从来没有用过这个词。我把我父母的行为变成了我内心的某种东西。

如果说肯对金融市场感到紧张，那么他在别处却极端冒险。过了一段时间，他有了一辆直线竞速赛车，而且就像他父亲对硅印刷技术的追求一样，为了操控系统，他的目标是拥有最先进的型号。“有了一辆赛车，你就可以随心所欲地做你想要的事情，你对它进行设计、开发、实现和测试。这是个反馈回路，是完整的圆，它要求完美。你或者赢得这场比赛，或者被淘汰，你无法在下一圈弥补回来。当你在那里以150英里的时速让轮胎飞转时，会极为兴奋。”

第8章
真正的革命

在20世纪70年代初，一家人第一次去夏威夷旅行，带上了奥丽芙和米拉·摩尔。“这是非常棒的两周，”贝蒂回忆说，“我们想要带上爷爷奶奶。那是他们一生中最美妙的旅行。我们都去了，只有戈登的父亲除外，他拒绝出行。”沃尔特·哈罗德在1937年经历了一次劫后余生，他当时做了一场肠梗阻修复手术。他现在用着结肠瘘袋，不能出远门，担心任何问题都可能把他送回医院，那是他不惜一切代价都想避免的经历。贝蒂立刻爱上了夏威夷，并最终说服了不情愿的戈登退休后在那里定居，那是将近四十年以后的事了。

戈登的母亲米拉曾经渴望拥有自己的女儿，在她儿子搬出红木城西门街的小房子以后，多年来一直过着平静、孤独、偶尔有点寂寞的生活。她跟自己在佩斯卡德罗的家族断了来往，很少出门，只跟贝蒂一起旅行。她丈夫的工作时间很长，一直干到退休，很少说话，也不喜欢去剧院和看演出，米拉独自去看电影。她还独自参加了一个当地的基督教会，这是她从戈登的童年开始养成的习惯。在临近80岁的时候，她变得越来越虔诚和相信灵性。随后，去夏威夷度假回来没多久，米拉突然去世了。

沃尔特·哈罗德、戈登和他的兄弟们，以及大家族的成员把她葬在百龄园（Skylawn Memorial Park），这里离她的住处10英里。哈罗德·沃尔特在一个专门留给退伍军人的区域选择了一地块。对于米拉来说，这也是一个合适的安息之地，它位于圣克鲁斯山的一处山脊上，高出红木城和圣马特奥，朝向东方。这些小山环抱着佩斯卡德罗，戈登夫妇在这里居住多年。30年后，在沿着天际线大道（Skyline Boulevard）只要走5英里的地方，戈登和贝蒂买下了一处豪宅，它坐落在森林覆盖的山坡上。

对于母亲的辞世，戈登很少流露出自己的感受。现在他40多岁了，已经取得了令人瞩目的成功。即便如此，也没有什么可以缓和他丧失至亲的痛苦。与往常一样，他置身于实际生活中，专注于英特尔的工作，以此作为一种化解悲伤和找到自身位置的方式。贝蒂觉得有责任照顾戈登鳏居的父亲，并努力帮他保持舒心。

戈登损失了部分听力，这证明了他自己的衰老。一位医生认为这是“步枪耳”，这在猎人当中很常见，但戈登认为这更可能是由于他在青少年时期制造炸弹和炸药的爱好所导致的。至少他从Microma的“1 500万美元的手表”那里得到了一种特殊的、意想不到的好处。“它有个非常响亮的低频警报器，确实可以叫醒我。”当这只手表最后坏掉时，换了一只低成本的替代品，这就看出原来那只表有多么特殊了：“我换过的表有个警报器，但我听不见。每天晚上7点钟，它会嘀嘀响20秒。贝蒂听得到，每个人都听得到，但我完全听不到。我还没搞清楚怎么把它关掉呢！”

革命大势已定

战争、武器、制胜

英特尔的增长如瀑布奔流而下，对此进行管理是至关重要的。1973年元旦过后不久，戈登掏出自己的笔记本，列出了他重点关心的事情，所有这些内容都令人不安：对1103的需求超出了英特尔的交付能力；为了让竞争对手穷于追赶，公司需要靠自己的4K DRAM冲到前头；“在1973年的头号计划上，我们的支持人员远远落后”；产品缺乏专门的产品工程师；没有人负责ROM芯片的工作；质量保障部门缺4个人，这儿的任务是查看从印刷制造工序下来的芯片能否实际工作。至少，这里有一个偶然雇来的人很快缓解了紧张局面。

克雷格·贝瑞特比戈登小10岁，也在旧金山半岛上土生土长。贝瑞特走上了戈登曾经为自己设想的学术道路，但是对于在APL的戈登来说，“基础研究的光彩”烟消云散了，而贝瑞特则开始热衷于能够申请到的工作。作为斯坦福大学的一名教员，他提供半导体领域的咨询，用强大的X射线仪器和电子显微镜来研究芯片的缺陷。当英特尔的一位工程师打电话来询问聘用推荐时，贝瑞特说：“一位失意的副教授正在找点别的事情做，怎么样？”他被芯片产业的活力所吸引，离开斯坦福到了英特尔，在这里他后来晋升为首席执行官。“学术性的材料科学总是想赶上现实并对其进行解释，”他反思道，“硅的业务在于预测未来可能发生什么，并尝试做出这个东西，而不是忙着研究这是什么。这个行业让人兴奋。在无数家进入DRAM业务的公司中，英特尔是最成功的一家。”贝瑞特拿起了让戈登发愁的质量保障工作。

特德·詹金斯是另一位做出重要贡献的人，他从1969年开始就在英特尔，现在着手解决戈登所关心的1103需求满足问题。詹金斯的成就包括在渥太华帮MIL启动1103的生产，在推动戈登所想的化学印刷技术发展路径方面，他是最熟练的人手之一；戈登让他负责英特尔位于利弗莫尔的3号晶圆厂，这座崭新的工厂只生产1103。（英特尔的其他两座晶圆厂正在从 2 英寸晶圆转换到新工艺，遭遇着良率崩溃、延误等重大难题。）詹金斯的责任是，确保英特尔跟上市场对这种极为成功的芯片的需求。

在 3 号晶圆厂，设备和工具被特意设计成用于更大的 3 英寸晶片，事实上，这确实提升了产能。詹金斯的老板尤金 • 弗雷思决定，把 3 号晶圆厂变成一个“兔装区（bunny-suit area）”。在航空航天和半导体行业，用于高科技制造的所谓洁净室——拥有先进的过滤器和通风系统以阻止杂质灰尘和化学品，变得非常普遍。工人们在生产最密集的室内被要求穿“洁净室套装”（白色工作服，戴头套、手套和脚套），以防止芯片被皮屑和毛发等人体碎屑所污染，这跟戈登以前那种“只要脏东西掉到工作台下面，就差别不大”的态度相比，是个重大的进步。

洁净室套装十分新奇，以至于“人们经常找借口去参观工厂的实验室，这样他们就可以穿上兔装了”。工人们最初发现工作服很繁琐，甚至分不清方向。有个人描述说陷入了一片“白色工作服的人海”，唯一熟悉的东西是“挂在墙上的时钟”。在格鲁夫后来称之为“纪律严明的组织”中，兔装成了另一个不可避免的、不受欢迎的东西。3 号晶圆厂整个 1973 年都在上量生产。产能以“初制晶圆”（wafer start）来衡量，也就是说，每周有多少硅晶圆投入化学印刷。启动阶段是每周 100 片初制晶圆，每周增加 100 片，这样一直到年底，3 号晶圆厂开足马力，达到每周 5 000 片初制晶圆。1103 的产能节节攀升，当年为英特尔带来了 6 600 万美元收入中的一大块。当公司的月收入首次达到 300 万美元时，人们拿出了一瓶瓶“英特尔酒庄”的香槟酒。在食堂里，众多的瓶塞砰砰地往上弹，以至于天花板上的吸音瓦不得不进行了更换。

卡弗 • 米德把利弗莫尔的晶圆厂称为一座“以流水线产出 1103 的代工厂”。安迪 • 格鲁夫更加深入地钻研生产实践，他知道如果率先让最复杂的芯片进入大批量生产，英特尔就能获得巨大的价值。“当我们做出 100 倍的器件时，我们通常会把单位成本降低 10 倍，”他写道，“创新在这条经验曲线上开了个头，让竞争对手难以迎头赶上。”摩尔定律和戈登 • 摩尔对最先进化学印刷技术的力量的远见都正确无误。

英特尔 1103“跑步机策略”的最早受害者之一，就是它的第二货源 MIL。来自英特尔的技术转让代价不菲但内容全面，最初的效果很好，MIL 晶圆厂的良率比英特尔更好。MIL 生产英特尔 4005 微处理器及其新的 8 位微处理器 8008。然而，至关重要的是，MIL 和英特尔之间的协议是有时间限制的，它没有涵盖印刷技术的未来变化。英特尔现在发现自己可以更加经济高效地生产 1103，在转移到 3 英寸晶圆时已经“设法摆脱了”麻烦。为了赢得销售，MIL 也需要切换到更大尺寸的晶圆，但“他们不知道该怎么做”，戈登说，“他们摔得鼻青脸肿，良率崩溃。他们无法把事情做对”。MIL 无法再指望英特尔的帮助，它发现自己掉在了跑步机上，很快就死掉了。1975 年，这家公司解散了。

竞争是实实在在、残酷无情、永不停息的。戈登、格鲁夫和其他人铁石心肠地看着 MIL 失败而英特尔大获其利，在 1103 取得巨大成功的基础上建立起了垄断地位。正如戈登记得的那样，“当我们需要他们来生产顾客接纳的产品时，MIL 是第二货源。然后，当他们应该批量交付时，却垮掉了，而我们把整个活儿留给了自己。这并不是计划好的事情，但起到的作用很漂亮。”

随着 3 号晶圆厂的上线，以及英特尔其他晶圆厂转换到 3 英寸晶圆，产能扩大了，生产也得到了控制。微处理器和 EPROM 的销量上升，这意味着利润空间变得“虚幻不实；我们基本上有了整个 1974 年所要的东西”。胜利的感觉很好；MIL 的毁灭很“漂亮”。戈登并非无情无义、咄咄逼人、心怀恶意的人，他本人是体贴、真诚、善良的。在同事之间，他会提出建议和富有见地的问题，很少提高嗓门，但如果是隔了一层，他就很无情了。他斟酌英特尔的财务报告、工程简报、销售备忘录中最微小的细节，看到竞争者一直在周围盘旋，他们对于机会始终保持着警觉，可能突然从他手中把市场份额抢走。如果英特尔一败涂地，竞争对手连一滴眼泪也不会流的；反过来，他也不会对自己的竞争对手表现出怜悯之情。这是生意。理论上，戈登当然能够忍受甚至享受那些基于分析、测量、卓越的科学以及来之不易的商业秘密所产生的冲突和战斗。只有在人际交往场合，遭遇到即时的痛苦，他的内心才会挣扎不已。而现在，他让安迪·格鲁夫去对付商业生涯的这一面。

即便如此，也没时间坐下来休息一下。戈登继续把目光投向远处的地平线，他担心英特尔“工程薄弱”。“我总是感到不放心。”他总结道。为了巩固其在存储器领域的地位，他需要足够多的工程师来主导接下来的一代 4K DRAM 以及后面几代产品。戈登还尽力了解不断倍增的晶体管产量对市场的影响：用户想要什么？什么东西会形成市场？便宜比速度和容量更重要吗？至于生产本身，“什么是最重要的东西？小尺寸的晶片？非常低的缺陷密度？高性能？”这些事情每一件都要求制造技术朝着一个略微不同的方向发展，戈登必须做出正确的决定。

英特尔的 1103 DRAM 证明了芯片存储器市场是成立的，但戈登并不认为新兴的 4K 市场会由自己单独享用，因此迫切需要让 2107 芯片开始出货，这是一种用全新技术制造的 4K DRAM。这种设备有 22 只“引脚”(pin)，可以用导线将其连接到一个产品系统里。更多的引脚意味着更多的用途，也意味着更高的成本。得州仪器在随后不久发布了自己的 4K DRAM，也采用 22 只引脚，而且规格和 2107 相当，这证实了英特尔的选择是对的。这是一场短兵相接的贴身肉搏。正当英特尔的工程师奋力改进 2107 使其优于得州仪器的芯片时，两家公司几乎在一夜之间被人从侧翼包抄了。

莫斯特克是从得州仪器分拆出来的一家公司，它以一款 4K DRAM 挺进市场，这款产品的封装更便宜、体积更小，只有 16 只引脚。不仅如此：莫斯特克的 MK4096 采用了一种比英特尔还先进的化学印刷技术。莫斯特克的工程师想出了在主流技术中使用离子注入的方法——这是英特尔用在 Microma 手表芯片上的技术。这让它可以把自己的 4K DRAM 压缩成更具竞争力的封装，而且提升了性能。在竞争和变革中，这又是一次残酷无情的教训。

“他们在技术上带来了一种不同的做法，”戈登说，“而且他们有非常好的电路设计。”他希望英特尔的芯片可以设立行业标准，但他的担心是正确的。“莫斯特克以激进的设计取得了领先地位。”竞争对手突然恶狠狠地袭来，英特尔的领先优势很快化为乌有。它曾率先将自己的 4K DRAM 推向市场，并在 1974 年拥有全部销售额的 80%，突然之间，它自己就成了在跑步机上苦苦追赶的角色，1975 年它在 DRAM 市场的份额下降到 45%。“1103 是最后一种让我们从中挣了很多钱的 DRAM。”戈登说。莫斯特克用它的下一代芯片巩固了自己的成功，到 20 世纪 70 年代末，它销售出去的 DRAM 比任何公司都多。

微处理器崛起

尽管英特尔在 DRAM 市场建立了最初的统治地位，但戈登同样致力于微处理器。4004 可能卖不到“接近存储器芯片的量”，也可能做不到“利润高得可笑”，但它和 8008 为数字逻辑、计算和控制的新应用打通了道路。戈登本人很快就被微处理器的各种可能性所吸引，这些可能性从交通信号灯和记分板直至医疗设备和工业机械。戈登展望未来，认为微处理器将接管数字计算和控制，他不动声色，但对 4004 满怀兴奋，这是一系列产品中的第一款。经过 1973 年的工作，8080 初具规模：它用了 5 000 个晶体管，在设计上的主要限定就是确保后向兼容性，以保护客户在软件上的前期投资。

鲍勃·诺伊斯对此兴致勃勃、热情洋溢，他到处旅行，向客户和竞争对手谈论微处理器。他和其他狂热的支持者们开始把微处理器简单地描述成一种“微型计算机（microcomputer）”，它将出现在大型主机和小型机身边并逐渐染指它们的地盘。他预期电子革命会进入一个全新的阶段。得益于摩尔定律，越来越多的工作将采用数字计算，数据处理也会激增。丹尼尔·贝尔（Daniel Bell）[①]认为，在美国社会的大规模转型中，计算机和信息处于核心地位。关于这个主题出版了很多书籍，人们经常听到“计算机革命”这个术语。诺伊斯渴望从中分一杯羹，他把微处理器作为传播这场革命的一种手段进行市场推广。

他把微处理器和小型电动马达做了一个类比，苹果公司的史蒂夫·乔布斯后来把这个类比用在个人电脑上，并进行了更广泛的宣传。在诺伊斯原来的类比中，小型电动马达是一种机械化的手段，对动力进行传播——给工厂、家用电器、钟表等，它对于各种机器、工具、产品是不可或缺的。在计算机革命中，微处理器就是马达，它把数字计算带到战场、办公室、家庭和其他所有地方。这是人类和芯片之间的中介。四十多年后的今天，我们知道这个远见已经成真，就像新闻报道每天都在说“万物互联”，而“物联网”也变得越来越现实。

戈登·摩尔对微处理器的潜力更是深信不疑。与此同时，他也更有保留。对于戈登来说，微处理器是一种彻底的创新。他看到，它对英特尔的价值在于，这是一种可以用于计算和控制的通用逻辑组件（一种标准产品、大批量生产），但不是让英特尔去制造完整计算机（消费市场、反复无常的时尚）的手段。它可以通过软件来定制，以执行客户所希望的任何功能，而不只是实现大型机或者小型机里面的那些功能。英特尔的客户可以把数字逻辑用于任何形式的产品，实现任何类型的控制功能，这是一种极具吸引力的潜能。

戈登也深深明白，英特尔的微处理器芯片组会对公司的主要客户，即计算机制造商的领地形成怎样的侵蚀。在单块电路板上，英特尔可以提供一台通用计算机的完整逻辑电路和主存储器。加上一个电源、外壳，以及输入输出连接（开关、灯、键盘、视频屏

① 丹尼尔·贝尔（Daniel Bell，1919—2011 年），美国当代著名的批判社会学家，倾向于文化保守主义，代表作有《意识形态的终结》《后工业社会的来临》《资本主义文化矛盾》等。——译者注

幕等），这台计算机就可以随时工作了。他拒绝让英特尔变成一家电脑制造商并因此与其客户直接竞争的想法。标准产品适用于许多大型市场和众多客户，这是摩尔定律所表明的意思，而且他认为这是加速英特尔成功的最佳选择。相比之下，计算机属于消费类产品，就像手表一样。

即便如此，他也和同事们一样渴望促进微处理器的传播。他批准了一项制作电路板的决定，上面安装了完整的微处理器芯片组，客户可以购买预先装配好的全部硬件，这样就可以把微处理器用起来。为了简化软件定制工作，戈登还批准了一项计划，其本质是由英特尔制造一些专用计算机，以便微处理器的客户用它来开发他们的软件。这些 Intellec-4 和 Intellec-8 开发系统包含带有 4004 和 8008 芯片组的电路板。工程师可以按下前面的开关，对软件进行开发、测试和查错，然后可以用一种附件把软件保存在英特尔的 EPROM 中。领导这项工作的比尔・达维多（Bill Davidow）说，最早的 Intellec 极其简陋，“我看着那个盒子，实在非常担心，会不会有人用了它而触电身亡。”

在达维多进行这项工作之前，英特尔的销售与营销负责人埃德・盖尔博和雷吉斯・麦肯纳（Regis McKenna）紧密合作，英特尔的开发系统要在一场全国计算机会议上首次亮相，他们一起为此准备材料，而麦肯纳的营销和公关公司在硅谷首屈一指。这些展示材料把 Intellec 描述为完整的计算机。在会议前夕，盖尔博和负责微处理器营销的汉克・史密斯（Hank Smith）把他们的 Intellec 摆在桌子上，跟小册子和海报放在一起，并邀请戈登、诺伊斯和其他人参加了一场推介会。“我们的确非常兴奋，”盖尔博回忆说，“我们毫不怀疑，这就是英特尔的未来。”

盖尔博和史密斯在介绍产品的时候，他们看到“戈登的脸拉得越来越长，涨得越来越红”。这是最不寻常的，他显然十分生气。他们停下来问是哪里出了问题。“你们绝对不要把这些系统说成是计算机。这不是一台计算机。”盖尔博和史密斯尽管极不情愿，还是被迫把更为明显的计算机的提法从他们的材料中撤掉了。史密斯从来没见过戈登“那么生气”过，他说，戈登很少这么咬牙切齿，这是有必要的，“在戈登看来，我们将和自己的主要客户发生竞争，这是事实。”英特尔可以提供专用系统来帮客户应用组件；但说成英特尔在做计算机，这就太过火了。

戈登也许反对把 Intellec 定位成计算机，但他仍然热衷于改进这些开发系统。它不仅推动了微处理器以及英特尔利润可观的 EPROM 和 DRAM 的销售，而且 Intellec 自身也是利润极其丰厚的产品，即使是最简单的型号也卖到2 000多美元。达维多兼具计算机和营销方面的知识，他把它变成了一桩戈登所说的好生意，其增长速度比微处理器自身的销售还快。达维多告诉戈登，“每个人都是我们的销售员，这最终会带来至少50 000颗微处理器的销量。”接下来的十年，英特尔制作出了更强大的开发系统，它跟个人电脑越来越难以区分，“我们在做小电脑，真的。”戈登说。他甚至在电视上为达维多的主意做广告，达维多的想法是如何让英特尔的系统成为“工程师桌上的一台计算机”。

尽管戈登承认，有了微处理器开发系统之后，英特尔是在“向工程师销售一台计算机”，但他确实很少把这个想法向前推动。随着时间的推移，他“从来没有在后面发力”，更愿意让这种冒险行为自然发展，而不是因为这是一种计算机就果断地将其砍掉。他选择忽视而不是支持这个业务，这是体现他的投资策略的又一个例子。他把时间投入到自己可以做得出色的事情上（制造炸药），而放弃自己做得很平庸的东西（中学的跳水）。他把精力和资源投入到自己完全相信的业务中，即使有些项目（例如“符号”）无疾而终。他很高兴让达维多去做开发系统，但关于利益冲突对公司的潜在影响，他并没有改变自己的看法。他乐于从中获得利润，也喜欢Intellec推动英特尔其他产品销售的方式，但他认为这作为“一项真正重要的独立业务”不够有吸引力。

戈登依然相信，英特尔的强项和他的强项都是组件。芯片本身的成功依然和化学印刷技术的发展紧密相关，他发自内心地明白这一点。系统则神秘莫测，因为客户的需求变化无常，戈登经历过Microma的痛苦教训，消费者的口味很难理解或受控。

> 我从来没有很好地理解系统，什么时候一个系统算做完了。你总会漏掉点什么，要不就是没有替用户把它收拾得足够干净。这是一种不同的取向。强调组件是英特尔非常重要的一部分强项。有人正确地引述过我说的话，“我拒绝了家用电脑的想法。”即使我没有说过这话，我也不认为我们干得好这份工作，需要某个像苹果那样的公司去把这事做起来。我们作为一家组件供应商一直更为成功，而不是作为一家系统供应商。

随着更便宜的电子产品的规模稳步增长，真正有说服力的道路在于实现摩尔定律。坚持基本面、专注于制造技术，才是这个游戏的主题。在戈登对待微处理器的立场上，以及他对其边界的谨慎监督上，有一个因素是他对这个设备与EPROM的共生关系越来越欣赏，而EPROM本身也是利润惊人。对于两种设备“在同一年到来”这个事实，戈登说，这是“不可思议的缘分”。微处理器需要软件定制，而EPROM提供了一种定制化的方法。他解释说：

> EPROM绝对是微处理器的正确伴侣。我们最初的想法是，当工程师开发基于微处理器的系统时，这是他们用的一个原型设备。然后他们会切换到我们的一种便宜得多的可编程ROM。
>
> 我们认为EPROM会是一种出货量很低的产品。它只用来做原型设计，所以我们给它定的价格很高。结果它成了工程师的保护伞，他们总是可以修改自己的程序，所以从来不会换掉这个东西。
>
> 他们就买定价很高的EPROM。直到1985年，我们挣到的钱大多数都是从EPROM来的！我们尽可能地隐藏好这个秘密。

未来在何方

表面上，戈登很少流露出紧张的情绪。然而，他在英特尔所扮演的多重角色——首席战略家、事实上的首席执行官、问题解决者、冷静的顾问，还是带来了不良反应。很能说明问题的是，他的“应对机制”不是去找一个生意上特别信得过的知己，也不是跟同事一起去车轮酒馆，而是在户外活动中、在家里寻求解脱，把自己的想法埋在心里，退缩到这些他从小就习惯了的地方。一方面，他在自己熟悉的狩猎、钓鱼和体力活动等自然环境下寻求释放和安慰，将这些作为家庭日常生活的一部分。另一方面，他把想法写在自己的私人笔记本里。

1973年6月，由于对1103 DRAM的需求和竞争都在快速升级，戈登写下了他对英特尔的顾虑：他觉得这是在增长的压力下走向崩溃的开始。他写道：“我头一次把这些迹象视为我们处于失控的危险之中。”最担心的问题在于，安迪·格鲁夫看起来没有在运营上做到他向来稳固的控制力度；比如，格鲁夫不知道为什么6月份的营业额会下滑到100万美元。格鲁夫也许是毫不留情甚至不眠不休地要求得到信息和进行问责，但就连他也说不清楚为什么英特尔的出货量如此低。在Microma上，疏忽大意和非受迫性失误导致了延误。对此感到厌烦的戈登写道：“Microma可能遭到惨败；发展势头完全丧失。”在整个英特尔，规划和控制的问题越来越严重。一个工头甚至报告说，他正在对原材料库存“失去控制”，而这恰恰是需要供应给硅片印刷设备并保持生产线运转的材料。

怎么办？戈登写了一张清单来列出“可能的回答”。第一种办法是踩刹车：“宣布增长中断，忍受我们面临的问题。”第二种是继续踩油门并忽略警告：“当机会存在的时候，能糊弄到什么地步就糊弄到什么地步。”第三种：“重组。”第四种也是最严重的：“辞职。”在此之前，在戈登的文件或谈话记录里，没有任何内容表明他考虑过离开英特尔的可能性。他长期保留着一本投资回报的会计账本。从智力完备性的角度来看，辞职现在看起来既是可能的、也是有吸引力的解决方案，这解决不了英特尔的问题，但这些问题将不再是他的问题。

鲍勃·罗布森，也就是把 Microma 卖给他的朋友，已经退休去过乡村生活了，这也是一种可能性。戈登可以和他一样，简简单单退休就好了。作为一位千万富翁，他根本不需要工作。他可以过得非常舒服，甚至（因为他把英特尔的创始人股票给了自己的儿子们）留下一份美妙的家业传承。然而，他刚刚写下“辞职”这个选项就把它从列表中划掉了。他正处于自己能力的鼎盛时期，他的工作越来越精彩，他正在做自己擅长和想做的事，公司正在电子产业征服新的领域并开始重塑世界。为什么要放弃？别的什么事情他愿意做？最后，他把清单上的第二项和第三项结合起来：继续踩油门，但是要重组。他要改善英特尔的专注点，更密切地监督活动边界，并在糊弄的同时开拓机会。他的磋商环节结束了。

英特尔的销售额正沿着一条指数曲线增长，这和芯片复杂度增加及成本降低的趋势类似。从 1971 年到 1973 年，销售额增长了 6 倍，达到 6 600 万美元，员工人数超过了 2 500 人。“如此增长的人力成本很高，”那年的 11 月，安迪·格鲁夫在自己的笔记本里写道，“很显然人们必须努力工作。”他期望工作人员成功吸收新的工作内容，或在原有的工作中纳入更复杂的内容。随着芯片变得越来越复杂，对员工的要求也越来越高。公司在初创期过得十分艰苦，但在竞争和增长面前，工人们被迫保持同样的速度，格鲁夫在 1974 年的圣诞节写道：“我觉得我以前从来没有这么辛苦地工作过！”

克雷格·贝瑞特记得，当时的格鲁夫是个粗鲁无礼、直言不讳、踢人屁股的搞运营的家伙，但事实证明他的管理技术很有效。这其中包括和主管人员进行面对面绩效评价等诸如此类的做法，贝瑞特发现这是“与英特尔相关的异域风格”。戈登非常赞同格鲁夫把员工效能发挥到最大程度。格鲁夫有一页图表显示，雇员归为三类：失败、“停滞不前”和有能力成长。就像诺伊斯的传记作者莱斯利·伯林（Leslie Berlin）总结的那样，“格鲁夫既要了解组织需要什么样的架构，又要掌握一件更为微妙和困难的工作，就是搞清楚人们的灵活性有多大。”

英特尔已经涉足手表和存储器系统。现在，戈登要进行战略上的探索，确定英特尔的任务范围——什么是有意义的追求？英特尔应该如何定义自己的业务？在芯片的基础上，他探索其他可能带来销售的途径。电信业给出了一个有趣的机会，AT&T 的网络大都依赖于晶体管和芯片，语音和数据越来越多地以数字化的形式传输，交换站本身就是专用的数字计算机。AT&T 和西部电气公司（Western Electric）还为企业和楼宇提供小规模交换系统（专用分组交换机），西部电气已经在购买英特尔的 1K 和 4K DRAM。戈登和他的同事们讨论是否要进入这个市场，从存储器芯片、微处理器和其他标准芯片入手，制造并销售中等规模的交换系统。

成本是主要的衡量依据。“我们能提供经济上的优势吗？”戈登问道。英特尔在芯片制造方面的实力能否转化为更便宜的电话交换机？即使做得到，他也心怀疑虑。以 AT&T 的地位，这个市场看起来似乎每年最多值 750 万美元。戈登看不出如何将其扩大到“英特尔所需要的那么大的一个市场”。他自己的战略是有前提的，即在越来越复杂的芯片里让电子功能越来越便宜，每种功能所需的价格下跌，使得市场实现快速增长和迅速放大。手表是一个弹性市场，但电话交换机不是。就像他从芯片的角度——主要是一门技术生意，看待数字手表那样，他现在也以同样的视角看待电话交换系统，他和英特尔决定放掉这个想法。戈登以芯片为中心来看待系统和终端产品，在他看来，这个市场不属于英特尔。

禁运、相互依存、革命

英特尔处于一个令人羡慕的位置。戈登也许纠结于如何最好地管理公司的爆炸性增长，但就连他都惊讶于公司的盈利能力。英特尔一段时间以来一直像吹泡泡一样发展，而外界的一系列动荡事件却在刺破美国的自满情绪。1973 年一天天过去，参议院对水门事件丑闻举行听证会，政治罪行被曝光，这些事通过电视转播被数以百万计的美国家庭所收看。在越南达成了脆弱的停火协议，但在 1973 年 10 月初，埃及和叙利亚发动了对以色列的联合攻击。依靠来自美国的援助，以色列打退了敌人对西奈和戈兰高地的入侵，但还没有对长期决议进行谈判；相反，在石油输出国组织欧佩克（OPEC）内部，中东的供应商发起了对美国的石油禁运，以回应美国对以色列的支持。由此导致的能源危机暴露了英特尔的弱点，支持其硅印刷生产线的供应链中断了。戈登认为禁运期会很漫长，他开始规划意外事件的应对方法。本质上，半导体行业是一种化工行业，依赖于能源和材料。英特尔在湾区的3座晶圆厂需要大量的电力，从扩散炉到光刻工具的所有一切都需要用电，所以戈登的第一个动作就是确保公司有足够的电力。

太平洋煤气与电力公司（Pacific Gas and Electric）承诺，即使价格上涨不可避免，它也有“足够的燃料储备可以用到1974年7月”。禁运使英特尔清楚地认识到，它过于依赖单一的电力设施。和它的客户不同的是，它没有第二货源。俄勒冈的波特兰（距离湾区的航程很短）和卑诗省都是水力发电的中心地带，不会受到欧佩克禁运的影响。戈登把这些地点写在自己的笔记本里，然后在两年之内，英特尔就在距离波特兰10英里处的阿罗哈（Aloha）开设了一家新工厂。

戈登还担心石油化工品。英特尔使用好几类化工品，包括它在化学印刷工艺上的核心材料光阻蚀剂，以及每天各约500加仑的二甲苯和醋酸丁酯。可用性和价格是核心问题，戈登探索公司如何从生产废料中回收石化制品，而不是把它送进公共下水道。还有其他的顾虑，能源成本上升可能导致硅晶圆供应短缺，石化产品减少可能导致用于芯片封装的塑料部件短缺。任何一种短缺都可能在任何时候产生一个现实问题，但英特尔已经在竭力应付增长，而不断增加的竞争对手又准备利用失误进行变现，所以戈登认为这些顾虑尤为严重。

英特尔与其专业供应商之间以及英特尔与其客户之间的相互依存度正在加深，这种现象的长期效应是一个完全独立的问题。早期在肖克利和仙童的时候，戈登和他的同事们自己制造所有的生产工具，从拉晶机到扩散炉都是自己做的。随着专业制造商的崛起，那个年代已经过去了。在创立英特尔的时候，戈登和诺伊斯作出了关键决定，依靠专业的外部供应商，这使他们赢得了时间，也借助了别人的专长。他们甚至会租用设备，而不是把它完全买下来。在一种不断加深的相互依存中，英特尔和它的制造工具及设备供应商拴在了一起。

在计算机制造商和芯片供应商之间，可以看到一种并行的相互依存关系。当芯片变得越来越复杂时，它们也包含了越来越多的系统设计，成本的降低抵消了设计自主性的丧失。反过来，计算机制造商越来越依赖于供应商按时保质保量地交付芯片。而供应商依赖于计算机制造商为存储器拓展市场并承诺多年度大额订单，这样可以充分摊销设计成本。在仙童的时候，诺伊斯已经证明由于硅印刷技术的改进最终意味着更高的利润，激进的低价是行得通的。

毫不奇怪，计算机制造商和芯片制造商之间的关系超越了简单的接受订单和产品供应。这是经过仔细谈判的、微妙的合作伙伴关系，由于需要共享与产品和技术相关的敏感信息，双方经常发生利益冲突。在英特尔，高管会被指定去负责管理特定的关系。戈登是巴勒斯公司的对口人，这是 1103 DRAM 的一家主要客户，作为一家电脑制造商，它在世界上仅次于 IBM 和霍尼韦尔。（在帕萨迪纳有一家从贝蒂·摩尔的前雇主综合工程公司分拆出来的公司，戈登夫妇 1956 年回到加州后不久，巴勒斯购买了这家公司，大举进入计算机市场。）如果说石油禁运让戈登比以往任何时候都更加未雨绸缪，那么来自巴勒斯的一个要求则让他犹豫起来。

在主要的计算机制造商当中，只有 IBM 制造了足够的半导体存储器来满足其自身的需求。其他公司，包括巴勒斯、霍尼韦尔和尤尼瓦克（Univac），都依赖于外部供应商。在 1973 年的最后几周，巴勒斯告诉戈登，它预计主存储器的年度需求为 600 亿比特，设备形态是存储器芯片。它每年需要大量的 DRAM，它的高管担心英特尔的交付能力，于是要求英特尔保证给他们的供货。他们甚至提出一个合作的想法，巴勒斯可以像 MIL 那样，自己制造一些 DRAM 芯片，通过建立一个内部第二货源来满足其半导体存储器的需求。这是个具有挑战性的想法，对此戈登需要认真考虑。最终，他批准了这类交易，其中最引人注目的是和 IBM 的合作。

所有一切都既不令人忧郁，也不令人紧张，其实远远到不了那个地步。1973 年 11 月版的《福布斯》有一篇很长的庆祝文章，标题是《英特尔如何赢得存储器芯片的赌注》（*How Intel Won Its Bet on Memory Chips*）。吉恩·别林斯基对着全国的读者，把英特尔头五年的成功进行了呈现，包括其标志性的成就：打开了存储器芯片的市场。“当英特尔进入这个业务时，它的主要产品并没有现成的市场，”他解释说，“如今，由于这家公司的开拓创新，已经没有哪个大的计算机不用半导体存储器元件来进行设计了。在过去的 5 年中，存储器芯片市场大致每年翻一番，在世界上 18 家主要的计算机制造商当中，有 15

家采用了英特尔的 1103 来做计算机存储器。”

戈登也许会阻止他的同事们把英特尔的微处理器定位为一台计算机，但拜林斯基就没有这种限制，他乐此不疲地详细描述道，该公司的微型计算机将会如何进入“手表、交通信号灯、弹球游戏机和收银机”。他甚至设法说服了戈登，让他亲自提供了一个戏剧性的评论，尽管他的方式习惯性有所保留：“我们是当今世界真正的革命者，而不是几年前那些留长发蓄胡子破坏学校的人。”戈登看到了事情的本质，他并不担心谈及革命。

他帮助创建和发展的技术正在改变生活的基本条件。“很显然，我们正在影响着工业化社会的极为广泛的部分，我能看到我们带来了很大的影响。我相信，我们真的在带来永久性的变化。”戈登对此了然于胸，因为他不仅能观察到，而且能测量到，无论是微处理器还是计算机，电子产品都在增长，而购买成本在下降。政治哲学、性别角色、艺术表现、社会习俗等文化变迁的影响则更难以量化，正如戈登所说的，“我并不清楚言论自由运动会产生同样的影响！”

危机、宇宙射线、计算机

1974 年元旦刚过，戈登就抽出自己的信笺簿，写了一份新的“国情咨文”分析。跟他半年前的纷乱思绪比起来，这次他的语调平静得多。也许这是因为他刚刚结束一年的生意，英特尔的利润几乎达到 1 000 万美元，而公司正准备在未来的几个月取得更大的利润。1103 极为抢手，而现在英特尔是唯一的货源。此外，独一无二的 EPROM 尽管销量较小，但利润率高得惊人。英特尔还先于其他公司切换自己的核心光刻工艺，将其转换到珀金埃尔默（PerkinElmer）公司制造的一种新工具“Micralign”，它消除了把晶圆和掩膜进行对齐所需的大部分手工劳动，这是提升自动化和精确度的一个重大进展。到 1976 年底，英特尔的所有晶圆厂都会用上这些投影扫描仪，“那是提升良率的一个重大步骤，”戈登说，“风险很高，但实际效果非常不错。”

跟上需求仍然是个挑战。元件产量全年都会受到限制，戈登指出，这个问题并非由于英特尔化学印刷机产出裸硅芯片的能力所致，而是因为不能足够快地扩大装配能力。英特尔的装配（封装和最终测试）工艺现在完全和芯片印刷业务脱节。公司把在加州印刷出来的芯片用飞机运到它在马来西亚槟城的工厂，中间要横跨 8 000 多英里的太平洋，在那里进行封装和装配，然后再用飞机把它们运回美国。甚至当英特尔利用菲律宾的低劳动力成本在马尼拉开设了另一家工厂时，它还是产能不足。“生意的确在扩张。”戈登回忆道。

如果英特尔是存储器的独家供应商，那么供应受限和需求高企也许让戈登和诺伊斯有充分的提价机会。然而，竞争一方面是来自低成本的磁芯存储器生产商，另一方面是来自提供竞争性的 1K 和 4K DRAM 的半导体公司，使得产量受限成了一个严重问题。“由于无法满足所有客户的需要，”戈登写道，“我们正在让人们从 1103 换到其他产品。”戈登的另一个问题是“IBM 145”，英特尔试图为 IBM 的顾客提供一个存储器系统。在这个巨头的庞大客户群里，存在着一个对这些“插件”的市场需求，但设计和生产所需的 DRAM 出现延迟，正在耽误所有的事情。戈登对这些条目作了简洁的标注，在向格鲁夫和英特尔的其他高级职员陈述时，他的分析和论证足以引发相应的行动。戈登将自己置于组织的中心，这个组织的目的就是为了快速响应他的问题、关切和建议，并立即采取行动。英特尔的 Microma 事业部仍然处于挣扎之中，商用微处理器的前景看来光明得多，英特尔主宰着这个领域。

当 1974 年逐渐过去时，英特尔遭遇到一次重大故障，这件事说明在开拓未知领域的时候，一个障碍会如何让平衡发生翻转，让公司从生存走向灭亡。公司最近刚刚从西部电气赢下了一份数百万美元的合同，为其提供 4K DRAM 芯片用于大型电话系统。西部电气以严格的可靠性测试而著称，它注意到芯片里的一个故障。正如安迪·格林伯格（Andy Greenberg）在《揭秘机器》（*This Machine Kills Secrets*）中回忆的那样，数据的一个比特看起来会随机地从 0 翻转为 1，或从 1 翻转为 0。不能记忆的存储器芯片是毫无用处的。由于这个问题只在换到英特尔的芯片之后才出现，所以英特尔遭到了断然指责。

这个消息几乎令人恐慌，克雷格·贝瑞特密切参与了追查元凶的工作。尽管在公司里检查了每一道工序，“我们还是搞不清楚这是怎么回事”。戈登默默地认为，宇宙射线可能是罪魁祸首，遵照这个建议，英特尔的工程师都来帮忙了，其中一些人具有粒子物理学的背景。有一次在谈论化学印刷技术、晶体管小型化和芯片复杂度的未来时，戈登曾经提到过这个想法，他推测也许在某个时候，“结构足以使我们的电路被宇宙射线扰乱”。宇宙射线是指来自太空深处的恒定流量的高能亚原子粒子。

其中一位工程师蒂姆·梅决定研究这种可能性。他掏出可靠的计算器进行数学计算，结论是宇宙射线不足以影响芯片，从而解释了西部电气的问题，射线理论是无稽之谈。但戈登的问题让他思考：辐射可能不是来自宇宙，而是来自某个平淡无奇的源头。对梅来说，幸运的是，实验室里有设备来检查他的预感。他在适当的测试器里填满 DRAM，用一只盖格计数器对其进行彻夜监视。果然，它查到了过量的 α 粒子。梅弄清了真相，他从一个烟雾探测器上拆下 α 粒子源，把它放在一个没有封装的 DRAM 上。DRAM“发疯了”；出错的源头被找到了，英特尔进行了清理。梅的洞察力和研究解决了问题，但戈登——就像他经常做的那样，引发了最初的思考。

有些事情却没有消失，尽管戈登在 1973 年怒气冲冲地严厉压制过，但他的高级同僚依然试图把微处理器定位成一种微型计算机，并把 Intellec 定位成一种通用计算机。尽管他强力干预，这些尝试行为却愈演愈烈。在 1974 年的固态电路大会上，英特尔新发布了一款更快速、更强大的 8 位微处理器 8080。这种设备极为重要，多年来英特尔在圣克拉拉的电话号码（765-8080）就反映出了这一点。埃德·盖尔博和雷吉斯·麦肯纳都深入参与了 8080 的发布。《电子学》杂志刊登的一幅广告扬言道：“从 CPU 到软件，8080 微型计算机就在这里。”不管把它叫做什么，人们开始用 8080 来制作个人电脑。

在新墨西哥州，埃德·罗伯茨（Ed Roberts）领导着 MITS，这家小公司为爱好者制作电子工具包，包括无线电遥控模型火箭、计算器和数字电压计。这些工具包为客户提供了零部件及使用说明，教客户如何将零件焊接在一起，或者用螺丝拧在一起。“个人微型计算机”爱好者工具包已经有了：50 美元的 Mark-8 定制电路板，客户如果要制作一台类似于英特尔 Intellec-8 的最基本的计算机，必须额外添加价值 950 美元的部件，其中包括一颗英特尔 8008。罗伯茨提出了一种改进的做法。为什么不用英特尔的 8080，提供一个制作一台个人电脑所需的、带有全部零部件和使用说明的完整工具包？英特尔同意以每颗 75 美元的价格把 8080 卖给罗伯茨，而不是按照原价 360 美元来销售，条件是他要买几百颗。这意味着 MITS 能够以略低于 400 美元的价格出售其工具包，或者以略高于 600 美元的价格出售一套组装好的单元——“牛郎星 8800”（Altair 8800）。在比例、布局和外观上，其效果都非常类似于英特尔的 Intellec-8。相比之下，Intellec 系统的价格超过了 1 万美元。

罗伯茨计划以 400 美元向爱好者销售电脑的消息，重新激活了英特尔成为一家计算机制造商的想法，而且给它带来了更多的动力。“诺伊斯看了牛郎星，看了微处理器开发系统，还看了一些非常相似的东西。”格鲁夫回忆道。不久，诺伊斯和盖尔博就一起热烈地投入了一项计划，想让英特尔做一台 300 美元的电脑。戈登对于英特尔的整体构想再次危如累卵，他需要坚持控制权。格鲁夫证实，事态严重到了极点：“鲍勃·诺伊斯说，‘现在我们做的是电脑业务，’以及诸如此类的话，而戈登爆发了，‘我们做的不是电脑业务！我们做的是计算机开发系统。’戈登在这个问题上比其他任何问题都更坚定有力——诺伊斯退缩了！我们没有进入电脑业务！”盖尔博也在这次会议上，他看到戈登紧绷着脸：“我觉得他不是要昏过去，就是要揍我一顿。”那天戈登赢了，而英特尔直接作为一家电脑制造商的任何进一步的说法，也在很大程度上被这段插曲所终止。

戈登的毫不妥协标志着英特尔原来追求的“乐趣”已经让位于一种奋发图强、纪律严明的方式。有戈登·摩尔和安迪·格鲁夫专注于坚持基本面和操心竞争，鲍勃·诺伊斯看到“重点正在转向控制”。事情越来越明显，英特尔创业期的大起大落——它的草创阶段和最初的辉煌岁月，真正结束了。戈登认为，到了巩固地位的时候了。他对诺伊斯追求新鲜感和这山望着那山高的计划所进行的抗拒，不只是对 Microma 失败或者全国经济乌云压顶之势的一种反应，也是对他的商业模式内部持续紧张的响应。

戈登·摩尔在“柔和的过渡态”中看出事物的端倪，他知道，在客户的议程和英特尔对自身业务的定义之间管理好自己的领地，这个策略是持续成功的核心所在。他认为，摩尔定律这部硅发动机是英特尔“伟大的成本削减机器”，它有赖于用户对英特尔芯片上的晶体管的满意度——最初是成百上千，然后是数百万、数十亿，最后是数万亿、数千万亿的晶体管。为了销售这些芯片，让客户感到舒服是至关重要的。后来在 20 世纪 80 年代初的艰难时期，IBM 购买了英特尔的大量股权，而其他客户对此明显不怎么反对，说明了这一立场的成功。戈登证明自己是个深思熟虑的战略家，维护着适当的界线，保持着大局的正确。他一直居于幕后，远离公众视野。事实最终证明，他避免做一家低成本的微型计算机制造商参与竞争的决定是非常好的，戈登简洁地回忆道：“这个做法运转良好。”

纽带松弛下来

如果说戈登在英特尔的生活变得越来越组织严密，那么家庭生活——至少对他的妻子贝蒂来说，则正好相反。当儿子们都长大以后，她终于能够开始探索自己的兴趣了。多年来，她扮演着每个人的老妈角色。其他孩子父母不在的时候，她在那里陪着自己的孩子及他们的朋友，对此她很自豪。“那时候孩子们都得自己带着钥匙回家开门，我收容了流浪的男孩子们。他们知道总有一个地方可以去，还有东西吃。一个孩子说我是他的第二个妈妈。肯的朋友们放学后都来了，我们会带他们去海边的房子，他们会出去冲浪。我会做一个很大的布朗尼蛋糕。他们全都待在那儿；他们知道自己会受到欢迎的。”

当儿子们上中学时，贝蒂面临为人父母的一个常见挑战：如果上大学的话，去哪里上？肯知道自己至少要拿到一个基础学位，“如果你没有大学学位，你只能干一份比较低微的工作。事情就那么简单。”他母亲补充说：“戈登和我开了一个先例，我们都上过大学。你总想让孩子们照着自己的路，至少走得跟你一样远，而且希望他们走得更远。”戈登和贝蒂很富有、很成功，也受过良好的教育。然而，贝蒂并不喜欢向孩子们施加压力。

这是嬉皮士、越战、征兵和学生静坐的年代，“内向探索和脱离体制”[①]十分盛行，但对于佩斯卡德罗的戈登夫妇来说，那不是办法。肯和史蒂夫都在山麓学院（Foothill College）注册入学了，这是本地的一所大专，距离捷普路只有5分钟车程。他们都通勤去上学，就像他们父母数十年前在圣何塞州立大学的时候一样。肯担心被征召去越南打仗，但在1973年夏天，随着战争结束，这个威胁减退了。“我离身体检查只有1个月。他们给我发了1-A卡，而且正在让大家排队。”

肯最初的愿望是成为一名工程师。戈登相信自己的儿子在工程职业生涯上拥有“足够的技术爱好”，但肯像他的父亲一样，不想屈居第二。“代数不错，但几何很难。我不想做个蹩脚的工程师。”他转而选择了学习商科，继续住在捷普路的家里。贝蒂悄悄地留意着他的进步，“肯可能做别的会更好，但他没有那个动力。”她回忆说。学术研究是个“棘手的活儿”，但肯获得了学位，这让他的父母松了口气。他是他的同龄人中唯一的毕业生——鉴于时代的动荡，这不足为奇，尤其是在湾区。肯的几个朋友在动乱的年代中走上了常规老路，陷入邪教或者转来转去落到只能从事卑微的工作。“当你这么成功的时

---

① 激发热情、内向探索、脱离体制（turn on, tune in, drop out）是哈佛大学心理学教授蒂莫西·利瑞（Timothy Teary）在20世纪60年代提出的口号，在当时的年轻人中风靡一时。利瑞因支持使用迷幻药而备受争议，这句口号也代表了一种反传统文化的倾向。——译者注

候，这不是你希望自己的孩子变成的模样。我很高兴我们的孩子没有离家出走，他们本来可能会在夹缝中迷失的，那时候，保住一个学位和一份工作的做法明显过时了。生活会降临到你身上。”

贝蒂的母亲艾琳在萨拉托加附近，密切地参与抚养外孙子们，在戈登和贝蒂出差的时候照顾他们，她现在也有了更多的自由时间。贝蒂在 20 世纪 70 年代的嗜好之一是花钱让她的母亲到处走动，“我送她和她的姐妹以及邻居去到处旅行。她们去欧洲、去圣地，去所有她们想去的地方。”戈登的父亲沃尔特·哈罗德身为鳏夫，调整着生活节奏，他发现孤独是一种挑战，而贝蒂也可以看出他在走下坡路，她说：“我经常让人带他来吃饭，因为他独自一人。”沃尔特·哈罗德保留着佩斯卡德罗的一处房产，他很多时候都待在在那儿。贝蒂回忆说：“我们晚上过去，而戈登的父亲就坐在那里看着某个男人们的节目——摔跤或者其他的什么，抽着雪茄，我说，‘哦，上帝。’”

戈登的哥哥小沃尔特仍然在佩斯卡德罗居住和经营农场，但家里和小镇的联系越来越少。摩尔家族影响力的最有力象征、亚历山大·摩尔在 120 年前建造的老木屋，被弃置在那里。内墙被火烧掉了，露出了红木地板和地基。“屋顶和凉台的地板已经坍塌了，几乎所有的窗户都破了，屋顶洞开。”最终，破坏者放火烧掉了房子，将它夷为平地。

囤积粮草，暂避风雨

1974 年中期，当鲍勃·诺伊斯感叹英特尔失去乐趣时，美国经济的喜人形势也消失了。经济就像摩尔家的祖宅一样摇摇欲坠，石油禁运造成的影响越来越明显，通货膨胀率飙升至 12%，油价跃升到平常的 4 倍，美国陷入了经济衰退中。车牌号为偶数的车辆的司机只能在双数日购买燃油，奇数号牌只能在奇数日买，联邦政府把限速降到时速 55 英里，并且全年采取夏时制。经济衰退和高通胀形成了可怕的滞胀，美国股市遭到重挫。到 1974 年 12 月，疲软的市场失去了大约 40% 的市值，失业率攀升。

用于计算机的支出则出现戏剧性的上升，几乎每年增长 50%。芯片占到了计算机存储器市场的半壁江山，而戈登预计它在十年之内将完全占据这个领域。英特尔在微处理器的地位同样乐观，这门生意现在价值 3 500 万美元，其中英特尔占了 3/4。由微处理器带来的数字逻辑电路被誉为一场革命：微处理器是真正具有潜力的产品。英特尔蓬勃发展，“因为 MIL 死在了 1103 DRAM 上，我们成了唯一货源，EPROM 确实在增长，而且 1K 静态 RAM 表现不俗。我们有这三种主要产品，我们是唯一的供应商。我们的确很享受，我们的利润率几乎有 50%，这很不错。”

为了在繁荣时期努力应对爆炸性增长，整个行业大量投资于额外产能。1974 年底的突然衰退让行业遭到重创，随着衰退的加深，芯片订单快速萎缩，突然之间，产能过剩面临着订单消失的问题。戈登现在是个经验丰富的老将了，他知道产能过剩会导致价格战，这是行业周期的特点，不过这种经历还是令人痛苦：

> 对于一个固定成本很高的行业，这是一种自然的动态。它在很多方面跟航空公司很像，你不想让飞机的座位空着，如果你能把它填满而不是空着，那你总是会更好一些。类似地，对于一个晶圆厂来说，一旦你的物理结构和工程人员到位之后，不管你让不让它开工，成本的差别不是很大。人们看着自己的边际成本——可能是实际成本的 1/4，这个增量成本比固定成本低得多，如果你能够让销售价高于这个增量成本，你就让工厂继续运转。所以每当产能过剩的时候，价格就会螺旋式下降。

1974 年的突变并非独一无二，但严重性史无前例，这让英特尔头一回遭遇了真正艰难的岁月，其股价在 7 月份下跌了 30%。戈登在商业上还带着一定程度的幼稚：“当市场下跌时，我告诉熟悉的华尔街分析师，‘事情正在发生变化。顾客们没有把订单塞给我们；我们得问一问。’第二天，股价就下跌了 19 个点。对于让分析师得知生意情况以及这在市场上造成的影响，我完全惊呆了。世界崩溃了。”

增长有大量的工作要做，但也掩盖了大量问题。“由于供应有限，一个人可以少做事情和不求完美而蒙混过关。”格鲁夫给自己写道。他补充说，增长模式可能对一个人的体魄要求很高，“但它对一个人的头脑的要求相对小些。”现在，英特尔不再需要全部的晶圆厂和生产工人了。起初，戈登和诺伊斯试图通过强制休假来缓解产能过剩，随后，很显然需要考虑裁员了。即使性格安详的戈登依然是英特尔的核心，他也深受震动。“我们进行了很多关停的工作。这些决定是在令人痛苦的会议上作出的，开会是为了确定在没有需求的情况下我们能做到多少。底线似乎是退出市场，为了符合需求，我们不得不削减产能。”

9 月份，戈登给所有高管人员，即十多个人和他一起经营公司的人发了一份“国情咨文”备忘录。在带有编号的句子里，他以近乎绝望的冷幽默列出了产能过剩和价格下跌的挑战：

> 1. 我们的产能可以用我们的标准产品把世界埋葬起来；
> 2. 世界现在不需要很多产品；
> 3. 当竞争对手的产品性能和我们相当时，他们愿意以比我们低得多的价格来销售；
> 4. 由于我们近乎垄断，别人可以用一种不同的成本核算基准来看待我们的市场，就像我们看待计算器一样。

因此，我们有以下几点看法：

> 1. 我们的主要产品面临一个正在萎缩（或缓慢增长）的市场；
> 2. 当竞争对手进来时，市场份额受到侵蚀；
> 3. 当我们的客户往后撤时，迅速降价。

短期来看，英特尔应该“发展没有竞争压力的业务”，比如 8080 和给 IBM 的插件。英特尔也可能会考虑参与竞相杀价：“把市场份额至少维持在稳定状态的水平。价格无论如何都会下降，我们不如率先降价。”英特尔最终需要“着手瘦身到最小规模，按照对业务需求水平的预测来经营”。这是戈登在以分析性的、基于账本的、非人性化的方式说，他们需要解雇很大比例的员工。

在接下来的一个月，英特尔解雇了 2 500 名工人中的约 750 人。戈登跟混乱不堪的现实隔了好几层，“我以前必须告诉员工，他们正在失去工作。在这次衰退中，我不必直接告诉任何人。伙计，这好受多了。”尽管如此，“裁员让每个人都付出了惨重的代价，”一个评论员写道，“戈登·摩尔不是个感情外露的人，但你可以从他的脸上看到悲伤。”戈登的合伙人鲍勃·诺伊斯自身则同时处在生意和个人的十字路口，他决定结束自己长期失败的婚姻，也“把自己踢到楼上”成了董事长。而安迪·格鲁夫加入了董事会，离公司的核心又近了一步。

英特尔本身仍然具备财务实力。它没有债务，而且主要设施和大部分生产设备都是自有的，1975 年所需的资金完全能够从银行借到。公司在经济衰退之初“极其赚钱”，戈登为此感到幸运，“我们的利润率降到 20% 左右。大多数公司在衰退开始时都低于这个数，当这个数下滑的时候，它们就处于亏损的境地了。我们相当不错地挺过来了，我们的产品处于非常好的地位，但受到了创伤。”突然到来的业务寒冬令人措手不及，但戈登知道英特尔在根本上强劲有力。他也知道，这个游戏的本质在于继续对制造技术进行发明改进。

电子革命成功启动了。真正要紧的是，要在阳光重回大地的时候，做好抓住机会的准备。

第 9 章

Moore's Law
The Life of Gordon Moore,
Silicon Valley's Quiet Revolutionary

伟大的降成本机器

安定下来

决策关头

对于鲍勃·诺伊斯来说，艰难的商业氛围，还有他的合伙人戈登·摩尔要求英特尔坚守本业的固执劲头，让他感觉越来越不满。公司不再是一家小型的、靠激情驱动的、没有限制的初创企业：现在它在国内外雇用了几千个人，营业收入以数亿美元计。早年的乐趣结束了，他不想再当首席执行官了。

通过参与建立仙童和英特尔，诺伊斯已经富可敌国。他在沙丘路（Sand Hill Road）还有一间单独的办公室，这里位于硅谷不断增加的风险投资公司的中心地带，他在那里控制着自己的大量私人投资，他有充分的财务自由进行选择。那么，怎么办呢？如果他不想再领导英特尔，公司如何继续？当他们俩还在仙童的时候，戈登曾明确表示他不希望转到一个纯粹的管理角色。

不乏傲慢的诺伊斯私下去国家半导体找他的前同事查理·斯波克，沿着路走 4 英里就到了那里。国家半导体正欣欣向荣，营业收入接近英特尔的两倍。尽管斯波克从仙童变节出走，但他和诺伊斯一直很友好。诺伊斯提出了他那“不动脑筋的事”：让国半合并，事实上是收购英特尔。他俩开始讨论这笔交易，而诺伊斯迟迟才向戈登摊牌。斯波克将成为合并后的公司的首席执行官，而戈登领导一个主要的部门。和诺伊斯不同的是，戈登保留了自己所有的英特尔股票，他的股权大约是10%左右，这使他成为最大的个人股东，他也很享受董事会对他的尊重和忠诚。措手不及的戈登同意听完他们俩的想法，三个人都知道，没有他的支持，交易不可能继续。从不仓促下结论、总要得到可靠数据的戈登认真听取了诺伊斯的建议后，认为这桩交易没有意义。短期来说，它也许会提振一下投资者和股东；但长期而言，这种结合没有优势。然而，诺伊斯显然正在从英特尔出去，如果戈登不让查理·斯波克来领导，谁行呢?

戈登·摩尔知道自己的答案："我想留下来，试着管一阵子英特尔。"他安静但坚定地把自己放到了舞台中央，他将成为首席执行官。如果阿瑟·洛克同意下台去当副董事长，诺伊斯可以成为董事长并继续给企业提供建议和支持。两个人都同意，安迪·格鲁夫应该跟他们一起晋升，接任戈登原来担任的执行副总裁。他们叫上格鲁夫一起吃午饭，他马上满腔热情地接受了。所有这一切都是为了确保得到洛克的支持。

对于洛克来说，戈登的计划是自然而然的下一步，"诺伊斯很容易就觉得厌烦了。他做了一阵子首席执行官的工作，想去尝试其他的事情。戈登负责研究工作，做得很好，而且表现出了极大的领导能力。我认为这样很棒。"戈登和格鲁夫的伙伴关系很坚实，洛克对此信心十足。"格鲁夫更多地逐渐发展成了一为总经理，这和戈登经历过的发展一样。他们工作得很好。"

英特尔在年度报告中公布了这些变化。由于报告中还概要性地提到了普遍的业务崩溃，所以这个信息需要表达出积极的意义："这些变化将加强管理能力，以对前方的挑战作出反应。"作为即将离任的董事长洛克在附言里明确指出，这不是补救措施，相反，"英特尔已经能够发展管理层的广度和强度。业务决策将交给那些已经证明自己有才干和精力来接受更多责任的人。"魅力非凡的诺伊斯长期以来就是与客户和竞争对手进行联系的人，但内部人士很清楚，戈登和格鲁夫已经在一起管理公司了，新的头衔正式认可了这一现实。

1967年，当斯波克变节时，诺伊斯要求戈登领导仙童的半导体事业部，戈登拒绝了。但现在，他想来领导公司。是什么东西发生了改变？他决定掌权与其说是个人的改变，倒不如说是反映了戈登为自己构建的新环境。1967年，他待在研发实验室里很开心，用他的话来说，那是“世界上最好的工作”。他的远见清晰明了，工作内容令人着迷。他知道自己的长处和短处，而且由于斯波克——生产人员的典范，离开时留下的巨大缺口，还有仙童摄影器材公司折腾首席执行官的草率，他也知道自己不是这份工作的正确人选。在一家磕磕绊绊的公司内部管理一个危机四伏的事业部，他怀疑自己能否出类拔萃，甚至连应付都成问题，那就像“把手伸进一个装满蛇的袋子”。

7 年之后，情况不一样了。当下的问题来自外部，即石油禁运导致的滞胀和芯片制造商之间的竞争加剧。戈登对英特尔的基本面很满意，而且和格鲁夫共事很适合他。1967 年在仙童，他个人觉得“很对路子，做了许多很好的工作”。这显然也是他现在对英特尔的感觉。戈登对公司进行了调整，使其战略充分符合整合经济学的需要，以抓住机会。前一年，他曾考虑过是否要离开，但迅速否定了这个想法。英特尔令人兴奋，摩尔定律确凿无疑，而他也想让事情一直推进下去。对他来说，仍然有需要竭尽全力去争取的东西。

管理公司让戈登得以继续从事化学印刷技术，即通过一系列化学和物理步骤，把硅晶体切片转化成更微小、更复杂，但又奇迹般地更为便宜的芯片，而芯片本身是用数量日益增多、尺寸不断缩小的晶体管“砖头”搭建出来的电路。戈登已经亲眼目睹了晶体管和芯片技术进步的巨大成果，从 1970 年到 1974 年，计算成本每年下降 20%，现在计算机自身被硅芯片所主导，就像数字运算逻辑和数据处理存储器一样。正如戈登预见到的那样，芯片越来越复杂，价格却不断下滑。尽管大型计算机也许还很笨拙，它们用的穿孔卡片和软件都很不稳定，但大量这种机器正在重构这个国家的科学、技术、商业和政府，而它们之所以能够扮演这种越来越重要的角色，其核心就是以芯片形式存在的硅晶体管。

戈登长期以来都把自己的人生视为一系列的投资和收益。在英特尔获得满足感的一个关键在于，他能够获取和使用非常明确的指标——良率、晶片尺寸、线宽、晶体管数量、每个晶体管的成本、市场份额、股价、营业收入、利润、雇员数量、投资回报、增长等，来分析进展。所有这些指标都很容易在账面上列出来，就像他用账本来记录个人支出那样。定量的财务管理是很有用的工具，不仅可以用来衡量自己的成功，也可以用来激发别人的动力。报酬直接影响人们的行为——操作性条件反射。行为主义的这种极端形式由心理学家 B. F. 斯金纳（B. F. Skinner）提出，该理论认为不必对个人情绪和观念进行剖析，那只是个把输入转化为输出的“黑盒子”，真正重要的是调整奖励制度，这才是实现人们想得到的输入–输出转换的准则。戈登对此感觉舒适而且首选这种做法，它是应对技术挑战的一种技术方案。

杰伊·拉斯特在20世纪60年代初的意外倒戈，让尝到苦头的戈登了解到，个人的、富有同情心的沟通也很要紧，不过他也知道，在带来所需的行为时，比如达到目标或提高生产效率，经济补偿（工资、奖金或股票）是至关重要的。他用这种办法来哄自己的儿子读书，“我父亲思考是什么让人们受到激励，这完全是他内心根深蒂固的方式。”肯说。量化的报酬方案也很契合格鲁夫开发的内部目标系统，以及股票期权和股票购买计划。随着英特尔的股票急速攀升，其高层管理骨干既努力工作又安心无虞。初级员工通过有利的折扣价购入股票，把数以千计，然后是数以百万计的美元注入公司。大家利益一致，戈登的办法正在收到效果。

在1967年，戈登并不是仙童所需要的组织结构斗争者，但在英特尔，他有安迪·格鲁夫这个知己。格鲁夫正在学习利用严厉的驱动力和卓越的智力，把自己从明星研究员改造成杰出的经理人。格鲁夫让自己模仿斯波克——“我渴望成为的那种搞运营的家伙”，并且在商学院深入阅读文献资料，不停地思考如何做好自己的工作。他慢慢建立起基础架构，并进行塑造，用来执行戈登的技术战略，这对英特尔的持续成功至关重要。有格鲁夫作为自己的关键助手，戈登信心满满，遵循摩尔定律和推动革命的要素已经到位，在这场革命中，电子技术特别是数字计算将对社会的各个方面进行戏剧性的重塑。

他拥有正确的团队、正确的技术、正确的战略和正确的赛场（部署在计算机里的芯片）来赢得比赛，他的决定几乎没有什么个人风险。到1975年初，戈登持有超过80万股的股票。即使在熊市里，他的股票价值也超过2 000万美元；到1975年底，其价值回升到了将近7 500万美元（以现在的美元计，相当于3亿多美元）。他还在阿特·洛克、尤金·克雷纳、法耶兹·萨若菲姆等人的风险投资合伙基金里持有相当大的股份。戈登极为富有，可以自由地做任何他想做的事情，他想要的是让英特尔获得增长，而他自己在其中的股票也随之增长。

1975年4月，作为首席执行官，戈登加大了投入。采取扩张而非抑制的做法违反了人们的直觉，尤其是考虑到他一贯节俭的天性。然而，戈登在半导体行业里观察这种繁荣和萧条的周期近20年了，他看到，在经济低迷时期，提前考虑是何等的重要。当业务开始改善时，只有最新型的设备，即提高了功能和复杂性的、用最先进的制造技术制成的、代表最低成本的电子产品，才会大行其道。英特尔必须准备好攫取市场份额和利润，这意味着投资研发、升级晶圆厂，甚至先于需求雇用生产工人。在1975年剩余的时间里，他实践了这些信念。

研发支出增长了近40%，达1 450万美元，这些投资被用于下一代DRAM（可以保存16K的数据，而不是4K）、EPROM、微处理器、开发系统和存储器系统。戈登还对工厂进行投资，把英特尔的晶圆厂全部换成最新技术和采用3英寸晶圆。他让英特尔参与离子注入的开发，开始在化学印刷技术的前沿地带反击莫斯特克。在所有这些努力中，他的目的是推动制造技术——从材料到光阻化学、从沉积到光学，以可接受的良率，把更小的晶体管做在更复杂的芯片上。“只有通过这种持续的产品和技术投入，英特尔才有希望保持自己的进步。”戈登在年底的年度报告中解释道。营业收入持平，为1.37亿美元，而利润下降了400万美元（等于他在研发支出上的增加），为1 600万美元。

英特尔能够应付大笔投资。当戈登接手时，公司没有长期债务。“疲软的经济状况，”他写道，“为资金充裕的公司提供了特殊的机会来改善它们的相对技术地位。”他的支出计划既让英特尔在经济好转时处于有利位置，又在竞争对手最无力应对时发起挑战。到1975年中期，雇员数量回升到了裁员之前的水平，而到了当年年底，英特尔又增加了1 300名生产工人，使员工总数达到5 000人。戈登·摩尔负起了责任，推动公司向前发展。

作为首席执行官，他不断地问，什么事情可以做、什么时候做，他监督的重点在于实用性、战术和平衡竞争需求。英特尔最显而易见的成功之处仍然是1103 DRAM，这种设备改变了硅的格局，打开了计算机存储器市场，并对磁芯造成了致命一击。得益于1103，英特尔主要被视为一家存储器芯片制造商。然而，对戈登来说，存储器只是一个体现其基本战略的机会，这个战略就是找到复杂度、成本、功能、竞争地位、标准化和弹性市场的最佳着力点。他希望以越来越低的价格，为膨胀起来的市场制造越来越多的晶体管：把整合经济学和他的标准产品理念相结合。在一系列的可能性中，芯片存储器是第一个成果。计算器芯片是另一个，而以全新的方式制造的微处理器是第三个成果。

重新审视摩尔定律

10年前，当《电子学》杂志提供机会让他阐述自己的远见时，戈登系统地表达了自己的论点，这最终成了传奇性的摩尔定律，即芯片复杂度持续翻番如何实现每晶体管的制造成本达到最低。到了1975年底，当美国电气与电子工程师协会请他在其电子设备会议的开幕式上讲话时，他决定更新自己的论点。作为一个常规场合，他要解释自己的见解是如何发展的，这次会议是个完美的场所。

如果硅谷是个新奇的概念，那么"摩尔定律"就还没有成为一个习语。正如我们看到的那样，在更广阔的外部世界，很少有人注意到《电子学》杂志1965年刊出的那篇文章或者它推崇的愿景。加州理工的教授卡弗·米德是掌握其革命潜能的少数人之一。20世纪60年代中期，在仙童做顾问时，他和戈登讨论过电子的量子力学隧道效应，这是个有趣的现象，即当电子在一瞬间从一个位置经过非常短的距离到达另一个位置时，它克服了看似不可逾越的障碍。戈登关心的是，隧道效应也许有一天会成为晶体管微型化的极限。这会颠覆他关于芯片复杂度的图表吗？米德再三考虑之后说，是的，晶体管能做到多小，隧道效应确实给出了一个下限。戈登的后续问题很简单："那有多小？"回答戈登的问题花费了好几年紧张的学术工作，1972年，米德和他的学生布鲁斯·霍内森（Bruce Hoeneisen）发表了他们的成果。晶体管可以缩小到400纳米，相当于1英寸的10亿分之400，或人的头发丝宽度的百分之一，那是唯一的终点。这是个惊人的结论，和它给出极限的那条轨迹一样非同寻常。

米德日益成为戈登那远见卓识的发言人，他承担起一份非常繁重的工作计划，跟美国各地的电子与物理社区进行交流。他告诉自己的同行，硅芯片将改变未来。他向世人表示，这种不断翻番是有可能的，而他遇到的怀疑和阻力只是让他更加坚定了自己的行动。"每次我上路的时候，我就来戈登这里拿一份新版的图表。"米德帮助别人看到，戈登的信念是可靠的。如果这个"未来"可以成真，引发辩论就是说服个人和组织进行所需的大笔投资的一个必要步骤。戈登的愿景是一种社会建构，只有其他人受到启发，接受了这个理由，它才可能实现。在早期，卡弗·米德是主要的召集者和宣传员。

1965年的文章是一种预测和观察，而不是最终成型的那个定律。戈登以他特有的不自矜的态度表示，米德很可能是术语"摩尔定律"的始作俑者，但在1975年的电子设备会议上，戈登本人在公开发表的版本《集成电子的进展》（*Progress in Integrated Electronics*）里，在谈及芯片复杂度时采用了"年度翻番定律"的提法，这是人们最早听到的说法。在这次会议上，他的注意力集中在"我说得对吗"和"我们是如何做到的"这些问题上。拿1959年的实际情况来对比，英特尔最近的芯片相当于在复杂度上增长了

65 000 倍。这里涉及 3 个因子：增加晶片面积，缩减功能特性的“几何结构”，以及提升设备与电路的“聪明度”。第一个“大约提升了 20 倍的因子”是较大的晶片尺寸，可以容纳更多的晶体管。第二个是，通过使用先进的光刻技术缩小组件来缩减“几何结构”，提供了“一个大约 32 倍的因子”。第三个，也是最大的一个因子，“大约是 100 倍”，这来自制造技术进步的“聪明度”，它使芯片上有更多的区域可以留给组件，而不是用于诸如器件隔离和互连之类的功能。

戈登敏锐地意识到，他的战略驱动力是成本最小化。永远专注于经济性上最优的“甜蜜点”，这是复杂度越来越高的原因，然而他对此只字不提。相反，他再次把注意力放在如何做上面，对自己先前的翻番预测进行了更新，将其延长到十年后的 1985 年。晶片尺寸的增加和功能部件的缩小会像以前一样继续下去，但器件和电路的聪明度提升会放缓。低垂的果实已经被收获，由于这最后一个因子从 100 下降到 4 左右，戈登的图表的斜率就会发生变化，复杂度的增加将下降为每两年翻一番，而不是每年翻番。“即使按照这个降低之后的斜率，在十年之内，包含数百万个组件的集成结构仍然可以实现。”戈登宣称，这些设备会让电子功能的成本再次降低，会“使数码电子产品的使用在全社会得到更广泛的拓展”。革命——仍处于青年时期，将继续畅行无阻。即使对于那些见多识广的听众，他举的例子看起来也十分惊人：“今天正在销售的 10 000 个充分互连的组件，把它们的全部功能集成在一起，其价格和 15 年前的单个晶体管相当。”

此时，当他谈论单个硅芯片上集成复杂的功能会如何彻底变革电子系统的制造方式时，戈登开始习惯于担任一个公众角色。作为英特尔的首席执行官，他把自己的陈述当作某种政治演说。比如，在 1976 年 5 月，他在波士顿举行的 IEEE 主要国际会议“Electro76”上进行演讲。在致力于应对核问题的新墨西哥州桑迪亚国家实验室，他对这里的研究人员重申了自己的论点。技术人员聚在一起，他以小圈子里玩世不恭的态度开着玩笑，给自己选了一个标题叫“话说这家傻乎乎的公司要往哪儿去”。在结束时，他以一则自嘲的笑话拿自己的简捷方法开涮：“通过在半对数纸上推测直线这种极为尖端的技术，可以对这十年的余下时间进行趋势预测。”

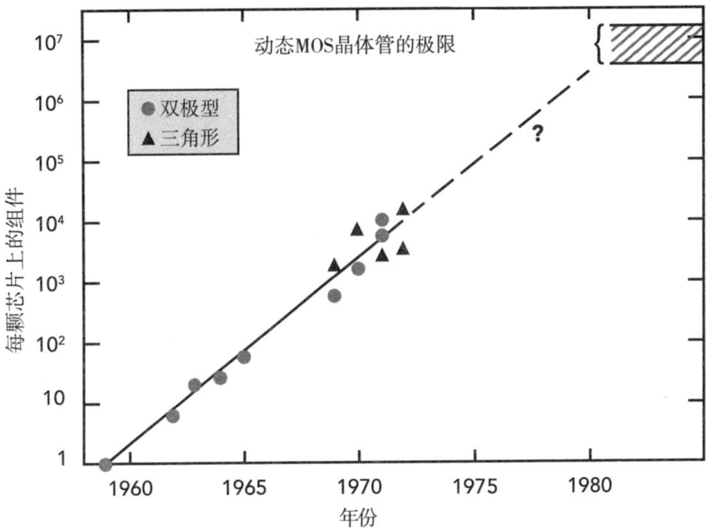

图 9–1　卡弗·米德在这份与布鲁斯·霍内森共同发表于 1972 年的文献中推广戈登的洞见

戈登的公开演讲，再加上米德对他的远见大加称道，在半导体社区里培养了认知度，摩尔定律慢慢成为一个既定短语和一种经营现实。1977 年，《科学》杂志发表了一篇令人瞩目的文章，由斯坦福电器工程系教授约翰·林维尔（John Linvill）和仙童副董事长莱斯特·霍根撰写，它坚定地把“摩尔定律”置于革命的背景之下。“如果半导体产业继续沿着‘摩尔定律’给出的曲线发展，到 1985 年，其复杂度将达到 1 000 万个互连组件的程度。”这个数字令人震惊，其影响巨大。

戈登的鼎盛时期

英特尔 1976 年的业绩证明，在商业周期处于低谷时进行大量投资的策略是正确的。营业收入暴增至 2.26 亿美元，利润上涨超过 50%，雇员人数大幅跃升。由于戈登的投资和格鲁夫的推动，英特尔得以拿下 16K DRAM 的相当可观的一块早期市场，同时把自己的 8080 微处理器推成行业标准。

在戈登如愿以偿地“管一阵子英特尔”时，业绩持续令人惊叹，公司有如“火箭一飞冲天、摘星揽月”。1980 年的营业收入达 8.55 亿美元，比他第一年担任首席执行官时增长了 5 倍，利润上升近 1 亿美元，股价一路飙升。即使在 1978、1979 和 1980 年进行了拆股，成交价格还是达到 48 美元。戈登在自己的办公室支起一块小木牌：“这是一个盈利机构。这是我们想要的方式。就是这么回事！”以今天的美元计，他个人的股权收益高达50万美元。

戈登·摩尔的方法植根于他对硅芯片经济学的基本洞察，在这些繁荣时期，他对这套方法进行了微调。在远见保持不变的同时，根据经验增加了两条推论：通过投资来“穿越低谷”，度过萧条期和衰退，并把竞争对手留在“跑步机”上。戈登解释说，“你从来不会依靠老产品实现复苏，价格永远回不来的。除非你开发新产品，跟上技术发展，否则当生意好起来的时候，你是好不起来的。”

> 你生产出一系列产品，从一代产品到下一代产品，它们的售价大致相同，但可以提供更多的能力。你可以在某一年买一个64千比特的存储器，花的钱跟你头一年买16千比特的存储器一样多。你必须继续前进，让自己留在竞争中或领先于竞争对手。任何人想要参与竞争，都必须大笔投资。如果我们拥有80%以上的市场份额，而我们的竞争对手有20%，我们投入得足够快，那他就确实很难坚持。“把他们留在跑步机上！”

戈登看得出来，英特尔推进硅制造技术的能力不会草草收场，只有可用资金不足才会限制公司提高良率和创造更复杂的产品，而在化学、物理或电气方面并没有根本性的障碍制约技术拓展。推进技术需要人手、设备、努力、协调和资源，还要依赖于天赋异禀且全心投入的工作者的洞察力，就像很久以前金·赫尔尼在仙童所表现的那样。戈登对个人欲望持“黑盒子”的观点，又对财务奖励进行了计算，他很有信心地认为，创新可以发生，而且将会发生。在何时、何地以及如何对研发和更多晶圆厂进行投资的问题上，他也很有把握，认为自己的决策将有效地控制发展速度。

英特尔在1976年销售了一款16K DRAM，1979年对其设计进行了改进，又在下一年推出了64K DRAM。它还精心打造了一种更有吸引力的EPROM，叫EEPROM。插件系统可以让客户增加存储器而无须对一台计算机进行代价不菲的改动，制造这些系统有双重好处：它们一方面推动销量，另一方面它们自己也大量使用DRAM（英特尔把它们封装起来从而获得溢价）。存储系统业务带来了超过20%的税前利润，并以每年15%的速度增长，从一个角度来看，一切都很顺利。然而，在价格下跌的过程中，主要竞争对手（得州仪器和莫斯特克以及日本的NEC）却在大幅增加产能。在蓬勃发展的市场上，英特尔的份额逐年收缩；存储器芯片成了大路货，而不是一种高端产品。

幸运的是，公司不再仅仅依赖于存储器业务。到了 1979 年，增幅最大的是微处理器而不是较简单的芯片，其利润率也强劲上扬。戈登、格鲁夫和同事们对微处理器的兴趣渐浓，而且越来越专注。格鲁夫认为，这种关注更多是一种战略性认可而非预先规划的情况，“并不是我看得到微处理器的潜力，然后就进去了，”他回忆说，“而是我可以看到，留在存储器业务的下场很恐怖。”

自从芯片出现以来，微处理器可能是最具革命性的进展，但它还很新颖，人们对其知之甚少。戈登早年在仙童从事平面芯片的经历让他对推广新事物有了认识，这有助于他在微处理器业务上形成自己的立场并进行投资。他早早就明白了教育潜在买家的重要性，因此他为英特尔的开发系统加大了资金投入，允许客户（也就是工程师）为微处理器创建他们自己的软件程序，并把这些程序储存在 EPROM 里。如果一位工程师想用微处理器来定制自己想要的应用程序，英特尔为他提供了所需的一切。

戈登积极参与对技术社区进行的微处理器教育活动。早在 1975 年 9 月，他就向 IEEE 最重要的《会刊》（*Proceedings*）提交了“微处理器和集成电子技术”的论文。他最重要的话题是，微处理器作为“一种通用的数字电子模块，其功能由编程来决定”，这是“革命性的”。虽然它的能力和灵活性将“对社会产生深远的影响”，但更直接的影响“在于电子产业自身的结构”。

用户越来越追求专门的定制芯片，而制造商更喜欢标准零部件。产业处在另一个十字路口，“技术可以很经济地做出大量的复杂零部件，但设计师无法设计出很多需求量这么大的复杂功能。这就是微处理器发挥作用的地方。”戈登写道。这种设备为标准化提供了一种截然不同的途径，它具有真正的力量。

经过适当的编程，微处理器可以产生任何所需的逻辑功能。微处理器可以成为一种通用部件，在特定的工业产品和消费产品中，它的功能会变得面目全非。加入可编程性以后，制造商需要为微处理器配一份产品支持的新订单，客户会需要设计辅助、开发系统、软件等。半导体制造商将被“扔进软件的泥潭里，这片沼泽地以前是由计算机行业占据的。编程手册、汇编磁带、设计辅助”等内容可能会增加成本，但结果就是卖出很多标准微处理器，而客户自己进行定制化并承担相应的费用。

随着设计成本在大批量生产的过程中被摊销，微处理器的总成本会下降，结果就是

“朝着功能更复杂、性能和系统可靠性得到改善的方向演进，而每种功能的成本持续快速下降”。半导体行业又一次迫使系统制造商以更低的成本换取定制化，并采用微处理器形式的标准化芯片。在他 1975 年的论文中，戈登以自己的观察作为结尾，他说微处理器也在开始塑造硅制造技术自身的发展。MOS 提供了存储器芯片所需要的密度，但对于逻辑电路来说，速度是最重要的。在自己的 MOS 技术上，英特尔现在会专注于提升速度和复杂度。MOS 开启了一条通向革命的道路，但它本身也会被这场革命所塑造。

每种东西都有芯片

戈登·摩尔也许会经常以书面形式表达自己的观点，但他在讲台上也越来越有自信了。他的谈吐中充满了引人入胜的辞藻，不过他最有效的手段依然是冷幽默。在为大容量存储设备销售会议进行准备时，他用红墨水划出重点强调道：“我无法想象有什么更令人兴奋的业务，甚至超越了纯粹的兴奋，我相信我们在人类历史上正在引领下一场伟大革命——过渡到电子时代。”之后，戈登还是和以往一样不爱张扬。他为另一场演讲草草写下的注释说得很清楚，“成功没有完整的公式。”他的两家创业公司都至少在头十年蓬勃发展，但这只是意味着“我很走运”。

那年 12 月，在芝加哥奥黑尔机场附近的华美达酒店，他为 IEEE 的消费电子部门发表了一场午宴会演说。因为这是一群至关重要的听众，所以他施展浑身解数，对半导体产业的历史以及更重要的未来进行了令人信服的阐述。他论述道，行业的健康取决于“复杂的数字功能快速而广泛地融入消费品”。他以一则巧妙的比喻抓住了半导体进步的本质：“如果汽车产业取得类似的进步，我们就能够以每小时 100 000 英里的速度、以每加仑汽油行驶 50 000 英里的成本，舒舒服服地坐在汽车里。我们会发现，把劳斯莱斯扔掉然后再换一辆，这比晚上把它停在市区还要便宜。另一方面，我们可以把它往下传递好几代，而不需要任何修理。”

戈登还用过另外一个后来被他反复使用的比喻。他说，半导体产业正在驱动革命，因为这是个非常高效的降成本机器，15 年来它把费用降低到了原来的 1/10 000，而复杂性增长了 64 000 倍，“这才是真正把电子设备的应用扩展到今日社会诸多方面的事物。”

只有半导体制造技术独一无二的特点，才能使这台伟大的降成本机器成为可能：

> 我们不但降低了成本，而且在这个令人愉快的领域把东西做得更小，还改善了性能，速度增加而功率减小。每当我们的良率达到 20% ~ 30% 之间时，我们就可以通过倍增复杂性和把晶片做成两倍大，来降低单位功能的成本。更妙的是，其他方面通常并不拘泥于此。我们学习改进工艺，而且随着时间的推移，我们也学习提高电路密度；我们在同样的面积上封装越来越多的电子设备。
>
> 半导体产业得到了发展，这是降成本机器的核心。我们把一种既定复杂度的产品投入量产；我们下工夫完善工艺，消除缺陷。我们逐步把良率推向越来越高的水平。然后，我们利用所有的改进来设计一种更为复杂的产品，并将其投入量产。我们的产品复杂度随时间以指数级的速度增长。

一方面，指数级增长（按照摩尔定律每年翻一番）是个好消息。另一方面，这带来了一个巨大的、永恒的、日益增长的挑战。

最初，业界普遍“接受超弹性市场需求的假设。如果我们把价格削减一半，出货量将增加 1 倍以上。这是我们生存的基本前提。到目前为止，需求的响应不错。”英特尔尤其信奉这一假设。然而，“是谁需要这个东西”这个问题并没有固定的答案。“增长总有极限；真正的物理量的指数级增长总是预示着一个终极问题。”在大约四十年后的今天，戈登对此事的确认为晶体管制造商指出了一个日益突出的问题，但这在当时只有理论上的意义。摩尔定律终将结束。在 1976 年 12 月的芝加哥，业界“离任何极限都还有很长的一段路”，核心问题也很简单：他的听众能“为维持这种增长而以需要的速度”为电子产品找到市场吗？

这是一个全国的“闲谈阶层”都在杞人忧天的时代，众人都对地球维持其人口和工业活动的能力感到担心。《增长的极限》（*Limits to Growth*）出版于 1972 年，这是一本充满了悲观假设和破绽百出的末日思想的书，引发了激烈而持续的公开辩论，而保罗·埃利希（Paul Ehrlich）的《人口爆炸》（*Population Bomb*）对未来的危机和厄运的预测也显得离谱。精英研究员用新得来的计算机模型预测，文明的重要方面将迅速崩溃，其中很多人跟麻省理工学院有关联。戈登·摩尔总体来说更为乐观，不过，如果电子社群想要保持过去 15 年的增长速度，它面临着一个非常现实的挑战。

1976 年，硅晶体管的每晶体管销售均价不到 1 美分，它们去了哪儿？一半在存储器芯片和便携式计算器，这些市场只有短短几年的历史，这相当惊人。另外一半呢？数千亿颗晶体管用在了从洲际弹道导弹到彩电、从电话网络到收银机等各种设备里，约有 100 亿颗用在电子手表上。对于芯片上的晶体管，新的市场，如手表、存储器、袖珍计算器，让复杂度稳步倍增、价格急剧下降、产量迅猛扩张的势头得以持续。为了让电子产业保持这个势头，工业界必须找到同样巨大的新市场，来消耗芯片上那些年产量以指数级速度增加、而成本以指数级速度降低的晶体管。正如戈登在谈话里风趣地说的那样，“在未来 6 年，我们只需要找到 10 个这样的市场。”

他指出了两种可能性——汽车和视频游戏，因为这些应用可以和存储器芯片业务的规模相匹配。戈登的先见之明令人赞叹。汽车制造商将开始用微处理器来控制点火和其他引擎功能。如今，随着无人驾驶汽车成为讨论的主题，很显然汽车对于晶体管的需求越来越大。至于视频游戏，这在 1976 年就已经对消费者产生了吸引力。即便如此，戈登预言游戏可能成长为一个市场规模与芯片存储器相当的市场，这在当时看似牵强，但事实再次证明了他是对的。

在数字计算机最早的程序中，游戏占有一席之地：1950 年，富有传奇色彩的先驱艾伦·图灵（Alan Turing）就曾试图创建一个下国际象棋的程序。图形游戏接踵而至，比如井字棋和一种早期的网球游戏。1961 年，麻省理工学院的计算机用户创建了《太空大战》（*Space War*），这是一个引导虚构的太空飞船互相射击的程序。然后，有几家公司开始制作以电视机为显示器的系统。不久，仙童围绕其 8 位微处理器推出了一种截然不同的、更先进的视频娱乐系统，游戏以盒式磁盘的形式出售，玩家可以从中选择。

雅达利公司的 2600 系统把游戏带入了主流市场。到了 20 世纪 80 年代初期，产业销售额约为每年 30 亿美元。随着 1983 年任天堂娱乐系统和 1995 年索尼游戏机的推出，日本公司来到产业前沿。这些系统由更强大的微处理器驱动，扩大了游戏的范围和复杂性。如今，视频游戏系统被用作家庭娱乐电脑，集成了电视和互联网的功能，能够对用户的声音和体态作出反应。像《魔兽世界》和《我的世界》（*Minecraft*）这样的产品风靡全球，号称拥有数百万的玩家和数亿美元的利润。视频游戏市场现在是个每年 1 000 亿美元的生意，竞赛本身已经成为互联网流量的第 4 大类内容，单单 Twitch 一家公司的转手价就达 10 亿美元。戈登本人现在已经完全退休，多年以来他在英特尔很享受策略、进展和胜利，现在也找点事情作为呼应，玩玩纸牌接龙和类似的消遣。贝蒂解释道：“他会在书房用计算机玩游戏。他沉迷其中，不知道如何摆脱单调乏味的工作。我对此愤愤不平，因为我们从来不是活在同一个世界里。”

如果说 1976 年戈登对汽车和视频游戏颇有先见之明，那么他还看到，仅有这两个市场还无法充分发动那台伟大的降成本机器。“除了这里罗列的东西，真正的大市场就在于家庭，”戈登在那年 12 月对他的听众说，“挑战在于，在未来 10 年让 10 万亿颗晶体管走进千家万户。”晶体管已经进入了诸如手表、电视机、视频游戏等设备，但只有让另外 20 万种功能进入普通美国家庭，半导体行业才能继续为更低成本的电子产品作贡献。家庭需要到处都是芯片。即便如此，戈登在 1965 年就写过像家用电脑这样的奇迹，当时也没怎么理解，这样一台电脑会对日常生活产生怎样的变革。

他在《工程与科学》(*Engineering & Science*) 杂志上回忆道，“在苹果推出之前很久，我们的一位工程师来找我，建议英特尔做一台用于家庭的计算机。我问他，‘一个人到底想要一台电脑来做什么呢？’(我有时候还是会琢磨，尽管它有几种用处。) 我唯一能想出来的例子就是家庭主妇把自己的食谱放在上面。我可以想象贝蒂在炉子边上，戳着她的电脑读菜谱。这看起来太荒唐了！”

在接下来的 30 年里，戈登和英特尔将努力解决他所阐述的两个核心问题：参与微处理器的游戏，因为制造商试图避免自己的产品变成大路货 (安迪·格鲁夫描述这是“一个极为复杂的博弈论类型的游戏”)，同时建立新的市场，来消化由伟大的降成本机器制造的、迅速丰富起来的晶体管。晶体管将或虚或实地充斥到工作场所、家庭、公共广场和所有其他空间。包含数百万颗晶体管的微处理器，会数以十亿计地进入人类环境的每一处。

挑战、变革、延续

管理这台机器

安迪·格鲁夫越来越进入角色，对戈登·摩尔来说，他既是助手又是合作伙伴。格鲁夫炽热的智慧和能量把戈登的方向以各种形式表现出来。一种是书面备忘录，经常穿插着戈登招牌式的讽刺性冷幽默。另一种是面对面的讨论，两个人通过这种方式对正式计划进行初步勾画。“很长一段时间，我们尝试举行定期会议，安迪、诺伊斯和我自己。

诺伊斯可能参加了其中的一半会议，无论他在不在，安迪都会和我碰头。然后，当诺伊斯隐退时，安迪和我仍然保持定期会面。”在戈登看来，“安迪·格鲁夫确保每件事都井井有条地完成，点点滴滴全都到位。”戈登可能是在为英特尔和变革谱曲配乐，但领导着乐队的安迪·格鲁夫几乎总是更显而易见。

有格鲁夫作为自己的翻译员、执法者和打手，戈登把英特尔带往预期方向的效率越来越高。如何推进制造技术并用它来做什么，这由他来决定。英特尔是否成功，盈利能力是展示这个问题的一个关键指标。在仙童，戈登把投资作为一种战略工具来使用，但只限于研发部分的人员、设备和设施；在英特尔，他可以全面部署投资决策。在调整英特尔对竞争压力的响应时，用于晶圆厂和工具的研发预算和资本支出是特别强有力的杠杆。

戈登、格鲁夫和两个稳定的小组——英特尔董事会和高级主管，密切互动，小组的成员联系紧密，身份重叠。英特尔的出色表现和他们的支持令人感觉舒适，这让戈登和格鲁夫得以无拘无束地掌控一切，不受干扰地制定方向。“我们把正在做的事情告诉他们。对于我们应该怎么往下走，我们比他们知道得多得多。”

戈登、诺伊斯和格鲁夫是 10 位董事会成员中的 3 位，现任高级副总裁埃德·盖尔博是另一位董事。有 4 位来自外部但从一开始就和英特尔有关系的成员：阿瑟·洛克和理查德·霍奇森，他们最初帮助成立了仙童半导体，Memorex 公司的詹姆斯·古奇（James Guzy）和科学数据系统公司（Scientific Data Systems）的麦克斯·派里维斯基都是英特尔的重要投资人，留在董事会里达数十年之久，提供计算机行业发展的观点。再加上科学数据系统和施乐的一位财务主管桑福德·卡普兰（Sanford Kaplan）以及加州大学洛杉矶分校的校长、政治学家查尔斯·杨（Charles Young）组成了完整的阵容，他们俩在戈登担任首席执行官的整个任期都服务于英特尔董事会。

戈登和格鲁夫合作关系的另一边是英特尔高级主管，这是个非常稳定的群体——很稳定但也同样爱争吵，大约有十几个人。在晶体管生产的严酷世界里，凭借诱人的股票期权和上涨的股价以及强调忠于团队的文化，他们跟英特尔绑定在一起。有些人在仙童就跟戈登和格鲁夫一起工作，如莱斯·瓦达斯、尤金·弗雷思和律师罗杰·博罗沃伊（Roger Borovoy），而杰克·卡尔斯滕（Jack Carsten）和拉里·胡特尼克（Larry Hootnick）是稍晚进入公司的。在个别情况下确实有人离开，带着从英特尔股票获得的大笔财富，往往成为高科技行业的投资人。

戈登把大量的时间用在会议上，在格鲁夫和各部门的例会上，以自己的意见来平衡专家小组（他们要求他帮忙，或者他对他们的工作特别感兴趣）。起初，两个人每周都和运营事业部的负责人开会，但随着英特尔的增长，在地域上也分散开来，就把它改成了每月一次的活动。“我们检查公司的进展，谈论问题，并作出重大计划，”戈登回忆道，“在20世纪70年代，做计划相对简单。随着英特尔变得更复杂，我们尝试把流程规范化。”

戈登还要审阅一大堆信函和备忘录。来自工程师和研究员的月度报告堆在他的书桌上，“我会阅读并在上面草草地涂上两笔，然后把它们扔在一边。”他回忆说。正如他认为的那样，其价值在于写报告的人必须测算自己的进展，而戈登能够浏览到至关重要的统计数据。他在阅读这些报告时严格自律，这反映出他的信条，即作为英特尔的领导者和战略家，他最重要的任务就是倾听。只有那样，他才能甄别并鼓励那些最有价值的见解、分析和建议。格鲁夫、诺伊斯和洛克是有分量的董事和可靠的向导，但他也密切关注其他同事。在领导公司方面，他解释说：“你必须收集你能收集到的所有点点滴滴。你必须了解一点技术，对采取多大步骤有点想法，对市场怎么发展有些概念，还得知道你有多少钱。我不相信有什么神奇配方，很大一部分工作是要知道该听谁的。”

在戈登监督着英特尔的方向时，格鲁夫继续发展企业文化，这在日后成了英特尔的特征——顽强竞争；重视量化、纪律和论证；不容失败。相应地，晶圆厂的钟点工日复一日地把越来越微量的材料转化成封装的产品。晶体管让空灵的虚拟现实成了日常生活的一个方面，而在英特尔的世界里，精确的化学复杂性及其最终的世俗物质性，与晶体管的这种作用形成了鲜明的对比。晶体管和芯片无处不在，只是人们看不见，也没人告诉大家，数字革命依然很容易被人忽视。

戈登开发了自己的量化工具，用于技术（例如，用“等缺陷曲线”表现晶片尺寸和良率之间的关系）和高管薪酬（一种精心设计的系统，把成果转化为奖金、工资增长和股票期权）。格鲁夫以英特尔的方式领导员工讨论。他强调对问题进行量化和公开讨论，允许在量化数据和评估的基础上辩论替代方案。作为管理大师彼得·德鲁克（Peter Drucker）的信徒，格鲁夫磨砺着英特尔的目标管理，为经理、团队和个人设定可量化的目标。“我们认为，‘如果你无法对它进行衡量，你就不知道自己在做什么’。”戈登说。他只是希望格鲁夫的一些想法来得更早一些。

测量在硅制造技术中随处可见。英特尔的分析式管理强调基于数据来解决问题，任何事情在画上句号之前，争论都十分正常。以这种开放和公平的方式作出的决定，失败的一方必须要服从。在现实中，大男子主义和好斗的姿态往往比“理性判断”更重要，安迪·格鲁夫定下了基调，频频冲着对手咆哮和破口大骂。基于证据的争论并未消除咄咄逼人的对抗，克雷格·贝瑞特对此描述道：

> 如果你懂自己的业务，如果你懂自己的技术，你就不会在任何人面前退缩。杰克·卡尔斯滕——我多年的老板，让安迪·格鲁夫看起来像只小猫咪。在他的员工会议上，每个人都缩在桌子底下。我看着他的眼睛说：“杰克，如果你知道自己在说什么，那你真的有危险了，但你显然并不知道自己在说什么，所以如果你想以一种符合逻辑的方式来讨论这件事，那就让我们回到基础知识，我会跟你过一遍，告诉你为什么你错了。”我们俩谁都不羞于对抗。

这种在社交上和个体上都要冒风险的争论，需要有一个强大和稳定的经理人群体，致力于这个组织的成功。只要英特尔保持增长，其股票价值上涨，期权就会丰厚得令人难以置信，这把个人的未来和公司的命运紧紧地绑在一起。领导者们自身投资于企业的成功，放心大胆地在自己的岗位为重要的事情而奋战。

戈登·摩尔是风暴中心的定海神针，对恶劣的天气无动于衷。偶尔他会挑起眉毛怀疑一下，但很少直接干预。他隔着一层，一边看着行动开展，一边调整投入和产出。最微小的面部反应对格鲁夫来说已经足够了，他在解读非语言信号方面烂熟于心（就像戈登本人一样，他曾因听力损失而苦苦挣扎）。贝瑞特记得，“安迪·格鲁夫对戈登非常恭敬。如果他必须在一个会议中间做出决定，他会看着戈登倾向于什么方向，然后说，‘好吧，这里是我们要做的事情。’而并不是戈登在说，‘这是我们要做的事情。’”戈登很少说话，但在英特尔的领导层，他的话分量非常重。贝瑞特说，他也许会对一个话题发表意见，但他“不会扑面而来。你不会马上投入战斗，它不是你梦想的那种与戈登进行的互动”。相反，你需要回去想一想。

15 个新英特尔

由于戈登尚未把对个人电脑不断增长的热情和任何规模的潜在市场联系起来，他在描述晶体管的新用途时还在看着别处。他估计，从 1960 年以来的 15 年间，数字化“功能”的市场需求量已经从1亿上升到了1 000亿。到1985年，市场必须从1 000亿上升到100万亿，也许甚至是每年1 000万亿，以继续这个实际上永无休止的“听音乐抢座位游戏”。既有市场和新兴市场（计算机逻辑电路和存储器、计算器、手表、视频游戏和汽车）的增长可能会占到大头，但仍然存在一定差距。如果没有了市场拓展，音乐就停止了，而价格下跌的游戏也就结束了。

戈登对于会令自己的长期愿景破灭的可能性十分关心，这反映在他对英特尔的关心上。1977年1月3日，星期一，他掏出自己的信笺簿。“英特尔立足于何处；它往哪里去？”他写道。他是个总在进行测算的人，他把这个问题转换成数字，把公司分到业务领域（存储器芯片、微处理器、插件存储器系统等），加起来得到总数：1976年收入2.26亿美元。对于1977年，他认定收入应当超过3.05亿美元。戈登接着拟出了一份“合理的象征性”图形，在1980年以前继续保持30%以上的增长，然后稳定在20%。他冷静地展现了自己率领的这家企业的非凡本质，指出这意味着营业收入将在10年间增长8倍以上，1985年将达到19亿美元。（事实表明戈登的数字非常准确，这证明了他非同寻常的数字感和对芯片行业的知识。）对于芯片上的晶体管，他的问题是“谁需要它”；至于收入，问题就成了“它会从哪里来”。

到1980年，英特尔的存储器和微处理器在生意规模上并驾齐驱了。然而，除非新业务领域有贡献，否则收入亏损将达1.75亿美元。电话和通信芯片可能成为一桩2 500万美元的生意，但这远远不够，因此，一个主要目标就是识别出能够在1980年贡献1.5亿美元的活动。1971年，英特尔的销售额是1 000万美元。现在，从1977年开始的3年里，他需要开创出相当于15个早期英特尔的生意！

人们聆听着戈登必须说的话。作为半导体行业增长最快的公司之一的共同创始人兼首席执行官，他享受着人们的日益尊重。在不到十年的时间里，这家公司就从一无所有跃升为世界上最大的MOS芯片生产商和全球第五大芯片生产商。他被誉为业界最成功的技术专家之一，摩尔定律的确立进一步为他带来了可信度。虽然他在《电子学》杂志上发表的论文几乎没有引起任何轰动，而且他对于抛头露面继续持回避的态度，但他的观点现在受到追捧、被人重视、颇具影响力。他决心向行业发起挑战，为英特尔和其他公司生产的所有晶体管找到新的功能。

可靠先生

作为首席执行官，戈登 • 摩尔保持着自己沉默寡言的风格。会议、个人思考、出差去演讲和开会，这些事情把他的时间填满了。就像他的个人生活一样，他和别人保持着工作关系，几十年间表现出了极大的一致性。他那四平八稳的天性是他在电子革命中所扮演的角色的根本所在，戈登的秘书珍 • 琼斯每天都亲眼目睹这一点，她是跟他互动最密切的人。

琼斯是个招人喜爱的女人，戈登说她是一个非常好的面对公众的界面，她曾在仙童为维克多 • 格里尼克工作。在成家之后，她回来参加工作，同意暂时加入英特尔这家新的创业公司。她在公司服务了超过 1/4 个世纪，直到戈登自己的角色减少之后才退休。作为把关的人，她处理戈登的信函、备忘录和报告，安排他的日程和出差事宜。戈登在划线纸或方格纸上用手写下内容，琼斯就把他的随笔解析出来。她还担任速记，“她退休后，我真的非常怀念，”戈登说，“我从来没有意识到，口授给一个人比告诉一台机器要容易得多。”

琼斯和戈登在工作以外很少接触，但他们的关系充满了个人的善意。琼斯是个寡妇，当她的儿子需要系上领带去拍高年级的照片时，戈登解下了自己的领带，在电话上耐心地教他怎么打领带（琼斯带了一张照片来展示成果）。还有一次，戈登注意到一堆没有拆封的箱子，他猜测琼斯被安装 IBM 字处理系统的场面吓着了。他悄悄地帮了忙，然后花了几个小时把系统拆包，手脚并用地趴着，在琼斯格子间的地板周围布置线缆，路过的员工都大吃一惊。

琼斯和戈登分享自己的午餐，这成了一种习惯。诺伊斯经常出去吃饭，格鲁夫从自动贩卖机买番茄汁，配着软干酪吃，戈登经常由于全神贯注于工作而忘记午餐。琼斯去食堂，“那里有个自制三明治的吧台。我把我的三明治带回来，他说，‘这看着不错。’我说，‘你要一半吗？’我做的是什么三明治并不重要；他很高兴和我分享。”戈登在仙童跟汤姆 • 贝和查理 • 斯波克互动时，午餐的主食是三杯马提尼酒，现在每天的共同就餐跟那时候相比是个很大的进步。琼斯是工作场所里体贴可靠的“贝蒂”，确保这里的生活保持稳定和可以预测。对于琼斯来说，戈登也同样可靠。“最主要的就是他的可靠性。你可以指望戈登早上 8 点钟到那里，你可以指望他参加会议并做好准备，只要你给了他一组数字，他铁定牢牢记住。这绝对令人惊讶。”

在全国舞台上，鲍勃·诺伊斯的光彩继续让戈登笼罩在阴影中，他以英特尔董事长的身份享受着盛名。安迪·格鲁夫继承了诺伊斯金光四射的衣钵，后面轮到他在公众和媒体的众目睽睽之下对英特尔进行人格化。戈登的形象相对隐蔽，但这并没有让他感到厌烦，他选择并且更喜欢这种情景。他忙碌地投身于一片未知的领域，对它进行调研和安排。从长远来看，他的成就非常持久，而且人们承认他是英特尔背后的智慧力量。

“安迪和诺伊斯确实都很喜欢抛头露面，我是他们中间那个低调的联系人，”他解释说，“诺伊斯是行业的象征；格鲁夫成了下一个偶像。我在这个方向上从来没有特别的需求。”这两位富有魅力的合作伙伴通过赢得关键记者的芳心和“参加所有的脱口秀”得到了他们的喝彩，但对戈登来说，这种名声会占用“某种我不愿意做的投资”。1979 年，诺伊斯更深入地参与了芯片产业的行业协会，他辞去了英特尔副董事长的职务。戈登晋升为董事长兼首席执行官，而安迪·格鲁夫在自己的首席营运官角色之外又增加了一个头衔：英特尔公司总裁。

贝蒂，或非公司高管夫人

贝蒂·摩尔对于出风头同样抗拒。虽然 20 世纪 60 年代和 70 年代是企业高管夫人的黄金时代，但她不愿意从属于某个人。在 20 世纪 60 年代后期，有人写了一本关于硅谷高管的太太们的书，但她拒绝接受采访。她说：“我不是公司的一部分或一名企业高管的太太，我是戈登夫人、一位母亲以及我自己。如果我想做什么，我就去做我想做的事情。采访就这样结束了。跟着这么大的公司一起发展是很不错，但我认为那完全不是我。”

生活有规律是家庭幸福的关键。戈登在自己的习惯上表现得极其恒定；和贝蒂吃完早饭后，大约早上 7 点，他就开着保时捷驶出车道，经过一小段路到达办公室。工作一天下来，他在晚上 6 点钟左右离开，下班后不去喝酒，而是回家与家人共进晚餐。他把工作带回来，每天来回背着一个公文包，“我可能并不怎么看它”，他开玩笑说。但贝蒂不这么看，戈登变得越来越忙，越来越没时间，“我对他说，‘我不知道你为什么不拿上睡衣和牙刷留在公司里。’他的工作包罗万象、引人入胜，牵扯了他所有的时间和精力。作为局外人来看，他们正在做管理项目，制定了一个十年规划。我说，‘你怎么能考虑 10 年？你都不知道两年以后会发生什么，更何况 5 年以后！’”

第 9 章
伟大的降成本机器

戈登仍然和以前一样对工作三缄其口。有一阵子，由于业务更重要，一家子的钓鱼旅行减少了。“他经常出差，”史蒂夫回忆说，“我们也不再使用海边的房子了。《福布斯》400 强的名单公布了，他榜上有名。他肯定对自己的时间有更多的需求，人们需要他。”

在这个阶段，戈登和贝蒂完全忽视了他们的财富。度假是他们都很喜欢的少数消费之一，他们偶尔会关注更富有异国情调的钓鱼探险。“随着我们长大了一些，在我十几岁时的中后期，我们前往非洲旅游，”肯回忆说，“尼克松辞职时，我在加拉帕戈斯群岛。但我的父母从来不会让我们荒废学业，教育至关重要，你必须遵守规则，不能拽着自己的孩子出去度假。”诺伊斯很快就学会了开自己的飞机，戈登则与之相反，他回避着引人注目的地位象征。不过，在 1975 年 9 月，当戈登和贝蒂庆祝他们的银婚纪念日时，贝蒂决定给戈登买一辆涡轮增压的保时捷卡雷拉轿车，这是硅谷进口的头两辆这种车之一。戈登在 20 世纪 60 年代早期出手大方买了一辆保时捷，但自那以后，他只买过别克和克莱斯勒（并继续购买深受人们喜爱的大众高尔夫柴油车）。

在付定金和全款购买之间的这段时间，肯惊讶地看着他父亲的新款保时捷飞驰而过，“在圣何塞的史蒂文斯溪大道上，疾如闪电。”不到一个小时，贝蒂和肯就拿着一张支票在经销商那里付了全款。肯回忆说，“这是一辆 30 000 美元的汽车，那可是 20 世纪 70 年代中期。人们会让你停下来，就为了看看那辆车。坐在一只鱼缸里开车很古怪，非常受人瞩目。我想，‘哇，我们的生活轨迹不一样。’”

尽管英特尔的工作负担很重，当时社会也动荡不安，但戈登一家人保持着密切的联系。他们大多数时候都在一起吃晚饭。男孩子们大学毕业后，周五专门在外面吃饭，有时还会邀请朋友甚至女朋友，“这是我父母认识我们的朋友的方式，”肯说，“这种做法很好。对此父母很喜欢，朋友们也喜欢，我也喜欢。”大家甚至可以进行政治性争论而毫无敌意，“我爸爸非常稳重和沉着；他会理解争论的观点，然后形成自己的看法。”家庭凝聚力对于贝蒂和戈登都是最重要的事情。“我们非常努力，”贝蒂说，“到了周五，我们都很累，但我们可以很快地吃一顿中国菜，然后回家。这让一家人更加亲密。”肯还住在家里，他在圣何塞州立大学完成了自己的学士学位，并继续攻读工商管理硕士。他在十几岁时就对短波电台很有热情，并经常在英特尔用小型机干活。他对方兴未艾的硅谷产生了极大的兴趣，认为自己的职业生涯在于芯片或计算行业，但他有着不安分的一面，搞起了直线竞速赛车和高空跳伞。史蒂夫从疾病中康复，回到了洛斯阿尔托斯中学，戈登每天早上先把他送到学校，然后再去英特尔。贝蒂有了更多的空余时间，再次寻找为社会服务的机会，通过密友罗斯·克雷纳的介绍，她开始在帕洛阿尔托的一所日间看护中心为老年人做义工，整个20世纪70年代她都在做这项工作。“我星期三做这件事。我们去乡郡集市实地考察，去博物馆。我给一个陶艺班帮忙，并学会了如何做陶艺，我很喜欢。”

贝蒂还回去上大学，为了充实自己，她选修了英国古典艺术和水彩画。W&J 斯隆的一位顶级设计师拜访捷普路的摩尔家，很认可她的艺术眼光，问她是否可以一起合作。戈登被问到对这个机会的看法，他表示反对。在他看来，让贝蒂承担额外的责任会动摇他们的长期打算。“戈登说，‘我认为不妥，那样会远离家人的。’我对此有些遗憾，但那是不可能的了。妈妈一定要做。”

父与子

贝蒂不仅一直密切关注着自己住在萨拉托加的母亲艾琳，也留意着她的公公。沃尔特·哈罗德在年少的孙子们身上打发时间。史蒂夫回忆说：“他有个大花园。他做了很多不同的东西，把它们粘在一起，在我们可以帮到他的地方做东西。他会说起在圣马特奥郡长大的事，给我们看他的枪、收藏的徽章、挂在他车库里的东西——摩尔家族早年的旧锯子和工具。”

戈登的母亲米拉去世后，沃尔特·哈罗德继续住在红木城的西门街，但和佩斯卡德罗保持着联系，他在那里还留着一所小房子。提前退休后，他去拜访朋友，参加牛仔竞技比赛，和儿子们去矶钓或打猎。然后在他80岁出头时开始耳聋，并变得孤独了。长期以来，狩猎都是摩尔家族的一项传统，但沃尔特·哈罗德日渐虚弱，无法再参加了。

米拉去世了，戈登很忙，孙子们也长大了，沃尔特·哈罗德靠看电视和一支接一支地抽雪茄来消磨漫漫长夜。贝蒂发现自己成了这个家庭两边的看护人，“经常让他下来吃饭，因为他很孤独。”他的大儿子小沃尔特住在附近，但性格孤僻，无法给他提供慰藉。“你没法和沃尔特谈得很好，”贝蒂说，“他不愿意说得太多。”吃苦耐劳、具有开拓精神的家族根本不希望和人接触，摩尔家的男人都有一种坚忍、果决的矜持。在戈登身上，这些造就了英特尔的长期聚焦。而在沃尔特·哈罗德身上，由于缺乏社会背景的支持，就变成了病态。他对母亲、妹妹和妻子的依恋，帮他承受住了早年的损失。后来，自律、顽固、矜持和嗜好成了他一生的特点（跟戈登很像），让他稳定下来，但在20世纪70年代他遭遇了一系列损失，他的妻子去世了，妹妹路易丝也去世了，从此他一蹶不振。

沃尔特·哈罗德的目标感和价值感减弱了。随后，最后一击来临了。1977年初夏，他咯血了。他很不情愿地去看病，医生叫他去医院做进一步检查。沃尔特在20世纪30年代住院时曾和死神擦肩而过，使他留下了对身体疾病的恐惧，尤其是对医院的恐惧，所以这对他来说可能是最糟糕的消息。他自己一生中的大部分时间都在忍受着一个结肠瘘袋的屈辱，现在他开始担心自己得了重病。他在电话里告诉一位老朋友，不管发生什么事，他都不打算回医院。

贝蒂活跃起来，也许有点冷漠无情。在她看来，不管沃尔特生的是什么病，他必须要去面对，"他认为自己得了癌症，但吐血是我们知道的唯一症状。"当她和戈登在一个7月的晚上造访佩斯卡德罗时，他们发现沃尔特在看电视。他闷闷不乐，沉默寡言。贝蒂焦虑不安，"我知道有些事情不对头，我们走出去到了车上，我对戈登说，'你应该回去；你爸爸真的受了伤害。'"戈登心里有事，他畏缩不前。他无法应付这么困难的个人问题，他从来没有和他父亲讨论过情感，而在危急关头，他也不打算这么做。"我说，'去敲门。你需要和他单独谈谈。'他这么做了吗？没有。"相反，第二天，戈登飞到帕萨迪纳，去加州理工学院赴一个约会了。

对沃尔特来说，回避也已经成了一种生活主题。"他打定了主意，他不想回到医院。"戈登说。夺去他的生命是唯一选择，肯说，他"想待在自己的房子里。他心想，'我怎么才能摆脱这个事？'"除了间接地暗示朋友，以沃尔特的性格，他根本不会把自己的恐惧或意图说出来。对于摩尔家的男人来说，行动意味着身份。一个人不要说话；一个人做该做的事情。沃尔特的堂兄詹姆斯·摩尔也是一名老兵，20年前用一支枪自杀了。这种方法快速而果断，但肯认为他的祖父——一名老兵、一位副警长，对于枪支能够造成的损害实在太熟悉了，他永远不会弄坏自己。他不想毁坏任何东西。

对于一个矜持的人，一氧化碳中毒是个更为体面的结局。贝蒂和戈登到访的两夜之后，沃尔特把一根软管从排气管伸进车内，钻进车里，摇紧车窗，发动了引擎。他的计划没有成功，被人发现并赶紧送往红木城的红杉医院。在那个他万般希望躲开的地方，他奄奄一息地待了一个月，然后就去世了。多年以后，戈登对这件事作了简短的、就事论事的描述："这令人震惊。这让他所有的家人都大吃一惊。"贝蒂长期以来都替她长辈的健康问题苦恼不已，她对沃尔特和戈登公开表示愤怒。"我们有机会找出让他烦恼的原因，但戈登都没有去做。很奇怪戈登的父亲会做出这样的事来，让我们所有人都经受这种折磨。没有进行诊断，你怎么能那样做呢？"

沃尔特的自杀给她留下了不安的想法。"发生这件事时，戈登在加州理工学院。他对这件事没说太多话，他只是把这些事情藏在心里的某个地方。他从来无法直面坦率地谈论事情，他无法面对生活。"摩尔家的男人坚忍、果决的矜持在某些情况下是有效的盔甲，却携带着悲剧的种子。沃尔特·哈罗德不是第一个这样死去的，也不会是最后一个。戈登把父亲埋葬在天际线公墓的老兵区，和他母亲挨着，然后他就回去工作了。

家用电脑

戈登密切关注着英特尔微处理器的应用。1976 年，他让市场营销人员列出实际应用的正式名单。数据显示，4/5 的微处理器用在工业设备、商用机器、仪器仪表、通讯、军事和医疗装备、运输等领域。用在其他地方的百分比很小，包括视频游戏系统和家用电器等消费者应用。尽管他对市场进行了全面跟踪，但戈登漏掉了关键的进展。当他谈到新应用如何需要晶体管和芯片时，没有提及家庭爱好者"科技迷"对英特尔 8080 微处理器的使用，这个市场规模很小但发展迅速。他完全没有看出来，在电子革命的下一步，他们的业余电脑预示着那个时代最重大的转变。

硅谷是英特尔的后院，这里的爱好者运动尤其生机勃勃，狂热分子们搭建起视频终端，和远程分时计算机服务连接起来。1975 年，相比 MITS 的牛郎星 8800，英特尔提供了更便宜的 8080 微处理器套件，于是这些爱好者开始构建自己的电脑。这些盒子类似于英特尔的开发系统，前面带有开关和指示灯，可以用纸带输入程序。

为了服务于这项活动，企业和俱乐部涌现出来。家酿计算机俱乐部（Homebrew Computer Club）是整个行业的熔炉，于 1975 年 3 月 5 日在门罗公园首次集会。出席活动的史蒂夫·沃兹尼亚克（Steve Wozniak）说，这次会议激励他设计出了第一台苹果电脑。很快就出现了一个小型市场，为爱好者提供完全组装好的电脑。最早一批制造商发布了很有节制的广告，但市场的回应让他们受宠若惊，惊诧不已的 MITS 就发送出了 10 000

套牛郎星套件。总共卖出了大约 40 000 台爱好者电脑，大部分都包含英特尔的 8080，但这个新市场最多只占到英特尔微处理器销售收入的 10%。对于戈登来说，这一年的销售额是否能让爱好者市场达到饱和，还是个悬而未决的问题。

1976 年期间，与个人电脑紧密相连的一些名人创立了自己的企业。史蒂夫·沃兹尼亚克和史蒂夫·乔布斯开始销售一套基本的工具包：苹果 I 型电脑自豪地夸耀它的打字机式键盘，而且可以在标准的电视机上显示文本。然后一个完整集成版推向市场，即苹果 II 型。在新墨西哥州，有两位年轻的电脑程序员保罗·艾伦和比尔·盖茨，用 BASIC 编程语言的一个版本为 MITS 干活，他们创建了自己的公司，也就是微软。从一开始，微软开发的软件就是在英特尔微处理器上运行的。

对一些人来说，在具有广泛吸引力的个人电脑的发展中，爱好者电脑虽然激动人心，但也只是第一步。这些 PC 倡导者相信数码电子将遍布全社会并改造社会，尽管戈登预见到微处理器正在通过越来越多的执行不同功能的离散产品和系统来发动革命，但 PC 倡导者认为，数字计算的力量可以通过单一载体来获得。个人电脑交到众多富有创造力的使用者手上，可以执行大量任务，为工业、商业、家居生活和文化等各个方面带来影响。

戈登长期以来都是个从事组件的人，他对诺伊斯和其他人制造英特尔电脑的尝试进行了抵制。尽管英特尔的微处理器系统负责人比尔·达维多热衷于创建一台“工程师的电脑”的机会，戈登始终坚决避免侵犯别人的领地，力主公司坚守本分。后来有人说，英特尔错过了生产和销售个人电脑的机会，戈登则认为，“也许我们最终并没有错过这个机会。”他在 1994 年解释道：“因为我们确实在 PC 业务上赚到了钱；不是进入这个业务，而是为其提供服务。这可能是最好的方式。”

爱好者电脑的销量一鸣惊人。大型主机每台要花费数百万美元，它达到首个 4 万台销量用了将近 20 年。定价更亲民的小型机仍然要耗资数十万美元，它更快达到了类似的销量。相比之下，个人电脑的售价接近 500 美元，它只用了一年时间就卖出了 4 万台。市场也许只值 2 000 万美元，但 PC 倡导者们认为，这种激增仅仅是个开始。

戈登的关注点在别的地方。1976 年中期，从英特尔分拆出去的齐洛格公司（Zilog）推出了 Z-80 微处理器。面对与日俱增的竞争压力，英特尔没那么关心小规模的新市场，而更关心保持自身微处理器的领先性。Z-80 击中了 8080 的弱点，在 8 位微处理器的市场上迅速侵蚀英特尔的份额。国家半导体和得州仪器从另一侧进行攻击，它们的16位微处理器能够处理更大块的数字化数据，天生就比8位设备的能力更强。英特尔的对手们希望把行业领导者自身放到跑步机上。

100万亿颗晶体管

在1976年末到1977年春天的演讲中，戈登敦促电子社区的人们拿出新的功能来，以利用不断增加的晶体管。听到他的话的行业分析师开始下结论说，对于半导体公司而言，游戏很快就会结束。在父亲下葬一个月后，戈登看起来并没有受到这场悲剧的影响，他决定改变自己的调门，他对听众强调说，他看到了芯片和微处理器光明的未来。

戈登接受了一个邀请，在1977年9月底出席亚利桑那州的斯科茨代尔举行的一场会议，与会者包括顶级金融分析师和半导体行业领袖，他是压轴的演讲者。参会名单上有来自仙童和西格尼蒂克的首席执行官，以及摩托罗拉和国半的高级副总裁。戈登采用的标题令人回味："谁会使用所有这些功能？"戈登开门见山地谈到，他在最近的谈话中为什么要发出呼吁，为芯片开发亿万种功能的新市场："我想激发用户，让他们看到这种廉价电子硬件正在来临，并让他们提出相应数量级的应用，我们需要这些应用来保持半导体产业按照以往的方式发展。"分析师被吓跑了，戈登提出的"谁会使用所有这些东西"这个问题，让他们误以为答案是"没有人"。他接着说："不幸的是，我已经被定格成了一个末日预言家，这并不是我喜欢扮演的角色，我天生乐观。我猜我被放到这个论坛，是为了试图让自己从这个问题中抽身出来。"

预测需求起飞的方式有多困难，戈登对此做了概括性介绍。得州仪器的传奇领袖帕特·哈格蒂在20世纪60年代初对数码电子的潜在市场进行了观察，他大胆预测道，10年之后，全世界可能每年消费7.5亿个晶体管功能。虽然哈格蒂洞察深刻、经验丰富、知识精深，但他确实没说对，他大大低估了需求会扩张到何等地步。应用的增长比任何人想象的都要快得多。

过去，戈登喜欢把自己的问题留在那里，他希望其他人来出主意。现在，为了反驳人们的担忧，他指出了两个关键的应用领域：汽车和家庭。通过大量采用微处理器和存储器芯片，它们将消耗数以万亿计的晶体管。"你认为在一辆汽车里，微处理器可以用在什么系统？"他问道。他自己的预见性回答是"发动机控制、传动控制、用于制动或加速的防滑系统，信息显示、娱乐系统、安全系统、行程电脑、自动故障监测、时钟和搜寻空白频道的车内电话，这些功能都将用到自己的微处理器。”

与此形成鲜明对比的是，他仍然认为家用电脑的想法近乎玩笑。相反，用离散的微处理器来控制特定的任务是有道理的，而且已经在发生了。戈登引导他的听众进入到一所虚构的房子，并讨论微处理器如何改善家庭生活。在卧室里，微处理器可以用于时钟、电视机、电视游戏和照明控制。在厨房里，微处理器对于电器将变得不可或缺，包括洗碗机、灶具、烤箱、微波炉、电视机、冰箱、冰柜、搅拌机、烤面包机、洗衣机和烘干机。“我们已经看到了一些东西，”他说，“例如，微波炉控制器已经取得了了不起的成功。每一台主要的家电和许多小电器都将拥有自己的微处理器控制器。”

各种各样的家电，如磁带录像机、加热和制冷控制器、电话机、电子游戏机、安保系统、大门控制器、各种仪表，甚至水池控制器，迟早都会用上内嵌式的无形控制，来执行专门的任务。单芯片 CPU 这种尖端电子技术的杰作，用在居家物品上并不会过于隆重，一切都归于成本：“这些东西会分布在整幢屋子，就像今天的小功率马达一样。”

> 需要花一段时间才能意识到，用数字计算机来计算冰箱门打开和关闭的次数是值得的。这么做最终会变成最便宜和最佳的方式，你要把这件事看成另一个 2 美元的部件，而不是一台复杂的计算机。微处理器是用来做某件事的一小片逻辑电路，它应该被看作一小块硅，而不是一种必须具备完整功能的复杂微观结构。这些东西是专门的控制器，用户从来不知道它们在那里。

在谈论所有这一切时，他远远超越了自己的时代。就算他的预见里没有这么提，物联网也已经隐含在他的远景里了。

戈登或许很有先见之明，但他也有自己的盲点。讽刺的是，他还正确地预言到，自己将重复哈格蒂的错误。作为专用控制器的微处理器将在汽车和家庭中得到极大的拓展，但率先到来的是个人电脑。戈登以他独特但狭隘的专注点，根本没看到一场构筑于芯片上的计算革命已经点燃了导火索。他对苹果这样的初创企业缺乏兴趣的另一个原因是，这是一家小公司，使用的处理器比福特少得多，而巨大的数量是他所希望看到的。

总之，戈登相信在可预见的未来，微处理器和存储器芯片里的百万亿颗晶体管将涌入美国家庭。伟大的降成本机器已经成型，戈登·摩尔是它的先知，而英特尔是它的典范。毫无疑问，这是真正的生活，前方的道路布满了障碍和陷阱。即便如此，他还是以一种乐观的调子结束了自己的演讲：“我们可以识别出相应的机会，以取得维持半导体产业前进所需的增长。在旧行业里确实存在着勃勃生机，尤其是如果我重复了哈格蒂的错误，对实际应用估计错了 3 个数量级的话。”

第 10 章

Moore's Law
The Life of Gordon Moore,
Silicon Valley's Quiet Revolutionary

革命，狂飙突进

巨浪腾空

苹果和机遇

戈登·摩尔是对的：他将重复帕特·哈格蒂的错误。由于他坚定地专注于半导体制造技术，以及他喜欢用量化的衡量方法来指挥和控制，他根本无法看到大量社交互动的重要性，这些互动推动着日常生活，并促成了个人电脑的突然崛起。这一次，他的直觉不合时宜。不过，由于个人电脑是基于晶体管造出来的，所以英特尔成了一个受益者。

个人电脑的第一波是革命性的，其原因不在于它们的初级技术能力，而是由于（与摩尔定律一致）其成本不断下降，这把它们交到了个人手中——最先是数百人，然后是数千人。最终，一个基本的电脑变得足够便宜（600 美元，大约是今天的 2 400 美元），吸引了技术迷和业余爱好者的关注，由此导致的创造性大爆发改变了日常生活。

早期的爱好者电脑对戈登没什么吸引力。毕竟，它们擅长做什么呢？他很了解牛郎星，这并不是因为 1975 年它出现在《大众电子》（*Popular Electronics*）[①] 的封面上引起的

① 原文"Popular Economics"，应是作者笔误。——译者注

轰动，而是由于它采用了英特尔的 8080。由于他在英特尔实行慷慨的股票期权政策，这给他带来了好名声，因此苹果 II 的财务支持者迈克·马库拉（Mike Markkula）让他预览了一下这台机器。马库拉是一位工程师和芯片营销员，他是在英特尔刚刚起步时被鲍勃·格雷厄姆从仙童吸引过来的。马库拉退休时是个千万富翁，当时只有 34 岁，他决定支持苹果公司的年轻创始人史蒂夫·乔布斯和史蒂夫·沃兹尼亚克，在 1976 年底以 91 000 美元购买了该公司 1/3 的股份。

几年前，戈登就已经帮助过苹果的技术专家史蒂夫·沃兹尼亚克。沃兹尼亚克的父亲是洛克希德的一位工程师，在硅谷从事导弹工作，他和戈登一样，也是加州理工学院的毕业生和前橄榄球运动员。他给戈登打电话，"想知道他可否为他的儿子拿到一些存储器零件，他儿子有个项目。"虽然戈登很看重保护自己的隐私，但他对这个私人请求作了回应，"挖出了一些我们最早的 1103"，把它们寄了出去。

为了吸引资金，马库拉和史蒂夫·沃兹尼亚克把苹果 II 向英特尔的内部人士做了介绍，包括他的老同事诺伊斯、戈登、格鲁夫，以及英特尔董事会的其他人。回想起那件事时，戈登只提到了史蒂夫·乔布斯，乔布斯显然以他典型的方式抢了风头："史蒂夫·乔布斯带着他的电脑进来，但是我们没有一个人知道我们看到的是什么东西——至少我没有！他在那个该死的东西里放了别人的处理器！他没有跟英特尔提出任何协议。"才华横溢但社交技能笨拙的沃兹尼亚克是一个戈登能够理解的人，但反复无常、满腔热情的乔布斯却不那么容易对付。戈登不信任他那种轻松随便、过于开放的做法，"他是那种你在遇见他的那一刻会喜欢的人，"但也会勾起矛盾的感觉，"他具有那种魅力，而我没有，我冷淡得多。"

戈登未能对苹果产生热情。他已经压制过诺伊斯和盖尔博提出的和牛郎星发生正面冲突的计划。在他的监视下，英特尔只会销售开发系统：他对英特尔"廉价硅片"的未来要求就是提供控制功能的微处理器。自己组装初级电脑的爱好者并不重要。戈登专注于务实的、技术的、财务的事情，因此对于个人电脑可能会在私人方面和职业方面如何改变一个人的生活经验，戈登并不怎么关注。在英特尔，他的秘书琼斯把他口授的想法速记并打印出来。独自一人时，他用普通文字写在自己的笔记本上。他能想象贝蒂用一台电脑来管理自己的食谱，但不明白这样做意义何在。"我对个人电脑没有任何感觉。最早的苹果电脑并不是非常有用的机器。"

在他 1965 年为《电子学》杂志写的文章里，戈登提到过这样的想法，把一个视频终端连接到一台计算机系统，来管理电子邮件。即便如此，微处理器的这种应用在他看来还是不如命令和控制功能有前途，后者可以用于从视频游戏到自动花园喷头的一切事物。对他而言，社交网络微不足道。在苹果向他做了介绍之后的几个月，他在亚利桑那对一位观众说，“将来出现邮件终端的确定性低于专用控制器。”

作为一家公司，英特尔没有向苹果投资。安迪·格鲁夫很好奇，自己放了 15 000 美元进去，阿瑟·洛克投了 60 000 美元并加入了苹果的董事会。史蒂夫·乔布斯也把鲍勃·诺伊斯作为自己的目标，诺伊斯最初没有搭理他，后来却几乎把乔布斯看成自己的儿子。很显然，乔布斯觉察到了戈登的冷淡，而且也没太试图培养感情。这两个人截然相反。戈登是个老派的加州人，扎根并成长于一个关系亲密的家族，独立、稳重、诚实、安静。他的做法和变幻无常的乔布斯有着天壤之别，乔布斯最初起步时靠的是销售“蓝盒子”——可以免费打长途电话但实属非法的电子设备。乔布斯和戈登的儿子肯同龄，但遵从长辈对他来说是无法想象的。此外，作为一家早期的“生活方式”公司，苹果制造的是消费类产品而不是技术产品，而戈登曾在 Microma 上吃过苦头，他们没什么共同点。

微软的比尔·盖茨和乔布斯是同一个时代的人，他和戈登·摩尔却是再合适不过的搭配了。盖茨有点类似于安迪·格鲁夫，不过格鲁夫做的是支持戈登，而盖茨主要是对着干。戈登发现盖茨是个“非常聪明的家伙，但也总是咄咄逼人。我们都习惯于自己的做事方式，但目标有所不同。他以前经常说：‘你们搞沙子，我们做软件。’他不是个容易对付的人。”

个人电脑开始从爱好者设计的产品演变成羽翼丰满的商用产品。1978 年，苹果公司销售了 25 000 台苹果 II 型电脑，它采用的是一种基于 MOS 技术制造的廉价 8 位微处理器。康懋达电脑公司（Commodore）销售了差不多数量的 PET 机型，但无线器材公司（Radio Shack）大大超过了这两家公司，它卖出了 10 万台 TRS-80 机型。字节商店（Byte Shop）开了第一家零售店，专门销售 PC。用于个人电脑的软件也大量涌现。微软通过写在纸带、磁带和软盘上的操作系统和应用程序，销量很快就达到了 100 万美元。第一种电子表格“可视计算”（VisiCalc）——最初为苹果 II 开发的一种计算和数据库程序，把工作环境和家庭连接起来，助推了 PC 的销量。1980 年，全球销售了近 75 万台 PC。同年 12 月，苹果的首次公开招股募集了 17 亿美元——比英特尔 9 年前超出 14 倍。电子计算机进入了家庭。

尽管 8080 在早期的爱好者电脑中占统治地位，但领先的公司——苹果、康懋达、无线器材，没有一家在它们的第一批商业化个人电脑中使用英特尔的微处理器。然而，英特尔继续沿着自己的轨迹表现得卓尔不群，其微处理器以及相关的支持芯片的销量稳步上升，它们被用于控制大量的产品。在 3 年之内，光是来自微处理器和开发系统的收入就增长了近 5 倍，1979 年达 244 万美元。

英特尔继续争取领先，既进行长期投资，又想近路包抄，以保持优势。戈登不切实际地在 8816 微处理器上借鉴计算机科学的最新理念，但它来得太迟了，无法在 16 位微处理器市场上竞争。由于它的进展举步维艰，戈登不得不让其他工程师把中间产品堆砌在一起，以使自己留在游戏中。同时，负责 8816 的设计师转到了英特尔在俄勒冈州波特兰附近的新工厂，力求戈登批准他们把 16 位芯片重新设计成一个更强大的 32 位微处理器，这款产品被更名为 432。戈登同意了。这个项目的成本高达数千万美元，花费了数以千计的工时。

没能面世的 8816 留下了一个真空，这对英特尔在 20 世纪 70 年代末制造的 16 位微处理器产生了影响。8086 是英特尔此类产品中的第一款，它和以前的芯片保持了软件兼容性。因为客户在购买英特尔较早的微处理器时，已经在软件上大量投资，所以作为一种“更新”产品，它的销售情况非常强劲。1979 年，英特尔推出了 8088，旨在为客户节省资金。通过采用廉价的 8 位支持芯片，它可以让买家以较少的支出获得 16 位计算能力。

英特尔面临来自摩托罗拉的特别强烈的竞争，它的 68000 微处理器强大而先进，具有显著的性能优势，每个人都在谈论它。戈登和他的同事们担心摩托罗拉抄了自己的后路，发动了一场紧锣密鼓、深思熟虑的营销和销售攻势，以争取时间。这次“粉碎行动”要求英特尔的销售员在 1980 年为 8086 和 8088 微处理器取得 2 000 个设计赢单。“一个设计赢单就是买家的一个承诺，他会在一个特定应用中采用你的设计，”戈登解释道，“我们广泛地查看你会使用微处理器的所有可能的方式。”行动由比尔 • 达维多推动，他是个擅长营销的人，目标是吸引客户承诺采用英特尔的 16 位微处理器，并在这个过程中粉碎摩托罗拉。设计赢单通过客户的软件投资把他们锁定在英特尔的产品线上，从而带来长期影响。

家庭价值观

随着 20 世纪 70 年代中期的经济衰退减弱，硅谷复活了。这里气候宜人，喷气客机缩短了人们之间的距离，经济发展充满机遇，媒体重视也让这个地区成了关注对象，这些原因使得人口飞速增长。戈登回忆说，1978 年是“英特尔梦幻般增长的一年，也是努力应付快速增长所导致的问题的一年，处理这些问题并不总是完全成功”。他的儿子肯渴望分一杯羹；修完 MBA 的事可以先等一等，“我停止了学业：‘硅谷喧嚣不已。它正在起飞，我得去挣钱。’我真的搞起了电脑，尽管几乎没人知道电脑行业是什么。”

西格尼蒂克是从仙童分裂出来的芯片公司，源自戈登早年的 Micrologic 团队，它打电话让肯去面试。“我知道集成电路，他们是做这个的。”他已经认为在英特尔工作没那么有价值了。“有一个非常成功的父母，你永远不知道自己的晋升是不是因为他们拽动了某根线。人们总是认为有那根线，即使情况并非如此。不去英特尔，这在情感上对我很重要，尽管我真的很想去。”即使是自己的长子，戈登也心平气和地客观分析，他表示同意：“我不相信把他弄到英特尔来是件好事。把孩子们这样弄进来是非常丢脸的事。”

在西格尼蒂克，肯仍然面临某人的儿子的问题，“在某些时候，我不得不让他们知道我和行业有这种关联。”他母亲催促他一有机会就要大声说出来，“你得告诉他们你父亲是谁。他们要么说，‘好吧，我们可以适应这一点’，要么不说。一开始就要直截了当。”肯确实放出了话。不管怎样，他得到了这份工作，从事芯片生产规划。

虽然他们的工作非常不同，但在职业建议上，肯还是会求助于他父亲的分析性思维：

> 我跟爸爸一起坐下来，说：“我在这个组，我真的很喜欢它，但行动发生在别的地方。”我记得他画了一个图：“这是你的核心业务，而这是管理者的晋升方式。管理者往往会被困在这里。如果想往上走，你就必须让自己挪到那里去。”这就像一次组织理论会议。多年来，我从爸爸那里学到了很多关于高层管理的事情。
>
> 去西格尼蒂克从财务上来说并不是最划算的。它不是一家上市公司，没有真正的股票，但我有我自己的职业生涯，我可以做自己的事情。最棒的地方就在于，我从来不觉得无趣。

戈登全家人一直非常亲密，但即使父母很宽容，现在也到了 26 岁的肯搬出捷普路的时候了。贝蒂说："毫无疑问，肯有一堆最古怪的女朋友。她们一大清早就出现，敲他的窗户。有个人甚至开了一个银行账户，还让人把信寄到我们的地址，收件人是'肯尼斯·摩尔先生和夫人'。"看着他离开家，心情矛盾的贝蒂为儿子寻找合适的房子。她在洛斯阿尔托斯附近找到一处合适的地方，在肯吃中午饭的时间送他去看这处地产。他回忆道："不到 8 分钟，我就说，'我接受。'"

贝蒂把事情贯彻到底。"我说，'我们不是来这里瞎闹的。'在我的汽车引擎盖上，我写了一份要价的保证书。"戈登给的英特尔股票可以让肯支付首付款，但他的起步年薪只有 14 200 美元，只能非常勉强地支付每个月的按揭付款。"头 5 年，我生活在黑暗之中，都快冻死了。日子很艰难。我爸爸认为这是个长期的事情：'你带着一份固定抵押贷款进到那里去；随着你的工资增长，东西就变成免费的了，对吧？'事情恰恰如此。"

史蒂夫也记得他父亲的实用建议：

> 他没有参与育儿的事情——他没怎么换过尿布，但他在那里帮我学功课，教我如何使用工具。我们在院子里一起干活，我从他那里获得了自己的机械经验。他在房子四周干了很多修理的活，他的手很巧。
>
> 他很忙，但我们经常全家人一起出游。去的地方很壮丽；我们前往诸如非洲和塔希提这样的地方。他带着我钓鱼和参加户外活动。如果我对金融事务或者钓鱼有什么问题，他依然是我可以与之诉说的人。他在那儿随时准备帮忙，就像他以前一样；他依然是个亲力亲为的人。

贝蒂对她丈夫的贡献则没那么满意，她觉得自己失去了很多机会。"我有些遗憾，"她无奈地说道，"我本来可以成为一个做房地产的人，或者进入一家设计公司，但结果并非如此。"在家里，她继续让事情运转起来，发挥作用。如今贝蒂已习惯了一个寡言少语、专注于自己工作的配偶。"每当有一个社团活动，我就问：'你要去演讲吗？你要去做介绍吗？这是怎么回事？'戈登有时会说他不是发言人。即便如此，他总是必须在那儿。"肯为父亲辩护说，戈登的忙碌不是自己的选择，而是出于偶然，"他是个考虑非常长远的思想家；他会思考未来 20 年里的事情。爸爸不是个做计划的人，他过于操劳了，他让全世界都来占用自己的时间。他对自己不想做的某些事情会说不，但也仅此而已。他的日程表很快就填满了，他不着边际。"

启动印刷机

纵观他的职业生涯，戈登・摩尔把自己描述成一个技术专家。他关注的核心问题是硅晶体管的制造，后来以芯片的形式存在，这是他唯一专注的技术。如果英特尔能保持最先进的化学印刷技术，制造日益缩小的硅晶体管，那么它就可以独领风骚。他牢记这一点，持续加大研发支出，从 1976 年的 2 900 万美元增加到 1979 年的 9 600 万美元。很大一部分经费花在了必要的工程和研究上，转向更大的硅晶圆（从 3 英寸到 4 英寸）可以让英特尔再次降低生产成本，因为每个批次可利用的表面积更大。

英特尔仍然是世界领先的 MOS 生产商，在所有硅电子产品中都属于主流，其 MOS 存储器的收入仅次于得州仪器。尽管英特尔通过研究和工艺改进继续做出更快的芯片，但莫斯特克和摩托罗拉紧随其后。在高科技营销方面，PMOS 让位给了 NMOS，然后是 HMOS，接着是 CHMOS 的研发工作，这种技术更加先进。

戈登增加的支出大部分都用于支付工程师的薪水，男性劳动力在这里占据压倒性优势，他们推动着技术的每一个方面——从化学蚀刻到投影印刷、从离子注入到铝沉积，使小型化的水平越来越高。通过对所有这些领域进行连续的、强迫性的专注，英特尔可以印刷出越来越小的晶体管，把它们排列在越来越复杂的芯片上，以此来降低电子设备的成本。本质上这就是戈登・摩尔和摩尔定律的工作。

早在 1970 年，英特尔就实现了“10 微米世代”，它芯片上的晶体管只有 10 微米大小（1 米的 100 万分之 10），和一只变形虫的尺寸差不多。理论上，英特尔可以让 44 000 个硅晶体管挤在一枚 1 分钱的硬币上，平均每个晶体管的成本是 1 美分。到了 1980 年，采用“2 微米世代”的化学技术，能够大批量生产尺寸比单个红细胞还小的晶体管。现在大约可以把 63 万个晶体管放到同样的一枚 1 分硬币上，每个晶体管的成本只是 1 美分的 1/10。通过减小晶体管的尺寸，把更多的晶体管塞进芯片里，公司继续让摩尔定律成为现实。

从根本上讲，英特尔的制造和研发相关，而不是和批量生产相关。对戈登来说，研发才是驱动力，而不是统计质量控制、持续的质量改进、纪律严明的程序、快速扩张等其他原则。英特尔内部和外部的许多人都认为，需要有一种更加平衡的方法，“英特尔模式是一种绝对技术领先的模式”。参与质量保障的贝瑞特回忆说：

整个行业就是让新技术自由发挥和进行展示。你做几种设备，然后就进入市场。

如果别人做这些设备的效率更高一点，你就去做下一个。英特尔持续跨越式发展，当人们赶上来而产品也变得更可靠时，英特尔就会走到下一个层次。

我们始终处在技术前沿，永远不必回头，永远不必维持一条产品线，永远不必制造这么庞大的数量，而量对于制造的成本、效率和可预见性而言都是至关重要的。在技术开发上有敬业精神，但在制造部分却没有敬业精神。

戈登的策略是始终推动技术的更新换代，每一代新技术都采用更小的晶体管和更复杂的芯片。他一成为首席执行官，就公开谈论此事。例如，在1975年底的消费电子请愿上，他公开宣布了自己的立场："只要我们的良率开始接近20%到30%，制造更复杂的设备就变得非常有吸引力，这是半导体产业已经发展起来的降成本机器的核心。我们把既定复杂度的产品投入量产；我们优化工艺，消除缺陷的成因，调适设计。当这个新产品的良率接近20%到30%的范围时，我们又设计更复杂的产品，并将其投入生产。"

1978年底，戈登、诺伊斯和格鲁夫对"英特尔干得如何"交换了各自的想法，对公司进行了一番评估。公司可能转变成一家真正的大企业，每个人都直率而严肃地表达了自己的观点和对策。诺伊斯用看待竞争、政府关系、行业一致性的观点来看待这些问题。英特尔1980年的营业收入约为5亿美元，正在跨入《财富》500强的行列。公司在"商业世界的一个狭小地带"已经取得了领导地位，而"视野正在扩大"。诺伊斯自己在硅谷的疆域内坐立不安，他热切地遥望着华盛顿特区。他希望英特尔就诸如税收和劳动法等事务去进行游说，并为政府提供指导。他认为，美国工业的全球竞争力在一定程度上取决于其劳动力的态度和所受训练，"我们必须承担一些责任，别人对此无法胜任。"

三个人当中，诺伊斯是最关心英特尔当下前途的人。尽管他知道增长率很好，他还是坚持认为"我们在一些领域正在面临市场份额的下滑，而这些领域最初都是我们的地盘"，特别是由1103开创的DRAM市场。需要有激进的驱动力来保持市场份额，而不是"在沾沾自喜中让它溜到日本、得州仪器和摩托罗拉手里。在这个产品上，我们给自己打分要非常严厉"。戈登在自己那份复印件的空白处用铅笔写了一个简单的"OK"。

正如这个注释可能暗示的那样，戈登自己对"英特尔的评估"在语气上更为平静："我们是一家年轻的、中等大小的公司，接近于成为一家大公司。我们具有青春期的所有问题和希望。"有利的一面是技术："卓越的产品线，没有走下坡路的业务。优秀的技术人员。"不利的一面是："缺乏系统和规程，以及对我们在三到五年后做成什么样没有清晰的感知。”戈登本人的管理风格限制了安迪・格鲁夫咄咄逼人的表达方式，格鲁夫认为，英特尔“能够进行一场真正的消防演习”，但“大体上反应迟钝、组织混乱。我们甚至无法盘点库存”。

平时沉默少言的戈登知道，为了把快速成长的公司转变成风格硬朗的引擎，格鲁夫做了很多工作。作为“行业自封的数字命理学家”，他在 1978 年清楚地意识到，“尽管我们做了能做的一切，还是无法赶上需求”；因此，英特尔“几乎在每一块业务上”都在丢失市场份额。找到像格鲁夫一样的行动者和变革者——甚至称职的小人物，仍然是个巨大的挑战。“如果我们要保持现在的市场份额，确实缺少训练有素的人来支持行业发展。主要的局限在于真正能做到这一点的极少数个人，他们永远供不应求。”

戈登明白，要进入大公司的行列，英特尔就必须用更强有力的制造纪律和更严格的管理控制来巩固自己的技术领先地位。“我第一次感觉到，当初对英特尔的批评（这是一个研发型的公司，而不是一家真正的制造型公司）是对的。”英特尔正处在十字路口。从这里往下走，“我们可以成为一个初级的 IBM（其所在领域的领导者）或者一个仙童（失去控制并成为一个盈利的失败者）。如果是这两者之一的话，我们未来两年所做的事情将决定我们会何去何从。”安迪・格鲁夫对“国情咨文”作出回应，他对公司和对自己表现的评价都要正面得多。“这一年的强劲首先体现在极为有效的增长。我们的产品线一流，而我们在系统方面的前进方向也比以往任何时候都更加清晰。”格鲁夫对俄勒冈和亚利桑那的晶圆厂感到特别自豪。其他公司都步履蹒跚，而英特尔在产品和制造两方面的扩张行动的执行上真的是完美无瑕。玻璃杯是半空的，但也是半满的。

格鲁夫答复诺伊斯和戈登说，他们不要忘了他对英特尔的急剧扩张所采取的完美无瑕的应对措施，这个反驳很及时。在 1977 年到 1980 年之间，戈登增加了公司在制造工厂（晶圆厂）的开支，其增幅比研发支出的增长比例更高。1977 年，英特尔在工厂上支出了大约 4 500 万美元。1978 年，这部分支出翻了一番，超过 1 亿美元，1980 年又增长到 1.5 亿美元。有了这数亿美元的投入，戈登扩大了英特尔在俄勒冈波特兰外围的制造和研发设施，并在亚利桑那凤凰城外面创建了一个新的制造和运营园区。

没有变的一点是，戈登以及更广泛的半导体业界都希望避免劳动力形成工会。20 世纪 70 年代结束时，戈登小心翼翼地避免了利弗莫尔的英特尔晶圆厂形成工会组织。在宣布卡车司机工会放弃努力时，戈登说：“我们的非工会状态是你们选择做英特尔员工的直接结果，在没有外来干预的情况下，英特尔员工拥有开放和自由的沟通，一起解决问题。我们希望保持这种状态。”

避免工会形成加强了戈登作为英特尔首席执行官的行动自由。在对英特尔进行扩张时，他和英特尔选择了波特兰和菲尼克斯地区，这虽然有很多影响因素，但缺乏强有力的劳工组织也是其中之一。在北加州，“我们看了像沃森维尔这样的地方，这里主要是农业区，他们有非常强大的工会，足以让我们下定决心，我们应该看看别的地方。在我们这个行业，事物的变化很快，以至于工会是个潜在的灾难。如果你丧失了重新分配人员的灵活性，根本就无法很好地工作。”如果说员工要面对风险，那么他们也知道可能获得奖励。戈登从来没有放松过和股票相关的重要计划——包括激进的股票期权，以及一项股票购买计划，任何员工都能以 15% 的折扣购买英特尔股票。他坚信这些计划对英特尔的成功至关重要。

另一个更显著的例子是英特尔以色列办事处，这是个不断发展和变化的公司。这个想法起源于戈登和他的老朋友多夫・弗罗曼的沟通，后者是英特尔 EPROM 的先驱——EPROM 是公司至关重要的秘密摇钱树。1974 年，弗罗曼离开后在以色列定居下来，并在耶路撒冷希伯来大学担任一个教授职位。他渴望保持与英特尔的联系，在交谈中他和戈登都认为，弗罗曼的学生也许可以担任初级芯片设计工程师。或许英特尔可以在以色列成立一个小型设计中心？

正当弗罗曼要推进自己的事情时，第四次中东战争爆发了，但令他惊讶的是，通过戈登从中斡旋，英特尔采纳了他的想法。戈登有自己的习惯，他很看重这个人的观点，就会静静地听着，而且没必要说两次。对于戈登来说，这一切都回到了测量、分析和人才供应上。“那就是我们进入以色列的方式。确实很缺工程师，我们说：‘世界上什么地方有就业不足的工程师？以色列冒了出来。”不久，戈登就去参观弗罗曼刚起步的部门，并和政府首脑及商界领袖进行会谈。

英特尔以色列办事处很快就成了制造能力的一个主要来源，早期的贡献包括 8080 和 8086 微处理器的外围支持芯片，以及扩展了 8086 计算能力的数学协处理器 8087；位于耶路撒冷的一座晶圆厂于 1984 年开业。到 21 世纪的 10 年代，英特尔在以色列的子公司是当地最大的私营部门雇主，源源不断地出口高科技产品。弗罗曼把功劳归于戈登・摩尔，认为他是“开始阶段的关键球员。任何其他部门的人都不会决定这么做。他们知道这里的环境不稳定，但它为工程投资带来了很好的回报”。

质量杀戮：日本

在对英特尔的评估中，诺伊斯称“需要有激进的驱动力来保持市场份额”。正如前面提到的那样，当时戈登只是在边缘的空白处简单地标注了一下“OK”。然而，几个月后，戈登在自己的笔记本上写道，他“真的很担心”。在规模庞大、利润丰厚、广受称道的 DRAM 市场，日本的产品——来自日本电气公司、东芝、富士通、日立等多元化企业的半导体制造部门，开始涌入美国市场。“看起来就像一场暴风骤雨。”他后来说。

在佩斯卡德罗，戈登和日本同龄人一起度过了童年，这些人的父母都是沿海的农民，他看着他们失去了家园和土地，被遣送到战时拘留营。1971 年英特尔跟资金薄弱的日本公司比吉康合作并从中获益，由此英特尔和戈登——并不看重日本芯片制造商，认为他们是不成功的竞争者。但现在这些日本公司赶了上来，他对自己专注于摩尔定律有点自责：

> 在早期，技术一会儿往这边走，一会儿又往那边走，日本跟随得不太好。产品发展方向是：从 1K 到 4K，再到 16K，对于放弃这个方向，我可能和任何人一样感到内疚。一旦明白过来，他们切入轨道就非常成功。他们一起投入到一个重大计划，其目的是在 16K 这个级别和美国产业界平起平坐，然后在 64K 级别取得领先地位。1979 年到 1980 年，他们的 16K 产品出来了，当时正值市场规模迅速扩大。他们在 16K DRAM 的级别上取得了领先地位，比计划提前了一代。

一个明显的原因是，日本的产品在质量上比美国公司制造的产品更出色。戈登在英特尔的战略专注于技术领先，在竞争中一路领先于对手，并把对手留在跑步机上。与之形成鲜明对比的是，日本的生产商强调产品的质量。它们的设计和重新设计是为了提高良率，并确保芯片可靠运行。这迫使戈登直面自身战略的短板。

> 在日本，人们对细节极为关注。在美国，我们强调下一代技术比当前的成本效益高得多，所以我们不断地争先恐后地创新。我们的态度是，我们的制造没问题，除非事实证明它有问题。当观察到最终产品有明显问题时，我们就必须找到缺陷，弄清楚它来自何方，然后回去把它消除——一切都始于对最终产品的观察。
>
> 与此同时，日本人在前进中不断地清理问题。他们从擦洗地板开始，一路往上。在当时我们所具备的那种复杂度水平上，他们的方法非常有效。他们的良率远远超

过我们，他们做得更棒。

这个问题是以一种痛苦的方式被人们深刻体会到的，惠普是英特尔芯片的一个大客户，它公布了对不同生产商的调查结果。惠普直言不讳地指出，日本公司的质量领先。“那是我们不想听到的话，”戈登回忆道，“我们当然说，‘我们的东西好！’”但是，他继续道，“日本人改变了基本规则。在那之前，我们会跟客户讨论，1% 的有瑕疵部件是否可以接受，或者他们是否需要只有 0.4% 的缺陷率。客户可以得到某种他们甚至无须再测试的东西，这个主意并未被人们考虑过。突然之间，日本人开始出货，100 万个产品中才有 1 个次品。我们过了好一阵子才明白过来。”

惠普的报告让贝瑞特感到失望，“谴责我们，赞扬别人。”英特尔面临完全丧失其 DRAM 业务的危险。戈登一旦明白过来，他就像贝瑞特和美国产业界的其他很多人一样，提了一个简单的问题：“那我们怎么办呢？”鲍勃·诺伊斯是天生的领袖，给出了一个浅显易懂的答案：“把全行业组织起来进行回应。”诺伊斯在外部交游广泛，而且一直在寻找新的挑战。1978 年，他和查理·斯波克、杰瑞·桑德斯、仙童和摩托罗拉半导体部门的首脑们一道，帮助组建了半导体产业协会（Semiconductor Industry Association，SIA），这是为半导体产业服务的首个美国行业协会。

诺伊斯进行战争呐喊，声称美国将丧失芯片产业，其方式和电视机产业的认输如出一辙，同时 SIA 就这个问题以更间接的方式对美国政府进行游说。一个举措是和商业集团一起推动降低资本利得税，这会让科学家创业者本人受益。SIA 在这件事上做得很成功，但有什么用呢？美国资本利得税的大幅减少并没有遏制日本竞争者日益高涨的势头。英特尔一度君临天下的 DRAM 市场份额暴跌到了微不足道的 2%。

从存储器到微处理器和微软

首席执行官兼董事长

对戈登来说，日本的挑战关系到一个更大的问题：英特尔变成了一家大得多的公司，他如何才能对战略方向进行最佳设定？到 1980 年，他担任首席执行官已有 5 年，公司在他的监督下度过了一段非同寻常的繁荣期。销售额超过了 8.5 亿美元，尽管在研发、工厂和设备上有大笔支出，利润还是有将近 1 亿美元。员工数增加了两倍多，几近 16 000 人。英特尔即将进入财富 500 强行列，它进入这个名单之后就从来没有离开过。公司经营成功、盈利丰厚、地位稳固，在短短 12 年之后就成了一股不容小觑的力量。戈登是首席执行官也是董事长，对公司具有完全的控制力。安迪・格鲁夫担任总裁，鲍勃・诺伊斯是名义上的副董事长，他的兴趣已经转到半导体产业的国内和全球政治上了。

深深扎根于湾区的戈登，悄悄地满怀壮志，他对摩尔定律和英特尔的潜力都一清二楚，英特尔在追逐自己的远见时可能成为芯片产业的主导力量。要继续前进，他必须确保公司克服严峻的挑战，击败强劲的竞争对手，这不仅要靠坚持不懈地发展公司的产品和印刷机器，而且作为公司领导人需要成功地预见自己期望的发展方向（现在对于这个大型组织越来越难了）。

令人高兴的是，现在戈登和格鲁夫都暗自承诺，英特尔的组织结构必须围绕戈登的自我表达方式来进行构建，在这样的架构中，他可以很坦然地给出批评、进行决策和提供指导。这种安排有赖于格鲁夫这个强大而可靠的放大器，对组织进行调适，以领会戈登的信号并照此行动。然而，尽管格鲁夫和戈登之间有很强的积极关系，但对戈登来说，英特尔的规模和复杂度似乎经常干扰他传达想法。例如，在 1980 年 7 月 2 日——这距他和诺伊斯在东米德菲尔德路开张以来已经快 12 年了，戈登掏出他的信笺簿，给自己写了一张很长的便条，一开头就提到自己的不适感："我的懊丧：有时候我觉得自己无法让任何人听我说话。很显然我说话必须大声一些。"

对于任何普通人而言，偶尔会有这种情绪，但对于身为董事长兼首席执行官的戈登来说，这始终是个迫切且反复出现的问题。10 年后，他给自己写了一个私人便条，透露出这个问题更严重了："我无法再直接影响任何事情。我们完全被自己绊住了。"更糟的是，他觉得完全无能为力，"我现在对英特尔业务部门总经理的工作缺乏参与，这正在阉割我的能力。"关键的问题是："我在什么地方可以最好地帮到公司？"他的第一个答案是"'保护'其他主管免受不必要的外界事物影响"，但他很快就打消了这个想法，写道："胡扯！"

戈登仍然是英特尔的内部人。在和华尔街、客户、竞争对手、政府进行联系时，他做了基本的工作，但要他在这个领域担负更大责任的想法是完全不可行的。他很快转到另一个选择：确定业务方向。第三种也是更具吸引力的可能性是“组织和选择技术，并分配技术资源”。在对英特尔绝佳的降成本机器进行指导这方面，戈登完全如鱼得水。他确定了最能发挥自己价值的任务，就是继续作为硅印刷技术的首席架构师和芯片产品的评判者，对此他自己也非常满意，他在信笺簿上画出领导层之间的沟通路径，这是他极为关心的问题。

他无意减少自己对技术的参与。他希望专注于战略和长期，这个愿望依然在他的内心熊熊燃烧；让组织采取行动是个难题。戈登已经离开工作台一段距离了，但他仍然能够把握和收紧缰绳。“我的问题是，我想要做尤金·弗雷思的工作（也就是说，担任英特尔的制造技术沙皇），不过是以首席执行官的权威来做。我想开展一系列我有把握的项目，然后把这些项目交给别人，而且我可以跟进很长一段时间。这些项目基本上是通过弗雷思来落实。”

就在同一天，7 月 2 日，他把自己最新的“国情咨文”评估报告分发给格鲁夫和其他人，它提出了一个严厉的警告。风暴正在逼近，这是由来自日本和美国国内的竞争对手掀起的，日本电气公司和摩托罗拉尤其具有威胁性。关于 DRAM，“我们在价格上即将出现断崖式下跌”，当年可能会下跌一半，而直接成本只下降 10%。此外，“根据最近的数据，我们现在的良率比我们应该达到的水平低得多。我极其震惊地看到，在 16 位微处理器的首选比例上，摩托罗拉以将近 2∶1 领先于我们，在 8 位微处理器上则几乎相等。NEC 正在吃掉我们的午餐，而且将很快开始争食我们的早餐和晚餐。”当下的问题是，如何面对正在积聚的威胁。

粉碎和崩溃

戈登·摩尔面临的风暴是竞争之风刮过来的。凭借卓越的品质、大致相当的工艺技术和激进的定价，日本的存储器芯片制造商不断地攫取全球市场份额。更糟糕的是，日本制造商已经跃居领先地位，早在英特尔给出任何应对产品之前很长一段时间，他们就给出了一种 64K DRAM。1980 年，戈登发现自己正在技术的跑步机上拼命挣扎，这正是他以前做得极为有效的事情。而且竞争并不局限于存储器或日本厂商，在微处理器上，摩托罗拉推出了型号为 68000 的 16 位处理器。很快，客户的态度就显示出，形势对摩托罗拉有利，英特尔的 8086 缺少吸引力。

戈登别无选择，只好重新重视质量："我转换了公司的重点。像我们这样发展很快的技术有一个好处，就是你有很多机会进行改变。它不像汽车产业，你很多年都用同一条生产线。我们能很快改变我们做事情的方式。"

改变很快，但并不容易。"对一切进行清理，就需要在公司内部进行文化变革，而且非常昂贵。"从保证蚀刻剂纯度到确保光刻设备无尘，化学印刷工艺的每个方面都需要密切控制。推动戈登关注质量的原因不只是日本的竞争，而且也来自他对统治计算机产业的巨头 IBM 的洞察。IBM 以前是个封闭的王国，它的计算机所需要的每一件东西——从 DRAM 到软件，都是自己开发制造的。然而，最近它开始往外看了，并通过专有交易从英特尔买了一些产品，对此 IBM 不希望声张。最不为人知的是，IBM 正在和英特尔一起开发一种定制存储器设备。IBM 的想法是，如果它能把更多的存储器芯片塞到电路板上，它就可以在大型主机里使用更少的板子，从而降低成本。正如戈登后来解释的那样，"他们是特殊存储器的一个大客户，我们参与制造了这个产品。这是一桩相当可观的生意。"

还有一个秘密，英特尔已经开始向 IBM 销售插件存储系统，IBM 用它们来补充其大型机的需求。在英特尔，每个重要客户都配有一位高级主管，负责故障排除和统管关系。作为首席执行官和董事长，戈登认为 IBM 极其重要，所以他要自己来负责这个客户。客户关系的另一头是杰克·奎勒尔（Jack Kuehler）。奎勒尔是圣克拉拉大学电气工程专业的毕业生，开始在 IBM 的圣何塞研究实验室工作，是蓝色巨人最资深的技术专家，后来奎勒尔在 1989 至 1993 年间担任 IBM 总裁。戈登对这样的搭配非常适应："他是那里有很强技术背景的最高级主管，所以他对英特尔感兴趣是很自然的。他是个本地人，我和他也处得相当不错。"

IBM 开始在大量产品中为英特尔微处理器找出用途。作为粉碎行动的一部分，1980 年的一份设计赢单来自 IBM 在佛罗里达的一个神秘的业务部门。在隐蔽的外衣下，这个部门试图把 IBM 最小的计算机的成本降低一个数量级，为 IBM 进军个人电脑市场打开入口。这个团队打破了 IBM 的传统，尝试用现成的组件和软件来制造 PC，就像市场上其他所有的生产商那样。他们想要一种商用微处理器，用作 PC 的 CPU 和支持商业软件。

IBM 团队和英特尔接洽，寻求关于各种微处理器及其对系统设计的影响的信息。这个垂询让英特尔的销售人员兴奋不已，他们很快就把 8088 微处理器推成了未来的方向。当 IBM 团队下了一个订单时，英特尔知道了他们是认真的，谈判很快转向价格。据戈登说，“我们的组件制造负责人认为，他们需要一个低价格——10美元左右，而我们的制造成本接近20美元。他说我们不能卖给他们，我说，‘这不是成本。这是价格！ 10美元！’”戈登提高嗓门，以使自己能听到。在要求他的同事同意10美元的价格以确保赢得生意时，戈登借鉴了鲍勃·诺伊斯在仙童对硅晶体管进行大幅降价的成功经验，此举在当时让电视调谐器接受了硅晶体管。和当时一样，英特尔最终在这桩交易上发了大财。

IBM的部分兴趣在于，他们希望自己的PC免于陷入可能的法律纠纷。实际上，通过接受英特尔的微处理器，以及认可微软的软件达到了IBM的等级要求，IBM正在以自己的惊人体量来支持其个人电脑所采用的开放式体系，这为“Wintel”未来的主导地位和盈利能力奠定了基础。就像英特尔可以自由地把它的8088卖给IBM以外的PC制造商一样，微软也可以把它的操作系统软件卖给任何人。任何制造商搭配购买英特尔的微处理器和微软的软件，做出一台和IBM提供的个人计算产品完全相当的PC来，这不会受到任何阻碍。

1981年，英特尔总算发布了开发长达6年之久的“蓝天（blue-sky）”微处理器。它以前叫8816，现在叫iAPX-432，或简称为“432”，是一个复杂的“微主机（micromainframe）”——也就是说，一台计算机的中央处理单元包含一台大型主机所必要的“大脑”，所有的功能都在一颗芯片上。它号称能进行32位运算，具有容错能力，而且能和别的432协同工作。虽然这个芯片让英特尔花费了超过1亿美元和无数的工时，但事实证明这是个可怕的错误。戈登承认，“在很大程度上，”他个人负有责任，“对于一个新的微处理器，这是个非常激进的目标，但我们过于激进，以至于其性能远远低于标准水平。”

计算机和系统制造商的需要和432毫无关系，销售慢得令人痛苦，需求少得令人难堪。产品发布4年后，戈登完全退出了这场冒险，把它卖给了西门子。就像仙童的“符号”项目一样，这是个非同寻常的、代价昂贵的、彻头彻尾的失败。“它唯一的用处就是作为一个教科书样例，用于全国各地的计算机科学课程学习。当我们最终放弃它时，有些客户不愉快，但不是很多。”

英特尔的成功意味着它相当宽宏大量，它再次允许戈登进行试验；戈登仍然执迷不悟地以这种特殊的创意方式进行投资。“432在当时是错误的理念，当整个市场正朝着开放式系统发展时，它却把硬件和软件紧密地结合在一起。从产品的角度看，这是个失败。尝试重大的新事物而失败，我没觉得不好。”432 项目也没有“以某种方式把我们杀死。我们有一条并行的传统路径。”英特尔传统的微处理器演进路线——其谱系可以追溯到 1969 年的视频终端芯片，仍然处于中央舞台。跟在 8086 后面的是 80186 和速度很快的 80286，或者叫“286”，号称拥有 134 000 个晶体管。

1981 年还有一件事让戈登苦恼，美国发生了一轮严重的经济衰退。英特尔确实“跌落悬崖”了：由于强大的日本竞争者和产能增加，DRAM 的价格暴跌。尽管英特尔卖出的存储器芯片比以往任何时候都多，但营业收入却下降了 6 600 万美元，利润下降了 7 000 万美元，公司并没有比自己 5 年前更加盈利。戈登守着自己的座右铭“穿越山谷”，继续花钱，他仍然决心超到日本人前头去。戈登相信，为新晶圆厂的能力而投资，加上制造技术和芯片设计的密集工作，有助于在 DRAM 市场上遏制对手的攻击。

这个战略要求英特尔已经心力交瘁的员工更加努力地工作。这个来自佩斯卡德罗的男人言简意赅，他的信息并不受人欢迎，他以自己特有的方式，通过他选择的代言人，间接地传达了这条信息：“我们认为问题并不在于我们的人太多了，而是我们有太多的事情要做，以至于无法让自己摆脱困境。安迪提出了他的‘125% 解决方案’。每个人都应该比以前多投入 25% 的努力！”英特尔的专业人员被要求每周额外工作 10 小时，但没有额外报酬。“我们为此发起了一场很大的运动，它非常有效。人们已经很努力工作了，但他们更努力地工作。”员工持股增加了那些参与者的自身利益，但“当时的问题是你的制造产能比行业需求大得多，加大努力也帮不上太大的忙”。

1980 年，电子化的现实

20 世纪 70 年代见证了电子信息应用于通信和控制的大规模扩张。在美国家庭里，到了 1980 年，电话、收音机、电视近乎完全饱和；彩电进入了 4/5 以上的家庭，而 1/5 的人现在选择付费有线电视，并通过它接触到更广阔的地方和时间——电子的和数码的而非即刻的和物理的现实。留声机和磁带录音机的销售量不断增长，1/4 的家庭拥有微波炉——这是进入家庭的新电子产品。盒式磁带录像机（VCR）的出现，让美国消费者可以获得虚拟的现实，自行选择时间退回去看他们最喜欢的视频节目或电视节目。

带有电子组件的个人电脑，搭配键盘、电视屏幕、磁盘或磁带存储驱动器，正在快速进入美国家庭。有的电脑采用视频游戏制造商的“弹夹”模式，以 ROM 芯片的形式提供软件；另一些采用录音机和录音带来进行软件分发和数据存储。其他电脑，尤其是苹果电脑，选择了 80 英寸的软盘用于软件和存储。家用爱好者日渐熟悉字处理和电子表格软件。

和广播电台一样，电视这时候已经成了一种被动的单向技术，来自节目主持人的信息和体验被观众所消费。有了视频游戏和个人电脑，电视屏幕现在就成了一种互动式创造新经验和信息的媒介。这种互动反映了美国的工作场所里一种更宽广宏大的现实，尤其是这些方面：计算机辅助设计、工程和科学研究；工业自动化；从金融交易到库存物流的各种信息处理。

就像大型主机和小型机一样，电脑的使用与分时和网络有关，也就是说，除了通信和控制之外，还有互动。最初，分时依赖于纸质打印件，但这被视频终端在屏幕上产生的文本所取代。位于一个地点的用户可以与一台处于远程位置的计算机进行交互，还可以通过它跟其他更多的远程计算机系统互动。很快，用户们就可以在网络上的任意数量的计算机上运行程序、产生新的经验和信息。人们成立了公司，把电脑使用作为一种有偿服务来提供，类似于一种公共设施。

电子产品在家庭和各种工作场所不断蔓延。便携式收音机、汽车收音机和双向无线电系统成了家常便饭。随着袖珍计算器成为一门蓬勃发展的生意，电子产品的领域拓展到了美国人的身上，1980 年的一个简单型号大约需要 10 美元。手表遵循着类似的模式，1980 年它们的售价低于 20 美元，销量则数以千万计。搭载芯片和晶体管的助听器变得更小、功能更强。这些通信、控制和互动的全新现实普遍存在于家庭和工作中，以及任何有人的地方，电子信息的交换在本地、全国和全球马上就能发生。从战斗场景的卫星传输到气象预报，从原子到星系，通过电子仪器和计算机，美国人有了观察世界的新途径。

置身鲸口

以销售收入来衡量，计算机依然主要是大型机、军方和白领工作者的事情。1982 年，按财务指标算，大型机市场比新兴的个人电脑市场大 10 倍，而小型机市场比个人电脑大 5 倍。然而，以销售数字来衡量，情况就截然不同了，250 万台 PC 的销量让传统的大型机器黯然失色。而个人电脑完全是其内部的微处理器的产物，微处理器在很大程度上决定了它们的性能，以及它们能够运行的软件。

第 10 章

革命，狂飙突进

IBM PC 惊人的成功让这些事成了焦点，尽管美国经济普遍不景气，但它还是卖得飞快，销售了大约 25 万台。对英特尔的前景来说，IBM 依赖于 8088 是一大亮点。低价的个人电脑在工作场所逐渐普及，而 IBM 又是一个熟悉和可信赖的品牌，英特尔从 IBM 使用标准硬件和软件的决定中得到了好处。其他制造商现在可以制造兼容的“克隆机”，其中必然也会包含英特尔微处理器，例如，康柏是从得州仪器分拆出来的一家公司，为自己的便携式电脑选择了 8088。正如戈登指出的那样：“归根结底，相比任何特定的标准，英特尔的利益更多地在于有用的标准。我们是电子革命的军火供应商，我们在这里为参战的部队提供他们打仗所需的东西。如果他们都决定使用相同口径的子弹，我们的工作就更容易。”

其他方面的需求也在增长。英特尔和福特汽车公司达成了一桩巨大的交易。未来 15 年生产的每一辆福特汽车都将在其内部操作中使用 8061 芯片，从而使更高的燃油效率和发动机可靠性成为标准期望。

随着个人电脑的销量快速增长，以及微处理器作为嵌入式控制器在汽车和其他诸多领域的应用不断扩大，戈登面临一个新的但并不陌生的问题：对英特尔作出承诺的客户想要得到某种保证，他们将得到兼容产品的可靠供应。他预计越来越难以满足需求，“我们知道自己能够多快形成产能，而且确定我们无法开始制造人们需要的东西。”

一些客户，比如 IBM，继续明确要求关键零部件必须有第二货源。第二货源起源于晶体管的早期，当时军方处于主导地位，这是常规惯例。对英特尔来说，当需求如雨后春笋般涌现时，答案就是求助于其他芯片制造商。戈登达成了 3 项授权许可协议，设定其他公司作为第二货源。这些交易将提供销售版税；因此，英特尔自身的回报将会令人失望，这比不上能够自己制造微处理器的回报。对于日本和欧洲市场，戈登、富士通和西门子达成了协议，而对于在美国的主要市场，他和 AMD 达成了一项更复杂的、影响更深远的协议。

由前仙童销售明星杰瑞 • 桑德斯领导的 AMD 是个显而易见的选择。它和英特尔同期成立，也专注于 MOS 芯片，最初是做现有产品的第二货源。戈登现在想要一个更广泛的安排，于是他签署了一份复杂的长期技术交换协议，AMD 将获得作为英特尔微处理器第二货源的权利，而英特尔有权获得 AMD 支持芯片的设计。IBM 苛刻的第二货源政策是推动这份技术交换协议的一个重要因素。

如果说英特尔的微处理器看起来前途光明，那么存储器业务则陷入了严重的困境，饱受经济衰退、全球产能过剩、降价以及日本企业激烈竞争的蹂躏。尽管戈登把工厂和设备的开支削减了 2 000 万美元，而且只是最低限度地增加了研发投入，让收入回升到了衰退前的水平，但利润依然大幅下降，英特尔业务中的存储器部分已经变得让人心烦意乱，无法专注于更有利可图的领域和新地盘。而且这是危险的时期，诸如杠杆收购、垃圾债券、放松管制、并购、敌意收购之类的术语是美国金融界的常用语。公司的股价遭到重创，在 1981 年间暴跌了一半，公司慢慢从两年的"惨淡岁月"中挣扎回来，但戈登和董事会都非常警觉，在这种股价降低的时候，恶意收购的风险是相当大的。

DRAM 的惨淡情形已经有一阵子了，但戈登对这个巨大的市场还未放弃。其他人也没有放弃，鲍勃·诺伊斯和他的同事通过对半导体行业协会继续游说美国政府，对日本的竞争者提出法律申诉，抱怨日本的保护主义，谴责日本人以大大低于制造成本的价格倾销存储器芯片。美国失去了自己在半导体技术上无可争议的世界领袖地位，但仍然可能收复失地。戈登认为，"日本的做法按我们的尺度来说可能不公平，但那无关紧要。如果我们要继续英特尔的历史使命，驱动技术革命并将其成果提供给世界，那么我们就必须追求自己的优势和补强弱点。尽管技术和新产品很重要，但单靠它们本身还不够。当客户需要时，我们必须为他提供最高质量的产品和服务。"

戈登决定让英特尔赶紧进入下一代化学印刷技术，并推动新一代更卓越的 DRAM 脱颖而出。他要通过增加对制造技术的重视，来加快技术变革的速度。"专注于执行。"他写道。

大多数芯片现在动不动就号称超过 10 万个晶体管，互补 MOS 只在晶体管真正需要切换时才给它们供电，这提高了效率。英特尔的工程师制造 CMOS 芯片已经将近十年，而这种以前又慢又昂贵的工艺——它做出的晶体管更微小、芯片更复杂，已经变得更快也更便宜了。戈登长期致力于拥有最好的硅印刷技术，他选择了 CMOS 技术，并从 4 英寸晶圆转到 6 英寸晶圆，以开发英特尔的下一代 DRAM，这是一种包含 25 万个晶体管的 256K 容量的设备。戈登更进一步决定，CMOS 将成为英特尔整个制造技术的主线，CMOS 印刷技术既可用于制造 256k DRAM，而且也会用于制造英特尔最新的微处理器。

在蓝天 432 彻底溃败后，为了让英特尔从 16 位微处理器转到 32 位微处理器，戈登让几款产品各自进行设计。其中一个最后被称作 80386，是在位于圣克拉拉的英特尔总部设计的，其目的是作为 80286 的继任者，与之完全软件兼容，但利用更全面的 32 位架构来提供各种功能。这款设计看起来像是有可能在芯片上把晶体管的数量翻一番，达到 25 万个。对于这个数量的晶体管，CMOS 的较低功率要求是非常重要的。

与此同时，另一家公司发起敌意收购的风险仍然很大，以至于戈登写下了一份保密协议并把它留在自己办公室的书桌抽屉里。这张纸概述了他学着进行某种尝试行为——先给谁打电话等。英特尔的股价降低意味着，他通过留存收益和出售股票的传统方式为新的制造能力进行融资是不现实的了。考虑到这些问题，他酝酿出一个救援计划。为了避免敌意收购，并以优惠条件获得新的资本注入以继续扩张晶圆厂，他怂恿 IBM 持有英特尔的大量股权。

在很短的时间内，IBM 就成了英特尔最大的客户。英特尔的微处理器是两家公司相互依存的象征，它是一鸣惊人的 IBM PC 的核心所在。IBM 也依靠英特尔为它别的个人电脑和机器以及附加存储器系统提供微处理器。戈登和他在 IBM 的对口人杰克·奎勒尔还签署过一份第二货源和技术交换协议，其内容跟英特尔和 AMD 签署的那份没什么不同。戈登面临的困难被奎勒尔看在眼里，他问戈登 IBM 可以做点什么来帮助英特尔，这在两家公司之间的关系里属于常规对话的一部分。

戈登给出了一个现成的答案，尽管有点口是心非："你可以借给我们 5 亿美元。"奎勒尔泰然自若地接受了这个请求，而且他是认真的。由于 IBM 在 1982 年的利润高达 40 亿美元（而英特尔只有 3 000 万美元），他有相当多的资源可供支配。借款不是没有可能，但戈登回忆道："奎勒尔和 IBM 的其他管理者决定，'我们不是银行，所以我们认为我们不能借钱给你，但我们愿意做一笔股权投资。'"

起初，戈登不太确定这是他想要的结果。在飞到 IBM 总部与其最高管理层和董事会成员开会之前，他和格鲁夫反复斟酌这个想法。在会上，IBM 提议购买价值 5 亿美元的英特尔股票，并取得 25% 的股权。这项安排包括一笔当场投资和一份认股权证，接下来会以同样的价格买更多股票。

"我们认为这不是一桩很好的交易，因为当时我们的股价低迷。"相反，戈登和格鲁夫主张一个替代方案，IBM 以当前的股价给出 2.5 亿美元的初始投资，取得公司 12% 的股份，而 IBM 最终购买不超过 30% 的股份。"一是，"戈登说，"我们需要钱来进行扩张；二是，防止鲨鱼的最好办法就是待在鲸鱼的嘴里。如果 IBM 拥有相当大的占比，任何人出于不友好的动机而试图收购我们的可能性就相当小了。”IBM 接受了这个提议。从《华尔街日报》到加州《圣何塞信使报》，这则消息占据了全国的新闻头条。对英特尔来说，在这种依然令人焦虑的时期，这个举措为自己提供了喘息和发展的机会。

自助：家族基金会

戈登的儿子们也对公司非常担心。史蒂夫紧张地认为，他父亲在 1971 年 IPO 之前给他的英特尔股票已经很惨淡，可能很快就一文不值了。“英特尔的成长确实很快，它取得了所有这些进展，是美国增长最快的公司。然后它就开始磕磕绊绊，IBM 不得不进来帮它摆脱困境。那是个紧张不安的时刻：‘它会生存下去，还是被人接管？’”

史蒂夫开始在本地的山麓学院学习，他在附近的圣克拉拉大学学习商科时仍然住在家里。戈登从史蒂夫年轻时就开始鼓励他追求科学和数学，但他的微积分学得很吃力。“这条路走不通。为了解出一个问题，我要花好几个小时。”商科是显而易见的替代方案，而且圣克拉拉的教区很小，“我可以做一个通勤的学生，那是让我做出选择的原因。”他天性一丝不苟，再加上严格的学习计划，意味着社交生活几乎无影无踪。“那是求生时期。我不喜欢从 A 滑落到 B，我当然不想得到 C 或是类似的东西。我尽力让自己避免负债累累，我让自己干活干得死去活来的。我从来没有去看过橄榄球赛，我甚至没有跟我爸爸出去钓过鱼。”

在童年时代，他是很喜欢家庭旅行的：“当我 8 岁或 10 岁的时候，我父母买了所有这些装备，我们去露营了一两次。我不觉得我妈妈喜欢露营，她想要有床的地方。后来我们去小木屋，去山里，我的祖母也一起去。我们去徒步远足，在湖上钓鲑鱼，享受户外活动。”

1984 年 6 月，史蒂夫即将毕业，他和父母进行了期待已久的非洲之旅。疾病再次袭来，“我得了严重的肠道细菌感染，我的免疫系统进入某种过载状态，并伤及了我的背部。这更坚定了我的态度：‘你不能把自己的健康认为是理所当然的，而且无论你有多少钱，你也不一定付得起让它恢复的钱。’”病情使他无法寻求固定职业，“我没法起来做一份朝八晚五的工作。”此外，“硅谷受到大裁员的冲击，找工作很难，我也许不得不靠英特尔股票生活一阵子，‘这会值点钱吗？’”尽管他有这些忧虑，但在忧虑面前，史蒂夫还展现出了悠然自得、充满激情的一面，这在他那慎重、节俭的父亲看来完全不合时宜。

第10章
革命，狂飙突进

自打记事起，汽车就成了史蒂夫的心爱之物。他特别着迷于奥本汽车公司制造的流线型、技术先进的Cord品牌汽车，从10岁起就开始攒钱要买一辆。现在，在一个风险重重的时期，他买了一辆1937年产的Cord，当时只生产了1 066辆（如今价值高达17.5万美元），这让戈登很不满。“这辆车出现了，它是本地人的，我把它买了下来。”这与他父母的节俭方式背道而驰，但这也是一个精打细算过的决定。“我知道如果我需要钱的话，随时可以卖掉它。我不太清楚我爸爸是否开心，他以为我是一时冲动，我认为他没意识到我有多么喜欢它。”

除了步他哥哥的后尘去电子行业工作之外，史蒂夫没有明确的就业计划，也许“在某个本地小公司做个较低端的管理工作”。工作很难找，他也继续住在父母家里，“两年来我没做太多事情。我并不是巴不得那样，但当时的情况就是如此。”慢慢地，一个解决方案浮现出来。多年来，摩尔家族一直在支持当地的各项事业，“有了这么多美妙的资源，我们想要回馈社会，”贝蒂回忆说，“我看得到需求——如此多的需求。”20世纪70年代的每一年，戈登都会把他和贝蒂收到的所有财政援助请求放进一个抽屉。在圣诞节到新年之间，“他会把这些请求全都掏出来，把它们在家庭活动室里摊开，看看都有什么内容，”肯解释道，“这不是有部署的战略，我们把它称为馈赠或者圣诞老人慈善活动。爸爸给钱并不要求提供报告或是可以衡量的结果，只是从家庭支票簿上给出去。”

1986年，看到史蒂夫无所事事，一家人决定对他们的捐款进行正式的运作。“总的来说，我们认为必须做点事情，”贝蒂说，“在年底，我们只能通过小信封捐这么多。”一个家族基金会成立了，史蒂夫拥有商业技能，由他来负责很合理。“因为我没有工作——我的背部仍然困扰着我，所以这是启动的好时机。我可以安排自己的时间，如果必要的话我可以去休息。”

自助、在马车队或定居点救助他人、同情那些被紧急情况压倒的人：这些都包含在拓荒者的经历当中。社区意识在佩斯卡德罗和洛斯加托斯是实实在在的。“我的家人从来没有能力做太多的事情，”戈登说，“我们以前去教会相当有规律，事情一定是从那里开始的。随着贝蒂和我在财务上更独立了一点儿，做点事情看上去越来越有意义了。它就这么发展起来了。”事实上，从他们的婚姻早期开始，戈登和贝蒂都表现出了很强的慈善冲动。在教会进行馈赠很快就演变成了别的事情。早在1956年，当他加入肖克利半导体实验室时，戈登就向加州理工进行了第一笔1 000美元的捐赠。到1975年，夫妻俩在加州理工设立了戈登与贝蒂·摩尔工程教授职位。1983年，戈登加入了加州理工的理事会。多年来，一连串的捐赠接踵而至，例如本科生奖学金基金（1985年）、戈登电子材料和结构实验室（1991年），以及戈登工程实验室（1991年）。2011年的一笔6亿美元的承诺，让接二连三的善举达到高潮，这是当时向一所高等教育机构进行过的最大规模的捐赠。

随着戈登夫妇的财富日渐增长，他们的捐赠范围也日渐扩大，而加州理工仍然是戈登和贝蒂共同的情感中心。与此同时，由史蒂夫打理的家族基金会把更多的小笔资金提供给了公益事业，大多数是当地的，它以一种低调的方式促进了变革。未公开的接受捐款者包括伯克利的克洛因公寓合作社，戈登在上学时曾经在那里吃饭。"他们对此从来不会小题大做，"他的老室友罗伯特·诺滕说，"这些捐款有助于定义戈登。是的，他有很多钱，但他为了做好事而把大笔钱财送给人们。"

在运作的第一年，摩尔家族基金提供了大约15.8万美元的款项。十年后，它每年为环境保护、医学研究、儿童健康捐出100多万美元。到2000年，这个数字进一步增加到原来的6倍，戈登·摩尔自己在慈善领域的雄心也大得多了。尽管戈登、贝蒂及其儿子们都同意摩尔家族基金会是慈善捐赠的载体，但在根本意义上，家族基金会属于戈登。他会把自己的多少财产放到里面，这由他独自一人决定。他的家人可能会发表意见，但正如他从娶了贝蒂开始就一直做的那样，戈登牢牢掌握着财政大权。

贝蒂在照顾家庭成员时，实际接触到了护理工作。不仅仅是史蒂夫，戈登的父亲的健康问题凸显了这些挑战，她自己年迈的母亲奥丽芙也承受了关节炎和嗜睡症的痛苦。贝蒂每天5点钟都跟她母亲打电话交谈，"她吃晚饭，在电视上看本地球队比赛，她喜欢球类运动。她甚至看打篮球：'我喜欢篮球；它不断地运动。在冬季，天黑得很快，而夜晚又漫长又孤独。'她很依赖我，我就在那里守着她。我们有一次去澳大利亚钓鱼时，无论我在哪里，我每天晚上都会从轮船上给她打电话。"

艾琳摔了一跤后便开始行动不便，贝蒂雇了一位全职陪护人员。贝蒂的母亲宁愿留在她自己的家里，而且随着时间的推移，她卧床不起了。"我星期天一早会过去，这样我们可以把当天余下的时间留给家人，"贝蒂回忆说，"我们看电视上的宗教节目。"

跑步机、跟进、转型

IBM为英特尔输入的2.5亿美元来得正是时候，戈登马上把钱投入到能够用上6英寸晶圆的新工厂。1983 年，英特尔位于新墨西哥州阿尔伯克基外面的晶圆厂抢先于业内其他公司采用了这种更大尺寸的晶圆。戈登和格鲁夫还把大笔资金用于完善位于以色列的首座海外晶圆厂，而位于加州福尔瑟姆的巨大园区也在进行施工，它位于圣克拉拉总部的东北方向。此外，位于俄勒冈州和亚利桑那州的英特尔基地也进行了扩建和改进。

戈登不仅愿意大手笔花钱——在低谷期进行投资，以及在诸如 432 和“符号”等项目上冒险，而且他还以特有的谨慎方式花钱。这个偏远地区小店主的外孙性格谨慎、生活节俭，财务细节对他来说关系重大，他的家庭账本曾经记录过他自己和贝蒂最细微的日常支出。他一丝不苟，而且在其他事情上也极力主张这种谨慎的做法。肯·摩尔提到，“如果有人需要敲打也想要敲打，或者有人不想被敲打但又需要敲打，爸爸具有通过细节来敲打这些人的能力。”英特尔的理念更倾向于“当下且近似”而不是“过去且精确”，但戈登也很看重“导致可衡量的实际效果的商业态度”。对于戈登来说，可测量性和开诚布公很关键，“开放的关系——开放讨论，不要花招。”他说。

晶圆厂整体来说可能很昂贵，但总能找到减少常规成本的地方。1982 年，戈登告诉他的财务主管，英特尔可以用 1 美元的价钱买 1 双橡胶手套，而不是按以前的 2.5 美元来购买。因为即使是一名很好的晶圆厂操作员，每天也要用掉 6 双，所以这样的经济效果很显著。他频繁地发出备忘录，解决具有很大影响的小问题。英特尔一直让外部来电处于等待，他抱怨道：“我最近拨打了两次我们的通用号码。第一次，响铃超过 20 声之后，我放弃了，第二次在响铃 14 声之后才有人应答。这对于接听外部来电实在太长了。现在是我们该增加接线员的时候了，以便我们能够在响铃 5 声左右就处理所有来电。”

他指出，英特尔处理邮件的效率也不高：“一封寄给董事会的信在收发室里等待分类处理，就这么放了好几个星期。这实际上是一份重要的法律声明，需要迅速处理。收件地址为董事会的任何邮件都应该直接送到我的办公室。对于不符合你的任何标准类别的邮件，应该采用某种程序对其分发进行审查。”

始终一丝不苟的戈登也学会了对人性化的细节多加留意。员工们告诉他，他们的工作场所太压抑了；他写信给他们的经理，“他们对坐在自己办公室里阅读技术杂志感觉很内疚。如果有什么东西能告诉他们，看点正在进行的项目以外的东西没问题，他们会喜欢的。我相信你应该规划一个阅览室来放置适当的期刊和商业杂志。”当一名年轻员工去他的办公室恳求帮助，以克服严重的吸毒问题时，戈登悄悄地给了他一个富有同情心的回应。三年后，这个人写道，“那天当我离开您的办公室时，我的生活中多了几分希望。我洁身自好已经三年了。戈登先生，您所做的就是倾听；那就足够了，为此我全心全意地感谢您。”

在1983年，英特尔开始了令人欣喜的迅速复苏。到了3月份，戈登变得谨慎乐观，“1982年，我表达了自己的谨慎，提到‘即使两只知更鸟也不会带来春天’。今年到目前为止，我会说我们已经看到了大约0.75只知更鸟。”当年的营业收入增长了25%，首次突破了10亿美元大关，利润也实现了飙升。英特尔再次领先，把竞争对手甩在跑步机上。正如戈登在20世纪70年代耗费巨资穿越低谷那样，他重复了这个策略，看到公司在新一轮萧条中强势崛起。英特尔在年初还在实施减薪和中止项目，但“随后洪水来袭！我们争先恐后地试图跟上这次前所未有的需求增长”。进入1983年3月时，“开头像只羊羔，月末像只狮子，而且狮子继续咆哮！”

英特尔的8086和8088微处理器很快就成了100多万台个人电脑的核心。在供家庭使用的更为廉价的PC里，齐洛格和莫斯特克制造的性能较低的8位微处理器也许占主导地位，但英特尔的芯片能够为家庭和工作场所提供相似的性能，它成了行业标准。通过在PC革命中取得这个中心角色，英特尔终于赢得了16位微处理器70%的市场份额。最新的高性能微处理器是80186和80286，其中后者将于1984年发布，它被设计成下一代PC的核心，包括IBM的PC在内。更为强大的80386（这是一款32位微处理器，针对英特尔增强后的制造能力进行了调适）的设计正在进展当中。较低性能的英特尔微控制器也大量涌入工业品、科学仪器、消费电器和汽车里。

随着需求飙升，而且预计还会更大，英特尔再次欣欣向荣。1984年，光IBM就下了一份超过4 000万个设备的巨大订单。激流涌动的不只是经济复苏，正如戈登所说的那样，“这十分普遍：汽车、家庭（刚刚开始）、无处不在的PC及其后续产品。”他通过和AMD达成内容广泛的第二货源协议确保供应后，戈登继续推动产能扩张，以满足预期的需求。至关重要的是让微处理器的跑步机转得更快一些。他指出，“错过一次复苏造成的损失，比在一次低迷中错失机会带来的伤害更大，我们面对着一次真正的挑战和机遇，很少有放松的时候，还有无情的成本压力，但英特尔处于应对的有利地位，尽管我现在想再多要两座工厂。”

引领复苏的是微处理器、微控制器及相关产品，而不是DRAM存储器。在稍长一点的时间里，EPROM 仍然是一项秘密的利润来源（公司把这个设备视为“我们与生俱来的权利”），但英特尔却在重获 DRAM 竞争力的方面步履蹒跚。工程师们正在让一款 256K DRAM 进入制造阶段，但日本的竞争对手已经有东西在销售了。英特尔在用自己最先进的化学印刷技术制造 DRAM，制造的数量比其他产品都要多，但尽管花费了巨大的努力，挣到的钱却寥寥无几。

戈登一路狂奔冲进了 1984 年。和其他每一个芯片制造商一样，他预计个人电脑及其里面的芯片会迎来空前高涨的需求。他还预测，如今更为复杂而且便宜得多的微处理器会保持指数级增长。英特尔也计划继续为专门的控制应用生产更大数量的 8 位和 16 位微处理器和微控制器，这种“边角”设备进一步帮助数字计算进入了工作场所、家庭和政府。

更强大、更昂贵的个人电脑的应用得到了蓬勃发展。1983 年，仅在美国就出现了 60 种搭载英特尔微处理器的新机型，这构成了一个 70 亿美元的市场。康柏为市场带来了第一台 IBM PC 克隆机，它现在的销售额达 1 亿美元。1984 年，IBM 推出了新的型号：IBM PC AT（AT 代表“先进技术”）——与它的克隆机一道，成为工作场所占主导地位的个人电脑。其他电脑厂商，如惠普、霍尼韦尔等，也在它们的个人电脑中采用英特尔微处理器。现在 PC 的营业收入相当于大型机的一半或者小型机的 3/4。

1984 年卖出了 650 万台 PC，在这当中有 200 万台是 IBM PC 及其克隆机，它们的主板上全都带有英特尔微处理器。然而，在所有这些增长和创新面前，芯片厂商再次把期望推高到了九霄云外，这导致了灾难的降临。个人电脑的需求被大大高估，而且很快就饱和了。在 1984 年的下半年，纸牌搭成的屋子坍塌了，包括英特尔在内，业界出现了巨大的产能过剩。“一切都蒸蒸日上，然后当我们正在摩拳擦掌要造出这么大的量来时，却无影无踪了。”戈登说。

和航空公司一样，芯片制造商也要坚持下去。它们投入了巨资，在任何可以发现的地方寻求收入。产品价格一落千丈，即使是旗舰级的 80286 微处理器也是如此。具有讽刺意味的是，虽然英特尔自己可以完全满足实际需求，但它却把 80286 授权给别人，故意造成了更大的产能。由于在定价上几乎毫无控制力，利润也流失掉了。戈登沮丧不已，觉得英特尔被迫放弃的利润有“整整一代。总体需求远远低于我们预期的”。1985 年 2 月，戈登指出，“相当动荡。前景（对我来说）不如平时那么清楚。”在当月的一次发言中，他谈到“业界的工作以纳秒计。所有的东西都被压缩了，就像磁带录像机在快进一样。‘快速变化、瞬间暴富’的环境造成了过剩，我们都试图从中恢复过来。”其他国家“公然盗用”美国技术也没有让事态有所改观，“迎头赶上比保持领先容易得多，”他补充道，“虽然我们在美国半导体行业可能面临着自己最大的敌人，但这并不是我们唯一的敌人。”

正当英特尔再次跌落悬崖时，它跟 IBM 的合同把它从令人不快的崩溃中救了出来。由于两家公司强烈的相互依赖性，IBM 同意从原来 4 000 万个设备的订单中购买 1 700 万个，“很多处理器它并非真正需要，为此它承受了相当大的冲击，”戈登说，“这意味着我们可以把影响轻松地推迟到 1986 年。”在其他方面，如戈登所愿，IBM 的投资奏效了：他有了可以花在工厂和制造技术上的钱，而 IBM 的介入让虎视眈眈的收购者知难而退。即便如此，双方的关系也开始动摇了。戈登和 IBM 的总裁兼首席执行官约翰•埃克斯（John Akers）都是加州理工的理事会成员，“埃克斯来找我，说他们想卖掉持有的股票。我说，‘好吧，但保持 5% 的长期权益。’他们卖到只剩 5%，然后，大概是两次会议之后，他想卖掉剩下的部分。我对他说，‘真该死，去吧！’”

有些人觉得 IBM 已经失去了信心，但对戈登来说，原因很清楚：IBM 自身的财务状况正在开始土崩瓦解。当 IBM 在 1987 年卖出最后一批股票时，它从英特尔身上获得的利润达到 2.5 亿美元。正如戈登指出的那样，如果等得更久一些，“他们本来可以拿走 1 000 亿美元。”

DRAM 决策

当戈登面对自己押宝 256K DRAM 却只得到令人沮丧的结果时，IBM 在 1984 年下半年和整个 1985 年为英特尔提供的缓冲给了他喘息之机。这款 DRAM 代表了复杂度和性能的最佳点以及单位电子功能的最小制造成本。然而，竞争对手的设备的性能完全可以接受，但便宜得多。存储器已经成了一种大路货；竞争完全在于价格。在经济衰退的环境下，日本制造商却一年拿下 10 亿美元，这令人咋舌。“它们的损失是美国公司的两倍，”戈登回忆说，“但他们对痛苦的耐受性更高。”英特尔只取得了全球 256K DRAM 市场的 0.1%，戈登用最先进的化学印刷技术来重获利润和市场份额的策略失败了。英特尔“领先了却绊倒了，投资了却搞砸了，而且发现竞争十分激烈”。

有了质量相当的制造水平和用以夺取 DRAM 市场的激进定价，诸如日本电气公司等令人生畏的日本竞争者也在朝着戈登钟爱的 EPROM 挺进。对于英特尔的存储器业务，戈登面临重大决策。他接下来该怎么办？继续做 DRAM，这很有诱惑力。英特尔的“俄勒冈帮”最近做出了下一代的 1Mb DRAM 芯片，它可以把功能电路做到 100 万分之 1 米那么小，并在 1 美分硬币大小的面积上放置超过 1 亿个晶体管。“这是最先进的设备，”戈登回忆说，“我们必须决定用它来做什么。”

放眼望去，戈登看到，有两件事一目了然：需要投资和缺乏回报。“要再次成为一个重要玩家，我们必须要以大约 4 亿美元的成本建造两座新的晶圆厂。”然而“没有人在 DRAM 上赚钱。我们有资金进行投资，但从中得到回报的可能性看起来小得可怜，因为 DRAM 价格已经崩溃了。”存储器这种产品曾经有足够的数量来驱动英特尔的生意，“当丧失了这种优势时，我们知道该退出存储器业务了。这个论证在于，因为存储器是技术驱动者，所以你得做存储器生意。但我们看到 DRAM 朝一个不同的技术方向走了。”

戈登和格鲁夫反复斟酌这个观点。在戈登的心里，DRAM 意义重大。此外，英特尔的营销负责人认为，为客户提供从存储器到微处理器的全套芯片是必不可少的，而英特尔拥有最新的 CMOS DRAM，这是独一无二的。不过戈登还是摆不平数字，似乎没有办法让进一步投资取得回报。格鲁夫向他的老板提出了一个问题，最终了断了这件事：“如果你是从外面来的，穿过这扇门来经营公司，你会留在 DRAM 业务中吗？”戈登怔了一下，然后回答说：“不会。”在这个“旋转门”时刻，答案清晰地浮现出来，英特尔到了退出 DRAM 市场的时候了。

这个结果深刻而且直接。放弃投资意味着，英特尔的未来会比以往任何时候都更紧密地和微处理器结合在一起。戈登现在做出了一个重大的战略决策：把他在俄勒冈的人力转向新的重点，这个团队将把英特尔强大的 32 位微处理器 80386 用 1 微米的 CMOS 技术做出来。在“也许是我们做过的最重要的战略决策”中，为了改进硅印刷技术，英特尔最先进的微处理器将取代存储器，成为持续推动的焦点。

“我们在微处理器上集中了一个非常好的技术开发团队，”戈登回忆道，“把重点放在那里，是存储器决策最重要的部分。”DRAM 是英特尔的“第一个大赢家”，但戈登老练地紧跟新形势，而且并未心怀遗憾。“如果我们继续在 DRAM 上竞争，我们就无法在微处理器上那么积极进取了。”他也承认，此事在一定程度上已经不在他的掌握之中：“影响英特尔生意的一个最重要决定甚至不是由英特尔作出的。这个决定是 IBM 做的，当时它决定把英特尔的 CPU 用于自己的个人电脑。”这件事的意义超过了其他任何事情，它帮助英特尔把注意力集中到自己的微处理器业务上，并且“推动了其他关键决策，这些决策影响到了公司迄今为止的形式和重点”。其他美国芯片公司也退出DRAM市场并消亡了。在西格尼蒂克，戈登的儿子肯经历了“两轮裁员”，但设法保住了自己的工作。

戈登输掉了他在DRAM上的赌注。要在下一代兆比特产品上成为重要的参与者，面临着数亿美元资本投入的需求，他选择了退出DRAM，放弃了在半导体领域具有最大市场规模的产品系列。“幸运的是，在英特尔，我们可以去另一个地方。”许多生产工人就没有这么幸运了，英特尔需要让产能和劳动力与现实需求保持一致。戈登批准了永久关停现已过时的古利弗莫尔晶圆厂，关闭其他一些设施，并裁掉4 000名员工。

尽管预期令人泄气，但PC的生产和销售仍然持续上行。386被安排进入常规生产，戈登对其寄予厚望，希望电脑制造商把它用于下一代IBM PC兼容机。康柏是克隆机的领先制造商，其市场份额已经达到IBM的一半，它签了一份386的订单，用于它为1986年规划的PC系统上。IBM决定坚持使用286，戈登认为它“放弃了领导地位”。他们“认为我们做不出386，所以他们没有围绕它进行设计”。

独家供货

所有人的目光现在都落在386和它的前景上。它兼容运行在英特尔前代微处理器上的软件，为下一代IBM PC及其克隆机提供了能够与先进的小型机相匹敌的计算能力。英特尔号称386是个“爱心工程、计算领域的罗塞塔石碑（Rosetta Stone）①”，它的开发花费了1亿美元，这种“摩尔定律的最新体现”将“轻松击败大型主机和小型机”。386可以为用户提供图形用户界面（GUI），就像苹果的麦金塔（Macintosh）电脑一样。微软推出了它与对手进行竞争的GUI，即Windows 1.0，它被设计成运行在英特尔微处理器上。按照戈登的说法，更老旧的“恐龙们”现在将让位于“软件之鹰。硬件到位了，应用软件是关键。当鸟儿在未来几年内羽翼渐丰，它就会飞起来”。

戈登的资深同事们也在努力思考前进的道路。大卫·豪斯（David House）负责微处

① 罗塞塔石碑是一块刻有古埃及国王托勒密五世登基诏书的黑色大理石石碑，碑上用古埃及象形文字、埃及草书以及古希腊文刻着同样的内容，因此近代的考古学家通过对照不同文字，解读出已经失传的埃及象形文字的意义与结构，从而推动了日后的古埃及历史研究。“罗塞塔石碑”也被用来比喻解决一个难题的关键线索或工具。——译者注

理器业务，他由衷地厌恶第二货源的行业惯例。他不肯把 386 授权给 AMD，而且相信如果英特尔成为其微处理器的唯一货源其实可以过得更好，便开始寻找摆脱公司间协议的出路。英特尔最近在制造技术上的改进，增强了他的信念。

克雷格·贝瑞特是这个领域的负责人，质量差距显然是由日本人带来的，他做了大量的工作来解决这个问题。对于标准的日式程序——一丝不苟地清理制造中的所有方面并实施质量控制的统计监测，他加上了自己的纪律：精确复制（copy exactly）。在一个团队开发了一种成功的新技术并让一款芯片以很好的良率投产时，整个过程被记录在案。这条生产线的精确副本就会被用于其他晶圆厂，而整个大批量制造也会采用完全相同的程序。如此纪律严明的、可扩展的生产能力给豪斯带来了信心，使他确信英特尔作为唯一货源能够繁荣兴旺。

在特德·詹金斯的协助下，豪斯在 AMD 交易的复杂的技术信用系统发现了一个突破口。如果英特尔对 AMD 的支持芯片给出严厉的负面评价，它就不会对 AMD 亏欠 386 的权利。戈登对此乐于接受。他曾目睹仙童通过平面晶体管和平面芯片取得的成功，也看到过当加拿大的第二货源 MIL 退出 1103 DRAM 的供应时，英特尔获得了自身的垄断地位，他知道这种情形可以带来滚滚财源。成为 386 的独家货源将是一个复杂而野心勃勃的举动。另一方面，如果英特尔能够做成这件事，这会带来一座金矿。英特尔将拥有垄断地位，主宰个人电脑的微处理器。由于微软领先的软件针对英特尔的微处理器进行了专门调适，所以个人电脑用户会有极大的兴趣继续使用微软的软件和英特尔的微处理器。他们知道软件如何工作，他们在这上面投资了数百万美元，在 Wintel 上的这种长期投资带来的动力会十分强大。

戈登和格鲁夫、豪斯、贝瑞特以及英特尔的其他高管和董事辩论清楚了其中的利弊，个人电脑中的 Wintel 动能的力量看来压倒了 386 缺乏第二货源的任何反对意见。戈登对此解释得很简单："我们推测，软件足以成为一种锁定方式，无论如何他们都将不得不从我们这里购买处理器，即使我们是唯一货源。"他决定打破与 AMD 的协议，并成为 386 的单一货源。如果这个策略失败的话，英特尔自身可能会一败涂地。如果策略奏效，英特尔就会在个人电脑革命的心脏地带拥有事实上的垄断地位，能够掌控其微处理器的价格和利润，这是前所未有的。

他的一些同事认为，只有存在第二货源，客户才会采用 386。说服他们花了一些时间，戈登回忆说，有个人无法理解“我们不打算让任何人做第二货源”这一策略。最终，英特尔的高管都同意了。有了386，他们要单干了。戈登回忆道：“有600家来自中国台湾的微处理器公司试图进入PC业务，但那里没有一家公司以前有人听说过。我们决定成为知名品牌，而且是单枪匹马地干。我们认为，即使我们是唯一货源，PC市场的支离破碎也足以让我们获得大量的设计赢单。如果我们无法提供每个人所需的全部386，行业也就是缺货而已！”

英特尔希望尽可能久地作为386的独家货源，最好是永远。“我们在前一代已经被灼烧得太惨了，而PC业务正在发生变化。”戈登此前孤注一掷，把自己的赌注押在一款新的256K DRAM上，但失败了。现在，紧随其后，他再次赌上公司的身家性命，冒一次跟他的技术知识相符的风险。这一次，成功随之而来。在领导团队的支持下，戈登的决定不亚于了启动了英特尔的再造。

Wintel 救援

当英特尔翻过1985年的一页时，收入从16亿美元下滑到了13亿美元，价格崩溃致使利润从近2亿美元缩减到只有200万美元。“在我从业的30多年里，这次的中期展望是最糟糕的，”戈登在给一位记者的信中写道。在接到一个为高管人员创作肖像的请求时，他回答说：“由于行业的压抑状态，我们不可能在可预见的将来为任何此种活动给予认真考虑。”

更多的麻烦来了，英特尔自食苦果。EPROM的价格从30美元下跌到3美元：盈利变成了近2亿美元的亏损。戈登后来给1985—1986年打上了“我们历史上最艰难时期”的烙印，英特尔“浴火重生”，进行了数以千计的裁员，经历了规模空前的动荡。1986年3月，他用一副《远处》（*Far Side*）的卡通画跟股东打趣，一语双关地说：“图景相当凄凉，先生们。世界气候正在发生变化，哺乳动物正在接管世界，而我们全都有一个核桃大小的大脑。”然而英特尔是个变化的大师，而且戈登仍然坚信未来十年将是一个令人兴奋的时期。他的预感已经被客户采用386的节奏所证实；1986年，买家们为市场带来了约30种包含386的产品，而英特尔记录下了200个新的设计赢单。

1986年9月9日在纽约市举行了一场活动，这是一个标志性的时刻，它带来了对一个更美好的未来的暗示。康柏为自己的最新PC，即Deskpro 386举行了一场规模宏大、炫丽浮华的产品发布会。正如这个名字所暗示的那样，它是围绕着英特尔的386来制造的，而且迅速取得了巨大的成功，在上市6个月就销售了50 000台。和康柏的首席执行官一起登台为新品进行揭幕的是比尔·盖茨（代表微软的Windows软件）和戈登·摩尔，他代表英特尔的微处理器硬件。在那一刻，Wintel掌控一切！未来25年，英特尔的微处理器和微软的软件将共同主宰PC世界，正如PC本身成为无处不在的促进者，推动了家庭互联网流量、万维网、社交媒体、通信的发展，并让破晓而出的电子世界统治了物理现实，成为人类体验的首选场合。就像戈登经常宣称的那样："我们身处于变革社会的业务之中。"

这次发布也让戈登·摩尔这个喜爱测量和分析的人豁然开朗，自诩的"计算机迷"本身终于成了一名PC用户！他解释道：

> 我们公布了386，而康柏在这上面赌上了他们的公司。我在他们的纽约新闻发布大会上发表了讲话，为此他们给了我一台电脑。我突然有了一个有趣的程序，还有一台基于386的电脑。我想，"我应该学习一下这些东西究竟有什么好处！"我发现电子表格非常奇妙。我来回摆弄Lotus 1-2-3，它相当不错。不久，我就有了Excel，它的使用容易得多。我仍然热爱电子表格。

"那是我亲自使用电脑来理解它能带来的真正贡献的时候，"他在7年后说道，"这最初需要做点工作，但得到了一种振奋人心和富有成效的新工具。"

戈登的计划是通过退出DRAM生产，同时独家供应386来重振英特尔，如果人们对此还有任何疑问的话，PC的成功把所有疑虑都一扫而空了。1987年，这个市场一下子爆发了，市场规模超过200亿美元，几乎和大型主机并驾齐驱。在当年销售出的900万台PC中，英特尔微处理器为其中2/3的机器提供了核心。基于垄断的利润为英特尔带来了惊人的复苏，营业收入接近20亿美元，利润创下了2.5亿美元的纪录。股价翻了三倍，戈登的个人财富迅速增值。

全世界越来越认识到，"电子技术对未来关键产业具有战略性重要意义。"变革带来了机遇。戈登在一次演讲中指出："彼得·德鲁克说，'企业家寻求变革，对它作出响应，通过把资源从低生产率的领域转移出去，在生产力和产量更高的领域得到收获，把变革转化为机遇。'我们不必非得千辛万苦地寻找契机，而我们确实担当了企业家的角色。结果正在开始显现，我们有史以来第一次对定价有了一定的控制力。我们利用独家货源的优势来获得稳定的价格，运转得极其出色。”不提供 386 第二货源的决定是关键所在。

1988 年，戈登在英特尔 20 周年庆典上发言，对公司走过的漫漫长路进行了追溯。他、诺伊斯以及第一批员工就像是“1849 年的移民”，追随着“充满希望的方向”，在发现“比他们梦想的多得多”的同时，集中精力求得生存。英特尔已经给世界打下了一个重大的烙印，“我们的产品已经缔造了全新的产业。”考虑到太太贝蒂所做的贡献，他对配偶、家人和朋友们付出的牺牲进行公开致谢——他们常常无法分享我们的成功在精神上带来的回报。

诺伊斯现在远离了英特尔，负责一桩针对日本芯片制造商的产业诉讼，控告它们以低于生产成本的价格倾销 EPROM。Sematech 是一家由政府资助的行业论坛，它开发未来技术以树立美国的优势，他作为这家机构的负责人，也在寻求对美国政府施加压力，使其与日本进行谈判，以结束芯片价格战。短短 3 年之后，诺伊斯死于心肌梗塞，享年 62 岁。

戈登也已经走过光辉岁月了，尽管这一点在当时并不清晰。在一个激烈竞争、不断创新的行业，一家财富 500 强公司的首席执行官不可避免地要背负压力，这股压力日益繁重。“我可能已经变得有点懒惰了，”他后来坦承，“跳上飞机去跟一个心怀不满的客户会谈，这越来越没有吸引力了。我们已经度过了这个可怕的时期，事情已经稳定下来，而且很显然正在起色。我们有新产品在那里，而且它在市场上被广泛接受。”在商业周期中，英特尔正处于一个最佳状态。

第 11 章

Moore's Law
The Life of Gordon Moore,
Silicon Valley's Quiet Revolutionary

向前进和向外走

董事会主席

微处理器与 PC

戈登·摩尔扭转了英特尔的形势，自上市以来，英特尔在 1986 年首次出现亏损，却在 1987 年取得了创纪录的收入和盈利。关键性的决定——结束 DRAM 业务、继续投资于先进制造技术、致力于成为 386 微处理器的单一货源，带来了惊人的结果。戈登眼看着英特尔度过了“我们历史上最艰难的时期，经历了我们以前未曾体验过的大规模动荡，”但他把战略重点聚焦于微处理器和为 PC 行业提供领先产品，这个做法收到了成效。他再造了英特尔十年前极为享受的境况，当时它是 1103 DRAM 和 EPROM 的单一货源。

然后，1987 年，在旧金山泛美大厦举行的英特尔高管年度晚宴上，在他漫长的首席执行官任期中最志得意满的时刻，戈登把自己的责任连同聚光灯的所有光芒——他从来不喜欢这种耀眼的光芒，都转给了安迪·格鲁夫。出席了晚宴的克雷格·贝瑞特说，戈登“站起身来，拿出新任首席执行官的岗位让安迪大吃了一惊”。然而，交接远远不是退场。相反，通过留任董事长职位，戈登希望保留自己的战略性和技术性角色，同时摆脱那些管理责任，他对此从来没有什么太大的胃口。

为什么现在进行变更？凭借一款受欢迎的产品，英特尔正在回归垄断的红利，然而这不是过去的重演，而是一页截然不同的篇章。6年后，在英特尔创立的头一年就加盟公司的人已经所剩无几，莱斯·瓦达斯是其中之一，他以这种方式对变更进行了总结："我们已经从一家存储器和逻辑产品供应商转型了，现在我们本质上是一家带有不同色彩的计算机公司。"戈登曾长期抵制英特尔成为一家电脑公司的想法。格鲁夫解释说："戈登始终把重点放在硅技术上，只要公司是由硅定义的，他就是公司的领导者。"相比之下，"他从未对微处理器业务感觉自如。"

这种简洁的表述包含了一个基本事实，即在20世纪80年代末，英特尔的性质正在发生转变。此前，核心战略是推进制造技术，并用越来越小、越来越便宜、越来越快的晶体管把竞争对手置于跑步机上。现在，随着PC成为中心舞台，未来的关键则在于Wintel组合的优势：微软的软件加上英特尔的硬件。英特尔作为单一货源的地位，其盈利能力基于一种观念，即386微处理器将会被占据主导地位的IBM以及和IBM兼容的个人电脑广泛采用。反过来，这取决于复杂的因素，它远远超越了硅制造技术。PC的角逐事关电脑制造商、软件开发者以及客户之间凌乱而多变的分分合合，而在这场角逐中，Wintel是王牌组合。

对于Wintel的成功，重要之处在于，在供应商和消费者当中，存在着保留前期投资价值、同时通过新的软硬件获得性能改进的愿望。价格主张也同样重要。通过386，英特尔提供更多的按美元计价的计算能力。自从286出现以来，每晶体管制造成本已经下降了10倍；386的晶体管数量近乎翻倍，而且以大致相同的价格提供5倍的计算能力。对消费者来说这看似赠品，但对英特尔来说，386仍然是个盈利极为可观的产品。这是摩尔定律的一个完美例子：持续的大幅进步令它们的成本不可遏制地下降。

鉴于英特尔的新现实，与微软的比尔·盖茨的谈判和协作变得更为必要和深入。戈登从20世纪80年代初第一次遇到盖茨起，就得出结论，格鲁夫的侵略性自成一格，他能够更好地对付微软神童。戈登对一次早期的互动记忆犹新：

> 盖茨打电话给我，对我们正在做的事情来来回回地跟我嚼舌头。他说我们在偷他们的软件，以及其他类似的断言。他有很多非常具体的投诉内容。我应付不了这个家伙，所以我把他交给了安迪。格鲁夫拉上他吃饭，他们一拍即合。

第 11 章
向前进和向外走

盖茨过去经常在每次会议开始时抛出一段长篇大论的指责，令人极为震惊，以便他对所发生的事情取得完全的控制。最后，我们明白过来，在他的长篇大论之后，我们就可以言归正传了。

对于电脑软件的细微差别，戈登的兴趣远不如格鲁夫。对格鲁夫来说，他认为戈登做决定的时机与微处理器的性质和进化密切相关：“戈登是英特尔上半场的幕后主谋，英特尔是计算机产业的幕后主谋。他和大规模生产的复杂集成电路息息相关，没有这一切的话，微处理器甚至不会成为一种想法。但是，微处理器本身并不是戈登的事情。微处理器已经改变了一切。你必须非常小心地推进它，以军事行动的精确度来推进。这是个极为错综复杂的博弈论一类的游戏，我应对自如。”

随着 1988 年的营业收入跃升至近 30 亿美元，利润几乎翻番，超过了 4.5 亿美元，戈登把再造英特尔的赌注押在独家供应微处理器并放弃存储器上面，这个决定得到了肯定。“当你是个初创公司时，你必须在你所做的很多项目上把公司赌上去，”他解释道，“当你变得更大时，如果可以的话，你就只想拿半个公司去赌。另一方面，你得不断地追求。”尽管 IBM 使用英特尔的微处理器和英特尔退出 DRAM 市场看似两桩彼此独立的快速举措，但他说，“真的不是那样。它们是一系列决策，并最终导致了戏剧性的结果。”

戈登在半导体技术的核心领域从业已达 30 年之久，其间的经历表明，一家公司如果有一种能够执行标准功能的改良芯片、优化化学印刷技术并成为其单一货源，就会拥有一项重大的竞争优势和不可思议的利润潜力。领先的技术为产品及其特性打开了新的可能性，这是成功的关键。相比之下，创新性的“先发优势”往往很短命，由一家公司首创的标准芯片很快就会变成可替换的大路货，许多公司都在提供。戈登的廉价硅片，即使用微处理器作为嵌入式控制器的理念，就遵循这个模式，但现在可以看到，对于个人电脑里的领先微处理器，这种模式不再成立。相反，英特尔拥有一个真正的机会，去干扰、延迟，甚至防止其成为大路货的进程，并因此希望保持自己的优势。

在对英特尔的产品进行营销时，有一组要素在这个新的格局中起到了作用。其一是设计成本不断攀升。芯片工程师在纸上设计出一款微处理器或者在大张塑料红色薄膜上为光刻掩膜进行剪切设计的年代已经远去了。现在设计一款像英特尔的 386 这样有 25 万个晶体管的微处理器，成本在 1 亿美元以上。为了创造一颗用作个人电脑核心的芯片，需要密集地使用计算机，以及很庞大的一组工作人员。这样的设计、工具和人力成本，让许多潜在的竞争对手对这个市场望而却步。

另一个要素是不断增长的晶圆厂成本。领先的生产设施需要超洁净的环境、昂贵的生产工具和仪器、超纯化学试剂、海量的高纯水以及用量惊人的电力。到1987年，一座晶圆厂的成本已经上升到2亿美元，而不到20年前这个数字还只是100万美元。如果英特尔想成功地制造出更小、更便宜的晶体管，并提高芯片的容量和性能，从而继续降低电路的成本，它几乎无从选择，只能投资于新的、更先进的晶圆厂。对于其他公司来说，这又是一个进入壁垒。

有一个事实进一步利好英特尔，它现在拥有塑造市场的能力。到了1984年，微处理器是任何新PC的定义性特征。它居于一个色彩斑斓的系统的核心，为可能的内存芯片、存储系统和商业软件定了型。每3年左右就会引入更先进的微处理器和更复杂的个人电脑，PC行业的产品进度表显得生气勃勃，为微处理器设定节奏的英特尔处于强势地位。

在英特尔新获得的能力中，抵御产品变成大路货的最后一个要素是最直接的：历史的动力。在1981到1987年间，个人电脑的消费者在软件和外围设备（如打印机）上总共投资了数十亿美元，这些软件和设备只在IBM和IBM兼容PC上运行，也就是说，只在英特尔的微处理器上运行。这种依赖性造成了巨大的诱因，使消费者继续购买采用了英特尔微处理器和运行在微软的软件上的电脑：Wintel组合。

风险和RISC①

戈登开始相信，英特尔作为386的单一货源地位会持续相当长的时间。公司享有独特的地位，不依赖于任何单一客户，它传奇性的制造技艺令其更加一帆风顺。此外，由于有版权的微代码提供了法律保护，英特尔可以防止其他制造商复制它的微处理器。

当AMD的首席执行官杰瑞·桑德斯看到自己显然不会被邀请作为386的第二货源时，他决定迫使英特尔马上表态。他对全面技术共享和第二货源协议的分歧提起了法律仲裁。1991年，经过一场苦战之后，AMD终于赢得了将英特尔微代码用于自己的386版本的权利，但由于法律程序的拖延——这对英特尔有利，AMD落后了4年。英特尔已经为自己的486形成了单一货源垄断，它有超过1亿个晶体管，能够提供超出近4倍的计算能力，

① 这是作者的文字游戏。“风险”的英文原文为“Risk”，发音和RISC一样。——译者注

而价格与 386 相仿。1990 年，IBM 在自己最新的 PC 里采用了 486，其他 Wintel PC 制造商也如法炮制。AMD 在 1993 年推出了自己的 486 版本，但英特尔保持着领先地位。

到 20 世纪 90 年代中期，英特尔控制了 80% 以上的 PC 微处理器市场，一直到写这本书的时候，它都保持着这个地位（其间有一些波动）。近三十年来，该公司作为 Wintel 微处理器的单一货源及其在遵循摩尔定律方面的领先地位，令其竞争对手面临着令人生畏的前景。每隔几年，英特尔就会发布一种新的、更先进的微处理器，而成本几乎没有增加。基于化学印刷技术的一种新形式，每个版本都会以大致相同的价格提供大幅增加的计算能力。在戈登任董事长时，安迪 • 格鲁夫使用一切可能的法律手段和营销策略来维持这个极为有利的地位，而他的继任者们也如法炮制。

尽管进入英特尔主导的市场存在着真实的壁垒，但公司远非安全无虞。它的历史动能是个很强大的优势，但这种优势并非绝对。公司只要在硅技术或微处理器设计上栽一个大跟头，就会成为竞争对手的猎物，这其中包括几家队伍精干、行动敏捷的初创企业。有一段时期，两家公司成了关键玩家：太阳微系统（Sun Microsystems）和 MIPS 计算机系统（MIPS Computer Systems）。这两家公司都是在其创始人在斯坦福大学从事的研究课题中应运而生的，而且两家公司都提供商业微处理器，对英特尔的产品线和占主导地位的 Wintel 模式构成了直接挑战。

太阳微系统和 MIPS 引入了“精简指令集计算”，简称 RISC，这实际上意味着新的设备可以通过执行相对简单的指令来运行计算机。英特尔的工程师在开发他们的后向兼容的微处理器产品线时，使用一份不断扩展的特征列表，以使软件程序有效运行并提高计算机的性能。与之相反，RISC 的办法是采用数量较少的指令，它们被设计成让微处理器更容易执行。为了克服成本壁垒，太阳微系统和 MIPS 把制造环节外包给外部的晶圆厂，或者叫“代工厂”，比如台湾半导体制造公司（Taiwan Semiconductor Manufacturing Company，台积电），它已成为全球最大的半导体公司之一。富士通和东芝等老牌公司也提供代工服务，并制造了许多早期的 RISC 微处理器。RISC 公司渴望在性能和成本上与英特尔一决高下。

通过放弃 DRAM 和存储器并聚焦于为 PC 微处理器独家供货，戈登大大减少了此前来自日本竞争者的威胁，但国内的竞争对手依然令人不安，尤其是 IBM 和摩托罗拉。IBM 正在为自己的 PC 开发一种强大的、超高速的 64 位 RISC 微处理器，而市场份额虽小但执着的苹果电脑，在其麦金塔电脑中采用了摩托罗拉很受欢迎的68000系列。有这一切竞争对手在，安迪·格鲁夫需要一系列令人无法抗拒的微处理器产品。

戈登作为董事长，在他的引导下，格鲁夫继续投资于推进化学印刷技术，即“伟大的降成本机器”。在1987年之后的4年里，英特尔的收入翻了一番多，达到将近50亿美元。利润是原来的3倍多，达到8亿美元，股价也继续攀升。同样在这些年间，安迪·格鲁夫花了多得令人难以置信的钱，用于追随戈登的技术战略。到1991年，PC行业的收入是390亿美元，销售了2 000万套系统。多年以后，戈登说：“自从1985年以来，我们的运转棒极了，我们运用单一货源地位获得稳定的定价，而不是激进地用它来试图阻止进步。我们一个处理器的平均价格下降了40%，这令人不快，但那是竞争的本质。我们找不到另一个微处理器式的突破性创新，但不为386提供第二货源的决定是英特尔成功的关键之一。”

电子产品统治一切

美国军方早期的计算机网络提供资助，比如SAGE防空系统和ARPANET。现在，采用通信链路，个人电脑开始在工作场所内被连接起来。各类机构逐渐放弃小型机甚至大型主机，它们开始选择“客户端–服务器”模式，将其PC和专用服务器进行联网，可以提供高水平的计算资源。

1991年是万维网的开端，它是一个在互联网上进行数据交换的协议、语言和做法的系统。在整个20世纪80年代，电子信息不断地改变人们的生活体验。由于长途电话和较短途电话的价格下降了60%以上，美国人对电话的使用比以前更多了，平均每天打5个电话。由于有了应答机，它重新定义了未接来电的性质，而且允许呼叫过滤等新的做法，芯片对这些众多的呼叫提供了控制功能。截至目前，还只有非常少的美国人口（1%）使用移动电话，要么是砖头似的可携带手持机，要么是安装在汽车里。

在美国家庭中，电视和收音机——大规模单向电子通信现在已经成了传统技术，接近饱和。有线电视提供商服务于大多数美国家庭，大部分电视机都是彩电。到1990年，近70%的美国家庭拥有盒式磁带录像机（从10年前的1%增长而来），对于看什么电视和什么时候看，消费者有了控制权。其他基于芯片的消费类产品和电子信息也迅速激增，现在4/5的美国家庭拥有一台微波炉，而灶具和烤箱也越来越多地带有电子化的控制和时钟功能。可以连接到电视机的视频游戏系统在家庭里流行开来，视频游戏系统的年销售额接近 40 亿美元。

数字钟表现在很便宜了，曾经一度是奢侈品的电子计算器也被当成促销品来送人。全数字音响系统，特别是压缩光盘，开始取代黑胶唱片、电子留声机和磁带播放器。歌曲和声音的数字表征现在可以在一张塑料盘上进行编码，并用激光读出来。家用摄像机开始积累素材，作为胶片摄影的补充，成了美国人保留他们个人历史的一种方式。低成本为视频节目和项目的业余创作者开辟了新机会。

所有这些新设备带来的一个结果就是，屏幕时间——美国人花在看电视、观看 VCR 录像、玩视频游戏或使用个人电脑的小时数，大量增加。到 1990 年，美国公民平均有 40% 的清醒时间被用于接触电子化的现实。只有 15% 的美国家庭尚未拥有一台个人电脑，但随着苹果麦金塔电脑对“图形用户界面”（或者简称 GUI，它用窗口和办公桌来做比喻）进行了更广泛的介绍，电脑日益变得以屏幕为中心，大多数家庭计算机用户依赖于商业软件来提供操作系统、游戏、文字处理和电子表格。

在美国的工厂里，晶体管和芯片被用在进行制造的工业机器人里，由数字计算机控制。电子仪器、传感器、控制器和数字计算机成为化学工艺操作的关键，制造从石化产品到花生酱的所有产品。美国的金融和银行部门受到的影响同样深远。自动取款机也就是 ATM 变得普遍，它们替代了出纳员的位置，并提供 24 小时银行服务。纳斯达克和其他美国市场也电脑化了，证券通过计算机网络进行高速交易，而不是在纽约证券交易所的大厅或芝加哥商品交易所的座位上进行。电子信息变得无处不在。

路线图

作为英特尔的董事长，戈登并没有退得很远。“我所做的没什么太大的不同。我只是不再需要为它那么担心了。”他说。多年来，他通过安迪·格鲁夫的诠释能力和粗暴效率来影响英特尔的方向。有人问他是如何转换角色当上董事长的，戈登给出了一个拐弯抹角的回应：“有人曾经对我说，首席执行官的工作就是去干他找不到别人来干的任何活儿；这或多或少就是我走向这个岗位的方式。”他以标志性的面无表情，对自己的辉煌战略轻描淡写，“对于产品线应该往哪儿走，或者行业应该怎么发展，我有些想法。我尝试推动英特尔长得更大一些，变得更盈利一些，并且让客户开心。”

就像他父亲一样，戈登对时间非常留意，总是小心翼翼地不在自己不擅长的事情上浪费时间。当回顾1987年以后，他对英特尔事务的参与是否有减少时，他说："我仍然每周都花很多时间在那里。我本来希望花的时间少一些，但我从来没有找到如何在这个行业从事兼职工作的办法。"不过，有格鲁夫牢牢掌权，戈登可以对外部事务做出更积极的贡献。他同意为半导体行业协会担任为期1年的主席。

鲍勃·诺伊斯早先曾搬到得克萨斯州的奥斯汀，担任Sematech的创始首席执行官，这个组织的创建是为了捍卫美国在硅制造技术的领导地位。Sematech的目标是开发新一代生产工具和材料。在英特尔，戈登和诺伊斯已经养成了创建时间表和详细行动计划的习惯。这是一种重要活动，是看待事物的一种方式，戈登用它来推动技术开发并让竞争对手留在跑步机上。"在20世纪80年代，我们开始称之为路线图。我们会规划两三代技术，并将产品和技术进行匹配。"另一个组织是国家半导体顾问委员会，也在编制一份雄心勃勃的长期计划，要让美国生产商跳到日本人前头去。

当戈登作为SIA主席的12个月任期结束时，他担任了一个新的技术委员会的主席，全面负责开发产业化学印刷技术的路线图。他清楚地看到了协调的必要，技术的复杂性已经超越了单独一家芯片制造商自己的应付能力，甚至连英特尔也是如此。专注于战略的联盟和协调，以使更长期的行业目标与个别公司的短期计划紧密配合，这是他的第二天性。戈登在德克萨斯州的艾文市召集了一个工作坊，有超过170位半导体专家参加，分组委员会的会议开了好几个月。其成果是1982年底的一份SIA报告，里面包含一系列的材料。

SIA的路线图本质上是一个电子表格，类似于戈登的记账笔记本的电子模拟物。行列纵横的格子里满是下一代化学印刷技术的规格构成，以及随之而来的各种需求。为保持摩尔定律的节奏，需要准备什么以及什么时候准备好，路线图对此作了定义。它涵盖了从硅晶体生长直到最终的封装测试，以及这个过程中的所有内容。"盖瑞·帕克曾经管过我们的制造业务，我是从他那儿头一回听到路线图这个说法的。对于如何让事情相互配合，他的观点相当棒。当我成为SIA委员会的主席，要操心技术时，我采纳了路线图的主意。"

路线图用来协调专业公司的活动，这些公司是业界供应商。迄今为止，芯片制造商采用一种非常特殊的开发节奏：大约每3年出现一代新技术。把芯片的最小功能单位缩小 30%——这被称为缩放比例，可以使英特尔和其他公司制造出复杂度比前一代至少翻番的芯片，并由此获利。戈登的报告号召这种变革步伐在之后 15 年会继续下去，并强调长期的技术问题是行业需要关注的，同时他也呼吁尽量减少不必要的重复劳动。“有些事情必须在一个适当的时间尺度上发生，并且一起纳入进来。”为了推动技术向前发展，以高良率交付更小的功能特性，并确保规律的指数级变化的现状，信息交流就变得至关重要。戈登知道，制定路线图的行动如今要协调几百家公司，它们的工作和产品五花八门。路线图作为一个持久参照物的价值是次要的，协作才是关键。

“人们对于行业要做什么事有了很好的了解。路线图处理的是英特尔不会拥有知识产权的领域，这使我们更愿意确切地规划应该做什么。”对这种持续进行的努力，即国家半导体技术路线图，SIA 承担了整理和出版的工作。它开门见山地介绍道：“这个规划的最基本假设是摩尔定律的延续。在可预见的未来，CMOS 技术被认为是占主导地位的大容量高性能技术。”凭借技术路线图，戈登为“摩尔定律”的社会结构提供了制度基础。

由于美国以外的芯片公司和供应商的广泛参与，促使这项努力在 20 世纪 90 年代后期被重新命名：国际半导体技术路线图。正如美国公司一样，全球产业界也发现，在与技术性障碍相关的竞争前事务上进行合作，这是有好处的。在保持摩尔定律的过程中，挑战持续不断，修正路线图和前瞻性规划为业界提供了一个核心论坛。直到今天，专家分组委员会都在往路线图中更新和添加细节，以帮助全球芯片产业及其供应商把戈登的全球视野发扬光大。

失与得

鲍勃·诺伊斯未能在有生之年看到这些路线图。1990 年 6 月，他由于心脏病突发而去世，享年 62 岁，硅谷的技术和商业社区对此沉痛哀悼。戈登默默地悼念，但带着标志性的慷慨。“诺伊斯的成就使他自成一格，”他在一份新闻稿中写道，“集成电路的发明者，两大美国公司的创始人，和 Sematech 的第一人首席行政主管。”

诺伊斯作为英特尔董事会官方成员的身份最近才刚刚结束，但他已经很久都没有在圣克拉拉露面了。早在 1983 年，英特尔的内部杂志就幽默地说道，很少亲眼见到

“Noycensis Robertus①，俗称鲍勃·诺伊斯”。在他去世后，英特尔用他的名字命名了一座大楼，以表示敬意。戈登本人在很大程度上无动于衷。他和诺伊斯一直保持和睦，但不再像早些年那样亲密了。“当他从得克萨斯州来圣克拉拉时，我肯定自己看见了他，但我和他的互动减少到了一年只有几次。”

无论诺伊斯走到哪儿，他的存在肯定能被人感觉到。相反，正如诺伊斯的传记作者所说的那样，戈登几乎是个隐形人：“因为他比诺伊斯含蓄内敛得多，他并不介意担任英特尔的隐形首席执行官。”戈登无意成为英特尔的公众形象大使；他一贯拒绝做那种事情。当他同意担任半导体行业协会的主席并不得不在参议院的一个委员会前作证时，面对参议员的严厉质询和其他人互相矛盾的证词，他发现自己完全傻了眼。这种经历确实说明，他对成为一位公众人物持保留意见。

戈登·摩尔和鲍勃·诺伊斯的合作关系是该世纪最富有成效的合作之一。最初在肖克利半导体，然后在仙童，最后在英特尔，他们的工作深深地影响了行业的发展方向。正如戈登在 1973 年指出的那样，他们是真正的革命者。在更为正式地向诺伊斯致敬时，戈登对他的伙伴的兴趣广泛、思想开阔、敢作敢为（他从来不惮于尝试未经尝试的事物）和领袖才能赞不绝口。他还热情地谈到他的个人素质：“诺伊斯总是愿意花时间去理解别人。”

然而在这种关系中，还有一种罕见的、更为矛盾的风格。诺伊斯的华丽和“狂野想法”对他的合作伙伴可能是破坏性的。在英特尔的早期，戈登解释说，“事情如此顺利，以至于你不想被别的事情分心。这有点令人沮丧。”同样令人不快的事实是，诺伊斯被普遍认为是英特尔背后的远见卓识者。对一些人来说，不爱出风头的戈登不过是“研究员式的共同创始人”，是个次要的合伙人，是另外的人。苹果的史蒂夫·沃兹尼亚克和微软的保罗·艾伦都被笼罩在更具魅力的共同创始人的阴影之下，但戈登·摩尔跟他们不同，他很快就成了自己公司的最大股东，继续深入地从事公司的工作，而且最终也不愿意后退。无论自己的生活还是公司的活动，他的稳定参与是个组织原则；戈登是引导英特尔从成功走向成功的那个人。的确，他在 2012 年才迟迟对《财富》杂志实事求是地指出：“我仍然是英特尔历史上任期最长的首席执行官，比诺伊斯、格鲁夫和贝瑞特都长。”（也比贝瑞特的继任者保罗·欧德宁要长。）

---

① 以古罗马的命名风格称呼人名。——译者注

戈登和诺伊斯是平等的合作伙伴，但在技术史上，诺伊斯作为英特尔公众形象的角色以及早期的偶像人物，为他赢得了比戈登大得多的声望。戈登的名气也许在某些圈子里越来越大（例如，他于 1990 年被乔治·H. W. 布什总统授予国家技术奖章），但外部观察家有一种完全忽略戈登的倾向。“诺伊斯不是一个工头，”一位科技作者在 2013 年说道，“不得不把安迪·格鲁夫带进来维持秩序。”很少人看到戈登是如何沉默无语、卓尔不群地运筹帷幄，为电子革命和英特尔的巨大成功进行铺垫的。

在某种程度上，尽管戈登很少让这件事打扰自己，但他还是觉得受了欺骗。他在 20 世纪 80 年代和诺伊斯渐行渐远，就反映出了这一点。安迪·格鲁夫解释说，“戈登对他和诺伊斯的关系的描述很少受到情绪化的影响——无论是积极还是消极的。这只是生活中的一个事实，‘诺伊斯做这件事；我做那件事。’有一次，而且仅有一次，我看到戈登被深深地激怒了，当时有人把某件事的功劳归到去世已久的诺伊斯头上，而戈登认为那是不公平的。他非常情绪化。这把我吓着了，而且让我意识到那种较低级别的情感应该是存在的。”

改变风景

如果说鲍勃·诺伊斯的早逝对于戈登和贝蒂是一种损失，那么更重大的打击发生在贝蒂的母亲奥丽芙于 1992 年去世之时。她已经好几个月卧床不起。贝蒂还参与照顾家族里的其他长辈；她经常带着她母亲的弟弟威廉去洛斯加托斯看望以前的农场旧址，他和他梅茨勒家族的兄弟姐妹曾经住在这里。“他想在自己去世之前的那个星期去，”贝蒂回忆说，“但他在插管治疗。他没法说话，因为他得了中风。他没搭上最后一趟车。”

贝蒂自己的关节炎正在恶化。临近 20 世纪 80 年代末时，她爬楼梯开始有些困难了，就向地方政府申请许可，希望把他们在捷普路的汽车道进行扩建，想把路延伸到房子第二层的车棚后面。这个申请被拒绝了。贝蒂回忆说：“我告诉他们，‘我的关节炎这么厉害，以至于我的丈夫不得不把我背到车上。他的年纪越来越大，而我把他的背弄坏了。’好吧，这就像在要钻石。‘也许您可以在某个地方安装一个电梯。’我说，‘正如你首先看到的，我没有给这栋房子在外面设计一个玻璃电梯。’”

戈登也对官僚作风感到郁闷。他喜欢这个主意，可以在配备了木工工具的自家作坊里鼓捣，里面有沃尔特·哈罗德的雪茄盒装着的钻头，带着令人回味的气息（“当我打开这些电钻时，我总是想到我的父亲”)。在放下自己的英特尔首席执行官职位后，有了更多时间可以自己支配，戈登决定建造一个更大的作坊，但当局拒绝了他的申请。洛斯阿尔托斯山已经从一块乡村飞地演变成了一个人口稠密的富裕地区，戈登的计划不符合它更新的、更为严格的规划条例。在英特尔，他建造了数十亿美元的工厂，但对整个州来说，他的家庭作坊并不是一个重大的经济发展机会。

事情接二连三地发生。夫妇俩开始寻找一个可替代的安家之地。儿子史蒂夫从未离开过家，目前在捷普路管理家族基金会。他真的不打算从家里搬出去，他的哥哥肯说，“我父母有兴趣做些新的事情，并拿到更多的土地。我爸爸的两个兄弟都有拖拉机，他们可以把污泥推到边上，建谷仓，安放栅栏；那是我爸爸喜欢的事情。”戈登开始和贝蒂讨论这个想法，在这个地区的某处一个更大的地块上建一个家。

此时戈登夫妇是众多慈善机构的慷慨支持者。一个机构是半岛开放空间信托基金（Peninsula Open Space Trust，POST），它买下了旧金山半岛的山梁上下和沿海地区以西的开发权。1990 年，POST 在集资购买弗莱格（Phleger）庄园，这是位于伍德赛德镇的一大片 1 100 英亩的原生林地，在圣克鲁斯山的一边，构成了一块很显著的自然环境。从戈登儿时位于红木城的家往太平洋走 4 英里，就是它所在的位置，毗邻费罗丽（Filoli）这个具有历史意义的家族和园林，园林周围环绕着 600 英亩的林地，向公众开放。弗莱格庄园，即山地草甸，本身拥有历史的悠久，它是杰出的加州建筑师加德纳·戴利（Gardner Dailey）在 20 世纪 20 年代设计的。

玛丽·埃琳娜·弗莱格（Mary Elena Phleger）是个老寡妇，曾和她的律师丈夫守着弗莱格庄园很多年，她在那里生活得很宁静，决心保持庄园的完好，同意 POST 筹集资金把这块地买下来。POST 对房子没有特别的兴趣，就同意戈登和贝蒂可以去看一看。第一印象并不好，贝蒂回忆说：“这里一片狼藉。房子的颜色很吓人，餐厅的地毯肮脏不堪。戈登说，‘这太可怕了。’”不过贝蒂喜欢“老式的英国范儿”，以她的设计眼光，她看到了潜力。“我对戈登说，‘看看它的格局多么流畅，看看房间的大小，感受一下这座房子，它骨子里非常美妙。’戈登说，‘我不喜欢它。’”

在室外，他被征服了。山地草甸有 20 英亩的私人土地，包括整齐的花园、一个游泳池、一个苹果园、冬青树篱，以及一个温室。除此之外，林地的环境野性十足，长满了次生红杉和橡树，溪流、池塘和骑马道点缀其间。对戈登来说，这就像是回到了自己的童年，在佩斯卡德罗，圣克鲁斯山延绵的山坡与此毫无二致。“太妙了，这是一处美丽的地产。”他后来一反常态，兴致勃勃地回忆道。

安置一处新的办公室和作坊很容易。为了让这块地留下来，戈登和贝蒂决定给 POST 一份大礼，来换取房子的优先购买权。出人意料的是，数周之内，弗莱格太太去世了。此后不久，贝蒂和戈登就成了山地草甸的业主，而 POST 把周围的土地转给了国家公园管理局（National Park Service）。到了一定的时候，它成了金门国家娱乐区（Golden Gate National Recreation Area）的一部分。

贝蒂很快开始着手翻新房子。在捷普路，戈登七点半离开家，她就开始发号施令，果断地去掉达不到质量要求的木材。在伍德赛德的项目上，戈登有一点闲暇时光，也施加了更多的影响力。通常的分工——贝蒂在家、戈登上班，不是很清晰，造成了令人沮丧的结果。“我们雇的承包商不行，而且在他身上浪费了一年时间，”贝蒂说，“我无法说服戈登。我不停地说：‘我们在白费力气，请看看吧。’‘哦，给他一个机会。’戈登终于同意，‘我们必须把他打发走。’我们重新开始，花了很长的时间才达成共识。”

在房子的一端，戈登做了一个大办公室，靠近宽敞的作坊，作坊位于翻修过的车库里。贝蒂开始出去旅行，到处搜罗古董，带着儿子史蒂夫去参观英格兰的乡村。“我想要看一看、摸一摸、捅一捅、拽一拽，”她回忆说，“我发现了一张妙极了的大旧床，双页海报上的木料非常棒。这房子没有橱柜，所以我们必须买家具。”最后，经过三年的翻修，山地草甸成了戈登和贝蒂的住所。

这是夫妻俩自打 30 岁出头以来首次搬家。对戈登来说，离开捷普路既是一次巨大的变化，也是一个恒久的标志。投资弗莱格地产是为了保护半岛荒原，保护一处具有历史意义的家园。虽然这让他到英特尔的通勤时间变成原来的三倍，达到单程 45 分钟，但现在他的住地离他父母安息的墓地只有 5 英里，而且这里有一种和他在佩斯卡德罗的童年类似的高山氛围。贝蒂也和自己的家族重新联系上了，也许特别是由于她母亲是在装修期间去世的。贝蒂说服了戈登带着她的表兄弟坐游轮去阿拉斯加，进行为期一周的“团聚”之旅。和戈登夫妇同行的是乔治和里克（艾达姨妈的儿子）以及菲尔·席勒（Phil Schiller，露丝姨妈的儿子）。

在英特尔，戈登长期以来养成了习惯，拿着纸笔坐下来，对进展进行回顾。在1993年7月的这次团聚之旅，他对每一天都作了详细记录。夫妻俩离开湾区后，他们首先前往波特兰，和英特尔29 500名员工中的10 000名以及他们的配偶，一起参加公司的25周年聚会。“降雨推迟了，”戈登记录道，“尽管这是有记录以来雨水最多的7月。”他的旅行记录和他外祖父约西亚·考德威尔·威廉姆森1869年从马萨诸塞到湾区的旅途记闻有许多相似之处。就像约西亚一样，戈登叙述了轮船的尺寸，对船上娱乐进行了热情的评论（有一位很好的钢琴师）。两个人都对途径地区的地理特征表现出了浓厚的兴趣。

到了新环境，戈登对自然界的欣赏显而易见。“我们错过了第一群鲸鱼，但远远地看到了一些。我认为那是座头鲸，因为它们在潜水时偶尔把自己的尾巴伸出水面。外面仍然温暖而明亮。在最崎岖的山脉的背景衬托中，我们可以看到部分冰原。”他可能表现出枯燥无味的幽默（当我们在观看的时候，鹰刚好飞进巢穴，并把它的头固定在一侧，好让人拍照片），以及稚气未脱的渴望（冰川真的很整齐）。他喜欢使用自己的摄像机，并成功地记录了一次冰川崩解：“我进行了一次良好的顺序操作。”此行的最高潮是一次钓鱼之旅，对此他进行了充分的描写。最无趣的部分是一场卡拉OK，发生在丽思卡尔顿的一次晚餐之后，“那相当难过。”总的来说，戈登对游轮旅行印象深刻。“一切都运转得非常好，而且这是观看各种城市的一种安全方式。”他最热烈的评论都留给了食物。他记录了很小的细节（新鲜的王鲑鱼在赤杨木上进行烧烤，上面涂的酱汁是由1/3杯黄油、2/3杯红糖、2汤匙白葡萄酒和2汤匙柠檬汁组成的），并总结道：“一个人可以让自己吃到撑死，但食物大体上都非常棒，且量很小，所以一个人可以尝很多不同的东西。”

接下来的一年，在1994年9月，贝蒂和戈登又度过了另一段快乐时光：摩尔家族迎来了一位新成员，肯和相处了很久的伴侣克里斯滕·安德森（Kristen Anderson）结婚了。和肯一样，克里斯滕也在西格尼蒂克工作。贝蒂尤其喜爱克里斯滕，“我们彼此了解，而且一起去旅行。我想，‘我会继续热切祈祷促成此事。’”婚礼在山地草甸举行，在橡树林里办了一场户外庆典。“我们布置了一个像教堂那样的过道，通向一口很大的井，井上有一口大瓮和一个铁制的顶，”贝蒂回味道，“当他们走过来时，过道洒满了玫瑰花瓣。一整天都很美好。”戈登没说什么，但对此泰然处之。

名誉主席

“内有英特尔”

戈登仍然深入参与英特尔的事务。在 1968 年公司成立的头一年就加入公司的人里，他是现在硕果仅存的 8 个人之一，其他还包括安迪 • 格鲁夫、珍 • 琼斯、莱斯 • 瓦达斯和特德 • 詹金斯。在家里，戈登和贝蒂慢慢地适应着不断变迁的现实。在工作中也是如此，他和安迪 • 格鲁夫的关系也在变化。1994 年的两段插曲表明，作为董事长而非首席执行官，他面临着与自己的战略本能保持平衡的挑战。

第一次挑战完全算不上生死抉择，但是正如戈登所说的那样，这让他提心吊胆。尽管业界都承认 PC 机型是由其内部的微处理器所定义的，但消费者对此并没有那么了解。安迪 • 格鲁夫主张通过一个广告宣传活动来进行根本的改变：“内有英特尔”。这个宣传活动是给每一台适用的 PC 贴上一个特定的标志，表明它是由英特尔的微处理器所驱动的，并试图以此来塑造消费者的喜好。

作为董事长，戈登 • 摩尔要权衡任何重大的战略性财务决策：用他的话来说，“我们应该不应该做。”“内有英特尔”涉及一笔数百万美元的以消费者为导向的广告支出，它就属于这样的决策。戈登在 Microma 手表上接触过消费者市场，过去的经历并不那么开心，所以对他来说，这似乎是个巨大的风险。他克制住了自己，“当我们开始这件事的时候，我相当提心吊胆，但它的表现非常不错。”

第二段插曲的发展更缓慢，意义更重大。结果对于戈登也大致相同：尽管他有顾虑，但他让首席执行官去决定。随着格鲁夫推出“内有英特尔”宣传活动，公司的竞争对手开始联合起来。IBM、苹果和摩托罗拉希望有一个可行的方案来替代 Wintel，宣布联手开发 Power PC。与此同时，AMD——继续挑战英特尔的单一货源地位，正在逼近 486 业务。英特尔的应对之策就是跃向下一个级别，它预告了 486 的继任者：奔腾（Pentium）。

作为一个名词而不是一个数字，“奔腾”意味着明确打破传统，这是一个清晰的自有品牌：一个不能被重用或混淆的名字。它的保护盖下面有 300 多万个晶体管，依靠的是能够做出 0.6/1 000 000 米大小的功能单元的工艺技术。奔腾的价格和 486 相同，提供的计算能力则增加了 10 倍，还保持着软件兼容性。

英特尔垄断单一货源到现在已有 7 年之久，享受着比以往任何时候都更巨大的力量和成功。随着公司的成功，反英特尔的情绪也与日俱增，竞争对手和客户越来越多地感受到英特尔公司的傲慢和冷酷。早在 1991 年，一位证券分析师就认为，英特尔的最大风险在于“其客户当中的巨大积怨”。戈登的感觉更加细致入微。一方面，硅谷也许是很争强好胜。从 20 世纪 70 年代和 80 年代初的 DRAM 战役，他知道英特尔必须保持坚忍不拔、纪律严明的文化。如果有任何事物打破了英特尔对 PC 市场的控制，那么竞争对手是毫不留情的。另一方面，许多关系又是亲切和睦两厢情愿的。“我们跟 AMD 等人吵得不可开交。对于别的方面，业界聚集起来，看到共同的问题，试图开发共同的解决方案，比如支持增加销售税率，那样我们就可以延伸高速公路；还有像住房费用、教育、基础设施问题等。我们可以通过一大群公司在地区范围内处理这些事情。”

英特尔现在的确狠狠地摔了一跤。第一个大批次的奔腾包含一个“浮点错误”，这会偶尔导致数学计算有误。在深埋于微处理器内部的一组数字中，有些必要的数字会不知去处。在英特尔自己的工程师于 1994 年 5 月发现缺陷之前，它交付了数十万颗奔腾芯片。修复后面的奔腾芯片很容易：丢失的数字可以被添加到下一个速度更快的版本，这个版本正在开发。不那么容易修复的是那些已经出厂的奔腾芯片。

格鲁夫后来开玩笑说，他名字里的 S（安德鲁 • S. 格鲁夫）代表“发运狗屎（ship the shit）”。发运带有已知缺陷的芯片显然是错误的。在英特尔的早期，他曾在 1103 上试过这种做法。在不止一个场合，戈登不得不拉出警戒线。现在，格鲁夫再次企图厚着脸皮这么干。他抓住一个技术性的观点：这个缺陷只会在数学计算中产生错误，而且只在极其罕见的情况下才会发生。在一台计算机的使用寿命里，大多数用户都不会遇到错误。因为格鲁夫承认，有足够的必要性在以后的所有芯片中对问题进行修复，所以这个观点充其量也就是令人半信半疑。

无论其确切结果如何，瑕疵不会自行消失。一位数学教授托马斯 • 奈斯利（Thomas Nicely）在当年 10 月份检测到了这个缺陷，而且由于电子邮件新颖的便利性以及互联网论坛开始流行，消息开始传开了。技术媒体拿着它迫使英特尔承认了问题。在格鲁夫的授意下，发言人对此表示不屑，强调错误很罕见，并向客户保证在下一版修复问题。无论是戈登还是格鲁夫的二号人物贝瑞特都不同意这个方案。戈登回忆道：“当我第一次听到这件事时，我想，‘哦，上帝，我们必须更换所有那些东西。’”

CNN 很快就捡起这个故事，发布了一则令人不快的报道，把这种认知进行了更广泛的传播。英特尔被描绘成一个跛脚的巨人。更深的潜台词是：随着 PC 渗透到现代生活中，它们能被信任吗？作为回应，英特尔重申了格鲁夫最初断然拒绝的态度。随着媒体报道变得越来越负面，和戈登有着相同直觉的贝瑞特建议，任何人拿到有缺陷的奔腾都可以更换。格鲁夫反对这么做。直到 IBM 毫无预兆地突然暂停带有奔腾微处理器的 PC 时，他的态度才软化下来。英特尔的股价受到重挫，事情变得一团糟。

格鲁夫很不情愿地意识到，“尽管这可能并不是一个真正的问题，但观点却是某种我们无法承受的东西。”戈登支持其更换故障芯片的计划：“我们宣布了一项更换计划，化解了越来越棘手的形势。这耗费了大约 4.5 亿美元。我们就是在这个时候才发现，我们是一家消费品公司，而不是一家工程公司。我们做的是一桩截然不同的生意。”丑闻褪去了，英特尔的强大和灵活足以让它恢复过来，奔腾再次成为个人计算的首选微处理器。在第一次看到问题时，戈登的直觉就是更换所有的奔腾，但是作为一个厌恶对抗的人，他不愿意使用自己作为董事长的权力去干预。他解释道：“我的反应不够强烈。安迪决定采取工程师的做法：‘无论如何，你永远看不到它。你的计算机每周崩溃 3 次，而这个问题在统计上的可能性非常之低。’我往后退却，袖手旁观，这是个错误。”

在担任首席执行官时，戈登允许董事会成员走得“相当远，对运营细节刨根问底”，但始终保留着拒绝好建议的权利。“有些建议我们会听从，而有些建议我们不会采纳。董事会成员对我们说，我们试图进入数字手表业务是很愚蠢的，他们绝对是正确的！另一方面，当我们开始做微处理器时，至少有一位董事认为我们进入电脑业务很愚蠢。”戈登说，董事会的外部观点的价值，取决于公司如何用它。对于管理层在优先行动上的决定，董事会根本不可能去做事后诸葛亮。正如戈登补充的，“我不知道有哪个管理层想要把实际业务委托给董事会。”

摩尔定律和硅聚合体

1995 年是戈登在《电子学》杂志发表摩尔定律的 30 周年。尽管很少有人意识到这一点，但除了像谷物和人类细胞这样的生物制品或者聚乙烯分子这样的标准化学品以外，硅晶体管是目前人类最精雕细琢的物体，当时已经造出了近 7 亿亿个硅晶体管，芯片里的“砖块”构件数量十分巨大。

7 亿亿就是 70 000 000 000 000 000：这相当于地球上每只蚂蚁都有 1 个硅晶体管，或者有史以来存在过的每个人类都有 60 万个晶体管。如果这些人类在生命中的每一天，每小时做一个晶体管，其总量也达不到这一数字。仅 1995 年就造出了近 2 亿亿个晶体管，而且 1 美元可以买到 100 万个。正如戈登早已预见到的那样，硅晶体管极其便宜，以至于它们用在芯片里的数量大得令人难以置信。矛盾的是，用来制造这些芯片的工厂的成本扶摇直上。在 20 世纪 60 年代末，戈登只需要约 100 万美元就可以为英特尔建起硅工厂：到了 1995 年，一座新的制造工厂的成本接近 20 亿美元。

英特尔的新工厂已经成了有史以来人们创造的最昂贵的工业设施。一座晶圆厂比最大的汽车工厂和航空航天工厂、最大的燃煤发电厂以及最好的医院都更昂贵。戈登解释道，“我用了很长时间才开始说几十亿而不是几百万。工厂的规模明显更大了，而且它们的每个部分都更加昂贵。生产从劳动力密集型的成本变成了巨大的资金投入。那是促使我们退出存储器业务的因素之一。”

到了 20 世纪 90 年代中期，微处理器虽然很小，但无论是它们自身内部还是制造它们的机械，都居于人们制造过的最复杂的设备之列。尽管波音 747 大型喷气式客机包含 600 万个零部件，一个最先进的芯片则可能号称有 1 600 万个晶体管，构成了密密麻麻、错综复杂的图案和互连。与其他任何制成品相比，芯片的复杂性无与伦比。

纵观整个 1994 年，随着英特尔加大其最新的奔腾微处理器的产量和交付量，它开始享受摩尔定律和戈登·摩尔的工作带来的全部成果，营业收入跃升至 115 亿美元，利润为 23 亿美元。Wintel PC 制造商现在的市场份额接近 90%，它们欣然采纳英特尔的奔腾；相反，RISC 联盟只占到 3% 的市场份额。在 1994 年到 1997 年间，PC 产业的规模翻了一番，年产量上升到 8 000 万台 PC。一切都顺风顺水——不过地球上找不到天堂般的十全十美。在这些机器中，英特尔的微处理器占到 4/5，其营收攀升至 250 亿美元，利润仅比 70 亿美元略低一点。按照收入来算，英特尔是世界上最大的半导体公司，而且一直持续到现在。

几十年来，戈登始终一贯地通过书面文字和口头语言传达自己的摩尔定律愿景，而且他对芯片未来的预测也不断变为现实。1995 年，他谈到了一个有相关性但更为广阔的未来：即硅时代的未来，或曰“硅聚合体（silicocene）”。芯片已经很成熟了，他希望传达出一条新的消息。在硅的世界里，变革的实质本身也即将发生变化，动力正在变迁。

在圣克拉拉，他在自己的发言中以俏皮话开场，这是针对内部人士的：他沮丧地向他们报告说，作为一个标签，摩尔定律成了指代“与半导体产业相关的几乎所有事物，在半对数纸上画出一条近似直线”，也就是任何以有规律的方式翻倍再翻倍的事情。他解释道，1965 年，他“试图讲清楚这个观点，这是一种有前途的技术，而且长期来看会作出相当大的贡献”。

10 年后的 1975 年，他预言翻番的速度将放缓至每两年一次。从那时以来，翻番的节奏有如钟表一般持续着。有几个不同的因素造成了整体现实情况。芯片的“晶片”尺寸有所增加。由于工具、材料和相关工艺的发展，大约每三年就可以制造出尺寸缩小 30% 的功能单元来。最小的功能单元已缩小至百万分之一米的 4/10（即 400 纳米）。“我们永远无法看到前面两三代以后。似乎总有某件事情会成为一个重大障碍。神奇的是，英特尔的工程师会克服‘某件事情’。有三四回，我真的很担心我们正在接近终点。我们会谈论替代战略，但是把你的精力用来解决当前显而易见的问题总是更有效果。”

戈登知道，守住这条线变得越来越难了。对于迫在眉睫的技术挑战，他倒还没那么担心，为寻找问题的解决方案而使成本日增才是他更加忧心忡忡的。工具和晶圆厂的价格持续上涨，“当英特尔 1968 年成立时，”戈登说，“一套设备的成本大约是 12 000 美元。你可以买一堆扩散炉、一台蒸发器、一台光刻曝光机，或者大致这个数量的任何东西。”到 1997 年，他认为，单台生产工具的价格为 1 200 万美元。

戈登以前就察觉到，为了驱动晶体管和设备的成本降低，并由此使收入增加，需要在大宗投资之间具备巨大的利润空间。现在这个空隙正在缩小：“成本正在以指数式上升，而收入无法以相应的速度增长。我们无法再通过提高良率和设备利用率，来弥补日益增加的成本。生产效率的提升空间所剩无几，这至少是个跟减小尺寸的技术挑战同样重大的问题。”

摩尔定律，正如戈登自己所理解的那样，既是一个技术构造和社会结构，又是一个经济概念。只有电子市场以足够快的速度扩展，芯片行业及其供应商才会从自己的投资中享受到可观的财务回报。万一技术推进的成本开始超过市场和收入的扩张，摩尔定律就终结了，财务上的紧迫需求将击败技术上的可能性。“我们不会走得像我们想的那么快，”戈登解释道，“因为我们支付不起。”

早在 1991 年，在《计算机》（*Computer*）杂志的一次采访中，他就宣称，“成本部分将主导进化速度。”他认为，两个经济方面的选择可能会改变摩尔定律的节奏：代际时间可能延长，所以资本投资会被用于一个更长的周期，或者产品的价格避免以其通常的速度下降。一种更复杂的芯片可能不会降价，或者甚至有所加价，从而抑制销售。“不论哪种方式，”戈登告诉《计算机》，“进步的速度都会减缓。我们期望成本下降百万倍的趋势持续下去，这个趋势将会继续，但速度会放缓。”

在个人层面上，戈登·摩尔正面临着同样的现实。青春之火已经消退，人到中年的现实已经来临。到了20世纪90年代末，他开始遭遇到一个新的、更加令人不安的转变：暮年将至。

戈登退场

1997年1月，戈登68岁，他担任英特尔董事已长达十年之久。在20世纪80年代中期对公司进行重塑的战略中，他一直起着重要的指导作用。他和安迪·格鲁夫一道，使公司成为有史以来规模最大、最成功的半导体企业。它的单一货源地位使其处在不断扩大的PC产业的核心。随着计算成本不断大幅下降，英特尔从摩尔定律享受到的回报比任何竞争对手都要多。

在戈登的眼里，生意看起来相当光明。万维网的戏剧性增长，以及由此引发的创业和投机狂潮，刺激了对个人电脑和配套硅设备的更大需求，产业处于又一波扩张的边缘。英特尔遵循摩尔定律，利用自己的微处理器垄断地位弄潮于浪尖。另一个变化也在降临：此时61岁的安迪·格鲁夫被诊断出前列腺癌，准备从首席执行官的岗位上退休。“这看起来对我们俩人都是一个过渡的好时机，”戈登说，“我宁愿急流勇退。”

年龄和兴趣变化影响到了戈登的下一步。40年来，在他跟人合伙创办的公司里，在一个以不断变革为标志的竞争惨烈的领域内，他一直在工作，难得有轻松的时候。即使当了董事长，他也每天都到自己的格子间，随时准备工作。他的双轨策略（单一货源和摩尔定律）指向未来的巨大增长，但戈登本人最终准备转向偶尔充当顾问的角色。他不想再监督英特尔的策略，他和格鲁夫都赞成贝瑞特出任下一任首席执行官。贝瑞特对戈登的战略能力极为尊重，他对自己的定位是“更多是格鲁夫式而不是戈登式的。我是个决策者，你无须读懂我的面部表情，我在外表上比戈登主动得多”。

戈登决定接受名誉主席的头衔，这表明了他在英特尔的特殊地位。最终决定权属于贝瑞特和格鲁夫，但戈登仍然是一位有表决权的董事会成员，扮演着独特的角色，尤其是作为英特尔最大的个人股东。他继续每周出现三天，并不像一位董事。戈登的策略现在已经变成传统战略，贝瑞特和数万名英特尔员工赶上互联网热潮，延续着这个策略，英特尔发布了一连串新的微处理器，全都是独家供货。步昔日奔腾之后尘，奔腾 2、奔腾 3 和奔腾 4 相继主导着台式 PC，并做出了更省电的版本用于笔记本电脑。贝瑞特甚至扩充了产品线，包括低成本的变种，以满足市场上对较为廉价、功能较弱的 PC 不断增长的需求。

万维网也运行在英特尔的微处理器上。互联网依赖于服务器网络：服务器是类似于 PC，但具有非常强大的微处理器和大量的存储器，用于网站、数据库、电子邮件、打印、存储和应用程序。英特尔开发了专门用于服务器但与任何 Wintel 电脑都保持软件兼容的微处理器。就像台式机和笔记本电脑一样，公司在服务器微处理器上赢得了近乎完全垄断的地位，这种情况一直持续到现在。

在所有这些产品中，英特尔严格遵守以摩尔定律为基础，一切都依赖于该定律的动力学。贝瑞特采纳了始于戈登并被格鲁夫延续的战略，在研发和晶圆厂以及设备上花了更多的钱。1997 年到 2001 年间，每年的研发投入攀升至 38 亿美元，化学印刷技术的每个方面都重新设计过，以制造出尺寸小巧、极其复杂的微处理器，每个都包含超过 4 000 万个晶体管，个头跟生物病毒的大小差不多。高度自动化和超洁净的工厂是戈登伟大的降成本机器的最新一代，而成本也持续攀升，贝瑞特在 2001 年批准了高达 73 亿美元的资本投入。战略还是戈登在 20 世纪 70 年代中期担任首席执行官时的战略，但规模已经发生了数量级的改变。

2001 年，戈登·摩尔达到了 72 岁的强制退休年龄，他严格按照自己设定的规则，不再担任董事会成员。“你可以最后留一堆老古董，”他解释道，“那不会给公司带来良好的形象。”（他的老朋友阿瑟·洛克已经于 1999 年从董事会退休。）事实证明，这是个艰难的转变。“我知道他不喜欢离开，”儿子肯说，“突然之间，你被人从屋里赶了出去。那太糟糕了，但就是这么回事。”后来在被问及是否有“英特尔以外的生活”时，戈登苦笑着回应道，“不可思议的是，几乎没有。”

他退休时，正好赶上投机性的互联网泡沫破灭。由于在 PC 和服务器领域具有独一无二的特权，英特尔的收入、利润和股价疯狂上涨，收入和利润飙升——2000 年的利润高达 105 亿美元，英特尔的股价涨到原来的 3 倍。当泡沫破灭后，收入跌回到 1997 年的水平，但贝瑞特拒绝大幅削减英特尔的研发和资本投资。发展势头令他的策略难以逆转，而且更重要的是他完全领会了戈登在低潮期进行支出并走出低潮的经验教训。2001 年的利润缩水近 10 亿美元。

到了 2004 年，收入回升到泡沫高峰期的 340 亿美元，利润达到 70 亿美元。从全球和美国经济从互联网泡沫破裂中恢复过来，到 2001 年 9 月 11 日的恐怖袭击事件对经济造成影响，这段期间贝瑞特的投资得到了回报。戈登仍然出席董事会会议：格鲁夫毕竟还是董事长，两个人都很乐于继续他们三十年的合作伙伴关系，对最有利于英特尔的做法交换想法和意见。戈登大约每周有一天来到自己在英特尔的办公室，贝瑞特现在担任首席执行官已有 7 年，经历了大起大落的过程。

戈登进一步脱离公司的步调跟安迪·格鲁夫从英特尔董事会退休的决定刚好一致。曾在 20 世纪 90 年代挺过了前列腺癌的格鲁夫，现在面临着帕金森病的诊断结果。他希望完全专注于自己的健康以及美国医疗保健系统的完善，决定把董事长的指挥棒交给贝瑞特。在贝瑞特这头，他准备把首席执行官的职责交给自己的首席运营官保罗·欧德宁。

格鲁夫在当英特尔董事长的时候，他很高兴有戈登在董事会会议上担任顾问，尽管戈登在法律上已经从董事会退休了。随着格鲁夫的离去，以及更年轻的人加入进来，一个时代结束了。戈登造访的次数更少了：每个月一天。他对英特尔来说不再是具有战略性的梦想家了，尽管他依然对技术感兴趣，但很难跟得上形势。“我让人把所有的每月进度报告通过电子邮件发送给我，但我不会为了知道详情而特地跑一趟。”他出席董事会会议，但他的定位变得含糊不清。很难说他离开英特尔是否完全是自作主张。

有戈登在场的时候，英特尔的新领导班子在进行某些业务决策时感觉并不舒服。2006 年，在一次特别敏感的讨论中，欧德宁和贝瑞特要求他离开房间。“那句话是，‘这不是你需要听到的事情，’贝蒂回忆说，‘所以，再见吧。’”戈登安静地离开了，但深深地受到了伤害。“他告诉我，他再也不会去参加董事会会议了。”贝蒂说。他和英特尔的关系永远不会和原来一样了。

珍·琼斯早已退休。在戈登离开以后，他在公司的座位——一个小小的方形空间，格子间的隔板将其隔开，一面窗墙俯瞰着主入口，依然保留着。文件夹原封不动地放在桌上，一台过时的 IBM PC，放在一部采用英特尔第一款 4004 微处理器的比吉康计算器旁边，尽管英特尔自己发布了用超过 2.5 亿个晶体管“砖块”打造的最新酷睿双核微处理器。被称作“墓碑”的硅晶圆，铭记着昔日的功绩，如同狩猎的战利品一样，和海报大小的英特尔微处理器设计电路图一道挂着。戈登甚至把他的国家技术奖章（National Medal of Technology）和其他显赫的奖项留在原地。然而这并非一处供奉英特尔共同创始人的圣殿，只是对截然不同的时代的一种落满灰尘的暗示。

2007 年底，欧德宁决定把这些低调的私人物品打包起来，把它们交还给戈登。戈登的时代真的过去了。英特尔曾是戈登工作生涯的中心，现在这个中心已经逝去。一些员工继续深情地怀念他，但他并没有为了纪念自己的名字而创造个人崇拜。相反，摩尔定律这个让英特尔因其而享有如此巨大成功的战略，成为他不朽的证明。

公众事业、私人事务、慈善事业

从加州到夏威夷

随着戈登在英特尔的角色弱化，其他的选择和挑战显现出来。硅晶体管不仅让他成了有钱人，而且使他在巅峰时成了世界上最富有的 20 个人之一。如何才能最好地处理这笔财富，这个挑战并不容易解决。

促使更进一步改变的是贝蒂的关节炎。贝蒂在旧金山半岛住了近 70 年：她在那里出生、长大、学习，在那里遇见戈登，也在那里成家立业。现在，她在山地草甸的家里感觉不再舒适，寒冷和雾气也许和戈登的佩斯卡德罗类似，但对贝蒂来说湿气确实太重了。“1997 年到 1998 年的冬天是我有生以来最糟糕的冬天。我没法上下车或是去城里购物。”她去夏威夷度过很多次假期，那里是个显而易见的解决方案。大岛的科纳海岸气候干燥、温暖，贝蒂计划搬家，她再也不用体验冬天了。

据肯说，戈登对夏威夷没兴趣。诚然，他在家庭旅行时去过那里，甚至在那里参加过仙童的销售会议，不过生活在太平洋中间则是另一回事。在深层意义上，旧金山半岛是家园：这个地方不仅是他的根基，硅谷也在这里，而且这里有他最享受的活动内容。然而，就像肯解释的那样，“妈妈想在夏威夷有一个家，而且她是一股不可抗拒的力量。”戈登让步了。贝蒂找到一处合适的配有家具的住处：熔岩之家（Lava House）。他们在

1998年末把它买了下来，作为冬天的栖息地。“我们来居住的模式就是从那时候开始的。”戈登说。山地草甸依然是他们的，或者至少是戈登自己的真正的家。

贝蒂在一片更大的规划好的开发区里选了一处相对低调的寓所，开发区有一处高尔夫球场、一个俱乐部会所，以及所有常见的夏威夷的生活便利设施。房子位于一处熔岩流形成的平地上，靠近大海，邻居们近在咫尺，这跟戈登和贝蒂以前在伍德赛德和洛斯阿尔托斯山的生活截然相反。无论是周围环境还是夏威夷的慢慢吞吞、飘忽不定、漫不经心的节奏，这都是一个远离戈登的专业氛围的世界。

到20世纪90年代末，戈登在英特尔之外还有好几项积极承诺，而且参与泛美公司董事会已有十年之久。除了在旧金山的泛美金字塔欣赏“良好的见解和很棒的午餐”，他参与董事会帮他拓宽了自己的商业经验，让他接触到一堆不同的问题。在泛美，他和一群组合很有趣的人混在一起，形成了密切的关系，其中包括斯坦福当时的教务长康多莉扎・赖斯（Condoleezza Rice）。他还服务于瓦里安联合公司的董事会，这家公司在早期硅谷是皇冠上的明珠。戈登很勉强才同意做瓦里安的董事，它当时状态不佳。他寡言少语而精明敏锐的建议没怎么改变它的运营方式：“他们在财务上做得不好，给管理层的待遇过高。”

在更远的地方，他在1983年加入了加州理工学院的理事会，并从1994年至2001年担任理事长，然后继续担任终身理事。讨论范围从财务到建筑，议题从每年15亿美元的喷气推进实验室（一个联邦政府资助的研发中心）到提高学院的种族和民族多样性。戈登还在邀请阿瑟・洛克和英特尔的比尔・达维多成为加州理工学院理事的过程中起到重要作用，并在1997年深入参与了加州理工学院校长的任命工作。他的另一项长期承诺是吉利德科学公司（Gilead Sciences），这是一家生物技术公司，他和唐纳德・拉姆斯菲尔德（Donald Rumsfeld）、乔治・舒尔茨（George Shultz）、保罗・伯格（Paul Berg）这些名人一起服务于它的董事会。“在半导体领域，我们从未见过价格上升；在制药行业，他们从未见过价格下降。”

与英特尔不同，吉利德在实现盈利之前挣扎了10年。戈登很喜欢新的科学性的东西，在2013年才很不情愿地退休，当时他已经85岁了，而吉利德成了一家价值数十亿美元的庞然大物。其他责任还包括担任总统科学技术顾问委员会成员，但戈登看得很清楚，他本人以及委员会的作用有限。“这些委员会里有些人以前很重要，但并不真正了解情况，我经常发现自己就是这类人。许多报告从来没有任何影响力。”

与此同时，在夏威夷，贝蒂为自己雕刻出一段鲜活的人生。她加入了一个只有女性参与的非正式群体“龙女士”俱乐部，“人们似乎更为开放。”她注意到。在加州，他们每个周五都会收到一个爱心包裹，她和戈登很节俭，完全靠一位兼职帮手对这些来自伍德赛德的邮件进行筛选和分类。扩大他们的慈善事业导致了邮件的增加，贝蒂说：“足以把我们弄疯，这是我喜欢藏在夏威夷的原因。然后他们也在这儿找到了我们，我们收到了比以往更多的请求。”

多年来，夫妻俩有一个心照不宣的共识，“当你回到家，就把英特尔留在门外。”在夏威夷，没有什么顺便在当地可做的技术、科学或业务来吸引他，戈登在家待的时间多得多，但他处理得很慢。他还是关注着加州，把自己描述为“一年当中很大一部分时间都出门在外”。他继续钟情于自己的公司，但缺乏他在工作生涯中那种专注的互动、智力的激发和稳定的节奏。没什么要留在门外的了，而外面也没有什么事情了。据贝蒂说：

> 在我们买下第一处地方不久以后，我们就来到了当地的垃圾场。有人建议戈登去打高尔夫，我可以说他是本地人，因为他的越野车后面有棕榈叶脱落下来。戈登拒绝了他。我说：“那个人在向你伸手；他想交朋友，你却让他失望了。你甚至没有叫他过来，看看他打得如何。”戈登看着自己的手表，想：“我后面半个小时应该在哪里？”我跟史蒂芬提起这件事，他说：“他真的必须停止运转。”

说起来容易做起来难。有了摩尔定律，戈登让自己和其他数百万人以一种非常累人的节奏前进着。数十年来他一直转动着跑步机，自己也在上面。英特尔因始终着急忙慌而出名；戈登的个人目标感是建立在保持领先的需求基础上的，而且这种感觉一直在掌控之中。完全停止“运转”的转变太大了，可能还会让人觉得危机四伏，像是存在感停止了。他还不得不面临他一生都在回避的事情。

夫妇俩部分地搬到夏威夷之后没多久，戈登和佩斯卡德罗老家最后的重要纽带突然惨遭断绝。1999 年 8 月初，他的哥哥小沃尔特在一个星期二失踪了。那天晚上，在他农场一处偏远的峡谷底部，他的儿子发现，沃尔特躺在自己的全地形越野车底下死了。沃尔特独自鳏居了好几年。1946 年，长期居住在佩斯卡德罗的约瑟夫 • 卡布拉尔（Joseph Cabral）购买了 1 513 英亩的佩斯卡德罗牧场，这里曾经属于沃尔特和戈登的曾祖辈托马斯·莫尔（Thomas Moore）所有。牧场出售时，地契上有摩尔家族的数十位后人。卡布拉尔清理了地契并取得了所有权。两年之内，沃尔特娶了卡布拉尔的女儿达琳，并成了他的终身雇员。

沃尔特跟他的祖先和兄弟都不一样，他自己并未拥有一家公司或以旧式中产阶级的方式独立工作。他的妻子达琳一直是他的主心骨，但她在 1984 年死于癌症。戈登正在艰难地运营着英特尔，他让自己的直系亲属为哥哥提供支持。两个人从未讨论过他们的情感，而且尽管他们都欣赏彼此的陪伴，但他们一直很自立。“当沃尔特在海边生病，或是达琳生病的时候，我们本来可以试着过去看他们的。可我们没有，”贝蒂轻快地说，“你跟沃尔特没法聊得很好；他的话不多。弗兰很外向；沃尔特和戈登这两个哥哥则总是守口如瓶。”

约瑟夫·卡布拉尔在 20 世纪 90 年代中期最终去世，这意味着沃尔特继承了牧场以及与之相连的重大责任，这令他措手不及。美好时光过去了。贝蒂确信他的死并非偶然：“沃尔特结束了自己的生命，他故意弄翻了那个玩意儿。”戈登承认，“我哥哥可能已经失去了他对生活的一些热情。他对于自己做的每一件事都非常能干，而且我认为，他做事情很小心。对他来说，在一辆全地形越野车上自杀确实出人意料。”家人把沃尔特葬在斯凯隆公墓，和戈登的父母挨着。

贝蒂和戈登几乎没有讨论过他们对这件事的感受。从很小的时候开始，戈登就倾向于退却到依附理论学者罗伯特·卡伦（Robert Karen）所描述的一种漠不关心的保护状态中。他在还是个孩子的时候就早慧而独立，曾长期采用“情绪阻断”来掩饰伤害和愤怒，甚至包括自身的情感。这是一种回避型的反应模式，多年以前贝蒂处在首次流产的震惊和痛苦中时，对此就已一清二楚了。

1999 年 9 月，肯和克里斯滕的第二个儿子大卫出生了，这是个幸福的时刻，之前是他的哥哥亚历山大在 1998 年 6 月降临，随后是 2000 年 9 月戈登和贝蒂的金婚纪念日。在后面这个幸福时刻，他们办了一场庆祝晚宴，而且买了一枚带铂金链子的梨形钻石胸针，跟当年缺失的订婚戒指形成了鲜明的对比。史蒂夫也在那个月和凯瑟琳·贾斯提思（Kathleen Justice）结婚了，她是旧金山的一位律师。戈登认为她是“一个实干家，一个非常聪明的女孩”。贝蒂觉得“她融入得如此美妙”。戈登回想道，“史蒂夫结婚了非常好。我们最终有了两个优秀的儿媳妇。”

2001 年 8 月，在哥哥去世两年后，戈登的弟弟死于癌症。沃尔特·哈罗德和小沃尔特的去世既突然又令人伤心，而这一次戈登却能花时间和弗兰重建早期的纽带；最终失去弟弟时，他哽咽了。戈登自己依然健康匀称。（在英特尔，他意识到需要保持健康的体重，指示自己的秘书珍·琼斯只拿酸奶作为甜点）。他 70 岁出头了，但还远没有准备撤退。

飞速增长的资产

戈登一直极为关心自己的个人财务状况，他一丝不苟地跟踪收入、支出和投资。当人们还不太熟悉巨额财富向创新者聚集的时代，《福布斯》杂志在 1987 年 400 位最富有的美国人名单上已经把他列在第 155 位，他的资产超过 4.5 亿美元。大约在这个时候，考虑到税收和遗产规划，戈登决定把他的年度捐赠置于一个新的立足点上。他和贝蒂创建了摩尔家族基金会，并将大约 2 000 万美元的捐赠转让给它。由于他的财富和地位，他也被拽进了 20 世纪 80 年代中期的其他慈善事业，比如通过搜寻地外文明研究所（SETI Institute）进行大张旗鼓的外星智慧生物搜索（Search for Extra Terrestrial Intelligence），他认为这个项目“引人入胜，相对廉价，并且可能有非常高的回报”。

家族基金会专注于离家更近的主题，它特别关注环境保护，尤其是湾区的保护。“在地方的层面上，你可以真正看到你能带来的影响。”戈登说。在 20 世纪 50 年代初，心的喜悦之谷由农场和果园组成，制造业的岗位不到 800 个，这包括罐头厂的季节性工作在内。30 年后，“我喜欢的每一个地方都在变化，所有的原生态正在消失。”他变得对湾区的生活质量充满热情。“我肯定不希望看到海岸线变得像马里布[①]一样，”他对一位采访者说。在更大的范围内，“我们过去经常进行垂钓旅行的地方，以前是野地，现在你去那些地方会发现都是高层酒店和高尔夫球场。度假村和高尔夫球场都不错，但它们不应该无处不在。看到所有这些东西正在消失，真的让我很不安。尝试挽救一些正在失去的东西，这对我产生了吸引力。”

戈登为半岛开放空间信托基金提供支持，并在 1987 年给保护国际（Conservation International，CI）送了一张 100 美元的支票，这是从大自然保护协会（Nature Conservancy）分拆出来的一个机构，其创始人兼主席彼得·塞利格曼（Peter Seligmann）很快就嗅到了机

① 马里布海滩位于洛杉矶西部，是多部好莱坞电影的拍摄地，许多好莱坞明星也住在这里。——译者注

会，跟进了一张便条和一记电话。“戈登问我是否跟每一个送 100 块钱的人联系。我说，‘不，他们并不全都是戈登·摩尔。’”鉴于大自然保护协会的关注点是美国荒野、栖息地和野生动物，CI 想专注于保护生物多样性，在全球的特定区域内发现的大量动植物。“为了国际还是国内保护有过一场争吵，”戈登说，“想在国际上做事的人最终在一片喧闹中离开了。这听起来很像肖克利和仙童。”

接着，在首批“债务换自然”互换项目中，CI 在其中一个项目上跟旧金山金融界的一位知名人物、美国银行的高管路易斯·科尔曼（Lewis Coleman）合作。科尔曼安排了 65 万美元的玻利维亚国债（由美国银行持有）的销售，以 10 万美元的大幅折扣价格卖给 CI。反过来，CI 用债权跟玻利维亚交换了一项协议，以保护 500 多平方英里敏感的生物多样性栖息地，并为玻利维亚的保护项目提供资金。通过这种巧妙的循环，债务免除可以被转换来保护生物多样性热点区域。戈登喜欢这种创新性的、直接把资金用于保护的做法。通过惠普首席执行官约翰·杨的介入，他同意加入 CI 的小型顾问委员会，随后又加入了其董事会。由于其结合了科学、直接的财务行动和环境保护，CI 的做法对戈登很有吸引力：这是一个不搞对立的组织，它“采取一种基于科学的方法，用于值得拯救的和应该优先考虑的事物”，而且它在一个更大的范围内展示了“如何才能取得显著的保护结果。”

在“原生态”从心的喜悦之谷消失这件事情上，戈登的商业活动和技术成了领头的代理者。他自己的态度体现在 1988 年对硅谷的一则描述中，这是“一个商业现象，包括 2 600 多家高科技公司，雇用了 30 万人。这也是一个社会现象，包括毒品、工业间谍、一夜暴富、拥挤不堪的高速公路，以及对基础设施带来沉重负担的人口数量”。在他的职业生涯中，戈登致力于不动感情、直白易懂的革命，致力于快节奏的工业和经济发展。《旧金山》杂志在 2004 年指出：“英特尔的底面是一个垃圾填埋场的国度，塞满了过时的电脑，化学药剂到处泄漏。”对戈登来说，把时间和金钱用来保护生物多样性和开放空间，成了一种平衡并施加反压的方式。

另外，加州理工学院成了戈登和贝蒂公开的私人慈善事业的首要关注点。从最初一件 1 000 美元的礼物开始，他们慷慨大方的程度不断攀升。随着英特尔取得了显而易见的成功，加州理工便寻求他们捐赠一个教席，并在 1977 年创立了计算机科学的戈登和贝蒂·摩尔教授席位（对于全新的计算机体系结构，戈登称自己为“傻瓜”）。加州理工渴望继续这个势头，邀请戈登加入它的理事会，随着 20 世纪 80 年代末戈登的慈善投资不断扩大，加州理工和加州大学伯克利分校——为他确认了做一名化学家的使命感并让他进入研究领域的院校，成了主要的受益者。

戈登拿出自己的 24 万美元启动英特尔。他紧抓住自己的大部分投资，多年来一直保存着，跟着它的指数型轨迹发展。当店主的外祖父为他树立了榜样，他自己的父母的生活方式也很低调，他的做法和他们如出一辙，对待个人理财不仅仅是一丝不苟地关注，而且带有强烈的责任感。他希望自己的决定可以带来资产负债表的改善，而自己的积蓄被用于可靠的投资。考虑到戈登为了让公司运转，他确实地比任何人都投入得多，所以保留英特尔股票看来也是恰当的。

在福布斯 400 年度富豪榜最富有的美国人名单上，戈登的位置越来越往上走。到 1991 年，他成了亿万富翁。随着互联网泡沫的扩张，在支撑万维网的服务器和连接到网络的 PC 里，英特尔的微处理器占主导地位，销售额和股价持续攀升。1999 年，戈登看着自己的财富增长到 150 亿美元，2000 年初又激增到 260 亿美元，这个令人印象深刻的投资回报——在时间、金钱和知识上的投入，使他成为美国排名第五的最富有的人，也是加州最富有的人。既然他和贝蒂不打算改变自己的生活方式，而且个人品德和税收规定都阻碍了他们把主要财富转移给自己的儿子们，戈登决定，他必须开始为公共福祉进行规模大得多的慈善投资。

加州理工理事会和 CI 董事会的经验让他有了洞察，但更直接的灵感在于硅谷本身，惠普的共同创始人戴维·帕卡德和他的妻子露西尔（Lucile）在 20 世纪 60 年代创立了一个基金会。它支持环保、教育和研究，这些事业深得戈登之心。威廉·休利特创立了一个具有类似目标的基金会。他们一起提供了一个典范，展示了硅谷的创业先驱们能够如何超越单纯的商业成功，建立具有持久价值的慈善事业。

1999 年 1 月，戈登 70 岁了。至少有 5 年时间，他苦思冥想（也拖延了）一个大得多的慈善事业想法。现在，他比以往任何时候都更想利用他那“程度大到荒谬”的财富。贝蒂在催促他：“让我们看一看。”同样赞成这个想法的肯说，“我们问爸爸，‘难道你不想有个机会看它发挥作用吗？’”出让一大部分个人财富是个重大的决定。“当你有大规模的资源时，你会做大规模的慈善活动吗？”肯问道，“这不是一个假设。”

严肃的捐赠

在硅芯片的世界里，戈登是个战略大师和冒险家。尽管如此，他并不是一个特别有自主性的人。作为一个偶然成为企业家的人，他说自己必须落进一个机会或者被人推动。他只是在对威廉·肖克利失去信心之后，才不得已把仙童半导体作为最后手段，而且是作为一群平等的合作伙伴中的一个。戈登在仙童安之若素，是鲍勃·诺伊斯提供了离开仙童和启动英特尔的催化剂。如今，在准备发起自己的基金会时，戈登茫然不知所措。他想看到事情发生，但无法找到一个合作伙伴——一个安迪·格鲁夫，具有实践他的想法的必要技能。“有效地把钱给出去并不容易，”他解释道，“我必须找个我喜欢的人来管理它。迈出第一步并没有明确的方法。我不愿意自己来做这件事，所以我就让这个想法束之高阁。”

戈登现在有时间，但还有更深层次的矛盾。数十年来，无论是在英特尔还是在家里，他都生活在一个高层战略和分析的世界里。他和安迪·格鲁夫以及贝蒂的深入而长期的伙伴关系极为有效，这让他可以保持对战略的控制，同时放任自己把运营管理以及随之而来的冲突委托出去的渴望。他最喜欢的模式创造出能够利用他的洞察力并把实际工作留给别人的情境。对于家族基金会，他和儿子史蒂夫复制了这种模式。

对于大型慈善事业——一个处理数十亿而不是几百万美元的基金会，戈登需要一个具有复杂金融交易经验的合作伙伴。作为一个公开而审慎的实体，基金会有义务卖出他打算捐出的所有英特尔股票；要做到这一点而不扰乱市场，挑战并不小。戈登希望运营伙伴不但要有“发起某件能够处理如此大量资金的事情”的能力，而且能诠释他的愿望，将其转化为一个可靠的策略，并领导一家大型慈善组织，这个多任务管理者应该和格鲁夫水平相当甚至更胜一筹。在一个人身上很少能够找到所需的多样化、高层次技能，这一点明显得令人痛苦。

随着 20 世纪 90 年代末的互联网繁荣发展，其他人要戈登考虑大宗捐赠的敦促更强烈了。一个请求者是 CI，它认为——戈登也认为，大胆思考可能会产生重要的变化。如果摩尔定律象征着“为了创造更新更好的东西而永无止境的人类驱动力”，同样的动力难道不适用于慈善事业吗？从 20 世纪 90 年代中期到末期，路易斯·科尔曼开始恳求戈登为 CI 提供一笔重大的捐赠。这两个人都是老派的加州人，在 CI 的塞里格曼的安排下，他们参加了在偏远地区举行的钓鱼探险。戈登对科尔曼敞开心扉，透露了自己想创立一家大型基金会的愿望，并解释说他的财富并非现金，而是英特尔股票。

加州理工也在加紧进行一项重大的筹款行动，担任其理事会主席的戈登处于讨论的中心。他深入研究了财务现状，看到如果学校要继续在前沿研究中出类拔萃，就需要一笔大得多的捐赠。“对我来说，看起来他们需要另外 15 亿。”加州理工希望它的理事会主席先给一大笔捐赠。戈登提议给出一笔惊人的 3 亿美元“来启动这项行动”，尽管捐赠违背了他的原则，但并不违背他以其持久性来评估影响的信念：“我不喜欢捐赠（我猜这是由于我在投资上能够比他们做得更好），但在这种情况下，这似乎是最重要的事情。捐赠最接近于我对终极目标的想法，让加州理工发挥其独特作用是我能做的最有价值的事情。”

捐赠英特尔股票然后卖出，很有可能伤及股价。戈登不想对市场造成冲击，或是释放他对公司失去信心的信号。科尔曼记得，他“对如何处理这些钱很焦虑，对如何进行赠予也同样焦虑”。他们进一步谈了下去，戈登开始确信自己找到了合作伙伴。科尔曼参与了环保问题，并承诺投身于以科学为基础的工作，但他也看到了金融、商业视角、分析和行动的重要性。由于戈登乐观地认为，让一位金融专家来加快慈善事业比反过来会更容易些，路·科尔曼在金融界的可靠声誉就是他所需要的。巧合的是，科尔曼正在寻求改变职业生涯：“我们站在钓鱼的溪流中谈了一些话，他发现我正在考虑离开银行业。我把他带到我的办公室吃午饭，为了给 CI 想办法从他那儿撬到一大笔捐赠。我管他要很多钱，他说，‘如果你来运营我的基金会，我可能会想出办法来给出那笔捐赠。’”2000 年结束时，戈登和科尔曼握手言欢达成了交易。科尔曼将设立戈登和贝蒂·摩尔基金会，最开始是一笔小规模的捐赠，在做好准备之后，就去处理价值数十亿美元的英特尔股票的转让工作，这是戈登和贝蒂所有财产的一半。

这项转让工作的实际情况具有典型的戈登风格。令人难以置信的是，所有股票的形式都是纸质股票——一堆又一堆的凭证。“戈登过着非常简朴的生活，”科尔曼在基金会的继任者埃德·彭霍特（Ed Penhoet）评价说，“多年来他一直在获取股份，他好比是把股票放在枕头下面。”对于科尔曼来说，转让“并不是最容易处理的事情”。“我们必须拿到凭证。我派我的首席财务官跟一位银行家一起坐进一辆汽车，我知道银行家的总括抵押债券涵盖任何交通事故。他们在银行的红木城分行和戈登会面，走了进去，并提取了 1.92 亿股。英特尔有一条规则，每份凭证不能发行多于 10 万股，所以有一大沓纸。它们在转成电子化的形式中被搞得乱糟糟的。”

科尔曼缓慢而巧妙地卖出股票，为基金会创造了一个多元化的资产基础。在这个转让过程中，互联网泡沫破灭了，英特尔的股价暴跌，而戈登和贝蒂的财富也瘪了下来，最后稳定在近 50 亿美元。即便如此，戈登和贝蒂·摩尔基金会还是跃居至美国最大的慈善机构的行列。2005 年，《福布斯》提名他为年度最仁慈的公民，在一个更长期的“10 亿美元乐善好施者”全球榜单上名列第四，排在比尔·盖茨、沃伦·巴菲特和乔治·索罗斯后面。引人注目的是，他是唯一一个已捐善款超过自己剩余净值的人。

2001 年，加州理工宣布，其筹款行动收到了来自戈登的一笔抵押品转让——6 亿美元。在某种压力下，戈登决定不只是在 5 年间赠予多达 3 亿美元的英特尔股票，他新成立的基金会在 10 年间提供另外的 3 亿美元。戈登的捐赠是有史以来向高等学府捐出的最大一笔善款（以当前的美元计）。对于戈登来说，慷慨施舍在 1986 年有一个颇具挑战性的例子，是阿诺德·贝克曼当时创纪录的捐赠，他是更早出自加州理工的化学家，后来担任了理事会主席，多年前曾在肖克利半导体无意间促成了戈登的成功。戈登和贝蒂也为一家环保组织提供了单笔最大捐赠：在 10 年间向 CI 捐出 2.61 亿美元，支持生物多样性热点区域的科研和行动。

戈登对自己的新基金会有着明确的愿望。他希望它解决“大问题；做有很大影响力的、长期的事情；而且将会带来改变”。他相信，有针对性的慈善事业能够在重要的领域产生富有意义的改变。对戈登来说，把赠款做好等于成就重要的事情。正如他通过精确聚焦于晶体管、芯片和微处理器从而带来社会变革一样，他在自己的慈善事业中也想避免“随随便便撒钱，不管三七二十一。政府拥有比我和比尔·盖茨这样的个人多得多的资源，但他们似乎并不能发起太多事情”，他对一位记者说，“私人的钱可以让一些事情开展起来。它可以抓住多得多的机会。我们是从事这些保护工作的风险资本家”。

硅谷的财富开始转化为重大的慈善抱负，在西海岸的新现实中，戈登的思想和他的创业风格是非常重要的部分。加州在 1999 年到 2004 年之间创立的慈善机构数量有一个很大的飞跃，使其超越了全国其他地区。增长最快的是硅谷本身，有大约 300 家新的基金会。让戈登的做法与众不同的是他对方法的兴趣，他想运用曾经指导过自己个人生活和职业生涯的“账本逻辑”。“我们坚持能够对结果进行衡量，”他解释道，“在历史上，这没有成为慈善的一部分，但它是工程和商业的一个重要组成部分。如果你无法衡量它，你怎么知道你是在做好事？”当戈登还是个青春期的男孩，在父母的车库里制造炸药时，测量、分析并保留控制权是很重要的，而现在这些也同样重要。

将测量引入慈善的做法也带来了一种经营方针，不只是把慈善事业当作企业来做，而且还把金融作为一种工具来使用（就像在债务替换自然资源和其他大型环保项目中那样）。戈登的基金会设立了自己的议程，把要跟踪的目标进行跟踪量化，然后识别出与之合作的受助人。控制是关键。史蒂夫·麦考密克（Steve McCormick）当时在大自然保护协会，但后来成为戈登基金会的第三任总裁，他回想起基金会的早期态度："'作为一家基金会，我们有自己的结果，自己的战略。我们将从你那里买到结果'，就好像我们是承包商一样。"戈登那种"做好经济激励的生意人观点"得到了卡弗·米德的认可，他对英特尔风格的"听到回音"很感兴趣（"就是说，采用营利性企业的指标和方法，'你要做这件事'，然后期待人们完成它。"）。

也许最与众不同的是戈登坚持他的慈善事业应该以科学为中心。他认为科学是解决像环保等基本社会问题的关键，并希望"不是作为一位慈善家而是科学家"来发挥作用，科尔曼说。环保运动"可以更多地运用科学，以及或许少用一点感情"，他觉得，"多一点头脑，少一点爱心"。

在仙童和英特尔，戈登投资于他觉得回报和风险相匹配的研究，他只在那些具有潜在重要性的领域、在硅电子行业有机会成为领导者的领域努力竞争。他把这种注重从职业生涯直接带进了基金会。他瞄准科学的特定领域，基于有效的解决方案产生结果。他采用以测量来推动的方法来进行创新，就像他在硅电子领域所做的那样。在英特尔，脚踏实地的研究是他成功的基石；他希望这也成为他的新基金会的基石。

有所作为

如果说戈登在方法上很明确，那么他也同样坚决地聚焦于明确界定的关注内容：环境保护、科学研究和高等教育，以及位居其次的湾区本身。所有这些都是他人生中的核心利益，诚然也是极为传统的内容。帕卡德和休利特基金会就为这些领域提供支持；伟大的慈善家如卡内基、洛克菲勒和福特也是如此。然而戈登并非简单地希望他的基金会"进到某件事情里，并在它两毛五的价值上增加一点"。

"较早期、很容易办的一件事"是一笔 900 万美元的捐款，让美国公共科学图书馆发行可以开放式获取的生物医学期刊，这样的在线期刊本身就是电子革命的果实。在其他和高等教育相关的领域，要想有所作为不那么容易。例如，戈登想帮助学术界富有成果的科学家，当他们渴望改变相关领域时，却面临着结构性的障碍。负责调查工作的科尔曼和半打主要大学的校长进行了交谈，但“我们两年都没有听到声音。见鬼，不行。这只会搞乱他们的系统。当我对大学的结构有了更多的了解，我就能明白为什么了”。

基金会也开始为两项重大举措投入数百万美元：保护北太平洋沿岸的鲑鱼和保护亚马逊雨林。作为一个渔夫，保持健康的鲑鱼生态系统是一项特别贴近戈登内心的事业，但科尔曼承认，“我们选择鲑鱼的真正原因是我们可以对它们进行计数。”第二个项目是通过 CI 进行的，旨在维护亚马逊流域的生物多样性，并为安第斯山脉、巴西、马达加斯加和美拉尼西亚的中心提供资助。两年之内，它就帮助保护了近 5 000 万英亩具有生物重要性的地区。当被问及他希望做到有什么不同时，戈登回答说：“我们正在为人们创造一个更美好的世界，人们长期生活在其中。我所说的长期的意思是 10 000 年。如果我们所做的一切就是为了不让森林在 20 年里被砍掉，在我看来我们就是在浪费自己的钱。这个不同必须是永恒的。”

基金会在教育领域的主要受益者仍然是加州理工，但其他学术机构也急于参与比赛。早些时候，英国的剑桥大学曾巧妙地邀请戈登参加 J. J. 汤姆逊（J. J. Thomson）发现电子的百年纪念庆典，而且它在筹资方面也非等闲之辈，很快就得到一笔赠款，用来建一座贝蒂和戈登・摩尔科学图书馆。随后，它邀请戈登全家重返英格兰，与该校的名誉校长菲利普亲王进行一次特别午宴（贝蒂特别喜欢这次“出色的”旅行）。好玩的是，后续行动被迫放弃——史蒂芬・霍金和其他剑桥明星受命前往戈登位于山地草甸的家里种一棵苹果树苗，它的种子取自林肯郡的艾萨克・牛顿童年花园里那棵富有传奇色彩的果树，但美国的农产品稽查员扣押了树苗。

2002 年的一件事确实一鸣惊人，当时戈登接受了总统自由奖章，这是美国授予平民的最高荣誉。这个奖项同时还授给了管理学泰斗彼得・德鲁克、纳尔逊・曼德拉、比尔・考斯比，普拉西多・多明戈和南希・里根，它的到来完全是个惊喜，在戈登的所有荣誉中给他带来了最大的快乐。他的家人受邀参加了庆典，“我们每个人都跟总统和他的妻子照了相”。随着他的声望和重要性日益获得认可，戈登很享受其他的一次性活动。

戈登在参加他的新基金会的董事会会议时一丝不苟，但他拒绝参与其运营。他早就把这样的事情留给别人了。尽管微软的比尔・盖茨把慈善作为一种新的职业（成为其基金会的首席战略家和发言人)，但戈登是更老的一代人，而且生活在远离加州的大洋上，他选择了保持超然物外。路·科尔曼劝他不要把基金会设在成本高昂的硅谷（科尔曼认为，沙丘路的房地产“价格高得令人瞠目”)，而是放在旧金山。很快地衡量之后，戈登批准了把旧金山一座建筑物的一部分租下来并进行翻新。这里长期以来是一处美国陆军基地，后来用于民用，1919 年沃尔特·哈罗德·摩尔在这里从战时执勤中退役。这个位置可以看到旧金山湾的非凡美景，科尔曼自己从马林郡通勤也很方便，跨过金门大桥北边就是马林郡。然而，从戈登在伍德赛德的家到基金会总部差不多有 35 英里，交通非常拥挤。

科尔曼和他新招募的人员可以自由发挥。由于几乎完全没有运作非营利组织的经验，他们看到有机会和传统决裂，并且以他们认为更加企业化的模式来实践慈善事业。在设计自己的办公室时，他们细致入微地关注生态功能和可持续材料，花费了大约 850 万美元。“坚决用绿色建筑材料来打造住所并不便宜。”当地杂志《旧金山》对“天马行空的办公室”抨击道。这跟戈登在仙童省吃俭用、亲力亲为的做法相去甚远，当时他以最廉价的厨房家具配备起了第一个实验室。

基金会试图从戈登那里引出方向。例如，科尔曼的助手雪莉·巴尔托鲁奇（Sherry Bartolucci）在 2001 年初和他会面。“我说，‘戈登，我们需要了解，你的驱动力是什么。我们希望你为我们感到骄傲。你代表着某些事情，而 100 年以后人们在这个基金会工作时……’他说，‘我已经死了。’‘我知道，戈登，但是让我们假设你能回头看看。’‘我已经死了；我不会看的。’我们确实不得不提示他。最后他说，‘好吧，可以。’他同意和员工进行一次没有定论的会谈。”

戈登对于煽情的讨论从来都感到不自在，他希望他的基金会严肃而专业。他想让它反映出自己对其方法论和重点领域的愿望，但对于自己究竟想要它做什么，他并没有一个答案。如何把他的钱花出去，伟大的硅革命无法提供细节。科尔曼和他的主管们不知所措，“这是他想要的吗？”他们问。12 年后，史蒂夫·麦考密克在他自己卸任基金会总裁后解释道：“戈登是个很难沟通的人。很难得到真正的反馈；我很难明白他的立场和我的立场。他从来不会说，‘这就是我想要的。’在很多方面，他一点儿也不果断。他只是让事情往前走。”

科尔曼继续说道，“对于他不想做的事情，戈登相当明确。他不想做政治性或政策相关的事情。这源于传统上硅谷反偶像的独立性——对政府没有太多的信心。戈登要求我们做的就是，尽量在可以衡量结果的地方提供捐助。”由于正式的董事会会议每个季度才开一次，科尔曼就给他的老板打电话，“每两周打一次，看看我们做的事情他觉得是不是靠谱。”

科尔曼正确地看到，他的工作是沿着戈登设想的道路来指导基金会，但那条道路只是若隐若现。由于没有路线图，他自己也没有相关经验，而又非常自负，他开始踌躇了。不确定性和模棱两可的事情流露出来，基金会遭遇到了相当大的人员变更。

找到突破口

到 2002 年，基金会已有 40 多名员工，其中包括肯·摩尔。在他的半导体职业生涯中，肯“无事可做。我不想干我老板的工作，而我自己的工作又做得太久了。”在基金会不断增长的员工里，他是其中之一，成了基金会的研究总监。他已经是一名受托人，深知基金会的初期困难和混乱状态。非营利行业的一些人把它的雄心抱负理解成无异于傲慢自大，觉得强调研究、科学定位方法、关注指标是对惯例做法的否定。2004 年 1 月，《旧金山》杂志上发表了一篇深度介绍，声称基金会成立很短时间就招致了大量的批评，“在湾区和其他地区，很少有环保团体在戈登基金会挖到金子。今天，无数环保人士不但嫉妒不已，而且恼羞成怒地试图找到撬开戈登保险柜的办法。”

这种情况的中心存在一个真空：戈登对基金会缺乏指示和参与，而路·科尔曼由于缺乏在非营利性领域担任主管的经验，无力填补这个空缺。员工期望戈登给予远见和指导，但他却往后退缩，“我不想让基金会占掉我太多时间。”毫不奇怪，基金会步履维艰。“因为我们不知道自己到底在做什么，”科尔曼说，“所以我们很愿意有不请自来的对话。”戈登的儿子史蒂夫认为，这是一个更大的失败：“作为一个家族，我们未能定义好我们希望支持的事情，我们花了四五年时间来集中注意力。”在基金会内部产生了争执，对于资助的优先级，人们情绪激昂，“你把非常热情的人吸引来基金会工作，他们认为自己的热情比他们为之工作的机构还略微重要一点。”科尔曼解释道。

工作人员没有得到什么培训，他们所相信的方法（就像“一群精力旺盛的研究生”的方法）名不副实，他们并没有能力履行承诺。满心期待的项目开发官员，尤其是来自湾区的机构，跟多达 10 位或 15 位基金会工作人员开会，表面上每个人都能拨款，但最终都没有实质的权力。有消息报道说，出现了“一种新的蔑视”，打给基金会的电话没有回应：“他们的态度是，‘你为什么打扰我们？’”《旧金山》报道说。想要得到资助的人们极为沮丧，因为期望本来很高。戈登承认，“我们雇的人以前大都没有基金会的经验，他们有很多东西要在工作中学习。我确信我们让一些潜在的受助人感到不满，因为我们不断地改变自己的方法，让他们费尽千辛万苦才能从我们这里得到一份奖励。”

戈登的风格是通过间接方式进行指导，但就像在早期仙童半导体的那样，他允许别人去探索思路的政策也意味着他们有时会偏离航向。就像当时一样，成功的一个基本要素是，要有一个富有才华、奋发图强的运营者，教育、从业背景和他高度类似，能够读懂他的心思。尽管戈登对路易斯·科尔曼感觉舒服，但后者并不是一个科学家而是一个金融天才，而无论科尔曼还是戈登，对于非营利组织管理文化都不精通。史蒂夫·麦考密克是科尔曼的唯一继任者，他后来报告说，戈登未能把他和贝蒂想要的事情讲清楚，而且记得戈登最后停掉了一个重大项目：“路易斯跑到前面去了，这让戈登猝不及防。基于错误的沟通，我们有一个机构希望得到一份 10 年 3 亿美元的承诺。这连累了我们。”

其他人更早地表达了他们的担忧。《旧金山》杂志说，热心环保的人士怀疑“掌管基金会的商业巨头会愿意支持那些决心迫使美国公司整顿自己行为的非营利组织”。从企业背景出来的基金会领导者，能带来他们所承诺的巨大变革，而不存在利益冲突吗？不，该杂志说，它认为困难始于“硅谷的亨利·福特”（戈登本人），并单独挑出科尔曼招募约翰·塞德尔（John Seidl）的事来对其特别发难。作为环境业务部门的第一位首席项目官，塞德尔是个“企业型”的人——之前在安然工作，他和科尔曼具有相同的观点，即“开明环保主义之路经由美国企业界”。

《旧金山》杂志声称，基金会“被锁定为只向那些不对戈登、科尔曼和塞德尔的商业价值进行挑战的团体提供资助”“只不过是个华而不实的钓鱼俱乐部，让曾经的商业人士在他们职业生涯的暮色里享受最后一个挑战”。《旧金山》杂志说，如果戈登的基金会确实只资助它自己以商业为基础的狭隘利益，那么它将无法维护公共责任。“基金会得到巨大的税收减免，因为它们被认为是去填补政府留在社会上的一些坑坑洼洼。一旦戈登把他的数十亿美元藏进一个基金会，他和那些雇来管理基金会的人就成了公众的管家。”

“科尔曼和公司”承受着“只按他们自己的调子走”的指控，由于科尔曼和戈登在保护国际的理事会持续任职，戈登在加州理工学院理事会，而且他们和基金会资助的其他团体保持亲近，这项指控被着重强调。同时，有人担忧基金会忽视了原住民及其权利。原住民发展研究所总裁丽贝卡·亚当森（Rebecca Adamson）会见了路·科尔曼，并对《旧金山》杂志说，“在环保领域有一个全新的祭司，认为保护濒危土地的方式是为科学设立保护区，并让它们保持实验室的质朴。这些以科学为基础的环保主义者对人们的用处较少。”杂志还援引硅谷防止毒物联盟（Silicon Valley Toxics Coalition）的话说：“戈登把巨额资金投入雨林，这很好。但对于他们在家乡已经造成的问题，这毫无作用。”当然，对戈登来说，可衡量性就是一切。正如一位分析师认为的那样，在原始荒野里工作的科学家们能够更好地对环保的成功或失败做出实证主义的结论。

基金会坚持要衡量结果，这遇到了阻力。“当你推动别人去负责任而他们只习惯于收礼物时，他们就不喜欢。”接替科尔曼担任基金会总裁的加州大学生物化学家、生物技术企业家、学术管理员埃德·彭霍特说。戈登的“高度聚焦、顶尖质量、责任感”就是做“一件事并把它做到极致”，它在英特尔极为成功，但在这个截然不同的舞台上，要解读它并不容易，也没有很快被接受。据麦考密克说，基金会很快就有了一个“对自己的观点绝对肯定”、骄傲自大、居高临下的名声，“这是个非常不公开的组织，很难打交道”。他说，幻灭感和失望之情不断持续。环境项目由“在该领域没有经验的人管理，他们是生意人。你没法和他们说话；他们没有兴趣讨论不同的部分。他们说，‘这是我们做的事，这是你们做的事。你们能不能做？’”

英特尔面对傲慢自大的指控，但它承受得起。它专注于测量，这符合它在制造技术中对精确性进行精雕细琢的目标。慈善是个更为混乱、更加人性化的努力。2010 年，《斯坦福社会创新评论》（*Stanford Social Innovation Review*）的一篇文章总结说，“通过狭隘的束缚和高度指令性的要求来大力推动可测量性，这扭曲了非营利组织的工作。”通过对广泛的战略性和定量化措辞的思考，戈登领悟到——至少在慈善事业上，好心没好报。

肯尼斯·摩尔认为，路易斯·科尔曼和他父亲的组合意味着问题得不到解决（因为他看到，一个是没有能力管理基金会的日常运作，另一个是不愿意介入）。肯并不信任科尔曼的纯粹民主，也就是他在处理组织事务时那种完全平等的办法。肯的弟弟史蒂夫跟行动的关系不太密切，对此也更为宽容，认为科尔曼是“一个真正强有力的商人”，他“在如何运营基金会的问题上本来可以多接受一点培训”。2004 年，事态发展到顶点，当时科尔曼违背了长期以来工作场所的行为规范。基金会的高级职员请求戈登进行干预，他极不情愿地介入进来。科尔曼离开了。

埃德·彭霍特已经是一名高级职员，既精通商务又熟知理念世界，他担任了总裁的角色。他对兼有安静举止和强大洞察力的戈登仰慕已久。“当戈登说到某件事的时候，每个人都在聆听，”他解释道，“他有一种惊人的能力，能把一个复杂的问题提炼成一种非常言简意赅的总结。”彭霍特让基金会重新聚焦于它的基本主题。此外，他选择在范围小得多但可能成果非常丰富的海洋微生物学领域发起一项行动。在这个领域，有很多科学工作要做。基金会向学术型企业家 J. 克雷格·文特尔（J. Craig Venter）进行了捐助，他在 2000 年——由于有电子仪器以及数字计算机的计算能力，完成了人类基因组图谱的绘制。它还支持文特尔的全球海洋采样探险队，提供 10 年以上 150 亿美元的投资，这是一个响当当的成功。

基金会作出重大承诺，在莫纳克亚死火山顶上构造世界上最强大的光学望远镜，它靠近戈登和贝蒂在夏威夷的家，而加州理工成了间接受益者。这台 30 米的望远镜承诺解决跟宇宙本质有关的问题，戈登长期以来就对此很着迷。“每次我们有了一台更大的望远镜，我们都会进一步回顾过去，发现新的东西，”他说，“你会往回尽可能地接近大爆炸。”基金会捐了 5 000 万美元用于它的设计，后来又为它的建造捐了 2 亿美元。这符合戈登对基金会的希望：在一项重大的科学计划中作为早期投资者，希望在适当的时候从其他投资者那里吸引到更大的金额。这台承诺可以让天文学家对宇宙的过去回溯数十亿年的望远镜，几乎真的就是坐落在戈登的后院。经过多年的准备，它在2014年11月进行了奠基。

贝蒂给戈登和贝蒂·摩尔基金会打上自己烙印的时间来得更晚一些。加州的“共同财产”法律意味着戈登的财富有一半是贝蒂的，而且从一开始他们的慈善事业就是一项共同的努力。贝蒂为基金会阐述慈善目标的起步虽然慢，但她“在董事会上是个确实的存在，而不只是戈登的一个橡皮图章”。和她丈夫一样，她也很有眼光，注重成果，而且“安静，但很清楚她对什么感兴趣”。美国的护理和病患照顾是贝蒂关注的重大议题。她曾经密切参与过照料自己的儿子史蒂夫、自己的母亲以及其他长辈，而且她自己也经历过短暂的住院治疗。其中有一次，一名护士走进贝蒂的房间，不顾她的反对，给她打了一针。肯解释说：“妈妈被注射了胰岛素，而这本来应该是给边上的病人打的。他们差点由于一次医疗失误而造成两人死亡。那是她对护理产生真正兴趣的开始。”

2003 年，基金会把护理及相关教育纳入正式主题：“贝蒂·艾琳·摩尔护理计划

（Betty Irene Moore Nursing Initiative）”在10多年间拨款1.23亿美元，用于提高标准和改善与护理相关的病患治疗效果。随后，在2009年又增加了1亿美元，在加州大学戴维斯分校成立贝蒂·摩尔护理学院，并在2014年为加州大学旧金山分校的贝蒂·艾琳·摩尔女子医院资助了5 000万美元。贝蒂认为，在更广泛的全国范围内支持病患护理，是很自然的下一步。

在彭霍特的领导下，戈登基金会从科尔曼追求激进创新的尝试失败中摆脱出来。它让自己站稳脚跟，在期望和实践上都变得更为渐进和更加专业。然而彭霍特还有许多别的承诺和义务要占用他的时间；他是个临时首席执行官。基金会如何进一步接收资产，以及一家人持续发挥什么作用，这些根本性的问题并未得到解决。戈登是老板，但老板拖拖拉拉。

家族事业

在戈登和贝蒂度过他们的第75个生日时，他们待在夏威夷的时间更多，不过戈登仍然在加州“为过多的事情签字”。“他认为他必须在那里。”贝蒂这样认为。戈登经常前往硅谷做短途旅行，出席各种董事会会议、照料他的财产、会见申请者，但他的儿子们现在有自己的家庭和安排，在伍德赛德的大房子里也没有了贝蒂令人安心的存在。他还广泛参加钓鱼之旅，或是在获得各方给予的一些奖项和荣誉学位时发表简短而幽默的演讲。贝蒂很少回到加州，“我很高兴没在那里。我只在它不冷的时候才会去。”

戈登继续参与十多个风险投资的合作伙伴关系，它们大多数在硅谷，有几个是由他的前同事尤金·克雷纳设立的。“我把钱投进去并得到报告，他们在首次公开发行后给我股票证明。这是非常不活跃的一种投资，一种有限的合伙关系，我的时间和精力只够这么做。”他继续管理着自己的主要投资。偶尔，在和贝蒂讨论时，他会直接投资一家公司，“通常是因为某个朋友认为这是一个特别好的机会，而且有他的理由。”“这让他和市场保持着联系，”贝蒂说，“了解世界如何变化，以及什么时候应该跳起来。”在家里，他管理着夫妻俩的财务，自从他们结婚第一天起，他就是这样做的。贝蒂说，与他们极为可观的财富相关的事情“全都在戈登的书桌上，他一直讳莫如深。吃早饭的时候，我们看新闻，看看市场情况如何，用他的话来说就是道琼斯，但是他不跟我谈事情”。

戈登和贝蒂的兴趣和价值观没有什么变化，但到了2005年，贝蒂的健康状况下降，这让她无法进行冒险旅行，而戈登仍然相当活跃，“能够徒步远足和上船下船。”他仍然是个劲头十足的海钓渔夫，和儿子们或长期伙伴一起漂洋过海去旅行。贝瑞特愉快地回忆道，“这里有个身家数十亿美元的人，而他唯一感兴趣的事情就是那里的褐鲑鱼。如果你把戈登放到河上，他就只是你的普普通通的飞钓好友。他享受钓鱼的每一分钟。飞钓迫使你忘掉别的一切事情，而专注于你面前的东西。”

贝蒂定居在夏威夷，在龙女士团体中很活跃，她们一起午餐，互相帮助解决困难。贝蒂喜欢这些午餐，她们会友善地谈论“世界面临的问题。我以前从未有过那样的满足感。我总是在照顾别人”。和戈登一样，她也无法完全消停下来，于是她开始寻找一个更大、更永久的家，一个更适合来访者和人生晚年的单层房子。很快她就找到了“符合条件的地块，沿着海岸展开一大片”，还是在科纳海岸。戈登正在加州进行一次访问，他被叫回来帮助敲定交易。

捷普路上的房子是当代建筑，伍德赛德的房子是英式乡村庄园，而他们在夏威夷的第一个家“熔岩之家”则被翻新成地中海托斯卡纳风格。对于这个将由建筑师沃伦·桑兰德（Warren Sunnland）设计的新项目，贝蒂想要有所不同：一种亚洲式的“少即是多”的感觉。她的设想是三居室组成一个大 U 字形的建筑群，前面有一个亭子，一处带有小桥的荷花池，一个游泳池和水疗馆，主屋里有一个八角形的早餐室，戈登的一间书房要突出伸向海上的悬崖。有一侧是给前来造访的儿孙们的，单独给看门人的宿舍留在未来使用，房子还带有电子控制和安保系统。

年近八旬的贝蒂成了项目经理：取得许可证、审查材料、管理公认、制定关键决策。“每件事情都得‘敲、敲、敲’，否则按照夏威夷的节奏，我们就会滞后好几个月。在这个年纪开始盖房子，我们很疯狂，但这是个美妙的挑战，而且我需要一个专注点。”戈登经常不在，或是在本土或是去进行钓鱼之旅。令人惊叹的建筑群——计划在 2008 年贝蒂 80 大寿时完工，终于在两年后落成了，从此戈登和贝蒂·摩尔就住在那儿。（贝蒂于 2009 年正式成为夏威夷居民。）

尽管戈登慢慢地脱离了最专业的活动，但他并没有建立新的友谊。“他并不真正关心夏威夷，”儿子肯解释说，“因为没有太多事来做。他不是那种善于社交的人。这么说吧，当他在那儿的时候，我的电子邮件很快能收到回复。”由于戈登不愿意与人交往，贝蒂很郁闷：“他应该给人回电话。我说，‘你得回电话，’可他并没有这么做。然而他会扔下一切去加州开一个会。”肯认为有件事很丢人，他父亲表面上退休了，但使用新房子里的奇妙工坊却很慢，“我以为他会更像他父亲，加工各种东西，但我甚至不知道工具是否插进去了。”贝蒂的关节炎让她无法画画和弹钢琴，但她还是喜欢听音乐，并保持着自己对阅读的热情。戈登和贝蒂·摩尔曾经是很有规律甚至兢兢业业的教徒，但现在脱离了有组织的宗教，不过贝蒂仍然喜欢在电视上看宗教节目，这个习惯是她在照顾年迈的母亲时养成的。“宗教成了一个非常私人的事情。”她说。

英特尔和电子革命已经成为戈登·摩尔人生中的两大主题，但现在那个阶段过去了。贝蒂是唯一剩下的常量。她设定家庭生活的条件，下令搬到夏威夷并避开家里的帮助。戈登深深地委身于贝蒂，在家务安排上对她表现出坚定不移的忠诚和顺从，结果就是他在夏威夷待了很长时间，而很少把时间用于自己的日程。这是他的选择，或者说是缺乏选择。他经常在自己的书房里独自打发闲暇时间，用电脑编译图片集或是发送电子邮件。一位采访者注意到，他并没有把自己的 PC 性能用到极限。戈登告诉他：“有时候我对软件非常苦恼。我讨厌需要那么长的时间来重新启动我的电脑。”

贝蒂没有那么被动；“事实上，她对不能很好地工作的东西不是很宽容，”戈登说，“有一天在家里，她拿起她的笔记本电脑，把它拿到外面，扔进了垃圾桶。她的美国在线（AOL）网络连接断了，这超过了她的可接受程度。我走出去把它取了回来，我不忍心看它被丢到垃圾场。”在帕萨迪纳，贝蒂把书带到她丈夫地下室的实验室去读。在夏威夷，她试图把他从书房里拽出来，“我发现他并没有在工作；他在电脑上玩纸牌接龙。我说，‘让我们一起看看电视上的棒球或橄榄球比赛吧。’有时候我就是走进去，在他的桌子旁边和他一起看书。”

烦恼的时候，贝蒂就采取行为。相比之下，戈登则是退却，但他有自己的典型方式来表达不耐烦。“他经常说，‘哦，见鬼，’”贝蒂说，“他父亲过去经常那样说。戈登年纪越大，看上去就越像他父亲，他甚至在额头上都有同样的痣。”和贝蒂去购物可能会引发一通愤怒，这是戈登自己说的，“我只能逛这么久。突然之间，在里面某件东西就变掉了，我必须摆脱那儿。这是个男人的事情，我不逛，我买东西。我确切地知道自己想要什么，我买了就离开，不喜欢跟贝蒂在好市多走来走去。‘我们打算去找某个东西。很快她就找到了另外 3 件东西要看一看。’”

尽管他们拥有巨额的财富，但戈登和贝蒂都从来没有习惯于“帮忙”的概念。他们根本不希望雇别人来做卑微的家务活，一点儿都不用。即使在夏威夷，戈登也仍然给房子的一部分吸尘。肯的解释是“他们喜欢那样。让个人得到很多关注，这从来不是戈登的野心”。他们用钱仍然很小心，贝蒂买杂货要货比三家，而且他们都不在价格贵的加油站买汽油。“如果不是为了我们这些孩子，他们今天会生活得更低调。我弟弟史蒂夫和我一个唱红脸，一个唱白脸。我们开始推动他们花更多的钱。‘花吧。你们在等什么？’”

兄弟俩敦促父亲更新他的汽车，甚至一度为了钓鱼之旅和访问加州理工而投资了一架私人喷气飞机的 1/8 股权。最近，他很不情愿地订购了一份在科纳和旧金山之间定期共享所有权的喷气飞机服务。“爸爸认为，‘私人飞机在财务上毫无意义，这个账不管你怎么算都算不过来。’我们说：‘它节省了你的时间，你必须从金钱以外考虑这件事。’他的同伴群体中的其他私人飞机拥有者说：‘你有什么不对劲？’过了一阵子，在家庭的压力和同伴的压力下，他说，‘哦，好吧。’在他确定这是一笔值得花的费用之前，很多人给他提过建议。”

肯和史蒂夫并不是靠信托基金抚养长大的孩子，不过他们在花销上所拥有的安逸自在却是他们的父亲无法理解的。“你买了一样东西，你就留着它”是戈登毕生的格言。即使在他自己的慈善事业所关注的地方，他也小心翼翼地避免谈论一些可能被视为夸海口的事情。卡弗·米德给出了一个例子。

> 曾经有一阵子，在加州，戈登到山下的本地餐厅去，他会打个招呼。上次我见到他，他和三位年轻女士在那儿。我说，“贝蒂在这里吗？”他说，“不，她在夏威夷。”然后他说，“哦，这是我的儿媳妇和她的两个朋友，她们正在创办一所学校。”他担心我以为他对贝蒂不忠！他跟这些人谈论她们想办的学校，小心得就像是他在谈任何跟钱有关的事情一样。他没说“我们打算资助”，但那显然是个基金会之类的东西。他没说那些。

戈登和贝蒂对别人显得异常的慷慨，直接以私人方式送出礼物，也经常送年终礼物，但在家里戈登继续保持节俭。若干年前，贝蒂表示想要一台微波炉：

> 戈登认为，“我们已经有个可以用的东西了。谁需要一台新的？我不着急。”我说，“我必须要有至少 1 200 瓦的。我煮不熟东西，这条鱼没做好。”或者如果我在

我的电脑上，戈登在他的电脑上，我们俩都没有太多的带宽。我说，“你怎么能这样生活？外面有更好的东西。”他最终会签署那些文件。这只是需要时间和一点点推动，你知道——推动。看看我们的孙子们，这对戈登来说是个很大的冲击。他们生活在不同的层次，即使他们所做的事情跟同龄人没有任何不同。

为人父母的肯和克里斯滕有两个十多岁大的儿子大卫和阿历克斯（Alex），而史蒂夫和凯瑟琳有两个较年幼的女儿劳拉（Laura）和萨拉（Sarah）。扩大了的戈登一家人不再聚到达文波特登陆点的海滨别墅或伍德赛德庆祝圣诞节了，海滨别墅现在只有肯和史蒂夫以及他们的家人使用；相反，在他们到达夏威夷的初期，戈登和贝蒂前往儿子们在加州的家。戈登很享受“亲自实践”当爷爷，“但我不认为他喜欢那种自己正在变老的现实。”贝蒂说。她为自己“当了奶奶激动万分”，而且她喜欢带着自己的孙子们参观夏威夷。和戈登的母亲米拉一样，贝蒂只养过儿子；米拉应该会“很高兴知道我终于有了自己的姑娘”。

贝蒂跟史蒂夫和凯瑟琳特别亲近，他们的第一个女儿出生时心脏里有一个洞，需要在露西尔·帕卡德儿童医院（Lucile Packard Children’s Hospital）进行外科手术。这个情况让贝蒂极为关切，以至于她患上了带状疱疹。“我告诉戈登，‘你必须进去替我在那里等着。’当他看到自己的小孙女胸部插着一大堆管子后，我觉得我从来没有见过他那么震惊过。他们每 10 次手术里会失败 1 次。但她的手术做得很好，而且她一直很好。”

戈登一家人在洛斯阿尔托斯最喜爱的餐厅是“楚师傅”（Chef Chu’s），但在参加周五晚上的家庭聚餐时，这里的楼梯对贝蒂来说一直是个问题。当她搬到夏威夷以后，她的出席自然就不存在了。当戈登跟他的儿子们及其家人在硅谷见面时，就去那儿或是其他一些方便孩子们待着的中餐厅或墨西哥餐厅。摩尔家族基金会成了家庭沟通的主要工具，很多季度会议安排在平日的晚上。贝蒂通过电话参加会议。戈登讲述说，“史蒂夫订比萨饼，我带葡萄酒来，然后我们花一个晚上来决定我们可以送出去多少钱。”

结婚几年以后，史蒂夫从他父母在捷普路的老家搬了出去，同时继续担任家庭基金会的唯一工作人员。他监管投资，拜访受助人和申请者，处理账户和行政管理。戈登在这个较小的家庭慈善事业中起着决定性作用，这跟他在大基金会的超脱游离形成了鲜明的对比。“他对此很严肃。”史蒂夫说。贝蒂也同样直言不讳，项目经常受到她的激情的推动，去改变不当或困难的情形。“如果她喜欢或者不喜欢某件事，她会让你知道。”史蒂夫说。他太太和肯的太太也很活跃，家庭基金会每年收到 100 多项（主要是本地的）请求，并对大约 1/3 提供资助。“我们收到一份方案，说‘这听起来不错。’不管它是什么事，有一个人感兴趣而且其他人同意就行。”戈登说。“如果有人对资助某个方案十分坚定，”史蒂夫补充说，“那我们其余的人就说，‘好吧。’”以适度的赠予来支持五花八门的项目，这深得一家人的心思。

谁的基金会

肯在更大的那个基金会工作，负责尝试落实他父亲的“账本逻辑”。他意识到研究应该成为善款授予的一部分，而不是与之分离，于是就把重点转到对基金会的工作进行评估，并最终增加了设施经理的角色。2008 年，他游说成功，把基金会的运营从旧金山——在地理上和文化上都远离摩尔家族势力范围，搬到了帕洛阿尔托，这是佩奇米尔路（Page Mill Road）上的一座空置建筑，离肖克利半导体的诞生地和摩尔家很近。对于长子在基金会的工作，戈登认为让他培养出领导能力的机会比较小，这更多是个偶然的退路。“大约在肯可能发生正常的中年危机时，基金会成立了，”戈登解释道，“肯觉得他愿意试一试。”

戈登认为，在较大的摩尔基金会和他的家人之间没有持久的或必然的联系，但家人对此并不认同。从一开始，贝蒂和儿子们就希望把大基金会由一家人来指导，既追求戈登的目标，也追求一家人的价值观。2005 年，贝蒂采取直接的单方面行动，她从夏威夷通过电话参加一次董事会定期会议时，告诉戈登一个既成事实，夫妻俩的两个儿媳妇都被任命为董事，此举加强了家族的话语权。

肯是创始人的长子、董事会成员和项目官员。他的多重角色有时候会造成不确定性，并引发钩心斗角。董事会的首席执行官不仅难以了解自己所做的事情是不是戈登想要的或者令他满意的，而且还得考虑肯是否认为这是戈登想要的。2008 年，埃德・彭霍特选择了回到生物医学领域从事全职工作。戈登以封闭型公司的方式，选择大自然保护协会的前首席执行官史蒂夫・麦考密克担任第三任总裁。基金会“平静下来，”麦考密克回忆说，但“它的核心层没有真正的管理经验”。

新总裁承诺继续把重点放在科学、环境、湾区和病患护理上。麦考密克是一位终身活动家，他带来了真正的领导能力，总的来说他对慈善事业尤其是摩尔基金会雄心勃勃。

戈登也有着深切的渴望，希望在重要领域产生持久的影响，以及基于有意义的测量来实践一种新的慈善事业。问题逐渐显现出来，两种雄心抱负之间存在着错配。戈登在气质和信念上属于秉持“中庸之道”的共和党人，坚定地支持个人行为、个人责任和有限的政府。虽然摩尔定律在根本上是人类合作的产物，但他对宏大的社会性计划持怀疑态度。相反，史蒂夫·麦考密克相信基金会应该采取必要的政治手段，在环境问题上鼓励广泛的政府行为。此外，他认为“基金会应该更有想象力地运用自己的资产基础”。他逐渐明白，“戈登对这种事情没兴趣，一点儿也没有。”

麦考密克在一本小册子《破局者》（*Game Changers*）里发表了自己的愿景，认为慈善事业在各种重大社会问题上，可以把大胆的想法变成持久的变化。慈善事业需要从做好事向主张领导力转变；只有这样才能带来必要的突破性的解决方案。慈善家应该行动迅速，趁热打铁。他们应该勇于冒险，支持非正统的但精心构思的想法。慈善事业不是捐赠，而是投资。慈善家应该坚持不懈，和一个问题长期相伴。这种方式对灵活性和持久的结果都很重视，并把失败视为没有能力承担精心计算过的风险。这种思维对戈登而言并不陌生，他在英特尔一直支持这样的想法，比如霍夫的微处理器和弗罗曼的EPROM。戈登无论是自己在台上领导还是在后来，当然是主张英特尔坚持不懈地采取一种核心战略。不过，他对麦考密克关于社会活动家的看法没什么热情。

2010年3月，贝蒂被一个新的现实情况吓着了，如今81岁高龄的戈登遭遇到严重的健康危机。由于医疗疏忽，本来是一次很小的结肠肿瘤术后常规检查，突然成了在斯坦福医院的重症监护室（ICU）里住3个月。由于戈登突然丧失行为能力，又处于病危状态，贝蒂被迫留在加州，这里有肯和史蒂夫支持她，她开始意识到自己对财务一无所知的严重性。到了8月份，戈登有了起色（虽然还在透析），夫妇俩一起回到夏威夷，贝蒂把注意力转到了改进当地医院的设备上。这段插曲也让她深刻地意识到，无论他们俩有谁一旦再次病重，在本土保留一个基地是有价值的。

戈登本人对死亡有着强烈的观点——至少在抽象层面上。“我关心人口对地球上一切事物造成的压力。如果你看一些预测，世界人口很可能在大约50年后达到峰值，然后下降。那是对地球资源压力最大的时期——一个瓶颈期，如果你愿意这么看的话。如果我们延长每个人的寿命，瓶颈期会更长，情况会更严重。所以我认为我们的死亡义务——和为其他一切事情腾出地方，不是什么应该随便放弃的东西。”

在夏威夷，贝蒂对自己把家盖成一层楼的先见之明感到欣慰。“四处都很平坦，所以戈登能够站起来走动。我们每周和一位教练工作两次，通过锻炼、散步，还有游泳，来确保他恢复平衡。”戈登急于回到自己的业务和跟基金会有关的活动；贝蒂还是担心“他的盘子里东西太多，这太快了”。戈登拿回了财务控制权，但贝蒂吸取了教训。“我现在不管理任何特定的事情，但我确实会看支付出去的所有账单。我是看守的鸟儿。”她还下定决心争取改变，“和戈登坐下来谈论我们的财务状况”“一起去取文书。”和往常一样，贝蒂是家里发起行动的人，“我喜欢看到事情做成了。”戈登仍然很不情愿，拒绝和她坐下来修订他们共同的婚姻信托，那是 20 年前不同的环境下写的。

在更大的摩尔基金会，变革处于酝酿之中。基金会“和保护国际的关系极其混乱”，史蒂夫 • 麦考密克帮助基金会摆脱了这种情况，而且由于要履行当初的倡议，所以热衷于规划后续步骤。这让戈登的家人感到不安，“在项目方面，他们不希望看到任何变化：‘我们喜欢这些计划，它们都开展起来了。’”戈登本人对变革持开放态度，麦考密克说道，“他说，‘也许是到了考虑下一步做什么的时候了。’”史蒂夫 • 麦考密克的愿景和摩尔家人的价值观之间的鸿沟逐渐加大，麦考密克断定他的“慈善理念和这家人不同”。

戈登在 2010 年大病一场，事后证明这是个催化剂。“戈登退缩了。这家人看到他的身体日渐憔悴，他们的参与更多了。他们想声明这是个家庭基金会。”董事会会议已经远远不是闲庭信步了。“工作人员极为焦虑地走进来，给出这些复杂的幻灯片演示文稿，”麦考密克说，“戈登不是一个轻易或者经常给出好评的人，所以人们都渴望得到他的肯定。人们会认真地听他的每一句话。”

由于戈登的康复期拉长了，这种紧张状况更加明显。麦考密克请一位共同的朋友詹姆斯 • C. 盖瑟（James C. Gaither）加入董事会，让他和戈登合作，以确立自己对基金会未来的期望。“戈登说得很清楚，他希望这是一个独立的基金会，家人在其中有重要的参与。这使吉姆（詹姆斯的昵称）制定了一套章程，规定家族成员永远不会占到董事会的多数。这在全家激起了轩然大波，但戈登希望通过这套章程。”路 • 科尔曼承认，戈登担心其目标可能会发生偏移——这是许多家族基金会的祸根：“放眼望去，到处都是不太懂得如何传承他们基金会的人。就拿戈登这样极其成功的人来说，他最终要把一些这方面的工作传给他的孩子们。他们的生活状态会更多地和他们继承下来的基金会拴在一起，而不是和他们的职业生涯关系更大。当戈登和贝蒂都去世以后，他们会对事情进行改变吗？大概会的。他们会做出过多的改变吗？我希望不会，但它会成为他们公众身份的源头。”

史蒂夫的妻子凯瑟琳“在一次董事会会议上向吉姆·盖瑟发难，指责他抢班夺权，因为他想成立一个管理委员会”，事态由此达到顶点。当系统性变革的想法遇到家庭阻力时，麦考密克发现戈登采取了坚决的回避态度：“坦率地说，他们家人不想让我当总裁，但是当存在意见分歧时，戈登会回避由此产生的任何紧张氛围。事情既不明朗，也无从决议。”麦考密克催促戈登对治理方式做出决定，戈登最终跟他挑明，“我必须让家人来管它。我得跟贝蒂谈谈。”对麦考密克来说，这标志着“这就是将来的方式”。凯瑟琳单独告诉他：“你做的事情并不是家里人想要的，戈登太害怕而不敢告诉你”。麦考密克说，“这是一种‘墨西哥式对峙’（Mexican standoff）[①]，我们被困在这种尴尬的情形中。”

在英特尔，戈登已经证明了自己是个划定边界和维持平衡的大师，一个从不与他人直接竞争而是恰到好处地进行合作的战略家。在反思自己作为一位慈善家的活动时，他的话语听上去几乎有些伤感：“如果我们互相合作而不是竞争，我们达成的事情多得多。”到 2014 年，戈登自己的健康已经恢复了，尽管时间安排上更为有限了，但他继续忙忙碌碌，也经常出差。然而在他的基金会，情况远未得到妥善解决。

① 指两方或多方之间形成一种互相胁持的僵局，其中任何一方都无法安然进退，结果各方只能维持这种紧张态势，直至某种外力的介入打破这种僵局。——译者注

尾声

Moore's Law
The Life of Gordon Moore,
Silicon Valley's Quiet Revolutionary

正在形成的遗产

我们的故事基本上讲完了。对戈登来说，还有最后一个问题，这也是我们最终的问题——遗产问题。对于戈登·摩尔，硅谷这位沉默寡言的变革者的一生，我们会记住什么呢？答案纵使细节不尽清晰，其梗概也已一览无余。从最个人化到最一般性的层面，这个问题可能最好分三面来回答：直系亲属，慈善事业，以及大基金会。最后，我们对硅谷和电子革命又能记住什么呢？

顾家男人

在美国西部的故事中，摩尔家族的传奇是一个坚实的元素。摩尔家族是乘着马车队进入一片远方处女地的先驱，成为一处偏远社区的最初定居者，以矛盾的心态目睹了淘金热的兴起。家族通过世代相传，为年轻的戈登·摩尔创造了一个根基牢靠的安全环境，最终也为他和贝蒂·摩尔的子孙创造了这样的环境。戈登和贝蒂继而建立了强有力的、稳定的婚姻，其跨度达六十多年。

戈登·摩尔的私人生活是个值得称道的成功，这种成功太少得到人们的承认——做一个正直的顾家男人、在当地受到尊重，这在我们四分五裂的疯狂世界中是某种弥足珍贵的东西。这个成就和遗产本身就是庆祝的理由和效仿的榜样。专注、学习、工作、坚贞、承诺：这些主题是永恒和高尚的。看似矛盾而又恰如其分的是，硅谷最伟大的变革者的成功，并非取决于灵感的闪耀、放纵的自我，也不是动荡的时刻——那是个人焦虑和另起炉灶的时刻，而是牢牢扎根和始终如一，以此作为长期进步的基础。简单来说，戈登·摩尔是个好人。

慈善事业和模棱两可

戈登和贝蒂·摩尔的遗产着重体现在他们的慈善事业上，尤其是戈登和贝蒂·摩尔基金会，也就是他们所谓的大基金会的成立、发展和演进路径。这又是一个典型的美式故事。从产业与技术创新的第一天起——从安德鲁·卡内基和约翰·洛克菲勒的时代起，历经阿诺德·贝克曼或马克·扎克伯格的拓展，与经济进步相伴的不仅有个人财富的积累，还创造出了持久的慈善事业。这是得到社会认可的成功模式。在美国，没有“卡内基爵士四世”或“亨利·福特爵士，汽车先驱的后裔”，没有“西雅图伯爵”或“加利福尼亚公爵”。相反，社会对比尔和梅林达·盖茨基金会或威廉·G. 休利特基金会（William G. Hewlett Foundation）的善行投以赞许的目光。这些举动和其他类似的慈善事业是美好生活最推崇的遗产。

有趣的是，无论是记录在案的还是秘而不宣的内容，戈登和贝蒂·摩尔基金会远不是夫妻俩慷慨大度的唯一载体。而且由于许多未被公开的私人行为，戈登夫妇属于极少数的一群人，这些人在一生中捐出了他们半数以上的财富。戈登和贝蒂·摩尔基金会本身就是十大美国公共基金会之一——而且在已经安排了的财产捐赠基础上，按计划还会有大幅增长。如果说戈登和贝蒂·摩尔基金会今天的属性模棱两可，那么可以说它是一家好公司。其他以家族为基础的慈善事业，在它们的早期就显现出了这种属性；这种属性显示出戈登自身的含混暧昧，也反映了这个机构无非是这个人被拉长的身影而已。

最初，大基金会是一个把戈登的英特尔股票转换成资本的工具，以落实他给加州理工和保护国际的大笔馈赠。这些捐赠符合他的账本逻辑。就像晶体管，或者是投到制造技术的钱，其对应于芯片产品上获得的利润是可以衡量的，而投入的钱对应于受到保护的雨林面积、投资对应于研究结果都是可以衡量的。戈登希望采用他的英特尔模式，尤其是采用与战略方法相关的“计量”这个核心要素，并将其转移给慈善事业。当戈登和贝蒂·摩尔基金会度过了股票转换和最初大笔捐赠的阶段后，出现了一种错配。

在英特尔，戈登的成功大部分来源于坚持自己对业务的根本理解、保持稳定，并以正确的方式做一件重要的事情。最重要的是，他用测量来管理技术和业务。2014年，他反思道："让基金会做它应该做的事情，这是个有趣的挑战。每当你在管理上发生变化，你在方向上都会进一步的变化。我的信念没有改变，但以慈善事业为生的人们在考虑测量时有很大难度。如果你不对你所做的事情进行测量，你就不知道它是否有用。这个工作比我想象的更难，但我仍然深信不疑。"

然而，慈善事业的做法和半导体制造的实践还是有本质上的不同。慈善事业所面临的许多问题虽然跟经济相关，但并非竞争性的、资本主义的市场问题。投入的资金可以转化为解决问题的活动，但活动本身嵌入在复杂的社会环境和政治环境中，使得对于投资回报、收入或利润的任何衡量都存在问题。数鲑鱼是一种可能性，但在一组复杂的人和环境的方程组中，这最终只是一个局部项。

以盈利为目的的初创企业在竞争性的商业市场上追求创新，它们大多数都失败了。戈登的大基金会面临一种截然不同的现实，它的资本资源意味着可能发生的最糟糕的事情就是低效、引发争议和浪费。如果失败不是一个选项，那么成功也很难招致而来。2005年，戈登已经差不多承认了，当时他反思说，尽管改变世界是"我做了40年的事情，但不是作为一个慈善家，而更多是在我的职业生涯里做的。我参与英特尔确实是我职业生涯的高潮"。

从财务管理的角度看，大基金已经取得了巨大的成功。它的捐款超过了大多数慈善机构，而在它成立的第12年，它捐出了约30亿美元。它的环保工作确定了可衡量单位资金效益的做法：受到保护的英亩数、保护的生物多样性、鱼群数量。在科学方面，它选择了可以在其中成为重要资助者或初始资助者的领域（海洋微生物学、植物科学、量子材料、30米望远镜）。在湾区，土地保护和科学教育活动占主导地位，比如为博物馆提供支持。在贝蒂的督促下发起的护理和病患照顾活动中，基金会也被吸引到可衡量的领域：受过培训的护士数，ICU患者的疗效。

由于慈善行业比半导体行业更为保守，甚至比银行业还保守，所以在某种程度上很难为基金会找到与戈登推行其做法的愿望相符的领域，而且这样做的代价不菲。选中的每个领域都有某种一致性，但在该领域内部则是五花八门。在科学领域，量子材料和植物科学或者光学望远镜和海洋微生物学之间并没有什么关联。在环境领域，太平洋的鲑鱼和安第斯山脉的雨林也没有什么关联。基金会找到了一些题材，但很难看到一个整体的组合效应。史蒂夫·麦考密克认为，其结果就是基金会的作用大打折扣。

无论是从内部还是外部看，核心问题都是身份和方向的问题。戈登本来可以选择领导大基金会，但他在70多岁的高龄、主要待在夏威夷的时候，这个主意没什么吸引力。无论如何，他那种默默专注于战略的风格需要一个和他有着相同背景的安迪·格鲁夫或者贝蒂·摩尔，来作为执行愿景的伙伴。他在董事会上敏锐倾听，而且必定在场，但他是创始人、资助者和董事长。总裁、项目官员和领导团队则来自一个经验截然不同的领域，他们必须首先感知到或者靠直觉领会到他的目标，然后将他的目标以及家人的目标，应用于组织。

当务之急是让基金会平静下来并重新聚焦，保罗·格雷（Paul Gray）在担任临时总裁的10个月里巧妙地贯彻了这个方针。他指出，“戈登对战略性慈善事业的承诺是如何的雄心勃勃、大胆无畏。取得可衡量的重要长期成果是一项艰巨的任务，需要老练和睿智的项目领导以及与合作伙伴的有力接触，来执行有效的策略。这种雄心比简单地为高尚事业提供资助要大得多。”格雷正确地注意到，“如果成功率是100%，那么目标就设得太保守了，以及需要更多的时间来评估戈登和贝蒂·摩尔基金会是否发挥了战略慈善模式的全部潜力。”

基金会的物理搬迁代表了它不断增长的痛苦。起初，路·科尔曼出于自己的方便，戈登让他把戈登和贝蒂·摩尔基金会的地址放在旧金山，但现在基金会在帕洛阿尔托，它又耗费了数百万美元用于一处大型场所的绿色装修。讽刺的是，当基金会在地理上更接近家族的传统领地时，戈登和贝蒂主要的时间却待在远方。到2009年，贝蒂几乎总是在夏威夷，很少来参加董事会会议，不久就辞职了，而戈登只在董事会会议或出现紧急情况时才飞回来。

戈登希望他的家人只是有限地参与进去。他更愿意让戈登和贝蒂·摩尔基金会由一个合格的董事会来监管，“家庭在其中有重要的代表性，但没有控制权。如果我出了什么事，我想有足够资深的外部人士来提供连贯性，要有更多有好想法的人。”董事会的行动符合他的后代的长期认同，这在他看来是次要的，他的后代参与领导层并不会确保基金会履行他的议程。贝蒂、肯和史蒂夫不同意戈登的立场，而且肯·摩尔还拥有带薪主管和董事会成员的双重角色，有时候，有些人认为他是影子总裁。然而戈登不露声色并且掌握着自主权，最近一次体现在选择戈登和贝蒂•摩尔基金会第五任总裁的时候。

哈维•范伯格（Harvey Fineberg）来自东海岸，是一位备受尊敬的学术和医疗行政管理者，他于2015年1月1日成为戈登和贝蒂•摩尔基金会的新总裁。范伯格带着引人注目的资历和新观点来到新的岗位，这反映出基金会的声望、挑战和承诺，以及戈登•摩尔对于卓尔不群的本能追求。他在哈佛完成了自己的整个高等教育（文学士、医学博士、公共政策硕士、哲学博士），在全体教员中升任教务长职位。从2002年到2014年，他从原来的位置转到华盛顿特区担任国家医学研究院总裁。

与此同时，由于史蒂夫把自己的整个职业生涯都投入到摩尔家族基金会的管理中，戈登允许减少家族基金会的涉及面和资源。到1990年，它拥有2 000万美元的资产，主要是英特尔股票。在互联网泡沫中，其价值上升到7 000万美元，但到了2005年它又回到4 000万美元，之后又下降到2 400万美元。戈登拒绝增加更多资金，即使贝蒂也不知道他的遗产计划的细节。在他人生的晚年，戈登的回避态度——也许是对行动需求的断然拒绝，再次占据上风。至关重要的是，他仍然保留着控制权。

戈登和贝蒂•摩尔基金会的工作仍在进行中，而且只要其创始人积极介入，即便只是超然地参与，它可能就此继续下去。没有和安迪•格鲁夫相当的人，戈登的方法也导致了不确定性。同时，显而易见的是，在一项受尊崇的美国传统中，他和贝蒂的天然和自愿的慷慨已经使他们置身于最伟大的慈善捐助者之列。

晶体管的胜利

相比之下，戈登•摩尔在硅电子领域的遗产清晰明了、无可争议。今天，电子革命是显而易见的，硅谷是它的发源地，也是其毫无争议的心脏地带——其位置临近戈登的故乡佩斯卡德罗。这个名称（一种改变了一个地理名词的化学元素）铭记着化学和硅晶体管的作用以及戈登的角色，他们创造了一种革命性的做生意方式，这种方式是以指数曲线增长和变化的。多亏了戈登和他的仙童同事们，“创业公司”和“分拆公司”不再是什么“八叛逆”的专有轨迹，而是留给“仙童们”及其后来者的神圣术语。“摩尔定律”立即成为一个流行用语，用来表达快速迅捷、日积月累、革命性的技术能力增长，它是对过去六十年硅电子产业特定前进路径的确切描述，一如戈登•摩尔的构思和表述。英特尔本身把摩尔定律作为官方的宗旨，继续在自己的领域占据支配地位。

我们握着智能手机，对硅谷最新的公司上市惊讶不已，带着羡慕之情对不断增长的大批百万富翁和亿万富翁表示敬意，他们的年纪不过才二三十岁。然而除了最感兴趣的观察者以外，两个关键角色仍然隐于无形。摩尔定律可能会得到惯常的尊重（谷歌显示，它在任何时候都会被引用约 400 万次），但戈登本人在一小群崇拜者之外则不为人知。与此同时，晶体管——世界上被制造得最多的物体，被人谈及的机会少得令人惊讶，而且很显然没能抓住公众的想象力。即使在 1948 年，关于其发明的新闻也是索然无味，以至于《纽约时报》认为只适合在第 46 页的“无线电新闻”栏目里提一下，觉得晶体管可能有朝一日会替换掉助听器里的真空管。

晶体管如此隐而不现的一个原因在于，它是名副其实的看不见，连打比方也体现出这种隐蔽性。它最初是指甲大小，后来缩小到远远超出肉眼所见的极限，封装到了芯片里，它们自身则隐藏在我们四周的商用和消费类产品里。和那些在视觉上引人注目的技术不同的是，晶体管悄无声息地运行，不为人们所察觉。然而就像我们呼吸的空气一样，晶体管遍布于我们周围的环境，对于我们的生活至关重要。从战争到医疗、金融规划、娱乐、政治、通信和交通等领域，它们带来了深刻的变化。戈登・摩尔在 20 世纪 70 年代宣称，“廉价的硅片”将控制各种各样的设备。到 2020 年，亿万颗这种硅片将会形成“物联网”的骨干，进一步改变日常生活。没有发明晶体管的世界是难以想象的，正如一位评论员所说的那样，“我们的服务器将会有三层楼高，笔记本电脑只是《星际迷航》的道具。我们的电视机仍然使用真空管，我们的汽车无法带我们到最近的印度餐馆。哎，要是没有晶体管，数字经济会是什么样子？微软和谷歌会成为巨头吗？极客们会变得那么酷、富人们会开着宝马吗？也许不会。”

数字革命成了一件具有日常影响力、与生活的变化息息相关的事情。电子邮件成为一种主要的双向沟通形式，与之相伴的还有即时通讯和在线聊天。Napster 是一种允许用户共享数字音乐的服务，它使得网络打乱整个行业的能力一览无余。对于所有类型的电子信息，文件共享既带来了机会也带来了顾虑。全球定位系统来自军方的投资，它采用卫星信号来确定精确的地理位置，汽车开始配备导航、通信和计算系统。

芯片以及其中的晶体管，让人们的工作、付账单、受教育、购物方式发生了改变，购买的东西包括从书到二手烤箱的一切东西。固定电话是个受害者，到 2010 年，十个美国人当中有九个拥有一部移动电话，固定电话的使用大幅下降。有线电视服务提供商加入了电话公司的行列，提供高速互联网接入和基于网络的电话系统。Skype 也提供免费的用户到用户语音呼叫，以及基于网络的免费视频通话。文字信息使手机成为主要的屏幕设备：美国人每年发送数万亿条短信。iPhone 的面世定义了一个新的产品类别，在拥有手机的美国人当中，有三分之一的人很快就喜欢上了 iPhone，通过对“应用程序”的使用，它增加了人们对电子信息的访问。现在可以从几乎任何位置连接到网络，而网络本身是商业实体、政府部门和军事单位的一种必不可少的工具。

今天，全球金融市场通过计算机网络相互连接，交易员使用超高速计算机，以微秒为单位来执行大量的交易，它们的算法比人类的感知更快。一个早期的结果是“网络公司”投资热潮。普通公民有能力创建电子信息——并通过网络在全球范围内廉价地传播信息，这带来了令人振奋的新型表达方式。博客和推特的兴起，改变了报告和分析的面貌，颠覆了商业模式。事实证明，YouTube 的视频平台成了广播的转折点。奈飞（Netflix）通过网络来提供电影，取代了视频租赁业务。像 Facebook 这样的社交网络协助、怂恿、汇聚了电子信息的创建和传播，它在全球拥有超过 10 亿用户。与此同时，社交网络涉及个人隐私的做法——销售关于用户、行为、习惯、兴趣、联系的细粒度信息，以产生收入和利润，仍然是个有争议的问题。比尔·达维多是 20 世纪 70 年代戈登在英特尔的同事，他写下了关于“摩尔定律的黑暗面”：“摩尔定律让大规模的自动监控便宜透顶。在过去，监控是劳动密集型的，但当它自动化以后，其成本呈指数级下降。我们还没有充分掌握廉价监测的含义，唯一可以肯定的是，我们将看到多得多的东西——普通公民、潜在恐怖分子、国家首脑，而且这会导致重大的后果。”

伊拉克和阿富汗战争表明，电子、计算和网络在军事上的应用不可或缺。从无人机到隐形轰炸机，从卫星到坦克，从智能炸弹到步兵装备，其核心都是电子和计算。“全球反恐战争”涉及前所未有的监控，美国国家安全局及其海外合作伙伴编译了大量的电子信息。新术语“网络战”（cyber warfare）描述了政府如何从事传统的和新型的间谍活动，美国用“震网”（Stuxnet）代码破坏了伊朗核离心机的控制系统。同时，较为令人欣慰的是，自动驾驶汽车已经在北加州的公路上行驶，这有望减轻开车的苦差事。

摩尔定律的节拍器

随着智能手机的年销售量（2014 年全球卖出了 5 亿部）超过台式电脑和笔记本电脑

（合起来 3 亿台），计算和连接在空间和时间上已经无处不在。制造商们看到了在产品中把廉价电脑和网络连接合并起来的潜力，把它们的功能和价值进行了改造。iWatch 预示着可穿戴数码电子产品的来临，而其他设备正在成为人体的一部分：人工耳蜗、医药泵、起搏器和人造视网膜等。随着能够察觉脑部电磁信号的传感器的出现，人们可能很快就可以只用思想来控制自己的假肢和轮椅。有些人猜测，当人类和电子大脑融合时，就会出现“奇点”（singularity）。

戈登早就看到了这一切。“我们已经做过的事情的真正好处还在后头，”他在 2001 年对一位采访者说，“我真的希望 100 年之后我能在这里，看看这一切是什么样。”他对另一位采访者谈到，他希望“有一种技术能让一台电脑理解我们在说什么”。这个想法对戈登有着特殊的吸引力，他在上学时就发现，用图表把句子画出来，要比感知和解释语义的细微差别更容易：比起在言语和人际交流中辨识出细微差别来，和一台电脑交谈也许确实更让人舒服。他在 1997 年就已经热烈赞美过，“看到半导体技术实现一个又一个的应用，太令人兴奋了。在我们的社会里，低成本计算的影响力才刚刚开始被人们感受到。自然语音识别将会让全世界更多的人便利地使用电脑，我相信我们正在接近这个时刻。最终，与电脑交谈将成为可能。”今天，Siri 完全认同这个看法。

戈登·摩尔在职业生涯的早期就意识到，硅电子行业包含了经济和技术两个方面的含义。摩尔定律有两个维度：硅制造成本不断减少，及硅制造在技术上的可扩展性。为了实现成本和性能的优势，芯片制造商需要改进技术，使复杂度每年或每两年翻番。起初，财务投资和技术改进有了一个长期开放的领域，数码电子的未来将不断拓展，人们对此深信不疑。从那时起，性能提升而成本急剧下降具有了确定性，这为新设备的激增提供了支撑。世界已经习惯于并且依赖于这种永远向前进的状态。

通过无数研究人员的努力和数千亿美元的投资，半导体产业在半个多世纪里保持着这种动力和社会结构。随着数码世界自身的快速变化，芯片以节拍器般的稳定步伐持续发展。电子化的影响力无处不在：它存在于社交媒体、阿里巴巴和阿拉伯之春中；存在于谷歌、Fackbook 和维基解密；还存在于微软、IBM 和甲骨文这些今日的技术失意者。数字革命证明了戈登·摩尔关于电子产品将遍布社会每个方面的信念是对的，它带来了令人眼花缭乱的转变和可能性：“在我们发现过的事物里，没有哪个东西像半导体设计那样扩展开来。从泥土小屋到摩天大楼，我们从未做过一种结构体，在几十年间让尺寸缩小了数千倍、速度加快了数千倍、功耗节省了数千倍。”今天的成年人平均大约有一半的清醒时间沉浸在电子交互中，这是否从根本上改变了我们？硅晶体管冲击着我们的物质存在的每个方面，我们在期望和行动中是如何被塑造的？对于我们的生活，摩尔定律是个异常重要的推动者，它变革了我们作为人类的意义。

所有美好的指数式增长都会终结

人们对电子产品的未来有了共同的信念，这塑造了我们购买商品和服务的方式。作为消费者，我们乐于等着购买各种各样的小玩意儿，期望以差不多相同的价钱买到的新版产品更加物超所值。在更大规模上，摩尔定律及其对即将来临的现实变化的期望，成了政府采购和军事武器系统相关决策的基础。这种情况能持续多久？对于硅制造技术的成本和可扩展性，来自半导体界和金融界的评论人士已经正确地开始表示担忧。还有十年或者更短的时间，晶体管的尺寸就会缩小到硅原子本身的尺寸，这是个基本的物理极限，如今很快就要临近了。

参与半导体国际技术路线图的专家社群对芯片技术在 21 世纪 20 年代初的前景进行了思考，为其规划增加了一个新的维度：“超过戈登”是其令人悲伤的主题。戈登本人早就知道结局迫在眉睫，“我只能看到后面两代。那里似乎总有一道不可逾越的障碍，但当我们更加接近时，工程师们就会想出一个解决方案来。然而，我认为，我们将很快到达真正的基本极限，就在两个半导体世代之内。”

当电子产品不再变得更便宜和更快速、当计算的成本开始增多而不是减少时，会发生什么？依赖于摩尔定律而且习惯了摩尔定律的产业和企业，将如何继续繁荣兴旺？这种中断对社会可能意味着什么？摩尔定律中推崇的持续指数级变化，其确定性是否会再次成为标准？前英特尔院士、奔腾处理器架构师罗伯特·科威尔（Robert Colwell）说，尽管数十年来技术的发展造就了必然性的幻象，但游戏结束了。“大约在 2020 年，我选择它作为最早的时间，我们可以说摩尔定律终结了。你可以用 2022 年来说服我。”

和戈登本人一样，科威尔也预言，经济学将是决定性的因素。“每个人都把注意力放在有多少个原子上面。这些事情很重要，但我怀疑，要是花这么多的费用，这是首先会中断的事情。”另一位前英特尔芯片架构师约翰·古斯塔夫森（John Gustafson）指出：“摩尔定律最初的表述是，晶体管的数量在生产上会变得更加经济，这会每两年翻一番。它被扭曲成了其他各种形式的表述，但那才是他最初的说法。”摩尔定律取决于“整合经济学”。就像更快速地进行长距离旅行（例如超音速飞行）一样，成本和实用性抑制了我们的抽象热情，晶体管也是如此：芯片制造商“无法从其造价40多亿美元的芯片工厂获得回报，因为他们无法以足够高的价格卖出他们的芯片，以弥补巨大的启动成本”。随着晶体管的尺寸缩小，“让演出得以继续的新技术变得越来越昂贵，贵得令人难以承受。所以，我们可以选择不去追赶它们。”

在短期内，摩尔定律的终结可以刺激我们更好地利用现有的东西。芯片设计师必须发挥更多的聪明才智。一些评论家强调，摩尔定律结束后，并不是所有的路都被堵死了。“在软件上有很大的提升空间。当晶体管数量停滞不前时，精妙的并行编程技术和工程技巧的组合将变得更加重要。这些调整将使行业继续前进，直到后硅计算时代能够扎下根来。在人们的视野中，有几种技术可望替代传统的硅芯片，包括石墨烯、光基逻辑电路和量子处理器。超越硅的下一件大事是什么，这是所有人的猜想。”

随着机器的吃力运转，还有摩尔定律的承诺开始消散，这带来了一种失落感。“这不是我们想要找到的迂回之法，”另一位评论员不以为然，“一种永远都在改进的技术，那种过去的方式——旧日的承诺，会无限延伸？已经过去了。没有人真的认为石墨烯、三五族半导体或碳纳米管会把它带回来，即使这些技术最终变得很普遍。”

那么，摩尔定律的终结会对日常生活有何影响呢？依赖于消费者每隔几年就更换电子设备的公司，以及未来的规划严重依赖于高速计算机、更好的带宽和更便宜的存储的公司，它们受到的影响可能是最糟糕的。企业生产力的收益可能萎缩，因为计算机化扩散到新领域的速度更缓慢了。理论物理学家加来道雄（Michio Kaku）大胆预测说，如果硅谷找不到硅的有效替代物，那么它曾经茂盛的果园可能最终变成锈带①。其他人预测会出现“摩尔末日”。“‘足够好’的咒语伴随着长期的渐进式改善，是否足以延缓技术部门的崩溃？设备升级周期是否会延长，或者用户会不会以同样的速度购买新玩具，即使它们的速度不如前代产品快？”硅谷这个“将来时的秘密家园”，将会发生什么情况？由于今天没有一个活跃人士能记起一种不受摩尔定律支配的现实，所以当这个定律到达其最终阶段时，由此产生的太多问题，没人有明确的答案。“一切都结束了，伙计们。克服一

① 锈带（rust belt）是指位于美国东北部的衰败工业区，因大量工厂倒闭致使设备闲置生锈而得名。——译者注

下吧。”能说的也就是这样了。

这种情形的新颖独特性证明了戈登·摩尔的根本性贡献，这是他的遗产。硅谷沉默寡言的变革者为世界提出了一个悖论：过去按指数级发展的确定性对应于它现在走向终结的确定性。正如我们已知的那样，当他自己的人生进入最后的篇章时，摩尔定律的故事和电子革命的故事也是如此。

译者后记

翻译完这本书，我的心里总算轻松了下来。

去年上半年，我看到刚刚出版的《摩尔神话》英文版时，立刻萌生了翻译中文版的念头。辗转联系到原作者，得知中文版的版权已经被国内某家出版社买下了。正当我琢磨如何找到这家出版社时，中国人民大学出版社的王立军先生就通过公司同事刘唯力和张雪燕找到我，邀请我翻译此书。这个机会居然得来全不费功夫，令我倍感兴奋，觉得自己注定要做这件事。

兴奋之余也有些忐忑。再往前一年，我译完了《三位一体：英特尔传奇》的中文版，读者反响不错，这是出版社邀我翻译《摩尔神话》的主要原因。但前一本书的翻译过程也让我领教了业余翻译对付大部头传记作品的不易，加上自己当时刚刚转岗，在新岗位上还处于摸索阶段，日常工作需要花费更多的时间和精力，只好请出版社在时间上多多宽限。出版社对此非常体贴，甚至没有给固定时限，于是我才敢应承下来。事实表明，实际用时比我当初的保守预计还超出了一大截。但王立军先生自始至终给予我完全的信任和充分的耐心，对此我深为感激，不然真是很怀疑自己能否如愿完成这项求之不得的任务。

在翻译过程中不时地遇到疑点难点，少不了多方求教。我的英特尔同事刘波英文功底深厚，关键时刻的点拨总能令我受益匪浅。在大学同学的微信群里，我也经常抛出某个句子让同学们帮忙推敲，事实证明这是相当靠谱的一群理工男和程序媛，能有这样一拨同学实在是人生的一大幸事。

翻译的过程固然辛苦，但我很清楚，这更是一项难得的荣誉。在英特尔的三位创始人中，鲍勃·诺伊斯和安迪·格鲁夫都有至少一本属于自己的传记，文笔出色的安迪甚至写过自传，唯独戈登没有一本属于他的传记。而且戈登是如此的低调谦逊，以至于其他作品中涉及人物生平的部分，基本上也都是以鲍勃和安迪为主；关于戈登的人生，着墨略多的也只有迈克尔·马隆的《三位一体》，其中个别章节有过片段的介绍，而那也远远谈不上详尽和全面。

所以，在读过《硅谷之父》《安迪·格鲁夫传》《只有偏执狂才能生存》《游向彼岸》《三位一体：英特尔传奇》之后，还有什么能比得上为戈登翻译他的传记更令人心动的呢？

相较于魅力四射的天然领袖鲍勃和永不言败的强悍斗士安迪，戈登是不愿抛头露面的谦谦君子。但正如马隆所说，戈登是最被低估的那个人。他不仅是英特尔的首席战略家，而且是整个高科技行业的“圣灵”。这个目光如炬的伟人，在半个多世纪前就洞察了我们今天的生活，并为此孜孜不倦地奋斗了一生。对应于戈登的贡献，其传记的缺失无论如何都是个巨大的遗憾。如今我们终于可以通过《摩尔神话》，走近这位一直远离公众视野的巨人。

作为英特尔员工来翻译此书有一个好处，可以摆脱“身在此山中”的立场来看待自己为之工作的雇主。长期以来，英特尔一直把摩尔定律奉为公司的圣经，并在几十年间一直成功地践行着戈登的愿景。而安迪对公司的长期统治，塑造出了英特尔以强悍著称的公司文化，当这种风格被定型并融入了公司的DNA之后，内部人难免会觉得，要想取得成功，表现得强悍是理所当然的，或者说强悍的作风理所当然地会带来公司的成功。

然而事实并非完全如此，英特尔真正的幸运之处在于，安迪的强悍一直被戈登的冷静所约束。正如强悍的表象对应着果断的执行力，冷静的表象对应的内核则是低调的自信。沃尔特·艾萨克森对此看得非常透彻，戈登是“卓越和领导力与谦逊和正派”的共同体，戈登和安迪（以及鲍勃）的完美互补模式是可遇不可求的，在传奇人物谢幕之后，步入中年的英特尔还能续写辉煌吗？安迪的风格对于公司的影响如此深入和持久，这使得英特尔并不缺乏强硬的领导人，未来的关键在于，后继者能否发扬戈登式的冷静、谦逊和自信。

摩尔定律、仙童和英特尔、慈善事业，构成了戈登人生的主要成就。不过对于普通人来说，他的技术天赋常人难以企及，他的商业成功模式几乎无法复制，他捐出的善款额度也令人难以望其项背。除了高山仰止，我们还能指望从他这里学到什么呢？

最好的答案并不必然是豪言壮语。正如本书作者所言，“戈登·摩尔的私人生活是个值得称道的成功，这种成功太少得到人们的承认——做一个正直的顾家男人、在当地受到尊重，这在我们四分五裂的疯狂世界中是一种弥足珍贵的东西。……简单来说，戈登·摩尔是个好人。”

所以至少我们可以有样学样，在生活中做个好人。不过用一本厚厚的传记给出的答案，显然也不是一个简单的答案。

黄亚昌

北京阅想时代文化发展有限责任公司为中国人民大学出版社有限公司下属的商业新知事业部，致力于经管类优秀出版物（外版书为主）的策划及出版，主要涉及经济管理、金融、投资理财、心理学、成功励志、生活等出版领域，下设“阅想•商业”“阅想•财富”“阅想•新知”“阅想•心理”“阅想•生活”以及“阅想•人文”等多条产品线。致力于为国内商业人士提供涵盖先进、前沿的管理理念和思想的专业类图书和趋势类图书，同时也为满足商业人士的内心诉求，打造一系列提倡心理和生活健康的心理学图书和生活管理类图书。

《索罗斯传》（白金珍藏版）

- 他似乎拥有控制市场的超级能力！某种商品或货币的市场价格会随着他的言论上升或下跌！
- 索罗斯的一生毁誉参半。他到底是“市场驱动者”，是“金融界的超级明星”，还是“投机客”？他到底是投资界的“魔鬼”，还是悲天悯人的“慈善家”？为什么他又自诩为“金融哲学家”“无国界的政治家”？
- 罗伯特•斯莱特将引领我们进入这位大师的思想深处，让我们看到一个真实的索罗斯。

《希尔顿王朝》

- 长期高居美国亚马逊传记类超级畅销书排行榜前列。
- 一部《今日美国》推荐的“充满商战、奇闻轶事和爱情故事”的跌宕起伏的家族发家史。揭开希尔顿酒店庞大帝国的神秘面纱。
- 传记类畅销书作者倾情打造！

《钢铁侠埃隆•马斯克：凭什么改变未来》

- 他是电影钢铁侠的灵感来源。
- 他被誉为最有可能超越乔布斯的梦想实践家。
- 他被奥巴马成为“美国最伟大的创新者”。
- 他是郭台铭、雷军等科技大佬最敬佩的年轻实业家。
- 他就是为改变未来而来的钢铁侠。

Moore's Law: The Life of Gordon Moore, Silicon Valley's Quiet Revolutionary by Arnold Thackray, with David Brock and Rachel Jones.
ISBN: 978-0-465-05564-7